普通高等教育"十一五"国家级规划教材

新编21世纪档案学系列教材

电子文件管理教程

第二版

A Course in Electronic Records Management

冯惠玲　刘越男 等　著

中国人民大学出版社
·北京·

作者简介

冯惠玲，中国人民大学信息资源管理学院教授，博生生导师。第七届国务院学位委员会图书情报与档案管理学科组召集人，国家电子文件管理专家委员会主任，教育部社会科学委员会委员，教育部档案学科教学指导委员会主任，中国人民大学电子文件管理研究中心主任。主要研究方向为档案学基础理论、电子文件管理等。从事电子文件管理研究 20 余年，主持相关领域的国家级研究项目多项，发表多篇学术论文，和团队成员共同完成的学术专著《电子文件风险管理》《中国电子文件管理：问题与对策》及《电子文件管理国家战略》均获省部级奖项。主持和参与国家电子文件管理“十二五”“十三五”规划的研究，向国家有关部门提出多项电子文件管理政策建议。

刘越男，管理学博士，教授，博士生导师。中国人民大学信息资源管理学院副院长，中国人民大学电子文件管理研究中心执行主任，第六届全国档案工作标准化委员会委员，北京市档案学会第七届理事会副理事长，2013 年度教育部新世纪优秀人才，SSCI/ESI 期刊 Information Development 审稿专家。主要研究领域为电子文件管理、数字档案馆、政府信息资源管理。先后主持、参加了 5 项国家自然科学基金项目、7 项国家社会科学基金项目以及国家电子文件管理部际联席会议办公室、北京市档案局、澳门行政公职局、杭州市档案局、中石化、中国电信等多家单位委托咨询项目；发表论文 60 余篇，出版专著 7 部，参编教材 9 部，译著 1 部，主持、参与编写国家标准 2 部；获省部级奖项 10 项。

内容简介

作者们历经 16 年的跟踪研究，广泛调研、深入分析国内外电子文件管理理论和实践的持续发展、最新进展和最有影响力的成果，以文件管理的数字转型为基本导向，以组织机构内公务文件管理为主要对象，按照概述、业务、系统和技术三大部分，结合 80 个图表、49 个资源链接和 59 个案例，阐述了电子文件的基本概念和本质特点、电子文件管理的基本原理，形成、捕获、归档、分类、鉴定、检索、利用、保存等业务环节的管理方法，电子文件系统、元数据、安全管理等相关系统和技术的应用，涉及办公文件、电子邮件、网站文件、CAD 文件、数据库文件等多种类型，覆盖观念、体制、政策、标准、业务、系统、技术等多个方面，揭示了数字环境下文件管理方法从以载体为中心走向了以系统为中心，文件管理流程从线性走向非线性的发展脉络。

前　言

到2020年，电子文件的法律地位和行政效力将得以确立，国家对核心电子文件资源的管理将进一步加强，电子文件管理在重点领域和重要信息系统将得到广泛应用，这是我国《国家电子文件管理“十三五”规划》中提出的发展目标。根据美国政府指令，联邦机构要尽最大努力取消纸质文件，完善电子文件管理，截至2019年年末，要以电子形式管理所有的永久电子文件，各机构必须以电子形式向国家档案馆移交文件，并制订和实施转型计划。“我们能从美国关于2019年的数字指令中学到什么?”国际知名档案学者安妮·瑟斯顿（Anne Thurston）女士在国际档案理事会2014年年会上以此为主题的讲演强调了电子文件管理的紧迫性。其他国家也有类似的时间节点，如澳大利亚是2015年年末，加拿大是2017年年末等。用确定的时限推动文件管理方式的根本转变，显示了各国政府全面推行电子文件管理不回头、不拖延、不留余地的决心和政策导向，其背后的原因则是用文件管理数字化的杠杆撬动、支持和保障政府的开放、透明、效率与问责，推动社会信息化进程和数字时代的记忆留存。

这是一个全球性大趋势，即文件、档案管理的“数字转型”。2016年第十八届国际档案大会《首尔公报》向全球档案工作者发出行动倡议，建议各国制定数字文件管理方针，开展数字保存，通过数字技术提升档案利用，为数字时代的社会做出更有力的贡献。很多国家制定一整套发展战略，推出一系列配套措施推动这一转型进程。如果说早些年电子文件是文件和档案增量的一种类型、一个部分的话，那么当下的数字转型则意味着电子文件将逐步成为新增文件和档案的全部！既有的传统载体档案也将逐步实现数字化转换，数字文件和档案将成为文件、档案工作的主要对象。数字转型对于文件和档案管理影响深刻，连带效应显著，势必引发文件、档案管理的全面变革，从而进入真正意义的数字时代。如同瑟斯顿女士的问题一样，我们需要从文件、档案工作的数字转型中学习什么？这正是《电子文件管理教程（第二版）》必须面对和回答好的问题。

首先要确定这本教材的知识范围。随着信息技术的发展和其在社会生活中的广泛应用，各种类型电子文件全生命周期涉及的知识越来越多、越来越复杂，一本教材无论如何都难以覆盖。本教材面向公务电子文件（政务部门、机关、企事业单位等在其职能活动中形成的电子文件），以机构内部的电子文件管理为核心，尽可能保证这部分知识的系统、完整和全面，并提供必要的相关知识。公务电子文件大体上经历形成办理、机构内部归档管理和档案馆永久保存管理三个阶段，本教材立足于第二阶段。但是，既然我们把这个过程看作是一个“生命周期”，那么其中必定有很多要素息息相关，后环节往往需要继承前环节的成果，所以有关知识也不可能按阶段截然分开，只是有所侧重而已。本教材用一章的篇幅介绍了电子文件形成的基本知识，作为机构文件管理活动的前提和基础。对于作为机构文件管理主要业务的捕获、归档、分类、鉴定、检索、利用、安全管理等，以及作为电子文件管理基本手段和平台的元数据管理、电子文件管理系统等，本教材均有专章阐述，而这些知识在档案馆永久保存管理阶段也有不同程度的适用性和关联性。电子文件的保存知识对于公共档案馆和机关企事业单位档案馆都适用，在本教材中必不可少。而与电子文件长期保存密切相关的数字档案馆涉及的知识远不止于此，我们将通过另行编写专门教材来系统讲述。本教材设“专门电子文件管理”一章，选择了目前使用较为普遍的电子邮件、数据库、网站和 CAD 电子文件，这几种文件是在专门系统中形成和运行的，在管理方法上有明显特点，因此该章分别介绍了它们的全流程管理知识。而不同机构中形成的专门业务文件种类繁多，情况复杂，只能由各机构根据普遍规律分别探索了。

另一个难题就是章节内容的布局安排。与纸质文件管理相比，电子文件管理流程发生了很大变化，其重要特点就是从线性变为非线性，一些业务活动提前实施，多项业务活动存在着交叉、渗透和并行特征，在一个管理环节上可能同时开展若干种文件管理业务，一种文件管理业务又可能分散在若干管理环节中。从便于授课的角度出发，本教材尽可能把一项文件管理业务集中在一章中讲清楚，根据需要也会在其他章节有所涉及，但角度和侧重点有所不同。比如，电子文件管理系统功能是针对各项管理业务的，必然与各业务章节有一定的交集，我们的处理方法是将相关业务原理和操作放在各章节讲述，在管理系统部分仅着眼于有关的功能要求。元数据是电子文件管理的重要手段，本教材设专章系统讲解其原理和管理方法，同时在归档与接收业务中涉及元数据接收，在保存业务中涉及保存性元数据的设计和存储，在电子文件管理系统中涉及元数据方案配置等。识别是电子文件管理中的一项特别业务，在形成、鉴定和保存阶段都有涉及，我们在最先需要开展识别业务的文件形成部分交代有关概念和步骤，在鉴定部分提及识别任务，在保存部分将重点放在技术属性的识别上。类似的情况还有不少。之所以这样处理，一方面是为了尽可能保证知识点的相对完整集中，使整部教材呈现出一条清晰的线索，方便学习者掌握有关概念和方法，另一方面力求符合实践中业务活动交叉并行的特点，帮助学习者了解各项业务活动多侧面、多节点、与其他业务相互关联的错综复杂状况。

本教材力争解决的第三个问题是反映电子文件管理的最新知识和动态。面对时代挑战，世界各国的文件、档案管理人员付出了极大的努力，不断开辟新的认知，进行新的实践，创立新的理论、方法、技术和管理体系，可以说，电子文件带来的知识更新幅度和速度是前所未有的，开启了文件、档案及其管理的重塑过程。这个过程伴随着专业知识的丰富和演进，而进化和老化就是这个演进中相反相成、互为因果的两面。每一个新的知识和实践都是对既有理论、方法的升级、扬弃、迭代或替代，使既有的知识和方法部分甚至全部失去适用性和真理性，发生一定程度的老化。在这种背景下推出的教材，必须跟上发展着的理论和实践的步伐。为此，编写组成员紧密跟踪本领域的前沿动态，通过各种渠道获取最新知识和动态，包括理论、观念、制度、标准、方法、技术等等，并力求清晰准确地予以阐述，使读者能够随教材进入电子文件管理“现在时”。为了给读者提供丰富、深入、鲜活的参考资料，除了在相关部分附有图表之外，我们还精心选择和编写了48个资源链接和59个案例，穿插在各章节之中，涉及国内外最新、最典型、最有影响的研究成果、政策法规和创新实践，希望在帮助读者提升理论认知和操作能力方面有所助益。

说来惭愧，这一版教材与第一版相隔近16年。这期间，本教材编写组各位成员一直活跃在电子文件理论研究和实践探索的前沿，承担了超过20项有关电子文件的国家基金项目，专业主管机关项目，地区、企事业单位委托的研究项目，国家标准、政策、规划研制项目，系统建设项目等，其中多项获奖，多项标准发布，完成多部专著，多人次在国际国内会议发言，然而我们却始终对写出一部相对成熟的教材感到踌躇。我们多次动议修订，多次启动撰稿，又多次中断搁置，有些章节反反复复重写了若干稿。最近一轮雄心勃勃的修订计划始于2011年年初，一晃竟又是6年光景。电子文件管理领域的快速发展变化给了我们不断追赶的动力，同时也使我们不断看到新的差距与诸多未知，担心不足以充分把握教材的系统性和准确性。“十三五”初期，我们痛下决心，一定要补上多年的欠债，历经反复修改打磨终于成稿。本教材第一章、第二章由冯惠玲执笔，第三章由刘越男、赵屹执笔，第四章、第六章由张宁执笔，第五章由马林青执笔，第七章、第九章、第十章、第十二章由钱毅执笔，第八章由刘越男、夏天执笔，第十一章由刘越男执笔，全书由冯惠玲、刘越男统稿。尽管我们此前的担忧并没有消失，这个领域的快速发展变化仍然不断改写着最新的知识体系，我们的所知仍有局限，但我们不再犹豫，希望向读者奉献一部属于这个时期的教材，并随着知识的更新加快教材修订的频率和速度。

感谢各方人士对这部教材给予的各种帮助，包括提供相关资料、提供案例、提供实地考察、提供新观点等。感谢中国人民大学出版社人文分社潘宇社长、盛杰和黄超编辑在本教材出版过程中提出的宝贵建议和精心审校编排。这部书稿的编写修改过程，就是我们不断发现问题、调整修改的过程，虽已付梓，但遗漏、差错、处理不当之处肯定尚存其中，热忱希望各位读者在阅读、教学中发现问题，提出宝贵意见和建议，我们深知，这个领域的复杂挑战需要所有参与者共同应对。

著者

2017年7月

目　录

第一章　电子文件概述 …… 1

第一节　电子文件的概念和作用 …… 1
第二节　电子文件的要素 …… 6
第三节　电子文件的种类 …… 8
第四节　电子文件的生命周期 …… 14
第五节　电子文件的特点 …… 16
第六节　电子文件的法律证据效力 …… 26

第二章　电子文件管理概述 …… 30

第一节　电子文件的管理目标 …… 31
第二节　电子文件管理的效用 …… 37
第三节　电子文件的管理理念与原则 …… 43
第四节　电子文件的管理模式 …… 58
第五节　电子文件的管理体制 …… 64
第六节　电子文件管理的法规、制度和标准 …… 75

第三章　电子文件的形成 …… 94

第一节　电子文件形成概述 …… 94
第二节　电子文件形成的管理要求 …… 106
第三节　电子文件形成的管理职责和管理系统 …… 117

第四章　电子文件的捕获、归档与移交 …… 125

第一节　电子文件的捕获与归档概述 …… 125
第二节　电子文件的捕获 …… 130
第三节　电子文件的归档 …… 137
第四节　电子文件的移交与接收 …… 146

第五章 电子文件的分类 …… 155

第一节 电子文件分类概述 …… 155
第二节 电子文件分类的方法 …… 159
第三节 电子文件分类方案的建立 …… 161

第六章 电子文件的鉴定与处置 …… 184

第一节 电子文件鉴定与处置概述 …… 184
第二节 电子文件的价值鉴定 …… 191
第三节 电子文件的处置 …… 201

第七章 电子文件的保存 …… 206

第一节 电子文件保存概述 …… 207
第二节 电子文件的信息保存 …… 216
第三节 电子文件的载体保管 …… 228

第八章 电子文件的检索与利用 …… 247

第一节 电子文件检索与利用概述 …… 247
第二节 电子文件的检索 …… 257
第三节 电子文件的提供利用 …… 271

第九章 专门电子文件管理 …… 282

第一节 电子邮件管理 …… 282
第二节 数据库电子文件管理 …… 295
第三节 网站文件管理 …… 302
第四节 CAD 文件管理 …… 317

第十章 电子文件管理系统 …… 331

第一节 电子文件管理系统概述 …… 331
第二节 电子文件管理系统的主要功能 …… 337
第三节 电子文件管理系统开发原则 …… 349
第四节 电子文件管理系统建设过程 …… 351

第十一章 电子文件元数据 …… 364

第一节 电子文件元数据简介 …… 364
第二节 电子文件元数据标准 …… 375
第三节 文件形成机构的元数据管理 …… 386
第四节 文件保存机构的元数据管理 …… 396

第十二章　电子文件安全管理 …………………………………… 404

第一节　电子文件安全管理概述 …………………………… 404
第二节　电子文件安全风险识别与评估 ……………… 409
第三节　电子文件安全管理措施 …………………………… 415
第四节　电子文件安全技术措施 …………………………… 418

第一章 电子文件概述

【本章要点】

1. 电子文件的概念
2. 电子文件的要素
3. 电子文件的种类
4. 电子文件的生命周期
5. 电子文件的特点
6. 电子文件的法律证据效力

第一节 电子文件的概念和作用

一、电子文件的概念

电子文件（electronic records）是国家机关、社会组织或个人在履行其法定职责或处理事务过程中，通过计算机等电子设备形成、办理、传输和存储的数字格式的各种信息记录。[①]

这个概念揭示了电子文件的两个基本特征：

第一，电子文件是文件的一种类型，文件是电子文件的概念基础。“文件”一词有两种含义：一是“国家机构、社会组织或个人在履行其法定职责或处理事务中形成的各种形式的信息记录”[②]，英文通常称 record 或 document；二是“计

---

① 本教材采用国家标准《电子文件归档与电子档案管理规范》（GB/T 18894－2016）中的定义。国内外关于电子文件的定义有多种（见本章资源链接 1－1 和 1－2），有的包含模拟文件和数字文件两类，本教材所指的电子文件不包括模拟文件，专指数字文件。

② 国家档案局．档案工作基本术语：DA/T 1－2000．国家标准《信息与文献　文件管理　第 1 部分：通则》（GB/T 26162.1－2010）3.15 条款指出：文件是指“机构或个人在履行其法定义务或开展业务活动过程中形成、接收并维护的作为凭证和具有查考作用的信息”。

算机的一个专用名词，指由若干相关的记录构成的集合”[①]，英文通常称 file。这里采用的是第一种含义，指在社会实践活动中产生的，经过形成、办理、传输和存储等流程的信息记录。作为文件家族的新成员，电子文件具有文件的各种属性，特别是具有特定的要素、作用和效力。这是电子文件与其他数字信息的基本区别，也是电子文件与其他形式文件的共同点。

第二，电子文件是由电子计算机、数码相机、数字传感器等数字设备生成、处理和存储的，其信息以二进制数字代码记录和表示，因此亦可称为“数字文件”（digital records）。这是电子文件与以往所有其他形式文件的基本区别，也是电子文件信息与其他数字信息的共同点。数字信息使用 0 和 1 两种数码的组合来记录信息，每一个 0 或 1 叫作一个比特，需要记录的信息用一串比特存储于计算机存储器（包括内存储器和各种外存储器）中，并可通过通信网络进行传输。

在上述电子文件的两个基本特征中，“文件”是电子文件的功能属性，“数字信息”是电子文件的技术属性。从逻辑上说，电子文件是“文件”和“数字信息”两个概念的交集，它是具有文件功能的数字信息，又是以数字信息为技术特征的文件。

资源链接 1－1

我国比较有影响的电子文件定义

2014 年档案行业标准《电子档案管理基本术语》（DA/T 58－2014）的定义为：“国家机构、社会组织或个人在履行其法定职责或处理事务过程中，通过计算机等电子设备形成、办理、传输和存储的数字格式的各种信息记录。”2009 年中共中央办公厅、国务院办公厅发布的《电子文件管理暂行办法》（中办国办厅字〔2009〕39 号）指出：“电子文件是指机关、团体、企事业单位和其他组织在处理公务过程中，通过计算机等电子设备形成、办理、传输和存储的文字、图表、图像、音频、视频等不同形式的信息记录。”2000 年档案行业标准《档案工作基本术语》（DA/T 1－2000）的定义为：“以数码形式记录于磁带、磁盘、光盘等载体，依赖计算机系统阅读、处理并可在通信网络上传输的文件。”1999 年我国国家标准《CAD 电子文件光盘存储、归档与档案管理要求　第一部分：电子文件归档与档案管理》（GB/T 17678.1－1999）中的定义为：“能被计算机系统识别、处理，按一定格式存储在磁带、磁盘或光盘等介质上，并可在网络上传送的数字代码序列。”

资源链接 1－2

国际上比较有影响的电子文件定义与表述

2015 年出版的《档案学百科全书》[②] 分别介绍了“机读文件”“电子文件”和“数字文件”三个概念。其中“电子文件”概念所列举的加拿大档案工作者局

① 辞海．上海：上海辞书出版社，1980：1533.

② Duranti L，Franks P C. Encyclopedia of Archival Science. Rowman & Littlefield Publishers，2015.

的定义为“由计算机进行编码的文件”。InterPARES2 定义为“以电子形式运行，需要利用电子设备才能实现人工识读的模拟文件或数字文件”。澳大利亚国家档案馆根据其文件管理标准 AS 4390 做出的定义为“在电子设备中生成、运行、保管的文件”。美国档案工作者协会定义为“在自动化系统中被捕获、固化并加以存储，依赖系统对其进行读取的数据和信息”。该书认为，目前“数字文件”的概念在更大范围内被采用。“数字文件”是以 0 和 1 二进制代码为基础进行编码记录的文件，人类需要同时依赖计算机硬件和软件才能对这些数字文件进行阅读和理解。澳大利亚国家档案馆将数字文件作为电子文件的子集，包括原生性数字文件和从非数字形式转化而来的数字文件。

《信息与文献 电子办公环境中文件管理原则与功能要求 第一部分：概述与原则综述》(ISO 16175－1：2010) 中做出的定义为“借助电子设备生成、传递、保存和/或访问，存储于电子载体的文件”。1999 年国际文件管理信托基金会 (IRMT)《电子文件管理导论》中的定义为“用计算机操作、传输和处理的数字文件”。1997 年国际档案理事会电子文件委员会《电子文件管理指南》中的定义为：“电子文件是通过数字计算机进行操作、传递和处理的文件。”1993 年《美国联邦文件管理术语手册》第二版中的定义为“其存储形式只能由计算机处理的文件”。1992 年《美国联邦管理法规》中的定义为：“电子文件包括数字的、图形的及文本的信息，它可以记录在计算机能够阅读的任何一种介质上，并且符合文件的规定。”

认识和判断电子文件应注意以下三个要点：

(1) 电子文件是电子化业务及活动的产物。判断计算机中的信息或数据是否为电子文件的首要标志是这些信息或数据是否应业务与活动需要、在社会活动中产生。比如，网络办公产生电子公文，计算机辅助设计 (computer aided design, CAD) 产生 CAD 文件，网上购物产生电子订单、电子划账文件等。

(2) 电子文件是内容稳定的信息凭证。其稳定的内容忠实地记录了特定的社会活动的过程和结果，这样的凭证信息一般要由固化的形式来支持，如通过规范的文件格式把一份文件的各种信息要素及其位置确定地显示出来。在管理工作中，通常需要采取一定的措施来固定文件的内容和形式，如将 DOC 格式转化为 PDF 格式或 OFD 格式就是一种比较简单的固化方式。

(3) 电子文件的信息表现方式是多样化的。只要是在社会活动中产生的信息记录，无论其信息表现方式如何，都可以成为电子文件。其具体表现方式包括但不限于文字、图表、图像、音频、视频等。

电子文件和计算机文件是两个角度、两个专业领域的术语，不能将两者等同。计算机文件是为操作系统所知的、已命名的、有序的字节序列，是计算机操作系统管理信息的基本单位，如 2G 的电影、一份空白的 Word 文档都是计算机文件的形式。只有应业务需要、在社会活动中产生的计算机文件才可能是电子文件。两者可能一一对应，比如一张拍摄单位重要活动的数码照片、一份电子发文、一封不带附件的商业邮件等；也可能不是一一对应的，比如一份包含 HTML、CSS、JPEG 图片的对外公告网页，一份嵌入外部音频、视频的年度报告，包含被转发件的转发件等，则可能是一份电子文件中包含了若干个计算机文件。

在我国文件、档案管理领域，对于文件有两种理解：一种是狭义的理解，也称为“小文件观”，即“文件”特指处于业务活动过程中的记录，归档之后的文件则被称为“档案”；另一种是广义的理解，也称为“大文件观”，涵盖文件从生成到最终永久保存或销毁的全过程，其中具有保存价值的文件被称为“档案”，在这种观点中，文件包含档案。本教材电子文件的概念以“大文件观”为基础，涵盖文件生命周期全过程。其中具有保存价值（也称档案价值）的称为“电子档案”或“归档电子文件”。电子文件和电子档案的关系如图 1－1 所示。

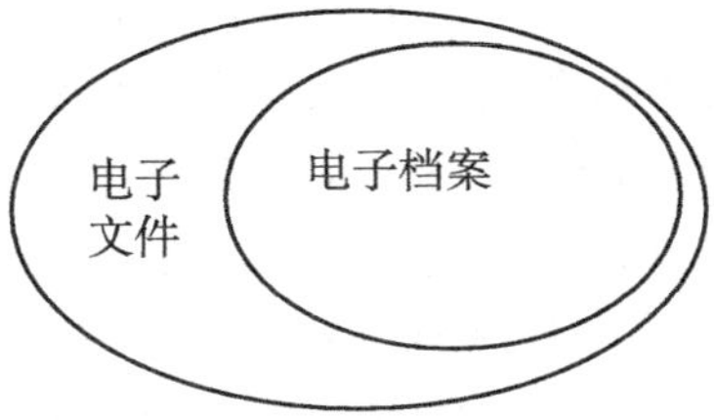

图 1－1　电子文件和电子档案的关系

作为电子文件的特定阶段，电子档案具有电子文件的基本属性，同时在所处阶段、功能和管理理念上也有其特点：

从所处阶段看，电子文件涵盖整个文件生命周期的全过程，每一份文件的生命周期因内容和价值而异。而电子档案则存在于归档之后的阶段，基本上处于业务活动结束之后。

从功能上看，电子文件在其不同阶段具有不同的功能，包括作为行政与业务活动依据的运行功能和作为各种社会活动历史记录的证据与记忆功能，不论其保存期限的长短，甚至可以在业务结束之后便失去保存价值，如会议通知、设计草稿等。电子档案的主要功能是社会活动的历史记录，一般不参与行政与业务活动的运行，并且必须具有超出业务周期的保存价值，在业务结束之后不再有保存价值的电子文件不是电子档案。

从管理理念看，电子文件管理面向文件生命周期的全过程，支持文件各项功能的实现。电子档案管理的重点在于归档接收、长期保存和提供利用，确保档案价值的实现。

二、电子文件的作用

理解和认识文件的作用和效力对于确定电子文件的管理目标、原则、策略是十分重要的。关于文件的作用和效力，国家标准《信息与文献　文件管理　第 1 部分：通则》（GB/T 26162.1－2010）中归纳了 13 个方面：以有序、高效、负责的方式开展业务活动；以一致和公平的方式提供服务；支持并记录政策的形成和管理决策的过程；保证宏观管理和微观管理的一致性、连贯性和效率；方便业务活动在整个机构内的有效开展；在受灾的情况下，提供持续运作的可能；满足有关档案、审计和监督方面的法律法规的要求；为法律诉讼提供保护和支持，包括对与机构活动证据存在与否相伴随的风险管理提供保护和支持；保护机构的利益，保护员工、客户和当前及未来相关利益方的权利；支持并记录当前与未来的研究活动、进展情况、取得的成绩以及历史研究活动；提供事务活动、个人活动和文化活动的证据；建立事务标识、个人标识和文化标识；建立机构记忆、个人记忆或集体记忆。

上述表述适用于传统环境和数字环境中的文件，包括现实作用和长远作用两个方面。对于文件形成者而言，文件既是履行职能、表达意思、交流沟通的现实工具，也是其活动轨迹的历史记录，提供事实、凭证和记忆，因而成为国家、机构与个人信息资源中最为核心的组成部分。在数字环境中，电子文件的作用会有所强化并以新的方式实现，主要表现在几下几方面：

（1）广泛应用于信息传递和社会交往。人类社会的实践与交往离不开信息传递，在公务、商务活动中，机构、社会组织之间的正式交往和信息传递，有些必须通过文件实现。在信息化、网络化环境中，电子文件成为越来越普及的、常规化的文件生成、发布和传递方式，以其速度快、成本低、内容丰富、多向传递、网状传播等特性而在社会交往中被广泛使用，成为不可或缺的信息传递工具。

（2）支持各项业务与管理活动的高效与持续开展。文件是行政、商务、科技、文化、教育、军事等领域业务和管理活动的工具，以其合法、规范的方式记录和反映活动的意图、过程和结果，成为各项社会活动的信息表达和凭据。电子文件是各领域电子化业务的基本工具，是电子化业务正常、合规、有序、高效运行的重要信息资源，可以为业务决策及其后续活动提供重要信息支持，并能在机构运作遭遇突发事变时，提供持续运作的可能性。

案例 1－1　“9·11 事件”引发数据灾备关注

2001 年 9 月 11 日，美国纽约世界贸易中心双塔楼在“9·11”事件中倒塌，位于这座大楼中的许多公司，因为其所有业务数据被毁，无法继续业务活动，只得申请破产。世界著名的摩根斯坦利银行的总部及其数据也毁于这次事件中，但是该银行采用了数据备份系统，在数英里外的新泽西州的蒂内克保留着备份数据，在重新安装好硬件系统后，第三天就恢复了营业。这个事件引发了全世界对于系统和数据灾备的关注。

资料来源：Leadership on 9/11：Morgan Stanley's Challenge.（2001－12－17）.［2016－09－29］http：//hbswk. hbs. edu/archive/2690. html.

（3）维护社会组织和个人的合法权益。文件能够忠实记录各项社会活动的过程和结果，证明活动主体及其所开展的活动对法律、法规的遵从，可证明社会组织和个人的身份、经历和状况，满足外部审计、监督的要求，并为法律诉讼提供证据支持，降低法律风险及其连带的经济、名誉等其他风险，从而维护社会组织和个人的合法权益。电子文件在越来越多的国家和领域具有法律效力，对于电子化业务而言更是无可替代的记录和证据。

（4）延续历史，传承文明。文件、档案记录了人类的社会活动，承载了社会历史与文化。在信息化环境中，越来越多的社会生活记录以电子文件形态生成和存在，可以说，电子文件承载了信息时代的历史与文化，需要科学管理和长久传承。电子文件的流失，将损害信息时代社会记忆的延续性，造成历史的空白。2011 年，澳大利亚国家档案馆成为执行总理内阁部制定的《澳大利亚政府数字转型政策》的领导机关，并在此基础上制定了《数字连续性 2020 政策》，确立将数字方式作为维持和管理文件信息的手段，确定数字格式为绝对的文件优选格式，将电子文件作为延续国家历史文化的重要载体。

案例 1－2　东德大量电子文件无法读取

民主德国产生的包括行政文件、农业文件、劳工统计资料、监狱登记册、人事案卷在内的成千上万份电子文件，在德国统一之后，由于介质老化、软件不详等诸多原因不能读取，经全力抢救也无法挽回，造成了民主德国历史的一段空白。

资料来源：杜兰蒂．如何长期保证电子文件的真实性？．李音，等译．中国档案，2000（3）.

第二节 电子文件的要素

关于文件的构成要素，国际文件、档案管理界有多种观点。其中广为接受的是国际档案理事会电子文件委员会于 1997 年在《电子文件管理指南》（Guide For Managing Electronic Records From an Archival Perspective）中提出的文件三要素观，即文件由内容（content）、背景（context）和结构（structure）三要素构成。该指南将文件定义为："文件是由机构或个人在其活动的开始、进行和结束过程中所产生或接收的记录信息，该记录信息由足以为其活动提供凭证的内容、背景和结构构成，而不管记录的形式或载体如何。"澳大利亚文件管理国家标准（AS4390）中也同样指出："为了起到文件的作用，电子信息要求保存其结构、背景和内容。"文件是其内容、背景与结构的统一体的观点对于理解和管理电子文件是十分重要的。

（1）内容指文件中所包含的表达作者意图的信息。

（2）背景指文件所处的环境。文件的背景信息包括文件之间的相互关系、形成文件的过程与状态、业务活动、技术环境等，还包括表示文件来源与传送目的地的信息以及与文件形成和存在相关的其他信息，如作者、签发人、成文日期、收文者、形成文件的活动说明、文件生成的软硬件环境、文件状态改变的说明（如修改、迁移等）等。国际档案理事会2005年颁布的《电子文件：档案工作者指南》（Electronic Records：A Workbook for Archivists）指出，背景信息具有证明文件的真实性、可靠性和完整性的作用，可以为文件提供完整、充分的理解所必需的信息；为文件相关活动和事务处理，如职责和责任，提供完整、充分的理解所必需的信息；为文件的相关处理，如文件的鉴定、迁移、移交等提供信息；为自始至终实现有效的文件管理和保管提供信息；是有效检索和利用文件所需要的信息。

（3）结构是指电子文件的内容组织和存储方式，包括物理结构和逻辑结构。物理结构是指电子文件在存储设备或载体中的存储位置和文件格式，如文件的正文、批示、附件等各部分信息以及多媒体文件中不同媒体信息各自在载体上的存储位置及其关联；逻辑结构是对电子文件内容各信息单元之间关系的描述，即文件信息的组织方式，如正文和附件，多媒体文件中图、文、声、像的结合，超文本文件的链接等。

以一份总经理办公会议的电子会议纪要为例。会议纪要所记载、传达的总经理办公会议情况和议定事项是其内容；总经理办公会议通知、会议材料等构成了该会议纪要的文件关系背景，会议纪要的发布时间是形成过程背景，总经理办公会议是形成该会议纪要的业务活动背景；该会议纪要的页面布局是其结构信息。再以一份向部门领导请示工作的电子邮件为例。该请示的具体事项是其内容；该电子邮件的发送时间、发信人地址、收信人地址等是其形成过程与状态背景，部门领导的回复邮件构成了该请示邮件的文件关系背景；电子邮件的正文和附件是其结构信息。

资源链接1-3

InterPARES项目“电子文件要素分析模板”

电子系统中文件真实性永久保障国际合作项目（InterPARES）基于文件身份鉴定学和档案学理论，应用解构定义法建立了“电子文件要素分析模板”（template for analysis of elements of electronic records of InterPARES），确认了电子文件的组成要素，作为从复杂的信息系统中识别、评估文件身份的条件。它所定义的电子文件包含如下要素：

（1）具备固定的内容和成文形式，并且以固定在载体上的方式存在；

（2）参与一个由拥有相应权限的机构或个体发起的、旨在改变境况的行动；

（3）具备档案联（archival bond）；

（4）最基本的文件形成人员（即作者、著者、接收者、拥有者和网络地址提供者）共同参与文件形成；

（5）具备五个可识别的环境（即司法-行政环境、来源环境、程序环境、记录环境和技术环境）。

这个模板是InterPARES项目组经过长期研究，对各种类型信息系统中生成文件的特征进行解析、提炼、抽象而得出的结论，即无论在任何复杂的技术环境中，数字体都必须具备所有五个要素（或满足所有五个条件），才能被视为文件。该模板在多国被通过案例研究进行验证和测试，受到广泛认可。

资料来源：谢丽．文件的概念及其在数字环境中的演变：InterPARES观点．档案学通讯，2012（3）．

第三节 电子文件的种类

对于电子文件的种类有不同的划分标准。和纸质文件一样，电子文件按照形成主体可以分为公务文件和私人文件；按照形成文件的业务领域可以分为通用电子文件（主要形成于行政管理、财务管理、人力资源管理等各机构都有的通用业务和管理领域）和专门电子文件（主要形成于机构所特有的业务领域，如保险公司的保险业务、房地产公司的工程项目建设等）；按照文件内容的性质可以分为规范性文件、领导指导性文件、报请文件、知照文件、契约文件、会议文件等；按照行文方向可以分为上行文、平行文和下行文；按照文件的授受关系可以分为发文和收文；按照文件的密级可以分为绝密文件、机密文件、秘密文件、公开文件等。

根据电子文件的特点，还可以有以下几种划分方法。

一、按电子文件的信息存在形式划分

（1）文本文件（text），或称字处理文件，是指使用文字处理软件（如WPS、Word等）生成的，由字、词、数字或符号表达的文件，存储内容由ASCII标准代码和GB 2312－80标准汉字代码构成。用不同文字处理软件编辑的文本文件一般不能交换使用，常用的文件格式有WPS、DOC等。纯文本文件不包含格式代码，在使用时不受计算机硬件和软件类型的限制，常用的格式有TXT等。

（2）数据文件（data），主要包括两类，一是含有数据的电子表格文件，如用Excel软件制作的用于记录或计算各种数据的表格，格式为XLS。二是数据库电子文件，是指在事务处理系统中单独承担文件职责，或者作为文件的重要组成部分出现的数据对象，也可以说是以数据库数据形式存在的具有文件属性的记录。一个数据库由若干记录组成，一个记录由若干字段（数据项）组成。根据形成者需要建立的数据文件可以是数据库中的一个记录，也可以是若干相关的记录。数据库因管理程序不同而具有不同的格式，一般来说不同的数据库之间需要通过转换程序才能进行信息交换。数据库的生成一般有两种方式，一是人工输入数据，利用相应的数据库应用程序形成数据库，二是使用条形码扫描器、传感器等设备自动采集数据。近年来传感器技术愈加成熟，应用面日益广泛，通过传感器自动采集的数据持续快速增长。此外，使用已有的数据借助某些软件包亦可自动生成新的数据库。机构业务活动或管理活动中建有各种专题数据库，如政策法规数据库、人员情况数据库、业务指标数据库、普查记录数据库、勘测数据库等。这些数据库中的数据是机关、企事业单位在其职能活动或内部管理活动中生成或获取的真实记录，应作为电子文件进行管理。

（3）图形文件（graphic），是指根据一定算法绘制的图表、曲线图，包括几何图形和用图标表示的物理量如应力、强度的图形等，常用格式为 EPS 等。计算机辅助设计（CAD）、计算机辅助工程（CAE）、地理信息系统（GIS）或绘图系统中产生的设计模型、图纸、图画等即为图形文件。图形文件由代表绘图坐标的矢量和一些参数组成，可以使用特殊的代码格式存储，也可以使用纯文本文件的代码存储，以便在不同的软件包之间进行信息交换。

（4）图像文件（image），是指使用数字设备采集或制作的画面，如用数码相机拍摄的照片、用扫描仪扫描的各种原件画面、用 Photoshop 等软件制作的效果图等。纸质文件、缩微胶片均可经过扫描转换成数字图像文件。图像文件的分辨率与存储空间成正比，不同格式的图像文件不能任意交换使用，常用的文件格式有 JPG、BMP、TIF 等。彩色图像文件的内容一般是用表示图像像素的代码形式存储的，能否正确复现原色彩还与显示器的性能有关。

（5）影像文件（video），是指使用视频捕获设备（如数码摄像机）录入的数字影像或使用动画软件生成的二维、三维动画等各种动态画面，如数字影视片、动画片等。视频捕获设备还可将模拟影像转换成数字影像。影像文件需要较大存储空间，其分辨率与存储空间成正比。影像文件有不同的格式或标准，主要格式有 MPEG、AVI 等，播放时需要使用相关的设备和程序。

（6）声音文件（audio），是指用音频设备（如数码录音机）录入或用编曲软件生成的文件。常用的文件格式有 WAV、MP3 等。用音频设备录入并转换为数字形式的文件，如数字录音、语音邮件（voice mail）等，采样频率和速率越高，音质越好，文件所占存储空间就越大。用编曲软件生成的文件一般被称为 MIDI 文件。还有一些音乐文件是将上述文件通过压缩或转换生成的（如 MP3 等）。声音文件播放时需要使用相关的设备和程序。

（7）程序文件（program），是指为处理各种事务用计算机语言编写的程序，是一种计算机软件。它的形成过程一般是由程序员编写源程序输入计算机，通过相应的编译程序编译后执行，有些还要经过连接程序才能执行。源程序是纯文本文件，由特定的计算机指令序列构成，具有可移植性，一般不受计算机类型的限制，编译后的软件在不同类型的计算机上通常不兼容。源程序能表明版权的归属，对于计算机软件的开发者来说具有重要的保存价值。

（8）多媒体文件（multimedia），是指包含上述两种以上信息形式的文件。数字影视片、PPT 文件大多采用了多媒体技术。多媒体文件综合运用图、文、声、像等多种信息形式记录事物或事件面貌，可以更加真实、生动地再现当时的情景。

（9）超文本文件（hypertext），是指包含信息链接功能的文件。超文本是一种信息组织方法，具有较为复杂的信息结构。它对相关数据和信息以节点链接的形式建立有效关联，确定并显示各节点信息之间的相互关系，主要采用 HTML 格式。用户可以通过这种链接功能获取超文本文件节点网络中的任意相关信息。机关、社会组织和个人的网页（web page）就是使用超文本技术制作的，一些数据库的检索导航系统也采用了超文本技术。

随着计算机技术的不断发展，不同类型文件之间的融合现象越来越多，文件类型之间的界限日益模糊。比如，DOC 格式的文件是典型的文本文件，但当文件中内嵌了图形、图像、声音、视频等内容后，也可以看作是多媒体文件。

二、按电子文件的生成方式划分

按生成方式，电子文件可以分为原生电子文件和数字化电子文件。

原生电子文件是指在计算机系统中直接生成的数字信息文件，如在办公自动化（OA）系统中起草、发布、流转的发文、电子邮件、计算机辅助设计文件等。随着信息技术的普及和发展，在电子政务、电子商务、电子监测、电子出版、网络教育等领域中直接形成了越来越多的电子文件，其技术环境不尽相同，包括个人计算机、过程控制计算机和各种形式的网络环境等。其信息输入方式多样便捷，包括键盘录入、语音录入、书写录入、音视频设备录入、传感设备自动采集等。这些文件的最初形态为数字信息，根据需要可以用屏幕显示、播放、打印等各种方式输出。

数字化电子文件是指将模拟信息的源文件（如纸质文件、模拟录音文件、缩微胶片等）经由数字设备转换而成的数字信息文件。为满足社会各方面对网上文件、档案信息资源日益扩大的需求，不少国家的政府机关和档案机构对库存传统载体的文件、档案或目录进行了数字化转换。主要方法是用扫描设备将原文件转换成数字图像方式，或经光学字符识别软件（OCR）识别后形成文本形态。一些实现了内部网上办公的机关在接收纸质文件后，扫描转换成数字文件运转和存储。我国国家档案局于 2005 年颁布了《纸质档案数字化技术规范》（DA/T 31－2005），于 2009 年颁布了《缩微胶片档案数字化技术规范》（DA/T 43－2009），分别规定了纸质档案、缩微胶片档案数字化的技术要求。国际标准化组织档案与文件管理分技术委员会于 2010 年颁布了文件数字管理国际标准《信息与文献 文件数字化实施指南》（ISO/TR 13028：2010），对文件、档案数字化的流程与要求做出了规范。

案例 1-3　我国档案数字化进展

截至2014年，全国3 319个国家综合档案馆以卷为保管单位的2.7亿卷档案已数字化4 500多万卷，数字化率为17%，以件为保管单位的2.5亿件档案已数字化5 000万件，数字化率为20%。

资料来源：李明华在第十八届国际档案大会上的主旨报告（2016年9月8日）。

截至2014年，青岛市档案馆已经将馆藏3 100万页档案全文、95万张照片、23万分钟的音视频档案以及1 500万条目录信息转换成数字图像，形成了丰富的数字档案信息资源，其中开放档案提供在线利用。

资料来源：青岛市档案馆徐明君在2014年第五届中国电子文件管理论坛上的发言。

关于数字化文件是否可以作为电子文件，至今国内外仍有不同的观点。从技术特性、保管要求等方面看，数字化文件与原生电子文件有很多共同或相近之处；从文件的功能和要素方面看，数字化文件却与原生电子文件有所不同，其差别程度主要取决于对传统载体文件进行数字化转换的时机和应用。一种情况是在文件运行处理之前，为了支持文件在机构办公系统中的自动流转而进行的数字化转换，例如，对于外来纸质文件收到后即进行数字化并进入文件处理程序，这种数字化文件在收文单位几乎与原生电子文件具有相同的处理过程和元数据，虽然文件生成方面的元数据可能不完整，但可以说具有与原生电子文件相同的大部分属性，应被纳入电子文件管理。另一种情况是在纸质文件归档之后，档案室或档案馆通过扫描得到数字副本，这种数字化文本既无文件生成过程的元数据，也因未经历文件处理而没有处理过程元数据，通常被作为纸质档案（或缩微胶片）的数字副本保存和使用。

三、按电子文件的生成系统划分

按生成系统，电子文件常见种类有电子公文、数据库文件、电子邮件、网页文件、计算机辅助设计文件、地理信息系统文件等。2005年国家档案局颁布了行业标准《公务电子邮件归档与管理规则》(DA/T 32-2005)，规定“公务电子邮件自形成时应有严格的管理制度和技术措施，确保其真实性、完整性和有效性”。20世纪末开始，美国、英国、加拿大、澳大利亚、新加坡等一些国家启动了网页归档和管理项目，将一定范围的网页用快照、爬虫等方式定期捕获保存。2005年1月，美国国家档案与文件署（NARA）出台《网站文件管理指南》，指导联邦机构网页归档管理。2012年我国国土资源部开始研制网页管理规范，研发网页电子文件管理系统，捕获本系统各机构的网页并加以管理。随着社交媒体（social media，如微博、微信、Facebook、Twitter等）的广泛应用，政府机构与公众在互动平台生成的部分信息在有些国家已经被当作电子文件加以收集和管理。2011年2月，美国国家档案与文件署出台《Web 2.0和社交媒体平台文件管理指南》，规定在 Web 2.0 和社交媒体产生的信息，只要符合一定条件，就应该被认定为文件。近年来，我国政务微博发展很快，党政部门通过政务微博第一时间发布权威信息，往往成为新闻信源和影响事态的重要变量，发挥了显著的舆论影响力，其中一些博文具有文件的性质。浙江省海宁市司法局自 2011 年 4 月 2 日至今已发微博公文数十条。该局宣称微博公文具有与纸质公文同样的行政效力，详细规定了微博公文的种类、格式和内容，并要求司法系统各部门开通微博账号，以便随时接收微博公文。这些微博公文，多被该市司法系统相关部门或人员收藏或评价，一些公众也参与了互动。

案例 1－4　英国政府网站档案馆

英国国家档案馆于 2003 年 9 月建立了英国政府网站档案馆（UK Government Web Archives，UKGWA），归档所有的英国中央政府网站，包括中央政府各部门网站、政府机构和非政府部门的公共机构网站、公共咨询和皇家委员会网站、重要的国家医疗服务体系网站，以及区域发展机构网站。该档案馆保存了从 1996 年至 2014 年大约 3 000 个网站的大约 25 亿网页，数据达 90TB。该档案馆具有完善的浏览和检索功能，还设置了跳转功能，如果用户查找的网站已不存在，而在政府网站档案馆中获得保存，那么用户就会自动被引入该档案馆。

资料来源：The UK Government Web Archive：A Resource for Contemporary Historians (2).（2014－03－12）[2016－09－29].http：//blog.nationalarchives.gov.uk/blog/uk-government-web-archive-resource-contemporary-historians-2/.

案例 1－5　我国政务微博快速发展

截至 2014 年 11 月底，我国政务微博认证账号（含新浪微博、腾讯微博两大平台）达到 27.7 万个，累计覆盖 43.9 亿人次，中央国家机关政务微博认证账号达到 219 个，累计覆盖 2.7 亿人次，省级及以下各级单位政务微博认证账号超过 19.4 万个，累计覆盖 20.8 亿人次。

截至 2014 年 12 月，中国政务微博年发布量达到 1 782.3 万余条，同比增长 20.1%，转发评论量达 2.3 亿条，同比增长 17.5%。在发布量明显增长的同时，评论转发比、原创微博量方面也有明显提升。

政务微博呈现集群化发展特点，形成从中央到地方，覆盖不同级别、不同职能部门的政务微博矩阵。随着“互联网＋政务”的推进，政务微博运营已经成为政府日常工作的组成部分，运营水平的高低也成为政府部门行政能力的“标尺”。

资料来源：2014 年全国政务新媒体发展研究报告.（2014－12－25）[2016－09－29].http：//www.china.com.cn/news/2014－12/25/content_34411565_2.htm. 2015 年上半年人民日报·政务微博影响力报告.（2015－08－26）[2016－09－29].http：//news.newsxy.com/2015/0828/227877.shtml.

案例 1-6　英国在线社交媒体档案库

英国国家档案馆在线社交媒体档案库已经保存 7 000 多份 YouTube 视频和超过 65 000 份政府部门发布的 Twitter 消息，这些归档的社交媒体内容作为官方公共档案被永久保存。

该系统可以通过抓取“快照”的形式收集 Twitter 消息，包括很多重大事件的信息，如乔治王子出生、王妃钻石庆典、2012 年伦敦奥运会和 2013 年温布尔登网球公开赛等。在线社交媒体档案库还保存与社交媒体内容相关的背景信息，包括发布者和发布时间等，以保障其真实性和便于利用。

资料来源：Information on Web Archiving. [2016-09-29]. http://www.nationalarchives.gov.uk/webarchive/information/.

资源链接 1-4

国外与文件管理相关的社会媒体政策与规范

英国：《政府部门 Twitter 使用指南》(Template Twitter Strategy for Government Departments)。

澳大利亚：《文件管理与 Web 2.0 指南》(Guidelines No. 24：Records Management and Web 2.0)、《Web 文件保管指南》(Guidelines No. 20：Keeping Web Records)。

美国：《社会媒体策略》(Social Media Strategy)、《Web 2.0 使用与社交媒体网站使用规则与内容管理责任备忘录》(Rules of Behavior for Using Web 2.0 and Social Media Web Sites and Responsibilities for Content Management)、《联邦政府 Web 2.0 使用情况和文件价值报告》(A Report on Federal Web2.0 Use and Record Value)、《联邦机构如何使用新社交媒体工具有效管理文件》(How Federal Agencies Can Effectively Manage Records Created Using New Social Media Tools)、美国国家档案与文件署《Web 2.0 和社交媒体平台文件管理指南》。

这些政策与规范的主要内容涵盖三大方面：一是政府机构如何使用这些社交媒体工具；二是这些机构如何应用这些社交媒体工具开展业务；三是从文件与档案的角度规范政府机构（包括档案机构）在社交媒体平台产生的信息的管理。

资料来源：

Template Twitter Strategy for Government Departments. [2016-09-29]. https://zh.scribd.com/doc/17313280/Template-Twitter-Strategy-for-Government-Departments. NARA Bulletin 2011-02. (2010-10-20) [2016-09-29]. https://www.archives.gov/records-mgmt/bulletins/2011/2011-02.html. Managing Social Media. [2016-09-29]. http://www.naa.gov.au/information-management/managing-information-and-records/types-information/social-media/index.aspx.

四、按电子文件的功能划分

按功能，电子文件可分为主文件和支持性、辅助性、工具性文件。

主文件是指表达作者意图、行使职能的文件。对于纸质文件而言，任何一份文件都是主文件，可以独立地发挥作用。而电子文件生成、运行和存在于一定的软硬件环境中，需要以相应的支持性、辅助性、工具性文件作为读取和处理条件。

支持性文件主要是指生成和运行主文件的软件，如文字处理软件、表格处理软件、图形软件、多媒体软件等。辅助性、工具性文件主要是指在制作、查找主文件过程中起辅助、工具作用的文件，如计算机程序类文件往往附带若干辅助设计文件和图形文件，数据库往往附带若干辅助数据库和相应的索引文件、备注文件等。

主文件和支持性、辅助性、工具性文件是互相作用、相辅相成的。没有支持性、辅助性、工具性文件，主文件可能无法正常运行和查找，甚至根本不能生成和打开；而没有主文件，支持性、辅助性、工具性文件不能独立地行使文件的职能，甚至可能失去存在或保存的必要。

第四节 电子文件的生命周期

文件生命周期理论是揭示文件运动及其管理规律的具有普遍意义的文件理论。了解文件生命周期理论及其在电子文件时代的发展变化，对于建立科学的电子文件管理理念和框架具有重要的指导意义。

一、文件生命周期理论要点

文件生命周期理论形成于20世纪50年代，最初主要旨在对当时的新型文件保管机构——文件中心进行理论阐释，后经档案学者的逐步深化和扩展，成为在国际档案界具有广泛影响的重要理论之一。文件生命周期理论的基本内容可以概括为三方面：文件从其形成到销毁或永久保存是一个完整的运动过程；这一过程依文件价值形态的变化可以划分为若干阶段；文件在每一阶段因其特定的效用状态和价值形态而与价值主体、保存场所和管理形式之间存在一种对应关系。尽管不同学者对于文件阶段的划分和描述不尽相同，但对于文件生命周期理论的这三个要点是基本认同的。

二、电子文件生命周期理论的发展

国际档案理事会电子文件委员会1997年颁布的《电子文件管理指南》提出了电子文件生命周期（the life cycle of electronic record）的概念，把电子文件划分为三个阶段，即设计阶段（另一份报告称之为概念阶段，concept stage）、形成阶段（creation stage）和保管阶段（maintenance stage）。其中，设计阶段是指电子文件系统的设计、开发和安装阶段；形成阶段是指每一份电子文件在电子环境中生成的过程；保管阶段则是指对形成后的电子文件进行技术维护和保管的阶段。这一表述借鉴了计算机技术中“软件生命周期”之说，即将软件从开始计划到废弃不用的整个过程划分为计划阶段、设计阶段和维护阶段。该表述不是以文件内在价值的变化为依据，而主要着眼于电子文件的技术状态，以电子文件管理系统的设计为开端，追踪电子文件从孕育、生成到存在的过程。其出发点主要在于强调对电子文件的管理应实行“超前控制”，一些管理要求应该在设计阶段就加以考虑，尽可能设计到系统中去。

这一表述与档案界已有的文件生命周期理论的内涵是完全不同的。针对这一现象，国内外学者进行了深入的研究。不少人认为，不宜把两种不同依据的理论混为一谈。电子文件作为文件的一种形态，应该有与其他文件原理相同的生命周期。设计（概念）-形成-保管三段论从技术角度描述了行为人对电子文件实施的行为，而不是每一份文件自身的生命和运动过程。这种表述中三个阶段的对象并不一致，第一阶段是针对电子文件管理系统而言的，第二、第三阶段才是针对电子文件本身。而且，这种表述将电子文件形成之后的运动过程笼统地归结为保管阶段，没有做进一步的划分，这样一来，“保管阶段”几乎跨越了电子文件的整个生命历程。参照软件生命周期理论提出的设计（概念）-形成-保管三段式模型没有清晰地揭示电子文件自身运动规律，更适于作为对电子文件管理系统生命周期的描述。

电子文件生命周期理论应该是对以文件效用和价值变化为基础的文件生命周期理论的继承和发展。文件生命周期理论在本质上适用于电子文件，同时，也需要按照电子文件的特点对这一理论进行部分的修正。根据目前的认识，电子文件生命周期理论的基本思想主要有如下方面：（1）电子文件从其形成到销毁或永久保存是一个完整的、不可割裂的运动过程；（2）这一过程可以根据电子文件的功能、效用和价值的变化划分为若干阶段（如现行期、半现行期、非现行期），对不同阶段的管理需求应该统筹设计和实现；（3）电子文件在每一阶段因其特定的功能、效用和价值形态而具有不同的价值主体和价值实现方式，但电子文件运动的阶段性与其物理位置、保存场所没有必然的对应关系；（4）电子文件管理功能通过管理电子文件的系统实现，不同阶段的管理需求通过相应的管理功能实现，因此电子文件生命周期全程的管理和监控措施应该向前延伸到电子文件系统的设计之中。电子文件生命周期理论是电子文件全程管理原则和前端控制原则的依据和基础。

三、文件连续体理论

澳大利亚档案学者弗兰克·厄普沃德（Frank Upward）在20世纪90年代提出了“文件连续体理论”（theory of records continuum），用另外一种方式描述了文件及其管理活动的模型。文件连续体理论构建了一个由四个坐标轴，即文件形成者轴、业务活动轴、价值表现轴和文件保管轴组成的坐标体系，用以描述文件生成、管理、保存中的各种要素及其相互影响（见图 1-2）。该理论认为，文件管理是“往复运动于从生成到处置的连续体中的一个过程”，这种过程打破了原来文件生命周期理论中各阶段之间截然分开的界限，取而代之以连续保管模型。厄普沃德认为这种模型的意义在于说明电子文件各阶段的相互关联、相互影响以及相互转化的可能性，提示文件、档案工作者以整体的、联系的观念管理电子文件，提倡档案工作者早期参与电子文件管理，要求电子文件管理工作在文件生成的同时或之前就开始。文件连续体理论是对文件生命周期理论的补充、更新和发展，提供了认识文件，特别是认识电子文件运动规律的一种新的思维和视点。

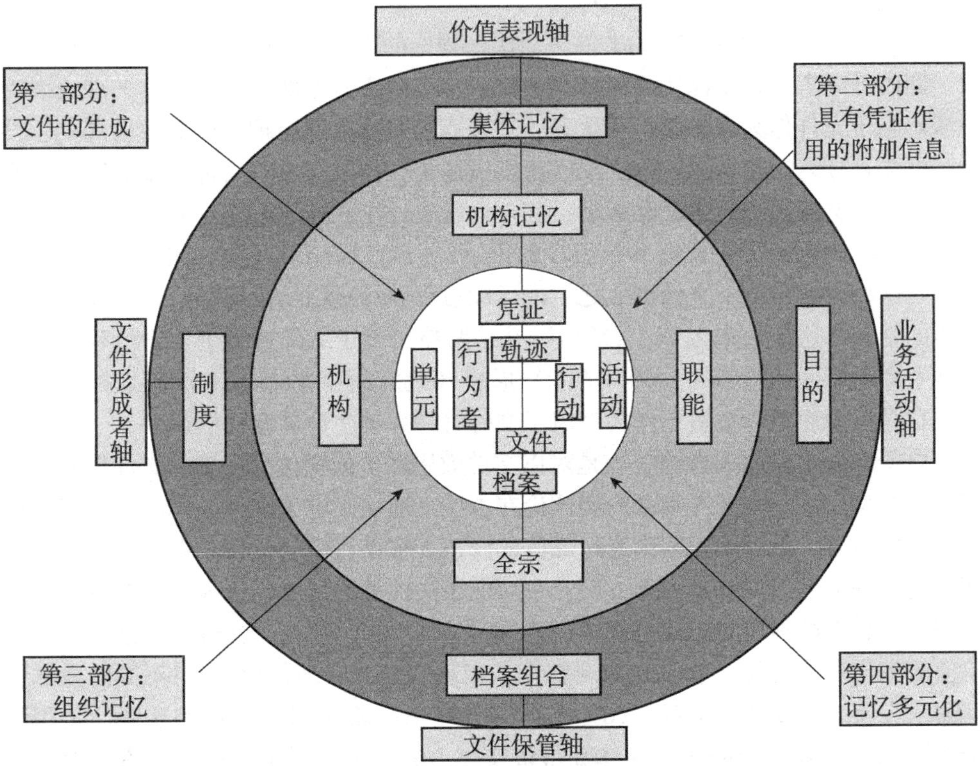

图 1-2　文件连续体模型

第五节 电子文件的特点

一、电子文件的技术特点

前文在对电子文件概念的阐释中指出，电子文件是“数字信息”和“文件”

两个概念的交集，电子文件的特点主要来源于这两个基本属性。其中缘于数字信息属性的特点主要表现为技术特点，与计算机文件相近而不同于传统文件；缘于文件属性的特点主要表现为形成特点，与传统文件相近而不同于计算机文件，同时受到数字环境的重要影响。

与以往各种形态的文件、档案相比，电子文件具有如下技术特点。

（一）数字信息的非人工识读性

电子文件的基本技术特征是数字信息。20 世纪 90 年代，数字文件的概念开始出现，进一步强调其数字信息的特征。数字信息是电子文件与其他计算机文件的共同点，以及与传统载体文件的不同点。电子文件的信息是由二进制数字代码比特（0 和 1）组成的，文本、声音、图像、影像等不同类型、不同格式的电子文件都是由不同数量的比特经编码排列组合而成，并以数字形式存储的，比如在磁性载体上以铁氧化物小颗粒的两个极性表示 0 和 1，在光盘上以记录层的凹凸坑或材料的不同相位表示 0 和 1，人工无法识别数字代码及其编码的含义。此外，数字信息在传输、存储中有时会经过压缩、加密等处理，只有通过计算机特定的程序解码、解压或解密，使之还原为输入前的状态，人工才能识读它。

（二）计算机软硬件系统的依赖性

电子文件是在电子计算机等数字环境中生成和存在的，它应用计算机设备和各种操作系统来生成和运行，应用各种专用软件来阅读、识别和处理，应用特定载体和网络设备来存储，应用网络环境来传输和进行网络管理。总之电子文件的制作、处理，归档后的全部管理活动，乃至利用共享都必须借助计算机软硬件系统才能实现。计算机相关技术的进步对于电子文件的状态、功能、管理和利用都会产生直接的影响，电子文件管理系统的功能和性能对电子文件管理效果有决定性影响。不兼容的计算机和应用软件生成的文件在交换使用时会遇到很大困难，当生成一份文件的软件、运行该软件的操作系统和硬件更新换代以至于与原系统不兼容时，我们需要采取格式迁移、仿真等措施，才能确保该份文件的可读性。在电子文件管理应用云服务时，技术锁定可能导致电子文件对特定云的依赖，离开特定云应用，文件数据可能变得难以理解、难以使用，而且用户可能面临难以将其云服务和信息迁移进其他云的风险。

（三）信息与特定载体之间的易分离性

以往的文献信息被固定在某一载体上，成为不可分离的一个“实体”，文献的使用、流传都是以这种实体形式实现的。对于正式文件来说，其内容与最初形成时的格式、标记等同时被固定在载体上，为文件打上了明显的原始性烙印。电子文件载体不再具有对信息的固化作用，信息不再对原记录载体“从一而终”，不再具有物理意义上的固定实体状态，保管中也不再具有固定的物理位置。信息对于特定的物质载体具有相对独立性，可以非常便捷地改变存址，在不同载体间转换或同时存在，原存址信息可以删除或被新信息覆盖；文件信息可以根据需要扩展或缩小其存储空间，可以定期转存或迁移，还可以借由电缆、光缆铺设的网络流向异地。

（四）信息的易变性

造成电子文件信息发生变化的主要原因有：第一，计算机系统中信息的相对独立性使得人们利用各种应用软件对文件信息进行增删更改十分方便，动态文档中的数据也会不断地被自动更新或补充。如气象观测图形在不同时间段会有不同的结果，使用 Photoshop 软件可以对照片加以修饰，等等。第二，电子文件载体性能的不稳定性有可能造成文件信息的改变。到目前为止，电子文件存储载体的物理寿命（保证存储数据不丢失的时间）还远远比不上纸张，材料的氧化和变质、磁场的影响等很容易破坏载体上存储的数据，因此每隔一定时间就必须对原载体数据进行拷贝，而在转换过程中由于操作和其他方面的原因，可能导致信息的丢失或失真。第三，电子信息技术的发展，新的信息编码方案、存储格式、系统软件的不断出现，都可能导致文件信息在读取时发生变化，对于电子文件的识别和真实性维护提出了新要求。

电子系统中文件真实性永久保障国际合作项目应用计算机和信息领域的“有限变异”思想，界定了电子文件可以接受的数字信息变化的条件，即电子文件内容和形式的变化受固定规则的限制和控制，并且内容数据、形式数据以及结构数据的保存都是稳定的，相同的查询、请求以及互动可以生成相同的结果。有限制的成文形式的变异包括两个方面：由制作者意愿产生的变异和由系统功能造成的变异。前者如一个可以变换字号大小、看似无序闪现的静态或动态图片的网页，由于字号和图片的数量一定，因此变异是有限的，是可以被穷尽的，这个网页的外在表达方式因此可以被视为具有相对的稳定性。后者如电子表格，一组同样的数据可以被表示成有同样意义但不同形状的统计图形，当它们被看作独立视图的时候，一个柱形图和一个条形图有完全不同的呈现方式，而当它们存在于 Excel 的时候，这些图形可以互相转换而且转换的方式和数量因受软件功能的限制而有限，这种有限的变异性使一个电子表格具有外在表达方式上的相对稳定性。[①]

（五）信息存储的高密度性

电子文件的信息存储密度大大高于以往各种人工可识读的信息介质，随着技术的进步，电子文件介质的存储密度还将继续加大。1965 年，英特尔的创始人之一戈登·摩尔（Gordon Moore）考察了计算机硬件的发展规律，提出了著名的摩尔定律，即同一面积芯片上可容纳的晶体管数量一到两年将增加一倍。[②] 也

① 谢丽．文件的概念及其在数字环境中的演变：InterPARES 观点．档案学通讯，2012（3）：49.

② 摩尔 1965 年发表该定律时认为这个周期是一年，1975 年修订为两年，也有人认为这个周期是 18 个月。

就是说，计算机硬件的处理速度和存储能力，一到两年将提升一倍。到目前为止的事实验证了摩尔定律，数据表明，从 1971 年到 2011 年，大概每两年，同一面积的中央处理器集成电路上的晶体管就增加一倍。与此同时，其价格不断下降，使得人类保存数据的能力不断提升，成本不断降低。1983 年国际商业机器公司（IBM）推出了内部装有 10MB（兆字节）硬盘的个人计算机，1995 年个人计算机的硬盘容量达到了 1.2GB（千兆字节），2000 年达到 20GB，2003 年则上升到 80GB，2013 年，320GB 硬盘已极为普遍，移动硬盘的容量更是以 TB 计。IBM 于 2011 年预计，到 2020 年，1U 机架硬盘的容量可能达到 1PB，即可以容纳现在 1 250 个相同规格硬盘的容量。随着 USB 电子硬盘的风靡、光盘刻录的发展、网络应用的普及，曾经应用最广泛的软盘驱动器逐渐淡出人们的视线。如今，光盘、USB 电子硬盘的存储容量都在快速增长。从理论上讲，一张 5 英寸 CD-R 光盘（650MB～1GB）可存储 3 亿～5 亿个汉字或数千页 A4 幅面的文稿图像，DVD 光盘单面的存储容量达 4.7GB，可存储 20 多亿汉字和数万页文稿图像，双面的存储容量达 8.5GB。蓝光光盘（BD）的容量更大，单面单层 25GB、双面 50GB、三层 75GB、四层 100GB。2016 年 2 月有消息披露，英国南安普顿大学科学家研制出的五维玻璃光盘，存储容量可以达到 360TB，大约相当于蓝光光盘的 3 000 倍。① 应用信息压缩技术，磁、光介质存储设备存储文字、图像文件的能力可增加数倍甚至更多，真可谓“海量存储”。

（六）多种信息媒体的可集成性

纸质文件主要承载文字和图形信息，而电子文件可以对文字、图形、图像、影像、声音等各种信息形式加以有机组合，形成多媒体文件。多媒体文件图、文、声、像并茂，能够更加真实地再现当时的活动情况，从而强化文件对社会活动的记忆和再现功能。在用多媒体技术制作的文件中，文字、图像、声音等各种信息都被用二进制数字来表达，它们和文本文件一样可以在屏幕上显示，可以输出，并可以通过网络传输。

多媒体文件与模拟声像文件的根本不同点在于数字信息和非数字信息的区别。以数字信息构成的各种电子文件不仅可以实现全文查询和网上传输，用户还可以与之发生互动。例如，用户可以选择不同的输出方式（屏幕显示或打印，全文输出或局部输出，本地输出或异地输出，输出色彩与精度等），可以在“阅读”过程中调阅其他相关信息，在被允许的情况下还可以对文件进行修改，从而对电子文件的利用乃至形成有了更大的参与性和选择权。

随着多媒体技术和信息智能技术的发展，用户与电子文件的互动更加便捷自如，电子文件的呈现更加美妙立体，如嵌入网页的电子艺术作品、音频、动画、虚拟实境系统，以及数字展览的 360 度全景展示、虚拟漫游等，不断改善与丰富

---

① 卢鑫．英国大学演示 5D 玻璃盘片 数据可存百亿年．［2016－12－20］．http：//tech.163.com/16/0217/04/BG0HAE3600094O5H.html.

用户的感官体验。

（七）信息组织的多维性

纸质文件只能给用户提供固定结构的信息单元，文件中信息之间的关系是一维的，用户对获取信息的路径无法选择。计算机超文本技术的出现造就了一种新的文件信息组织方式，即由存放信息的“节点”和描述这些信息节点之间关系的“链”组成的“超文本文件”。超文本文件可以为用户提供立体网状的信息组织，用户可以自主地、有选择地通过链接方式浏览相关的信息节点，获得自己需要的信息单元及其组合。构成信息节点的信息可以是任意媒体形式，可以是静态或动态信息，可以通过不同的链路获得。比如在人事管理信息系统中查询职工信息时，系统可以从职工数据库中调取该职工的基本信息，从图像库中调取照片，在备注文件中调取该职工的工作简历，共同组成一份信息相对完整的文件提供给用户。在开放超文本技术中，这些信息还可为其他文档所共享。对于超文本电子文件的管理需要同时着眼于信息节点和节点之间的关系链，视需要捕获其中有价值的部分归档管理。

（八）物理结构与逻辑结构的分离性

纸质文件信息的逻辑结构被固化在特定的载体上，导致其物理结构和逻辑结构的不可分离和一致性，而且这种结构是直观可视的。例如，文字顺序、文件页码同时表示信息的物理顺序和逻辑顺序。而电子文件的物理结构和逻辑结构则通常不一致，而且物理结构对于一般用户而言是不可视的。

电子文件的物理结构复杂多样，一份电子文件信息在计算机存储器上可以有顺序存储、链式存储的不同方式，可以存储于硬盘的不同扇区、不同磁道，甚至不同载体、不同计算机文件、不同系统中。比如一份电子文件的正文、图形、批示、附件等可以不在同一载体上连续存储，可以存储在不同的载体上，而不影响其正常的显示输出。随着关系模型和多媒体技术的发展，电子文件的逻辑结构也更加复杂多样，从平面结构到立体结构，从线性结构到树状或网状结构。例如，调用既有数据组合而成的“复合式文件”，其中的某些信息原本存在于不同数据库、不同文件之中，也可能存储于不同载体和不同位置，甚至是在不同系统、不同地区，经计算机执行一定的程序调集组合而构成新的逻辑关系。电子文件逻辑结构的复杂化加剧了其物理结构的复杂性，也使得文件逻辑结构和物理结构的分离更加突出。

电子文件物理结构与逻辑结构的分离导致文件在形成和存储时，其内容、背景信息和结构发生了明显的分散。这种分散性主要表现在三个方面：一是电子文件的内容、背景信息和结构信息存储和管理方式的分散性。在系统中，这三部分信息大多是以彼此独立的方式存储和管理的。以数据库文件为例，内容以数据文件的形式保存，文件属性中的背景信息，如文件的创建时间、修改时间和存取时间由操作系统记录和维护，而数据结构则存储在数据字典中。二是由于信息记录和管理方式不同而造成的分散性。以 Microsoft Word 生成的文件为例，背景信息中的文件创建时间、修改时间和存取时间由操作系统记录，文件的类型、大小和存储位置以及一些统计信息由应用程序记录，文件的标题、作者等数据由应用程序从文件中提取，文件的主题、类别、关键词和备注则由用户输入。三是背景信息生成的分散性。如果文件形成过程复杂，由多个应用系统支撑，那么背景可能散落在多个系统中，作为电子文件有机组成部分的背景信息的这种多点生成方式，造成了对电子文件完整性认定的复杂过程。

电子文件内容、背景信息和结构的分散性随着文件之间联系的增多而愈发复杂。计算机提供了方便的复制、调用的功能，而节约、高效的原则使人们不断地挖掘文件互相套用的可能性。比如，一份关于某城市交通情况的报告，其数据来源于其他数据库，生成该报告的应用程序只保存这些数据的地址和其他内容信息，有关数据仍然保存在原来的数据库系统中，因此关于该报告的内容、背景信息和结构，可能分布在不同的系统、机器甚至地区。

电子文件的物理结构是不稳定的，在文件处理和传递过程中，其物理结构经常发生变化，每操作或运行一次就可能变换一次存放方式，当文件被转存到其他载体时，其物理结构也可能改变。而其逻辑结构却可以，也需要保持不变，如果电子文件的逻辑结构发生残缺或改变，就不能有序地重现电子文件的真实状态。因而，电子文件的真实、可靠与完整实质上是指其逻辑结构的真实、可靠与完整，保证电子文件的真实、可靠与完整，需要以不依赖物理结构的方式保持其逻辑结构。在一定意义上可以说，我们保存的并不是物理意义上的电子文件，而是经久的再现文件的能力。

（九）信息的可操作性

电子文件中的数字信息不是静态、固态、消极的，而是动态、可变、积极的。数字信息的可操作性主要表现在两个方面：

第一，由于信息的易变性，可以方便地改变其存在状态。例如，在制作电子文件时，制作者可以根据需要得心应手地增删修改信息，改变信息的位置，剪切、复制信息，重新组织文件信息结构，并可以多次撤销或恢复（undo，redo）对信息的操作。可以调用存在于不同地方的数据组织文件，在文件的任何地方加上表格和图形，把文件制作成活动图像和声音。可以组织动态文件，使之在适当的时候自动更新某些数据，保持数据的时效性，反映事物的最新状态。可以进行信息压缩，提高存储密度和传输速度，这种压缩是一种可逆过程，在解压之后，信号可以完全恢复成原样。可以改变其显示形式，如将表格数据以柱状图或饼图形式显示，将图形设计结果形成数字三维模型并进行动态旋转显示，使设计人员看到其中任何一个剖面及其有关参数。可以在纸质或胶片文件数字化转换过程中对其亮度、对比度及分辨率等进行调节，以改善文件的清晰度，对这些参数的局部调整在工程图纸消蓝、档案蜕变字迹与图像的恢复中具有很好的效果。可以转换信息的媒体形式，如将文本经扫描转换成数字图像，经光学字符识别（OCR）

又转换成数字文本，将数字文本转换成数字语音，或将数字语音转换成数字文本，等等。总之，经过相应的操作，人们可以使电子文件处于操作者希望的状态之下。

第二，可以利用已存在的文件信息做其他事情。电子文件中的信息不仅是自身含义的表达方式，还可被多方面地加以利用。例如，利用分布在不同文件中的信息，形成各种资料库、文件库、零部件库、材质库、色彩库、集成电路库等，用户可使用查询软件通过关键字或指针等直接获取和交换相关库中的数据、资料、图形、图像等信息，形成多层次、立体化查询，大大提高用户的工作效率和质量。在分析研究领域中，可以利用相关软件对信息模式进行识别和分析，如对高空照片、X 光片、各种图像进行识别，对遥感遥测数据进行分析，对自然语言加以理解和推理，对数字化的文学作品进行语义研究并自动做出判断，形成结论。在管理领域，与相关的管理系统、工作系统相连接，可实现自动业务管理和事务管理。如系统根据给定的要求自动进行各种事务提示，将电子文件的制作、管理与成本管理、库存管理自动结合起来等。

包括电子文件中信息在内的各种数据的开发与利用将引发社会的巨大变革。数据挖掘、社会计算等方法的应用，进一步开发了数据信息的社会价值，在科学研究、社会管理领域得出了新结论，产生了重要作用。传感器被装备到各种物体上所形成的实时的、精密的数据，可以随时监测、反映物理世界的状态，使生产、生活、管理的智能化不断提升，效率和质量不断提升，成本大大降低。以数据包为基础的 3D 打印促进了数字化生产的实现，目前大到飞机零部件、建筑材料，小到电路板、心脏瓣膜、茶杯、鞋子、珠宝等，都可以通过 3D 打印完成，而每一种产品都是以一个对应的数字文件为基础生产的。

案例 1－7　利用庭审记录研究治安规律

2012 年，美国乔治梅森大学联合英国的两所大学，将伦敦市 240 年的罪犯庭审记录输入计算机，然后对这些数据加以挖掘和分析，研究各种案件的发展趋势、触发原因和社会背景。

资料来源：涂子沛．数据之巅——大数据革命，历史、现实与未来．现代工商，2014（6）：96.

案例 1－8　让每件产品产生记忆

通用电气公司“工业互联网计划”的一部分是通过传感器监测生产过程，他们的目标是“让每件产品产生记忆”。产品在出厂前就被植入传感器，记录它的生产过程，在产品到达顾客手中、进入服务状态之后，传感器将每时每刻记录产品的运行情况，一旦出现问题和故障，通用电气公司可以快速整合生产记录、销售记录、产品运行记录等数据进行分析并采取措施。

资料来源：涂子沛．数据之巅——大数据革命，历史、现实与未来．现代工商，2014（6）：96.

资源链接 1-5

以数字模型文件为基础的3D打印

3D打印是一种以数字模型文件为基础，运用粉末状金属或塑料等可黏合材料，通过逐层打印的方式来构造物体的快速成型技术。

3D打印代表了未来制造业发展的新方向——加式制造。自古以来，减式制造是人类主要的生产方式，即通过模具、车铣等机械加工技术与工具，利用缩削、减少材料来生产部件。而加式制造是利用逐层增加材料的方式生产各种产品，是一种最经济的智能生产方式。3D打印将带来第三次产业革命。

资料来源：从减式制造到加式制造——3D打印掀起第三次产业革命．中国质量报，2013-05-09（8）．

我们已经掌握和尚未掌握的电子信息的种种可操作性能赋予电子文件以活的生命和更广泛的用途，在数字技术迅猛发展和高度普及的时代，电子文件的应用前景无限，电子文件将在新工业革命和社会发展变革中发挥不可替代的重要作用。

了解电子文件的技术特点是科学地管理电子文件的前提。电子文件是信息技术的产物，信息技术的发展必然导致电子文件不断发生变化，形成新的特点。文件管理人员应当不断认真研究电子文件的内涵、外延和特点，并据此探索科学管理的有效措施。

二、电子文件的形成特点

电子文件的形成特点，是指电子文件从制作到生成过程中所表现出来的内在规定性，不包括文件在形成之后的管理和利用过程中具有的特性。形成阶段是电子文件生命周期的第一阶段，这个阶段对于文件的规定和制约会影响其后的管理过程。对于不同机构、不同类型的电子文件而言，影响其形成特点的因素主要有两个方面：一是机构、职能和文件类型因素，如政府机关文件和企业文件，不同类型的文件会有不同的形成过程和特点。二是技术因素，包括形成电子文件的数字环境状况以及电子文件自身的技术特点等。分析电子文件的形成特点，有助于明确其管理目标、管理原则，从而更有针对性地设计电子文件管理的方法和模式。

（一）电子文件与形成活动的伴生性

伴生性是指电子文件的形成与其职能活动、管理活动的开展同步进行。电子文件是形成机构和个人活动的产物，它以业务和管理活动、社会活动为对象，按照活动的程序逐步形成，忠实而客观地记录着文件形成活动的过程与结果。也就是说，文件的形成、处理过程与其反映的活动过程是相依相伴的。

电子文件形成的伴生性有两个方面的表现：一方面，各类活动规定了文件形成的领域、内容、目的、要求和步骤，不同活动中形成的文件有很大的差异性。如在制定政策过程中形成规范性文件，在履行监管和服务职能过程中形成审批文件，在工业和科技设计中形成计算机辅助设计文件，在业务管理活动中形成数据库文件，在交往互动中形成社交媒体文件，等等。在不同业务领域形成不同的业务文件，如在人事管理中形成职员数据库，在财务管理中形成预算决算文件和账务记录，在医疗过程中形成电子病历，在民政事务管理中形成社会团体管理档案、婚姻登记档案，在土地管理中形成土地登记档案等。很多电子文件都继承了其形成活动的一些特征，如规范性文件继承了政策法规制定过程的研究性和程序性，往往有多个稿本，有领导批示；计算机辅助设计文件继承了生产、设计、施工过程中有局部变更的特点，有些需要对文件进行实时更改；数据库文件继承了数据生成过程的相关性和动态性，文件逻辑结构比较复杂，新数据不断覆盖以往的数据；社交媒体文件继承了自媒体生成记录的多主体、即时性、互动性等特点。另一方面，机构业务、管理活动的变化必然导致文件的变化，如机构业务流程的重组将导致其电子文件的种类、内容、形成步骤等产生一系列变化；新的电子化业务活动将导致新类型电子文件的产生，如很多机构开始通过网络发布和接收文件，网站文件得以形成；推行电子发票之后，企业每一笔销售记录都实时传输到税务部门，形成一条又一条的销售记录，进入数据库，需要时才按照一定的模板形成发票的“版式文件”。这些变化应当得到电子文件管理工作者的高度重视。

伴生性并不是电子文件独有的特点，纸质文件的形成也同样与形成活动同步，由于数字环境中业务活动对于电子信息的高度依赖，电子文件与电子化业务的关系较纸质文件更为密切。在手工环境中，机关、企事业单位大部分已经有了比较成熟、稳定的文件、档案管理制度和方法，并将文件管理纳入各项活动之中，文件形成者大多承担起了相应文件的积累、整理、归档等工作。电子文件管理也应沿用这些做法，并根据数字环境的特点在具体实施方面做相应的调整，将文件管理流程与业务活动、社会活动的流程进行有机整合，以提高业务效率和文件形成与管理质量。

（二）电子文件之间的有机联系性

所谓电子文件之间的有机联系，是指电子文件在产生和处理过程中所形成的内部相互关系，也就是电子文件在实践活动中生成时所具有的固有联系。电子文件也和其他类型的文件一样，虽然一般以单件的个体形式陆续产生，却总是以组合的群体形式持久地存在，单份电子文件的价值只有在与相关文件的联系中才得以充分体现。电子系统中文件真实性永久保障国际合作项目建立的电子文件要素分析模板把具备档案联（archival bond，即使单份文件形成文件联合体的关系）作为确认文件的组成要素和识别、评估文件身份的条件。

电子文件在形成过程中所表现出来的有机联系性与纸质文件、档案一样表现在文件的来源、时间、内容和形式等几个方面[①]，但表现形式不尽相同。比如，

① 关于文件之间的有机联系的论述可参见如下文献。王英玮，陈智为，刘越男．档案管理学．4版．北京：中国人民大学出版社，2015：89－90．

信息技术使得资源共享、协同作业更加易于实现，越来越多的电子文件在跨机构、跨平台、跨系统环境中生成。在 Web 2.0 环境中，文件生成过程中的多用户互动不断增加，因此，来源联系不再局限于以机构为来源的基础，而是更加注重以职能、事件等作为来源的基础。比如，用户通过支付宝或网上银行缴纳水、电、燃气等费用，这样的缴纳清单同时是支付宝或银行以及水、电、燃气公司的电子文件；再如，政府机构微博文件中有些内容是用户产生的，具有机构和用户互动的特点。

加拿大学者露西安娜·杜兰蒂认为，单份文件的价值依赖于与之联系的其他文件，只有保存了这些文件之间的联系，我们才能保证一百年以后的读者能够看懂与同一事件相关的所有文件，了解事情的来龙去脉。这与其他信息资源有很大不同，如单本图书的价值并不依赖于同一主题或同一作者的其他图书。

（三）电子文件种类与状态的多样性

随着社会活动日益复杂，文件的种类日益多样化，信息技术加剧了其种类与状态的多样性。对于一个文件形成主体而言，不仅根据业务需要会形成不同文种、不同性质的文件，在不断变化的信息技术环境中形成的电子文件还具有多种技术状态，主要表现在三个方面：信息类型的多样性、文件格式的多样性、文件形成系统的多样性。

信息类型的多样性是指电子文件中的信息可能以多种形式存在，包括文本、数字、图形、图像、声音等。电子文件信息类型的多样性是就电子文件总体而言的，并不排除单份文件信息类型单一的可能性。计算机丰富了人们表达信息的形式，原来在手工环境下难以形成或需要花费很多时间才能编制成的图形、图像，在电子环境中很容易做到，而且同一份文件中还可能集成多种媒体的信息。多媒体文件、超文本文件等难以转化为纸质文件，促使机构探讨从电子文件与纸质文件双轨运行，到以电子文件为主体、纸质文件辅助运行，再到电子文件单轨运行的管理模式与方法。

文件格式的多样性是指文件信息的编码方法有很多种，每一类信息都可以一种或多种文件格式保存在计算机存储设备中。计算机文件格式种类难以数计，常用的有数百种之多，大多可以用于电子文件。文件系统为每一种文件格式规定了访问的方法，而这正是造成跨平台文件阅读障碍的主要原因。目前，一些标准化组织规定了标准的编码格式，如文本文件的 RTF 格式、PDF 格式等。

文件形成系统的多样性，是指文件形成的软硬件平台有多种，包括计算机、网络结构、操作系统、应用软件等，如同样是一份 Microsoft Excel 文件，在苹果 Mac 和在 HP 台式机、在 UNIX 和 Windows 2000 系统、在 PDM 系统和 ERP 系统中形成的属性信息必然有差别，这些信息中哪些是有用的背景信息，需要保存，目前尚无定论。很多机构在不同业务中使用不同的信息系统和应用软件，包括办公系统、电子邮件系统、电子商务及网络交易系统、工作流应用软件、多媒体应用软件、数据库系统、图形和图像设计系统、条形码及各类传感系统等，不同系统生成的文件信息往往不兼容，给使用和保管带来了很多特殊的要求和困难。

案例 1－9　国家电网公司不同业务系统电子文件类型

国家电网公司通过“三集五大”的信息化体系来支撑业务。其中 ERP（涵盖人力资源管理、财务管理、物资管理、设备管理、项目管理）、协同办公、生产管理、营销管理、基建管理、省调运行、科技项目管理、经法、安监、大规划、电子商务、电力市场交易等 12 个业务系统已经接入了电子文件管理平台，截至 2014 年末已存储 2 亿条电子文件数据。

序号	名称	管理对象	文件类型
1	ERP 系统	人资，物资，财务报表	以数据库文件为主体
2	协同办公系统	公文	指定文本格式（.ceb）
3	生产管理系统	电力生产运行管理信息记录	数据库文件
4	营销管理系统	电力营销业务中的信息记录	文本文件，图形文件，数据库文件
5	基建管理系统	变电站等基建过程管理记录	文本文件，图形文件，数据库文件
6	省调运行系统	电力调度运行管理记录	数据库文件
7	科技项目管理系统	科技项目立项、执行、结项记录	文本文件，数据库文件
8	经法系统	案件管理、授权委托、法律法规文库	文本文件
9	安监系统	电力生产过程安全监察记录	数据库文件，文本文件
10	大规划系统	国家电网公司发展规划类文件	数据库文件，图像文件，图形文件，文本文件
11	电子商务系统	电力招投标过程中的合同管理	合同文本
12	电力市场交易系统	电力市场交易	数据库文件，文本文件

资料来源：课题组对国家电网公司的访谈（2014 年 12 月）。

第六节 电子文件的法律证据效力

我国顺应信息时代证据形式的发展趋势，通过法律法规的制定与更新，为电子文件法律证据地位的确立提供了依据，主要见于《中华人民共和国电子签名法》《中华人民共和国合同法》《中华人民共和国民事诉讼法》《中华人民共和国刑事诉讼法》等。

我国 1989 年制定的《中华人民共和国行政诉讼法》、1991 年制定的《中华人民共和国民事诉讼法》和1996年修改的《中华人民共和国刑事诉讼法》都规定了视听资料为证据种类的一种，并将计算机产生和存储的数据和文件归入此类证据中，可以说我国的法律已经原则上承认了电子文件的法律证据效力。只是视听资料的范畴小于电子文件，电子文件的可采性和证据力仍有局限。1999年10月1日起施行的《中华人民共和国合同法》明确规定了电子合同是书证的一种形式。

2003年国务院办公厅颁布的行政规章《电子公文传输管理办法》（国办2003〔65〕号）明确了特定条件下电子公文的凭证作用。该规章指出："电子公文是指通过国务院办公厅统一配置的电子公文传输系统处理后形成的具有规范格式的公文的电子数据。""电子公文与相同内容的纸质公文具有同等法定效力。"

2005年4月1日起施行的《中华人民共和国电子签名法》规定了"数据电文（包括电报、电传、传真、电子数据交换和电子邮件——引者注）不得仅因为其是以电子、光学、磁或者类似手段生成、发送、接收或者储存的而被拒绝作为证据使用"。2012年修订的《中华人民共和国刑事诉讼法》将电子数据和视听材料并列为第八类证据，2012年修订的《中华人民共和国民事诉讼法》则将电子数据独立列为一种证据，明确了电子文件的可采性和证据力。至此，我国两大诉讼法均将电子数据明确作为一种新的证据类型，与当事人的陈述、书证、物证、视听资料、证人证言、鉴定意见、勘验笔录等共同构成证据体系，可见我国目前的法律是承认电子文件的证据地位的。在新修订的民事诉讼法实行两年多之后，2015年2月4日，最高人民法院发布《关于适用〈中华人民共和国民事诉讼法〉的解释》，其中关于证据部分的第一百一十六条解释列举了电子数据的含义："指通过电子邮件、电子数据交换、网上聊天记录、博客、微博客、手机短信、电子签名、域名等形成或者存储在电子介质中的信息。""存储在电子介质中的录音资料和影像资料，适用电子数据的规定。"这些电子数据均可视为民事案件中的证据。2016年9月20日，最高人民法院、最高人民检察院、公安部发布了《关于办理刑事案件收集提取和审查判断电子数据若干问题的规定》，其第一条指出，电子数据是案件发生过程中形成的，以数字化形式存储、处理、传输的，能够证明案件事实的数据。该规定还对可以作为证据的电子数据的形式和完整性、收集与提取、移送与展示、审查与判断等提出了明确要求，重申了包括新型媒体数字记录在内的各种类型的电子文件的法律证据效力。一些地方政府和中央政府职能部门也以政策文件等形式确认了一定范围内电子文件的法律效力，如浙江省人民政府办公厅于2017年1月发布《浙江政务服务网电子文件管理暂行办法》，明确指出"行政机关通过浙江政务服务网办结归档的加盖可靠电子印章的文书类、证照类等电子文件，与纸质文书具有同等法律效力"。

资源链接1-6

民事诉讼法增加电子数据为证据

全国人大常委会2012年8月31日审议通过的民事诉讼法修正案，在原先规定的书证、物证、证人证言等七种证据以外，在证据种类中增加了电子数据。第六十三条规定："证据包括：（一）当事人的陈述；（二）书证；（三）物证；（四）视听资料；（五）电子数据；（六）证人证言；（七）鉴定意见；（八）勘验笔录。证据必须查证属实，才能作为认定事实的根据。"

资料来源：全国人民代表大会常务委员会关于修改〈中华人民共和国民事诉讼法〉的决定．（2012－09－01）[2016－09－29]．http：//www.gov.cn/flfg/2012－09/01/content_2214662.htm.

资源链接 1－7

具有法律证据效力的电子数据的种类

电子数据包括但不限于下列信息、电子文件：

（一）网页、博客、微博客、朋友圈、贴吧、网盘等网络平台发布的信息；

（二）手机短信、电子邮件、即时通信、通讯群组等网络应用服务的通信信息；

（三）用户注册信息、身份认证信息、电子交易记录、通信记录、登录日志等信息；

（四）文档、图片、音视频、数字证书、计算机程序等电子文件。

资料来源：最高人民法院最高人民检察院公安部印发《关于办理刑事案件收集提取和审查判断电子数据若干问题的规定》的通知：法发〔2016〕22 号．（2016－09－20）[2016－09－29]．http：//www.court.gov.cn/zixun-xiangqing-26431.html.

案例 1－10　电子邮件的法律证据效力

2008 年 2 月底，消费者就微软在某些性能不足以运行所有 vista 功能的电脑上贴上"Vista Capable"（可运行 Vista）标签一事提起集体诉讼，并要求微软 CEO 史蒂夫·鲍尔默（Steve Ballmer）出庭作证。微软对此提起上诉，坚称鲍尔默与此案决策毫无关系，没有必要出庭作证，而负责此项目的两位经理已离开公司。原告拿出几封微软内部的电子邮件来证明鲍尔默可能对 Vista Capable 项目有特殊的了解，美国西雅图区联邦法官玛莎·佩奇曼（Marsha Pechman）认为该证据有效，裁定鲍尔默必须在 1 个月内到庭作证，并且作证时间最多可达 3 小时。

此外，截至 2015 年，依据美国 X1 Discovery 网站公布的数据，已有 900 起法庭案件是由社交网络的信息作为证据解决的。

资料来源："Vista Capable"诉讼：鲍尔默难辞其咎．（2008－11－17）[2016－09－29]．http：//www.cnetnews.com.cn/2008/1117/1238447.shtml.

【小结】

本章对电子文件的概念、要素、种类、生命周期、特点以及法律证据效力等方面进行了理论概述，以"大文件观"和数字文件界定了电子文件的概念，阐述了电子文件的作用和要素，从信息存在形式、生成方式、生成系统以及功能等方面对电子文件进行了分类，介绍了电子文件的生命周期理论，分析了电子文件的技术特点与形成特点，并介绍了我国有关电子文件法律证据效力的规定。电子文件是信息技术与通信技术发展的产物，随着技术的发展，会有更多的发展与变化，因而电子文件的概念、种类以及特点会在文件学与档案学的范畴内有着动态的变化，需要不断地跟踪研究，融入新的理解。

【思考与练习】

1. 电子文件的概念是什么？
2. 分析“大文件观”视角下电子文件与电子档案的关系。
3. 电子文件的作用有哪些？
4. 电子文件的要素有哪些？
5. 电子文件的种类有哪些？
6. 如何理解电子文件生命周期理论？
7. 电子文件有哪些技术特点？
8. 电子文件的形成特点包括哪些？
9. 电子文件是否具有法律证据效力？

【参考文献】

1. 中华人民共和国国家质量监督检验检疫总局，中国国家标准化管理委员会．信息与文献　文件管理　第1部分：通则：GB/T 26162.1－2010/ISO 15489－1：2001.

2. 电子文件：档案工作者实用手册．北京：中国档案出版社，2008.

3. 冯惠玲．电子文件管理教程．北京：中国人民大学出版社，2001.

4. 冯惠玲．政府电子文件管理．北京：中国人民大学出版社，2004.

5. 冯惠玲．电子文件管理100问．北京：中国人民大学出版社，2014.

6. 谢丽．文件的概念及其在数字环境中的演变：InterPARES观点．档案学通讯，2012（3）：46－50.

7. Duranti L，Thibodeau K. The Concept of Record in Interactive，Experiential and Dynamic Environments：The View of InterPARES. Archival Science，2006（6）：13－68.

8. Myburgh S. Records Management and Archives：Finding Common Ground. InformationManagement Journal，2005（2）：24－28.

9. Hackett Y. Methods of Appraisal and Preservation [Domain 3 Task Force Report of International Research on Permanent Authentic Records in Electronic Systems（InterPARES）2：Experiential，Interactive and Dynamic Records]．[2016－09－29]．http：//www.interpares.org/ip2.

10. Upward F. Structuring the Records Continuum-Part One：Postcustodial Principles and Properties. Archives and Manuscripts，1996，24（2）：268－285.

第二章
电子文件管理概述

【本章要点】

1. 电子文件的管理目标
2. 电子文件管理的效用
3. 电子文件的管理理念与原则
4. 电子文件的管理模式
5. 电子文件的管理体制
6. 电子文件管理的法规、制度和标准

随着电子工作环境（electronic work environment）的普遍化、多样化、复杂化和逐渐成熟，电子文件对于各类组织乃至社会整体运行的支撑能力不断增强，电子文件的价值和功能不断提升，这些对电子文件的管理提出了新的目标和要求。文件管理是指“对文件的形成、接收、维护、利用及处置进行高效和系统控制的管理，包括捕获并保存业务活动及事务处理的证据和信息的过程”[①]。

电子文件管理与传统文件、档案管理有许多共同点，也因其自身和存在环境的不同而有许多新的特点，并引发、带动了当今时代文件、档案管理的整体变革。这场变革反映在管理理念、原则、体制、方法、技术等各个层面，不同层面之间互相影响，互相关联，互相作用，其中任何一个方面的滞后都可能对管理目标的实现、管理系统的有效运转带来不良影响。电子文件管理具有相关因素多，各因素之间相关度高，变量多，目标复杂，技术含量高、更新快等新的特点，从而增加了对管理活动的复杂度和精准度要求，需要在科学管理思想的指导下，在政策、制度与技术方法等方面不断探索、创新和完善。

---

① 中华人民共和国国家质量监督检验检疫总局，中国国家标准化管理委员会．信息与文献　文件管理　第1部分：通则：GB/T 26162.1－2010/ISO 15489－1：2001.

第一节 电子文件的管理目标

《信息与文献 文件管理 第1部分：通则》（GB/T 26162.1－2010/ISO 15489－1：2001）中对文件管理提出了真实性、可靠性、完整性、可用性的一般要求，我国2009年发布的《电子文件管理暂行办法》（中办国办厅字〔2009〕39号）中将电子文件管理的基本目标表述为确保电子文件的真实、完整、可用和安全，保存国家历史记录，促进信息资源开发利用，推动国家信息化健康发展。[①]

一、保证电子文件的真实性

我国《电子文件管理暂行办法》（中办国办厅字〔2009〕39号）中所述的真实性概念涵盖了国际标准中的文件真实性与可靠性两个方面的含义。ISO 15489中的真实性（authenticity）要求符合下述三个条件：文件与其制文目的相符；文件的形成和发送与其既定的形成者和发送者相吻合；文件的形成或发送与其既定时间一致。[②] 即强调文件形成过程的真实，原形成者根据原本意图在原来的时间形成或发送的文件即具有真实性。ISO 15489中的可靠性（reliability）是指文件的内容可信，可以充分、准确地反映其所证明的事务、活动或事实，在后续的事务或活动过程中以其为依据。文件应在事务处理或与其相关的事件发生之时或其后不久形成，且由经办人或由业务活动设备形成。[③] 即强调文件内容的准确可靠、文件内容与所记述活动的一致性，以及文件形成过程的规范性。

综合以上两个方面的含义，在我国，电子文件的真实性包含形成过程和内容两个方面。所谓过程的真实性，是指文件根据法定程序形成和运行，与其形成目的和既定运行状态一致，在形成后的整个生命周期中保持不变，需要在电子文件管理的全程予以保障；所谓内容的真实性，是指文件内容准确反映了记录对象的当时状态，与形成时的原本含义一致，主要在形成阶段予以保障。真实性是保证电子文件业务有效性和法律证据性的基础，在业务运行阶段，确保电子文件的真实性是无纸化业务顺利开展的先决条件；从长远计，是电子文件反映和证实机构历史真实面貌，得以作为社会记忆长久保存的前提。

---

① 中共中央办公厅，国务院办公厅．电子文件管理暂行办法：中办国办厅字〔2009〕39号．（2015－02－27）［2016－10－03］．http://archives.seu.edu.cn/c6/7c/c783a116348/page.htm.

② 中华人民共和国国家质量监督检验检疫总局，中国国家标准化管理委员会．信息与文献 文件管理 第1部分：通则：GB/T 26162.1－2010/ISO 15489－1：2001.

③ 中华人民共和国国家质量监督检验检疫总局，中国国家标准化管理委员会．信息与文献 文件管理 第1部分：通则：GB/T 26162.1－2010/ISO 15489－1：2001.

保证电子文件真实性的困难主要来自三个方面：一是电子文件信息的易更改性，在电子文件形成、流转和使用过程中，如果不采取控制措施，极易不留痕迹地改动文件信息；二是技术措施的不配套，如未普遍采用数字签名技术、元数据捕获、运行过程追踪审计等；三是电子文件信息的软硬件依赖性，由于软硬件平台的不断升级，为保证电子文件信息的可读性，通常需要对文件适时迁移，以适应新的运行环境，而迁移过程可能造成文件某些信息的变化或丢失，影响电子文件的真实性。

认证和维护电子文件真实性是一个极为复杂、困难的问题，引起了世界各国的高度关注和积极应对。在《电子文件的真实性——联合国教科文组织和国际档案理事会的准备报告》中，作者提出，电子文件真实性面临的挑战主要在于：(1) 过于偏重于技术上的实现而忽略了电子文件的文件和档案属性，从而导致电子文件作为查考和电子证据的价值受到损害。(2) 关于电子文件的立法以及国家方针政策的制定都还有待完善，电子文件与纸质文件的差异要求电子文件的管理不能遵循传统的文件管理制度。尤其是全程管理的理念需要在立法和机构的流程上得以确定。(3) 技术和业务流程的标准体系还有待健全。首先，软件和硬件的标准要根据文件管理的需求做出具体规定。其次，标准要是可实现、可执行的。再次，标准必须在业务执行中得到执行。(4) 电子文件管理的相关教育和培训都还有诸多不足。在技术管理和文档专业管理这两方面的培训是必要的。(5) 在全世界范围内，尤其是发展中国家，需要一定的战略计划来实现利用有限的资源管理电子文件及其真实性。①

由三十几个国家和地区的专家参与的电子系统中文件真实性永久保障国际合作项目（InterPARES）提出的解决方案包括事前控制、跟踪记录和事后审查等过程性措施，分别针对现行文件、半现行文件和非现行文件的阶段性措施，基于政策、方针、程序、制度、标准的管理框架和基于系统软硬件环境、加密、签署、认证的技术框架等。该项目就电子文件真实性维护和认证的主要措施有：第一，确认不同类型的电子文件中哪些要素对于保证电子文件的长期真实性是至关重要的，以便对这些要素加以记录和保护。为此研究人员以文件解构定义法建立了一个“文件分析模板”，确认并定义了电子文件的全部组成要素，在不同国家通过案例研究验证和测试这一模板，并从中选择和确认能够实时和长期证明电子文件真实性的基本要素。第二，将电子文件中用户不可视的部分变成可视的，并通过与文件的智能链接使可视性得到固定。这里不可视的部分主要指元数据，或决定文件运行质量的物理元素等。第三，在上述措施不能奏效时，考虑是否有可能将该文件转换成非数字式文件。第四，对文件的迁移采取自我认证和自我记录的办法和不间断的物理管理。研究人员认为，当文件仍为日常工作所需要时，形

---

① Millar L. Representing the International Records Management Trust//Authenticity of Electronic Records: A Report Prepared for UNESCO and The International Council on Archives. [2016 - 10 - 03]. http://www.ica.org/sites/default/files/ICA_Study-13-2-Authenticity-of-electronic-records-ICA-Report-to-UNESCO_EN.pdf.

成者可以通过建立电子文件形成和保管方面的控制程序来确认迁移文件的真实性，当长久保存的电子文件不再为其形成者的日常活动所需要，迁移过程由一个与文件的内容或存在无关的机构来执行时，迁移的结果应由中立机构进行检验和认证。这种中立机构可能是档案机构、公证人或任何具有认证职能的机构。该机构依据对整个迁移过程的完备记录，对迁移文件的真实性加以确认并做出声明。

电子文件的真实性保障可以从真实性本身的要求出发对整个文件的流程制定措施，InterPARES 1 的成果《真实性电子文件的长久保存——InterPARES 项目研究成果》中的《真实性小组工作报告》指出：“（1）评估电子文件的真实性需要验证其身份和完整性。身份主要是指电子文件区别于其他电子文件的特征，如作者、成文时间等。完整性则涉及文件的安全性和稳定性。（2）电子文件被作为档案进行保管前必须根据规定的步骤和程序鉴定其真实性，在移交到保管部门后要采取一定措施维护真实性。（3）要建立电子文件真实性的基准和最低要求的概念性框架。（4）为流转的电子文件评估其真实性建立特殊基准要求的概念性框架，主要是为了应对电子文件在流转过程中面临的真实性遭遇破坏的风险。（5）提出先假定电子文件真实性存在，然后根据对背景和信息进行的分析和比对，对电子文件展开专业鉴定，或是通过第三方的证明验证电子文件真实与否。”①

资源链接 2－1

确认电子文件真实性的元数据

确认信息没有被修改的完整性元数据：

（1）各时间段处理文件人员的姓名；

（2）文件保管人员的姓名；

（3）附注标注；

（4）技术变化标注；

（5）数字签名存在或除去的标注；

（6）既定的移出（形成）系统的时间；

（7）移交档案馆的时间；

（8）既定的删除的时间；

（9）系统外复件的存在和位置。

资料来源：杜兰蒂．电子文件的可信性//王健．电子文件管理国际前沿成果论文集．北京：中国人民大学信息资源管理学院，2010.

我国国家标准《电子文件归档与管理规范》（GB/T 18894－2002）对保证电子文件的真实性提出了四项安全防护措施：第一，建立对电子文件的操作者可靠的身份识别与权限控制；第二，设置符合安全要求的操作日志，随时自动记录实

① Duranti L. The InterPARES Project：The Long-Term Preservation of Authentic Electronic Records：The Findings of the InterPARES Project. San Miniato（PI），Italia：Archilab，2005.

施操作的人员、时间、设备、项目、内容等；第三，对电子文件采用防错漏和防调换的标记；第四，对电子印章、数字签署等采取防止非法使用的措施。

二、保证电子文件的完整性

完整性（integrity）是实现电子文件证据价值、情报价值和长期可读的重要保障，不完整的电子文件往往不能证实自身的真实性，也不能如实反映机构活动的真实面貌。

在档案学领域，完整性有两种含义，相对应地，有两个英语翻译：

第一种解释来自档案学的经典释义，取“齐全完整”（completeness）之意。在这个意义上，电子文件的完整性包括两层含义：每一份电子文件的内容、结构和背景信息没有残缺；一个业务活动形成的所有电子文件齐全，文件之间的有机联系得以揭示和维护。《电子文件管理暂行办法》（中办国办厅字〔2009〕39号）即取此意。国家标准《电子文件归档与管理规范》（GB/T 18894－2002）采用了integrity的英文翻译，也给出了“电子文件的内容、结构、背景信息和元数据等无缺损”的定义。

第二种解释则综合了档案学的经典释义和信息安全领域关于完整性的定义。[信息安全领域关于完整性（integrity）的定义，是指“保证信息及信息系统不会被非授权更改或破坏的特性，包括数据完整性和系统完整性”①。] 如国际标准《信息与文献　文件管理　第1部分：通则》（GB/T 26162.1－2010/ISO 15489－1：2001）吸纳了信息安全领域关于数据完整性和系统完整性的双重考虑，从文件的完整性和文件系统的完整性两个角度出发，指出“一份文件的完整性是指文件是齐全的，并且未加改动”，要求为了保证文件的完整性，文件系统也应该具备完整性，即采取利用监控、用户身份验证等控制手段防止未经授权的文件利用、销毁、改动和移动。又如国家标准《电子档案管理基本术语》（DA/T 58－2014）规定，完整性是指“电子档案的内容、结构和背景信息齐全且没有破坏、变异或丢失的性质”。

对于单份文件而言，由于各部分信息存储和管理方式的相对独立，在管理过程中容易造成某些信息的缺失，从而对文件的真实性和可读性产生一定的影响，降低内容的可信度和文件价值。有些机构的电子文件会因为缺少相应的运行平台和说明文件状况的信息，影响日后的正常运行和读取。为了确保每一份电子文件的完整，应分析电子文件的构成要素（参考第一章资源链接1－3），完整的电子文件是这些要素的有机结合。在传统环境下，文件的各个要素是可视的，并且通过载体固定在一起，而在计算机系统中，表达电子文件内容、结构和背景的要素完全可能独立存在、分别管理，而且有些要素是不可视的，如对于文件格式的控制命令等。为保证和维护电子文件的完整性，需要有意识地将这些要素利用元数据技术集中管理起来。

---

① 中华人民共和国国家质量监督检验检疫总局，中国国家标准化管理委员会．信息安全技术信息安全风险评估规范：GB/T 20984－2007.

对于某项活动形成的电子文件而言，只有保持其完整齐全及相互关联，才能真实地反映该项活动的过程与结果。目前我国很多机构尚未对电子文件进行系统管理，造成有关同一事物、同一活动的文件的分散。例如，请示和批复一般由不同机关或不同部门的不同人员形成，在未实现网络传输的情况下，就会分布在不同机关、部门的计算机系统中，如果缺乏明确的管理方法和相关制度，这类电子文件可能会失去应有的联系，从而在鉴定、处置和利用时依据不足，甚至发生此存彼毁的情况。即使有关同一事件的具有相关联系的电子文件保存在同一个机构中，也有可能处于不同的应用系统中，包括文字处理系统、电子邮箱、电子表格或相关数据库等，有必要将这些电子文件收集齐全并保持其有机联系。又如，我国通过电子邮件系统传递的文件的管理比较松散，大多未对公务邮件和私人邮件做严格区分，有些机构和公职人员通过邮件系统传递文件草稿，在公文系统运行正式稿本，而邮件常常未被作为文件加以鉴定和保管，这些邮件文件的缺损和流失也会直接影响电子文件的证据价值和情报价值。此外，在尚未实现全面无纸化办公的机构中，一项活动除了形成电子文件外，有时还会生成其他媒体的文件，如纸质文件、模拟影像、缩微胶片等；在尚未实现全部文件的网上传输时，很多机构自身生成的文件是电子文件，而收文却是纸质文件，如何收集和维护不同载体文件之间的有机联系也是一个迫切需要解决的课题。

为了确保相关电子文件的齐全完整，第一，要切实维护电子文件的逻辑联系，确保每一份电子文件的内容、结构和背景信息无缺损、未被更改和可关联；第二，要掌握电子文件的形成规律和分布状况，对本机构、本地区不同业务系统、不同信息平台、不同媒体的文件进行统一规划、统一管理，详细确定电子文件的归档范围和归档要求，通过系统功能和人工监控将具有有机联系的电子文件收集齐全，完整归档；第三，要执行国家档案局发布的档案行业标准《公务电子邮件归档与管理规则》(DA/T 32－2005)，将公务电子邮件纳入电子文件管理范围，关注专用业务系统及新媒体环境中具有文件价值的新型记录信息，探索和改进电子文件的收集策略。

三、保证电子文件的可用性

文件的可用性（usability）指的是文件可以被查找、检索、呈现或理解。①电子文件的可用性表现在三个方面：第一，电子文件是可以查询到的。即用户借助特定的途径和工具可以准确定位并查找到有关文件的信息。第二，电子文件信息是可以利用的。即用户可以通过浏览、下载、打印、复制等合法手段操作电子文件，达到利用的目的。第三，电子文件是可读、可再现的。即电子文件经过存储、传输、压缩、加密、载体转换、系统迁移等处理后能够以人可以识读、可以理解的方式输出，并保持其内容的真实性。电子文件的可读性是其存在和价值的基础，如果文件不能顺利读出，文件中的信息便成为“死信息”，再有价值的东

① 中华人民共和国国家质量监督检验检疫总局，中国国家标准化管理委员会．信息与文献 文件管理 第1部分：通则：GB/T 26162.1－2010/ISO 15489－1：2001.

西也失去了存在的意义。

电子文件的可用性主要面临三个问题：第一，电子文件的非人工识读性。电子文件的信息是一系列二进制比特流，人不能直接识读，只能借助计算机硬件与软件读取。第二，电子文件的系统依赖性使得每一份文件只有在相应的系统环境中才能被真实再现，系统不兼容或软硬件的升级换代往往导致文件无法读出。计算机系统一旦改变或升级，电子文件就可能面临无法读取的风险，因而需要借助迁移等手段保证其长期可读性。例如，美国 1990 年的一份众议院报告披露了政府机关电子文件因记录格式过时等原因无法读出或濒临湮没的若干案例，包括 1960 年美国人口调查数据、卫生与公共服务部的磁带、防止吸食大麻及其他毒品全国委员会的文件、公共土地法律审查委员会的文件、记录越战期间战俘及战斗失踪人员情况的战地伤亡文件等。[①] 类似上述情况的系统不兼容或软硬件的升级换代导致的文件读出障碍现象十分普遍。第三，电子文件载体的长期保存。电子文件载体的寿命要远短于纸张，更容易老化和损坏，此外，病毒感染、信号衰减、加密文件无法正确解密等原因也都可能影响文件的顺利读出。

案例 2-1　我国一些电子文件不可读的现象

2008 年，原国家档案局局长毛福民指出：在过去的三年中，22.5%的中央单位不同程度地出现过电子文件不可读现象。

1990 年北京亚运会之后，所有相关档案都被进行了归档，然而由于档案工作人员的疏忽，没有按照规定程序进行接收，导致一麻袋用 3.5 英寸软盘存储的珍贵电子档案被忽视。直到许多年以后再次整理档案时，工作人员才发现这袋亚运会电子文件，可是此时所有软盘都已无法读取，也就是说，1990 年北京亚运会的电子文件由于人员疏忽、管理不善和存储载体的脆弱性而全部丢失，这无疑是一个巨大的损失。

我国是人口大国，人口普查具有特殊重要的意义。据悉，我国 1982 年第三次人口普查的原始数据因为水淹已无法读出，这些数据被保存在磁带上，涉及大约 10 亿人口的基础信息。除约 1%（1 200 万人）的数据经异地备份得以留存外，其他数据荡然无存。

资料来源：毛福民在政协十一届一次会议上的提案摘要．中国档案报，2008-03-13（3）．

电子文件的可用性以其真实性、完整性为基础，ISO 15489 指出，可用的文件应能够直接表明文件与形成它的业务活动和事务过程。文件间的背景联系中应包含文件形成和利用的信息，以便理解事务活动的过程，确认文件所处的业务活动背景和职能活动背景，记录活动过程的顺序，维护文件间的联系。[②] 保证电子文件可用

① Rothenberg J. 保证数字式文献的长久性．科学，1995（5）：1-7.

② 中华人民共和国国家质量监督检验检疫总局，中国国家标准化管理委员会．信息与文献　文件管理　第 1 部分：通则：GB/T 26162.1-2010/ISO 15489-1：2001.

性的措施应该贯穿于全部管理工作的始终。文件的流转、归档、鉴定、著录、存储、利用、保护都要遵守相关的规定，并应保存相关记录。任何一个工作环节、任何一项具体操作的失误都有可能对电子文件造成灾难性的后果，使电子文件处于读不出来或难以理解的状态。科学的长期保存措施是电子文件长期可用的基本保障。

四、保证电子文件的安全性

电子文件的安全性（security）是指电子文件在产生、传输、使用等过程中载体和信息的安全。这意味着电子文件的载体未被破坏，其内容、结构、背景信息等未被非法访问、非法获得、非法操作等。电子文件的安全性概念可参考信息技术界关于信息安全的定义，美国联邦标准 1037C（1997）指出，信息安全是“保护信息不被有意或无意地非授权泄露、传输、修改或破坏”。《信息技术　安全技术　信息安全管理体系　概述与词汇》(GB/T 29246－2012/ISO/IEC 27000：2009）定义信息安全为“保持信息的保密性、完整性、可用性”，并注明“此外，诸如真实性、可核查性、抗抵赖和可靠性等其他特性也可被包括进来”。《信息技术　安全技术　信息安全控制实用规则》（GB/T 22081－2016/ISO/IEC 27002：2013）重申了类似的定义。电子文件的安全性是真实性、完整性、可用性的基础，是对电子文件拥有者和合法使用者利益的保障，任何安全问题都可能使电子文件遭受破坏，使其利益相关者遭受不同程度的损失。

电子文件安全性的含义非常丰富，涉及若干层次，可以有多种不同的分类，这里大致归结为文件自身安全和文件使用安全两个方面。文件自身安全是指文件的真实性、完整性、可用性未遭侵害，确保以可信的状态存在和再现；文件使用安全是指在规定的权限中合规使用电子文件，没有因恶意或无意的违规使用造成文件信息的变化、泄密和被损坏。

影响电子文件安全的因素非常复杂，包括自然灾害、社会灾害等环境因素，硬件、软件、病毒、系统功能等技术因素，黑客、窃密等人为因素，制度规范、管理设施、管理者素质等管理因素，等等。因此，保证电子文件的安全性也需要采取全方位措施，提高安全意识，全面识别安全风险因素，从法律规范、管理制度、技术手段、人员素质等方面为电子文件筑起全面、坚固的安全屏障。

第二节
电子文件管理的效用

概括起来，电子文件管理的效用主要表现在以下四个方面。

一、管护信息资产

《ISO 15489 文件管理陈述》前言指出：“任何机构，不论其规模或业务性质如何，在工作过程中都会产生信息。文件作为一种特殊类型的信息，是机构的重要资产，能够帮助机构实现一系列目标并取得成效；文件的产生和控制是机构业务活动、业务过程和业务系统的有机组成部分。有效地管理文件使机构能够控制风险，更加迅速地应对开放的、全球化的环境变化。”①

案例 2－2　5 家华尔街股票代理公司未保留电子邮件遭罚

2002 年 12 月，5 家华尔街股票代理公司德意志银行、高盛集团、美国银行公司、摩根斯坦利和花旗集团旗下的所罗门美邦，因未保留与业务有关的电子邮件，而被分别处以 165 万美元的罚款。

2006 年 5 月，摩根斯坦利再次因未按规则保存电子邮件而被美国证交会罚款 1 500 万美元。此前该公司因拒绝交出电子邮件而输了一场民事官司，被陪审团一审判定赔偿 14.5 亿美元。

资料来源：5 家华尔街股票代理公司未保留电子邮件遭罚．(2002－12－04)[2016－10－03]．http://www.cctv.com/lm/776/14/70879.html. 朱伟一．摩根士丹利为何与电子邮件过不去？．南方周末，2006－06－22.

在数字时代，电子文件是机构重要的数字业务资产，记录和积淀了本机构职能活动的核心知识与信息，同时在机构内部控制中具有不可替代的作用。文件在各类信息资产中的特殊价值在于它的凭证性。《信息与文献　文件管理体系：基础与术语》(ISO30300－1：2001）对此有精辟的阐释：“基于组织机构要求合理实施文件方针和目标，可以确保业务活动形成的证据和相关的权威、可靠的信息得以形成和有效管理，并为有需要的人在需要的时候提供利用。成功实施合理的文件方针及目标，能使文件和文件体系满足组织机构的目标。”可见，文件是支持机构合法合规运行、维护机构合法权益不可缺少的凭证性资产。很多国家法律和政策都强烈要求各机构承担文件管理的责任，对于失职者给予惩罚。

当电子文件完成了机构业务功能，被移交到国家档案部门管理之后，这些文件就从机构信息资产转化为重要的国家信息资产，在维护国家利益、承载集体记忆、传承社会文明方面具有不可替代的价值，电子文件的长期保存和开发利用对于管理和保护数字时代的国家历史证据和文化资源，使这种信息资产得以保值增值具有特殊而重要的作用。

---

① ISO/TC 46/SC 11. ISO 15489 Records Management Statement. 安小米，译．2007－11.

二、提高工作效率

电子文件是在业务和管理活动中产生的，其基本职能是支持机构职能活动的开展。电子文件制作便捷，流转规范，可有效提高文件制作和文件处理的质量和效率：网上申报、网上审批的实施可免去申报人员的奔波之劳，减少辗转时间；电子文件的网上传输可大大减少因信息延迟而造成的政务迟缓，降低传输成本，尤其是远距离传输的效果更为明显；在查询和利用电子文件的过程中，网络检索大大提高了检索速度、检索准确性和信息可获取性。此外，借助数据挖掘、数据分析等智能技术，更便于电子文件提供决策支持。在信息化、网络化环境中，电子文件所带来的效率和效益是非常明显的。

案例 2－3　电子文件管理可提升经济和社会效益

加强电子文件管理，是当前我国经济和社会转型发展的内在要求，是建设环境友好、资源节约型社会的一个有效途径、是提升经济和社会效益的一个有力措施。据海关数据统计，2014 年全国共有 32.9 万家企业参与无纸化通关，占全国进出口企业总数的 88%，进出口电子报关单通关时间平均比传统纸质报关单通关时间分别少 32.51 小时和 5.27 小时。另据央行数据显示，截至 2014 年年底，我国信用卡累计发卡量已突破 4.36 亿张。如果信用卡纸质对账单全部改为电子对账单，仅邮寄费一项一年节省可达数十亿元。

资料来源：参见国家电子文件管理“十三五”规划编制小组调查。

案例 2－4　电子文件管理可提高行政效率，方便社会利用

2014 年，国家卫生和计划生育委员会建立了国家新农合电子文件交换平台，形成了国家、省、医院之间的电子文件交换传输通道，方便了农民跨省就医报销，经办机构可通过新农合电子文件管理信息系统进行报销单据核对，大大缩短了报销周期，使农民短期内就能拿到新农合补偿款，减轻了农民经济压力。同时，该试点工程中还设立了人工费用核查操作，提高了新农合补偿审核业务经办效率，降低了行政成本。

资料来源：张静．国家电子文件管理试点工作概述//刘越男，马林青．2010—2015 电子文件管理发展与前沿报告．北京：电子工业出版社，2016.

网络环境中工作效率提高的原理之一是电子文件信息的流转突破了时空限制，信息自动识别、智能处理、网络传播等功能减少了传统办公环境中地理距离、线性流程、人工办理的巨大消耗，改变了原来的办事过程和方式，从而使效率得到极大的提高。

电子文件管理应该和电子文件的产生、应用一样，支持并服务于机构提高工作效率，使管理活动符合业务活动的特点和规律。为此，必须改变传统的，内向的，仅关注文件、档案管理需求的思维方式，形成开放的，关注文件、档案管理需求与文件参与业务活动需求并重的工作思维，实现从文件驱动理念向业务驱动理念的转变。在电子文件管理系统和管理制度设计中，应该充分关注和考虑以下问题：一是每一项业务活动对于参与其中的各种文件的具体需求；二是文件管理行为与业务环节的对应与耦合；三是优化文件运行效率和提升管理质量的流程改进或重组；四是提高文件自动化管理水平的新技术和新工具。这些条件的满足和方法的改进将有利于工作效率的持续提高。

三、方便利用共享

电子文件可以全天候在线和网络传输等特点极大地增强了其利用服务功能，可以支持多用户共享，给公众利用带来许多方便。世界各国政府信息公开和档案开放大多利用网络平台提供电子文件，有力地支持了透明政府、开放政府建设，促进了各级政府和社会组织的数字转型，加大了信息传播力度，维护了社会历史的真实面貌。例如，中央档案馆网站在卢沟桥事变 77 周年之际，公布了 45 名日本战犯笔供，100 多家电视台、700 多家报纸、近1 300家网站连续 45 天对档案主要内容进行了报道，在国内外引起强烈反响，新浪网在转载的第一天，就有 3 000 多万网友阅读。[①]美国国家档案馆的联机公众检索实例（online public access instance，OPA）是专门针对联邦政府永久档案利用的在线门户网站，能够提供包括档案资源、政府网页和总统图书馆网页资源的综合利用，其中包括电子文件档案馆（ERA）超过 100 万电子文件的获取路径，这些资源除 OPA 外尚无其他在线获取途径。[②] 美国国家档案馆 2010 年开始将“联邦公报”的文件以网页报纸形式发布，受到利用者的欢迎，2013 年在线访问达 293 609 316人次。[③]荷兰国家档案馆借助维基百科平台开放馆藏照片，每月大约 2 500万人在线利用，而档案馆网站浏览人数只有 10 万/月。[④]美国国家档案与文件局 2014—2018 年战略计划中的第一个战略目标是触发利用（trigger use），把公共利用作为其核心目的和所有工作的终极结果。为此，美国国家档案与文件局计划以数字形式向社会提供所有档案，保证任何人都能够探索和发现国家档案馆

① 杨冬权. 杨冬权在全国档案局长馆长会议上的讲话．(2014 - 12 - 23) ［2016 - 11 - 11］. http：//www. zgdazxw. com. cn/news/2014 - 12/29/content _ 80149. htm.

② Wright P. Online Public Access. (2011-06-04) ［2016 - 10 - 10］. http：//www. archives. gov/era/ppt/opa. ppt.

③ 李映天，吴薇．美国国家档案馆：用社交媒体打造档案文化传播的新平台．中国档案报，2013 - 04 - 01. 利用数据引自《2013 年美国国家档案馆绩效与责任报告》(Records Management Self-Assessment Report，2013)。

④ 沃森．数字世界里的记忆探秘．中国档案报，2015 - 12 - 21.

的馆藏并从中学习。[①]

电子文件的网络共享可以给管理活动和公民查询带来极大的方便，获得增值利用的效果。从管理活动方面看，电子文件的同步共享、实时联通可以使不同管理层级和关联方获得及时准确的文件信息，提高管理质量和效能。从利用服务方面看，电子文件的馆际共享使利用者免去了辗转查阅之劳，可以更加便捷地获取所需文件和档案。例如，近年来我国各级档案馆推行民生档案的异地查询服务，对于婚姻登记、计划生育、学籍、学历、工龄、职称、荣誉、离退休、房产、土地、林权、公证、就业安置等涉及个人经历、权益的凭证性档案开展联网服务，利用者可就近查询，获得在联网范围内任一档案馆保管的档案。这一举措提高了利用效率，改善了利用体验，使利用者的查询满意度大为提升。

案例 2-5　电子文件助力搭建土地管理改革创新大平台

2011 年，国土资源部开发全国宗地电子文件管理系统，实现宗地统一代码电子文件数据的实时在线获取，利用国土资源业务网，建立数据汇交系统，实现全国和省、市、县电子文件信息的联动传输，并保持数据的统一性。宗地电子文件既关联宗地的权属、空间等土地管理信息，又关联房屋、基础建设等经济社会信息，实时同步各类土地的用地性质、使用状况、权属关系、变动情况等信息，为实施以土地为核心的不动产统一登记工作打下坚实基础，为国土资源管理提供实时数据支撑，为人口普查、水利普查、城乡规划等提供科学决策依据，为社会公众提供准确、快捷的权属登记和信息查询服务，全面提升国土资源综合监管能力和信息社会化共享服务水平。

资料来源：全国宗地统一代码电子文件管理试点工程实施记略．(2013-03-12)［2016-11-11］．http://www.mlr.gov.cn/xwdt/mtsy/zgzfw/201303/t20130312_1189291.htm.

案例 2-6　民生档案就地查询，全市通办

上海档案部门拓展民生档案远程服务内容，使知青上山下乡、知青返城、知青子女回沪、婚姻登记、计划生育等五类档案实现“就地查询、跨馆出证、馆社联动、全市通办”。

目前覆盖全市 208 个社区事务受理中心的上海民生档案工作远程服务系统，惠及全市 2 300 多万市民。市民可以凭本人有效身份证件，在就近的档案馆或街镇社区事务受理服务中心查到本人档案信息，并当场获得档案部门出具的档案证明，在获得证明的同时，一次性把要办的事办完。据统计，自“全市通办”开通以来，受惠群众已超过 3 万多人次。

资料来源：知青档案将实现就地查询、全市通办．(2015-03-24)［2016-11-11］．http://www.shnczq.org/detail.php?id=1562.

---

① 美国国家档案与文件局 2014—2018 年财政年度战略计划．李音，译．浙江档案，2014 (5)：30.

案例 2-7　南京电子病历文件管理系统实现区域病历共享

南京市卫生局开发了电子病历文件管理系统，集中采集南京市各医院病案首页、出院小结、检验检查报告、中西药处方表、费用明细表等电子病历文件，采集的版式文件可按照流程在试点医院实现共享和调阅。同时，该系统开发了第三方调阅接口，实现与南京卫生 12320 网站、南京微信微门户、我的南京 APP 等互联网应用的对接，进行过实名认证的用户可通过应用查询医检结果。

资料来源：南京市卫生信息中心电子病历文件管理研究获 2015 年江苏省医学新技术引进奖二等奖 .(2015-09-30) [2016-09-29] . http: //wmdw. wmnj. gov. cn/home/content/? 9744-2930570. html.

四、保存数字记忆

电子文件是在数字环境中对社会活动的真实记录，是数字时代社会历史和记忆的重要组成部分。与传统介质文件相比，电子文件在真实性、完整性、可用性、安全性方面所受到的威胁和挑战都要更为复杂和严峻，为了不让几千年绵延不绝的中华文明在数字时代出现断层，我们有责任攻克电子文件长期保存的难关，为人类留下完整、真实的数字时代的社会记忆。

电子文件的长期保存具有多重功用和价值，择其要点，一是提供既往信息作为现实业务和决策的参照借鉴；二是作为历史资料守护真相，连接古今；三是作为文化资源多元开发。电子文件的长期保存要兼顾各种需要，把今天的数字记录传之久远。

世界各国为实现电子文件的长期保存展开了多方面的努力，1999 年美国国家航天局以及国际空间数据系统咨询委员会研究发布了 OAIS 参考模型草案，2003 年这一草案被作为国际标准颁布，为数字资源长期保存提供了基础概念模型。1999 年加拿大学者露西安娜·杜兰蒂主持了由多国专家参与的电子系统中文件真实性永久保障国际合作项目（InterPARES），在国际上影响广泛，为永久保护电子文件的真实性建立了一套基本的理论和方法。1998 年美国国家档案馆提出了电子文件档案馆（ERA）建设方案，旨在打造用于接收并长期保存各类电子文件的系统。该系统独立于特定的软硬件环境，提供电子文件利用服务。该系统的开发和运行在全球产生了重大影响，表明世界各国对于电子文件长期保存的高度关注。

资源链接 2-2

美国电子文件档案馆的功能愿景

建设完整的电子文件档案馆系统将发挥如下重要价值：

(1) 实现美国国家档案与文件署对美国政府三大分支（联邦政府、国会和最高法院）所有电子文件的接收、长期保存与可持续利用。

(2) 使联邦政府机构和美国国家档案与文件署利用档案信息履行职能和制定决策更为便捷。

(3) 使当代与未来的研究者都能够不受读取环境的影响利用电子文件。

(4) 使公众能够不用到美国国家档案与文件署实体机构就可以在线阅读和检索电子文件。

资料来源：NARA. About the National Archives of the United States. [2016 - 11 - 11]. http://www.archives.gov/publications/general-info-leaflets/1-about-archives.html.

第三节 电子文件的管理理念与原则

电子文件管理是数字环境中一项复杂的管理工作，充满了变化和挑战，需要在先进理念和正确原则的指导下开展工作。理念是上升到理性层面的观念，是人的思维和行动的引导；原则是人的言行的准则，是工作活动的遵循。二者对于电子文件的管理工作都具有指导性和统领性，效应和侧重有所不同；二者之间又密切关联，理念对原则的确定有指导意义，原则中体现和包含了不同的理念。

一、电子文件管理理念

（一）法规遵从理念

文件是政府管理、业务活动的重要工具，是社会生活的真实记录，人们对于文件、档案的证据价值和情报价值的信任，主要来自文件、档案管理活动的合法性和规范性。在世界各国日益强化法制建设的数字时代，电子文件管理必须依法依规管理，把法规遵从作为首要的指导思想和最高理念。

法规遵从是指社会主体在履行职责和业务运作中，遵守政府和行业制定的各项法律、法规和规章，同时又能证明自己确实达到了相关的要求。电子文件管理中的法规遵从是实现电子文件真实性、完整性、可用性、安全性的基本保障，是电子文件支持透明政府、开放政府、服务型政府建设，作为业务凭证、问责依据的基础条件，是确保文件资产价值和历史文化价值的重要前提，也是确保电子文件管理活动顺畅、高效的有力支撑。

电子文件管理法规遵从最复杂的地方在于相关法规的多样性和分散性。电子文件生成于各类不同的业务活动和信息化平台，电子文件的管理需要在这些业务和技术平台上合法生成，支持各领域业务的合法运行，同时符合电子文件管理的法律规范。各国法律法规内容不尽相同，概括而言，电子文件管理相关的法律法规大致有四个层次：一是一般性法律，如刑事诉讼法、民事诉讼法、证据法、合同法、知识产权法、政府信息公开条例等涉及与电子文件相关的权利义务的规定。二是不同行业、业务领域法律法规，如医疗卫生、企业治理、金融交易等与公众利益密切相关的领域的法律法规中对电子文件管理要求的规定，证券交易、金融财务法中对电子文件存储、报告、销毁的规定，医疗保险和责任法、金融服务法中对个人电子信息隐私保护的要求等。例如，美国在《2002 电子政府法案》中将电子文件管理纳入电子政府运行框架，在会计、银行、证券、保险、医疗、制药等各领域的法规中强调将文件作为事务活动的证据进行创建与保存，这些专业领域的相关法规也是在电子文件管理中必须遵循的。三是与信息化相关的法律法规，如电子政府法、电子商务法、电子证据法、信息安全法、电子签名法、个人信息保护法等。四是文件档案管理法律法规，如文件法、档案法、文件档案管理规章、电子文件管理规章等。

资源链接 2－3

各国规制政府电子文件管理的主要法律

国别	规制政府电子文件管理的主要法律
美国	《联邦登记法》(Federal Register Act，1935) 《文件处置法》(Record Disposal Act，1942) 《联邦报告法》(Federal Reports Act，1942) 《联邦文件法》(Federal Records Act，1950) 《信息自由法》(Freedom of Information Act，1960) 《文书削减法》(Paperwork Reduction Act，1980) 《政府文书缩减法》(Government Paperwork Elimination Act，1998) 《2002 电子政府法案》(E-government Act，2002)
英国	《公共文件办公室法》(Public Record Office Acts，1838) 《公共文件法》(The Public Records Act，1958) 《数据保护法案》(Data Protection Act，1998) 《信息自由法》(Freedom of Information Act，2000) 《环境信息法规》(The Environmental Information Regulations，2004)
澳大利亚	《档案法》(Archives Act，1983) 《财政管理与责任法案》(Financial Management and Accountability Act，1997) 《联邦机构与公司法》(Commonwealth Authorities and Companies Act，1997) 《审计长法》(Auditor-General Act，1997) 《公共服务法》(Public Service Act，1999) 《信息自由法》(Freedom of Information Act，1982) 《隐私法》(Privacy Act，1988) 《电子交易法》(Electronic Transaction Act，1999) 《证据法》(Evidence Act，1995)

续前表

加拿大	《审计长法》(Auditor General Act，1997) 《加拿大安全情报服务法》(Canadian Security Intelligence Service Act，1984) 《官方语言法》(Official Languages Act，2003) 《隐私法》(Privacy Act，1985) 《加拿大图书和档案馆法》(Library and Archives of Canada Act，2004) 《个人信息保护和电子记录法》(Personal Information Protection and Electronic Document Act，2000) 《统一电子证据法》(Uniform Electronic Evidence Act，1998) 《加拿大证据法》(Canada Evidence Act，1985) 《信息安全法》(Security of Information Act，1985) 《信息获取法》(Access to Information Act，1982)

资料来源：冯惠玲，刘越男，等．电子文件管理国家战略．北京：中国人民大学出版社，2011：313－314.

资源链接 2－4

美国法典（United States Code）有关文件管理的规定

第 44 卷“公共印刷业与文件”中共有 15 章内容涉及美国有关文件管理的规定，具体如下：第 9 章“国会文件”（44 USC Ch. 9)；第 13 章“特定报告和文档”(44 USC Ch. 13)；第 15 章“联邦登记和联邦法规编码”(44 USC Ch. 15)；第 17 章“公共文件的分配和出售”(44 USC Ch. 17)；第 21 章“美国国家档案与文件署”（44 USC Ch. 21)；第 22 章“总统文件”（44 USC Ch. 22)；第 23 章“国家档案馆信托基金（Trust Fund)”（44 USC Ch. 23)；第 25 章“国家历史出版物与文件委员会（NHPRC)”(44 USC Ch. 25)；第 27 章“国会文件咨询委员会”(44 USC Ch. 27)；第 29 章“美国国家档案馆馆长的文件管理”（44 USC Ch. 29)；第 31 章“联邦机构的文件管理”（44 USC Ch. 31)；第 33 章“文件处置”(44 USC Ch. 33)；第 35 章“联邦信息政策的协调”(44 USC Ch. 35)；第 36 章“电子政府服务的管理和促进”(44 USC Ch. 36)；第 41 章“联邦电子信息的利用”(44 USC Ch. 41)。其中第 31 章“联邦机构的文件管理”(44 USC Ch. 31) 主要包括七个部分，分别为：3101——机构主管的文件管理：一般职责；3102——文件管理程序的建立；3103——文件向文件中心的移交；3104——移交文件的认证与确认；3105——保障措施；3106——非法的文件删除和销毁；3107——总审计官的权限。

资料来源：Office of the Law Revision Counsel of the United States House of Representatives. The United States Code. [2016－10－03]. http://uscode. house. gov/browse. xhtml.

21 世纪以来，法规遵从在企业文件档案管理领域引起了高度重视，以支持企业的合法运行和自身权益。它要求企业对自身的文件及其信息具有可控性，包括：对信息的保护能力，即防止非授权或因疏忽而更改、毁坏或破坏业务记录和财务信息；对信息的跟踪能力，即确保各公司财务和业务信息是准确和可靠的，信息要具有审计轨迹；对信息长期保存的能力，即要求公司确保用于保留要求记录的存档及存储系统和介质将支持长期可靠存取。

美国以规制企业文件、信息管理的数量庞大、严格的法规而著称，成为其他国家企业法规遵从的风向标。2002 年 7 月，美国颁布了《萨班斯-奥克斯利法案》(Sarbanes-Oxley Act，中文简称为“萨班斯法案”或“沙式法案”)。这个被称为“自罗斯福总统以来美国商业界影响最为深远的改革法案”强化了上市公司的内部控制，其中许多条款对文件管理提出了严格的要求，此后很多国家相继颁布了本国版的“沙式法案”。2008 年我国国家标准《质量管理体系　要求》（GB/T 19001－2008）对文件控制和记录控制分别提出了具体的要求。由财政部、证监会、审计署、银监会、保监会联合发布，被称为“中国版萨班斯法案”的《企业内部控制基本规范》于 2009 年在上市公司范围内开始施行。该规范旨在规范企业治理、风险控制、信息与沟通、监督检查，其中对于企业文档管理，尤其是电子文件管理具有重要的约束和指引作用。2012 年，中国银监会发布《商业银行资本管理办法（试行）》，相当于中国版的《新巴塞尔资本协议》，其中规范了企业电子文件的留存和电子举证（electronic discovery）。该办法于 2013 年 1 月 1 日起开始实施，要求 2018 年年底前全面达标。

资源链接 2－5

萨班斯法案中有关文件管理部分条款摘译

第 302 款：由包括首席执行官和财务主管在内的企业管理层对建立和维护与财务报告有关的内部控制负责。

第 404 款：要求上市公司必须在年报中提供内部控制报告和内部控制评价报告；说明文件管理程序和公司财务文件的有效性；保证对交易进行记录的每一个环节都有相应的内部控制制度。公司审计员必须能够证明文件的真实性，以通过审计程序。

第 802 款：篡改文件的刑事责任。公司对一些类别的文件至少保存 5 年，保证它们的真实性和未经更改。没有对应该保存的文件实施保存或者故意更改、销毁、伪造相关数据，将招致罚款以及最高 20 年的监禁。

第 903 款：邮件及电传欺诈的刑事责任。

第 1102 款：篡改记录或者组织调查的改变、销毁、篡改或隐匿记录、文件或其他对象，或企图这样做，以阻碍官方调查中得到对象和破坏对象的完整性为目的，应该被处以罚款，最多 20 年的监禁，或并罚。

资料来源：Sarbanes-Oxley Act of 2002.（2002－07－30）［2016－10－03］. https：//www. sec. gov/about/laws/soa2002. pdf.

法规遵从应该体现在电子文件管理的全方位和全流程中，包括文件管理政策、规划、系统设计、管理方法等。所有文件、档案的管理人员都应该树立强烈的法规遵从意识，全面梳理与本机构文件管理相关的法规及条款清单，依法依规开展电子文件管理工作。

（二）业务驱动理念

文件、档案管理的主要驱动要素是什么？在过去很长时间内，文件、档案工作者习惯专注于文件、档案自身的状态和流程，把文件、档案管理自身的需求作为全部管理活动的主要驱动因素，形成了一种内省的、封闭的思维模式和行为模式，可称之为“文件驱动理念”。近 20 年来，文件、档案工作者开始把关注点投向生成、运行、使用文件的业务领域，主张根据业务需求设计和实施文件管理活动，用文件管理支持业务活动的高效运行，并把这种思想提炼为“业务驱动理念”。

全球文件管理领域最有影响的文件管理国际标准 ISO 15489，充分体现和表达了业务驱动理念，在文件效用、监管环境、文件管理方针与职责、文件管理规划的原则、文件的一般要求、文件系统设计和实施的总体要求、实施要求及方法、文件管理的过程与控制等许多条款中明确表达了文件管理与业务活动的密切关联，包括文件管理的业务嵌入、业务集成、业务融合等思想，明确指出“制定文件管理方针应对业务活动进行分析，明确法律、法规、其他标准以及最佳实践在文件形成过程中应用的情况”（6.2），文件管理规划的原则是“支持业务活动的持续运作，顺应监管环境，承担必要的问责”“通过文件形成或管理现状的改善而能促进业务过程、决策以及行动在效果、效率或质量方面提高的时机”（7.1），应该使文件形成和捕获“成为日常业务活动的一部分”（8.1），“文件系统应响应业务需要的不断变化”（8.2），“确保文件系统支持而不是阻碍业务活动过程”（8.4），“分类体系的制定必须基于对机构业务活动的分析”（9.5）等。[①] 经修订的新版 ISO 15489：2016 进一步强化了这一思想，将其适用范围扩展到各类组织背景下的业务活动，包括跨层级和跨组织的业务活动，支持各种环境的业务活动及其产生的各种载体和各种形式的文件管理。新标准更加强调业务架构和系统互操作、协同与合作的背景，指出“管理文件的系统和规则需要与业务变化规律动态适应”，新增的文件管理五项基本原则的第一条就是“文件有着作为业务活动支撑和信息资产的作用，文件的形成、捕获和管理应作为开展业务活动的有机组成”[②]。其他多项国际标准，如《信息与文献　针对文件的工作流分析》（ISO/TR 26122：2008）、《信息与文献　电子办公环境中文件管理原则与功能要求　第 3 部分：业务系统中文件管理指南与功能要求》（ISO 16175－3：2010）、《信息与文献　文件管理体系　基础与术语》（ISO 30300：2011）等都充分体现了业务驱动的文件管理理念。

① 中华人民共和国国家质量监督检验检疫总局，中国国家标准化管理委员会．信息与文献　文件管理　第 1 部分：通则：GB/T 26162.1－2010/ISO 15489－1：2001.

② 林鹏，安小米．新旧 ISO 15489－1 文件管理标准的比较．中国档案，2016（8）：70－71.

案例 2-8　文件与相关业务的融合管理

秦山核电公司将文件管理流程嵌入设备管理流程之中，充分满足设备管理的需要。设备文件的生成、流转、发布和利用分别对应着设备管理当中不同的工作环节，参与或承担某项设备管理职能，而设备文件的生成、流转、发布和利用都要经过文档管理部门的审核，保证其规范性及处于受控状态，从而大大提高了设备管理的质量和效率。

资料来源：刘越男. 建立新秩序——电子文件管理流程研究. 北京：中国人民大学出版社，2005：300-305.

业务驱动理念的主要意义在于它符合文件形成的规律，可以使文件管理活动回归最本质、最核心的动因和目标，即参与和支持业务活动，并从业务活动中获取文件管理的价值实现。澳大利亚学者认为，业务驱动的文件管理收益主要表现在以下方面：提高业务活动效率效益，改进法规遵从，改进知识共享及文件保管、利用和组织记忆，实现更好的基于证据的风险管控，改进基于证据的组织行动和决策能力，减少存储、资源及劳动的成本。[①] 因此，业务驱动理念应该体现在文件管理的全过程中，满足业务需要，服务业务过程，提高业务效率和质量。

（三）资产管理理念

近年来，文件是机构业务资产的思想得到越来越广泛和深刻的认同，ISO 15489 明确指出"文件是有价值的信息资源和重要的业务资产"[②]，ISO 30300 在引言中指出，文件的创建和管理，可以"促使组织机构将信息资源视为业务资产、商业资产和知识资产进行资本化管理，有利于保存集体记忆，应对全球化和数字化环境带来的挑战"[③]。中共中央办公厅、国务院办公厅在《关于加强信息资源开发利用工作的若干意见》（中办发〔2004〕34 号）中要求，"推进政务信息资源的资产管理工作"，"完善信息资产评估制度"。国家档案局 2009 年发布的《企业档案工作规范》（DA/T 42-2009）也明确指出，"企业档案是企业知识资产和信息资源的重要组成部分"，"企业档案工作应以企业资产关系为纽带，实行统一领导、统一管理、统一制度、统一标准"。

资产指机构和个人拥有的具有商业或交换价值的东西，可以划分为流动资产、固定资产、有形资产、无形资产、不动产等。文件是一种具有特殊价值的无形资产，认清文件的资产属性，用资产管理理念来管理电子文件，对于全面认识

---

① Cunningham A, Swan K, Robertson A. Establishing a High Standard for Electronic Records Management within the Australian Public Sector. Records Management Journal, 2002 (12): 79-86.

② 中华人民共和国国家质量监督检验检疫总局，中国国家标准化管理委员会. 信息与文献　文件管理　第 1 部分：通则：GB/T 26162.1-2010/ISO 15489-1：2001.

③ 中华人民共和国国家质量监督检验检疫总局，中国国家标准化管理委员会. 信息与文献　文件管理体系　基础与术语：GB/T*****-2016，ISO 30300-1：2001.

电子文件价值和完善电子文件管理具有重要意义。

资产的核心特征是具有商业或交换价值，因此，承认文件的资产属性就是认可文件所拥有的经济或商业价值。这是对文件、档案价值构成的扩展和深化，在长期以来形成共识的行政价值、法律价值、文化价值的基础上又增加了经济或商业价值的新维度，从而认同和维护文件在社会经济生活中以资产状态存在，并可以创造新资产、新的经济收益。在信息化进程中，数字资源的资产性质受到人们广泛的理解和关注，电子文件作为数字资源中的重要组成部分，在信息经济、信息资源产业中所具有的经济或商业价值正在逐步提升。此外，对于文件的资产属性也应该有超越商业价值的视角，认识其在机构管理活动中的作用，即对于法规遵从、质量管理、风险管理、安全管理、社会责任等基于证据的业务治理、问责循证、投入产出绩效评估和合规评价等管理活动所产生的资产要求和制度要求的信息支持。

用资产管理理念指导电子文件管理的要点有：一是明确文件的权属，主要是所有权和控制权。资产的重要特征是其必须为特定主体所拥有或控制，电子文件的生成主体、生成过程和生成环境的复杂性给对于所有权和控制权的掌控带来更多变数，需要辨析清楚。二是从资产安全和保护出发，在文件、档案管理方法中增加资产化管理措施，如加强流程监控，适时开展资产识别与登记、资产评估、绩效评估、核查审计等工作，明确电子文件管理的责任主体和失责承担，确保电子文件的安全。三是从提高资产保有率出发，注重电子文件的管理效益，降低管理成本，提高管理收益，加强资源开发，努力实现资产的保值增值。

在推行资产管理的过程中，管理效益是一个重要的成效指标。与纸质文件管理相比，电子文件管理中对成本和收益的关注尤其突出，这主要来自两个方面的原因：一是电子文件管理的投入总体上比纸质文件管理大，尽管电子文件的高密度存储可以节省大量的存储空间，但是开发与维护电子文件系统的投入却可能大大超过纸质文件管理系统，对电子文件的动态保护要比对纸质文件的静态保护难度更大，成本更高。二是在信息化过程中，机构更加注重信息资源的效益问题。因此在电子文件系统的设计、开发、使用和管理活动中要追求合理的投入产出比。

与一般资产不同的是，电子文件管理活动的效益既有可以量化的经济方面，也有不易量化的社会、文化等方面。经济方面的支出如系统开发、运行与维护费用、文件保管与迁移费用等，收益如通过有效的电子文件管理而减少的文件制作、传输费用，通过电子文件支撑业务无纸化进程而降低的业务成本，通过利用电子文件提高工作效率而增长的业务收益，通过利用电子文件获取信息而减少的对新业务活动的资金投入等；非经济方面的收益如对工作效率和质量的影响、机构证据的留存、文件文化价值的实现等。

提高电子文件管理效益的措施体现在管理政策、保管模式的选择，软硬件配置，管理流程设计等诸多方面。在这些方面既要考虑当前的支出和收益，也要考虑未来的日常支出和长远效果。注重效益不等于单纯的成本核算，还应包括对电子文件管理目标、管理质量、管理理念的综合考虑。

资源链接 2-6

澳大利亚《包括电子文件管理的文件管理绩效审计报告》(No. 6 2006-07)

该报告是自2001—2002年以来由澳大利亚国家审计办公室（ANAO）执行的一系列文件管理审计活动产生的第三个审计报告，于2006年完成。此次审计在以下机构中进行：总检察署（The Attorney General' s Department）、澳大利亚选举委员会（The Australian Electoral Commission）和总理内阁部（The Department of the Prime Minister and Cabinet）。审计的目标是评估各机构满足文件管理责任的程度，尤其是检查其如何有效管理文件系统和其他电子系统中电子文件的生成和存储。该报告提出：应在更广泛的信息或知识管理框架下制定和实施文件管理战略以应对机构广泛的文件管理责任；各类系统尤其是电子系统，必须按照文件管理要求予以管理；机构应按法律和业务要求，制定文件管理的指导方针支持业务活动；机构应对其文件管理要求定期进行风险评估，并据此制定文件管理战略、政策和指导方针等。

资料来源：Australian National Audit Office. Recordkeeping including the Management of Electronic Records (Audit Report No. 6 2006-07).（2006-10-12）[2016-10-03]. https://www. anao. gov. au/work/performance-audit/recordkeeping-including-management-electronic-records.

案例 2-9　国家电网以电子文件管理提高企业经济效益

2013年5月，国家电网公司全面启动电子文件管理工作，经过两年多的努力，建成了覆盖所有单位、贯穿主要业务、联通各层级的电子文件管理系统。通过将电子文件管理与生产经营工作深度融合，有效降低了企业经营成本，提高了企业经济效益。

以财务部门为例，通过开展财务凭据线上流转，预计每年可为企业减少纸张打印费、运输传递费1 400余万元，财务核算流转效率可提高30%，减少人员使用750人/年。再以信息化部门为例，该部门利用电子文件管理系统实现了废弃业务信息设备的腾退再利用，共腾退243套废弃业务系统、630台服务器，节约运维费300余万元、设备费200余万元，极大缓解了系统运维压力，实现了资源的科学调配和高效利用。

资料来源：张静．国家电子文件管理试点工作概述//2010—2015电子文件管理发展与前沿报告．北京：电子工业出版社，2016.

（四）风险管理理念

与纸质文件相比，电子文件管理的风险更为普遍和突出，主要表现为因自然、社会和管理等方面原因造成的电子文件真实性、完整性、可用性、安全性缺失，如失存、失真、失密、失控、失读等。这些风险事故不仅会导致电子文件自身的损失，还会造成历史文化、政治、经济、军事等方面的连带损失；不仅导致电子文件形成机构遭受直接损失，而且造成电子文件形成机构以外的社会公众遭受间接损失。[①] 这些损失中很多是不可挽回的，如果事先发现则可能减轻或避免，因此，风险管理是电子文件管理的重要理念，具有规避失误、保驾护航的积极作用。

如果说大部分管理思维引导人们思考“应该怎样做”的话，风险管理则是一种逆向思维，让人们关注“如果你不这样做可能遭受哪些损失，应该如何识别、防范和应对”。海恩法则（Haien Rule）告诉我们：“每一起严重事故背后，必然有近 30 起轻微事故和 300 多起未遂事故作为先兆，以及 1 000 多起事故隐患。”风险管理正是要凭借强烈的风险意识和一整套科学的风险管理方法发现隐患，应对先兆，堵塞漏洞，避免或降低损失，提高电子文件管理的质量和效率。

电子文件管理风险增多、危害加大的原因主要表现为三个叠加：一是与纸质文件管理风险的叠加。电子文件在很多方面继承了纸质文件的性质、任务、运行轨迹和管理方式，因此，纸质文件管理的传统风险并没有消失，而电子文件特有的新型风险又接踵而至，形成了共生或叠加效应。二是技术特性与管理体制造成的风险叠加。电子文件管理的环境重组和体制变革导致在空间维度上，对电子文件的管理行为更多分散在不同的业务点上，文件管理的疏漏、失误等风险随之贯穿于整个文件运行线；在时间维度上，电子文件的处理和传递可以由顺序推进变为多向同步进行，文件管理中的某些问题就可能同时存在于不同的节点上，其风险由历时性转变为共时态。三是多套制导致的风险叠加，当前很多地区和单位采取纸质文件和电子文件双轨制运行或双套制保存策略，电子文件还同时保存多套备份。同一份文件的不同载体形式、不同备份在处理和保管过程中可能出现不同的问题，相互之间可能产生不一致，在同一管理环节的风险概率也会有所增加。如此，由于多重风险叠加，不同的风险因复杂的关联和影响而产生变异、强化等反应，必然造成电子文件管理风险的加大。

面对电子文件管理的新问题，全球文件管理领域逐步形成风险管理理念，开展风险管理实践。实施风险管理对于提升电子文件管理效果和水平具有重要的实践价值：一是树立风险意识，做好风险防范，避免风险事故，承担风险责任，有意识地从全局、全程角度防范和控制风险因素的威胁，逐步形成与电子文件管理规律相适应的管理观念。二是建立风险管理体系，形成一套规范化的行之有效的技术方法。风险管理的程序大致可以由风险计划、风险识别、风险评估和风险应对几个部分组成。风险计划指为电子文件风险管理目标、组织、责任、方法建立一个基本框架；风险识别包括对风险因素的寻找和分类两项内容，目的是形成对电子文件风险源、分布、原因、关联、后果的理性认知，形成“风险清单”或“风险地图”；风险评估的任务是区分电子文件管理过程中各种风险的发生频度和危害程度，合理分配管理资源；风险应对包括防范和控制两方面内容，是与各种

① 冯惠玲．电子政务系统中文件管理风险分析与对策研究报告．国家社会科学基金重点项目研究报告，2004.

风险因素和风险事故的正面较量，直接体现风险管理的目标。上述环节相互关联，构成了一个具有自激循环性质的闭环管理系统，使电子文件得到全方位的、安全有效的保护。三是全面提升管理水平。用风险管理的思路来研究和从事电子文件管理并不只是立足于消极的防御，同时可以利用风险的内在机遇促进文件管理变革以及人们思维方式、行为方式的变革，把风险管理程序化、系统化、科学化地融入电子文件日常管理之中，给电子文件及其支撑的各种信息系统以更多更好的安全、效率保障。

资源链接 2－7

国内外文件、档案管理领域有关风险管理的主要项目

2001 年，国际标准《信息与文献　文件管理》（ISO 15489：2001）强调对文件风险进行评估、分析与应对。

2003 年，中国人民大学课题组承担国家社科基金重点项目“电子文件的风险管理”，较为系统地提出了电子文件管理风险的识别、评估、防范、应对的框架和对策。

2004 年，国际文件管理者与行政工作者协会出版了《文件与信息的风险管理》，为各国文件管理人员提供风险管理方法论指导。

2004 年，国际文件管理者协会（ARMA）制定了《文件与信息管理风险自我评估》。

2009 年，欧洲数字保护中心（DCC）和欧洲数字保护（DPE）课题组研制《基于风险评估的数字存储审计方法》，开展支持风险管理的数字文件长期保存。

2014 年，颁布国际标准《信息与文献　文件过程与文件系统风险评估》（ISO/TR 18128：2014）。

资料来源：冯惠玲，等．中国电子文件管理：问题域对策．北京：中国人民大学出版社，2009．安小米．第 32 次 ISO/TC 46/SC 11 会议交流及启示．办公自动化，2016，21（13）．

（五）全程管理理念

电子文件管理必须遵循全程管理理念，就是要在从文件产生到永久保存或销毁的整个生命周期中进行全过程管理。

电子文件的全程管理是一种全面的管理，涉及电子文件的流程、管理规则、管理方法以及质量要求，旨在建立一个涵盖电子文件全部管理活动的管理体制、目标体系、制度体系、程序体系和技术方法体系。

电子文件的全程管理是一种系统的管理，建立在“大文件”的概念基础之上，注重电子文件生命周期内各个阶段所有管理活动和管理要素的统筹兼顾，强调各项管理内容和要求的无缝衔接、系统整合和总体效应。注重充分利用管理系统的各种资源，以知识管理的理念，追求系统软硬件资源和信息资源的最大共享和最大效益。

电子文件的全程管理是一种过程管理，通过过程控制实现结果控制，又经反馈优化过程，形成闭环管理。由于过程的可控性强，过程控制的反馈周期短，因此，对电子文件生成、流转、保管、利用等每一项具体管理活动的实施过程进行监控，有利于及时发现和纠正失误，不断调整管理策略。在过程管理中，所有有助于说明电子文件重要属性和有效管理过程的信息都被记录在案，以证实电子文件在管理系统中的运转状况，确保电子文件的管理质量。

以电子文件管理系统（ERMS，详见第十章）对文件流程各阶段的管理和监控为例，系统应对产生于机构内部各个部门及其业务系统中的电子文件进行统一的归口登记，对文件进行分类、鉴定，同时监控和记录针对文件的一切操作，如文件的创建、登记、修改、审核、签署、分发、鉴定、归档、保管以及文件利用史等。对文件所做的关乎其真实性、完整性、可用性、安全性的任何技术操作，包括存储位置的改变、数据的转载等也应该记录下来。这种全过程的管理、监控和跟踪记录对于证明和保证电子文件的业务有效性和法律证据性有着极其重要的作用。

国内外有关电子文件管理系统的功能需求标准都体现了全程管理的理念，虽然聚焦于从电子文件捕获归档到处置的过程，但从捕获要求可以看出对文件形成前端的要求，从移交要求可以看出对长期保存、利用的支持，十分详尽。如国际标准《电子办公环境中文件管理原则与功能要求 第 2 部分：电子文件管理系统指南与功能要求》（ISO 16175－2：2011）提出的功能要求涵盖捕获、识别、分类、管理真实可靠的文件，混合文件的管理、保存与处置、搜索、检索与呈现、管理等八个部分的 275 项功能要求。国家标准《电子文件管理系统通用功能要求》（GB/T 29194－2012）提出了文件管理配置、文件管理业务、安全管理、系统管理等 4 类 404 条基本功能，数字化文件管理、多载体文件管理、离线管理、接口管理、工作流和性能要求等 6 类 75 条可选功能要求，其中文件管理业务中涵盖了捕获登记、分类组织、鉴定处置、统计管理、存储保管、检索利用等电子文件管理的各环节各方面内容，体现了全面、系统、全过程的管理理念。

（六）前端控制理念

前端控制是现代文件、档案管理理念的重要内容，它以文件生命周期理论为基础，把文件从形成到永久保存或销毁的不同阶段看作一个完整的过程。在这个过程中，文件的形成是前端，处理、鉴定、整理等具体管理活动是中端，永久保存或销毁是末端。传统文件、档案管理的特征是分阶段、分环节控制，文件管理和档案管理作为两个相对独立的系统分别运行，文件、档案管理的各种目标和要求被分解到不同的阶段、环节和步骤之中。前端控制要求对整个管理过程的目标、要求和规则进行系统分析和科学整合，把需要和可能在文件形成阶段实现或部分实现的管理功能尽量在文件形成阶段实现。1997 年，国际档案理事会出版了由电子文件委员会（1993—1996）编写的《从档案角度管理电子文件的指南》，明确将文件管理的“干预时机”确定在电子文件管理系统设计阶段，主张“在文件形成前采取行动”，把许多传统环境中的后控手段移至前端。[①] 2005 年，国际档案理事会电子环境中现行文件委员会（2000—2004）在该指南的基础上编写了《电子文件：档案工作者实用手册》[②]，提出了办公自动化系统及其他网络环境中电子文件管理的技术方法，覆盖了文件生命周期/文件连续体的所有类型的文件。

在初步建立了电子文件管理系统的机构中，电子文件在业务系统中生成和运转，在电子文件管理系统的辅助下捕获和归档，因此电子文件管理过程的前端就延伸到了业务系统和电子文件管理系统的设计阶段，前端控制的形式也部分转移到了业务系统和电子文件管理系统的功能设计之中。

前端控制是实现电子文件全程管理的重要保障，这一管理理念在纸质及其他载体文件、档案管理中是有效的，在电子文件管理中更加重要：

第一，前端控制是确保电子文件真实可靠、完整安全、长期可读的有效策略。由于电子文件具有易流失、易更改等特性，文件内容、结构和背景信息出现差错和变异的可能性比纸质文件要大得多，其中很多差错及其造成的后果是不可挽回、不可修复、不可弥补的，即使可能恢复或部分修复，也往往需要付出很高的代价。这些差错和变异有的来自系统的缺陷，有的出于管理的失误。针对电子文件信息“稍纵即逝”的特点，防止失误、控制差错的最佳时机应是所有可能出现失误和差错的环节之前。把保障电子文件真实、完整、可用、安全的措施附加于文件形成过程，可以有效地防止电子文件在运行和利用过程中遭受损伤和破坏。例如，机构将电子文件的归档范围和归档要求设计在电子文件管理系统之中，属于该范围的电子文件一经生成就被加上归档标识，使之具有防止非法修改和删除的属性，并生成相应的描述信息，从而确保其安全留存和内容真实。

第二，前端控制是优化管理功能、提高管理效率的科学理念。电子文件管理系统不应是对手工管理流程的简单模拟，而应该本着更科学、更合理、更有效的原则构建一体化的新流程，以便减少乃至消除文件、档案管理全程中各个管理环节的重复、疏漏和抵触，从而达到功能合理，效率最高。前端控制是新构建的文件管理流程的重要特点，对改善管理功能和效率具有明显的作用。

在对电子文件生命周期全过程通盘规划的基础上，把某些分散在各个管理环节的，带有一定重复性的作业提前实施，可以有效地减少重复作业和滞后作业，最大限度地提高作业效益。例如，凡是可能在文件形成的同时生成的元数据（包括描述文件内容、版本、文件生成环境、存在状态等方面的信息）均应在当时及时采集、存储下来，对文件形成时尚无法生成的文件运转、保管、利用等方面的信息则应进行实时追加。所有元数据均应为一次采集，全程使用。这种元数据采集方式可以有效地防止集中采集的信息误差和疏漏，保证元数据的完整齐全、真

---

① International Council on Archives. Committee on Electronic Records. Guide for Managing Electronic Records from an Archival Perspective. Paris：The Council，1997.

② International Council on Archives. Committee on Current Records in an Electronic Environment. Electronic Records：A Workbook for Archivists（ICA Study 16）.（2016－10－03）[2016－11－11]. http：//www.ica.org/sites/default/files/ICA _ Study-16-Electronic-records _ EN.pdf.

实可信。又如，把电子文件的版本控制、备份措施、鉴定复审、利用权限等管理要求设计在业务系统和电子文件管理系统之中，由系统自动实施，可以确保各项管理措施及时、准确、到位。

（七）集成管理理念

集成管理是指对管理要素的科学重组。电子文件的集成管理是对与电子文件生成、运行、保管等管理活动有关的要素进行合理的互联与组合，形成具有要素群结构的管理体系的过程。集成管理可以增加管理体系的功能度，因精密组合而减少疏漏，提高可靠性；可以增加相关作业的相关度与密集度，因减少重复而降低功耗，提高管理效率。

集成管理是全程管理思想的延伸和深化，它要求档案工作者不仅关注文件流，也关注对与文件流相关的业务流、其他信息流的统筹兼顾、功能整合，鲜明地体现了开放式、集约化的管理理念。具体说来，电子文件的集成管理主要包括以下三个方面的内容。

1. 文件流与业务流的集成

文件是政府机构履行职能、从事业务（包括政务和其他事务管理）活动的重要手段，从一定意义上说，文件流是业务流的记录、反映和保证，文件管理业务驱动理念的精髓，就是坚持文件管理需求来自业务，文件管理活动支持业务，因此，文件流与业务流的结合程度应该是衡量电子文件管理质量的一个重要标准。如果文件流与业务流结合得好，就可以降低机构日常运行成本，提高工作效率，并确保文件价值的实现；如果结合得不好，则会降低文件对业务活动的支持作用，妨碍业务活动的顺利开展，同时造成文件价值的衰减。文件流与业务流的集成思想不仅要体现在机构电子文件的管理理念、管理政策和管理方法之中，而且最终应体现在机构电子文件管理系统对电子文件流与业务流的一体化整合上，而这种整合大多是通过将电子文件管理需求嵌入业务流程实现的。电子文件管理系统应支持本机构的文件运转流程和业务流程，充分满足业务活动的需要，在确保文件完整、安全、准确的同时，保证文件运转和业务流程的顺畅、周密和高效。

资源链接 2-8

美国联邦机构文件管理框架

为了将美国联邦政府建设成为以公民为中心、绩效为导向、市场为基础的新型政府，美国行政管理与预算局（OMB）在企业架构（Enterprise Architecture，EA）的基础上，于2002年2月启动联邦政府架构（Federal Enterprise Architecture，FEA）。该架构旨在为联邦机构的全面发展提供一个基于业务活动的框架，以利于联邦机构间的公共业务流程、技术引入、信息流和系统投资的协调等。为了改变政府文件管理活动分散、低效的状态，提高文件管理的有效性和规范性，美国联邦政府决定将文件管理纳入FEA整体框架中。2005年，由美国国家档案与文件署制定的文件管理框架（Records Management Profile，RMP）应运而生。

RMP 旨在将法定的文件管理要求和完善的文件管理原则无缝式地集成到机构的工作流程、IT 架构和信息系统之中，从而提高文件管理的质量。RMP 通过活动的集成和技术、数据的集成，将文件管理与联邦政府架构及电子政府对接，使文件管理成为机构运转不可分割的一部分。

资料来源：张宁．走向前端：美国联邦机构文件管理框架概述．兰台世界，2007（8）：2－3.

2. 文件流与其他信息流的集成

文件只是机构全部信息的一部分，任何机构在日常工作中都还会接收、运行、保管和利用各种各样的非文件信息，如参阅信息、内部管理信息、统计信息、宣传信息等。文件信息和非文件信息在内容上有互补性，在管理流程和技术上有许多相通之处，集成管理就是要打通它们之间的可通之处，连接它们之间的可连之处，实现最大限度的信息共享和知识挖掘。文件流与其他信息流的集成，必须满足以下条件：信息规范、标准，有明确的定义、标准的格式和要求；信息之间的关系界定清晰；信息处理程序明确统一；信息处理、利用权限明确，安全保密措施到位；信息处理平台高度集成；等等。

3. 文件流内部管理活动的集成

长期以来，我国纸质文件管理实行的是“分阶段＋分环节”的管理方式，即先划分为文件管理和档案管理两个阶段，在各阶段中再划分若干个管理环节，每个环节相对独立，界限清楚。信息技术的介入使这种管理方式的不适应性日益明显：一是对原有管理流程的解析显示出作业的不合理分割和交叉重复；二是电子文件的技术特征要求实行前端控制，即将以往的“后工序”提前至文件形成阶段，这使文件管理流程改造成为必须。为了达到优化电子文件管理、提高机构工作效率的目的，电子文件管理的各项具体业务应该并可能根据其内在关联性而得以整合或集成，如归档与整理、鉴定、著录的结合，长期保存措施的全程介入等。

（八）动态管理理念

动态管理是指对电子文件全程加以监控，以动态适应性管理措施实时应对电子文件在生成、运转、利用过程中发生的变化和对管理工作提出的新要求，以保证管理目标的实现。

就存在状态而言，电子文件与纸质文件最大的不同之处在于它的不稳定性，而管理者的基本责任是确保电子文件的永久真实、长期可读。从动态中寻求恒久，从多变中保持不变，这是电子文件管理面临的重要挑战之一。

纸质文件载体对信息的固化，使得各项管理措施有了稳定的管理对象，并可以比较稳定地发挥作用。如文件一旦生成就确定了它的基本形态，这种形态本身就可以证实文件的真实可靠，所有的保护措施都是在强化和延长这种形态的稳定。而电子文件自身及其生存环境总是处于不断的变化之中，必须采取相应的管理措施以应其变：与文件生成有关的软硬件系统的升级不断要求对电子文件实施迁移；为了证实电子文件信息的真实性，需要跟踪记录文件在生成、传输、利用、迁移等过程中产生的信息；需要实时记录和动态维护电子文件中数据的动态链接关系；针对相关业务流、其他信息流的变化，需要不断调整文件流程及其管理措施等。总之，如果把纸质文件的管理特征归结为“以静制静”的话，那电子文件的管理就是“以动制动”，即以改变文件存在状态及存在环境、不断追加元数据等手段来获得完整、真实与可读的电子文件，实现文件管理的目标。

二、我国电子文件管理原则

《电子文件管理暂行办法》（中办国办厅字〔2009〕39 号）指出，电子文件管理应当遵循信息化条件下电子文件形成和利用的规律，坚持下列基本原则。

（一）统一管理

对电子文件管理工作实行统筹规划、统一管理制度，对具有保存价值的电子文件实行集中管理。统一管理是法规遵从、资产管理等理念的重要体现，旨在确保国家对于电子文件信息资源的控制力，维护电子文件的真实、完整、可用与安全。机构、地区乃至全国形成电子文件的业务系统复杂多样，生成的电子文件种类也十分繁杂，统一管理强调电子文件管理规划和制度层面的统筹、协调与一致，防止各行其是，互不关联。对有保存价值的电子文件实行集中管理强调将各类电子文件纳入机构、地区、国家的管理体系，而不是实体物理存储位置的绝对集中。

（二）全程管理

对电子文件的形成、办理、传输、保存、利用、销毁等实行全过程管理，确保电子文件始终处于受控状态。全程管理也是电子文件管理的重要理念，是前端控制、集成管理、风险管理、动态管理等理念的基础。作为工作原则，全程管理注重文件生命周期各阶段管理行为的全面性、连续性和衔接性，即管理活动的全覆盖和管理流程的全贯通。

（三）规范标准

制定统一标准和规范，对电子文件实行规范化管理。一方面，电子文件管理与纸质文件管理最本质的不同是，后者以载体控制为核心，前者以系统控制为核心，而高性能的自动化管理系统对于标准规范的要求远远高于手工管理系统；另一方面，电子文件信息的易变性、结构复杂性、对计算机软硬件系统的依赖性等特点，以及社会组织与公众对于文件管理更高的要求也对管理活动的标准化、科学化提出新的要求。可以说，逐步形成电子文件标准体系、不断提升标准质量、推动标准的贯彻执行，是提升电子文件管理水平的重要保障。

（四）便于利用

发挥电子文件高效、便捷的优势，对有价值的电子文件提供分层次、分类别共享应用。文件、档案管理的最终目的是用，便于利用原则指明了电子文件管理的目标和落脚点，与传统文件、档案的管理原则一致。这里特别强调发挥电子文件高效、便捷的优势，分层次、分类别共享应用，开展更优质的利用服务。为此需要适应数字环境和电子文件的特点，创新利用政策、规则、方法和技术，争取和保证电子文件的利用效果最大化。

（五）安全保密

按照国家有关法律法规和规范标准的要求，采取有效技术手段和管理措施，确保电子文件信息安全。安全保密原则是电子文件管理的基础要求，是对文件所有人、组织、民族、国家、社会利益的维护。国内外电子文件失窃、失密造成的重大损失足以让文件管理者警醒，不能有丝毫懈怠疏漏。电子文件的安全程度应与其综合价值一致，应根据技术的变化对安全防范体系进行相应的改变，动态地、实时地对电子文件进行保护，在保证电子文件机密安全的情况下应能够方便快捷地使用电子文件。

第四节 电子文件的管理模式

对于“模式”有多种解释，如“事物的标准样式”“从经验中提炼出来的核心知识”“认识论意义上的确定思维方式”“解决某一类问题的方法论”“一种参照性指导方略”等，大意是从重复性现象中发现和抽象出的规律性、典型性样态，是来自经验的归纳提炼。在电子文件管理的发展过程中，关于管理模式有很多讨论，如管理体制、功能定位等问题，比较集中的问题有双套制和全电子化、集中式与分布式、电子文件生命周期中不同阶段的管理体制机制等。

一、双套制和全电子化

（一）双套制

双套制模式是指对同一份文件实行纸质版本和电子版本的双套存储管理，这是一种依存于纸质文件的电子文件管理。根据依存程度的不同还分为双轨双套和单轨双套两种不同的情况。双轨双套是指机构在文件（包括收文、发文和内部文件）进入运转程序时就形成电子和纸质两种版本，业务人员要对同样内容的两种文件进行重复办理，二者同步随业务流程运转，在现行期结束后，将双套均归档保存。单轨双套是指在业务活动中直接生成电子文件，并在业务系统中进行电子信息的流转处理，但出于对文件证据要求的考虑，在电子文件归档时制作相应的纸质拷贝一同保存。也有些机构是用纸质文件运行，业务办理完毕后做一套数字化版本一同归档。

双套制是电子文件管理初级阶段的管理模式，这种管理相对于单纯的纸质文件管理是一种进步，机构获得了有序的、可以利用的电子文件资源，纸质文件管理也发生了有益的变革。但是在双套制模式下，电子文件管理仍然需要以纸质文件管理作为依托，电子文件大多作为副本留存，电子文件及其在机构业务中发挥的作用大多是局部的，而不是全面的、全程的，如不同程度地用于日常查阅和处理业务，纸质文件留作凭证。这样的定位造成电子文件管理措施不彻底、不到位。主要不足之处，一是系统功能不完备。双套制模式不以保持电子文件真实性为目标，而是将电子文件作为对纸质文件管理的辅助和补充，因此这种模式下的电子文件管理系统大多没有完整的工作流，没有完善的元数据管理、信息安全管理等，也很少兼顾公务邮件、网站文件、多媒体文件和数据库文件等类型电子文件的管理。二是管理思想变革不彻底。双套制模式没有摆脱纸质文件的管理框架，在全程管理、集成管理等方面缺乏实质性进展。三是管理成本较高。虽然纸质文件和电子文件在功能上各有侧重，互有补充，但无疑双套制比起单一种类的文件、档案管理增加了程序和成本。纸质文件管理所需的空间要求几乎没有减少，电子文件管理所需的设备要求又与日俱增，为保持两种文件的一致性所付出的工作量和各种代价不可低估。

在电子文件没有完全克服自身局限、管理方法不成熟、法律地位尚未确立时，双套制管理不可避免。在这一阶段，两种文件管理系统既各自独立，又相互影响，双方的地位、作用、管理方法和管理水平在互动中不断发生变化。一方面，电子文件管理的介入使得纸质文件的管理程序、管理方法得以简化、自动化；另一方面，电子文件的管理方法不断完善，对纸质文件的依存性逐渐降低，独立性不断增强，显示出取代纸质文件在机构信息资源中的主流地位的趋向。研究和探讨双套制时期电子文件管理的策略和方法，促进电子文件管理的成熟，是这一阶段文件管理人员的职责。

（二）全电子化

全电子化模式是指文件从生成、运转到归档保存都以电子形式存在，电子文件的业务有效性和法律凭证性已经得到认可，可以独立地行使文件的职能，成为机构中最重要、最核心、最可信的信息资源。机构内建立了功能完善的电子文件管理系统，可以对本机构的电子文件实施全程管理，可以与机构业务流程和其他信息流实现高度集成。当然，在这种情况下也并非完全排除纸质文件同时存在的可能性，但纸质文件存在的意义和价值已经发生了本质的变化。

各国政府的数字转型、无纸政府建设都以文件的全电子化运转和保存为基础，只有实现了文件全生命周期的无纸化，组织信息化的功能和优势以及政府数字转型的目标才可能实现，电子文件的价值才可能得以完全体现。21 世纪以来，多国政府有目标、有计划地发布了一系列政策、法规、业务规范和改革措施，力促文件管理向数字模式转变。例如，2012 年 8 月 24 日，美国行政管理与预算局和美国国家档案与文件署联合发布了《管理政府文件指令》（Managing Government Records Directive，简称“M－12－18 指令”）①，在征求联邦机构、跨机构组织及利益者意见的基础上，建立了一个与法律法规相符的健全的文件管理框架，特别要求联邦机构尽最大可能取消纸质文件，完善电子文件管理，并声明这一点适用于所有的行政机构和所有的文件，无论其是否属于安全保密文件或者具有任何其他限制。电子文件的运行和管理对于信息时代的证据维护、效率提高、文化延续、记忆留存都具有不可缺少、无法替代的重要意义。

机构电子工作环境的完善是终结双套制，实行电子文件独立运转、独立管理、独立保存的重要条件。随着机构信息化的发展，越来越多的活动通过计算机网络来实现，电子文件的应用越来越广泛，技术解决方案也日臻成熟，双轨制、双套制无法适应这样的工作环境。在较为成熟的电子化环境中，电子文件管理系统能够对电子文件实时鉴定，实时捕获和归档，完整记录和维护元数据，有成熟的日志管理，从而确保机构能够依赖这些文件开展业务活动。

独立运行的电子文件管理系统的主要特点有：

（1）以电子文件独立行使职能为目标，确保电子文件具有行政（业务）有效性和法律证据性。电子文件管理系统是特殊的信息系统，该系统保存的电子文件必须是机构职能活动的工具和记录。一般信息系统中所存储的电子信息可能在技术特点上与电子文件管理系统并无差别，但它们不需要具备此种社会属性。

（2）被纳入管理范围的电子文件须由内容、结构和背景信息构成。一般的信息系统对于这三类信息要素的完整性和关联性要求不那么严格，而电子文件管理系统必须将构成一份文件的完整信息记录下来，并通过一定的技术手段维护各要素之间的关系，使文件永久地具有自说明能力。

（3）电子文件管理系统和业务流程紧密结合，支持流畅的、合法的业务处理过程和文件流程，推动机构业务流程的改进和完善，成为机构信息系统的重要组成部分。

电子文件管理是一个渐进的过程，随着信息技术的发展、人们对电子文件认识的深化和管理经验的积累，以及电子文件法律效力的确立，电子文件的独立运行、保存和发挥作用是必然趋势。双套制和全电子化并不是截然分开的两个阶段，而是一个逐步成熟的过程，是渐进中的飞跃，每个阶段中也存在程度和水平的差异。文件、档案管理人员必须看清这一发展趋势，通过全方位的改革探索，加快建设具有

---

① Office of Management and Budget（OMB），National Archives and Records Administration（NARA）. Managing Government Records Directive.（2012－08－24）［2016－06－29］. https：//www.whitehouse.gov/sites/default/files/omb/memoranda/2012/m－12－18.pdf.

完整独立功能的电子文件管理系统，实现电子文件的优质管理。

资源链接 2-9

澳大利亚和美国国家档案馆确定终止接收纸质文件时间表

配合澳大利亚2011年7月所发布的《澳大利亚政府数字转型政策》(Australian Government Digital Transition Policy)，澳大利亚国家档案馆馆长大卫·弗里克(David Fricker)于2012年10月24日宣布了“限制纸质文件生成的目标”(target to limit the creation of paper records)：自2015年之后(即自2016年年初起)，以数字形式产生的文件，只能以数字格式移交到国家档案馆。这项政策得到了国家档案馆主管部长艺术部部长的认可，并于2013年4月29日批准了一项补充政策，规定2015年之后(即自2016年年初起)以数字形式形成的不需要向国家档案馆移交的政府信息和文件，亦应当以数字格式管理。这意味着联邦政府数字信息与文件改革扩大到了所有的信息和文件，旨在推动联邦机构全面迈进以数字信息管理为主导的时代。

资料来源：National Archives of Australia. Target to limit the creation of paper records. [2016-10-03]. http://naa.gov.au/records-management/digital-transition-and-digital-continuity/digital-transition-policy/index.aspx.

截至2019年12月31日，美国联邦机构中所有的永久电子文件都要最大限度地以电子形式管理，并以电子形式最终移交到美国国家档案与文件署。到2013年12月31日，各机构都要制订并实施这个转型计划。截至2016年12月31日，美国联邦机构所有的电子邮件公文必须以电子形式管理，电子邮件公文必须被保存在可支持文件管理和诉讼需求的合适的电子系统中，该系统具有识别、检索和按需长久留存文件的能力。

资料来源：Office of Management and Budget (OMB), National Archives and Records Administration (NARA). Managing Government Records Directive. (2012-08-24) [2016-06-29]. https://www.whitehouse.gov/sites/default/files/omb/memoranda/2012/m-12-18.pdf.

案例 2-10　中国电信广东分公司推进会计档案无纸化

中国电信广东分公司通过IT手段整合业务财务流程，从会计档案全生命周期稳步推进会计档案电子化，实现会计档案的无纸化和管理效率的提升。

该公司转固、资产、税费、收入、物料、能耗等经济事项，直接获取SAP系统、收入系统、计划建设系统、税务管理系统、资产管理系统、能耗系统、报账平台等业务管理平台数据，生成电子原始凭证。公司文件、合同、银行回单等直接从EIAC系统、合同管理系统、资金管控系统获取电子文件，生成电子原始凭证。这些电子原始凭证不再输出纸质，仅归档电子文件。

取消打印保管纸质记账凭证，会计档案系统保管完整的记账凭证电子信息。仅保管纸质原始凭证，通过报账单条形码建立记账凭证与原始凭证的匹配关系，实现纸质原始凭证按到达先后顺序实时组卷。取消打印总账、明细账、日记账，SAP系统生成的账簿信息每月15日自动归集到会计档案系统，次年8月15日前再次传送上年数据更新覆盖。对归集至会计档案系统的账簿数据进行完整性、一致性校验，确保账簿数据归档质量。月度、季度、半年度、年度财务报表以电子形式存储于会计档案系统。

会计档案系统建立按经济事项、会计科目、业务关注等多维度查询的体系，为相关人员提供方便快捷的电子调阅服务。

会计档案电子化成效显著：一是成本显著降低。据估算，该公司每年节约纸张3 000万张、硒鼓约5 000个，涉及成本650万元，连同节省的保管场地及配套投资和管理成本，每年节约超千万元。同时带动省内各分支机构有形资源和劳动操作节约。二是效能提升。会计档案电子化整体水平已超90%，纸质和电子档案信息并行流转，整体流程时效提升超过25%，档案信息化处理时效仅0.2天；取得ISO认证的省市一体报账风险防范体系，累计规避潜在税务风险过亿元。

资料来源：由国家档案局蔡盈芳于2017年1月18日提供。

二、集中式与分布式

对于进入非现行期的电子文件的管理模式问题，加拿大英属哥伦比亚大学和美国匹兹堡大学曾经提出两种具有代表性的方案，即英属哥伦比亚模式（简称UBC模式）与匹茨堡模式（简称Pitt模式），分别主张由档案馆集中保管和由各机构分别保管，也被称为集中式保管模式和分布式保管模式。

（一）集中式保管模式

英属哥伦比亚大学的方案认为电子文件管理需要经过文件形成机构和档案馆两个阶段，对于具有档案价值的电子文件应该交由档案馆保存，这样文件的真实性才有保证。提出和支持这一方案的主要理由是，文件形成机构和档案馆的职责不同，机构不承担为社会保管非现行文件的任务。文件形成机构保管电子文件主要是出于业务活动的需要，当文件进入非现行阶段后，机构很可能会失去这种动力，对这些电子文件缺乏足够的重视和投入，从而产生保管不力的后果。而档案馆作为永久保存档案的基地，能为电子文件的安全提供全面保障。文件形成机构和档案馆各司其职，有利于对文件实施完整有效的控制，保证文件的可靠性和真实性。

美国、加拿大、英国和北欧国家等赞成这一方案，主张将失去现行效用的电子文件移交各级档案馆集中保管。这些国家的档案馆已经正式接收了一些政府机构移交的电子文件。美国国家档案馆通过设立专门机构、开发系统等措施强有力地实行电子文件的集中保存，1988年成立电子文件中心，负责对具有档案价值的联邦机构电子文件进行鉴定、处置、保存和内容控制、提供利用；1998年开始实施电子文件档案馆项目，为联邦政府机构海量的、复杂的、不断变化的、各种格式的电子文件提供永久保存和利用。

（二）分布式保管模式

匹兹堡大学的方案主张文件形成机构应该自始至终保管自己的电子文件，而不是将进入档案阶段的电子文件移交档案馆，档案馆对于非现行电子文件的保管进行指导和帮助，并具有一定的控制权。澳大利亚国家档案馆和一些学者曾是分布式保管的积极倡导者。他们的理由是，电子文件具有系统依赖性，技术和资源的有限性使得档案馆不可能保管所有机构的文件，特别是一些需要专门软硬件才能阅读的文件，主要的困难来自技术支持方面。如果档案馆安装和保管各机构电子文件的运行设备，建立与之相同的技术环境，其成本很高，管理工作十分复杂，档案馆很可能会因为资金和技术上的困境而难以有效管理好这些需要长久保管的电子文件。澳大利亚国家档案馆 1995 年 3 月发布的《管理电子文件：共同的职责》明确了政府机构和档案馆在电子文件分布式保管环境中各自的职责，认为电子文件一经形成就应该被保存在形成机构的系统中，国家档案馆负责制定标准，提供规范和建议来保证电子文件得到良好的管理，只有在某些特殊情况下才需要接收电子文件进馆保管。

上述两种模式具有一个实质性的共同点，即档案馆应该在总体上控制对国家具有保存价值的电子文件资源。即使是分布式保管模式也不是放任文件形成机构自由地保管和处置电子文件，档案馆同样要提出明确的要求，开展具体的指导。二者的区别在于文件保管与控制的统一还是分离。采用何种保管模式的关键在于资源控制的能力和成本。

在上述两种方案的基础上，有人提出采用集中式和分布式相结合的折中办法，即如果出现了解决电子文件软硬件依赖性的技术方法，那么机构可以在档案馆的指导下，结合自身的需要，对于电子文件实施“自由进馆原则”。

（三）保管模式的走向与可能

2000 年 3 月，澳大利亚国家档案馆颁布了《联邦政府文件保管政策》(Custody Policy for Commonwealth Records)，提出档案馆原则上将承担起对所有具有档案价值的电子文件的保管责任，不管其形式如何。同年，澳大利亚国家档案馆开展“数字长久保存项目”，建立数字文件保存的理论框架、工作流程，开发应用软件，承担起集中保管电子文件的责任，显示出澳大利亚改变了保管战略，从分布式回归集中式保管模式。该项目的主要研究成果被发布在 2002 年的绿皮书《数字文件保存办法》中，该办法有效推动了澳大利亚数字保存格式和技术的发展，Xena 和 Digital Preservation Recorder 等数字保存工具都是其重要的后期成果。①

---

① Heslop H, Davis S, Wilson A. An Approach to the Preservation of Digital Records. (2002－12) [2016－10－04]. http://www.imaginar.org/taller/dppd/DPPD/40%20pp%20Approach.pdf.

澳大利亚回归集中式保管模式的主要动因来自两个方面：一是社会需求，电子文件的价值日益凸显，集中保管和提供利用国家证据性资源的需要更加突出；二是技术条件，20 世纪 90 年代初，澳大利亚国家档案馆尚未掌握脱离特定软硬件长期保存电子文件的技术方法。如同澳大利亚国家档案馆管理专家斯蒂芬·斯塔基所说："在公开和标准的软件足够强大到允许我们将电子文件接收进馆保存，有效、低成本进行管理且保持其证据特性之前，我们将专注于制定标准和指南以帮助我们有效保管这些材料。"技术的进步逐步使档案领域找到了攻克这一难题的路径，美国电子文件档案馆项目的进展让更多人看到了集中保管的可能性，促使澳大利亚改变了保管策略。

经过这场两种保管模式之争，政府电子文件的保管模式基本上统一于集中式。但是如同澳大利亚当初选择分布式和之后回归集中式的主要原因一样，当技术条件、管理成本等无法支持集中保管时，某些文件的分布式管理仍然是不可避免的。21 世纪以来，社交媒体信息增长迅猛，使用越来越普遍，其文件属性逐步得到了认可。2011 年 2 月，美国国家档案与文件署出台《Web 2.0 和社交媒体平台文件管理指南》，界定了社交媒体信息成为文件的条件，允许此类文件在第三方平台进行管理，并要求文件、档案机构与其供应商（如 Flickr、YouTube 等）签署合约，确保双方可以实现对信息的有效生成与管理。可以说，技术的发展对保管模式具有重要的影响和制约作用，数字信息技术的发展变化还会给电子文件的保管模式提出新的问题和挑战，专业机构还将继续做出新的应对。

第五节 电子文件的管理体制

体制是指"国家机关、企业和事业单位机构设置和管理权限划分的制度"①。电子文件管理体制和纸质文件管理有一脉相承之处，也有变革和特点。为了适应电子文件管理的规律，各国在管理体制上进行了新的探索，有共性也有特性，随着电子文件管理环境和技术的发展变化，管理体制也处于不断的调整创新之中。

一、宏观管理体制改革

宏观管理体制是指国家层面的机构设置和权限安排，特别是文件行政管理制度安排。各国文件、档案管理体制不尽相同，面对电子文件的挑战，很多国家进

---

① 辞海．上海：上海辞书出版社，1997：228.

行了相应的改革和调整，这里主要根据中国、美国、加拿大、英国、澳大利亚等国情况归纳出如下特点。

（一）加强统筹协调

与纸质文件管理相比，电子文件管理涉及领域更多，关联更广泛，要素更复杂，与国家信息化进程、开放政府建设等重大战略关联更密切，因此，很多国家在原有体制的基础上加强与相关职能部门的合作，以增强电子文件管理政策和措施的权威性，以及多关联事务处理的协调性。例如，美国行政管理与预算局加强了对美国国家档案与文件署的支撑。2012 年，美国行政管理与预算局和美国国家档案与文件署联合发布《管理政府文件指令》，要求联邦机构在 2019 年实现所有永久文件的电子化管理，取消纸质文件。美国国家档案馆定期向美国国会和美国行政管理与预算局局长汇报工作，美国行政管理与预算局局长则直接向美国总统汇报。通过这样的报告关系，文件管理工作可以通过正常的、制度化的渠道进入国家最高行政领导的视野。加拿大司库委员会秘书处（TBS）加强了对加拿大国家图书与档案馆（LAC）的支持，2009 年颁布《文件保管指令》，2010 年颁布《电子文件一体化管理解决方案标准》。为加强与联邦政府层面跨部门的沟通协调，2006 年，加拿大国家图书与档案馆牵头成立了“副部长助理工作小组”，并在随后加拿大司库委员会秘书处出台的《文件保管指令》中规定政府机关的副主管直接对本单位的文件保管工作负责。英国国家档案馆和信息专员办公室签订理解备忘录，加强在包括电子文件在内的信息管理领域的相互理解和合作。根据《澳大利亚政府数字转型政策》的要求，国家档案馆和信息管理办公室、信息专员办公室共同制定信息管理指南。中国国家档案局 1996 年成立了电子文件归档与电子档案管理研究领导小组，开展研究和试点，相继出台了若干行业标准。为了更好地协调全国的电子文件管理工作，2009 年国家成立了由十部委组成的国家电子文件管理部际联席会议，全盘规划、统筹协调全国的工作，此后地方协调机构相继成立，统筹协调本地区的电子文件管理事务。

资源链接 2-10

我国成立国家电子文件管理部际联席会议

2009 年，中共中央办公厅和国务院办公厅联合发布了《电子文件管理暂行办法》（中办国办厅字〔2009〕39 号），成立了国家电子文件管理部际联席会议*，由中共中央办公厅牵头，国务院办公厅、国家发展和改革委员会、工业和信息化部、财政部、国家档案局、国家保密局、国家密码管理局、国家标准化管理委员会等相关部门为成员单位，负责组织协调全国电子文件管理工作。国家电子文件管理部际联席会议的主要职责是：

（一）负责统筹规划和组织协调全国电子文件管理工作；

（二）研究制定电子文件管理方针政策；

（三）审定电子文件管理规章制度、重要规划、重大项目方案；

（四）组织起草相关标准；

（五）研究解决全国电子文件管理中的其他重大问题。

* 部际联席会议后来增加国有资产监督管理委员会，共十个成员单位。

资料来源：中共中央办公厅，国务院办公厅．电子文件管理暂行办法：中办国办厅字〔2009〕39 号．(2015-02-27) [2016-10-03]．http：//archives. seu. edu. cn/c6/7c/c783a116348/page. htm.

（二）拓展管理职能

在泛数字环境中，社会组织和个人形成的电子文件的种类和数量越来越多，引发了电子文件概念和管理内容的扩展。电子文件管理职能的扩展主要表现在两个方面：一是管理对象范围的扩大，二是文件管理在国家战略中定位和影响力的提升。就管理范围而言，加拿大、英国、澳大利亚不约而同地采用“文件与信息管理”“政府信息管理”等说法来制定指南，开展培训和宣传，试图将文件管理方法推广为信息管理的根基，并逐渐将职能扩展至政府信息管理。加拿大政府颁布的《文件保管指令》在界定“文件保管”（recordkeeping）概念时，将文件与信息资源等同起来。英国通过相关管理机构的合并扩大了文件、档案管理部门的职能，英国国家档案馆面向政府机关的服务机构被命名为“信息管理部”，对包括文件在内的政府信息管理给予指导和服务。澳大利亚将“信息”“业务信息”和“文件（档案）”并用，在其面向整个联邦政府机关颁布的《数字连续性 2020 政策》(2014）中，“records”只出现在开篇的 3 处，而“information”则覆盖了通篇的 68 处。① 就文件管理在国家信息化等重大战略中的定位而言，21 世纪以来，美国政府多次在官方文件中使用“基石”（backbone）、“根基”（foundation）等词汇来形容政府文件管理的重要性。2012 年发布的《政府文件管理指令》指出，文件是开放政府的根基，是透明、参与及协作原则的支撑。② 我国 2016 年发布的《国家电子文件管理“十三五”规划》中指出，电子文件是信息时代政府管理、经济运行、社会运转和历史传承的重要工具和载体，是国家的核心战略资源，电子文件管理是新时期国家治理的一项基础性工作。2011 年，澳大利亚国家档案馆成为执行总理内阁部制定的《澳大利亚政府数字转型政策》的领导机关，继而在 2014 年制定并发布了《数字连续性 2020 政策》，以推进 2015 年以后的数字信息进程，提高政府效率、支持电子政府和信息经济。这表明澳大利亚国家档案馆的管理职能和影响力已经扩展到了政府信息领域。

（三）覆盖全程管理

全程管理是电子文件管理的重要理念，已经成为全世界文件、档案工作者的

---

① National Archives of Australia (NAA). Digital Continuity 2020 Policy. [2016-07-29]. http://www. naa. gov. au/Images/Digital-Continuity-2020-Policy _ tcm16—93933. pdf.

② Office of Management and Budget (OMB), National Archives and Records Administration (NARA). Managing Government Records Directive. (2012-08-24) [2016-06-29]. https://www. whitehouse. gov/sites/default/files/omb/memoranda/2012/m-12-18. pdf.

共识。但是，在传统工作环境中，绝大多数国家文件生命周期全过程是由不同职能部门分别管理的，或多或少存在对于文件形成单位、文件形成阶段监管不力的情况，这就对数字时代文件管理的职能分工改革提出了明确的要求。大多数国家延续以往职能，由档案主管部门主责国家电子文件中后端管理工作。为了贯通全程，档案主管部门采取积极措施，向前端延伸职能，参与或主导对政府机构文件管理的指导和监管。2014 年，美国政府根据《总统与联邦文件法修正案》，将原来由国家档案馆馆长和联邦事务管理局局长共同承担的政府机关文件监管职责全部赋予了国家档案馆馆长。2011 年 3 月，美国国家档案馆设置了美国联邦政府文件主管（Chief Records Officer，CRO）一职，主要职责是领导和监督联邦政府机构电子文件管理的行动。① 加拿大为加强文件管理对于电子政务的支持，通过强有力的改革建立了加拿大文件管理框架（Recordkeeping Regime），并在《文件保管指令》中规定政府机关的副主管直接对本单位的文件保管工作负责。② 澳大利亚国家档案馆积极拓展政府文件管理职能，开发专用软件定期对联邦政府机构文件管理进行评价。很多国家都明确文件管理从文件形成开始，有关电子文件管理的政策、服务和监管措施都延伸至文件形成阶段。如澳大利亚国家档案馆专门制作了《保管知识——形成一份文件》的培训包③；中国电子文件管理部际联席会议办公室主持制定了《文书类电子文件形成办理系统通用功能要求》（GB/T 31913－2015），明确文书类电子文件形成办理系统的业务功能、管理功能和可选功能要求。

二、电子文件不同阶段的管理分工与组织

在电子文件生命周期的不同阶段，文件功能和运行环境各有不同，需要在全程管理理念的指导下分工管理。当文件管理从以载体管理为中心转变为以系统控制为中心时，电子文件的管理活动和组织方式就与系统划分紧密结合起来，同时形成了不同阶段特有的组织方式。电子文件的管理阶段、相应系统和管理组织概况见图 2－1。

机关、企业、事业单位的电子文件从形成到长期保存通常经历三个阶段，分别由三类不同的主体承担相关责任，并对应地由三类不同系统承载其相应功能。

（1）文件形成阶段。电子文件形成于业务部门办理业务的系统，不同的业务系统形成不同的文件，如办公系统形成电子公文、特定业务管理系统形成专门的业务文件等，业务复杂的机构可以有多达数十个甚至上百个业务系统，形成不同类型的电子文件。业务系统具有电子文件的形成和办理功能。

---

① National Archives and Records Administration（NARA）. Archivist of the United States Announces Agency Restructuring and New Appointments. ［2015－12－29］. http：//www. archives. gov/press/press-releases/2011/nr11－87. html.

② Cochrane K，Wilson I. Deputy Ministers Roundtable on Information Management and Recordkeeping. (2006－10－10)［2015－12－09］. http：//www. lac-bac. gc. ca/obj/007001/f2/007001－5001－e. pdf.

③ National Archives of Australia. Keep the Knowledge—Make a Record. ［2016－01－08］. http：//www. naa. gov. au/records-management/development/keep-the-knowledge/index. aspx.

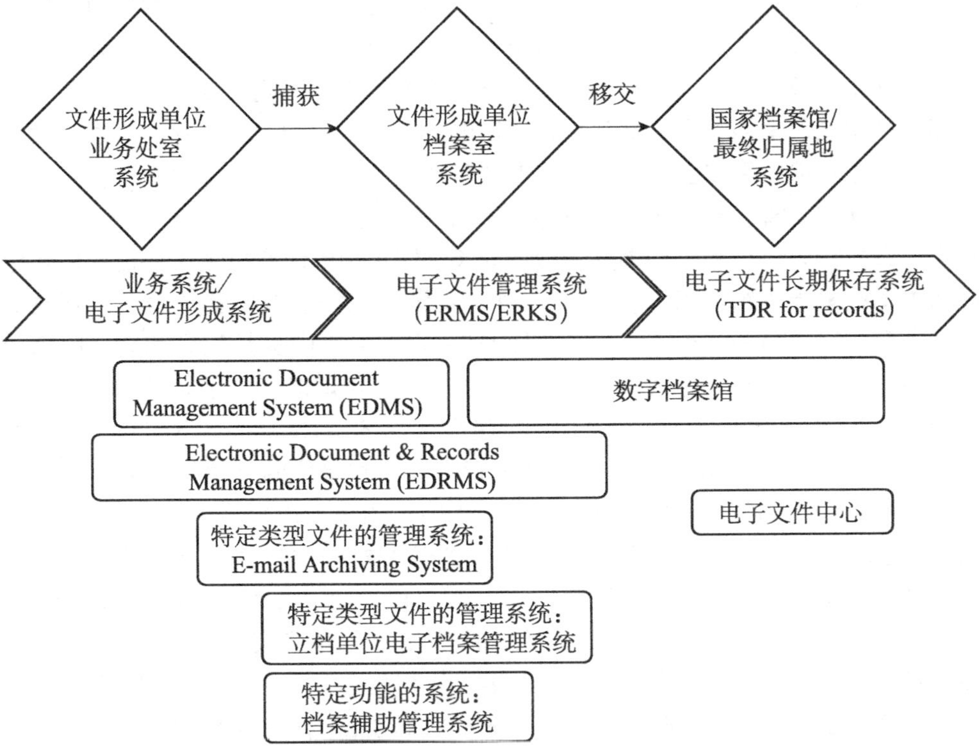

图 2-1　电子文件的管理阶段、相应系统和管理组织

资料来源：参见刘越男《电子文件管理系统建设指南》简介，2014 年 11 月 29 日在中国人民大学第四届电子文件管理论坛上的发言。

（2）文件形成单位管理阶段。在本阶段需要进行规范化管理的电子文件经捕获进入本单位的电子文件管理系统（ERMS），其中归档范围内的电子文件捕获相当于电子文件的归档。通常 ERMS 由机关（企事业单位）档案室负责管理，承载对电子文件的捕获登记、分类组织、鉴定处置、统计管理、存储保管、检索利用等功能。根据电子文件管理与业务活动集成程度的不同，形成单位管理电子文件的系统功能也不尽相同。

文件在形成单位经历的两个阶段关系十分密切，多有交叉，比如文件在创建时就可根据归档范围做出标识，有些可以提前捕获进 ERMS；也有很多机构将 ERMS 的部分功能嵌入业务系统，随业务流程执行。因此，对文件在形成单位的全过程管理应有统筹安排。ISO 15489 要求机构制定文件管理规划，促进业务系统和文件管理系统的相互支持，确保文件管理活动的合法合规和高效率。

资源链接 2-11

文件管理规划原则

为了支持业务活动的持续运作，顺应监管环境，承担必要的问责，机构应形成并维护真实、可靠、可利用的文件，并确保其在保管期限内的完整性。为此，机构应建立并执行综合的文件管理规划，该规划包括：

a）确定每项业务过程中应形成的文件、文件中须包含的信息；

b）确定应形成和捕获的文件的形式和结构以及采用的技术；

c）确定应形成的与文件和文件管理过程相关的元数据，以及对这些元数据进行的持久链接和管理；

d）确定文件在业务过程和其他用户之间的检索、利用以及传输要求，以及满足上述要求的保管期限；

e）决定文件的组织方式，以满足利用要求；

f）评估由于缺失关于某项活动的可靠的文件而必须承担的风险；

g）为满足业务要求和社会期望而保管文件，并确保其长期可获取；

h）遵守法律法规要求，执行现行标准和机构方针；

i）确保文件在安全可靠的环境中得到维护；

j）确保只根据需要或要求保存文件；

k）通过文件形成或管理现状的改善而能对促进业务过程、决策以及行动在效果、效率或质量方面提高的时机进行确定和评估。

文件及元数据的形成和捕获规则应被纳入相应的过程程序中，以满足所有业务过程对活动证据的要求。

业务可持续性规划和应急措施应满足：通过风险分析，识别对机构职能的持续运行至关重要的文件，并采取相应的保护措施，确保需要时可以获得。

资料来源：中华人民共和国国家质量监督检验检疫总局，中国国家标准化管理委员会．信息与文献 文件管理 第1部分：通则：GB/T 26162.1－2010/ISO 15489－1：2001.

（3）文件长期保存阶段。在此阶段中，形成单位电子文件中具有长久保存价值的部分应按照规定向各级各类国家档案馆移交，进入电子文件长期保存系统[英文为 Electronic Records Preservation System，在我国也可称为数字档案馆系统，因国际上将具有合格的长期保存功能的仓储系统称为可信数字仓储（Trusted Digital Repository，TDR），所以这类系统也可以称为电子文件可信数字仓储系统（TDR for records）]，该系统承载电子档案的长期保存功能。没有向国家档案馆移交档案义务的机构可自行开发长期保存系统，或在 ERMS 系统中增加长期保存功能。

各级国家档案馆需要接收法定范围所有机构的电子文件，还要管理现存馆藏纸质档案的数字化副本，面对很多技术和政策上的难题。为了应对来源复杂、结构多样的电子文件长期保存的巨大挑战，世界各国在管理体制机制和模式上进行了一些创新，如美国的电子文件档案馆、中国的行业性和区域性数字档案馆等。

三、电子文件中心

1988 年，美国国家档案与文件署内部设立了电子文件中心（Center for Electronic Records，CER)，负责接收和长期保存联邦机构移交到国家档案馆的具有长久保存价值的电子文件并提供利用，后来更名为电子与特殊载体文件服务部。因该系统和流程不足以处理日益复杂多样、数量庞大的联邦政府电子文件，1998年，美国开始研发电子文件档案馆项目。

2004年，我国山东省青岛市档案馆和江苏省常州市档案馆先后建立了数字文件中心和电子文件中心。2005年，安徽省档案馆启动了我国第一个省级电子文件中心。此后，许多地方档案馆开始建设类似的电子文件中心项目，名称和功能不尽相同，大致有以下几种类型：

(1) 现行文件查询服务型。其主要功能是实时接收所在区域电子政务内外网上处理完毕的电子公文，规范存储格式，区分开放范围，实施权限管理，实行集中保管和提供利用。这一功能主要是贯彻《中华人民共和国政府信息公开条例》中关于在档案馆设置政府信息查询所的具体措施，是政务公开的重要窗口。这种类型的电子文件中心并不承担电子文件长期保存的责任，是档案馆服务职能的一种延伸，可称之为电子文件查阅服务中心。

(2) 备份型。主要承担本地区电子政务系统各类文件、信息以及系统数据的备份任务，如登记备份、容灾备份等。这种电子文件中心主要是从技术上服务于电子政务和区域性信息化系统，也不具有长期保存功能，可称之为电子文件备份中心。

(3) 中转站型，即中间性、过渡性管理机构。这类电子文件中心先将各机关形成的电子文件按照一定规则归集起来，留待将来移交档案馆。其功能类似于传统文件中心，不同的是对文件格式、结构等方面提出了更为具体的规范要求，接收过程可以借助本地区的电子政务平台在网上完成。其目标一是提前接收，防止丢失；二是采取措施为电子文件的跨平台传输和永久保存奠定基础。

(4) 永久保管型。即接收并集中管理法定所辖范围各机构具有长久保存价值的电子文件，以确保电子文件的真实性、长期可读性为目标，实现电子文件的长久保存和提供利用，构建电子文件的最终归宿。这种类型的电子文件中心承担了数字档案馆的部分职能，可作为数字档案馆的组成部分。

(5) 系统服务型。即为所辖范围的各机构提供统一、专业的电子文件管理系统应用服务，各单位无须自行构建电子文件管理系统，可以在电子文件中心提供的系统中开展捕获、分类、鉴定、处置等管理业务，电子文件中心提供系统维护和文件存储服务。这种集中建设、分布管理模式的主要目标是提高各机构电子文件管理的规范性，为向档案馆移交奠定良好基础。

案例 2-11　杭州市电子文件中心

杭州市电子文件中心的功能定位于为政府机构提供统一、专业的电子文件管理服务。杭州市档案局在统一的规范和标准体系下构建包括各区（县）在内的全市性电子文件管理系统，市属各机关只需提出申请，即可获得电子文件中心提供的统一、规范的电子文件管理系统（ERMS）以及文件存储服务，使各机关能够在统一的软硬件环境中对电子文件进行规范化管理，并将电子文件统一存储在电子文件中心。在电子文件正式移交档案馆之前，其管理权和所有权依旧归原单位。

该中心打通了前端OA系统和后端数字档案馆系统之间的通道，使电子文件生成、流转、归档、移交保存等各环节全部在线成为可能。ERMS已与51家市直单位的OA系统进行了对接，年接收电子公文约6万余件，集中存储，具有高效、低成本和资源集中的优势，为电子档案的移交接收奠定了良好的技术基础。ERMS的推广使用提升了机关档案室电子文件管理的精细化和规范化程度，同时推进了全市各机关OA系统的使用率。

资料来源：梁凯．杭州市电子文件中心的设计与技术实现//刘越男，马林青．2010—2015电子文件管理发展与前沿报告．北京：电子工业版社，2016.

综合档案馆电子文件中心功能的选择首先应该服务于档案馆的职能，有利于档案馆对具有长久保存价值的电子文件的获取和管理，有利于各移交单位电子文件的规范管理和成本降低。在此基础上可以考虑适当的职能延伸。电子文件中心不能照搬传统文件中心的职能和运营方式，应尊重电子文件的形成规律，遵循电子文件的管理原则，并统筹考虑电子文件形成机构的管理要求。

案例2-12　安徽省电子文件中心

安徽省电子文件中心于2005年10月启动建设，2012年年底建成使用，累计投入经费800万元。建设目标定位于四个方面：一是保存数字档案遗产，对省直单位产生的应当归档的电子文件，实行规范采集、归档，移交管理，永久保存；二是通过建立有效的管理体制机制，探索科学的策略、方法，应用先进实用技术，保障电子文件具备凭证属性；三是实现资源共享，提供一站式服务；四是通过电子文件规范化管理，提高政府效能。

电子文件中心建设坚持标准先行，同步起草了三个档案行业标准，完整定义了电子文件信息模型，电子文件元数据和归档文件按照洋葱结构封装成XML单一对象，实现了信息的自包含、自描述、自证明和显示一致性，摆脱了依赖管理系统的风险。系统设计遵从《开放档案信息系统参考模型》（ISO 14721，OAIS），具备电子文件收、管、存、用完整功能。目前已接收15家省直单位电子文件，数据量83GB。

资料来源：安徽省档案局提供（2016年10月14日）。

四、数字档案馆

（一）数字档案馆的概念

数字档案馆的概念是在对档案信息化、档案馆发展前景的展望中出现的，并从电子档案馆、数字化档案馆、虚拟档案馆等多个相关概念中脱颖而出，获得广泛共识。1999 年，数字档案馆作为档案馆未来的一种发展形式被提了出来。[①] 2001 年，数字档案馆被总结为实体概念（或称机构概念）和系统概念两类。前者是对传统档案馆概念的一种继承，其核心功能不变，只是数字档案馆集中管理的对象变成了数字形式的档案；后者则是对既有档案馆概念的一种颠覆，其属概念从“机构”转变为“信息系统”，其功能从保管利用变为整合不同信息资源提供在线服务。[②] 2010 年，有学者进一步将数字档案馆的概念总结为知识信息中心与信息仓库说、档案馆群体说、信息系统说、信息服务提供方式说、信息空间与信息环境说等 5 种。[③] 2010 年，国家档案局颁布的《数字档案馆建设指南》首次在规章制度中明确了数字档案馆的概念：“数字档案馆是指各级各类档案馆为适应信息社会日益增长的对档案信息资源管理、利用需求，运用现代信息技术对数字档案信息进行采集、加工、存储、管理，并通过各种网络平台提供公共档案信息服务和共享利用的档案信息集成管理系统。”2014 年年底，国家档案局发布的行业标准《电子档案管理基本术语》（DA/T 58－2014）这样定义数字档案馆：“运用现代信息技术对电子档案及其他数字资源进行采集、存储、管理，并通过各种网络平台提供利用的档案信息集成管理体系。”可见数字档案馆的概念定位经历了从机构、系统到体系的发展过程。[④] 本教材采用 DA/T 58－2014 的定义。在该体系中，承担对电子档案及其他数字资源的采集、存储、管理、提供利用的信息系统即数字档案馆系统。

数字档案馆具备以下特点：

（1）数字档案馆的本质特征是具备一个收集、管理、共享利用数字档案信息的系统。

（2）该系统的管理对象以数字档案（包括原生性电子文件和转化型数字档案）为主，也可以包括其他类型信息。

（3）数字档案馆的建设主体可以是一个实体档案馆、多个档案馆，可以是非传统档案保存机构，比如图书馆等文化单位、公益性组织等，也可以是以上多种性质的单位的集合体。在数字环境中，这些单位可以实现跨机构业务协作和资源共享，也因此会产生多机构协作的新机制。

---

① 王宇晖，张晓霞，王萍．对传统档案馆未来发展形式的认识．档案，1999（6）：20－21.

② 冯惠玲．电子文件管理教程．北京：中国人民大学出版社，2001：23.

③ 王芳．数字档案馆学．北京：中国人民大学出版社，2010：2－5.

④ 刘越男，杨建梁．从机构、系统到体系：数字档案馆概念的发展．档案学通讯，2015（4）：50－55.

（二）数字档案馆的类型

可以沿用传统档案馆的分类角度划分数字档案馆的类型，如按层次分为国家级、省级、市级、县级数字档案馆等，按管理部门分为国家机关、企事业单位、团体和个人数字档案馆等。此外，也可以从以下角度划分数字档案馆的类型。

1. 按照管理对象和功能定位

按照管理对象和功能定位，数字档案馆包括电子文件长期保存型和历史档案共享服务型。前者的管理对象主要是原生性电子文件，功能定位在于长期保存电子文件，即在系统（包括数字档案馆系统自身）不断升级变化的背景下始终保证电子文件的真实、完整、可用和安全，如美国国家档案与文件署的电子文件档案馆。后者的管理对象主要是历史档案、资料的数字化成果，功能定位在于提供这些历史档案信息的共享利用服务，如美国加州大学数字图书馆牵头建设的“加州在线档案馆”（Online Archive of California，OAC），提供加州 200 余所图书馆、特殊馆藏机构、档案馆、历史学会、博物馆以及加州大学 10 个校区内原始藏品著录信息的在线利用。当然不排除两者交融发展的可能。

2. 按照系统建设方式

按照系统建设方式，数字档案馆包括独立式和集中式两种类型。独立式数字档案馆的系统由各个机构独立建设，供自己使用。集中式数字档案馆的系统由一家机构统一建设，多家机构共同使用。在云计算环境下，多家机构可以通过购买服务的方式来使用数字档案馆系统，节约了在软硬件购买、维护方面的成本。

按照覆盖范围，集中式数字档案馆又包括中央级、区域性、行业性等多种形式。其中，我国已经着手建设的集中式数字档案馆主要有行业性和区域性两种。前者如 2012 年，中国联通开始建设依托于联通私有云平台的、覆盖全集团范围的统一的数字档案馆系统，全面管理集团总部、省级分公司和地市级分公司三级档案管理业务，并提供档案检索、借阅、编研等利用服务。该数字档案馆系统按照面向服务的架构，基于分布式存储系统，提供基础设施、平台和应用的全面服务。后者如 2015 年，北京市数字档案馆项目正式启动，旨在打造北京市档案行业云，建设数字档案馆系统，为市区两级档案馆提供数字档案馆系统服务。

（三）数字档案馆的功能

国际上通常将《空间数据与信息传输系统——开放档案信息系统参考模型》（ISO 14721：2003）规定的“开放档案信息系统”（Open Archives Information System，OAIS）作为描述数字档案馆构成要素和业务过程的高层次模型，“开放档案信息系统”被定义为“一个由机构（可以是一个大机构的部门）、人和系统组成的档案馆，承担保存信息并将其提供给指定用户的责任”[①]。其中的“保存”是指旨在保障数字资料可在所需时间段里被持续访问的一系列必要的管理工作。

OAIS 参考模型定义了数字档案馆系统的 6 大功能实体，包括：接收、档案存储、数据管理、利用、保存计划和行政管理。OAIS 对功能的阐述均结合其处理的信息包展开（关于信息包的详细介绍参见第七章）。其中，接收（ingestion），也被翻译为“摄取”，该实体负责从生产者处接收提交信息包，生成档案信息包。档案存储（archival storage）实体负责存储和检索档案信息包。数据管理（data management）实体负责填充、维护和存取档案馆藏的描述性信息和管理档案所需的管理性信息。利用（access），也被翻译为“访问”“存取”，该实体负责生成分发信息包，为用户提供信息利用服务。保存计划（preservation planning），也被翻译为“保存规划”，该实体负责监控 OAIS 环境，提供长期保存策略的推荐意见，以确保 OAIS 存储的信息能够长期被指定用户群利用。行政管理（administration）实体包含 OAIS 其他实体日常运行所需的服务和功能。[②]

（四）数字档案馆建设内容

按照《数字档案馆建设指南》，结合国内外数字档案馆建设经验，数字档案馆建设内容主要包括如下几个方面：

（1）基础设施建设。按照数字档案馆基础网络架构、主要技术路线与软硬件配置基本要求，集成建设适应馆藏档案基础数据和今后一定时期内数字档案增长规模的数据管理、满足数字档案馆各项管理与服务需求的基础设施。档案馆等数字档案馆建设主体单位在馆舍建设时要同步考虑数字档案馆基础设施建设的要求。

（2）应用系统建设。按照 OAIS 模型，开发数字档案馆系统，实现数字档案（电子文件）的接收、存储、管理、保存和提供利用等功能。

（3）数字档案资源建设。建立馆藏档案的目录数据库，逐步进行传统载体档案的数字化转换，积极推进电子文件的接收和管理，建立各类数字档案资源库群；应用先进技术和相关管理手段，保证数字档案长期真实、完整、可用和安全；针对不同利用对象，通过不同渠道，方便、快捷满足各类用户利用需求。

（4）人才队伍建设。在数字档案馆建设过程中，注重建设主体内部人才的培养和成长，形成一支以内部人才为主体、以社会外包服务为依托的人才队伍。

（5）标准规范建设。严格遵守国家及行业相关规章制度和技术标准。各地在建设数字档案馆过程中，具体技术应用或工作流程如果尚无相关上位标准规范，可以向国家档案行政管理部门提出相关标准规范制定、修订建议，或根据本地区实际情况制定相关地方标准或企业标准，并积极上报有关部门，上升为行业标准

---

① CCSDS，Reference Model For An Open Archival Information System（OAIS）.［2016－12－15］. http：//public. ccsds. org/publications/archive/650x0m2. pdf.

② CCSDS，Reference Model For An Open Archival Information System（OAIS）.［2014－12－15］. http：//public. ccsds. org/publications/archive/650x0m2. pdf.

或国家标准。

（6）安全保障体系建设。安全保障体系建设是数字档案馆建设的基础工作，数字档案馆的安全包括数字档案数据的安全和信息系统及其网络平台的安全。数据安全就是要保证数字档案信息的可靠、可用、不泄密、不被非法更改等，系统及其网络平台安全就是要保持系统软硬件的稳定性、可靠性、可控性。安全保障体系建设主要通过两方面途径实现，一是按照信息安全等级保护的要求，采用相应安全保障技术方法，配备必要的软硬件设施。数字档案馆系统一般要求达到二级（系统审计保护级）以上安全保护标准；二是建立健全数字档案馆安全管理制度，并严格遵照实施。应当高度重视数字化加工、电子文件接收等过程中的安全保密管理工作。同时应当制订应急预案，完善灾难恢复机制，提高应急处置能力。

第六节 电子文件管理的法规、制度和标准

电子文件管理需要符合电子文件特点的规则和秩序，因而需要相应的法规、制度和标准作为规范人们生成和管理电子文件行为的依据。为了确保电子文件的真实、完整、可用与安全，以及电子文件管理的高效与科学，近年来相关国际组织和许多国家非常重视电子文件法律、制度和标准的研制。由于各国社会制度、科学技术发展水平、文化传统，以及文件与档案管理方式的差异，出台的电子文件法律、行政与技术规范的内容不尽相同，也有很多共通之处。电子文件的立法、建立制度和标准化是当前亟须且长期持续的工作，应该引起有关部门的高度重视。

一、电子文件管理的法律规范

电子文件法律规范是由国家最高权力机关按照一定的立法程序制定并依靠国家强制力保证实施的行为规范，表现形式一般是有关法律文件中的禁止性条文、义务性条文、授权性条文等。由于电子文件及其管理尚处于不成熟期，各国有关电子文件的法律规范除了具有国家立法的权威性、强制性之外，目前还具有分散性、不配套性、间接性、模糊性等特点。

分散性是指世界各国尚没有完全针对电子文件的独立的部门法，电子文件的法律规范大多散见于若干部门法的有关条文之中，未形成集中的统一规定。

不配套性是指在电子文件的法律规定中，有关电子文件形成者、管理者、使用者的权利、义务不衔接、不配套的情况时有发生，缺少完整的、互相支持补充的法律条文，更没有形成电子文件的法规体系。

间接性是指电子文件的法律规定有些是通过其他法规中的有关条文表现出来的，其中有些条款并不专指电子文件。因此，在调整和规范人们生成、收集、管理、利用和保护电子文件方面的行为时常常需要援引相关法规中的相关条文，并说明其对于电子文件的适用性。

模糊性是指现行电子文件法律规定的一些内容及其表达不够具体、明晰和准确，很多国家的相关法律条文中对电子文件的概念，国家机关、社会团体以及公民生成、管理、保护电子文件的权利和义务，电子文件管理机构的设置与职责，违法行为的法律责任等，尚未做出周密的具体规定。

基于目前各国电子文件法律规范的这些特点，本教材很难像对其他部门法律那样，按照义务性、授权性和禁止性规定来分别介绍，在此仅就其内容性质予以分类简介。

（一）关于电子文件的法律证据效力

电子文件的凭证性是社会各界最为瞩目的焦点问题之一。对于电子文件能否作为司法证据，目前各国有不同的规定。一般来说，普通法系国家遵循传闻证据和最佳证据的规则。依据传闻证据规则，直接证人以外的人明示或默示的事实主张，以及在没有证人作证的情况下，当事人向法院提交的书面材料的事实主张属于传闻证据，不能被采纳为证明其主张事实真实性的证据。依据最佳证据规则，只有文件的原件才能作为书证被法院采纳。但在电子环境中，最佳证据原则的应用则有所变化。例如，英国的《民事证据法》和加拿大的《统一电子证据法》不再以原件来要求电子证据，而是通过判定生成电子文件的系统的可靠性来确认电子文件的可靠性。

英国的《民事证据法》（1968）规定，具备下列条件的计算机输出的文件被视作“第一手”传闻证据，可以采纳：（1）来自使用者正常使用的计算机；（2）在数据输入时计算机运行良好；（3）文件包含的信息是表述或来自输入计算机的数据。此外，还要求与业务活动和使用文件有关的人向法院提供认定该文件材料的证明书、制成方式说明与软件。1984 年英国颁布的《警察刑事证据法》第 19 条第 4 款规定：“警察可将计算机中的信息作为证据”。

1998 年 12 月，加拿大国会通过了世界上第一部单独为电子证据制定的法律《统一电子证据法》，该法通过对计算机系统的真实性、可靠性及特殊情形下文件真实性的法律推定，认可符合某些特定条件的电子文件的证据价值，从而使电子证据在诉讼中的应用更加便捷。

资源链接 2－12

《统一电子证据法》对推定规则的运用

加拿大《统一电子证据法》第 5 条规定，没有相反的证据，可以认定产生或存储文件的电子文件系统的真实性。这条推定规则包含三方面内容：（1）通过支持所有记录计算机系统或其他类似装置曾正常运作，或者即使存在纰漏，也不影响电子文件的真实性的调查结果的证据，可以使对电子文件系统的怀疑丧失合情合理的基础；(2) 如果证明电子证据被与试图提出它的一方在利益上相反的另一方记录或保存，而另一方拒不提供，可以推定该证据的可靠性；(3) 如果证明该电子文件在通常的交易中被一个与正在进行的诉讼程序无利害关系的人记录和存储，并且他不是在试图提出它的一方的控制下记录和存储的，可以推定该证据的可靠性。第一条是关于计算机系统真实性的推定。第二条、第三条是当证据被对方及无利害关系的第三方控制、保存时推定该文件为真实的证据规则。

资料来源：ULCC. Uniform Electronic Evidence Act. [2016 - 12 - 15]. http://ulcc.ca/en/older-uniform-acts/electronic-evidence/1924-electronic-evidence-act. 韩波．论加拿大《统一电子证据法》的立法价值．政治与法律，2001 (5)：75 - 78.

在美国，至今仍未出台有关电子文件证据效力的专门法律，因此在缺少明确的法律条文的情况之下，司法实践像处理有关照片复制品和缩微胶片的案件一样参考以前相关的判例。律师和法官大都同意将电子文件作为记录事实真相的全部文件的一部分，承认电子文件像纸质文件一样可以作为证据使用，使电子文件获得“准法律证据”的地位。1990 年，美国司法部颁布了关于现有的证据法如何适用于电子文件的白皮书，讨论了电子文件和最佳证据法则、传闻证据法则之间的关系（联邦商事文件法和 UPA 法案对此有专门定义），认为虽然“证据法对电子化归档和纸质归档的规定并无区别”，但在具体的司法规程中应该考虑到电子文件极易被复制和修改的特点。1992 年，由影像和信息管理协会（Association for Image and Information Management）发布的关于电子文件法律可采性的规定对此做了一些论述，对作为法律证据的电子文件提出了三个要求：要有输入和输出文件的书面步骤；要有系统用户的培训规划；要有审查系统。2006 年，新修订的《联邦民事诉讼规则》第 34 条规定了电子储存信息的保存和公开要求，对诉讼人申请电子证据的程序，以及依据要求需要提供电子证据的一方要提供怎样的证据给予了说明。

案例 2 - 13　美国电子文件管理的两场官司

20 世纪 80 年代末，布什当选美国总统。里根政府以给布什政府腾出计算机存储空间为名，要删除计算机系统中的所有电子邮件。得知此消息的国家安全档案馆、新闻记者和公民组织于 1989 年 1 月将里根、布什告上了法庭，指控被告违反了《总统文件法》《文件处置法》和《行政程序法》。哥伦比亚特区法院和上诉法院经 4 年半的审理，认为原告指控太具感情色彩，不予考虑，但被告的电子文件管理准则违犯了《联邦文件法》，用电子文件的纸质打印件来代替电子文件是不可接受的，因为电子文件包含了许多纸质文件没有的背景联系信息，纸质文件的存在并没有剥夺电子版本的文件地位。

根据法院的判决，美国国家档案与文件署于 1995 年发布了《通用文件保管期限表 20》(General Records Schedule 20，GRS 20)，规定在电子邮件信息及其附件为了进行保管而被拷贝到电子文件保管系统、纸张或胶片上之后，其发出者和收到者都可以进行删除。1996 年 12 月，与上一场官司基本相同的原告起诉美国国家档案与文件署署长约翰·卡林，指控该署发布 GRS 20 超越了法律的授权。地方法院、上诉法院和最高法院经过 3 年多的审理，2000 年 3 月最终判决美国国家档案与文件署发布 GRS 20 没有越权，但是在原告的压力下，美国国家档案与文件署修改了《通用文件保管期限表》的许多条文，撤销了《通用文件保管期限表 22》，对 GRS 20 做出了大量的修改，间接地承认了 GRS 20 的不合理之处，原告在一定程度上达到了自己的目的。

前后 11 年的两场官司对于北美地区最大的影响是，人们普遍认可了电子文件的原始性质和证据价值。

资料来源：傅华．美国电子文件管理的十年官司及启示．中国档案，2000 (6)．

一些国际组织也在积极寻求解决办法。1982 年欧洲理事会的《电子处理资金拨划》秘书长报告提出了计算机记录相当于书面文件作为证据的看法。1985 年，联合国国际贸易委员会在第 18 届年会上所做的《计算机记录的法律价值》的报告建议各国政府审查涉及使用电子文件作为证据的法律规则，以清除对其使用所造成的不必要的法律障碍。这些国际组织还通过制定国际统一规则和国际公约，赋予电子文件证据效力。1987 年，国际商会制定了《电传交换贸易数据统一行为守则》，旨在为 EDI（电子数据交换）用户提供一套国际公认的行为准则，只要当事人采用此守则，EDI 就有了法律证据效力。1996 年，联合国国际贸易委员会推出了《电子商业示范法》草案，借以解决 EDI 在国际贸易应用中产生的法律问题。

大陆法系国家由于不存在传闻证据规则，任何证据都可以被采用。近年来各国法律中逐步有条件地承认了电子文件的法律效力，我国也在相关立法中相继明确了电子文件的证据效力（有关法律规定详见第一章第六节）。

目前，电子商务文件的法律效力已经在一定范围内得到认可，美国大多数州都制定了本州的电子商务法，2000 年 6 月，克林顿总统签署发布了美国的《全球及国内电子商务签名法》(Electronic Signatures in Global and National Commerce Act)。英国、加拿大、意大利、马来西亚、韩国、印度等国都已经制定并颁布了电子商务法或数字签名法，承认在电子商务中数字签名文件的有效性。我国 2004 年 8 月 28 日通过，2015 年修正的《中华人民共和国电子签名法》被认为是中国首部真正电子商务法意义上的立法，该法明确规定，数据电文不得仅因为其是以电子、光学、磁或者类似手段生成、发送、接收或者储存的而被拒绝作为证据使用。相比之下，世界各国有关电子政务文件的立法相对滞后。

由于电子文件只有在政府、机构或组织管理范围内取得了合法性，才可能具有行政有效性和法律凭证性，而这种合法性的确认又随地区、组织实体的体制、组织法、规则、惯例等方面的不同而有变化，因此可以先行采用多种形式认定电子文件的合法性，除了国家法律规范之外，还可以通过地方法令与规范、行政命令、机构的政策、指示与程序、协议、公共专业标准，以及档案部门的要求等方式加以认定，并在此基础上认定电子文件的行政有效性和法律凭证性。例如，英国（England & Scotland）在电子证据的采集和认证过程中，通常遵循首席警官协会（Association of Chief Police Officers，ACPO）发布的指南进行，最新版是2012年3月发布的《ACPO电子证据的最佳实践指南》（ACPO Good Practice Guide for Digital Evidence）。

资源链接 2-13

电子证据的四大原则

第一，执法机构或执法机构与代理机构的雇员不能对法院将要使用的数据实施任何可能改变的行为。

第二，当一个人有必要利用原始数据时，这个人要有此权限，且能给出证据证明利用数据的相关性，说明利用数据的行为可能带来的后果。

第三，应当形成与保存所有针对电子证据流程的审查追踪或其他文件。独立的第三方应当能够检查那些流程并得到一样的结果。

第四，主导调查的人员负责保证该法和这些原则得到遵循。

资料来源：ACPO. ACPO电子证据的最佳实践指南．[2016-12-15]．http：//www.digital-detective.net/digital-forensics-documents/ACPO_Good_Practice_Guide_for_Digital_Evidence_v5.pdf.

（二）关于电子文件的安全问题

从20世纪60年代开始，计算机安全与犯罪问题逐渐引起了人们的重视，各国政府在积极采用技术防范措施的同时，还相继对此建立了法律规范。电子文件的安全很大程度上是以计算机系统的安全为基础的。

美国1970年颁布了《金融秘密权利法》，对一般个人或法人利用银行、保险业以及其他金融业的计算机所存储的电子文件信息规定了必要的限制。1984年10月，美国通过了《伪造存取手段以及计算机诈骗与滥用法》，成为专门针对计算机安全问题的联邦立法。1996年2月8日，美国总统克林顿签署通过了《1996年电信法》，再次对计算机安全问题予以法律规范。英国有关计算机安全的立法，有1981年的《伪造文书及货币法》、1984年的《资料保护法》及1984年的《英国警察与刑事证据法》，前两者为实体法，后者则系规定有关计算机犯罪中所存储电子文件之扣押及其证据能力的程序法。瑞典在计算机安全立法和数据监察方面起步较早。早在1973年就颁布了《数据法》，对电子数据的收集、处理、复制、存储、传输、使用、修改、销毁等做出了法律规定，这是世界上第一部保护计算机电子数据的法律，它的原则受到世界各国，尤其是欧洲国家的重视。从国际上看，1983年国际信息处理协会（IFIP）专门设立了计算机安全技术委员会，负责制定计算机安全与犯罪的立法方法，其他一些协会，如电子电气工程师协会、会计审计师协会等也都有专门机构，从不同侧面研讨计算机安全与犯罪问题，并定期召开学术会议。

我国于1994年2月18日由国务院发布、于2011年修订了《中华人民共和国计算机信息系统安全保护条例》，1997年5月20日由国务院发布了《中华人民共和国计算机信息网络国际联网管理暂行规定》，1997年12月11日由国务院发布、于2011年修订了《计算机信息网络国际联网安全保护管理办法》。2016年11月7日，第十二届全国人大常委会第二十四次会议通过了《中华人民共和国网络安全法》，对网络运营以及网络信息安全管理做出了法律规范。此外，在《中华人民共和国刑法》《中华人民共和国国家安全法》《中华人民共和国保守国家秘密法》《中华人民共和国标准化法》《中华人民共和国治安管理处罚条例》等法律法规中也有涉及包括电子文件在内的互联网信息安全管理的条款。

（三）关于电子文件中的隐私权问题

隐私权是指自然人享有的私人生活安宁与私人信息秘密依法受到保护，不被他人非法侵扰、知悉、收集、利用和公开的一种人格权。在网络时代，隐私权保护与电子文件管理具有密切的关系。随着计算机应用的普及，政府机关、商务机构的计算机中存储了大量个人信息，可以方便地进行相互比较和匹配，从而得到个人的大量相关数据，这样便侵犯了个人的隐私权。在电子文件管理中，个人数据保护应该成为重要的原则，很多国家已经在这方面加强了规范。

美国对于隐私权制定了多项法规，1968年美国国会通过了保护电子通信隐私的扩展法案，最初主要是针对电话窃听，1986年扩展到保护电子通信隐私。1974年美国通过了《隐私权法》，1988年通过了《计算机匹配和隐私权保护法》，规定政府机关对个人信息进行计算机匹配必须遵守的程序，兼顾保护个人隐私权和政府机关对个人信息进行计算机匹配的需要，并据此对《隐私权法》做出修改和完善。1998年，美国国会正式通过《电子通信隐私法案》，对电子通信中的隐私权加以全面限定。一些欧洲国家，如奥地利、丹麦、德国、挪威、法国、瑞典等国已经建立了综合性的保密法律，以保护在自动化系统中存储的个人数据。2016年，欧盟通过新的《数据保护法》，用以保护消费者的数据和隐私。

目前我国还没有独立的《隐私权保护法》，对于电子文件中的隐私权问题一般参照《中华人民共和国刑法》《中华人民共和国民法通则》《中华人民共和国行政诉讼法》，以及其他部门法中的一些规定。政府机关和各类机构在使用电子文件中包含的个人数据时应该注意遵守有关规定，避免发生对个人隐私权的侵犯。

（四）关于电子文件中的知识产权问题

现代信息技术的广泛应用拓展了信息资源共享的范围，同时也使知识产权问题更为突出。为了保证一切信息活动正常开展而不致侵扰国家、团体、个人的利益，许多国家研究和制定了一系列有关知识产权的法规，包括专利法、商标法、版权法等。

一般而言，在建立了版权保护制度的国家，计算机信息中的相当一部分来源于已享有版权的作品。一些工商业电子文件（如市场行情、金融、客户等方面的信息），企业对其加以掌握和分析后，应该对其他企业和个人保密。计算机系统中的政府文件及私人文件也会受到知识产权法或商业秘密法的保护。

在我国，把包括电子文件在内的数字信息作为一种财产权来保护的问题已经引起关注，有关知识产权的立法也逐步完善。目前，我国已经出台的有关法律法规有《中华人民共和国著作权法》《最高人民法院关于审理涉及计算机网络著作权纠纷案件适用法律若干问题的解释》《中华人民共和国专利法》《中华人民共和国商标法》等。

二、电子文件管理制度

电子文件制度是指国家和各级各类组织为管理电子文件和电子文件工作所制定、批准并实施的，人们在从事电子文件工作中必须遵守的政策、指南、规定、程序、准则、方法的总称。根据电子文件制度的作用范围，可将其区分为综合性制度和专项制度。

（一）综合性电子文件管理制度

综合性电子文件管理制度是旨在实现电子文件全程管理，较为全面地涉及各方面管理要求的制度。其范围可以是一个机构、一个地区、一个国家甚至国际性的，其内容既有宏观的原则性要求，也有比较具体的操作性规定。这种制度对于一定范围内电子文件管理的全面、协调发展与规范化具有重要的作用。

1992年召开的国际档案大会成立了专门的电子文件委员会（ICA/CER：Committee on Electronic Records），该委员会在四年的时间里出了三本关于管理规范性的出版物，分别是《电子文件规划：1994/1995调查报告》《电子文件：文献评述》和《电子文件管理指南》。其中以《电子文件管理指南》最具影响力，该指南明确提出："支配档案的法律和策略应包括允许档案馆在电子文件领域中起干预作用，档案馆管理电子文件应视为管理不论其物质形态的所有文件一体化的一个组成部分。"严格说来，这三本出版物并不属于制度的范畴，但事实上它们成为许多国家和地区建立电子文件管理制度的重要依据和参考。

20世纪90年代以来，许多国家根据本国的实际情况，制定了各种形式的电子文件管理制度。1994年3月，美国国家档案与文件署发布了《电子文件管理规范》。1995年和1997年，澳大利亚国家档案馆分别颁布了两部电子文件管理指南，分别是《保管电子文件》（Keeping Electronic Records 1995）和《管理电子文件》（Managing Electronic Records 1997）；英国国家档案馆1999年制定了《电子文件管理、鉴定和保管指南》（Guidelines on the Management，Appraisal and Preservation of Electronic Records）。

1996年，我国成立了电子文件归档与电子档案管理研究领导小组，组织多方力量共同研究，编写了《电子文件归档与电子档案管理概论》。这部具有指南性质的手册对全国电子文件管理提出了一些规范性要求。此后，我国一些地区和单位也制定并发布了电子文件管理规范。

进入 21 世纪以来，各国的综合性电子文件管理制度更加完善。英国发布了《电子政府背景下的电子文件管理政策框架》《数字文件保管政策》等，美国制定了《联邦机构文件管理框架》，澳大利亚颁布了《数字文件管理：数字文件形成、管理和保存指南》《文件与信息战略管理指南》《数字连续性 2020 政策》等，并与新西兰联合提出了“澳大拉西亚数字文件管理动议”，加拿大图书与档案馆提出《加拿大数字信息战略》。2012 年 8 月 24 日，美国行政管理与预算局和美国国家档案与文件署联合发布了给联邦机构负责人的备忘录《管理政府文件指令》。

以澳大利亚为例。2001 年，澳大利亚经修订再次推出了《联邦政府网络文件管理准则》，涉及的问题有联邦政府的联机环境及其文件管理、公共网站文件的保管、联邦网站包含和产生的文件及其保存、对联邦网络资源业务风险的评估等做出的规定或说明。2011 年，澳大利亚发布了《数字连续性原则》，针对数字信息的全流程提出了 6 项原则：（1）数字信息的业务、证据以及社区价值被了解，并基于此进行管理；（2）依据规范清晰的分工和明确责任，数字信息管理与机构管理实现集成；（3）数字信息是真实与可靠的；（4）数字信息是可发现、可查询和可用的；（5）数字信息实现数字管理；（6）数字信息在规定的时间内进行管理、保护和保存，然后进行适当处置。2014 年，澳大利亚国家档案馆牵头制定了《数字连续性 2020 政策》，确立了 2020 年数字进程应当达到的目标。如要求所有的业务系统、信息系统和工具遵从《电子办公环境中文件管理原则与功能要求》（ISO 16175）；所有机构使用数字授权和工作流技术，以数字形式制作并记录业务决定；所有机构要符合国家档案馆制定的最低限度的元数据标准，从而使数字内容可描述、可共享、可再利用等，推进全面的电子文件管理和数字信息进程，提高政府效率、支持电子政府和信息经济。

在我国，2003 年 7 月，国家档案局发布 6 号令，颁布《电子公文归档管理暂行办法》，对各地区、各部门通过由国务院办公厅统一配置的电子公文传输系统处理后形成的具有规范格式的公文的归档要求做出了明确规定。2009 年，中央办公厅、国务院办公厅联合发布了《电子文件管理暂行办法》（中办国办厅字〔2009〕39 号），首次对电子文件管理的全过程予以规范，为我国电子文件的全程规范化管理提供了重要的依据。2013 年，国家电子文件管理部际联席会议办公室牵头研制了由 3 个层次、8 个维度组成的电子文件管理制度体系框架，即宏观层（包括电子文件属性、管理权利义务和组织责任 3 个维度）、中观层（主要规范管理系统）和微观层（包括机构类型、文件类别、管理流程、安全要求 4 个维度），明确了我国电子文件管理制度体系的结构和基本内容。

（二）专项电子文件管理制度

专项电子文件管理制度是依照有关的法律法规和综合性电子文件管理制度的精神，针对电子文件及其管理的某一方面内容而制定的制度。这类制度主要涉及电子文件的管理程序、方法、技术等，内容一般比较具体、详细，具有可操作性，如针对电子文件管理的工作环节制定电子文件归档制度、鉴定制度、长期保存制度、利用制度等。这类制度的制定和配套对于提高电子文件管理规范化程度是十分有效的。

在这些具体制度中，电子文件的长期保存是世界各国普遍关注的领域。1991年，北欧联合体各国家档案馆联合组建工作组，研究电子文件的长期保存与信息保护问题，并对软件的转换、数据库文件的可用性及电子文件载体的长期存取等问题进行了专题研究。1997年，大型研究报告《电子文件保护与存取》由五个北欧国家（瑞士、挪威、丹麦、芬兰及冰岛）的国家档案馆共同出版。这一报告提出了一些具体的管理要求和技术要求，被北欧五国档案机构视为可资遵循的指南性文件。

1995年12月，澳大利亚国家信息保护办公室修改了长期保存与保护澳大利亚数字信息的原则。1996年，澳大利亚国家图书馆制定了《澳大利亚数字载体长期存取与保护的原则》，提出了数字信息长期存取必须考虑的问题：系统设计，信息制作，数据库及背景信息的产生与采集，档案馆、图书馆、博物馆对数字信息的识别、鉴定、选择与收集，以及数字载体的长期管理、维护与迁移等。此外，为确保电子文件的长期存取制定了七条基本原则：合作的原则、制作者的责任、共同的责任、鉴定、版权、策略及政府干预。

资源链接 2-14

澳大利亚的数字存储

澳大利亚的数字存储制度主要规定了两项内容：第一，数字信息如何存储。存储的途径主要有在线存储于机构的服务器或利用云存储技术、接近在线存储系统的线下存储，如磁带图书馆、移动媒体、CD、DVD等。第二，存储的注意事项。包括规范的完整性核查、确保存储载体在合适的环境中、存储载体的更新以及外包存储业务需要注意的事项。

资料来源：NAA. Storing digital information and records. [2016-12-15]. http://www.naa.gov.au/records-management/agency/secure-and-store/storing-digital-records/index.aspx.

1994年年底，美国保护与存取委员会（The Commission on Preservation & Access，CPA）与研究图书馆小组（Research Libraries Group，RLG）共同组建了一个数字信息档案化特别工作组，负责调研与推荐确保数字档案长期保存的方法。1996年，该工作组完成了《关于数字档案长期保存与保护的总结报告》，总结并讨论了确保数字档案长期保存必须解决的关键问题，如机构、法律、经济与技术更新等问题，并以列表方式对每一个问题提出了对策与措施。美国国家档案与文件署和美国国家标准局合作研究制定了《国家战略：制定与贯彻联邦政府电子文件的产生、传输、存储与长期保存的标准》，涉及数据管理政策、数据转换政策、文件传送政策及标准的发展等问题。2013年8月29日，美国国家档案与文件署发布了2013年第2号令——《邮件文件管理新方法指南》（Guidance on a New Approach to Managing Email Records），向机构提供管理电子邮件的“Capstone”方法，并对机构选择应用Capstone管理邮件时必须考虑的事项给予说明。

2000年4月，新加坡国家档案馆制定了《电子邮件类公文归档程序与规则》，后来又制定了《政府电子文件的保管与处置办法》，对政府电子文件的定义、鉴定、保管期限、移交、没有永久保存价值的电子文件的暂存和处置，以及电子档案的开放和利用等做出了明确规定。该办法还以《通用电子文件保管期限表》作为附录。

我国各地区各行业电子文件管理的规章制度陆续出台，如国资委发布的《关于推进中央企业电子文件管理工作的指导意见》（国资发〔2013〕219号），北京、福建、广东、海南、江苏等省制定的本地区电子文件管理办法或实施细则，部分部委和央企建立的电子文件管理制度等。2010年以来，国家档案局相继发布了一批电子文件归档与档案管理的制度规范，如《数字档案馆建设指南》（国家档案局档办〔2010〕116号）、《电子档案移交与接收办法》（国家档案局档发〔2012〕7号）、《数字档案室建设指南》（国家档案局档发〔2014〕4号）、《数字档案馆系统测试办法》（国家档案局档办发〔2014〕6号）和《企业电子文件归档和电子档案管理指南》（国家档案局办综〔2015〕119号）等。

当前，各国在制定电子文件管理制度的过程中非常注重电子文件的利用环节，澳大利亚的《数字连续性原则》的重要原则之一就是保证数字文件的可发现、可获得与可利用。为了规范电子文件的利用，引导用户获取所需文件，澳大利亚还发布了《所属机构内部文件的利用》（Access to Records in Your Agency）、《档案馆文件的利用》（Access to Records Held by the Archives）以及《其他机构文件的利用》（Access to other Agencies' Records）等。我国的《电子文件管理暂行办法》（中办国办厅字〔2009〕39号）规定，属于信息公开范围的电子文件的利用，应当按照国家有关规定执行；不属于信息公开范围的电子文件，按照国家有关档案、保密、信息安全、知识产权保护等方面法律法规的要求，可在规定范围内提供利用。

此外，随着互联网影响的加深，网络环境中的电子文件管理得到更多的关注。2004年，美国国家档案与文件署发布了《网站文件管理指南》（Guidance on Managing Web Records），主要指导政府网站归档。随着Web 2.0与社交媒体平台在电子政务中的普遍应用，该署发布了一系列Web 2.0与社交媒体平台文件的战略、政策与指南。例如，2013年发布了《公告2014-02：社交媒体文件管理指南》（Bulletin 2014-02：Guidance on Managing Social Media），对社交媒体文件的捕获、分类、保存、处置等方面的事宜做出了规定。澳大利亚国家档案馆认为社交媒体形成了新的文件类型，各联邦机构有义务管理好这些文件，由此发布了《使用社交媒体工具过程中的文件管理事宜》（Records Management Issues to Consider When Using Social Media Tools）。

资源链接 2－15

在面对社交媒体提供商和第三方时机构的文件（records）管理职责

每个机构都要确保在社交媒体形成和保管的文件可识别和检索。机构应当清楚社交媒体提供商可以停止服务或是删除机构账户的信息，机构可能随时停止社交媒体平台的使用。无论是在哪种情况下，机构都不能放弃文件管理和可能的捕获义务。机构需要确认它的提供商是否能够将完整的文件导入机构。如果提供商无法做到，机构需要负责捕获，在服务协议中包含关于如何以及何时导出的条款。这个条款应当说明这种导出是在提供删除或是销毁处于他们系统上的联邦文件之前。它应该包括当提供商停止业务或是被其他公司收购时进行通知和导出的指南。机构应同提供商合作，确保关于捕获的业务和法律需求得到满足。

为此，国家档案与文件署制定了关于标准的服务协议使用的通用条款：如果契约方存有联邦文件，机构和契约方必须依据现行的文件管理法律和法规来管理联邦文件，包括但不限于联邦文件法和国家档案与文件署的相关规定。文件管理包括但不限于安全存储、可检索与处置所有联邦文件，还包括在移交的时间以可接受的格式和方式移交具有永久价值的文件至国家档案与文件署。机构需要确保契约方在合约期遵循现行的文件管理法律法规。

资料来源：NARA. Bulletin 2014－02：Guidance on Managing Social Media. [2016－12－15]. http://www.archives.gov/records-mgmt/bulletins/2014/2014－02.html.

三、电子文件管理标准

电子文件管理标准是按照规定的工作程序制定，经公认的权威机构批准的有关电子文件制发和管理的规则、方法、技术要求等方面的规定，是电子文件管理人员应该遵守的业务技术规范。电子文件具有与纸质文件不同的许多特点，文件本身的形式、特征及其管理均随着信息技术的发展而发展，传统文件管理标准无法适应现实工作的要求，需要制定和推行一系列专门的标准，进而形成完善的电子文件标准体系。电子文件管理标准应该与电子文件法律规范和制度的原则保持一致，法律规范主要侧重于宏观的、原则的事物，具有强制性；制度涉及面较广，具有权威性；标准则主要侧重于业务、技术领域，注重对具有多样性、重复性的概念和事物加以规范，大多属于推荐性的，并具有较强的操作性。

（一）电子文件管理国际标准的研制

国际标准化组织（ISO）是一个全球性的非政府组织，是世界上最大的国际标准制定和发布机构，其中负责发布电子文件管理相关标准的组织主要是信息与文献技术委员会档案/文件管理分技术委员会（TC 46/SC 11）、文献管理应用技术委员会（TC 171/SC 2 和/SC 3）以及各行业技术委员会。21 世纪以来，这些组织十分活跃，相继推出了一批电子文件管理国际标准，覆盖长期保存、存储格式、方法指南、管理流程、管理系统、宏观管理、数据交换、信息安全、应用模型、元数据等方面，对推动和规范电子文件管理产生了重要作用。主要的电子文件管理国际标准清单如表 2－1 所示。

表 2－1　　电子文件管理国际标准

标准编号	名称（英文名称及中文译名）	制定机构
ISO 15489－1：2001	Information and documentation—Records management—Part 1：General 信息与文献　文件管理　第 1 部分：通则	ISO/TC 46/SC 11
ISO 15489－2：2001	Information and documentation—Records management—Part 2：Guidelines 信息与文献　文件管理　第 2 部分：指南	ISO/TC 46/SC 11
ISO 22310：2006	Information and documentation—Guidelines for standards drafters for stating records management requirements in standards 信息与文献　用于标准中陈述文件管理需求的标准起草者指南	ISO/TC 46/SC 11
ISO 23081－1：2006	Information and documentation—Records management processes—Metadata for records—Part 1：Principles 信息与文献　文件管理流程　文件元数据　第 1 部分：原则	ISO/TC 46/SC 11
ISO 23081－2：2009	Information and documentation—Managing metadata for records—Part 2：Conceptual and implementation issues 信息与文献　管理文件元数据　第 2 部分：概念及实施问题	ISO/TC 46/SC 11
ISO/TR 23081－3：2011	Information and documentation—Managing metadata for records—Part 3：Self-assessment method 信息与文献　管理文件元数据　第 3 部分：自我评估方法	ISO/TC 46/SC 11
ISO/TR 26122：2008	Information and documentation—Work process analysis for records 信息与文献　针对文件的工作流程分析	ISO/TC 46/SC 11
ISO/TR 13028：2010	Information and documentation—Implementation guidelines for digitization of records 信息与文献　文件数字化实施指南	ISO/TC 46/SC 11
ISO 16175－1：2010	Information and documentation—Principles and functional requirements for records in electronic office environments—Part 1：Overview and statement of principles 信息与文献　电子办公环境中文件管理原则与功能要求　第 1 部分：概述与原则综述	ISO/TC 46/SC 11

续前表

标准编号	名称（英文名称及中文译名）	制定机构
ISO 16175－2：2011	Information and documentation—Principles and functional requirements for records in electronic office environments—Part 2：Guidelines and functional requirements for records in electronic office environments 信息与文献　电子办公环境中文件管理原则与功能要求　第 2 部分：电子文件管理系统指南与功能要求	ISO/TC 46/SC 11
ISO 16175－3：2010	Information and documentation—Principles and functional requirements for records in electronic office environments—Part 3：Guidelines and functional requirements for records in business systems 信息与文献　电子办公环境中文件管理原则与功能要求　第 3 部分：业务系统中文件管理指南与功能要求	ISO/TC 46/SC 11
ISO 30300：2011	Information and documentation—Management systems for records—Fundamentals and vocabulary 信息与文献　文件管理体系　基础和术语	ISO/TC 46/SC 11
ISO 30301：2011	Information and documentation—Management systems for records—Requirements 信息与文献　文件管理体系　需求	ISO/TC 46/SC 11
ISO 13008：2012	Information and documentation—Digital records conversion and migration process 信息与文献　数字文件转换和迁移过程	ISO/TC 46/SC 11
ISO 30302：2015	Information and documentation—Management systems for records—Guidelines for implementation 信息与文献　文件管理体系　实施指南	ISO/TC 46/SC 11
ISO/TR 17068：2012	Information and documentation—Trusted third party repository for digital records 信息与文献　数字文件第三方可信数字仓储	ISO/TC 46/SC 11
ISO/TR 18128：2014	Information and documentation—Risk assessment for records processes and systems 信息与文献　文件过程与文件系统风险评估	ISO/TC 46/SC 11
ISO 15489－1：2016	信息与文献　文件管理　第 1 部分：概念与原则［即原《信息与文献　文件管理　第 1 部分：通则》（ISO 15489－1：2001）的第 2 版］	ISO/TC 46/SC 11

续前表

标准编号	名称（英文名称及中文译名）	制定机构
ISO/TR 18492：2005 ISO/TC 171/SC 3	Long term preservation of electronic document-based information 基于文件的电子信息的长期保存	ISO/TC 171/SC 2
ISO 19005－1：2005 (PDF/A－1)	Document management—Electronic document file format for long-term preservation—part1：use of PDF 1.4 文档管理　长期保存的电子文档文件格式　第 1 部分：使用 PDF 1.4	ISO/TC 171/SC 2
ISO 19005－2：2011	Document management—Electronic document file format for long-term preservation—Part 2：Use of ISO 32000－1（PDF/A－2） 文档管理　长期保存的电子文档文件格式　第 2 部分：使用 ISO 32000－1（PDF/A－2）	ISO/TC 171/SC 2
ISO 19005－3：2012	Document management—Electronic document file format for long-term preservation—Part 3：Use of ISO 32000－1 with support for embedded files (PDF/A－3) 文档管理　长期保存的电子文档文件格式　第 3 部分：支持嵌入文件的 ISO 32000－1（PDF/A－2）的使用	ISO/TC 171/SC 2
ISO 24517－1：2008	Document management—Engineering document format using PDF—Part 1：Use of PDF 1.6 (PDF/E—1) 文档管理　使用 PDF 的工程文档格式　第 1 部分：使用 PDF 1.6（PDF/E—1）	ISO/TC 171/SC 2
ISO 32000－1：2008	Document management—Portable document format—Part1：PDF 1.7 文档管理　便携式文档格式　第 1 部分：PDF 1.7	ISO/TC 171/SC 2
ISO 32000：2	Document management—Portable document format—Part 2：PDF2.0 文档管理　便携式文档格式　第 2 部分：PDF2.0	ISO/TC 171/SC 2
ISO 22938：2008	Document management—Electronic content/document management（CDM）data interchange format 文档管理　电子内容/文档管理（CDM）数据交换格式	ISO/TC 171/SC 2
ISO 14289－1：2012	Document management applications—Electronic document file format enhancement for accessibility—Part 1：use of ISO 32000－1（PDF/UA－1） 文档管理　增强获取性的电子文档文件格式　第 1 部分：使用 ISO 32000－1（PDF/UA－1）	ISO/TC 171/SC 3

续前表

标准编号	名称（英文名称及中文译名）	制定机构
ISO/TR 15801：2009	Document management—information stored electronically—Recommendations for trustworthiness and reliability 文档管理　信息存储电子化　真实性和可靠性建议	ISO/TC 171/SC 3
ISO/TR 22957：2009	Document management—Analysis, selection and implementation of electronic document management systems (EDMS) 文档管理　电子文档管理系统（EDMS）的分析、鉴选和实施	ISO/TC 171/SC 2
ISO 10244：2010	Document management—Business process baselining and analysis 文档管理　业务流程基线和分析	ISO/TC 171/SC 2
ISO/TR 14105：2011	Document management—Change management for successful electronic document management system (EDMS) implementation 文档管理　成功电子文档系统（EDMS）实施的变革管理	ISO/TC 171/SC 2
ISO 14721：2003	Space data and information transfer systems—Open archival information system—Reference model 空间数据与信息传输系统　开放档案信息系统参考模型	ISO/TC 20/SC 13

（二）我国电子文件管理标准的推进机制和主要进展

我国自 20 世纪 90 年代开始对电子文件管理标准进行探索和研制，根据制定主体和适用范围，可分为国家标准（包括自行研制和等同采用国际标准）、档案行业标准、地方标准和企业标准等。起初主要由全国档案工作标准化技术委员会主导全国性标准的立项和研制，2009 年国家电子文件管理部际联席会议成立以后，负责协调全国性标准的规划和研制。近些年的工作重点为：构建我国电子文件管理标准体系框架；健全电子文件管理国家标准规范，覆盖电子文件管理全流程；完善电子文件管理行业标准规范，积极推动涉及国计民生、国家安全等行业的电子文件管理标准规范制定。

2013 年，国家标准化管理委员会发文成立电子文件管理标准化协调推进组，统筹协调全国电子文件管理标准化工作。推进组由国家标准委和联席会议办公室牵头，由工业和信息化部、国家档案局、国家保密局、中央办公厅秘书局、国务院办公厅秘书一局、国家密码管理局、中国标准化研究院等单位共同组成。推进组负责对电子文件管理标准在立项、审查、实施等环节中的重要问题进行决策，主要职能包括：总体指导、协调、推进电子文件管理国家标准、行业标准的制定、修订工作；统筹规划电子文件管理标准体系，确定电子文件管理国家标准制定、修订计划项目，协调电子文件管理标准化工作中的重大管理和技术问题；监督和检查电子文件管理标准制定、修订工作的质量和进度；其他需要协调的工作。协调推进组工作机制的建立，有助于加快我国电子文件管理标准化工作进程，促进标准规范的制定、修订工作，避免出现标准交叉重复、自相矛盾等混乱现象。

2013 年，联席会议办公室组织制定并印发了《电子文件管理标准体系框架》（国电联发〔2013〕3 号），明确电子文件管理标准需求，确定相关标准的范围、边界和关系，统筹规划电子文件管理标准工作的开展。《电子文件管理标准体系框架》由六个维度构成，即“基础”“对象”“过程”“系统”“监督检查”和“应用领域”等六类标准规范。基础类标准是电子文件管理的总体性、通用性标准规范，对象类标准包括文件实体及其元数据标准，过程类标准包括电子文件的形成办理、归档管理和长期保存等阶段的标准规范，系统类标准是电子文件全生命周期中所使用的设备、软件和技术等所涉及的标准规范，监督检查类标准包括认证认可等标准规范，应用领域类标准主要是对应用领域的电子文件进行规范。框架还开列了《电子文件管理急需标准清单》，指导电子文件标准的选题和制定工作。主要的全国性电子文件管理标准清单如表 2－2 所示。

表 2－2　　国内已颁布的电子文件管理标准

标准编号	名称
GB/T 17678－1999	CAD 电子文件光盘存储、归档与档案管理要求
GB/T 17679－1999	CAD 电子文件光盘存储归档一致性测试
GB/T 20163－2006	中国档案机读目录格式
GB/Z 23283－2009/ ISO/TR 18492：2005，IDT	基于文件的电子信息的长期保存
GB/T 23286.1－2009/ISO 19005－1：2005，IDT	文献管理　长期保存的电子文档文件格式　第 1 部分：PDF1.4（PDF/A－1）的使用
GB/T 26162.1－2010/ ISO 15489－1：2001，IDT	信息与文献　文件管理　第 1 部分：通则
GB/T 26163.1－2011/ ISO 23081－1：2006，IDT	信息与文献　文件管理过程　文件元数据　第 1 部分：原则
GB/Z 26822－2011/ ISO/TR 15801：2009，IDT	文档管理　电子信息存储　真实性可靠性建议
GB/T 29194－2012	电子文件管理系统通用功能要求
GB/T 31021.2－2014	电子文件系统测试规范　第 2 部分：归档管理系统功能符合性测试细则
GB/T 31913－2015	文书类电子文件形成办理系统通用功能要求
GB/T 31914－2015	电子文件管理系统建设指南
GB/T 18894－2016	电子文件归档与电子档案管理规范
DA/T 15－1995	磁性载体档案管理与保护规范
DA/T 31－2005	纸质档案数字化技术规范
DA/T 32－2005	公务电子邮件归档与管理规则
DA/T 38－2008	电子文件归档光盘技术要求和应用规范

续前表

标准编号	名称
DA/T 46－2009	文书类电子文件元数据方案
DA/T 47－2009	版式电子文件长期保存格式需求
DA/T 48－2009	基于XML的电子文件封装规范
DA/T 43－2009	缩微胶片数字化技术规范
DA/T 50－2014	数码照片归档与管理规范
DA/T 56－2014	档案信息系统运行维护规范
DA/T 58－2014	电子档案管理基本术语
CJJ/T 117－2007	建设电子文件与电子档案管理规范
HB 7836－2008	航空工业电子公文文档一体化管理要求
DBJ 440110/T 10.1－2008	电子文件档案资源管理规范　第1部分：术语和定义
EJ/T 1224－2008	核电电子文件元数据

除了上述全国性标准之外，一些地区、行业、企业根据需要制定了相应的标准规范。地方性标准如《北京市综合档案馆档案目录数据库结构与数据交换格式》（京档发〔2007〕3号）、《档案数字化规范　第4部分：照片档案数字化加工》（DB 11/T 765.4－2010）、《山东省档案目录数据采集规范》（DB 37/T 536－2005）等，行业标准如《建设电子文件与电子档案管理规范》（CJJ/T 117－2007）、《核电电子文件元数据》（EJ/T 1224－2008）、《航空工业电子公文文档一体化管理要求》（HB 7836－2008）、《新型农村合作医疗电子文件元数据规范》、《电子病历基本规范（试行）》、《电子病历系统功能规范（试行）》等，企业标准如《国家电网电子文件管理系统集成实施规范》《中国石化电子文件管理流程规范》等，一个由不同层次、不同类型的标准和规范构成的电子文件标准体系正在形成。

【小结】

本章从管理目标和效用、管理理念和原则、管理模式和体制，以及法规、制度和标准等方面阐述了电子文件管理的指导思想和基本内容。从电子文件真实性、完整性、可用性、安全性四个方面确立了电子文件管理目标，分析了电子文件管理在管护信息资产、提高工作效率、方便共享利用、保存数字记忆方面的效用，论证了法规遵从、业务驱动、资产管理、风险管理、全程管理、前端控制、集成管理、动态管理八个方面的管理理念和电子文件管理原则，研究了电子文件管理宏观管理体制的改革、管理全流程的分工，以及电子文件中心、数字档案馆的形态与功能，就电子文件管理的法规、制度和标准做了梳理、分析和简要介绍。

【思考与练习】

1. 电子文件管理的目标有哪些？
2. 影响电子文件管理目标实现的主要因素有哪些？

3. 电子文件管理有哪些方面的效用？
4. 如何在与纸质文件管理的比较中理解电子文件管理理念和管理原则？
5. 分别理解法规遵从、业务驱动等电子文件管理理念的内涵和实践应用。
6. 如何认识和推动文件管理从双套制向全电子化的转变？
7. 你怎样看待关于分布式与集中式保管的争论、演变与走向？
8. 电子文件管理体制建设与改革的重点是什么？
9. 电子文件不同阶段的组织分工是怎样的？
10. 你认为电子文件中心的功能如何定位为宜？
11. 数字档案馆的功能与建设内容是什么？
12. 电子文件管理的法规制定现状如何？
13. 电子文件管理的制度制定现状如何？
14. 电子文件管理的标准制定现状如何？

【参考文献】

1. 韩波．论加拿大《统一电子证据法》的立法价值．政治与法律，2001（5）．

2. 章燕华，马林青．澳大利亚国家电子文件保管模式的转变及其启示．浙江档案，2007（10）．

3. 冯惠玲，等．政府电子文件管理．北京：中国人民大学出版社，2005.

4. 章燕华．电子文件保管模式研究：历史、机理与路径．浙江档案，2008（11）．

5. 冯惠玲，等．中国电子文件管理：问题域对策．北京：中国人民大学出版社，2009.

6. 刘越男．融合之路：中国电子文件管理的体制和机制．档案学通讯，2009（5）．

7. 黄霄羽．文件、档案全程管理的理论依据．中国档案，2009（6）．

8. 王健．电子文件成果国际前沿成果论文集．北京：中国人民大学信息资源管理学院，2010.

9. 冯惠玲，刘越男．电子文件管理国家战略．北京：中国人民大学出版社，2011.

10. 刘越男．试析电子文件管理系统的建设模式．中国档案，2011（7）．

11. 刘越男．数字时代地方政府档案集中管理内容和方式的探索——我国电子文件中心问题的实质．档案学通讯，2013（4）．

12. 马林青．国外政府文件管理数字转型分析及经验借鉴——以美国、澳大利亚、加拿大为例．档案学通讯，2015（5）．

13. 冯惠玲，加小双．数字转型背景下美国电子文件管理战略布局与行动探析．档案学通讯，2015（12）．

14. National Archives of Australia（NAA）. Storing digital information and records.［2016－09－29］. http：//www.naa.gov.au/records-management/agency/secure-and-

store/storing-digital-records/index. aspx.

15. National Archives Electronic Records Archives (NARA). ERA Status and Accomplishments. (2016-08-30) [2016-09-29]. https://www. archives. gov/era/about/status-accomplishments. html.

16. National Archives Electronic Records Archives (NARA). Social Media Strategy. (2016-09-30) [2016-12-21]. http://www. archives. gov/socialmedia/strategies/.

17. National Archives of Australia (NAA). Linking business to records. [2016-09-30]. http://www. naa. gov. au/records-management/strategic-information/linking/index. aspx.

18. National Archives of Australia (NAA). Digital Transition Policy. [2016-10-03]. http://www. naa. gov. au/information-management/digital-transition-and-digital-continuity/digital-transition-policy/index. aspx.

19. National Archives of UK. Guide 1 What is records management?. [2016-10-03]. http://www. nationalarchives. gov. uk/documents/information-management/rm-code-guide1. pdf.

第三章

电子文件的形成

【本章要点】

1. 电子文件形成的概念
2. 电子文件的创建
3. 电子文件的接收
4. 电子文件的流转
5. 电子文件的更改
6. 电子文件的分发
7. 电子文件的传输
8. 电子文件形成系统
9. 电子文件形成的管理要求
10. 电子文件形成的管理职责
11. 电子文件形成的管理系统

第一节 电子文件形成概述

一、电子文件形成的概念理解

由于对文件概念认识的不同，以及认识角度的不同，国际文件、档案界对于电子文件形成（creation）的概念，尚有不同的认识。代表性观点有如下几种：

（1）一般理解。这种观点认为形成是一个概括度比较高的词，用以描述电子文件从无到有的过程。比如，美国档案工作者协会认为："形成是文件生命周期的第一个阶段，在此阶段中，文件通过创建或接收的方式得以积累。"① 本教材

① SAA. A Glossary of Archival and Records Terminology. [2016-08-01]. http://files.archivists.org/pubs/free/SAA-Glossary-2005.pdf.

即采用这种观点。

（2）基于电子文件管理系统的理解。这种观点从电子文件管理系统（ERMS）的角度出发，认为只有捕获进入 ERMS 的符合文件定义的数据才是电子文件，电子文件的形成即电子文件捕获。比如欧盟《文件系统模块化需求》（MoReq 2010）认为："形成是向电子文件管理系统中增加一个新的实体的过程。"[①]

（3）综合理解。即将上面两种观点综合起来，持这种观点的代表性机构是国际文件管理信托基金会。该机构认为："文件的形成是指文件生命周期的第一个阶段，在这个阶段，文件被创建或接收，接着因业务活动需要或其证据价值被一个文件管理系统捕获。"[②]

二、电子文件形成活动

总的来说，电子文件的形成过程就是业务工作的过程。不同专业、不同行业领域内的业务工作往往可能有比较大的区别。

根据业务工作处理文件的目的，可以归纳出一些具有普遍意义的文件形成活动，包括创建、接收、流转、更改、分发、传输等。其中只有创建或接收是每一份电子文件必经的形成活动，其他活动则并非如此，而是因不同的业务需要为不同的电子文件所经历。

（一）创建

创建又称生成、产生、编制、制作等，是指文件形成者在社会实践中根据业务工作的需要和特定的目的，借助于一定的工具生成电子文件的过程。

1. 创建工具

用来创建电子文件的工具主要包括硬件工具和软件工具，两者一般需要配合使用。其中，硬件工具指各种处理数字信息的电子设备，如计算机，数码录音设备，数码相机，数码影像设备，扫描仪，缩微胶片数模转换设备，录音、录像的数模转换设备等。软件工具是指运行在电子设备上的各种软件，如字处理软件，绘图软件，图像处理软件，图像识别软件，音、视频编辑软件等。不同类型的电子文件在不同的技术环境中创建。

2. 创建途径

根据产生的途径不同，可以将电子文件的创建分为原生性创建和再生性创建两种。

其中，原生性创建是指直接在各种数字技术环境中以数字形态产生电子文

---

① DLM Forum Foundation. Modular Requirements for Records Systems（MoReq 2010 Version 1.1）.［2016－08－01］. http：//www.moreq.info/files/moreq2010_vol1_v1_1_en.pdf.

② IRMT. Glossary of Terms.［2016－08－01］. http：//www.irmt.org/documents/educ_training/term%20modules/IRMT%20TERM%20Glossary%20of%20Terms.pdf.

件，包括通过图像、音视频设备直接对多媒体信息进行接收、采集而生成电子文件。例如，利用计算机及软件直接生成一份 Word 文件，利用数码相机拍摄一张数码照片等。通过原生性创建产生的电子文件即原生性电子文件。随着电子设备和各种软件功能的日益强大，电子文件的创建也越来越方便，比如一些软件提供了可以自动套用的模板，创建者不再需要思考谋篇布局和起承转合，只需要点击相应模板选定所需的结构格式，填上信息内容，就可以在系统的引导下一步步完成文件的创建。与此同时，也产生了更多的在传统载体上无法再现的电子文件，如三维图形、多媒体文件、动态数据库等。

再生性创建是指经过扫描、拍摄、模数转换等数字化加工过程，对纸张、照片、缩微影像、模拟录音录像磁带等传统文件进行转换，生成新的电子文件。通过再生性创建产生的电子文件即转换型电子文件。再生性创建过程一般可以概括为准备工作和转换处理两类工作。其中，准备工作是数字化加工之前要做好的工作，包括对数字化的任务量和进度、设备和人员的投入做出安排并将原件准备好，以便批量转换。转换处理包括文件信息的采集、处理、存储等一系列工作，从而产生电子文件。在转换过程中，要针对原件的具体情况，采用相应的技术手段进行处理，以提高电子文件的质量，比如纸张扫描后要进行纠偏或除污，音频、视频信息要通过降噪处理除去噪音等。为保证转换型电子文件日后能够取代原件，除了要严格控制数字化加工的技术指标外，还需要对整个数字化加工过程进行治理监控和实时记录。

（二）接收

接收是指电子文件形成机构从其他机构接收电子文件的活动，比如电子公文的接收、电子邮件的接收等。接收电子文件的途径包括介质传递和网络传递两种。有时候，形成机构也会将接收的纸质文件经过数字化加工转换为电子文件，开展后续的处理工作。

（三）流转

在现代机构中，很多业务活动是由两个或两个以上的人员、部门共同参与、协同完成的。这些工作经过一个人员或部门处理后再转往下一个人员或部门，伴随这些工作产生的电子文件需要经过多个人、部门的处理，这个过程通常以文件的审批生效为终点，如公文制发、产品设计、行政申请审批等业务工作形成的电子公文、电子图样、行政申请表格和批复意见等。我们将电子文件由形成机构内部多个部门、多个人员处理生效的过程称为电子文件的流转。在不同的业务活动中，文件的流转可能有不同的名称，如办理、审批、审签、会签等。

1. 流转过程

图 3-1 是电子文件流转的逻辑示意图。该图由节点及节点间路由关系组成。图中的每一个节点代表流转过程中的每个步骤。节点与节点之间的关系是有方向性的，它表明流转的各个步骤之间的操作是有先后顺序的。当一个节点和多个节

点发生联系时，一般要根据前一个节点操作结果的值来决定下一个节点。两个节点之间的关系还可以是双向的。例如，图中的步骤 1 和步骤 2 表明，步骤 1 处理完后，流向步骤 2；但如果步骤 2 的处理人认为步骤 1 的处理有问题，可以把电子文件退回步骤 1 节点。

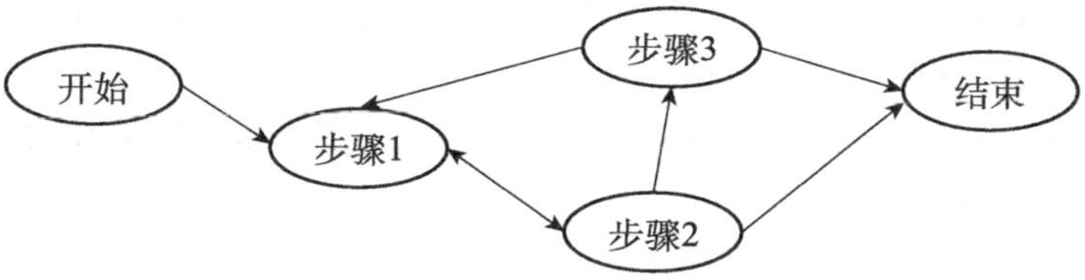

图 3-1 电子文件流转逻辑示意图

以公文为例，按照 2012 年 7 月 1 日起施行的《党政机关公文处理工作条例》的规定，发文处理的主要程序包括草拟、审核、签发、复核、登记、印制、核发等步骤，收文办理的主要程序包括签收、登记、初审、承办、传阅、催办等步骤。

2. 流转类型

电子文件的流转类型主要包括以文件为中心的流转和以业务为中心的流转两类。其示意图分别如图 3-2、图 3-3 所示。

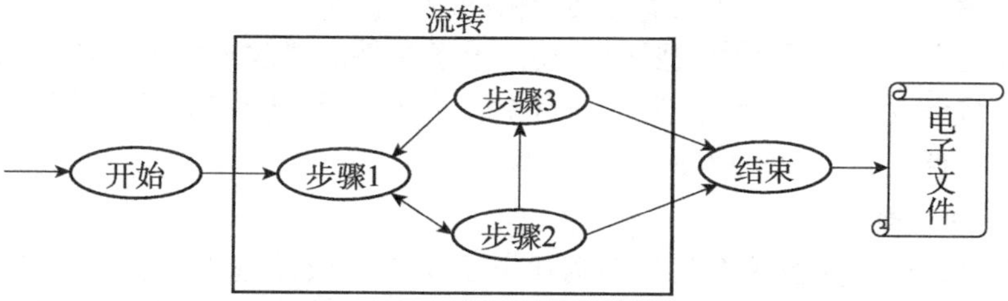

图 3-2 以文件为中心的电子文件流转

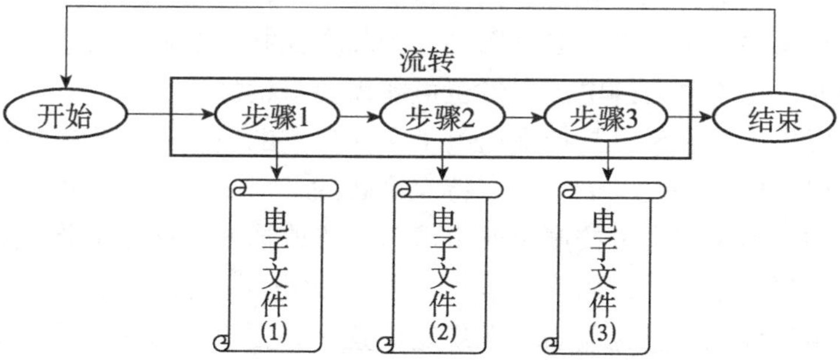

图 3-3 以业务为中心的电子文件流转

其中，以文件为中心的流转，其业务的核心就是形成或办理文件，文件在业务中扮演最终产品的角色。比如，电子公文的流转，其目的是制发文件或办理收文；再如，机械产品图纸的设计，其目的是形成符合要求的技术图样，电子图样在设计之后的流转包括校对、审核、工艺审查、标准审查、审定（批准）、会签和更改等。

以业务为中心的流转，其目的在于通过文件的处理来实现业务目的，文件在其中扮演副产品的角色。一个流程相对固定、结构化的业务所形成的所有文件被称为案例文件（case file）。比如，婚姻登记的过程包括申请、审查、登记等程序，在此过程中会形成《结婚登记审查处理表》《申请结婚登记声明书》、当事人身份证复印件等材料；再如，保险公司的个人人身保险承保业务，包括接受申请、审查、批准或拒绝申请、给投保人开列保险费、计算保险费、收取首期保险费、签署保险合同、送交保险合同等步骤，在此过程中会形成投保单、业务员报告书、体检报告、投保人身份证复印件、审查申请单、审批单、首期收款凭证、授权书、保险合同、保险合同送达书等文件。案例文件通常应该作为一个案卷或多个子卷加以管理。

(四) 更改

更改是按照一定的标准、原则、制度和要求，应用特定的方式修改、补充或变更某份电子文件某些内容的过程。严格来说，经过更改的电子文件已经是另一份电子文件。为了管理的方便，有时候会用更改后的电子文件覆盖更改前的原文件，这时候原文件的生命周期自然终结。在有些情况下，则需要同时保留更改前后的电子文件，为了保留更改前后文件之间的关联，通常会将这两份文件视为不同的版本加以管理。一般来说，文件创建过程中的更改会产生自然的新旧更替，而文件流转过程中的更改则大多受到严格的版本控制。

更改是电子文件形成中重要的活动。电子文件的更改不仅限于传统的公文修改等，更多地发生在工业产品设计、研制、生产和设备管理领域，以及建设工程项目规划设计、施工和管理领域。

1. 更改过程

本教材以严格受控的更改为例阐述电子文件更改的流程。在工业产品设计、设备管理、建设工程项目设计领域，电子文件的更改一般包括提出更改申请、审核更改申请、执行更改操作和记录更改过程等程序；在电子公文办理、项目协作等领域，电子文件的更改者一般依靠系统的版本控制、留痕修订、签入签出等功能来实施更改，更改之后的电子文件也可能需要审批。

其中，提出更改申请，是指提出电子文件更改的内容及相应的更改理由，更改申请者一般需要将更改申请填写在特定格式的《××更改申请单》或《××更改通知单》中，由申请人员按照更改申请单、更改通知单确定的格式和规定的内容逐项填写，说明更改的理由和内容。被更改的电子文件的代码、更改申请单/通知单的代号等标识信息也应填写在规定位置上。更改申请单、更改通知单应由有关部门按责任制的规定签署后方能实施，有时候还需要经过有关领导审批。依据经过签署或审批的更改申请单、更改通知单，相关人员可以实施电子文件的更改。电子文件形成系统需要依据一定的标准、原则、制度和要求，实时记录电子文件的更改过程，除了更改申请单、更改通知单的内容之外，还需要记录更改申请、审批、实施等人员和时间的信息。

2. 更改要求

电子文件的更改并不能任意为之，而要依据一定的标准、原则、制度和要求进行。不同的行业和领域对电子文件更改的要求不尽相同。许多行业和单位针对电子文件的更改制定了有关规范。例如，1999 年制定的国家标准《CAD 文件管理更改规则》（GB/T 17825.6－1999）规定了 CAD 文件的更改原则、更改方法、更改程序、更改通知单的填写及更改后的文件名管理等内容，适用于经过签字或批准以后 CAD 文件的更改管理。再如，行业标准《产品图样及设计文件更改办法》（JB/T 5054.6－2000）、《烟草机械　产品图样及设计文件　第 6 部分：更改办法》（YC/T 11.6－2006）等规定了产品图样及设计文件的更改原则、办法、程序与管理等。

为了便于追溯电子文件的更改行为、明确责任，需要适当保留更改痕迹。保留痕迹的方法主要有三种：一是通过各种支持系统记录被更改内容。很多软件提供了对文件更改的记录功能，如 MS Word 中的批注标记、插入和删除标记、格式更改标记等，AutoCAD 可以在文件中增加一个更改层来记录更改内容，数据库管理系统都提供系统日志来记录对数据的增、删、改等操作；二是保存电子文件的不同版本，即在电子文件更改后，根据需要形成新的版本，记录版本号、作者和修改时间；三是保存适当的更改过程信息，如更改内容、理由、人员、时间等，将其作为电子文件背景信息的组成部分。电子文件形成者可以根据需要分别或同时采取以上方法。

（五）分发

分发也称分送，是指将电子文件向使用者发送的过程，在网络环境中，这种分发也可表现为文件访问权限的分配和管理。

1. 分发类型

按照分发发生的时机，文件分发可以分为两种：一是文件流转之中的分发，典型代表是收文分发，即文书工作人员将收文登记、编号之后，将文件分发给有关负责人、承办人员阅知办理的活动；二是文件流转之后的分发，如产品设计图纸送审通过后，经分发人员（也称为资料调度员）分发到生产人员，用于指导生产人员的研制和生产。本教材侧重于阐述文件流转之后的分发。

按照接收单位的不同，分发可以分为内发和外发。本单位范围内的分发被称为内发，把文件分发到外协单位的分发被称为外发。外发在本教材中也被称为传输。

按照文件接收对象的不同，分发可以分为直接分发和间接分发。直接分发指不经过中间人，文件分发人员直接将电子文件分发到接收文件的个人；间接分发指文件分发人员不把文件直接发给文件接收人，而是首先把文件分发给某个部门，然后由该部门的二级分发人员分发给具体的文件接收人。

2. 分发要求

在电子文件分发过程中，分发人员需要注意对电子文件实施有效的状态控制。在科研生产中，文件的更改经常存在。当文件发生受控更改后，文件分发人员需对新生成的文件进行分发。在手工状态下，需要对作废的文件进行回收；在电子环境中，原版本文件应自动从签收者的已签收文件中删除。

文件分发人员还需要对文件的阅读权限进行时间限制。在规定的时间内，文件接收人可阅读文件内容；一旦时间到期，接收人就应失去对该文件的阅读权限。

系统应对整个分发过程、结果进行记录，以便日后查证。

（六）传输

传输也称交换、交付等，是指不同单位之间根据约定的规则，将电子文件由一方向另一方传递的过程。如电子公文根据职能范围的约束由发文单位向收文单位发送的过程、工程设计单位根据合同的约定在规定时间内向建设单位交付设计图样的过程等。

1. 传输方式

电子文件的传输方式有两种：介质传输和网络传输。介质传输是指将电子文件信息转移到特定的存储介质上，而后采用传统的文件传递渠道进行传输。介质传输所使用的介质包括纸介质、缩微胶片、磁介质（磁带、磁盘等）、光介质（光盘）和半导体介质（U盘、SD卡等存储卡）等。网络传输是指电子文件的传输过程完全通过网络实现。网络传输包括两种实现方式：一是信息交换，即将电子文件从一台计算机复制或转移到另一台计算机上；二是信息共享，即将电子文件及其存储设备设为共享模式，其他计算机可以通过网络进行访问，其实质是文件访问权限的分配和管理。网络传输可以是从源计算机直接到目标计算机，也可以通过交换中心来完成。

电子文件的传输网络一般包括公用网络、专用网络、虚拟专用网络、局域网或广域网等。其中公用网络是指网络服务提供商建设并供公共用户使用的通信网络，如果电子文件的传输是通过电子邮件的方式进行，那么通常使用公用网络，公用网络的安全性相对较低。专用网络是由某一机构、组织、团体独自建立、使用、控制和维护的私有网络，包括专属的通信和交换设备。此外，专用网络也可以通过向公用网络或其他专用网络租用线路并独占线路带宽实现。目前我国电子政务内网就是典型的专用网络，可支持涉密文件的安全传输。虚拟专用网络（virtual private network，VPN）是采用隧道技术、加密技术、密钥管理技术、身份认证技术等在公用网络上建立起来的专用网络。相比专用网络而言，VPN造价低廉；相比公用网络而言，VPN更为安全、稳定。局域网（local area network，LAN）、广域网（wide area network，WAN）是建立在一定地理范围内的网络，有时候几个单位共建一个局域网，或者是一个集团内部建有广域网，在这些单位之间传输电子文件，使用局域网或广域网。

2. 传输要求

跨单位传输的电子文件，需要采用双方约定的交换格式，以保证电子文件在另一个单位的可读性。比如电子公文的传输，需要遵守国家标准《基于XML的电子公文格式规范》（GB/T 19667-2005）的要求。

电子文件的传输，需要严格遵循国家有关安全保密的要求。根据规定，严禁使用公用网络处理、存储或传输国家秘密信息。为了加强安全管理，可根据需要采用加密、身份认证、数字签名、电子印章、安全介质等技术。

电子文件的传输还要具有可控制性。发文到达目的地后，应能及时得到回执信息。发文方可以随时方便直观地了解有哪些收文方未收到电子文件，若超时没有发出或在限定的时间内没有得到确认，回执系统应能给出明确的提示。

资源链接 3－1

电子公文传输系统

我国机关和企事业单位的传统行文媒介是以带有公章的红头文件为准的纸质文件，公章是其单位身份的象征。这种纸质公文传输是一件普通而又非常必要的日常工作，需要经过计算机排版、工厂印刷、邮政分发等多个环节，周期长、效率低，而且容易发生错误投递或公文破损，安全性差，成本高。如何实现机关各部门、单位之间的无纸化电子公文交换，提高效率，降低成本，是电子政务建设部门所关注和思考的一个重要方面。

建设电子公文传输系统正是针对这种需求在机关办公公文交换、传输方面所迈出的重要一步。所谓电子公文传输系统，就是利用计算机网络和安全技术，实现机关部门、单位之间的红头文件的起草、制作、分发、接收等操作，以电子化公文传输模式取代传统的纸质公文传输模式。公文先经过计算机排版，制作成含红头和公章的电子化公文文件，再经过加密，通过计算机网络直接发送给接收方，接收后再通过解密处理，还原得到内容和版面与发送方完全一致的公文文件，最后还可用彩色打印机打印出含红头和公章的公文。其所有过程均通过计算机在网络中进行，从而大大缩短公文传输的过程，并有效提高公文的安全性能。

电子公文要取代纸质公文作为政府和企事业单位的主要行文媒介，其制作、传输和收发流程必须满足一定的要求，包括：公文的安全性、传输的高效性、操作的简便性、环境的适用性、系统的集成性等。电子公文的传输流程如下图所示：

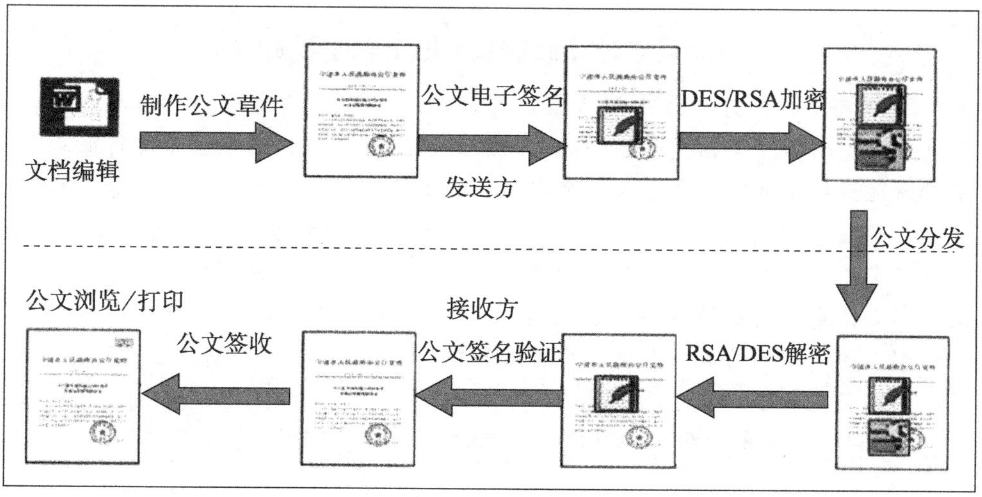

在电子公文传输系统的设计中涉及以下关键技术：加密与电子签名、电子公章的安全、公文的原样输出以及与OA系统的无缝对接等。

资料来源：陈剑波．电子公文传输系统的关键技术．计算机世界，2007-12-17（B13）．

专用的传输系统软件产品可用于帮助电子文件实现安全可信的网络传输。此类系统一般覆盖电子文件发送、电子文件接收、已发电子文件和已收电子文件管理、发送回执与回执查看等传输环节，提供方便、快捷、安全、高效的传输服务。一些相关部门为此类软件产品颁发的认证证书，可以在相当程度上表明此类软件产品的可靠性，如国家密码管理局颁发的商用密码产品型号证书、公安部颁发的安全专用产品销售许可证等。

三、电子文件形成的技术环境

（一）多载体并存的技术环境

鉴于不同单位信息化发展水平不同，甚至存在巨大的地区差异、行业差异，因此，从总体上而言，电子文件形成的技术环境呈现较为复杂的状态。有单位只有部分业务的部分活动实现了电子化，如有些单位只实现了电子文件创建的电子化，但审批依然在线下，在系统中只能查看审批状态；有些单位实现了创建和流转的电子化，但尚未实现传输的电子化；有些单位可能创建、流转、传输都实现了电子化，但是没有解决电子印章问题；也有单位的部分业务完全实现了电子化，但全部业务电子化的单位尚属少数。在电子文件管理的过程中，一定要充分认识本单位信息化的现状，尤其是哪些文件的电子化业务流程是不连贯的，还存在其他载体形式的文件，以辨析文件的来源，从而采用合适的管理措施。

案例 3-1　北京市政府机关电子文件形成情况

2014年6—12月，由北京市密码管理局、北京市档案局、中国人民大学信息资源管理学院等相关领导和同志组成的课题组，对北京市电子文件管理的基础情况开展了调查，包括对172家单位的文秘档案、信息化、业务等3类部门进行了问卷调查，对部分区委进行了实地调查，对北京市卫生局等12家单位进行了座谈调查。调查显示，北京市各领域电子文件普遍形成，各单位已经使用各类信息系统支持其办公、业务工作，约62%的单位一半以上的文件是电子形式的，52%的单位在公文办理过程中将纸质文件数字化，至少三成以上的单位已实现部分工作的无纸化。

资料来源：参见刘越男、杨建梁的《北京市电子文件管理基础调查报告》（2015年1月）。

（二）电子文件形成系统的类型

虽然本教材很多章节将电子文件形成系统笼统地称为业务系统（参见第十章），但是业务系统的类型却是多种多样的。

根据覆盖范围，电子文件的形成系统大致分为两类：第一，桌面系统，这类环境一般部署在创建者个人桌面上，如 MS Office 文字处理软件、图像处理软件、电子邮件系统等；第二，数据库系统支撑的网络业务系统，这类系统的后台是数据库管理系统，前台是运行在数据库平台上的应用程序，复杂的业务系统大多属于此类，如客户关系管理（CRM）系统、企业资源规划（ERP）系统、供应链管理（SCM）系统、电子商务系统、公文处理系统等。多数单位同时存在独立应用的桌面系统和数据库系统支撑的业务系统。

根据系统建设和维护的主体，电子文件的形成系统分为自建系统、托管系统和云系统三类。自建系统是指由电子文件形成机构自己建设和维护的系统；托管系统是指电子文件形成机构自己建设、委托给服务商维护的系统；云系统则是由云服务商建设和维护的系统，电子文件形成机构通过购买服务的方式使用。随着社交媒体的兴起，还存在免费使用服务商的系统的情况，比如很多政府机关都使用新浪微博平台发布政务微博。总体而言，系统非电子文件形成机构自身建设和维护的情况越来越多，也越来越普遍。

（三）典型电子文件形成系统的功能

鉴于业务的多样性，电子文件形成系统的功能也是多种多样的。有成熟软件产品和系统解决方案的行业，其业务系统有相对稳定的功能和优秀的实施经验，有些行业还出台了相关标准，比如国家标准《文书类电子文件形成办理系统通用功能要求》（GB/T 31913－2015）明确了文书类电子文件形成办理系统的定位和功能架构，规定了其业务功能要求、管理功能要求和可选功能要求。

电子文件形成系统功能是否完善，不仅关系到电子化业务效率的高低，也是决定能否形成内容准确、形式规范、背景完整的电子文件的根本。本教材在此简单介绍电子文件形成系统的流转功能，包括定义流转过程、支持审批、通知消息、记录流转过程等。

1. 定义流转过程

电子文件流转的一个重要特征就是过程复杂。不同领域、不同类型、不同机构的电子文件流转千变万化，很难用标准的程序化语言解释。因此，要支持和实现电子文件的流转，就必须有与之相适应的、动态的、柔性的流程定义系统用以支持用户自定义流转过程。用户可在系统中自行定义确定电子文件流转的各个节点（步骤）和路由（即流向），以及流转途径中各个节点的操作人员及其对电子文件的处理权限。根据定义好的流程，系统可以在上一个步骤完成之后，自动将电子文件流转至下一个步骤。

资源链接 3-2

工作流管理系统

工作流管理系统（workflow management system，WfMS）是一套管理和执行工作流的通用软件系统，它完成工作流的定义和管理，并按照在计算机中预先定义好的工作流逻辑推进工作流实例的执行。它和工作流执行者（人、应用）交互，并监控工作流的运行状态。工作流管理系统的运行顺序取决于计算机中所存储的工作流逻辑。工作流管理系统的主要目标是对业务过程中各项活动（或称步骤、环节）发生的先后次序，以及同各项活动相关的相应人力或信息资源进行管理，从而实现业务过程的自动化。

工作流管理系统的作用在于分隔过程逻辑与应用逻辑。类似于数据库管理系统实现了数据独立，工作流管理系统用于实现过程独立。它将过程的定义和管理从应用程序中分离来，从而进一步简化了应用程序。过程逻辑和应用逻辑分隔，还可以对过程逻辑进行独立修改或重新定义，而后在不改变应用程序具体功能模块的情况下实现重用，从而提高应用程序的重用率，发挥最大效能。

资料来源：赵屹．电子政务环境下电子公文的流程与控制．北京：军事科学出版社，2009：163.

有无灵活的流程定义功能成为影响系统适用性高低的关键要素。很多系统都可以借助于工作流定义工具实现流程设定。图 3-4 是一个工作流定义工具的实例。用户可以将各个操作步骤作为节点拖放到定义区，关于这些节点的操作事先已经定义好，在定义中只需通过属性设定等将节点与具体的工作人员对应起来，而后定义节点间的路由即可。此类定义工具一般界面直观、操作简单，用户无须掌握高深的专业知识就可以方便地使用，只要了解本单位电子文件形成的实际业务情况就可以轻松定义出复杂的流转，把实际业务流程转换为计算机可以识别的过程。

2. 支持审批

在电子文件流转中会产生大量的审批行为，这些行为涉及各类人员尤其是单位领导，所以系统是否支持审批并符合审批者的办公习惯显得尤为重要。审批往往伴随着修改和批注，除了直接对原生性电子文件进行操作之外，目前常见的技术还包括利用手写板对电子文件进行全文批注，再以图像的形式进行保存等。系统应支持采用用户身份识别技术、数字签名技术来明确审批者的身份应用在电子文件的审批中。通过审批的电子文件，需要以适当的形式固化其内容和成文形式。

3. 通知消息

消息机制在电子文件流转中相当重要。若没有消息机制，处于流转步骤中的相关工作人员就得不断地查找需要自己处理的任务，在实际工作中这样做是不现实的。消息机制的作用在于实时地向有关人员通知电子文件流转消息。其实现方法很多，包括系统提示、“待办事宜”功能模块、电子邮件、短信息、即时通信信息等。其中前面两种方式在业务系统中比较常见。当业务人员登录系统后，即可看到相关的提示，如“您的待审稿件有 N 个”“您的待签公文有 N 个”等。当

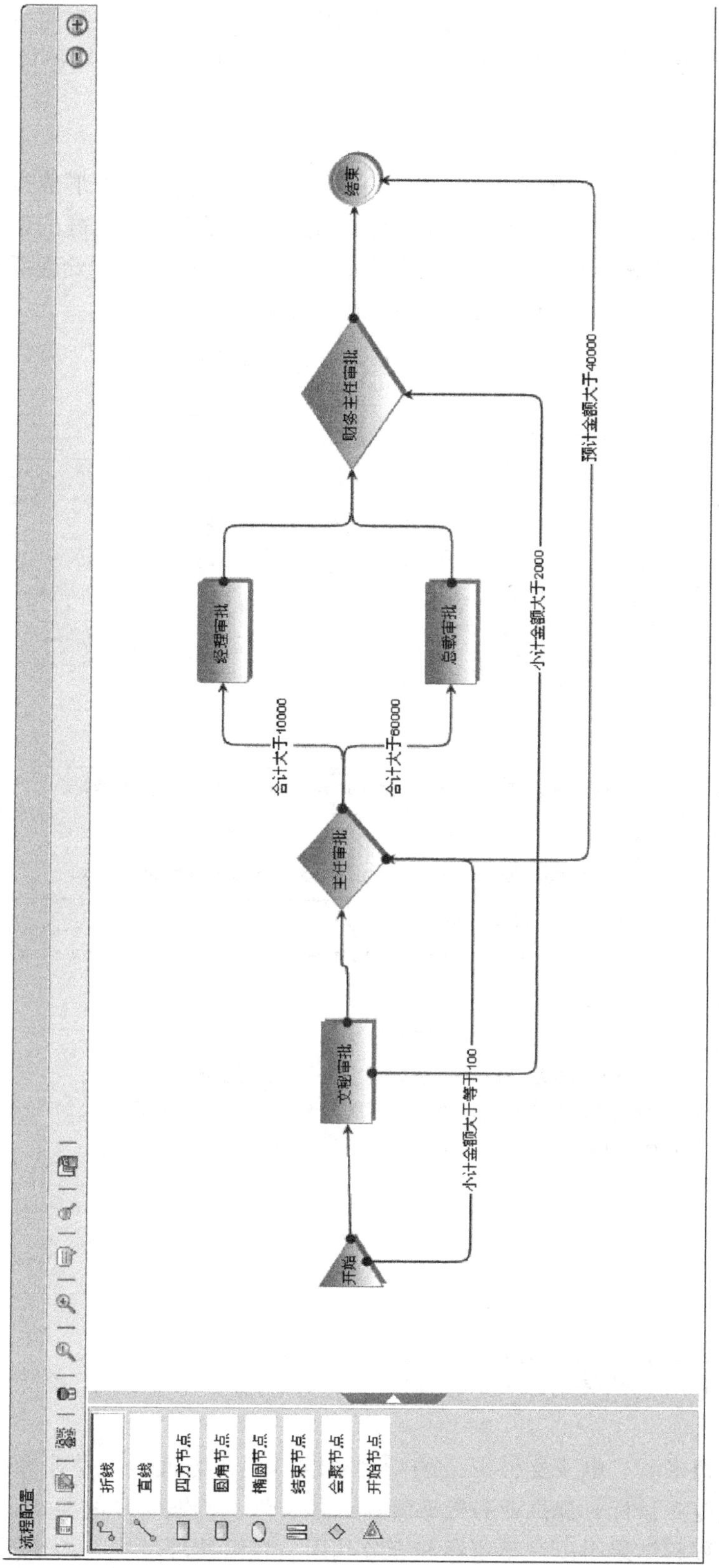

图3–4　某工作流定义工具

资料来源：（2009-04-02）［2016-08-09］．http：//www.cnblogs.com/shuiyao/archive/2009/04/02/1428522.html.

其调用“待办事宜”功能，可以看到系统以列表形式提供的需要处理的待办电子文件信息。当业务人员完成待办事项的操作后，系统自动从列表中删除办结文件项。

4. 记录流转过程

系统还应对电子文件流转过程进行完整的记录，以形成对文件形成过程的客观描述，从而确保电子文件证明业务过程的证据能力。用户界面友好的系统还提供了格式化的显示模板，记录文件流程过程关键节点的处理人员和处理意见。图 3-5 显示了某办公自动化系统拟文处理过程的记录结果。

桂林市人民政府办公室拟文稿纸

发文字号：	市政办（2005）61号	发文日期：	2006年9月13日
缓　急：	普通	密　级：	普通
拟稿单位：	市政府办公室	拟 稿 人：	李秀林
签　发：	同意发文	会　签：	已办理
领导批示：	同意		
标　题：	桂林市人民政府办公室关于印发2005年桂林市科技活动月方案的通知		
主 题 词：	公路行道树 砍伐 请示		
内容简介：	经市人民政府同意，现将《2005年桂林市科技活动月方案》印发你们，请结合实际认真组织实施。		
主　送：	各县、自治县、区人民政府，市直各委、办、局		
抄　送：	市委各部门，各人民团体，市人大常委会办公室，市政协办公室，市法院，市检察院，各民主党派桂林市委员会，市工商联。		
抄　报：	区人民政府办公厅		

核稿：李明　　校对：李明　　印刷：王丽丽　　份数：100份

图 3-5　某办公自动化系统拟文处理过程的记录结果

资料来源：打印发文登记单、收文登记单、发文拟稿纸、收文办理单、公文正文．[2016-08-10]．http://www.smartflow.cn/smartsys_print.html.

第二节 电子文件形成的管理要求

从管理视角来看，电子文件形成的管理要求有两个方面：一是业务的要求，包括顺利完成业务目标、提高业务效率等；二是文件、档案管理的要求，旨在保证业务工作过程和结果得以完整留存和充分利用。在纸质环境中，两个视角容易脱节；而在电子环境中，两个视角的衔接非常重要。

基于实践经验，我们可以将电子文件形成过程中的管理要求总结为如下方面：合规形成、按需形成、形式规范、内容准确、背景完整、格式得当、流程合理、控制得当、有效识别等。其中合规形成、按需形成是基本管理要求，其他则是具体管理要求。

一、合规形成

这是电子文件形成的最基本的管理要求，关系到机构的生死存亡和社会声誉。所谓合规（compliance），是指遵循法律法规、监管要求、自律性组织制定的有关准则以及已经适用于各单位自身业务活动的行为准则。电子文件的合规形成，即一切电子文件的创建、接收、流转、更改、分发和传输都要符合法律法规、监管要求、行业规范和行为准则的要求。

文件是业务活动的信息传递工具，文件形成的合规性，也是业务合规性的关键要素之一。质量管理体系国际标准 ISO 9000 家族将文件作为质量管理的重要工具，按照“先将应该做的用文件固定下来，再将如何做的用文件记录下来”的方式开展质量管理。所谓“先将应该做的用文件固定下来”，即预先编制一组描述质量管理体系结构、职责和工作流程的文件，明确过程管理的要求、管理人员及其职责、质量管理的方法以及实施管理所需要的资源。所谓“再将如何做的用文件记录下来”，是指以文件的方式记录质量管理活动的过程。两类文件相互关联，共同证明质量管理活动的合规性。《质量管理体系基础与术语》（GB/T 19000－2008）中指出，文件的作用在于沟通意图、统一行动，其使用有助于满足顾客要求和质量改进，提供适宜的培训，维护标准化业务的重复性和可追溯性，提供客观证据，评价质量管理体系的有效性和持续适宜性。因此，文件的形成本身并不是目的，它应是一项增值的活动。

电子文件的留存，对于电子文件形成机构而言，其最基本的动力就在于证明自己的合规性，其关键就在于电子文件所记录的业务过程是合乎法规规范要求的。而不合规的风险，也成为当代社会电子文件形成机构面临的首要风险之一。据普华永道 2005 年的分析，在过去两年的欺诈案调查中涉及的企业数量是前两年的三倍，平均每个官司都需要分析 500 000 封电子邮件和用户文档。[①] 1993—1996 年，戴维·比尔曼在美国匹兹堡大学主持的“电子文件管理需求实现过程中的变量”的研究项目即按照合规形成与管理的思路，从梳理机构的法律法规环境入手，提出了国际上首个富有影响力的电子文件管理系统功能需求研究成果。

每个电子文件形成机构，均要从文件管理的角度，仔细分析需要遵守的法律法规、监管要求、行业规范和行为准则，总结有关规定并将其落实在日常管理之中。

---

① PWC On Fraud Trail. Financial Director，2005，12 (3)：22.

案例 3-2　澳大利亚电信企业 Telus 的企业合规性框架

2013 年，澳大利亚电信企业 Telus 在全企业范围内通过基于项目的方法搭建企业合规性框架 C & CEF（the Compliance & Corporate Ethics Framework），即开展包括文件管理在内的 15 个企业项目，每一个实施的项目在开展过程中都有该项目领域的专家负责指导，其主要作用是和企业内部各个业务单元沟通，帮助工作人员理解各种各样的法律法规、责任义务，并最终形成恰当的实践方案。由此可见，文件管理在 Telus 是和各项业务相关的一个全局性工作，其合规形成和管理关系到公司每项业务。

资料来源：根据 Telus 官网（http：//www. telus. com/）的资料整理而成。

二、按需形成

按需形成，即电子文件形成机构应确保应该生成的文件及时生成，而不应该生成的文件则不应形成。比如在纸质环境中，会议文件主要包括会议通知、参会人员名单、会议纪要等；在电子环境中，还可以产生会议音频、视频、数码照片等多种形式的文件。与此同时，这些会议通知、参会人员名单不应产生多个拷贝，音视频、数码照片的数量也要得到控制，以防产生不必要的制作、存储和维护费用，浪费资源。这是电子文件形成的另一个基本管理要求，关系到机构业务效率的高低。

在纸质时代，国外就有专门针对文件的制作费用的调查和统计。根据达内尔办公室行政管理服务部的调研，纸质信函的制作成本主要包括决策人员的时间、秘书人员的时间、固定支出、材料费、邮寄费、整理立卷费等。美国自 1930 年起，纸质业务信函的平均制作费用不断上升①，如表 3-1 所示。而信函是除了表格之外美国联邦机构数量最多的文件类型，这些调查结果提醒各机构需要对信函生成的必要性加以检视，控制信函的数量和成本。

表 3-1　信函的制作费用

年份	每封信的费用
1930	$0.30
1935	$0.52
1940	$0.72
1953	$1.17
1960	$1.83
1964	$2.32

① Maedke W，Robek M，Brown G. Information and Records Management. 2nd ed. Encino，California：Glencoe Publishing Company，1981：201.

续前表

年份	每封信的费用
1968	$2.54
1973	$3.31
1974	$3.41
1975	$3.79
1976	$4.17
1977	$4.47
1978	$4.77
1979	$5.59

电子文件的制作费用的成本结构和纸质文件并不完全相同。以电子形式的信函——电子邮件为例，材料费可以忽略不计，邮寄费变为异常便宜的网络费，人们处理每封电子邮件的时间也远远少于纸质信函，这会让人产生一种电子邮件费用很低的感觉。但是，一方面信息系统维护、数据存储仍然需要消耗不小的成本；另一方面，由于制作、传输方便，其数量呈现海量剧增的趋势，故而电子邮件制作成本很难用下降来简单判断。据统计，2011—2015 年间，机构平均每人每天收到 62 封、发出 35 封合法邮件。[①] 有人以 2015 年美国的平均工资做过计算，每封电子邮件的成本约合 0.62 美元，但是若将邮件同时发送给 9 个人，并期待其回复，那么成本就飙升至 6.2 美元。[②]

与此同时，在创建、流转、传输的过程中，如果不加控制，就容易产生多个电子文件的拷贝，生成多个大部分内容相同，只有少许不同的版本，无形中会增加日后维护、核对的工作量。因此各机构依然要对电子文件的形成加以控制，不应随意生成不必要的文件。

三、形式规范

这里的形式是指电子文件的成文形式（documentation form），即电子文件的逻辑结构和排版格式。电子文件的成文形式应符合相关标准规范的要求，给人以权威、可信的感受。不同类型的电子文件，其成文形式要求不一。很多软件将各类标准规范的要求内嵌其中，预制成模板，电子文件的形成者在创建电子文件的时候，只要打开相应模板填写内容，而无须考虑格式和排版问题。

形式规范必然要求电子文件的结构完整，各内容要素无缺失。比如合同需要甲乙双方签字并签署日期；图纸需要标注比例、尺寸，尺寸需要注明单位；国家

① Hoang Q. Email Statistics Report，2011—2015.［2016－08－12］. http：//www. radicati. com/wp/wp-content/uploads/2011/05/Email-Statistics-Report-2011-2015-Executive-Summary. pdf.

② Beals A. The True Cost of Email.（2013－02－13）［2016－08－12］. http：//www. globalhealthdelivery. org/blog/2013/02/the-true-cost-of-em ail/.

机关制发公文需要加盖印章等。为保证电子文件内容的完整性，应该增加电子文件形成系统的自动核查功能，关键环节还应设专人加强质量核查。

四、内容准确

这是对电子文件形成者提出的文件质量要求。除了没有错别字、语法错误和符号错误等最基本的要求之外，电子文件的内容更要精准地反映其记录的事实，唯有如此，才能客观再现业务过程和结果。各行各业都有其自身对内容准确的定义和要求。比如行政机关年度公报不能出现文字、数据前后矛盾的现象；行政许可申请表述要明确，不能模棱两可、以偏概全，以防产生歧义；各单位的新闻报道应简洁、清楚，不涉及无关情况，不使用晦涩词句；各类表格要对各字段的内容要求加以解释，若有使用代码的情况，则需要提供编码方案等。机构的规章制度中也应对文件内容准确提出明确要求，并在日常培训中反复示范和强调。

内容不准确的文件，不仅显示出机构和人员工作作风的不严谨，更有可能对机构造成无法预计的损失。根据笔者的调研，曾有单位出现过某领导更改合同金额的小数点位置，导致企业资产流失的严重情况。

内容准确，还要求电子文件形成者能够准确描述电子文件的内容，包括拟制电子文件的标题，以便于日后的检索利用。澳大利亚国家档案馆在面向联邦政府机关的培训材料《保管知识——形成一份文件》中，指出标题编制的四个要点：有意义且易于理解；避免使用类似于“五花八门”等模糊的词汇；在标题内增加日期、版本等信息以区别相似的文件；不使用缩写，写出完整表达。[①]

五、背景完整

文件、档案管理理论认为，文件只有与构成其来源的职能活动过程相联系，其价值才能得到完整体现。因为文件是活动的产物，它的意义在很大程度上要依它与活动的关系而定。也就是说，重视文件的背景，历来是文件、档案理论坚持的最基本思想。[②] 对于电子文件而言，背景信息是维护电子文件完整性、证明其真实性的关键。因此，背景完整是非常富有文件、档案管理特色的管理要求。

背景完整可以细分为两个要求：一是背景信息在电子文件形成过程中得到完整记录；二是满足电子文件管理要求的背景信息得以完整收集，便于捕获。电子文件背景信息多是以元数据的方式形成和管理的。由于背景信息是在电子文件形成过程中产生的，事后并不能弥补，所以在业务流程设计和业务系统设计之时就

---

① NAA. Keep the Knowledge—Make a Record. ［2016－01－08］. http：//www.naa.gov.au/records-management/development/keep-the-knowledge/index.aspx.

② 何嘉荪，史习人，章燕华．后保管时代档案学基础理论研究——简评文件构成要素论．档案学研究，2010（1）：4－8.

应该将其考虑在内。而事实上，很多系统在记录电子文件背景信息时都存在一定的不足，这是日后工作中需要特别注意的。

案例 3-3　澳大利亚档案馆鼓励电子文件形成部门收集背景信息

澳大利亚档案馆鼓励电子文件形成部门收集以下背景信息：

1. 文件形成的机构；
2. 与文件有关或曾经有关的其他机构；
3. 文件履行机构职责的目的；
4. 文件的年代；
5. 与文件有关的时期；
6. 与机构职能有关的文件价值与重要性；
7. 曾与文件有过关系的文件管理系统；
8. 该文件与其他文件或资料间的关系；
9. 对该文件有影响的法律、协议、实践、程序、计划、条件与契约等。

最好所有文件都收集这些背景信息，越是高质量的文件，越应收集这些背景信息。

资料来源：刘家真．电子文件的捕获要求——澳大利亚电子文件管理策略．山西档案，1999（5）：14-16.

要保障背景信息完整，首先要明确为了满足电子文件管理的要求，应该记录和保留哪些与电子文件有着本质上的联系，能够有效地证明其形成过程、形成环境的背景信息，明确这些背景信息的来源、形成方式，再以元数据方案的形式加以固化。元数据方案中来自电子文件形成系统的元数据，需要在形成系统中加以实施，并保证能够以电子文件管理系统可以接收的方式输出。

六、格式得当

电子文件生成环境的复杂性导致电子文件具有技术形态的多样性。技术形态的多样性主要表现在形成系统的多样性、文件格式的多样性和数据类型的多样性三个方面。形成系统的多样性是指电子文件形成的软硬件平台有多种，包括计算机硬件系统、计算机软件系统、网络系统等。同样是一份 Excel 文件，在 IBM 笔记本和 HP 台式机上、在 UNIX 和 Windows 操作系统中、在 PDM 系统和 ERP 系统中，所形成的属性信息有一定的差别。即使是同一软件，高级版本也不能保证顺利地浏览低级版本的文件，更不用说出于利益不同公司的软件之间的种种不兼容性了。文件格式的多样性是指文件数据的编码方法有多种。电子文件存在不同的文件格式，每种格式都要用不同的软件读写。数据类型的多样性是就电子文件总体而言的，它是指电子文件信息可能以多种形式存在，包括文本、格式文本、数据、图形、图像、声音、动画、视频、程序、超文本等。

电子文件技术形态的多样性，一方面丰富了信息表达的形式，方便了文件的形成，满足了各类文件形成者的操作需求；另一方面也给电子文件的交换使用、跨平台阅读与长期维护带来不便。而人类社会在享受信息技术多样性带来的方便的同时，也必须采取措施迎接电子文件技术形态的多样性给电子文件的使用与管理带来的挑战。

案例 3－4　天津市政府机关电子文件格式多样

天津市各委、办、局自行开发的办公自动化系统占七成，统一外购的占三成。这些系统产生的电子文件格式多达 20 余种，列居前 5 位的分别是 DOC、JPEG、TXT、TIF、PDF 格式。格式众多使得办公自动化系统间数据共享变得困难，有些文件格式相互间至少需要交换十多次才能达到完全的数据共享。

资料来源：汤荣宏．电子公文归档和移交数据结构研究．中国档案，2007（4）：12－13.

在系统、格式、数据类型三大因素中，格式成为应对电子文件长期保存挑战的关键。其中，选择合适的长期保存格式，并加以动态维护，已经成为国际数字保存领域的共识（参见第七章）。然而，在每一次格式迁移的过程中，都可能或多或少地存在一些信息损失。因此，一个最有效的措施就是在形成电子文件时就为其选用适合交换共享、长期保存的存储格式，以维护电子文件的长期可读性，方便电子文件的使用与管理。在条件允许的情况下，电子文件形成机构应该尽可能选用开放的、应用广泛的、相对稳定的通用格式作为电子文件的存储格式。

七、流程合理

流程（process），是指一系列将输入转化为输出的相关活动的有序组合。业务流程（business process）是指旨在达到业务目标的一类过程，由一组按一定策略执行的、相互协调的活动组成。电子文件的创建、流转、更改、传输等一系列活动构成其形成阶段的流程。但具体到不同专业、不同行业领域、不同机构内的业务活动往往可能有比较大的区别，其具体流程会有所演化。其创建、流转、更改、传输等活动，或是更加细化，或是进行整合。

（一）流程合理的具体要求

流程合理可以细化为两个具体要求：电子文件形成流程合理；电子文件形成流程和电子文件归档管理流程、电子文件长期保存流程得到有效整合。前者是业务的内在要求，得到了相对普遍的重视，实现情况相对较好；后者则是电子文件全程管理的要求，各单位认识普遍不足，实现情况也不甚理想。之所以产生这样的情况，不仅因为构成两类流程的活动有所区别，而且因为机构对两类流程的目标定位不同，前者主要着眼于业务目标，后者除了业务目标之外，还关注电子文件的质量目标，包括其归档和长期保存过程中的质量目标。而这样的复合目标正是机构的整体目标。

在纸质环境下，文件形成和归档、保存流程分阶段进行，相对独立，各自专注于自身的目标，其信息是顺序传递的，整个流程呈现线性化、阶段化的特点，如图 3－6 所示。在电子环境下，信息系统和工作人员一起成为流程的承担者，可以将许多原来由人工开展的业务活动交由信息系统来做，并且利用网络信息共享、并行处理等优势，调整活动及其秩序，文件形成和归档、保存流程可以并行开展，并且实现更为紧密的信息输入输出，同时满足文件形成、归档和长期保存的目标。整个流程呈现非线性化、集成化的特点，如图 3－7 所示。比如，文件形成时可由形成者录入标题、类别等元数据信息，当保存该文件的时候，系统可以要求形成者判断这份文件是否属于归档范围，如果该份文件属于归档范围，那么就保存进电子文件管理系统，这样实现部分元数据录入、捕获、归档工作与形成的同步。再如，电子文件形成时，可以通过制度规范和系统限制等方式，将文件存储成方便长期保存的格式，由此实现电子文件格式管理与电子文件形成的同步。

图 3－6　纸质环境下的文件管理流程

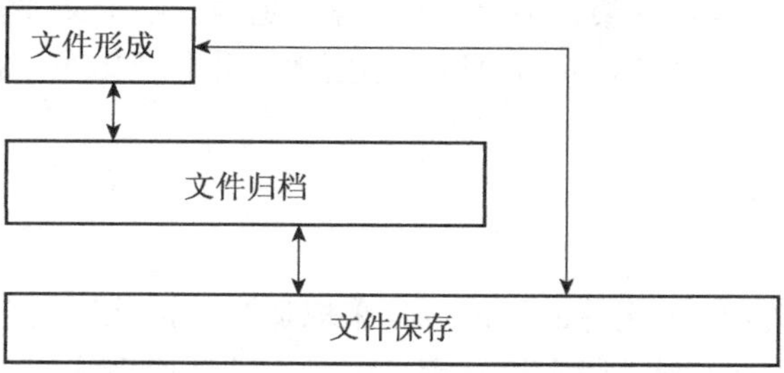

图 3－7　电子环境下的文件管理流程

（二）流程优化的方法

各文件形成机构，首先应明确电子文件管理流程的目标是机构整体目标，包括业务目标和文件质量目标，并充分发挥信息技术的优势，采用自动化、削减、前置、合并、并行等方法对电子文件管理流程进行优化和整合，实现在信息系统中构建从文件形成到保存的一体化管理模式。

1. 自动化

文件形成机构可将电子文件管理流程中部分管理活动或其部分工作步骤交由计算机系统执行，如作者、日期等系统可自记录的元数据项目的记录与捕获，分发、传输等具有传递性质的管理活动等。

2. 削减

应尽可能削减电子文件管理流程中部分管理活动或其部分工作步骤，如重复性的数据录入、不必要的载体转换、不必要的文件格式转换等。

3. 前置

可将电子文件管理流程中部分后续管理活动或其部分工作步骤提前，在文件生命周期前端实现，相应地，让原来负责后续活动的有关人员参与前端过程。这样既缩短了整个过程的周期，同时又使最熟悉的人员来完成有关管理活动，避免了错误信息的产生，降低了信息重新获取的费用。不过，这可能需要打破现有部门内和部门间的职责界限，需要在组织制度方面予以一定的保证。

4. 合并

可将电子文件管理流程中部分管理活动或其部分工作步骤合成一项管理活动或一个工作步骤，或者将电子文件管理流程以及业务流程中的部分活动或其部分工作步骤合成一项活动或一个工作步骤。比如，在一体化的分类方案、保管期限与处置表的支持下，可将文件的分类、鉴定融入文件形成流程，当形成者产生文件时，即对文件进行分类，由此触发判断其保管期限和处置行为，以减少文件管理流程的外部接触点，从而减少差错，提高效率。

5. 并行

可将电子文件形成、管理流程中原先按照先后顺序依次执行的部分管理活动或其部分工作步骤并行执行。计算机网络为文件及其管理数据的传递共享提供了渠道，极大地消除了文件载体的单一性导致的管理信息传递的障碍。电子文件的流转、分发可以并行展开，分类、鉴定、元数据、追踪等电子文件管理活动也可以在电子文件形成时期并行开展，并行可以大幅度地提升电子文件形成和管理的效率。

八、控制得当

控制得当是指对电子文件的形成过程采取适当的措施进行监督和控制，主要包括状态控制、权限控制、版本控制等。电子文件形成系统中的控制工具一般通过信任与授权机制仅提供给具有特定权限的人员，由他们对电子文件的形成过程进行跟踪、监督、管理和控制。

（一）状态控制

在电子文件形成过程中需要控制的状态主要有处理状态、生效状态等。处理状态主要是指当前电子文件处于何人之手，正在接受何种操作，比如“拟稿中”“拟稿完毕”“审核中”“审核完毕”，通过查看电子文件的处理状态，可以了解业务开展的节奏，对于延误办理的文件，还可以启动催促办理的程序。生效状态主要是指电子文件发生效力的范围和程度，比如“尚未生效”“正式生效”“作废”等。对于不同生效状态的电子文件，应采取不同的管理措施。比如对于正式生效的电子文件，应打上生效标识；而对于作废的电子文件，也应打上作废标识，原则上应在服务于现行业务的库中删除，并保留在归档库中。

（二）权限控制

电子文件形成机构应该建立人员安全管理机制和授权机制，对电子文件的形成和管理的权限进行恰当的控制。权限可以理解为对“谁可以对什么进行怎样的操作”的判断。它是针对系统角色、系统功能和文件等系统资源进行浏览、增加、删除、更改等操作的组合，被授予系统角色和用户。一个用户可以承担多个角色，一个角色也可以被分配给多个用户。

权限控制的原则包括：最小权限原则，也称颗粒度控制原则，即将角色配置成其完成任务所需要的最小权限集；最小泄露原则，即按照角色、用户完成任务所需要知道的信息最小化的原则分配权限；责任分离原则，即通过调用相互独立互斥的角色来共同完成敏感的任务，如要求记账员和财务管理员一起过账。针对不同性质的业务工作，可以采用基于角色、基于任务、基于对象等不同的授权模型。此外，还应建立授权定期审核机制，对已经授权的用户进行定期审核，视具体情况进行重新授权或撤销授权。总之，应严格限制无关人员的访问，使有关人员在授权范围内严格按照操作程序进行文件的处理和办理，减少误操作，实现对电子文件的安全管理。

（三）版本控制

电子文件版本是指为完成同一业务目的，经过一定流程而形成的，并在内容、形式、作用上有所不同的电子文件。常见的电子文件版本有：电子公文的草稿、修改稿、送审稿、定稿，软件 Beta 版、标准版、专业版等等。版本的标识号是版本号（version number）。每一个版本号可以分为主版本号、次版本号、内部版本号和修订号。其中，主版本号和次版本号是必选的；内部版本号和修订号是可选的，但是如果定义了修订号部分，则内部版本号就是必选的。例如，DOS 4.0，主版本号是 4，次版本号是 0。严格地说，电子文件的每一个版本，不管其存在的时间或保管时间多长，都是独立记录业务活动状态的一份文件。

在业务活动过程中产生的电子文件版本繁多，若不进行版本控制，就可能造成有效版本丢失、难以快速掌握电子文件最终状态、无法回溯业务过程等问题。而进行版本控制，有助于追踪同一业务目的活动过程，理解业务决策结果，使用并掌握最新版本，为未来相关活动提供借鉴和参考。

在开展版本控制时，首先需要确定应开展版本控制的电子文件种类；其次，应明确每类文件版本控制的基本规则，要求将重要的版本留存下来而不是覆盖原有版本，包括版本访问控制权限、版本号编号规则、版本冲突解决机制、各版本的保管期限等；最后，应选择合适的版本控制方式及控制工具。

可选的版本控制方式包括以下三种方式。

1. 本地式

即由用户在本地计算机上通过手工的方式来控制各种版本，用户产生或接收的版本全部保存在本地。在这种本地控制方式下，一般是通过文件名来区别不同的版本，常用的方法是在文件名中加入版本号或日期，比如 Record _ V1. pdf、Record20120716. txt。

2. 集中式

即由集中管理的服务器保存所有文件的版本，而协同工作的用户都通过客户端连到这台服务器，取出最新的文件或者提交更新。集中式版本控制方式具体包括软件工具共享文件夹和版本控制系统两种方式。后者占用存储空间少，支持对文件的版本更新进行详细的描述。

3. 分布式

这种方式与集中式的不同之处在于，除了一个集中的公共存储库之外，文件版本还会被完整地保存在多个本地存储库中。这种方式访问速度快，适合地理分散的项目组协同工作。

资源链接 3-3

质量管理体系关于文件形成控制的规定

质量管理体系所要求的文件应予以控制。

应编制形成文件的程序，以规定以下方面所需的控制：

a）为使文件是充分与适宜的，文件发布前进行批准；

b）必要时对文件进行评审与更新，并再次批准；

c）确保文件的更改和现行修订状态得到识别；

d）确保在使用处可获得有关版本的适用文件；

e）确保文件保持清晰、易于识别；

f）确保组织所确定的策划和运行质量管理体系所需的外来文件得到识别，并控制其分发；

g）防止作废文件的非预期使用，如果出于某种目的而保留作废文件，对这些文件进行适当的标识。

资料来源：中华人民共和国国家质量监督检验检疫总局，中国国家标准化管理委员会．质量管理体系要求：GB/T 19001-2008/ ISO 9001：2008.

九、有效识别

识别，是指在数字环境中将文件与其他信息相区别的过程，其结果是电子文件身份的确立。电子文件的识别在概念上与传统文件无异，但识别手段却有很大程度的不同。在纸质环境中，由于业务活动相对稳定，不同业务职能之间边界相对清晰，且文件具有与之一一对应的、稳定的载体，因此人们很容易识别记录业务活动的文件，识别也并未成为一项独立的文件管理活动，而是包含在分类方案的建立中。在数字环境中，业务活动的稳定性和易界定性受到冲击，很多电子文件不再与传统文件高度对应，载体也不再成为判断独立文件的助手，失去这些依托，电子文件的识别变得困难，也不能再为其他文件管理活动所包含。因此，识别成为电子文件管理的首要任务。

随着国际电子文件管理研究的深入，识别电子文件的手段有了长足的进展，其中最具代表性和权威性的是“电子系统中文件真实性永久保障国际合作项目”的研究成果。该项目通过对大量不同系统、应用环境的研究，建立了电子文件身份鉴定学（digital diplomatics）应用模板，该模板包括文件的五个要素（参见第一章），这五个要素也可被视作文件的五个构成条件。该项目同时指出，从理论上而言，数字信息体必须具备所有这五个要素，才能被视为文件。在实际操作过程中，电子文件至少需要具备固定的内容和成文形式这一个要素。

识别的步骤一般包括：第一，调查分析机构的职能结构和业务活动，明确各项活动中要求形成哪些电子文件，从而确定电子文件的生成节点；第二，根据信息系统及其信息的具体情况，具体判断每类文件的构成和存在方式；第三，明确每类文件进入电子文件管理系统之后的保存方式。比如，在某税收管理系统中，每个纳税户的纳税申请被记录为一份加了数字签名的 XML 文档，该份文件的数据被同步导入数据库中，其显示方式为一份 XSL 文档所定义。那么一份纳税申请文件就由包含数字签名的 XML 文档、XSL 文档构成。在捕获进电子文件管理系统的时候，既可以将 XML 文档、XSL 文档同时捕获，在两者之间建立关联，也可以将两者合成之后转化为 PDF 的格式来保存，并将其签名信息作为元数据捕获。

识别是电子文件管理不可或缺的基础。没有这个基础，电子文件管理的对象就不会确定，电子文件管理的目的就难以实现，遑论政策、策略、技术、系统等措施应用的效率了。

第三节 电子文件形成的管理职责和管理系统

一、电子文件形成的管理职责

电子文件形成机构内的每个成员都或多或少地对电子文件形成负有一定的管理职责。但是，相对业务职责，电子文件形成的管理职责通常不太清晰，也容易被忽略。不同分工的人员的管理职责不同。

（一）电子文件形成者的职责

电子文件形成者是一个统称，包括电子文件创建者、接收者、审核者、分发者、发送者（即传输活动中的发送方）等。所有电子文件形成者都有责任确保电子文件合规形成、按需形成、背景完整、控制得当。其中，电子文件创建者和接收者对于高质量的文件形成控制负首要责任，应当赋予文件恰当的标题或全面揭示文件的主题，确保电子文件内容的准确、形式的规范和存储格式的恰当，并决定电子文件的类别和保管期限。电子文件的审核者应保证流程合理、内容有效和最终形式规范。

电子文件形成者的职责是整个文件管理职责分工的根基，只有电子文件形成者履行自己的文件管理职责，电子文件管理才有顺利推进的基础。

案例 3－5　英国石油公司关于文件形成者职责的规定

英国石油公司（BP）的《行为准则》规定：公司员工应诚实、准确、客观地记录并报告公司信息，包括财务信息和非财务信息，以确保公司的信息和文档在生成时即满足真实性、完整性要求；公司各部门按照法律法规和企业要求来创建、保留及销毁纸质和电子信息；严禁伪造记录或虚假陈述的行为。

资料来源：笔者根据 BP 官网资料整理。

（二）文件、档案人员的职责

1. 文件、档案部门主管

按照全程管理原则，文件、档案部门的主管应对电子文件的形成负有总体管理职责。为此，他需要获得高层行政主管的授权，以便在机构范围内颁布具有操作性的指南，具体指导电子文件的形成；负责和信息技术部门主管沟通，对业务系统中电子文件管理功能的完善提出建议；组织开展相关培训，普及准确、清晰、完整、规范地形成电子文件的科学方法和实践经验。

2. 文件控制人员

这是在工程建设领域广为设置的一类岗位。所谓文件控制，有狭义和广义两种理解。狭义的文件控制，来自 ISO 9000 的界定，是指对质量管理活动的相关文件的拟制、分发、归档等过程的控制活动。广义的文件控制，是管理文档质量、降低文档准备工作中人为风险的一种技术方法，可通过自动化流程来实现，在任何基于可重复规则形成文档的组织中，文件控制都是常见工作。这里采用的是狭义的文件控制概念。文件控制是工程项目管理的一项核心工作。文件控制工作的对象非常复杂，从内容来看，涉及各类合同、进度、管理文件、正式的书信往来、平日用于方案沟通的信息、技术成果文件、外委单位交付的各种书面资料以及政府部门的批文等；从载体形态来看，既有纸质的，也有电子的；从范围来看，文件控制的对象不仅来自某个公司内部，而且面向工程承包商。①

① 陈进，曾洁．从 CDB 项目文控管理浅谈国内外的文控管理差异．天然气与石油，2010（5）：71－72.

文件控制人员的职责通常是负责处理和组织公司各种与项目管理有关的文件，通过监督信息的流动，包括负责监控、整理和跟踪收文，确保适当的文件能够被恰当的人使用。文件控制人员通常需要与管理层以及各种团队领导和成员交流，确保信息的流动是准确的和有效的。由于工作要求细致，其素质也是非常全面的，工程建设、管理沟通、文档管理、计算机管理等都是其必备的基本素质。在规模大、工程管理复杂度高的机构，一般会设置多个层级的文件控制人员，以满足整体控制和具体业务的需要。

3. 文件、档案管理人员

文件、档案管理人员在部门主管的部署下，承担具体的文件形成管理工作，包括业务指导、参与业务系统设计、承担培训任务等，帮助电子文件形成人员实施科学的文件分类，并尽可能在文件形成阶段开展鉴定工作，判断其保管期限和处置行为。

（三）信息技术人员的职责

信息技术人员为电子文件形成提供系统支持和技术支撑，负责电子文件及其形成元数据的存储、维护等工作；并和文件、档案管理部门及人员一起，与系统建设、维护承担单位沟通，确保其电子文件系统外包服务工作合乎文件管理的要求。

案例 3－6　荷兰皇家壳牌石油公司高级文件控制人员招聘要求

荷兰皇家壳牌石油公司（Shell）吉隆坡高级文件控制人员招聘信息如下。

主要职责如下：

1）实施和修订文件控制程序和规范，包括文件控制程序、文档编号规范、通信程序、归档规范、翻译程序和项目文件控制框架下的其他规范。

2）为内部和外部的设计和供应商及其相互交流提供文件规范（要求、控制、交付）。

3）遵守公司归档文件管理政策，不管文件是受控还是未受控。

4）执行项目文件归档和移交的协议。

5）管理项目中的所有纸质文件和电子文档流，并从/向承包商或设备供应商创建和维护文档分发矩阵。

6）利用电子文档管理系统建立和调整使用为非受控文件和非正式信息分享而建立的“团队合作区”。

7）维护文件控制系统和电子文档管理系统。

8）通过领导、标准和行为推进文档控制的改进。

9）教育和鼓励内部利益相关者变得更加协作，从而促进提升项目的整体价值。

10）准备及发布文件异常报告（每月承包商主控文件注册状态/进度/预测，每周公司书面审查的统计数据）。

11）同项目团队定期（每周或每月）创建和监督项目文件控制报告（状态、进度和预测），作为项目的标准 KPI 功能的一部分。

12）可能被要求督导项目文件控制团队和/或管理由第三方供应商提供的文档控制服务，这个团队的成员可能分布在多个位置（吉隆坡、新加坡和美国）。

资历和经验要求如下：

1）具备计算机科学、信息技术或工程相关专业的学位，不一定要有相关工作经验。

2）至少在石油和天然气行业的主要资产项目文档控制领域具备 10 年以上的相关工作经验。

3）具备重大合同项目（如 FEED、EPC、EPCM）的接口管理经验。

4）拥有使用 Assai、Livelink 等文档控制和文档管理系统的经验，以及 AHA 或 SPF 数据仓库软件知识。

5）能够使用项目报告软件，如 Crystal、Business Objects、MS Access、MS Excel。

6）具备跨学科审查工程项目的技术文件知识和相关的审查/审批过程的知识。

7）具备归档文件管理原则和实施方法的知识。

8）能够有效地与公司各个层级以及外部承包商沟通。

9）能够在多学科团队环境中工作。

10）能够与管理层和项目团队进行沟通。

11）具备英语口语和写作能力。

12）具备在项目中管理和发展文件控制员工的背景。

资料来源：(2013－04－26) [2016－08－12]. http://shellusa.jobs/kuala-lumpur-mys/lead-document-controller/45675931/job/.

（四）机构行政主管的职责

机构行政主管领导为电子文件管理提供行政支持，特别是赋予文件、档案管理部门对电子文件形成加以管控、服务和指导的职责，并对整个电子文件形成和管理的合规性和效率负首要责任。

（五）系统外包服务商的职责

电子文件对系统，尤其是形成系统有强烈的依赖性。系统建设和维护的主体不同，意味着承担电子文件管理责任的主体不同，电子文件形成单位应分外重视由第三方建设托管的系统的风险，应全面评估系统外包风险，并通过合同的方式要求其履行确保电子文件真实、完整、可用、安全的责任。随着云计算的普及，越来越多的信息存储在云里，保护文件档案信息安全的责任在很大程度上被移交给云服务商。合同成为文件托管单位保护自己的权利最有效的工具，也是应对云存储风险的利器。美国国家档案与文件署、澳大利亚国家档案馆、国际文件管理者协会等机构颁布的相关指南指出，应根据风险评估的结果，在合同中明确云服务商的责任。

资源链接 3－4

文件托管单位应在云服务合同中明确的相关要求

根据国际上相关指南的建议，文件托管单位要在云服务合同中明确三大类内容，分别是文件权力和合规性要求、文件管理业务要求和云服务商服务要求。

其中，文件权力和合规性要求包括：声明文件托管单位对云计算环境中存储的信息的所有权；申明其对云里信息的访问权，同时明确规定具体哪些用户对信息有哪些存取控制的权利，防止未授权访问、数据滥用；要求云服务商保护个人隐私；明确限定信息存储的地点，防范因信息存储在不同司法辖区导致的各种法律风险。

文件管理业务要求包括：除非文件托管单位书面许可或正式授权，否则云服务商不得处置该单位存储在云里的信息；如果文件托管单位提出处置要求，那么云服务商应该能够按照其要求处置文件及其备份副本，对于要销毁和移交的文件，应做到彻底销毁和完全移交；云服务商应该能够及时响应用户的合法检索需求；合同中应明确文件及其元数据输出、存储、迁移的格式要求，数据迁移、载体转换、载体更新等长期保存的技术要求；云服务商应该能够按照文件托管单位的要求生成特定的元数据，并建立元数据和文件之间的有效关联。

云服务商服务要求包括：合同中应明确数据中心物理安全要求、环境要求、人员管理要求；规定云服务商的基础设施要和文件托管单位的信息技术环境相互兼容；规定网络服务传输速率要求；要求在云系统升级时不能中断云系统服务，升级之后的系统服务质量不能低于之前的要求；要求云服务商完善云系统的审计功能；要求云服务商具备应急和灾备能力；当服务关系变更要求时，原云服务商必须保证新云服务商继续遵守双方合同中关于文件档案管理的所有要求；当合同期满，云服务商必须将文件及其元数据以后者指定的格式返还给该单位，而且保证从云系统里彻底删除所有文件、元数据及其副本；合同中还应规定违约责任。

资料来源：刘越男．云中的机遇与风险：云计算环境下国外文件、档案管理指南研究//刘越男，马林青．2010—2015 电子文件管理发展与前沿报告．北京：电子工业出版社，2016.

二、电子文件形成的管理系统

电子文件形成系统种类繁多，功能多样。针对不同的电子文件形成系统环境，需要采取不同的系统产品和实施策略。

对于桌面系统，如果不加限制，这些系统形成的电子文件会保存在个人电脑上，不利于电子文件的集中管理。一般需要利用专门的工具对这些电子文件予以专业化的管理。发达国家的电子文档与文件管理系统（electronic document and record management system，EDRMS）通常会和这些桌面软件相集成，以保证用户在桌面软件中创建或接收的电子文件能够得到实时捕获和集中控制。EDRMS因而也成为机构办公自动化的门户，成为每个员工开展办公活动必不可少的系统。此外，EDRMS还可能具备办公协作功能，并能够和其他业务系统相集成。

资源链接 3-5

EDRMS

EDRMS是一类自动化的文件管理系统，它允许组织机构捕获并管理电子和纸质的、非结构化（unstructured）形式的信息，比如邮件、字处理文件、表格等。同时该系统也符合ISO 15489关于文件管理系统的定义——“能够捕获文件，开展历时性管理并提供利用的信息系统”。

EDRMS是EDMS（电子文档管理系统）和ERMS（电子文件管理系统）两类市场软件产品的集合体，20世纪末、21世纪初得以面世。它是企业内容管理系统（enterprise content management system）的一个分支。该系统被用来集成日常办公字处理软件、扫描软件、电子邮件系统等。机构可通过该系统的电子文件库来登记、捕获、存储、利用、检索、修改、维护、处置、存档各类电子文件。其中的EDMS模块提供文件的签入、签出、版本控制、自动化的审计跟踪功能等，用户可以跟踪文件的变化。ERMS模块则提供更为专业化的文件管理功能，包括分类、处置等。EDRMS可以支持机构中短期的信息管理需求。

资料来源：Pauline J. EDRMS 101：The basics. Information and Records Management Annual（IRMA），2008（25）：9-26.

而数据库系统支撑的网络业务系统本身或多或少会带有一些电子文件管理的功能，比如版本控制、权限控制、流程控制、文件分类、文件利用、元数据管理等，电子文件管理系统需要与之有效集成，以保证后者能够有效捕获和管理前者生成的电子文件；有时二者合一，电子文件管理功能模块以嵌入的方式成为其组成部分，这种模式一般能够较好地支撑电子文件的全程管理。不同规模、业务类型、组织架构、系统架构的单位，电子文件管理的系统实现方式有别。而文件、档案管理人员参与业务系统需求分析，就电子文件形成提出恰当的管理要求，是电子文件形成系统符合文件管理要求的根本保证。

案例 3-7 秦山第二核电厂文档管理信息化实践

秦山第二核电厂（简称秦山二核），是我国第一座自主设计、自主建造、自主管理、自主运营的装机容量为四台65万千瓦商用压水堆核能发电站。秦山二核目前文档管理信息化的总体架构可概括为：以OA系统、工程文件管理系统（XPMS）等应用系统实现文件在编制阶段、现实应用阶段的信息化，以处室文件管理平台构成以文档部门为中心，由各文件产生、使用部门组成的管理网络，通过标准的归档和查阅接口，最终将有价值的、进入保存阶段的文档资源归入文档资源数据库。

文档管理信息系统（ADIM）是文档信息化总体技术架构的核心。在该系统中，包含了一个文档资源数据库，其中包含了档案、图书资料的目录数据、原文数据。该系统能实现档案管理、图书管理、利用监控、版本控制和安全管理，并提供归档接口和查询接口，方便其他应用系统归档和查阅信息。

与此同时，该系统也为文档管理部门提供了一个业务处理平台，主要用于公司各处室、各协作单位文件的管理。该平台主要功能包括：

（1）实现处室范围文件的生效发布流程。对本部门内有效的各种管理类文件、会议纪要等进行编审批和发布。

（2）对需要纸质发送的文件，部门内可走电子流程生效。最后处室文件管理员签文件生效章后将纸质文件发到收文单位。

（3）对纸质接收文件，发起部门内办理流程并跟踪。

（4）对从别的系统流程中进入本部门办理及办结的文件，通过平台接口，进入处室文件数据库。

（5）对本部门形成的文件记录进行管理，包括分类、跟踪办理、借阅管理等。

（6）对需要移交档案室归档的文件进行整理，通过 ADIM 归档接口归档。

资料来源：韩春林．秦山二核文档管理信息化实践．浙江档案，2007（4）：21－23.

【小结】

形成是电子文件从无到有的生成过程。电子文件形成过程也是业务工作开展的过程。具有普遍意义的文件形成活动包括创建、接收、流转、更改、分发、传输等。其中只有创建或接收是每一份电子文件必经的形成活动。电子文件普遍形成于多载体并存的复杂的技术环境，其形成系统包括桌面系统和数据库系统支撑的网络业务系统两大类。电子文件形成的管理要求有两个方面：一是业务的要求，包括顺利完成业务目标、提高业务效率等；二是文件、档案管理的要求，旨在保证业务工作过程和结果得以完整留存和充分利用。电子环境中两个视角的衔接非常重要，具体管理要求包括：合规形成、按需形成、形式规范、内容准确、背景完整、格式得当、流程合理、控制得当、有效识别等。电子文件形成机构内的每个成员都或多或少地对电子文件形成负有一定的管理职责。所有电子文件形成者都有责任确保电子文件合规形成、按需形成、背景完整、控制得当。其中，电子文件创建者和接收者对于高质量的文件形成控制负首要责任。文件、档案主管及管理人员，文件控制人员负责从事专业化的文件管理工作，并对电子文件形成中的管理提供指导、监督和建议。在系统外包环境下，电子文件形成机构应通过合同的方式降低风险。针对不同的电子文件形成系统环境，需要采取不同的系统产品和实施策略。

【思考与练习】

1. 如何理解电子文件形成的概念？
2. 电子文件的形成包括哪些活动？
3. 举例说明电子文件创建工具和创建途径。
4. 举例说明电子文件流转的类型。
5. 电子文件更改的要求有哪些？
6. 举例说明电子文件分发类型和分发要求。
7. 以电子公文传输为例，说明电子文件传输的要求。
8. 举例说明电子文件形成的技术环境。
9. 电子文件形成的管理要求有哪些？
10. 为何合规形成、按需形成是电子文件形成最基本的管理要求？
11. 如何保证电子文件背景完整？
12. 电子文件流程合理的含义是什么？如何保证？
13. 如何开展电子文件的状态控制、权限控制和版本控制？
14. 如何识别电子文件？
15. 举例说明如何分配电子文件形成的管理职责？
16. 如何降低电子文件系统外包服务的风险？
17. 针对不同的电子形成系统环境，举例说明应采取哪些系统策略以满足文件管理要求？

【参考文献】

1. Maedke W，Robek M，Brown G. Information and Records Management. 2nd ed. Encino，California：Glencoe Publishing Company，1981.

2. 冯惠玲．电子文件管理 100 问．北京：中国人民大学出版社，2014.

3. 刘家真．电子文件管理理论与实践．北京：科学出版社，2003.

4. 张正强．电子文件管理．北京：解放军出版社，2004.

5. 赵屹．电子政务环境下电子公文流程分析与设计．北京：军事科学出版社，2009.

6. 刘越男，马林青．2010—2015 电子文件管理发展与前沿报告．北京：电子工业出版社，2016.

7. 克里斯廷・L. 博格曼．从古腾堡到全球信息基础设施．北京：中信出版社，2003.

8. 杨学山．在 2010 第五届中国电子政务论坛上发言，2010.

9. 陈剑波．电子公文传输系统的关键技术．计算机世界，2007 - 12 - 17（B13）.

10. NAA. Keep the Knowledge—Make a Record.［2016 - 01 - 08］. http：//www.naa.gov.au/records-management/development/keep-the-knowledge/index.aspx.

第四章

电子文件的捕获、归档与移交

【本章要点】

1. 电子文件捕获与归档的基本含义
2. 电子文件捕获的基本内容、要求与方法
3. 电子文件归档的基本内容、要求与方法
4. 电子文件的移交与接收的程序和要求

捕获是电子文件纳入系统管理的起始活动，意味着电子文件专业化、集中化管理的开始；归档是电子文件进入档案管理阶段的第一环节，标志着电子文件身份的转变。把好捕获与归档关，对于电子文件的后续管理是至关重要的。

第一节 电子文件的捕获与归档概述

一、电子文件捕获的基本含义

捕获是伴随着电子文件管理而出现的一个新的术语，字面的意思是将信息放入系统的过程。该词源于英文中的“capture”。不同的文献对于该词的理解不尽相同。比较典型的说法有：

（1）采标自国际标准 ISO 15489－1：2001 的国家标准《信息与文献　文件管理　第 1 部分：通则》（GB/T 26162.1－2010）中指出：“将文件捕获（records capture）到文件系统中的目的有：（1）确立文件、文件形成者与文件形成的业务背景之间的联系；（2）确定文件在文件系统中的位置及其相互关系；（3）建立文件与其他文件间的链接。”

（2）国际标准《信息和文献　电子办公环境中记录的原则和功能要求　第3部分：业务系统记录的指南和功能要求》（ISO 16175-3：2010）给出了两条捕获概念的解释："（1）指将文件或数字对象置入文件管理系统中，设定元数据描述文件并将其放在业务背景中，以便对文件实施长期的、恰当的管理。（2）固化文件内容、结构和背景信息的过程，以确保文件系业务文件真实可靠的表达。一旦捕获，用户应该不能改变文件的内容、结构和背景。"

（3）欧盟2008年制定的《电子文件管理通用需求》（Model Requirements for the Management of Electronic Records，MoReq 2）[①]，提供了两个关于捕获的一般性解释："（1）记录或者保存一个数字对象的特定实例的行为；（2）在一个电脑系统中保存信息。"此外，《电子文件管理通用需求》还结合文件捕获的特点，附上了一个详细的注释："在MoReq2的背景中，捕获文件指把一份文件存入一个电子文件管理系统的所有工作过程，包括登记、分类、添加元数据、冻结源文档内容等。"

（4）欧盟2010年颁布的《文件系统模块化需求》（Modular Requirements for Records Systems，MoReq 2010）认为："捕获是在ERMS中创建一份电子文件的活动。"

（5）电子系统中文件真实性永久保障国际合作项目认为："捕获是对数字对象在某个特定瞬间进行记录或保存的行为。"同时，该项目术语词典中还给出了一种解释："捕获就是在管理文件的系统中进行文件的登记、分类、附加元数据和存储。"

（6）《电子文件归档与管理规范》（GB/T 18894-2002）将"捕获"解释为："捕获是指对电子文件进行实时收集和存储的方法与过程。"

（7）《电子文件管理系统通用功能要求》（GB/T 29194-2012）指出："捕获是指将业务活动中生成或接收到的文档作为文件及其元数据一起保存到电子文件管理系统中的过程。"

从上述定义可以看出，文件管理意义上的捕获是在电子文件管理系统（ERMS）环境中实现的一项文件管理功能，是指将业务活动中生成或接收到的数据对象作为文件及其元数据一起保存到ERMS中的过程。所谓"作为文件"加以捕获的特殊性主要体现如下几个方面：

（1）构成文件的所有要素——内容、结构、背景必须作为一个整体，紧密关联，在ERMS中始终作为一个对象加以管理、查询和处置。

（2）捕获之后，文件的内容就被固定下来，任何用户不得修改，除非授权处置，任何用户不得删除、销毁，任何企图修改、删除、销毁文件的操作都应该被作为审计日志记录下来。

（3）ERMS系统开展捕获时通常要建立文件与分类方案、上位类目、所属案

---

① Model Requirements for the Management of Electronic Records（update and extension 2008）. http://moreq2.eu/attachments/article/189/MoReq2_typeset_version.pdf.

卷、其他文件之间的关联，即揭示文件之间的有机联系，将文件作为有机整体的一部分而非独立分子存入系统。

以上三个方面是文件捕获和一般的信息捕获最重要的区别，也是 ERMS 突出电子文件特点从而对其进行有效管理的充分体现之一。当然，在不同语境下，捕获的含义会略有不同，有广义和狭义之分。广义的捕获是指登记、分类、整理、添加元数据和存储等一系列动作。狭义的捕获仅指瞬间确定和记录电子文件及其元数据的行为。为了加以区分，本教材下文所说的捕获均为广义的捕获，将狭义的捕获称为抓取。

捕获的具体含义包括：

（1）捕获的目的。即确定需要保存（无论是短期还是长期）的电子文件及其元数据，并及时将其留存下来。由于电子文件是在执行业务活动中由各类业务系统生成的，处于分散、动态的环境当中，如果不及时地加以留存，则会存在极大的失存风险。因此，在电子文件管理中，使用“捕获”一词是从形象化的角度强调及时保存电子文件的主动性。

（2）捕获的对象。即需要保存的电子文件及其元数据。捕获一经实施，就意味着业务系统中形成的数据被打上了文件的标记，应该符合真实、可靠、完整、可用的要求，因此，捕获的对象不仅是文件本身，还包括为满足上述要求而必须与文件一起管理的元数据信息。

（3）捕获的时间。捕获可以在电子文件形成后实时开展，如在某些业务活动中，文件一经形成便由业务系统自动将其转入 ERMS；也可以定期批量地进行，如从电子文件形成系统（业务系统）中将有保存价值的电子文件按照时间、类型、类别等定期、批量转入 ERMS。

（4）捕获的内容。捕获代表了一个工作过程，在这一过程中，包含了登记、分类、整理、添加元数据和存储等一系列动作，这些动作在系统中几乎是同时完成的，其共同的目的就是将具有保存价值的电子文件及其元数据纳入 ERMS 当中。

（5）捕获的方式。电子文件的捕获是离不开系统环境的，因此，捕获通常应该被作为 ERMS 的一项功能，由系统自动完成，或由文件形成者、文件管理员手工完成。有些业务系统具备包括捕获在内的 ERMS 的所有功能。在另外一些情况下，ERMS 的捕获功能被嵌入某些业务系统中，由业务系统代其完成。

（6）捕获的结果。具有一定留存价值的电子文件及其元数据被固定并留存下来，一般捕获后的电子文件及其元数据将进入电子文件管理系统被加以管理。

二、电子文件归档的基本含义

电子文件归档是指具有保存价值的电子文件一经形成或办理完毕后转化为具备档案属性的电子文件的过程。归档电子文件是指具有参考和利用价值并作为档案保存的电子文件，需要在一个相对独立的物理或逻辑空间存储，以免被篡改、丢失或损坏。

电子文件归档是电子文件获得“档案身份”的关键环节。电子文件归档与实体文件归档没有本质上的区别。从电子文件生命周期全过程看，电子文件归档虽然不完全像传统实体文件归档一样，载体要从形成部门“搬到”档案部门进行集中管理，但是归档作为一个独立的工作环节，意味着管理要求与管理方法的改变，意味着管理责任、管理权限可能发生转变。

当然，电子文件自身的技术特征、多种多样的载体形式以及计算机管理系统的特殊要求，使得电子文件的归档方法发生了一些变化。总体来说，电子文件的归档工作要比纸质文件的归档工作更为复杂。例如，在传统纸质文件管理环境中，文件生命周期的阶段性相对较为明显，归档通常在文件完成了处理程序之后定期进行；而鉴于电子文件特殊的形成规律和有别于纸质文件的运转形态，归档环节可能会前移至电子文件生成或收到之际，甚至在此之前，在系统开发设计阶段便开始予以规划和设定。又如，电子文件具备信息与特定载体的可分离性，在归档过程中，文件的移交并不意味着文件必须被拷贝在一定的载体上放入档案部门，而是可以通过网络传输的方式把归档电子文件从原存储位置转移到档案部门指定的存储位置上，而形成部门可以根据需要选择删除或者保留原存储位置上的文件。

三、捕获、归档及其与相关概念的辨析

（一）捕获与归档

从我国文件、档案管理实践来看，与捕获关系最为密切、在很多时候可被视为同义词的就是归档。捕获与归档存在着一定的联系和相似性，例如，二者都需要被捕获或归档的文件完整且符合一定的质量要求、捕获或归档后的文件不能再被修改、必要的背景数据（元数据）必须齐全等。

两者的区别主要包括如下几个方面。

1. 产生背景不同

捕获是信息系统应用背景下的新术语，可以说是面向系统的概念，指的是文件进入 ERMS 的过程，因此脱离系统谈捕获是没有意义的。而归档起源于手工管理工作，其经典的解释是“办理完毕且具有保存价值的文件经系统整理交档案室或档案馆保存的过程”[①]，可以说是面向部门的概念，指的是文件进入档案部门的过程，是传统档案业务管理的环节之一。当然，归档也可以应用在系统环境下，实质指电子文件管理权限向档案部门转移。

2. 管理视角有别

传统的归档主要是被动等待的含义，即档案部门等待业务处室交付文件。而数字环境下的捕获则有主动获取的含义，ERMS 可以主动出击，通过系统接口，

① 国家档案局．档案工作基本术语：DA/T 1－2000.

主动发现应捕获对象。

3. 操作对象有别

这是两者最为重要的区别，主要表现在如下两个方面：

第一，捕获的对象可以是任何电子文件，而归档的对象只是具有档案保存价值的电子文件，前者的范畴大于后者。在一些发达国家的管理实践中，有“临时文件”（transitory records）的说法，“临时文件”指保存时间短、业务结束后基本失去保存价值的文件。在实际应用中，不同国家、地区、单位可以采取不同的做法，有的单位为节约管理成本，不将那些不需要归档的“临时文件”归入ERMS，而仅将ERMS的捕获对象定义为归档文件，此时捕获就等于归档；也有单位将归档文件、临时文件都纳入ERMS管理，但降低对临时文件的管理要求，比如在EMC公司的ERMS中，这些临时文件被称为“非正式文件”（informal record），其元数据等方面的管理要求远低于正式文件，这种做法也类似于我国某些单位将没有档案价值的文件作为“资料”来管理。我们认为，我国大多数单位的ERMS都将从归档电子文件的管理起步，归档电子文件始终是ERMS管理的重点。所以，捕获和归档大体可被视作同义词，ERMS可被视作档案室档案辅助管理系统的升级版。

第二，ERMS的捕获对象除了文件之外，还包含元数据，MoReq2甚至认为捕获更为普遍的用法是在ERMS中输入、存储元数据。虽然传统归档也要求提交办文清单、归档文件目录等元数据，但后者一般不被强制作为归档文件的必要组成部分。

4. 操作时间有别

在文件捕获进入ERMS之后的整个保管过程中会持续产生元数据，因此除了在文件捕获的同时捕获元数据之外，此后仍需多次捕获元数据，而文件的捕获或归档的操作只有一次。

（二）相关概念解析

1. 捕获与登记

《信息与文献　文件管理　第1部分：通则》（GB/T 26162.1－2010）给出的解释是：“登记是指在文件进入系统时，赋予文件以唯一的标识符。”登记（register）是为证明文件在电子文件管理系统中存在而进行简要著录，并根据事先在系统中设置的标识符规则分配给文件唯一标识符的过程。此处的登记与办公自动化系统、业务系统中的收、发文登记不同，它专指电子文件进入电子文件管理系统时系统执行的一项功能。

捕获与登记具有密切联系，电子系统中文件真实性永久保障国际合作项目对于捕获的定义认为捕获包含登记。

当电子文件及其元数据通过捕获环节进入电子文件管理系统时，系统会自动行使登记功能，赋予文件唯一的标识符，通常捕获与登记会在一个操作中完成，也就是说，登记是捕获的一个动作，标志着捕获操作的成功。除了通过登记获得唯一标识符之外，捕获通常还要求著录其他元数据，如标题、作者、日期等。

2. 移交与归档

根据《信息与文献　文件管理　第1部分：通则》（GB/T 26162.1－2010）给出的解释，移交（transfer）有两种含义：（1）保管过程中文件的保管权、所有权和/或责任权的变化；（2）文件从一个保管场所移动到另一个保管场所。第一种解释意味着管理权力的变化，第二种解释意味着保管场所的变化。在系统管理环境中，文件的移交发生在不同的系统之间。《电子文件管理系统通用功能要求》（GB/T 29194－2012）将移交描述为“将文件从电子文件管理系统中转移到电子文件长期保存系统或其他系统（包括其他ERMS系统或第三方机构）的过程”，最典型的是由电子文件形成机构向国家各级各类档案馆转移。移交过程中电子文件的保管权、所有权和/或责任权发生变化。电子文件的移交方式一般包括在线和离线两种。移交过程中系统转换和保管场所的转换是同时发生的。

电子文件归档与移交的区别主要有以下几个方面：第一，归档发生在文件形成机构内部，由文件形成部门将具有保存价值的电子文件的管理权力转交给档案部门。而移交发生在不同机构间，即文件形成机构将具有长期或永久保存价值的电子文件交付给长期保存机构或其他机构。因此，从系统的角度而言，归档是机构内业务系统与电子文件管理系统之间的数据交换，移交是机构的电子文件管理系统与其他第三方机构的电子文件长期保存系统之间的数据交换。第二，归档之前电子文件的存储位置可能改变（比如物理归档），也可能不改变（比如逻辑归档）；而移交前后，电子文件的存储位置要发生改变。第三，归档的对象是具有保存价值的电子文件，其保存价值有长有短；在文件形成机构向档案馆移交的情况下，移交的对象一般是具有长期或永久保存价值的文件，短期电子文件通常不需要向档案馆移交。

第二节 电子文件的捕获

一、电子文件捕获的对象

ERMS所允许的捕获对象包括电子文件、实体文件、混合文件及它们的元数据。然而，由于电子文件的构成要素是相对分散的，不像纸质文件天然地集中在某个物理载体上，所以在捕获之前，首先要判断哪些数字对象（称为组件，指计算机系统管理的、需要特定保存措施的一个信息单元）构成一份文件，才能在捕获时将这些对象定义为一份文件。根据构成文件的组件的情况，电子文件主要包括如下三种类型。

（一）单组件文件

将一个组件作为一份文件来捕获。这是文件捕获最为简单的情况，很多非结构化文档就是按照这种情况捕获的，如一张照片、一份票据扫描件、一份合同定稿、一段录音等。

（二）组合文件

因管理需要而将多份在业务上具有紧密联系的组件作为一份文件来捕获，这些组件原本也是可以作为多份文件来管理的。ERMS应允许同时或异时将多份计算机组件捕获为一份组合文件，如请示和批复、转发件和被转发件、正文和附件、多版本文档、多格式文档等。在处理双套制文件的时候，可以将电子文件及其对应的纸质打印件作为一份组合文件来捕获登记，两者共有同一文件编号。

（三）复合文件

因多份组件之间存在技术上的天然联系而将其作为一份文件来捕获。比如，嵌入了一个音频和一个视频的年度总结报告，由HTML、CSS、JPEG图片构成的网页等。

鉴于捕获时需明确一份电子文件由哪些组件构成，一些国外企业内容管理（E-CM）产品形象化地称捕获为“声明”（declare），声明的说法也得到了DoD 5015.2-STD和MoReq 2010的认同。传统档案辅助管理系统一般没有组件的概念。在电子环境中，文件由组件组成的客观情况要求我们细化管理颗粒度，比如存储格式等技术属性元数据需在组件而非文件层次上加以捕获、管理。

二、电子文件的捕获系统

ISO 15489-1将文件系统（records system）定义为对文件进行捕获和管理并提供利用的系统。从该定义中可以看出，捕获是文件系统必须具备的一项基本功能。从系统形态角度看，文件系统可以是具备文件管理功能的业务系统，也可以是独立的电子文件管理系统，捕获功能也因此可以选择由业务系统或者电子文件管理系统分别承担。

当业务系统具备文件系统的功能时，捕获作为业务系统文件管理功能的一部分，在文件形成之后根据既定规则在业务系统内部实现，捕获后的文件可以选择放入业务系统存储器中的一个独立空间进行保存，或者传输至电子文件管理系统进行集中保存，如图4-1中虚线箭头所示。例如，某企业在其电子公务邮件系统中配置了捕获归档功能，当员工通过电子邮件办理公务结束时，可操作邮件系统的捕获归档按钮选择是否将某些邮件转入ERMS捕获归档保存。当业务系统不具备文件系统的功能且机构拥有独立的ERMS时，捕获功能通常由电子文件管理系统来实现，捕获后的文件放入 ERMS 存储器中保存，如图 4－1 中黑色箭头所示。

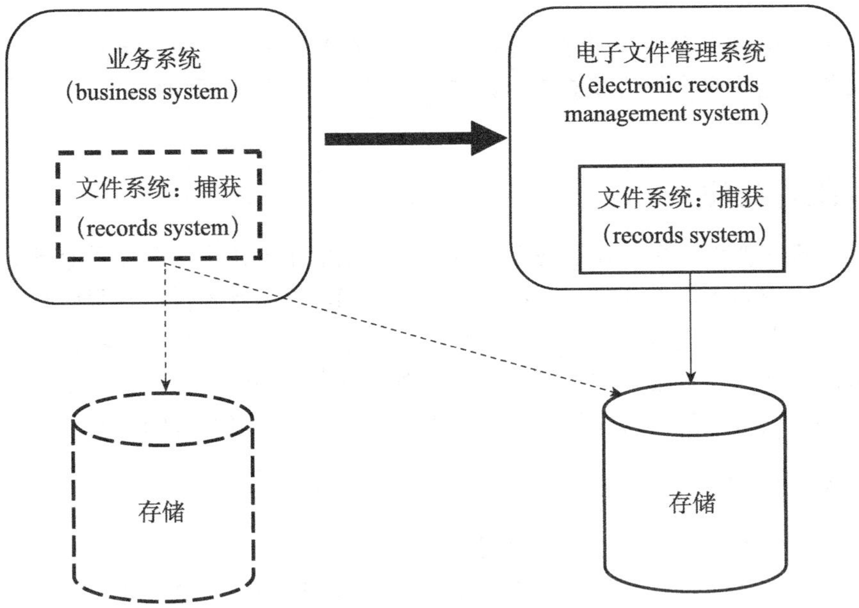

图 4－1　捕获功能系统设置示意图

当然，在某些情况下，捕获系统还有第三种存在方式，即业务系统与电子文件管理系统均有捕获功能，电子文件形成之后，既保存在业务系统当中，又部分传输至 ERMS 集中存储；或者电子文件保存在业务系统中，其元数据同时由业务系统和 ERMS 保存。

三、电子文件捕获的流程

电子文件捕获是一套“组合动作”，具体活动内容包括：文件抓取、元数据抓取、文件与元数据整合、验证、登记、分类组织和存储保管等（见图 4－2）。

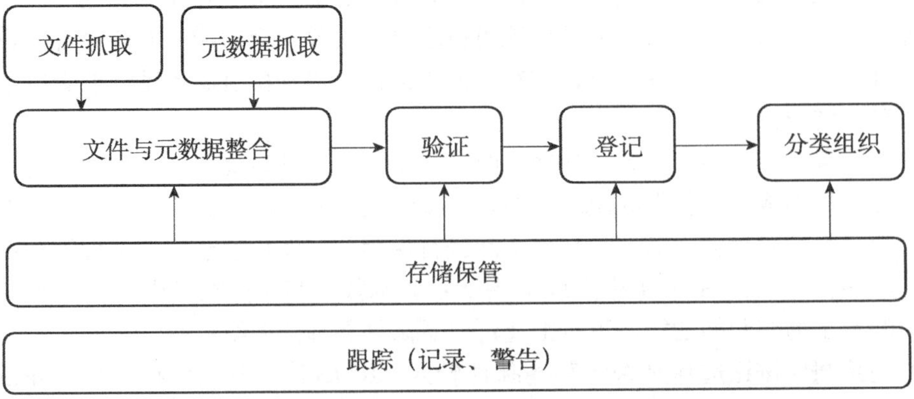

图 4－2　电子文件捕获流程

（一）文件抓取

首先应确定需要被捕获的文件对象。电子文件在业务系统中可能以不同的形态存在，包括文件及其组成部分、组合文件、复合文件、单份文件、文档、组件等。例如，捕获一份电子邮件时，需要将邮件正文信息及其附件作为一份文件进行抓取。

（二）元数据抓取

系统在捕获文件时也需要一并捕获与文件相关的元数据，元数据是保证电子文件真实、完整、可用、安全的有效手段，它可以跟踪和记录文件在整个生命周期中的状态、结构和完整性，并且能够揭示文件与其他文件的关系。

（三）文件与元数据整合

系统应在文件及其元数据之间建立紧密的关联，具体实现方式包括包含、链接、封装等。

（四）验证

系统抓取电子文件及其元数据之后，应对其加以验证，比如检查电子文件的格式、是否携带病毒、电子文件及其元数据关联的有效性、元数据的完整性等。只有通过验证的电子文件才能被登记进系统。

（五）登记

当电子文件通过验证后，应予以登记。登记的主要目的是证明文件已经被捕获，正式进入文件管理系统当中或档案管理阶段，同时，便于日后的检索和查找。登记时系统会自动赋予文件一个系统唯一的标识符，并记录简要的著录信息。只有在登记完毕后，才允许对文件进行下一步的操作。

在文件管理系统中，可对文件进行不止一个层次或集合的登记，如单份文件级登记、案卷级登记或全宗级登记。登记对象的层次通常是与抓取文件的具体情况相匹配的。

（六）分类组织

在文件系统中，电子文件应按照逻辑结构和顺序加以整理，便于日后的利用和参考。因此捕获的电子文件要根据分类方案进行归类并放入相应的逻辑案卷中。应依据预先在文件系统内设置的分类方案对捕获的文件进行分类标识，通过分类可以实现文件的恰当链接、命名、安全保护、检索、处置等。在某些情况下，为了更好展示业务活动的完整性，文件系统应支持将同一份电子文件据其内容归入不同的案卷，但该文件在系统中只能有唯一的编号。如涉及两个业务活动主体的电子文件可同时归入这两个主体所属的相关案卷中。

（七）存储保管

抓取的电子文件及其元数据可存储在暂存空间里，登记后的电子文件及其元数据通常会放入特定的存储器或存储空间中，便于对其按照要求进行进一步的管理。

（八）跟踪（记录、警告）

ERMS应对整个捕获过程进行跟踪，记录捕获的结果，对一些可能出错的操作提出警告，如文件要素不完整、文件标题重复、修改或删除自动生成的元数据等，并记入审计日志。

四、电子文件捕获的要求

（一）文件对象的捕获要求

对需要维护和留存的电子文件，必须确保文件在合适的时机（实时或定期）被捕获进良好、可控的管理系统，并持续对其进行监控，直到机构不再需要这些文件而将其销毁。

系统捕获电子文件时，需要满足以下要求：

（1）系统在设置捕获功能时，应预先明确电子文件捕获范围，并转换成系统可以识别和执行的方式；

（2）能够捕获来自不同业务系统、不同格式、不同类型、不同结构的电子文件；

（3）属于捕获范围的电子文件，不论其格式如何，允许在捕获时不改变其原格式；

（4）允许文件格式在捕获时转化为可被文件系统识别的新文件格式；

（5）当捕获对象由多个要素构成时，如包含多个组件的文件、复合文件等，应在捕获这些要素的同时，保持要素之间的有效联系，并在登记、分类组织中有所体现；

（6）当捕获的文件有多种版本时，在登记、分类组织时，要记录并维护不同版本之间的联系；

（7）电子文件在捕获前后内容不应发生改变；

（8）要将电子文件与其元数据一并捕获，并建立有效的关联方式；

（9）所有捕获的电子文件都要由系统进行登记，赋予唯一标识符，登记规则要科学、合理，并尽量做到系统自动完成，过程透明；

（10）分类方案的设置要符合科学、合理、适用的原则，与捕获的文件建立有效关联；

（11）一旦电子文件及其元数据被捕获进文件系统之后，必须确保其不再被修改和编辑，确保其真实性。

（二）元数据捕获要求

系统在捕获电子文件时，也要一并捕获与文件相关的元数据，元数据捕获的具体要求如下：

（1）元数据的捕获应与电子文件捕获同步进行；

（2）元数据必须与所描述的电子文件相匹配，保证元数据与分类表、文件、文件夹相联系；

（3）元数据必须完整，文件形成机构预先应建立符合国家相关要求的元数据方案；

（4）元数据可以通过多种有效方式与电子文件建立稳固关联；

（5）元数据捕获应由文件系统自动完成，并支持手工填写，系统可以自行验证元数据的完整性；

（6）捕获的元数据内容若需更改，只能被文件管理员或授权用户更改。

关于元数据的详细要求参见本教材第十一章。

（三）批量捕获要求

文件可能通过多种方式被批量捕获进系统，例如，业务系统中的文件批量向ERMS转移、脱机载体中的电子文件批量向ERMS中导入等。电子文件批量捕获的具体要求如下：

（1）文件系统应支持主动的或被动的批量捕获功能；

（2）能够支持不同文件类型的批量捕获；

（3）在不破坏电子文件内容结构，保持单个文件各部分组件之间联系的情况下，以电子文件当前的格式进行捕获；

（4）捕获电子文件和全部相关文件元数据，保持每份文件与其元数据之间的正确联系；

（5）捕获文件所属文件集合的结构和全部相关文件元数据，保持文件与其所属文件集合间的正确联系。

（四）电子文件捕获范围

纳入捕获范围的电子文件是机构在业务活动中通过各类业务系统生成与接收的文件。理论上讲，电子文件捕获范围大于归档范围。在实际工作中，可以归档范围为起点，适当扩展捕获范围。具体内容见本章第三节。

五、电子文件及其元数据的捕获方式

（一）电子文件捕获方式

机构应制定明确的制度规定各类业务系统电子文件的捕获范围和时间。在此基础之上，根据实际情况确定电子文件捕获的方式。电子文件捕获的方式有自动捕获和手工捕获两种。对于比较成熟的、自动化水平高的业务系统，其文件可由业务系统自动推送或/和 ERMS 自动接收；而对于难以实现自动捕获的文件，比如由桌面软件产生的零散的电子文件，如数码照片、演示文稿，文件的捕获则需要由文件形成人员和/或文件管理员手动完成，如由文件形成人员先行推送至暂存处，由文件管理员来挑选。随着全员文件管理责任（归档责任）的推广，除了自动化捕获外，提倡由文件形成人员完成文件捕获或其主要动作，必要情况下文件管理员可以对此过程进行审核，完成登记以及必要的元数据著录工作。当然，全员捕获需要有合适的管理制度来支持，也需要有充分的培训来支撑。

（二）元数据捕获方式

电子文件的元数据处于分散、动态的状态之中。一部分元数据由人工输入生成，如办理过程中的审批意见；另一部分隐含于各种系统环境之中，如文件的生成软件和程序、操作系统等。这些隐含在技术环境中的文件元数据是无法或不便用手工方式捕获的，它要求在系统设计阶段和配置阶段，就在系统中设置相应的元数据自动捕获机制。因此，元数据的捕获需要采用两种方式：系统自动捕获和手工录入。

1. 系统自动捕获

由系统（包括操作系统、文件形成系统、电子文件管理系统等）自动生成或用户在业务流中录入的元数据，一般以系统自动操作的形式加以捕获。其中由系统自动生成的元数据，大多是很难被用户直接看见的，例如，系统唯一标识符（ID）存在于电子文件管理系统或公文制作系统的内部程序之中。但也有些由系统自动生成的元数据是可以被用户看见的，如文件集合 ID，它是文件从高一级的集合层级继承的信息。

系统自动生成的元数据，有时可更客观地反映一些本质性的问题，如日期和时间。凡不是由用户指定的发生某件事情的时间，一般都应来自系统。这些日期与时间元数据具有一定的证据作用，也便于用户对相关事件的日期和时间进行鉴定，如文件审核与跟踪的时间、来自电子邮件客户端的电子邮件获取与寄出时间等。

这些由系统自动生成的元数据，一般可采取默认捕获或继承捕获的方式。默认捕获要求在系统设计阶段，必须确保系统具备自动捕获相关元数据的功能。遵循功能要求的电子文件管理系统可以从以下来源捕获系统产生的元数据：（1）形成电子文件的业务系统；（2）操作系统；（3）电子文件管理系统。此外，文件的某些元数据可直接从分类方案中更高级别的实体继承而来，即继承捕获。

2. 手工录入

难以从系统内部精确获取的元数据，只能由用户手工录入。

对于某些元数据而言，用户手工录入有时更能准确描述对象，例如，除非文件管理系统使用默认捕获，文件夹和类的题名大多是由用户限定的，用户依据结构化的命名规则进行手工录入，可选择更精确的短语或关键词直接揭示主题。因此，有些用户更愿意使用任意词作为检索工具使用，在选择恰当的词或短语方面，一般还是人胜过机器。

当然，对于某些元数据而言，捕获方式的选择取决于系统的功能及实际情况，例如，电子文件的保密期限元数据，就可以通过系统预先设定的规则自动赋值，也可以根据实际情况手工录入。

表 4－1 归纳了一些元数据部分元素来源实例。

表 4－1　《文书类电子文件元数据方案》元数据部分元素来源实例

元数据捕获方式（即信息来源）	元数据元素
系统自动捕获	电子文件号、档号、实体标识符
手工录入（包括系统列表选择）	聚合层次、来源、缩微号、附注、关系描述
系统自动捕获或手工录入（可选）	内容描述、形式特征

在电子文件形成业务过程中产生的元数据信息，直接由系统捕获比人工重复录入要好。一方面，记录业务过程的元数据大多可以直接用来证明电子文件的真实性，直接从业务系统捕获比事后人工再次著录更具有证明力；另一方面，元数据自动捕获能力越强，文件系统的可操作性越强，用户则不需要具备捕获元数据的额外技术能力，捕获任务也简单得多。

对于直接来自文件内容，用于文件的定位或检索、查找的信息，采用人工录入更好，更能准确描述文件内容，如文件或文件夹的命名、主题、对文件的描述等。

第三节 电子文件的归档

电子文件归档是电子文件管理的关键环节之一。从严格意义上说，电子文件归档是电子文件管理前端即文件形成阶段的最后一个环节，属于业务活动的一部分，涉及文件的移交与管理责任的转移，意义重大。因此，归档过程需要有严格的制度与程序规范，只有这样，才能确保电子文件在其归档过程中的真实性、完整性、可用性和安全性，为电子文件的长久保存夯实基础。

一、电子文件归档范围

（一）电子文件归档范围的制定原则

确定电子文件的归档范围需要综合考虑电子文件在业务活动中所起的作用及其所具备的法律效力、是否双套、电子文件真实性及长期可用性要求等。文件形成机构制定电子文件归档范围时要遵循以下原则。

1. 价值决定原则

电子文件是否需要归档主要取决于文件的价值，文件价值主要由其来源、内容、职能、形式等因素决定。20 世纪末以来，职能因素越来越引起人们的重视，特别是对于电子文件的鉴定，更需要着重考虑其反映的职能。职能原则在电子文件管理中是至关重要的一个理论方法，归档范围往往是借助职能分类的方法进行描述的。

2. 一致性原则

即与纸质文件内容完全相同的电子文件，其归档范围的确定应与纸质文件归档范围保持一致。因此，电子文件归档范围的制定，必须在纸质文件原有归档范围的基础上进行，而不是另起炉灶，自搞一套与纸质文件毫无关系的归档范围。

3. 适度放宽原则

包括两个方面：一方面，由于电子文件存储的高密度性，对于可归可不归的纸质文件，在电子文件归档时可以适当考虑加以归档。比如，纸质文件归档强调结论性和总结性的材料而忽略过程性、具体性的材料，但在电子文件归档时则可以将两类材料同时归档。另一方面，值得注意的是，除内容上适当弹性拓展外，由于电子文件真实性及长期可用性的需要，对于保证电子文件长期真实、完整、可用、安全的其他相关材料，如电子公文的收发登记表、机读目录、相关软件、其他说明等，应与相对应的电子文件一同归档保存。

（二）电子文件归档范围的制定思路

确定电子文件的归档范围，可以从以下不同角度予以综合考虑。

1. 从稿本的角度看

除正式文件外，对需要保存草稿或历次修改稿的电子文件，应采用版本保护措施和版本留痕技术，将重要的草稿、定稿一并归档。凡记录了重要业务办理情况、有查考价值的过程稿和定稿，均应被妥善保留归档，记录了主要修改过程的元数据应与电子文件一起归档。

2. 从格式的角度看

根据《电子文件归档与电子档案管理规范》(GB/T 18894－2016) 的规定：

● 电子文件按归档格式应具备格式开放、不绑定软硬件、显示一致性、可转换、易于利用等性能，能够支持同级国家综合档案馆向长期保存格式转换。

● 电子文件应以通用格式形成、收集并归档，或在归档前转换为通用格式。版式文件格式应按照 DA/T 47－2009 执行，可采用 PDF、PDF/A 格式。

● 以文本、位图文件形成的文书、科技、专业类电子文件应按以下要求归档：电子公文正本、定稿、公文处理单应用版式文件格式，其他电子文件、电子文件组件可以版式文件、RTF、WPS、DOCX、JPG、TIF、PNG 等通用格式归档；或电子文件及其组件按顺序合并转换为一个版式文件。

● 在计算机辅助设计与制造过程中形成的科技类电子文件应按以下要求归

档：二维矢量文件以SVG、SWF、WMF、EMF、EPS、DXF等格式归档；三维矢量文件，需永久保存的应转换为STEP格式归档，其他可根据需要按上述二维矢量文件要求归档。

● 由数据库文件形成的科技、专业类电子文件，应根据数据库表结构及电子档案管理要求转换为以下格式归档：以ET、XLS、DBF、XML等任一格式归档，或参照纸质表单或电子表单版面格式，将应归档数据库数据转换为版式文件归档。

● 照片类电子文件以JPG、TIF等格式归档；录音类电子文件以WAV、MP3等格式归档；录像类电子文件以MPG、MP4、FLV、AVI等格式归档，珍贵且需要永久保存的可收集、归档一套MXF格式文件。

● 公务电子邮件以EML格式归档，网页、社交媒体类电子文件以HTML等格式归档。

● 专用软件生成的电子文件原则上应转换成通用格式归档。

3. 从附带材料的角度看

除了电子文件之外，还应该归档如下材料：

● 电子文件归档登记表。《电子文件归档与电子档案管理规范》（GB/T 18894－2016）规定："电子文件形成或办理部门、档案部门可在归档过程中基于业务系统、电子档案管理系统完成电子文件及其元数据的清点、鉴定、登记、填写电子文件归档登记表等主要归档程序。""应依据清点、鉴定结果，按批次或归档年度填写电子文件归档登记表，完成电子文件归档。"

● 电子文件支持软件。特殊格式的电子文件，应在存储载体中同时存有相应的各种支持软件。

● 电子文件生成和处理中形成和积累的各类元数据。这些元数据是电子文件的有机组成部分，必须与电子文件一同纳入归档范畴，以保证电子文件的真实性、完整性、可用性和安全性。

4. 从双套制归档的角度看

应处理好电子文件与纸质文件同时归档的问题。双套制是指同一文件在归档时具有电子和纸质两个版本，既可以对具有重要凭证作用和长远查考价值且能够转化的电子文件制作纸质拷贝，也可以对利用率较高的纸质文件进行数字化，这样可使机构保持两套文件一同存储的状态。

如果生成的是电子文件，据此打印输出的纸质文件及其他相关文件应列入归档范畴，如电子文件积累过程中形成的登记表、使用权限保护登记表，与该电子文件配套或相关的纸质文件等。如果生成的是纸质文件，业务部门或保管部门已完成数字化工作，则转换后的电子版本应当保留。双套制归档时，要注意在文件内容、相关说明及描述上保持电子文件和纸质等其他载体文件的一致、完整和相关性。由于双套制只是限定了归档环节对于文件的要求，但在前端业务开展阶段，即文件形成、执行阶段，某些业务活动要么基本上完全依靠业务系统及电子文件来开展（如日常办公中的公文），要么主要依靠计算机打印出来的纸质文件来开展（如工程建设中的施工图纸），这样在归档环节极容易造成“双套”归档文件不一致的情况，给日后档案的利用带来不必要的麻烦。因此，在双套制归档的环境下，应该加强对于纸质文件与电子文件内容一致性的核查，发现问题要及时予以纠正。

与此同时，在条件许可的情况下，可以考虑单独归档电子文件。这些文件包括：规范化单轨运行的电子文件、在纸质条件下不予归档的微观文件、已实现计算机辅助生产的CAD文件、某些数据量大且保存年限短的数据文件、多媒体文件、电子邮件文件、网站文件、超文本文件、社交媒体文件等。采取这种只归档电子文件的做法必须建立在科学管理的基础之上，采用必要的手段保证其真实性、完整性、可用性和安全性。随着信息技术的发展，独立的电子文件归档会越来越多，像著名视频网站 YouTube 就是将所有的视频数据以电子的方式存储和提供利用的，YouTube 采用了一些冷热数据的分类存储方式，以保证数据的安全并降低存储成本。

（三）电子文件归档范围的主要内容

在纸质环境中，反对“有文必档”的做法；在电子环境中，数据量巨大且增加迅速，不同价值的数据良莠不齐地混杂在一起，这就更需要从大量电子信息中鉴别哪些属于文件、哪些具有档案价值，明确电子文件的归档范围。国家标准《信息与文献　文件管理　第1部分：通则》（GB/T 26162.1－2010）指出下述文件均应归档并长期保管：

- 能提供机构方针及行动的证据和信息的文件；
- 能提供机构与其服务对象之间相互关系的证据和信息的文件；
- 记录个人和机构的权利与义务的文件；
- 有助于建立机构记忆，有利于科学、文化和历史研究的文件；
- 能够提供有关机构各种权益活动的证据和信息的文件。

具体而言，电子文件的归档范围主要包括以下几个方面的文件及相关材料：

(1) 在行使本机构行政管理、业务管理、经营管理等职能活动中形成的各种文本、图形、图像、音视频、数据库、程序文件、网页以及其他专门格式的文件。此部分可参照执行传统实体文件归档范围的相关规定。如国家档案局关于《机关文件材料归档范围和文书档案保管期限规定》的规定和其他有关科技文件、专门文件归档范围的规定。对于需要保存草稿及过程稿的电子文件，需要按照版本管理的要求添加版本号，并同最终正本一并归档。

(2) 有助于保证电子文件长期真实、完整、可用、安全的其他相关材料。如电子公文的收发登记表、机读目录、相关软件、其他说明等应与相对应的电子公文一同归档保存。

(3) 新型电子化业务中形成的电子文件，如机构网站、邮件系统或者微博系统中生成的电子文件。要根据其内容价值判定这些活动中生成的电子文件的归档范围，可制定独立归档范围，或者纳入机构整体文件归档范围之中。

（4）在业务活动中与电子文件一起形成的其他载体文件。在双套制的情况下，归档电子文件与纸质文件要保持归档范围的基本一致，并在电子文件管理系统或档案管理系统中建立二者的关联。

二、电子文件归档方式

与传统实体文件相比，电子文件的归档方式因其独特的技术特征而更加多样化。

（一）逻辑归档与物理归档

从电子文件存储位置的角度看，归档并不意味着电子文件本身必须转入档案部门的系统或者存储空间加以保存，而是可以根据保管与利用的综合需要选定最为适宜的存储地点。根据归档前后电子文件的存储位置，电子文件的归档方式可以分为逻辑归档和物理归档。物理归档是一种类似于传统实体文件的归档方式，业务部门把电子文件通过网络或者脱机载体保存进电子文件管理系统，这个系统通常由档案部门负责维护管理，技术部门提供必要的技术支持。逻辑归档是指具有档案价值的电子文件在归档之后仍然存储在业务系统中，通常要求将其元数据移交到电子文件管理系统中，档案部门也可以委托业务部门对这些归档文件进行保管和提供利用，并对其管理工作进行指导和监督。逻辑归档与物理归档可以结合使用，比如对综合办公系统中的文件开展物理归档，而对数据量大、对原系统依赖程度高的电子文件开展逻辑归档。

（二）在线归档与离线归档

从电子文件的传递方式看，电子文件的归档方式可以分为在线归档和离线归档。在线归档是指通过计算机网络，将电子文件及其元数据存入电子文件管理系统或者具有电子文件管理功能的业务系统的指定位置。通常，在线归档伴随着文件在不同服务器之间的转移，或从文件形成部门的服务器直接转移到档案部门的服务器，或从文件形成部门的服务器暂时转移到中间服务器，然后从中间服务器再转移到档案部门的服务器。离线归档是指将电子文件及其元数据存储到可脱机存储的载体上向档案部门移交，由其批量导入电子文件管理系统的过程。当电子文件的形成系统没有在线归档功能或缺少与电子文件管理系统的网络连接，或者当电子文件形成部门与电子文件归档管理部门属于不同的机构时，较多地采用离线归档的方式。如在工程建设中，工程的建设方通常会在建设项目结束后将电子文件（包括纸质文件扫描后的电子版本）统一拷贝到光盘或者硬盘上向工程的业主方归档移交。

无论采用哪种方式，文件形成部门在完成归档任务后，都可以根据需要选择删除或者保留原服务器上的文件。

三、电子文件归档时间

电子文件应当在办理完毕后实时或定期归档。实时归档是指电子文件形成后或者办理完毕后即刻归档（见图 4－3）。定期归档是指按照机构有关规定，在电子文件形成一段时间后再向档案部门移交。《电子文件管理暂行办法》（中办国办厅字〔2009〕39 号）规定："电子文件应当在办理完毕后实时或定期归档，定期归档应当在第二年 6 月底前完成。"实时归档一般都采用在线归档的方式，定期归档的方式可以是在线的也可以是离线的。

应该根据业务需要和电子文件管理要求选择适宜的归档时间点。例如，办公自动化系统中，收到的上级来文应在流转、传阅、办理完毕后即刻归档，而发文则应在正式定稿或发布时即刻归档。

在双套制归档过程中，原则上电子文件应与纸质文件同时归档。不过，很多机构由于业务活动信息化程度较高，电子文件的收文、发文、办理等一系列形成活动都在系统中完成，办理完毕后实时归档，而打印出来的纸质文件可能是定期归档。在这种情况下，最好是将实时归档的电子文件放入暂存区，在纸质文件归档时一并正式归档，转入归档文件存储区。这样有利于保持电子文件和纸质文件的一致性与关联性。

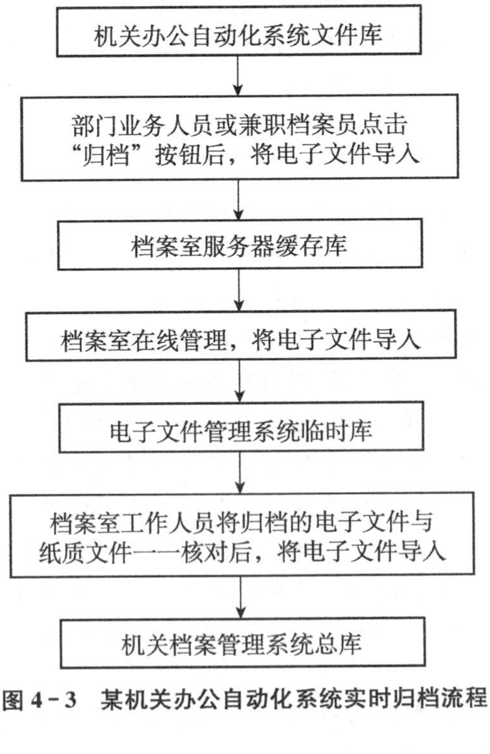

图 4－3　某机关办公自动化系统实时归档流程

四、电子文件归档要求

电子文件归档要求包括电子文件归档工作的要求、电子文件归档的质量要求、电子文件归档的程序要求三个方面。

(一) 电子文件归档工作的要求

1. 贯彻“前端控制”和“全程管理”的思想

归档是档案部门正式接管电子文件管理工作的起点，为了保证电子文件质量，电子文件的归档时点提前至文件生成或初次传递时，这必然要求档案部门对电子文件管理工作的介入向前延伸，从文件生命周期的“前端”就开始控制文件的归档活动。

电子文件管理系统是电子文件管理制度、方法和策略的实际执行者，因此在电子文件管理系统设计阶段就应结合元数据模型，按照归档要求，明确规定归档对象、归档范围、归档步骤、方法和检验标准等；将归档与系统捕获功能结合起来，及时将有保存价值的文件及其元数据纳入档案管理范畴之中；设计结构合理的归档文件数据库及其目录数据库，并保持二者之间的有机联系；制定规范的工作流程，要求特定流程结束后必须将相关文件归档；要求用户及时著录和鉴定文件，并在文件信息和文件归档前的著录、鉴定信息之间建立联系，保证在文件归档的同时，将相关信息移交或发送给电子文件管理系统；等等。

有些电子文件的生成是一个动态的、不断叠加累积的过程，在实时归档的情况下，归档活动很难一次完成。因此，电子文件的归档还要强调“全程管理”。“全程管理”要求随着文件处理的开展，不断补充记录和归档相关的文件内容及其元数据。对于“定期归档”的电子文件来说，则必须注意对办理完毕的电子文件及时进行积累和捕获，防止文件在归档前丢失或被非法篡改。

2. 电子文件归档中质量检查与技术检测工作同步

归档质量检查是指归档电子文件必须满足真实、完整、可用方面的要求。归档电子文件的质量首先由电子文件形成部门负责，必须保证归档的电子文件是对业务活动真实、完整的记录。技术检测主要从载体、病毒、软硬件环境、格式等方面对归档文件进行可用性检测，保证文件在归档后可以被长期使用。质量检查和技术检测在实际工作中可以同时在归档时进行，主要依靠具备捕获、归档功能的电子文件管理系统完成，有时需要借助于第三方工具或是依靠人工方能完全实现。归档质量检查和技术检测共同构成图 4-2 捕获流程中“验证”的工作内容。

(二) 电子文件归档的质量要求

一般来说，归档电子文件应该满足真实、完整和可用的质量要求。

1. 真实性

要求归档电子文件必须是当时当人当事形成的，符合归档要求的标准格式且为准确版本。因此，在归档时需要由电子文件形成部门对归档电子文件内容的可靠性、稿本的准确性以及双套文件的一致性确认并负责。特别需要注意的是，归档时经过格式转换的文件，如果发生形式上的变化，则须认定这种变化不影响电子文件内容的真实。

2. 完整性

要求归档电子文件及其相关文件齐全，元数据完备，且文件与相关文件、元数据的链接手段有效。具体包括：传统意义上的文件及其关联文件齐全，如正文和附件、请示与批复等；保证电子文件长期可用性的元数据齐全完整，符合国际及国家相关标准；附有保证电子文件长期可用性的特殊软件及硬件，如非标准压缩算法程序、特殊格式读取程序等。

3. 可用性

要求归档电子文件在长期保管过程中能够被正常地找到、显示和阅读，没有丢失和差错。一方面，需要保证电子文件能够及时、准确地被检索到，这就要求电子文件归档时要经过系统整理、著录，文件命名符合要求。另一方面，需要保证电子文件在电子文件管理系统或其他系统中能够被打开且有效表现所在内容，尤其是经过格式转换的电子文件，其展示的内容没有乱码，可以被人阅读并理解。例如，在个别 Word 文本文件转换成 PDF 文件时，文件的内容会出现某些乱码的情况，导致无法正常阅读。在这种情况下，转换后的电子文件是不符合可用性及真实性要求的。

（三）电子文件归档的程序要求

对于采用逻辑归档方式的电子文件，首先由形成部门给文件加上归档标识，然后系统自动将归档信息提示给档案部门，档案部门给归档文件加上相应的档案管理信息，同时限定必要的操作权限，防止文件被随意篡改。存储电子文件的载体或装具上应贴有标签，标签上应注明载体序号、全宗号、类别号、密级、保管期限、存入日期等，归档后的电子文件的载体应设置成禁止写操作的状态。归档文件及元数据信息进入数据库，文件便进入档案管理状态。得到授权的用户只能利用文件信息，不能对其进行删除、修改等操作。这个过程应记录在系统日志中，以便审查。采用网络归档方式的电子文件，其归档手续与此类似。在这两种情况下，都可由系统自动生成一份《电子文件归档登记表》（见表 4－2），打印后双方签字，作为归档凭证留存。

对于采用物理归档方式的电子文件，移交双方按照《电子文件归档登记表》清点归档材料，对归档文件进行全面的检查验收，在确认归档文件的技术状况合格、相关材料齐全后，双方在一式两份的《电子文件归档登记表》上签字盖章，各留一份，保存备查。

对于与电子文件同时归档的配套纸质文件，以及双套归档的纸质拷贝，应履行纸质文件的归档手续，即填制一式两份的移交清单，交接双方按清单清点后签字，各留一份，以备查考。

表 4-2　　电子文件归档登记表

单位名称	
归档时间	归档电子文件门类*
归档电子文件数量	卷　件　张　分钟　字节
归档方式	□在线归档　□离线归档
检验项目	检验结果
载体外观检验	
病毒检验	
真实性检验	
可靠性检验	
完整性检验	
可用性检验	
技术方法与相关软件说明 登记表、软件、说明资料检验	
电子文件形成或办理部门（签章） 年　月　日	档案部门（签章） 年　月　日

* 归档电子文件门类包括文书、科技、专业、声像、电子邮件、网页、社交媒体等。

资料来源：参见《电子文件归档与电子档案管理规范》（GB/T 18894-2016）附录 A。

案例 4-1　辽宁本钢集团公司 OA、ERP 电子文件归档管理

2011 年 6 月，辽宁本钢集团公司开发 OA、ERP 系统数据归档接口，归档范围涵盖现行 OA、ERP 系统中运行稳定、有查考和存史价值的所有电子文件，逐步实现了电子文件的在线自动归档。

将 OA 系统中有保管价值的发文、收文、部门业务、知识管理、电子期刊、体系认证等文件全部归档，将电子原文、附件、原始稿、修改痕迹、主表单等形成完整的业务链条，满足内容查检和过程追溯的利用需求。

将 ERP 八大专业模块中 364 种电子文件表单纳入归档范围，根据电子文件数据集成展现的不同情况，采取不同的归档方式。对有集成固化的单据凭证和报表展现样式的，通过接口程序自动读取数据合成电子文件归档；对无固化展现样式但内容有长期利用保存价值的，通过接口程序归集相关目录信息；对财务、人力资源系统难以提供取数逻辑但有归档需求的报表，采取部门定期上传归档的方式进行归档。

细化用户权限控制、PDF 文档封装、备份、灾备管理等措施，较好地保证了电子文件的安全保存。各类用户通过 B/S 架构登录档案信息系统即可在线查阅相关档案信息。对短期保管的电子文件不再打印纸质备份存档，由于归档电子档案信息可脱离原生成系统独立运行管理，业务系统可定期清理冗余历史数据，提高业务系统的运行效率，同时大大增强该公司对档案信息资源的集中管控程度，推动档案业务的标准化、规范化建设。

资料来源：国家档案局蔡盈芳提供（2017 年 1 月 18 日）。

第四节 电子文件的移交与接收

本节中的移交特指文件形成机构向国家各级综合档案馆或者专业档案馆转移档案的活动。近年来，随着电子业务活动的广泛开展、电子文件数量的急剧增长，电子文件逐渐成为业务活动的主要记录和人类历史与社会记忆的主要承载体，国内外档案馆纷纷开始电子文件的移交与接收工作，从制度的制定到实践的展开，都取得了巨大的发展。

案例 4－2　国外部分国家电子文件移交情况简介

美国自 20 世纪 70 年代开始接收第一份电子文件进馆以来，电子文件移交与接收工作随着电子文件数量的剧增和管理需求的凸显大范围展开。2005 年，美国国家档案馆开始研发电子文件档案馆系统用于进馆电子文件的管理，并对移交接收电子文件的相关问题做了较为详细的规定。近年来，为了保证国家对联邦政府文件的有效控制和管理，美国政府又颁布了一系列政策强化政府机构电子文件的管理，包括将具有永久保存价值的电子文件向国家档案馆移交。2012 年 8 月 24 日，总统行政办公室发布的总统备忘录要求各联邦政府机构必须任命一名高级管理人员（senior agent official）负责本机构电子文件向档案馆移交的工作，在人员和职能上保证了电子文件移交工作的顺利进行，形成了从联邦政府机构到档案馆的较为完整的文件管理体系。

澳大利亚国家档案馆为了保证接收电子文件移交进馆的质量，制定了关于这项工作的程序要求和若干技术要求，技术要求主要涉及数据标准、功能结构的变更、数据备份、载体标准和逻辑格式标准。

2003 年 1 月，英国公共档案馆在其网站上公布了《电子文件管理、鉴定和保护指南》，该指南对电子文件向公共档案馆移交的问题做出了规定。德国则根据本国制定的计算机辅助文件管理和电子归档（Dokumentenmanagement und elektronische Archivierung im IT－gestützten Geschäftsgang，DOMEA）对电子文件的移交与接收进行了规范。

各国除了从制度、程序、要求、人员等方面规范电子文件的移交与接收外，目前主流的几个电子文件管理系统相关标准，如 DoD、MoReq 等，也从系统功能设计的角度，对电子文件的移交与接收做出了详细的规定。

资料来源：萧旺．澳大利亚关于电子文件移交进馆的技术要求．中国档案，1998（12）：34. 鞠晓岚．英国电子文件向档案馆的移交．中国档案，2004（7）：44－45.

随着我国信息化建设的日益推进和深入，国家各级档案馆越来越重视电子文件的移交与接收问题。根据 2010 年《我国省级、副省级档案馆电子文件移交进馆及管理情况调查分析》①，大多数档案馆在进入 21 世纪之后开始接收电子文件进馆，在所调查的 30 家省级、副省级档案馆中，共有 17 家省级档案馆、9 家副省级档案馆已经接收电子文件，其中大约一半把接收电子文件作为一项常规性工作。为了推动电子文件移交与接收工作，国家专业主管部门陆续出台了一系列相关的制度与规定，其中最为重要的是《电子文件管理暂行办法》（中办国办厅字〔2009〕39 号）和《电子档案移交与接收办法》（国家档案局档发〔2012〕7 号），前者强调“属于国家综合档案馆接收范围的电子文件，应当按照规定时限向同级国家综合档案馆移交”，后者则对电子档案移交与接收工作中涉及的单位职责、移交范围、移交时间、移交的基本要求、移交与接收的方式、移交与接收的流程、接收及其保存管理的基本要求等做出了明确规定。

一、电子文件移交与接收程序

需要说明的是，本节所说的电子文件的移交等同于电子档案的移交，处于移交阶段的电子文件与电子档案在概念上是一致的。

电子文件的移交与接收，不仅是电子文件实体和信息的转移，更重要的是电子文件管理的责任主体的变更，即从电子文件的生成单位-立档单位，变成档案的永久保管单位-各级各类档案馆，如国家综合档案馆和专业档案馆等。对于电子文件而言，因为其内容信息与特定载体的可分离、存储和读取对特定计算机软硬件设备的依赖、数据复制的便利等特性，电子文件在移交与接收时更需要遵循严格的工作流程，办理相关的交接手续，保证移交接收过程责权明确，杜绝安全隐患，从源头上保证电子文件的可靠和可信。

案例 4-3　澳大利亚、英国的电子文件移交流程

澳大利亚和英国电子文件移交工作开展得比较成功，且富有特色。澳大利亚将电子文件移交分为移交准备工作、检查隔离工作、电子文件保存和电子文件存储四个阶段；而英国的移交流程则包括保留文件结构并迁移到移交介质，格式转换并保存相关元数据，将完成格式转换的电子文件拷贝到移交介质上并保持文件结构，对待移交的磁带和磁盘进行整理，保留相应的文件检索工具，以及对上述流程的登记和记录六个主要环节。

资料来源：萧旺．澳大利亚关于电子文件移交进馆的技术要求．中国档案，1998（12）：34.

---

① 刘越男，杨程婕，熊瑶，张喜波．我国省级、副省级档案馆电子文件移交进馆及管理情况调查分析．档案学通讯，2011（4）.

我国《电子档案移交与接收办法》规定的工作流程及必须办理的交接手续内容如下：

第八条　电子档案移交的主要流程是：组织和迁移转换电子档案数据、检验电子档案数据、移交电子档案数据等步骤。

第十四条　电子档案接收的主要流程是：检验电子档案数据、办理交接手续、接收电子档案数据、著录保存交接信息、迁移和转换电子档案数据、存储电子档案数据等步骤。

第十六条　电子档案检验合格后办理交接手续，填写《电子档案移交与接收登记表》(见表 4－3)，由交接双方签字、盖章，各自留存一份；《电子档案移交与接收登记表》，可采用电子形式并以电子签名方式予以确认。

表 4－3　　电子档案移交与接收登记表

交接工作名称			
内容描述			
移交电子档案数量		移交数据量	
载体起止顺序号		移交载体类型、规格	
检验内容	单位名称		
	移交单位：		接收单位：
准确性检验			
完整性检验			
可用性检验			
安全性检验			
载体外观检验			
填表人（签名）	年　月　日		年　月　日
审核人（签名）	年　月　日		年　月　日
单位（印章）	年　月　日		年　月　日

依据国外的有益经验，结合我国电子文件移交与接收的规定，我国电子文件移交应遵循“文件形成单位确定需要移交的电子文件、自检——与档案馆沟通，档案馆指导、预检——（双方）进行移交前准备——移交检验——移交进馆——后续工作”的基本流程。具体内容如图 4－4 所示。

电子档案移交与接收可采用离线或在线方式进行。不管采取何种方式，都必须遵循规定的工作流程、办理必需的交接手续。

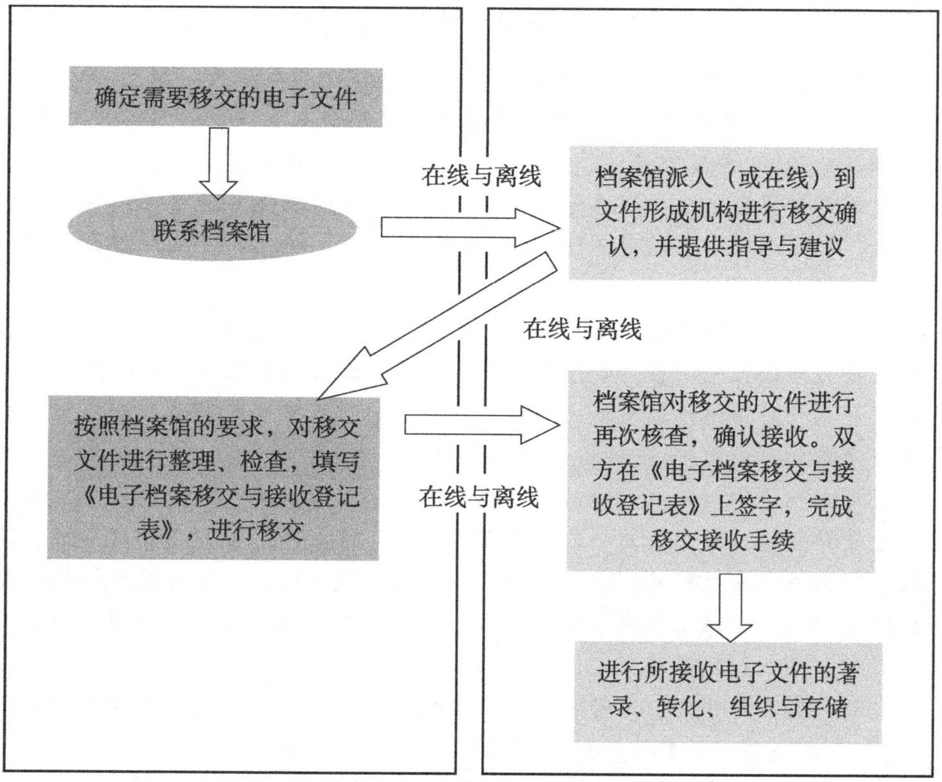

图 4－4　电子文件移交与接收程序

案例 4－4　北京市电子档案移交与接收办法

北京市借助建设区域性数字档案馆的契机，依托北京数字档案馆平台推出《北京市电子档案移交与接收办法》，推进全市电子档案移交接收工作。该办法先在部分单位试行，根据试行情况择时在全市范围推广。

办法根据全市电子档案移交与接收工作实际，结合北京数字档案馆项目建设，提出了电子档案移交与接收工作方案和相关要求。办法规定电子档案一般自归档之日起 4 年内向档案馆移交，并提出了针对电子档案准确性、完整性、可用性和安全性的检测方案，配套开发了检测工具，以提高检测效率，确保电子档案质量；支持推进国产版式文档格式的发展，将开放版式文档（open fixed layout document，OFD）格式纳入档案馆接收电子档案格式范畴；明确了电子档案移交时的分类、组织、存储等管理方案和要求，规范了电子档案移交与接收工作流程；确定接收进馆的电子档案不再继承其形成过程中附带的原始电子印章或电子签名，仅保留原始电子印章或电子签名的展现样式。

资料来源：北京市档案局提供（2017 年 1 月 19 日）.

案例 4-5　江西省电子档案移交与接收实践

江西省档案局于2013年正式启动电子档案移交接收工作，截至2014年3月，从29家立档单位接收各门类电子档案、数字副本共计79 718件，数据容量1 096G。2014年度又启动了25家电子档案移交接收工作。

电子档案移交与接收程序是：文书、照片类电子档案可选择在线或离线方式移交，其他门类电子档案、数字资料和传统载体档案的数字副本以离线方式移交。

（1）清点：立档单位将质量确认合格的各门类电子档案及其元数据、《电子档案移交与接收登记表》等报送至省档案馆，江西省档案局严格按照年度接收计划及省档案馆电子档案移交接收质量要求，对移交电子档案及相关文档进行审核清点。

（2）四性检测：清点无误后，将移交的电子档案及其元数据等完整无误地导入电子档案接收专用计算机，规范有序存储，并立即进行严格的准确性、完整性、可用性和安全性检测。发现计算机病毒必须立即进行杀毒处置，根据处置结果通知移交单位重新查杀病毒、打包、移交全部或部分电子档案，并重新实施存储、四性检测等流程。

（3）办理交接手续：电子档案及其元数据四性检测合格后，交接双方填写《电子档案移交与接收登记表》，并签字盖章，完成交接手续。

资料来源：李继国．江西电子档案移交与接收实践．中国档案，2014（10）：50-51.

二、电子文件移交与接收要求

电子文件移交意味着电子文件的管理责任由文件形成机构转向档案馆，同时，移交的电子文件将转入档案馆的电子文件长期保存系统进行保存。因此，在移交与接收时，电子文件必须符合长期保存的要求，双方必须对移交的电子文件状态进行认定，并履行必要的手续。

（一）电子文件移交要求

电子文件移交时，必须满足以下要求：

（1）移交时间。电子文件形成单位一般自电子文件形成之日起5年内向同级国家综合档案馆，或按照有关规定向其他专业档案馆移交。对于有特殊要求的电子文件，可以适当延长移交时间。涉密电子文件移交时间可参照国家其他相关规定或与档案馆进行协商确定。

（2）移交格式。电子文件移交格式应当符合国家规定的电子文件长期保存格式。

（3）移交载体。我国现行规范要求脱机移交时将光盘作为电子文件移交载体。实际操作时可根据情况，双方协商移交载体的类型、型号等参数。

（4）元数据应当与电子文件一起移交，一般采用基于 XML 的封装方式组织档案数据。

（5）电子文件有相应纸质、缩微制品等载体的，应当在元数据中著录相关信息。

（6）采用技术手段加密的电子文件应当解密后移交，压缩的电子文件应当解压缩后移交；特殊格式的电子文件应当与其读取平台一起移交。

（7）移交单位应当将已移交的电子文件在本单位至少继续保存 5 年。

（8）电子文件的移交可采用离线或在线方式进行。

（9）离线移交电子文件应当满足下列基本要求：

● 移交单位一般采用光盘移交电子文件，光盘应当符合归档要求；

● 移交单位一般向同级国家综合档案馆（或其他专业档案馆）移交一套光盘，光盘应当单个装盒；

● 移交单位应当按照有关要求进行光盘数据刻录及检测；

● 存储电子文件的载体和载体盒上应当分别标注反映其内容的标签，移交载体内电子文件的存储结构应符合国家和地方的有关要求。

（10）在线移交电子文件的单位应当通过与管理要求相适应的网络传输电子文件，传输的数据应当包含符合要求的电子文件及其元数据，数据结构一般为一张或多张光盘载体内电子文件的存储结构组合，单张光盘的数据量小于光盘的实际容量。

（11）电子文件移交单位在向国家综合档案馆（或其他专业档案馆）移交电子文件之前，应当对电子文件数据的真实性、完整性、可用性和安全性进行检验，合格后方可移交。

（二）电子文件接收要求

档案馆接收电子文件时，应满足以下要求：

（1）档案馆应当建立电子文件接收平台，进行电子文件数据的接收、检验、迁移、转换、存储等工作；

（2）档案馆应当对所接收的电子文件数据及其载体的真实性、完整性、可用性和安全性进行检验，合格后方可接收；

（3）档案馆应当将电子文件的交接、迁移、转换、存储等信息补充到电子文件元数据中；

（4）档案馆应当对电子文件数据迁移和转换前后的一致性进行校验；

（5）档案馆应当对所接收的电子文件载体保存 5 年以上；

（6）档案馆对电子文件载体应当按照《电子文件归档光盘技术要求和应用规范》（DA/T 38－2008）和《磁性载体档案管理与保护规范》（DA/T 15－1995）进行管理。

三、电子文件移交与接收中的关键问题

电子文件移交与接收工作是一项全新的工作，必须基于一定的系统来完成。我国的《电子档案移交与接收办法》仅仅规定了电子文件移交与接收的基本的、原则性的要求，在移交与接收工作中，需要将信息技术融合、应用到档案管理工作中去，因此，电子文件移交与接收工作面临许多技术难题和挑战。

（一）电子文件移交数据构成要求

电子文件数据构成分两个方面。一是内容数据构成，比如文书类电子文件主要包括过程稿、签发稿、审批过程信息、元数据等，而业务类电子文件，其内容数据构成差异性就比较大，目前还没有形成统一的相关要求，需要各行业根据自身的业务特点研究提出具体规定；二是技术构成，技术构成是指电子文件体现的电子化特征，如不同类型数据的格式、一“份”或一“卷”档案内容各种数据的关联方式和组织结构、电子文件数据与源系统或设备的依赖性或关联性、存储地址和方式等。

（二）数据接口的技术实现

电子文件的移交与接收，本质上是数据从移交单位的电子文件管理系统或业务系统导出，并向档案馆信息系统导入。无论是在线方式还是离线方式，都需要数据的对接。由于当前信息化发展的标准化、规范化程度还比较低，各种办公系统、业务系统产生的电子文件，其系统类型、数据类型、设备类型种类多、差异大，如何保证档案馆信息系统能够接收所有立档单位的电子文件，并达到保持原貌、保证准确完整，是接收系统在设计开发时必须重点解决的难题，特别是一些结构化数据，既要能够完整接收，又要保证准确读取，需要采用高技术、新手段来实现。

（三）四性测试指标和系统实现方案

《电子档案移交与接收办法》提出在移交与接收过程中，交接双方都要进行四性测试。四性是指电子文件的真实性（《电子档案移交与接收办法》用准确性替代了真实性概念，改变了真实性的内涵，有待商榷）、完整性、可用性、安全性。《电子档案移交与接收办法》附件 3 的填写说明对四性检验的内容进行了简单的解释，在移交与接收的实际工作中，还需要对四性的具体指标进行细化，开发设计出能够对四性进行实际测试的技术，并由系统实现自动检测。

（四）电子文件元数据实施方案

元数据是电子文件的必不可少的组成部分，是体现电子文件的真实性、完整性，保证电子文件可靠和可用的重要途径。我国国家档案局已经发布了文书类电

子文件的元数据标准，对于图像、图形、音频、视频等类型，业务类电子文件的元数据标准还在研究制定之中。为了保证电子文件的完整性和有效性，相关标准从有利于电子文件有效管理和长期保存等角度出发，提出多种数据类型的电子文件元数据方案，如包括哪些元数据元素项、在哪个环节留存、留存方式、系统如何实现和管理、与内容数据的关联方式等，一方面指导在电子文件形成及其归档管理阶段留存哪些元数据；另一方面满足电子文件移交接收和长期保存系统设计的要求。

【小结】

电子文件捕获有狭义和广义之分：广义的捕获是指登记、分类、整理、添加元数据和存储等一系列动作。狭义的捕获仅指瞬间确定和记录电子文件的行为。电子文件归档是指具有保存价值的电子文件形成或办理完毕后转化为具备档案属性的电子文件的过程。归档、捕获、登记与移交之间存在联系与区别。

电子文件捕获的实现包括捕获的模式、内容、流程、要求及方式，电子文件捕获功能需要在 ERMS 系统环境中实现，因此，本章的捕获可与第十章相关内容对照学习。电子文件归档的实现包括归档范围、方式、时间、要求。电子文件移交与接收必须按照规定的程序和要求进行，可参照国家有关标准，结合具体实践，探索与解决电子文件移交与接收过程中所面临的技术难题。

【思考与练习】

1. 如何理解电子文件的捕获？分析捕获与登记、归档、移交等相关概念之间的区别与联系。
2. 电子文件捕获的具体要求是什么？
3. 如何实现元数据的捕获？
4. 电子文件归档的范围包括哪些？
5. 归档电子文件应该满足哪些要求？
6. 电子文件移交与接收的程序是什么？
7. 电子文件移交与接收应该符合哪些要求？

【参考文献】

1. 中华人民共和国国家质量监督检验检疫总局，中国国家标准化管理委员会．信息与文献　文件管理　第 1 部分：通则：GB/T 26162.1－2010.

2. 国际档案理事会．文件交换标准——业务需求规范（Record Exchange Standard：Business Requirements Specification）.

3. 中华人民共和国国家质量监督检验检疫总局，中国国家标准化管理委员会．电子文件归档与管理规范：GB/T 18894－2016.

4. 国家档案局．电子公文归档管理暂行办法：国家档案局令〔2003〕第 6 号．(2014－05－09)［2017－02－20］．http：//www.zgdazxw.com.cn/law/2014－05/

09/content _ 46100. htm.

5. 国家档案局．机关文件材料归档范围和文书档案保管期限规定：国家档案局令〔2003〕第 8 号．（2013 - 09 - 04）[2017 - 02 - 20]．http：//da. xazf. gov. cn/html/fgbz/flfg/2013/0904/33. html.

6. 国家档案局．电子档案移交与接收办法：国家档案局档发〔2012〕7 号．(2013 - 03 - 22) [2017 - 02 - 20] http：//www. cngsda. net/art/2013/3/22/art _ 96 _ 24246. html.

7. SercoConsulting. Appendix 9 to the MoReq 2 Specification：metadata .

8. DLM forum foundation. MoReq2010 Modular Requirements for Records Systems，Volume 1 Core Services & Plug—In Modules Version 1. 0. [2011 - 06 -29]．http：//www. dlmforum. eu/.

9. 刘越男．电子文件的捕获——基于电子文件管理系统的分析．中国档案，2013 (7)：68 - 70.

第五章

电子文件的分类

【本章要点】

1. 电子文件分类的含义
2. 电子文件分类的方法
3. 业务活动分析
4. 电子文件分类方案的建立

第一节 电子文件分类概述

一、电子文件分类相关概念

（一）电子文件分类

分类是一项重要的文件管理活动。《信息与文献　文件管理　第 1 部分：通则》（GB/T 26162.1－2010/ISO 15489－1：2001）将分类定义为："在文件管理中，依据分类体系中所规定的逻辑结构、方法和程序规则，按照类目对业务活动和/或文件进行的系统标识和整理。"该标准适用于各种载体形式的文件，故而该分类定义也适用于电子文件分类。

（二）电子文件分类方案

电子文件分类方案，也称电子文件分类体系。它面向整个机构的所有电子文件，是指导机构进行电子文件分类的工具。电子文件分类方案通常应建立在对机构业务活动进行分析的基础上。它建立并维护机构内文件之间的有机关联，便于文件被更好地理解、管理和查找。

二、电子文件分类的目的

在传统纸质环境下，分类主要被定位为一项便于文件信息检索的工作。对于电子文件分类的必要性，最初有两种观点较为常见。第一种观点是，提供关键词检索的搜索引擎可以准确定位到用户所需要的单个文件，那么文件分类不再是必需的，可以被取代或弱化。第二种观点是，在强大的电子文件管理系统的支持下，对文件的管理可以不再停留在文件集合体的层面上，而是可以精细到文件级，进行文件级管理。那么按照电子文件分类方案来组织文件就变得没有必要。

实际上，随着电子文件管理研究和实践的深入，越来越多的人逐渐认识到以上两种观点都不够全面和准确。首先，无论是对文件标题还是对全文进行关键词检索，虽然都有可能找到所需要的单个文件，但是无法重现并维护该文件所处的业务背景，难以充分说明该文件形成的前因后果。而在电子环境下，业务背景对文件的正确理解起决定性作用。另外，尽管在文件管理系统中可以更方便地对单个文件进行操作，但是这并不意味着对单个文件的管理可以脱离文件集合体这个记录背景。

在电子环境下，面对文件管理环境和要求的变化，分类承担起比在纸质环境下更为重要的作用。电子文件分类并不是为了描述文件的内容或者促进检索，其目的在于维护文件和形成文件的业务活动之间的关联，将文件置于其形成的业务活动背景之中，从而使得一组相关联的文件能够重现形成文件的相关事件的"完整故事"。电子文件分类成为维护文件的真实、可靠、完整的重要手段，成为整套文件管理活动的支撑工具，为一系列文件管理活动提供实施框架，包括识别需要被捕获的文件，确定和实施保管期限以及确定文件安全和存取权限等。

资源链接 5-1

分类——电子文件管理系统功能需求标准的重要模块

在国际电子文件管理领域，多个影响巨大的电子文件管理系统功能需求标准都将分类作为其重要的功能模块。例如：

美国国防部早在 1997 年就制定了《电子文件管理软件应用系统设计标准》(DoD 5015.2-STD，2007 年发布第 3 版)。该标准在北美获得了广泛认可，成为电子文件管理软件的事实标准。文件分类位列该标准强制需求的首位。

在欧盟文件生命周期论坛的倡导下，英国的康维尔管理咨询集团组织专家在 2001 年完成了《电子文件管理通用需求》标准（Model Requirements for the Management of Electronic Records，MoReq），MoReq 2 于 2008 年发布，最新版 MoReq 2010 于 2010 年发布。MoReq 及其系列修订版在欧洲产生了广泛的影响，而文件分类始终是 MoReq 及其系列修订版中规定的电子文件管理系统的首要功能模块。

《电子办公环境中文件管理原则与功能要求》（ISO 16175，包括第 1 部分

“概述与原则综述”、第 2 部分“电子文件管理系统指南与功能要求”、第 3 部分“业务系统中文件管理指南与功能要求”）作为专门的电子文件管理系统功能需求国际标准，充分肯定了文件分类在文件管理中的重要作用，分别在第 2 部分“电子文件管理系统指南与功能要求”及第 3 部分“业务系统中文件管理指南与功能要求”中对文件分类功能要求进行了详细说明。

资料来源：Department of Defense（US）. DoD 5015. 02-STD，Electronic Records Management Software Applications Design Criteria Standard.（2007－04－25）［2015－10－21］. http：//jitc. fhu. disa. mil/projects/rma/downloads/p50152stdapr07. pdf. DLMForum. MoReq，MoReq 2，MoReq 2010.［2015－10－21］. http：//www. moreq. info/. 电子办公环境中文件管理原则与功能要求 . 王健，等译 . 北京：中国人民大学出版社，2012.

资源链接 5－2

档案联

文件分类的目的在于建立和维护在同一业务活动中形成的文件之间的关联。欧洲档案学领域用“档案联”（archival bond）这个概念来界定文件之间的这种关联，该概念的含义在北美及澳大利亚等档案学领域也被普遍接受。加拿大档案学家露西安娜·杜兰蒂教授在《档案联》（The Archival Bond，1997）一文中将档案联界定为“在同一活动中形成的所有文件之间的关联网络中，一个文件和前后相继的文件之间的关联”。

杜兰蒂教授对档案联的特点进行了阐述。她指出：“档案联是原始的，因为自文件形成之后被保存在其所处的全宗中时它就存在了；档案联是必要的，因为每一份文件都必须有档案联；档案联是既定的，因为它是由文件在其所属集合中所起的作用决定的。档案联在文件被留存从而和同一活动中的其他文件建立关联的时候开始出现并逐渐增加，直到形成该文件集合体的活动结束为止。档案联是一个将一份文件和周围其他文件联系起来的关联体，直到该集合体中的文件不再增加，关联体才停止增长并完全形成。”

档案联有助于区别文件和非文件记录。单个记录只有和同一业务活动形成的其他记录建立了档案联，才可以成为文件，才可以被完整、正确地理解。在数字环境下，档案联是识别完整的电子文件的一个重要条件，能够辅助诠释电子文件的含义。

资料来源：Duranti L. The Archival Bond. Archives and Museum Informatics. 1997，11（3）.

三、电子文件分类的时机

电子文件分类的时机指的是何时对电子文件进行分类。与纸质文件分类相比，电子文件分类的时机大大提前，甚至可提前至文件形成之时。这主要有三方面的原因：

首先，由于电子文件的归档时机大大提前，甚至提前至文件形成之时，故电子文件分类的时机也相应提前。即在电子文件形成之时，就将其及时捕获，并归入到文件分类方案的相应类目。

其次，在电子环境下，在文件形成之时就固化并维护文件之间的关联变得极为重要，而分类是一个最为关键的手段。这是因为在电子环境下，异质的软件应用系统往往使用专有技术和载体来生成、管理并存储数据，但这些系统并不能将文件和其他类型的信息相区分，不能有效确保文件的真实性、可靠性，不能建立并维护文件之间的内在顺序。很常见的情况是，关于一个事情的所有文件，一部分被放置在纸质文件夹里，一部分在电子邮箱里，还有一些则在电子表格应用程序里或者在关系数据库里。另外，电子文件本身有可能是动态的，一份电子文件可能由多个形成者共同参与形成，或者有多个版本同时存在。这意味着为了保障电子文件可理解、真实、可靠、完整，必须在文件形成时就采取措施将电子文件的各个组成部分牢牢地联系在一起，将这种联系显现出来，并在文件的现行使用过程中维护这些联系。

最后，文件的现行期往往是利用最为频繁的时期，在电子文件形成之时就对其进行分类，便于帮助员工快速、准确、全面地找到所需文件，及时准确地为业务活动提供支持和参考信息，帮助业务活动有序开展。这对于业务精细化程度较高，或者多种业务并存以及多人跨部门开展同一项活动的情况尤为重要。

四、电子文件分类与其他文件管理活动的关系

分类是电子文件管理的核心基础，能够为电子文件管理提供一个系统的、一致的框架体系，为电子文件的鉴定、处置，以及电子文件的安全、利用权限设置等活动提供有力支持。

（一）电子文件分类与鉴定、处置

在通常情况下，为了维护同一活动中形成的电子文件之间的有机关联，保障电子文件的可理解性、真实性、可靠性、完整性，电子文件的鉴定和处置应当在文件集合体层面而不是个体层面上进行。电子文件分类正是按照一定规则对电子文件进行分门别类的组织的过程。以电子文件分类方案为基础制定保管期限表，能够使电子文件的鉴定和处置与文件形成和归类的方式结合起来。电子文件形成之后一经捕获到电子文件管理系统中，就可以将其归入相应的类目并赋予相应的保管期限，从而将鉴定提前到电子文件形成之时。这样就可以针对不同的文件及时采用不同的维护措施。例如，可以对需要进行永久保存的文件采集或录入更多的元数据项，随着技术的变迁及时对这些文件进行转换或迁移等，而这正是对电子文件实施前端控制的重要内容。

（二）电子文件分类与安全和利用权限设置

电子文件安全和利用权限往往对应于特定的业务活动所形成的文件。电子文

件分类方案可以为安全和利用权限的设置提供一个有价值的参考框架。将安全和利用权限设置与电子文件分类方案相连的价值主要表现在：

（1）由于电子文件分类方案全面覆盖机构内的电子文件，以其为基础来设置文件安全和利用的分类方案能够全面控制文件的安全利用。

（2）将文件的安全和利用权限与具体的文件类目联系起来，有利于对在具体业务中形成的文件进行精细化管理。例如，负责某一职能活动领域内文件的形成、修改或删除的员工可能只被赋予在其他职能活动领域内形成的文件的阅读权而没有修改权。

（3）电子文件一经捕获并被归入文件分类方案中，电子文件管理系统就可以自动为其赋予安全级别和利用限制，从而保障电子文件自形成之时起就受到安全保护。

第二节 电子文件分类的方法

文件分类有多种方法，包括职能分类法、组织机构分类法、主题分类法等。在电子环境下，职能分类法（也称基于职能的文件分类方法）成为国际电子文件管理领域公认的最能反映文件本质、最能满足电子文件管理要求的分类方法。

一、什么是职能分类法

职能分类法根据文件形成和使用的业务背景而不是文件自身的内容主题或其他属性对文件进行分类，即根据文件为什么存在（即产生文件的职能）而不是文件是关于什么的（即文件的主题）对文件进行分类。职能分类法在电子环境下的广泛应用意味着文件管理方向的转变，即从在传统纸质环境下关注文件的内容，转变为在电子环境下更关注产生文件的业务背景，并更加注重文件在动态的数字信息环境中为机构当前的业务运转发挥价值。职能分类法提供了一个不仅能够说明机构做什么，更能说明机构如何做的文件体系结构。这个体系结构有一套关于业务活动结构的术语[①]，包括业务活动、职能、活动、事务等。其中，业务活动是一个总括性术语，泛指机构各级各类职能、流程、活动和事务等活动。下面将

① 关于这套术语的名称，澳大利亚国家档案馆与新南威尔士州档案馆于 2001 年联合发布的《设计与实施文件管理系统手册：业务信息管理方法》（Design and Implement Recordkeeping System：A Strategic Approach to Managing Business Information）、加拿大国家档案馆于 20 世纪 90 年代建立的业务活动结构分类体系（Business Activity Structure Classification System）、国际标准组织颁布的《信息与文献　文件管理》（ISO 15489：2001）及《信息与文献　针对文件的工作流程分析》（ISO/TR 26122：2008）有不同的命名。鉴于 ISO 15489 在文件管理领域的影响最为广泛，本教材采用其中的术语，即职能、活动、事务。

对这些术语的含义以及术语之间的关系进行详细的说明。

（一）职能

职能是法律、方针或机构章程等赋予机构问责要求的任何高层次的目的、责任、任务。职能是机构业务活动的最大单元，代表着机构为实现其目标而管理的主要职责，如机构的生产职能、销售职能、人力资源管理职能等。职能是活动的高层集合。

（二）活动

活动是机构为完成职能而承担的主要任务。一个职能会包含若干活动。活动也可以被称为流程。每一个活动都有输入、输出以及处理过程。以保险索赔活动为例，索赔请求是输入，赔款是输出，案件的受理、调查、审核、赔付等是处理过程。绝大多数活动都由一系列步骤组成，每个步骤可能由同一人员或不同人员甚至不同部门来承担，即活动可能是部门内的，也可能是跨部门的。例如，保险索赔可能由第一个部门受理，由第二个部门调查，由第三个部门审核，由第四个部门进行赔付。

（三）事务

事务是业务活动的最小单元，涉及两个或更多参与者或系统之间的交流。事务的开展直接产生文件。继续以上述保险索赔活动为例，该活动的每一个步骤即为事务，每一个步骤都有可能产生文件。例如，受理保险请求事务产生的文件有索赔申请书等，赔付事务产生的文件有转账支付授权书等。

需要注意的是，要将事务与文件类型、文件主题等区分开。在上一个例子中，受理保险请求是事务，索赔申请书是文件类型，而索赔类型（如机动车辆保险索赔）则是文件主题。

二、职能分类法的作用

职能分类法能够维护同一业务活动中形成的文件之间的有机关联，确保文件被充分理解，并为各项文件管理活动打下基础，使后续的处置、保存得以有效进行。依据职能分类法建立的文件分类方案是文件全程管理的智能控制工具，能够为文件整个生命周期的管理提供一个系统的、一致的框架体系。具体来讲，职能分类法的作用主要有如下几项。

（一）支持业务的有序开展

文件是业务运行的工具和产物，按照业务活动开展方式对文件进行分类，能够记录并反映业务活动轨迹，及时准确地为业务活动提供支持和参考信息，支持其有序开展。这对于业务精细化程度较高，或者多种业务并存以及多人跨部门开展同一项活动的情况尤为重要。

（二）支持文件现行和长期的可理解性

分类是建立和维护文件之间有机联系的关键手段。通过分类，可以建立在同一个业务活动中形成的多个文件之间的关联，也可以建立跨部门、跨业务形成的文件之间的关联，从而完整反映产生文件的业务背景，保证其现行和长期的可理解性。

（三）支持检索和一个业务活动相关的所有文件

良好的分类能够支持“基于业务”的“族性检索”，使检索更为准确和高效，从而帮助员工利用所需文件顺利完成日常工作，保障业务活动持续开展。

（四）帮助机构全面掌控电子文件资源

分类是文件管理的智能控制工具，它能帮助员工了解应当形成哪些文件，确保机构的职能活动被完整地记录下来，有效地避免电子文件的失存。

（五）支持按类开展的文件管理

这样的文件管理活动包括鉴定、处置等。按类而不是逐份去判断文件的价值和保管期限，能够提高文件管理的效率。国际上日益提倡将基于职能分类法的文件分类方案和基于职能鉴定法的保管期限与处置表相集成，在文件形成时判断其类别，通过类别判断文件的保管期限和处置方式，可以支持按类自动地处置和采取相应的保管策略。

第三节 电子文件分类方案的建立

一、建立电子文件分类方案的原则

（一）业务驱动原则

业务驱动原则是业务驱动的管理理念在电子文件分类中的具体应用。它要求从形成文件的业务活动出发进行分类，关注形成和使用文件的业务背景，文件分类体系结构的构建以及分类类目的设置都要将业务活动的开展方式作为首要依据。业务驱动原则要求采用职能分类法。

（二）统管全局原则

统管全局指的是将机构所有的业务活动作为一个有机整体，将所有的文件作为一个有机整体。建立电子文件分类方案的时候，应当以全局的视角而不是割裂的视角来考察业务活动相交织的情况，要全面涵盖机构所有业务活动中形成的全部有价值的文件。

（三）全程统一原则

即建立面向电子文件整个生命周期的统一的分类方案，在文件形成的时候就对文件进行分类，这个分类将被沿用至归档后的保存阶段。这种做法将打破文件形成阶段分类相对随意、文件形成者和保存者可能存在分类不一致的情况，对文件分类提出了更高的要求。全程统一原则关系到电子文件分类方案的定位，而这和整个文件管理工作定位保持一致。

（四）法规遵从原则

电子文件分类方案的建立要遵从与机构业务相关的法律、规范、规定、制度、标准、程序等的要求，根据这些要求来识别业务及其相关文件的种类。由于制度规范具有一定强制力和稳定性，因此遵从法规有利于保持整个分类体系的稳定性。

（五）载体和格式中立原则

载体和格式中立原则指的是电子文件分类方案不能仅仅适用于电子文件，而应当能够应用于各种载体、各种格式的文件。无论是纸质文件还是电子文件，无论文件的形式是电子文本还是网页文件，它们都应当为电子文件分类方案所覆盖。

（六）精细化原则

要通过对具体的业务活动的细致分析和层层分解，来建立电子文件分类方案。这种分析和分解一直要深入到产生具体文件的事务为止，支持对每一份文件进行准确、一致的归类。

（七）用户友好原则

电子文件分类方案的建立要充分考虑文件形成人员和使用者的需求，便于用户理解，方便用户使用。该原则关系到分类方案能否成功实施。该原则要求：文件分类方案的结构清晰、易懂；文件类目名称要考虑用户的使用习惯，尽量使用用户所熟悉的正式术语做类目，含义明确；文件分类方案应当有类目范围说明，引导用户将文件归类。

（八）集成原则

文件保管期限的长短和文件的处置方式与形成文件的业务活动的重要性直接相关，文件的安全和利用权限也往往对应于特定的业务活动。这决定了可以将文件类目的划分与其文件保管期限设置、文件安全和利用权限设置等联系起来，将电子文件分类方案与保管期限表、安全和利用权限方案集成。

二、建立电子文件分类方案的方法

基于职能的电子文件分类方案是指导电子文件分类的工具。建立这样的分类方案需要有多方人员参与，也需要有系统的方法支撑。

在参与人员方面，主要有文件管理人员、机构领导、业务人员、信息技术人员等。文件管理人员是文件分类方案的设计者。在建立分类方案的过程中，文件管理人员要采用一套系统的方法进行调查、分析，要和机构高层领导、中层管理人员、业务人员、信息技术人员等充分沟通，并收集相关书面信息，要了解机构的目标和职责，了解业务运行的环境，了解具体的业务流程，识别形成文件的业务节点，了解机构内各个业务信息系统的主要功能以及文件在系统中的形成、使用和管理方式等。

系统的方法包括环境调查、业务活动分析，以及在此基础上设置文件分类方案的类目等，从而最终建立电子文件分类方案。环境调查是业务活动分析的前提和基础，业务活动分析是这套方法的核心，而业务活动分析的结果是设置文件分类方案的类目层级及名称等的基础。下面将对建立电子文件分类方案的方法进行详细介绍。

（一）环境调查

环境调查是对机构业务活动运行的环境进行调查分析。它主要包括法律规范环境分析和组织结构环境分析。环境调查要能够准确提炼出业务活动应遵循的法律规范要求，要能够明确识别开展业务活动所要依托的部门、人员及其相互之间的关系。环境调查是业务活动分析的基础和前提。

1. 法律规范环境

影响机构业务运行的法律规范环境包括国际法律、国家法律、法规、强制标准、推荐性标准、行业规范等，以及机构自身的方针政策、规章制度、程序规范等（以下统称规范性文件）。这些规范性文件规定了机构的法定职责，以及机构业务运行的程序和要求，为机构职能活动的开展提供了一个法律规范框架。

对法律规范环境进行分析，对于建立基于职能的文件分类方案有以下几个作用：

（1）对文件分类方案的制定者来说，这些和职能活动相关的规范性文件提供了一个认识机构业务活动的捷径，是进行业务活动分析的重要依据；

（2）法律、方针、标准等强制性工具所描述的活动比机构的组织结构稳定很多，在此基础上制定的分类方案的稳定性相对较强；

（3）开展业务职能的文件形成人员对于规范性文件中使用的职能活动术语较为熟悉，将这些术语用于分类方案可以提高用户对分类方案的接受度和信任度。

文件分类方案的制定者要详细审查哪些法律规范影响机构的业务运行。可以通过以下几个问题来进行调查：

- 有哪些法律、法规或任务宣言对机构的目标和职责做了专门规定？

对于公共机构来讲，法律或政策等规定了机构职能活动的要求。对于非公共机构来讲，这些要求往往通过机构的任务宣言或章程等进行说明。

- 哪些法律、法规对机构的业务活动开展方式有影响？
- 哪些强制性的标准是机构的业务活动所必须遵循的？
- 哪些机构内部规则、行为规范等和业务活动相关？
- 决定业务活动开展方式的专门程序是什么？
- 哪些公共期望会影响职能的开展方式？

案例 5-1　加拿大联邦政府不动产管理职能相关法律、方针

加拿大国家档案馆在为联邦政府制定若干通用职能的业务活动结构分类体系（Business Activity Structure Classification System，BASCS）的过程中，详细地调查分析了联邦政府的法律规范环境。具体来讲，是对法律、法规、规章或方针等中对职能活动的描述或规定进行分析，在此基础上识别职能活动开展的流程。这样做的一个客观条件是，联邦政府的相关立法机构以及政策制定机构针对诸多政府职能活动分别制定了法律、方针、命令、政策、指南等，这些规范性文件为政府职能活动的开展提供了一个较为完备的法律、政策框架。

以加拿大联邦政府的不动产管理职能为例，该职能是根据与加拿大联邦政府的不动产管理相关的专门方针、法律等设置的，一些与通用管理职能相关的通用法律、方针等也会对其有影响。专门的以及通用的法律、方针等如下所示。

- 专门法律：
  联邦政府不动产和可移动设备法案
- 专门方针：
  不动产方针和规章
- 通用法律：
  隐私法
  个人信息保护和电子记录法
  信息获取法
- 通用方针：
  政府信息管理

信息获取和隐私

隐私和数据保护

政府安全方针

通过对这些规范性文件进行分析，文件分类人员初步识别出不动产管理职能所应包含的业务流程。

资料来源：Library and Archives Canada of Canada. BASCS guidance. Real property management function model. [2016-04-18]. http://www.bac-lac.gc.ca/eng/services/government-information-resources/tools/business-activity-structure-classification-system-guidance/Pages/function-real-property-management.aspx.

2. 组织结构环境

组织结构环境指的是业务活动所依附的组织结构和负责人员。组织结构环境调查要能够将业务活动定位在组织结构上，要能够识别对职能、活动等负责的人员，并帮助界定业务活动之间的相互关系。

机构往往根据业务需要以及所在环境的要求采用相应的组织结构类型。不同类型的组织结构中职能活动的分布方式各不相同。下面将对主要的组织结构类型进行简单分析。①

(1) 职能结构。

在职能结构中，机构从上至下按照相同的职能将各种各样的活动组合起来。例如，有些企业在总经理之下设生产、经营、销售、财务、研发等部门。

通常来讲，政府机构往往倾向于采用职能型组织结构。在这种类型的机构里，其机构设置和职能的重合面较大。如果组织结构很稳定，而且职能和行政程序定义得很完善，就可以根据组织结构来识别机构的职能。

不过，需要注意的是，在这样的组织结构类型里，部门之间往往缺少横向的协调。在有些情况下，任务需要多个部门协作完成，就需要建立跨越职能部门的工作流程以促进信息沟通和合作。

(2) 事业部结构。

事业部结构又称产品结构。通过这种结构可以针对单个产品、服务、产品组合、主要工程或项目、地理分布、利润中心来组织事业部。例如，企业可以按产品划分为不同的部门，每个产品部门下设独立的生产、销售、研发、财务等办公室。事业部结构在跨职能协调方面非常有效。

(3) 区域结构。

区域结构是指机构按照用户、顾客或工作对象所在的地理区域来组织。每个区域单位包括所有的职能，能够适应各地区的特殊需求。这种结构和事业部结构比较相像。

(4) 矩阵结构。

有时，一个机构可能会同时专注于产品和职能，或强调产品和区域。于是发

① 杨忠，等．组织行为学：中国文化视角．南京：南京大学出版社，2006：375-381.

展出了混合职能结构和事业部结构，或者混合事业部结构和区域结构的混合型结构，被称为矩阵结构。矩阵结构能够将横向设计和纵向设计结合起来。职能部门的员工可以根据需要被分配到某一具体的产品或项目部门，员工要同时向职能（或部门）经理和具体的项目（或产品）经理汇报。当项目或产品完成时，员工又回去承担原有的常规职责。

（5）横向组织结构。

横向组织结构打破传统的部门界限，按照工作流程而不是职能来建立结构。例如，采购部门按照具体的采购业务（如订购执行、采购后勤等）来组建团队。横向组织结构具有扁平化的特点，职能层级较少，组织结构设置较多地反映出工作流程。

（6）网络结构。

20世纪90年代之后，外包之风盛行。有些机构只专注于自己擅长的工作，而将其他工作外包给其他的专门机构，例如，制造企业将运输、销售等外包给其他机构。这些机构和承担外包业务的机构之间并没有明确的边界，彼此之间呈现出网络式的联系。这种结构被称为网络结构。在这种类型的机构里，要注意理顺本机构和外包机构业务流程之间的关联关系。

组织结构类型能够为组织结构环境的调查提供一定的参考，以便理清组织结构与业务活动之间的关联，文件分类方案制定者可以结合以下几个问题进行调查分析：

- 业务活动由哪些部门或机构承担？

即业务活动是集中在一个部门还是分散到多个部门，是在一个机构范围内还是跨越多个机构？

- 谁是对业务活动开展的过程和结果负责任的人员？
- 机构中的哪些人参与到了业务活动中，他们属于哪个部门？

（二）业务活动分析

1. 概述

业务活动分析是从工商管理领域兴起的一种对机构的业务活动和流程进行分析的专门方法，随着学科之间的相互渗透以及实践的逐渐发展，它被广泛应用到其他很多领域中。文件管理领域也借鉴了这种分析方法。

ISO 15489中指出：“业务活动分析的目的是建立一个关于机构做什么、如何做的概念模型。它能够说明文件如何与机构的业务和业务流程相关。它有助于文件管理者为文件的形成、捕获、控制、存储、处置以及利用等做出决定。”业务活动分析对于电子环境下的文件管理更为重要。

环境调查为业务活动分析提供了一个法律规范以及机构组织的背景框架，在此基础上，业务活动分析要进一步通过书面记录和采访来收集信息并做分析，以识别以下几点：

- 机构的目标以及实现这些目标的策略；

- 机构开展的用来支持目标和策略的职能；
- 用来实现机构职能的活动；
- 组成活动的重复发生的事务。

业务活动分析的方法有两种。一种是等级分析，它采用自顶向下的分析方法，即从机构的目标和策略开始，逐层深入地考察它们是如何实现的，建立职能、活动、事务的等级结构体系。另一种是序列分析，它采用自底向上的分析方法，即从考察工作流程以及组成工作流程的事务开始，逐渐将其和分类体系的更高层级联系起来。等级分析有助于从宏观上建立职能、活动、事务之间的等级分解关系，但是职能、活动、事务的识别都离不开在微观层面上使用序列分析方法；序列分析有助于从微观上以线性或循环顺序描绘业务流程，揭示事务之间的依赖关系，但是确定所分析的流程的范围，以及识别流程间关系，都离不开等级分析建立的宏观业务活动框架。两种分析缺一不可，二者只有相互支撑，才能建立出既表现业务活动等级关系又表现业务活动之间流程关系的全景图，才能真正反映业务活动开展的实际情况，在此基础上建立的文件分类方案才能将文件牢牢地置于机构的业务活动背景中。

业务活动分析的结果主要是业务分类方案。业务分类方案是展现机构职能、活动和事务之间关系的等级结构模型。需要的话，也可辅以业务流程图来表现机构的业务活动。

2. 等级分析

等级分析是业务活动分析的重要方法，下面将对其进行详细说明。

(1) 等级分析的步骤。

1) 识别机构的目标和策略。

通过机构的任务说明书、章程等获得整体性的认识，从而识别机构的目标和策略。

2) 识别机构为了实现目标而要开展的职能。

通过对建立该机构的法律，对该机构进行约束的其他法律法规、方针、章程等，以及对组织结构环境进行分析，来识别机构的职能。之后通过对照与机构基本职责相关的内部方针和程序、机构的年度报告等对识别的职能进行验证。如果职能过于庞大，可以将其先分解为分职能。例如，政府机构的有形资产管理职能可以分为不动产管理和物资管理两个分职能。

为了文件管理的需要，较为常见的是将职能区分为专有职能和通用职能，解释如下：

- 专有职能是每个机构特有的职能，与机构的目标直接相关，又称核心职能。如工业企业的生产职能、销售职能等，又如高等学校的教学职能、科学研究职能等。
- 通用职能是几乎所有机构都有的职能，为专有职能的开展提供基础架构和辅助支撑，又称辅助职能。如人力资源管理职能、财务管理职能、行政管理职能等。机构的目标说明中一般不会提到通用职能，但是机构目标的实现离不开通用职能的支持。

如上的划分方法对于文件管理是大有裨益的。通用职能产生的文件的管理方法具有较强的通用性，可以对这类文件提供通用的职能分类模型，而为专有职能产生的文件提供通用的方法论。

3）识别组成每个职能的活动。

通过分析机构的程序规范、操作手册、规章制度等，以及对机构的人员进行小组访谈或者一对一的访谈等来获得所需信息，识别组成职能的活动。有可能需要辅助采用序列分析的方法来识别活动。对于活动的识别，有助于验证并确定职能的边界。

根据活动是否有固定的程式，可以将活动划分为常规活动和非常规活动。常规活动是指遵循标准的或固定的程式进行的活动。例如，每一份保险单的处理都要遵循既定的规则和标准程序。虽然每个申请人的姓名和保单的细节不同，但是处理保单的方式是相同的。常规活动往往由机构的低层人员承担，他们形成同类型的文件，同样活动的具体案例产生类似的文件。这些文件被称为案例文件。非常规活动又称为创造性活动。它没有固定的程式，并无事先设定的、线性或循环的步骤，在不同情况下的变数很大，结果相对不可预知。很多专业性（如科学研究、艺术表演等）和决策性的活动属于创造性活动。

对于常规活动可以较为容易地进行等级式分解，可以从中识别出活动的组成部分，并且能够较为清晰地识别出在什么节点形成什么文件。而非常规活动则难有明确的组成步骤，难以进行分解，而且也难以预知在什么节点形成什么文件。区分常规活动和非常规活动对于建立业务活动结构是非常重要的，可以对前者进行较多层次的结构化分解，而对后者进行整体性的分析就可以了。不过，在实际情况中，常规活动和非常规活动并不是截然区分的。有些常规活动可能会出现一些变量，而有些创造性活动也有可能遵循一些总体性的规范。进行等级分析时，要根据具体情况来确定等级分解的程度和方法。

4）识别组成每个活动的事务。

活动可以被进一步分解。从逻辑上来讲，分解可以无休止地进行下去。但是实际上对文件管理来讲，只要分解到适当的层级就可以了，这个层级就是生成单个文件的层级，即事务层。

对于事务的识别，更大程度上要依赖于序列分析方法，要通过书面材料、会谈或访谈等详细分析工作开展的流程。对事务的识别有助于验证并确定活动的边界。

5）对分析结果进行反复验证。

职能、活动、事务之间层层分解的等级结构并不是天然存在的，而是分析人员根据相关信息建立的一个人工的、逻辑的、概念的模型。很多时候，职能之间、活动之间的边界并不是很清晰，分析人员要通过和机构相关人员进行访谈或会谈等方式进行反复验证，才能最终确定业务活动的等级结构，才能使这个概念模型尽量反映实际情况。

需要指出的是，等级分析需要和序列分析相结合才能最终较为准确地识别职能、活动、事务，并建立起它们之间的等级体系结构。另外，有了序列分析的支撑，等级分析才能实现对跨机构的职能的分解。

（2）等级分析的图示。

根据等级分析的上述步骤，逐层识别机构的职能、活动、事务并进行验证，业务活动之间的等级分解关系和支持关系可以表示为图5－1。

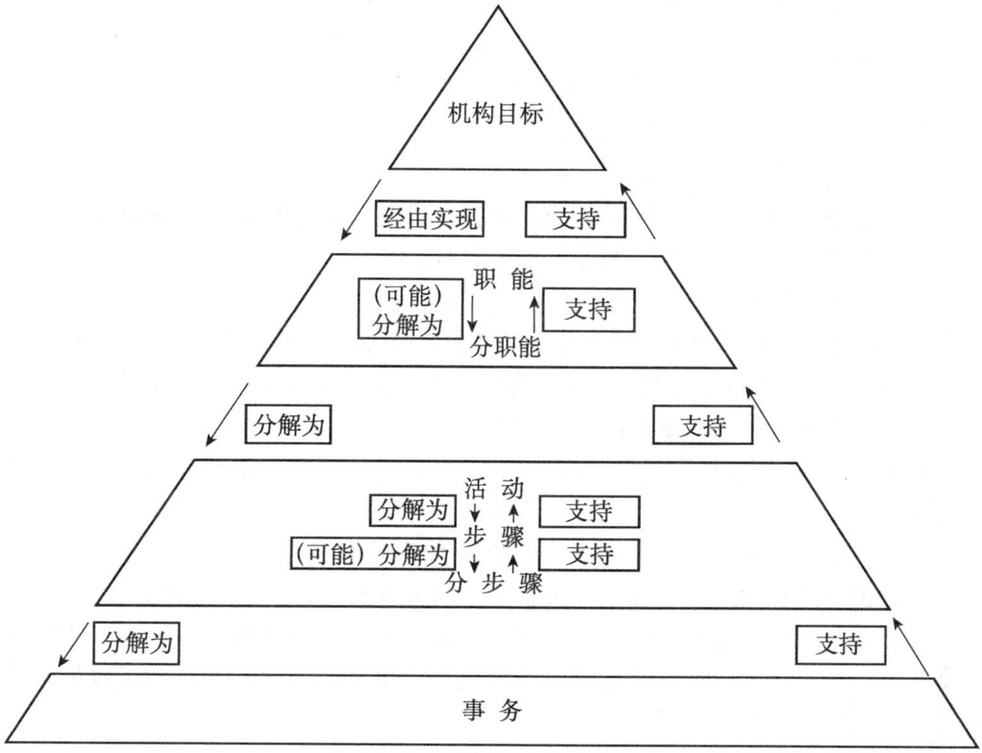

图5－1　等级分析示意图

为表述方便，这里将职能以及职能的细分（即分职能）称为职能层，将活动以及活动的细分（即步骤、分步骤）称为活动层，而将事务所在的层级称为事务层。职能层是业务活动等级结构的最高层级，活动层是中间层级，事务层是最低层级。需要指出的是，等级结构的层级数和层级名称的表述方式是灵活的。在实际业务环境中，业务活动的等级结构可以只有职能、活动、事务三级，也可以根据业务活动的复杂程度设置更多的层级，例如将职能分解为分职能，或者将活动进一步细分，或者将事务进行组合。

3. 序列分析

当为整个机构制定基于职能的分类方案，尤其是确定分类方案的较高层次时，等级分析非常重要。当识别机构某个流程（或称活动）的文件形成和积累方式时，序列分析就变得非常重要了。序列分析可以对整个机构的流程、部门的流程或单独的业务单元进行分析。根据分析的目的，它可以对流程集合、组成某个流程的事务或者某个事务进行分解。

序列分析可以在等级分析完成之后进行，或者作为等级分析的一部分来进行。先进行等级分析的好处在于能够提供一个活动和流程开展的组织背景。序列分析的结果应补充到通过等级分析建立的业务活动等级结构中。

相比等级分析在宏观层次上进行，序列分析是在较为微观的层面上进行的。序列分析考察流程中步骤的序列，识别导致步骤重复或者选择其他步骤的条件，以及每个步骤的输入和输出。序列分析能够精确识别文件在什么时间、什么场合、以何种方式被生成，梳理流程之间通过文件的输入、输出而建立的关系，有助于确定文件之间的业务背景联系，从而对文件进行有序整理和组合。

《信息与文献　针对文件的工作流程分析》（ISO/TR 26122：2008）对序列分析的步骤进行了说明，具体如下。[①]

（1）识别组成流程的事务的序列。

这一步骤的分析需要识别并记录：流程中事务开展的基本或常规模式；文件的形成流程；后续事务开始前必须完成的事务。

（2）识别并分析流程的变量。

很多流程都包含一个常规模式和一些变量，当关键要素发生变化时，流程的开展模式也随之发生变化。变量可以分为常见变量和需要特殊干预的不常见的变量。

（3）明确已经识别的事务的开展规则。

对事务的开展规则的识别，可能需要参考法律、法规、规范等的规定，机构的程序手册，本地实践，审计需求，以及所使用的应用软件的功能需求等。

（4）识别一个流程和其他流程、系统的关系。

通过识别流程的输入、输出，分析一个流程和机构内其他流程的关系，也可以分析一个流程和其他机构的流程之间的关系。由于等级分析可以展现流程之间在某些方面的关联，以及一个流程对整个机构的影响，因此这一步骤可以借鉴等级分析的成果。

需要指出的是，对于为建立文件分类体系的业务活动分析来讲，并不一定需要深入分析每个事务的变量、出现变量的条件等细节，关键在于确定事务的序列以及流程之间的关系。

流程分析可以用于分析一个业务部门内的流程，也可以用于分析跨越整个机构的流程，还可以用于分析跨越多个机构的流程。职能分析与流程分析相结合，就不仅能够分析单个职能的开展方式，还能够分析整个机构的业务活动和跨机构的业务活动。应用融合了职能分析和流程分析的业务活动分析方法，才能建立出既表现业务活动等级关系又表现业务活动之间流程关系的全景图，才能真正反映业务活动开展的实际情况，在此基础上建立的分类体系才能将业务活动的产物——文件，牢牢地置于机构的业务活动背景中。

4. 确定业务活动细分程度

业务活动细分程度指的是职能分析要分解到什么层级，以及对具体流程的考

---

① 可参见 International Organization of Standardization，ISO 15489-2 Guideline，8、9 页．

察要细致到何种程度。它是进行业务活动分析时要考虑的一个重要内容。

不同的目的对业务活动的细分程度有不同的要求。具体到文件分类来讲，业务活动分析如果过粗的话，就难以识别单个的活动或事务，无法将文件准确地归类；如果过细的话，就容易割裂在同一个活动中形成的文件的有机联系。业务活动分析要做到既能够揭示职能、活动、事务之间的等级关系，又能界定活动的边界以及活动之间关系的程度。为了合理确定业务活动分析的程度，需要考虑以下几方面的因素：

（1）机构的性质、规模以及复杂程度。

机构如果很庞大，那么开展很多不同的职能，往往会对文件管理有较高的要求。这样一来，业务活动分析的工作量将会较大，需要划分到较细的程度。

（2）机构所做工作的问责要求和风险程度。

如果机构所做工作的问责要求很高，风险程度很大，那么就需要精细的业务活动分析，从而保证在面对紧急事件时快速、准确地获取关键文件。

（3）文件的性质、复杂程度以及数量。

如果机构形成的文件是不断动态更新的或是多媒体电子文件，那么就需要精细的业务活动分析，从而保证文件分类方案能够对这些文件的所有组成部分进行归类。

（4）机构所采用的技术。

计算机系统的功能越强大，就需要投入越多的精力来建立一个精细的分类方案，使技术的优势最大化。

当然，上面所列出的因素并不全面，还要考虑其他很多实际情况，如用户工作的业务环境类型、机构业务信息系统的范围等。另外，由于业务活动分析是一项非常耗时、耗资源的烦琐工作，对业务活动细分程度的确定还要考虑机构对文件管理工作的支持程度、投入资源的多少。

还需要说明的是，每个职能、活动、事务的细分程度可以是不同的。如果某职能对机构目标的实现非常关键，或者该职能形成的文件未得到很好的管理将给机构带来很大风险，那么就需要对该职能进行较为细致的业务活动分析。另外，还要考虑业务活动分析的结果是否可以被多次重复使用。即如果该活动是常规活动，同样的流程要重复很多次，业务活动分析结果可以重复使用，则可以对该活动进行较为细致的分析；如果该活动是非常规活动或创新性活动，每次开展该活动的流程都有较大的不同，对某一流程细分的结果不可重复使用，则没有必要对该活动进行较深层次的细分。

5. 建立业务分类方案

业务分类方案是业务活动分析的产物。它指的是通过业务活动分析建立的展现职能、活动和事务之间关系的等级结构模型。等级结构主要展现的是职能、活动、事务之间的逐层的等级分解关系，而活动的排列、事务的排列则要尽量体现序列分析所识别的先后顺序。业务分类方案的基本结构如图 5－2 所示。

这里需要说明的是，该图只是业务分类方案的基本结构图。业务分类方案中

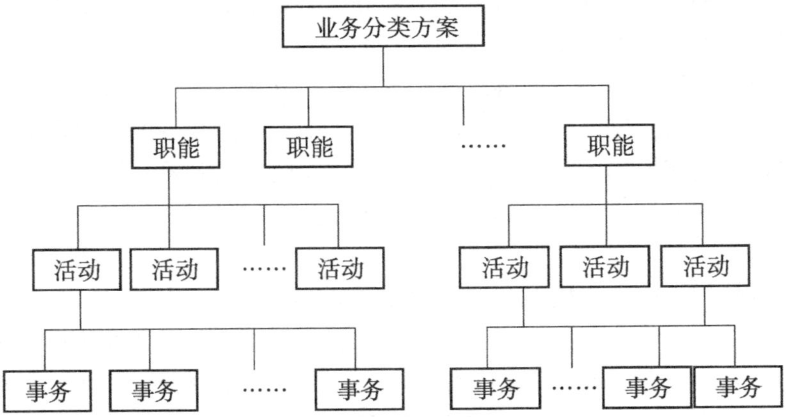

图 5-2　业务分类方案的基本结构

的职能、活动、事务分别对应于上文等级分析中识别的职能层、活动层和事务层，其中，职能层和活动层都是可以细分的。

除了基本结构图之外，还需要对业务分类方案进行描述，主要包括职能、活动、事务的范围说明，日期界限，以及类目之间的参见关系。

业务分类方案是对机构业务活动的纯粹的逻辑分析，是机构做什么、如何做的概念模型。它是建立基于职能的文件分类方案的基础。基于职能的文件分类方案的层级自上至下依次是职能层、活动层、事务层，与业务分类方案的相应层级一一对应。

（三）设置电子文件分类方案的层级和类目

电子文件分类方案通常是层级结构，主要由各级类目组成，是一个相对稳定的体系。在电子文件分类方案的最底层类目下，一般设有案卷这个文件集合层次。案卷是与同一个主题、活动或事务等相关的一组文件的组织单元。案卷是同类文件的最小集合体，按照管理的需要建立和关闭。电子文件的案卷是逻辑案卷。

一个单位形成的所有电子文件，经过分类和立卷，将形成由全宗、类、案卷、文件等组成的一个多层次的等级结构体系。电子文件分类方案的结构如图 5-3 所示。

业务分类方案可以为电子文件分类方案的类目层级设置提供参照，其职能层、活动层、事务层大致可对应于电子文件分类方案的相应层级。在多数情况下，业务分类方案的层级和类目名称可以直接用作电子文件分类方案的层级和类目名称。在有些情况下，需要对业务分类方案的类目甚至层级做适当调整，才能用于电子文件分类方案。这是因为业务分类方案是对机构业务活动的逻辑分析，而电子文件分类方案是对文件进行分类的应用工具，要充分考虑其在实践中的可操作性。下面将分别对职能层、活动层和事务层的设置及类目命名进行说明。

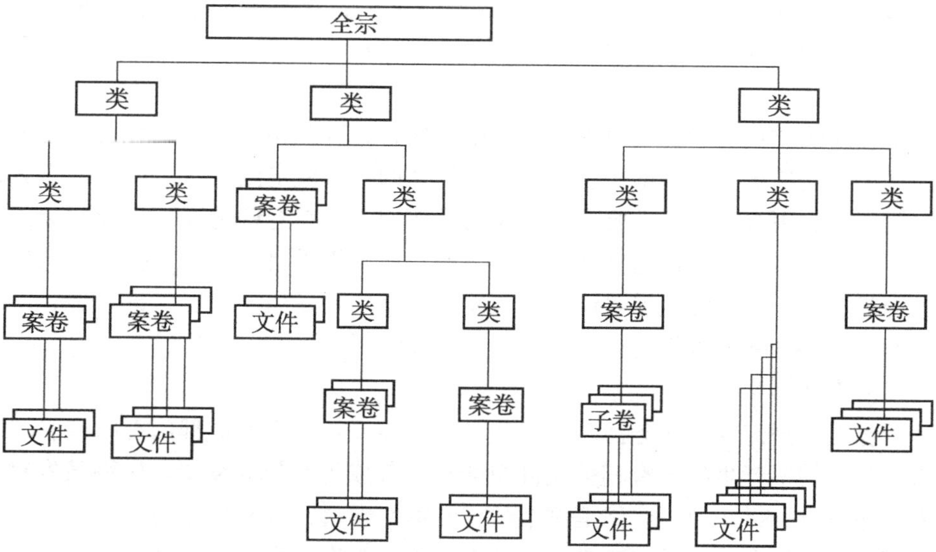

图 5-3　电子文件分类方案的结构示意

1. 职能层

业务分类方案的职能层往往可以直接用作文件分类方案的职能层类目（可以称之为类）。职能层类目并不直接存放案卷等文件集合体单元，而是提供文件集合体的职能背景。

在实际工作中，业务分类方案中的职能有可能过于庞大复杂，需要细分很多层才能到生成文件的事务层。如果将这样的职能作为文件分类方案的第一层，可能会导致分类方案的层级过深，影响用户快速、便捷、准确地找到所需层级和类目。在这种情况下，可以根据文件管理的需要对庞大的职能进行调整。例如，有些大型机构的人力资源管理职能可能会过于庞大，该职能有可能包括设置职位、员工发展、批准和处理休假、职业健康和安全、行业关系等。如果将"人力资源管理"作为第一层，"职业健康和安全"作为第二层，那么"工作场合环境监督"成为第三层，而在这一层之下还要细分若干层级才能到具体形成文件的事务。这样一来整个分类体系就会显得比较繁杂、笨重。在这种情况下，可以不使用"人力资源管理"这个业务层级，而是将"职业健康和安全""员工管理""员工发展"提升到第一层级作为职能层。

2. 活动层

业务分类方案的活动层往往也可以直接用作文件分类方案的活动层类目（可以称之为子类）。和类一样，子类也不直接存放案卷等文件集合体单元，而是提供文件集合体的活动背景。需要指出的是，活动层的情况较为复杂，可能是活动以及活动的细分（如步骤、分步骤等），由多个层级组成，那么文件分类方案的活动层也可能由多个层级组成。

3. 事务层

业务分类方案的活动层之下是事务层类目。由于文件通常是在业务活动的底层事务中产生的，因此分类方案的事务层可以直接存放案卷[①]等文件集合体单元。这和类、子类仅提供文件集合体的业务活动背景而并不实际存放案卷不同。

事务层的类目设置要反映单个文件组合成案卷以及相关案卷组合在一起的方式。业务活动的逻辑结构不是事务层类目设置的唯一决定因素。用户在检索方面的需要以及利用习惯都是需要纳入考虑的重要因素。在有些情况下，业务分类方案的事务层不能直接转换为文件分类方案的相应层级类目。不能直接转换的情况大致分为两种：第一种是需要设置专案案卷；第二种是需要综合考虑事务、文件类型和文件主题来设置类目名称。

（1）专案案卷。

根据法律规定或者业务活动本身便利性的需要，文件形成部门有时会将围绕某人或某种情况产生的所有相关文件组合在一起成为专门的案卷，这种案卷被称为专案案卷（case file），也称案例案卷。专案案卷通常具有以下特点：专案案卷的内容往往涉及多个不同的事务甚至活动；形成专案案卷的业务活动往往是结构化的或半结构化的，即往往在一定程度上遵循固定的程序；同类专案案卷中包含的文件种类基本相同。

国内虽然没有对这类案卷的统一称呼，但这类案卷在实际工作中有广泛应用。例如，在人力资源管理活动中，机构往往按照一人一卷的方式将与该职工相关的所有档案组合成一个案卷进行保管，将其称为人事档案。该类案卷中的档案涉及多个事务，如职务变动、薪酬调整等。再如，公安、司法、检察机关等在处理各种诉讼活动中形成了诉讼文件材料及有关的证物材料，这些机构往往以案件当事人或当事单位的法定代理人为对象组织案卷，将其称为诉讼案卷。该类案卷涵盖一个案件从收案、审理到结案所形成的全部诉讼文件。

专案案卷围绕着特定的人员、事件等对象将文件组合在一起，或者围绕产品、项目等对象将文件组合在一起，这与业务分类方案根据业务活动的层层分解设置层级的思路不同。正是因为这个原因，英国国家档案馆 2003 年发布的《业务分类方案设计》提出，专案案卷和职能分类的思路是相冲突的。[②] 实际上并非如此。专案案卷虽然围绕对象而不是业务活动进行组织，但它并不是以该对象为主题搜集所有文件材料，而是将在该对象参与的多个相关业务活动中形成的文件组织在一起。也就是说，对于专案案卷来讲，职能背景是第一位的，对象是第二位的。从这个角度来讲，专案案卷和职能分类的思路并不冲突，可以将专案案卷纳入职能分类方案中。

---

① 中国国家档案局于 2000 年发布档案行业标准《归档文件整理规则》（DA/T 22－2000），取消了原有的将文件装订组卷的方式，而改为以件为单位进行整理。不过，该规则要求将文件按照件号顺序放入档案盒，在一定程度上，档案盒可以起到作为一层保管单元的作用。另外，从规则的内容和实施来看，该规则主要是针对文书类文件的。本教材使用案卷来涵盖档案盒这类保管单元。

② The National Archives. Business Classification Scheme Design. [2010－10－20]. https://www.yumpu.com/en/document/view/3155016/business-classification-scheme-design-the-national-archives.

（2）类目名称。

综合考虑事务、文件类型和文件主题来设置事务层类目名称的情况较为常见。澳大利亚国家档案馆在《文件管理分类工具综述》[①]（2003年）里提供了一个例子，列出了“职业健康和安全”职能下“风险管理”活动中的事务流程，并列出了与每个事务相关的文件和可能的事务层类目名称（见表5-1）。该例子可以较好地说明事务层的类目名称设置情况。

表5-1　　风险管理类的类目名称

活动	事务	文件	可能的类目名称
风险管理	研究并识别用来评价工作场所的职业健康与安全风险的标准	标准列表	3. 标准 4. 工作场所评价 5. 风险的名称
	确定合适的风险评估方法		
	撰写与职业健康和安全相关的风险评估方法论报告	评估风险的方法论报告	6. 风险评估方法论 7. 报告
	收集数据		
	汇报结果	结果报告	8. 结果报告 9. 危险因素
	制定措施降低职业健康与安全风险		10. 风险处理 11. 预防行为 12. 风险的名称
	职业健康与安全风险评估措施获取批准	批准风险评估措施	
	合理处置健康与安全风险		
	制作风险处置报告	风险处置报告	13. 处置报告
	持续检测风险等级	检测报告	14. 风险检测报告
	制作风险等级评估的定期报告	定期报告	15. 风险评估 16. 定期报告（日期）

另外，由于文件分类并不是纯粹的逻辑划分或组合，可能出现有些文件难以被归入某“活动”类目下属的特定的“事务”类目，而是和该“活动”类目下的多个事务或所有事务相关，那么可以在事务层（而不能在事务层之上的层级）设置“综合”类目来容纳这些文件。但是，“综合”类目要慎重使用，只能用于存放不重要

① National Archives. Overview of Classification Tools for Records Management.（2003-07）[2010-10-20]. http://www.naa.gov.au/images/classifcation%20tools_tcm16-88850.pdf.

的、可以定期销毁的文件。

这里需要着重指出的是，尽管文件分类方案的事务层既可以是专案案卷，也可以是根据事务流组织的案卷，还可以是为了方便检索而混合事务、主题或文件类型组成的案卷，但是这并不意味着整个文件分类方案是综合了职能、文件主题、文件类型等多种分类方法的混合分类体系。其原因在于，受职能层和活动层的层层限定，文件、案卷已经被牢牢置于业务活动的等级结构背景中，而事务层对文件主题、文件类型等要素的吸纳以这个结构为背景框架，并不改变文件分类方案基于职能的性质。

一个事务层类目下可以有一个案卷，也可以有一组案卷。事务层之下往往不再设置层级类目来反映文件的组织方式，而是直接通过案卷的排列方式以及案卷内文件的排列方式来反映。常见的排列方式有：按照文件形成的时间顺序排列，或者按照文件上特有的标识号码排列等。

(四) 完善电子文件分类方案的相关要素

除了根据业务分类方案设置电子文件分类方案的层级和类目之外，还应根据需要完善电子文件分类方案的相关要素，主要有分类方案的编制说明、类目编码、类目范围说明、类目之间的参见说明，以及该类文件的负责部门等。这些要素是文件分类人员对文件进行归类所需要的基本信息，也是文件使用者快速准确地找到所需文件的关键参考。

1. 编制说明

编制说明是对电子文件分类方案的编制目的、适用范围、编制原则、编制依据、编制方法、分类方案的体系结构以及使用方法等的说明。它有助于文件分类人员以及其他用户从总体上了解文件分类体系，减少应用过程中的困惑。

2. 类目编码

类目编码是类目的标识符。电子文件分类方案的类目编码可以全部是数字，也可以由字母、数字混合而成。编码通常由几段组成，分别对应文件分类方案的几个层级。

3. 类目范围说明

类目的范围说明的作用是界定类目的范围，明确该类目在特定机构的含义和用法。范围说明可以包括：对该类目业务活动本身的描述，该业务活动下属的活动类型，该类目和其他类目的关系，以及相应的文件类型等。在电子文件管理系统环境中，没有文件管理专业技能的普通用户将承担起一定的文件分类职责，于是类目范围就变得非常重要，它是帮助不具有文件管理专业技能的普通用户识别类目的关键指南。较为理想的情况是，电子文件分类方案的每一个类目都有范围说明。

下面将具体介绍文件分类方案的职能层、活动层和事务层的类目范围说明要求。

(1) 职能层。

职能层类目的范围说明要包括：描述该职能的目的，列出该职能类目下出现的主要活动，并说明它们是怎么构成整个职能的，从而可以引导用户到该职能类目下的活动层。如果需要的话，还可以指出该职能不包括的范围，以避免混淆。

（2）活动层。

活动层类目的范围说明要包括：描述该类所包含的文件的目的和主要内容，该类文件支持的职能活动；解释活动层类目和其上位类职能层类目的关系；描述构成该活动的主要的事务，以及事务层类目之间的相互关系，从而可以引导用户到支持该活动的相关的事务层类目。例如，该类目下文件的用途是评估员工培训项目的效果。

（3）事务层。

事务层类目的范围说明要包括：描述该事务，描述该类所包含的文件的目的和主要内容，以及该类文件支持的活动。

4. 参见说明

如果用户有可能将该类目和其他类目相混淆，则可使用参见说明将用户引导至其他相关的类目。任何层级的类目都可以使用参见说明。

5. 负责部门

负责部门指的是对某类文件承担正式的管理和处置职责的部门。该要素将文件的管理职责明确化，并将文件管理纳入整个机构的职责体系。负责部门一般设置在事务层类目上。如果该机构业务职责界限清晰且组织结构设置较为简单，也可以将负责部门设置在活动层类目上。

案例 5－2　杭州市档案局（馆）于2012年制定的本单位分类方案

杭州市档案局认识到，建设电子文件管理系统不仅是一项技术性工作，还需要在业务上进行变革。为在全市推行电子文件管理系统，该局以本局为试点单位，按照国际上流行的职能分类法，构建了一套分类方案，其中前两级目录如下：

A. 党群事务

01. 党组织建设

02. 会议管理

03. 纪检监察工作

04. 宣传工作

05. 工会工作

06. 团支部工作

07. 妇委会工作

08. 档案学会工作

B. 组织人事工作

01. 机构编制

02. 人事工作

03. 教育培训

04. 外事工作

C. 行政工作

01. 文书工作

02. 档案管理

03. 会议管理

04. 目标管理

05. 建议提案管理

06. 信访工作

07. 安全保密

08. 综合事务管理

D. 财务及资产管理

01. 会计

02. 审计

03. 政府采购

04. 资产管理

E. 法制工作

01. 法规规范

02. 行政执法检查

03. 行政许可

04. 行政处罚

05. 行政复议

06. 行政应诉

07. 行政监管

08. 行政强制

09. 普法教育

F. 业务指导

01. 目标管理认定

02. 档案业务评比

03. 档案年检

04. 档案工作情况统计

05. 档案登记备份

06. 其他业务活动

G. 档案保管利用

01. 档案接收

02. 档案鉴定

03. 库房管理

04. 利用统计

H. 信息化管理

01. 综合

02. 信息化管理

03. 信息化项目建设

04. 科研项目

I. 档案编研

01. 档案编研

02. 档案展览

J. 档案征集

01. 档案捐赠

02. 档案征购

03. 声像档案采集

K. 电子文件管理

01. 综合

02. 政策制定

03. 会议

04. 试点推进工作

05. 考核督查工作

从该分类方案可以看出：

(1) 采用了职能分类法，文书档案的名称被打破，也没有声像档案、实物档案的载体类目。(2) 对于专有职能的划分比较细致。结合档案局的特点，按照档案管理的业务流程划分了专有职能，分类方案中“F. 业务指导”“G. 档案保管利用”“I. 档案编研”“J. 档案征集”“K. 电子文件管理”等5个大类属于专有职能。

资料来源：杭州市档案局。

案例 5-3　温哥华市政府的文件分类方案

加拿大温哥华市政府使用的文件分类方案的名称是《温哥华文件信息管理标准》(Vancouver Records Information Management Standard，VanRIMS)。VanRIMS是一个基于职能的文件分类方案，它由市政府的文件档案处于2003年开始制定，历经2年完成，之后在整个市政府范围内进行推广应用。

VanRIMS是一个集文件分类与保管期限于一体的文件分类方案。作为文件分类工具，VanRIMS用于对文件进行组织、著录和智能控制，也可以改进文件的存储和检索；作为文件保管和处置期限工具，它包含根据类目对文件进行生命周期管理的保管期限信息。

VanRIMS能够涵盖温哥华市政府各个机构在业务活动中形成的各种载体、各种格式的所有文件。它有14个一级类目，分别是：行政、不动产和设施管理、采购与库存管理、信息管理、财务管理、法律事务和风险管理、人力资源管理、治理、公共图书馆、土地管理和规划、公园与娱乐、市政工程、消防和营救、警察局。这 14 个一级类目代表市政府承担的主要职能，可以分为两大类。一类是核心职能，主要是市政府向社会提供的服务（如市政工程职能，即公共基础设施的建设和维护）；另一类是辅助职能，主要是市政府支持自身存在所开展的职能活动（如财务管理职能，即管理市政府财务）。每个政府机构既有可能承担市政府的核心职能，也有可能同时承担部分贯穿整个市政府的辅助职能。这意味着每个机构形成的文件中一部分将归入核心职能类目，一部分将归入辅助职能类目。

VanRIMS 有三层等级结构，分别对应职能层、活动层和事务层。VanRIMS 并不对事务层以下的文件的组织方式进行限制和规定，每个机构可以选择最能满足业务需要的方式来组织文件。

由文件档案处编制的《VanRIMS 类目编制规则》规定：完整的类目名称由职能层类目名称、活动层类目名称和事务层类目名称共同组成，每个类目都必须有一个特定的类目号。格式如下：

类号			类名		
职能类目号	活动类目号	事务类目号	职能类目名	活动类目名	事务类目名

VanRIMS 的三层类目都有详细的范围说明。VanRIMS 在事务层类目上附加有责任部门要素和文件保管期限要素。责任部门是有权决定文件形成及管理方法的部门。文件保管期限规定了现行文件在文件形成机构应当保存的时间、计算保管期限的触发点、半现行文件在文件中心应当保存的时间，以及文件的最终处置是销毁还是移交档案馆永久保存。触发点指的是开始计算保管期限的特定的时间点。触发点有两种，分别是年度（标识为 CY）和事件（标识为 EV）。年度触发点意味着文件在形成机构内保存的时间是文件形成年度结束之后再保存保管期限里规定的年数。事件触发点意味着文件在形成机构内保存的时间是从导致该案卷被关闭的特定事件所在时间起再保存保管期限里规定的年数。使用事件触发点的保管期限需要明确定义触发事件。文件的最终处置如果是销毁，标识为 D；如果是移交档案馆永久保存，标识是 A。文件保管期限的表达方式是：触发点类型-触发点标识＋在形成机构保存的时间/在文件中心保存的时间/最终处置方式。例如，年度-CY＋6 / 2 / D 指该类文件的保管期限是：自文件形成时的自然年度开始计算，在文件形成机构保存 6 年，在文件中心保存 2 年，之后销毁。

下面将以“不动产和设施管理职能”为例展示 VanRIMS 的面貌。

分类号　　　02

类名：不动产和设施管理

范围说明：

不动产和设施管理职能指的是对市政府拥有的建筑物、设施的管理，以及对市政府拥有或租赁的场地的管理。它包括对市政府所拥有的建筑物、设施和场地的获取、发展、建设、变更、维修和处置。

分类号　02-1000

类名：不动产和设施管理-设施建设

范围说明：

与市政设施的建设和整修项目相关的文件。它包括项目可行性的评估、项目规划的制定、工程造价的全过程跟踪、项目预决算比较。该类用来记录一个项目的所有阶段，可以用作同类项目的参考。

分类号　02-1000-01

类名：不动产和设施管理-设施建设-综合

保管期限年度-CY+1/0/D

OPR（COV）　保管部门

OPR（公园局）　公园局-保管部门

OPR（VPD）　VPD-保管部门

OPR（VPL）　VPL-保管部门

范围说明：

只用于以下文件：

1）不能归入任何一个特定的事务层的文件；

2）文件的业务、经济或法律价值不超过1年，通常会在文件形成1年后被销毁。

分类号　02-1000-02

类名：不动产和设施管理-设施建设-参考资料

保管期限事件触发点-EV+0/0/D

OPR（COV）　保管部门

OPR（公园局）　公园局-保管部门

OPR（VPD）　VPD-保管部门

OPR（VPL）　VPL-保管部门

范围说明：

该类用于图书、文章、白皮书等为活动的持续开展提供参考的资料，但是并不是业务活动开展的证据。

分类号　02-1000-10

类名：不动产和设施管理-设施建设-设施建设研究

保管期限事件触发点- EV+3 / 7 / D

OPR（COV） 设施设计和管理部

OPR（VPD） VPD -设施部

OPR（VPL） VPL -领导组（LMT）

范围说明：

记录了对潜在的设施建设项目的研究的文件。该类文件被用来评估项目的可行性，制定设计指南以及项目规划书等，也可用作参考资料。文件种类包括报告、函件、计划和图表等。

资料来源：《温哥华文件信息管理标准》（VanRIMS），由马林青在调研中获得。

【小结】

分类是电子文件管理的核心基础，能够为电子文件管理提供一个系统的、一致的框架体系，为电子文件鉴定、处置以及电子文件安全、存取权限控制等活动提供有力支持。在电子环境下，面对文件管理环境和要求的变化，分类应承担起比在纸质环境下更为重要的作用。电子文件分类成为维护文件的真实、可靠、完整的重要手段，成为整套文件管理活动的支撑工具，为一系列文件管理活动提供实施框架。基于职能的文件分类法提供了一个不仅能够说明机构做什么，更能说明机构如何做的文件体系结构。建立基于职能的文件分类方案需要有多方人员参与，也需要有系统的方法支撑。在参与人员方面，主要有文件管理人员、机构领导、业务人员、信息技术人员等。系统的方法包括环境调查、业务活动分析，以及在此基础上设置文件分类方案的类目等，从而最终建立电子文件分类方案。

【思考与练习】

1. 在数字环境下，电子文件分类相比我国传统的档案分类发生了哪几个方面的变化？

2. 职能分类法在电子文件管理中的作用有哪些？

3. 基于职能的文件分类方案和文件保管期限表、文件安全和存取方案之间有何关系？

4. 请说明等级分析法和序列分析法的区别和联系。

5. 请结合实际，分析一个专案案卷的结构。

6. 请选取一个文件形成单位，对其进行环境调查和业务活动分析，为其建立一个电子文件分类方案。

【参考文献】

1. Australia National Archives. Designing and Implementing Recordkeeping Systems. (2003) [2010 - 10 - 20] . https：//www. records. nsw. gov. au/recordkeep

ing/advice/dirks-manual.

2. Australia National Archives. Overview of Classification Tools for Records Management. (2003－07) [2010－10－20]. http://www.naa.gov.au/Images/classifcation%20tools _ tcm16-49550.pdf.

3. Library and Archives Canada. BASCS guidance. (2004) [2010－10－20]. http://www.collectionscanada.ca/informationmanagement/.

4. Sabourin P. Constructing a Function-Based Classification System: Business Activity Structure Classification System. Archivaria. 2001, 1 (51): 137－154.

5. Fiorella Foscarini. Function-Based Records Classification Systems. An Exploratory Study of Records Management Practices in Central Banks. [2010－10－20]. https://circle.ubc.ca/handle/2429/9310.

6. Orr S A. Function-based Classification of Records: Is It Functional?. Archives and Manuscripts. 2006, 34 (1): 44－97.

7. 马林青. 基于职能的文件分类：理论、方法与实践. 杭州：浙江大学出版社，2014.

8. 刘越男. 略论文件分类的基本问题. 山西档案，2009 (6)：13－16.

9. 冯惠玲，赵国俊，等. 中国电子文件管理：问题与对策. 北京：中国人民大学出版社，2009.

第六章

电子文件的鉴定与处置

【本章要点】

1. 电子文件鉴定、处置的概念及相互关系
2. 电子文件鉴定与处置的内容与程序
3. 电子文件价值鉴定的方法
4. 电子文件保管期限与处置表
5. 电子文件处置的内容及方法
6. 对电子文件鉴定、处置过程的监控

第一节 电子文件鉴定与处置概述

鉴定是档案工作中最难也是争议最多的环节，电子文件的出现增加了这项工作的复杂性和难度。鉴定工作的成果关系着我们能否为子孙后代挑选反映当代社会方方面面的文献资料，鉴定问题是档案管理的重要理论与实践问题。在档案工作者由“被动地保管历史”向“主动选择提供一份当今人类生活的代表性记录”[①] 转变的过程中，电子文件鉴定成为引发变革的重要因素，电子文件鉴定的理论和方法反映了信息时代人们管理和利用文件信息的新理念。

一、电子文件鉴定的概念与内容

（一）电子文件鉴定的概念

从通俗的意义上讲，鉴定就是在仔细研究之后加以判断的意思。由于目的不

① 汉姆．档案边缘．刘越男，译．山西档案，1999（1）．

同，对于文件的鉴定也有多种理解。总的来说，鉴定工作包括真伪鉴定、开放鉴定、密级鉴定、价值鉴定、技术鉴定等。其中，最为常用的鉴定概念是文件的价值鉴定（appraisal），即按照一定的方法和原则，判断文件的现实和历史价值，确定其保管期限。本教材即采用这样的鉴定概念。

关于价值鉴定的概念，目前较有代表性的解释有：

（1）基于文件当前的业务、制度、法律、财政或历史价值，文件的情报价值和整理状况，以及与其他文件之间的关系，对文件进行的评估过程。①

（2）判断文件未来使用价值的过程，无论文件使用的目的是什么、其价值的持续时间有多长。又称 evaluation、review 或 selection。②

（3）为确定文件保管期限和条件而对文件价值进行评估的过程。③

鉴于上述认知，本教材认为，电子文件的鉴定是指对文件的价值进行评估，判断其是否属于归档范围并划分其保管期限的工作。

（二）电子环境下鉴定工作内容的拓展

由于电子文件有着不同于纸质文件的技术特点，电子文件价值的实现需要依赖一定的技术条件。中外多位学者指出，鉴定除了要像传统做法一样开展对内容信息的价值判定外，还应进一步拓展。比如电子系统中文件真实性永久保障国际合作项目认为，鉴定的主要任务是评估文件的持续价值，同时还要确认文件的真实性，并保证对于真实文件的保存具有意义的数字要素或对象能够被保存或复制下来。

电子环境下鉴定工作拓展的内容主要包括如下两个方面。

1. 对于文件身份的鉴定

即对电子文件的识别。确认电子信息的文件身份是启动电子文件生命周期管理的触发点。这项工作解决的问题是“什么信息需要鉴定”，也就是说什么样的电子信息可以成为文件。机构内部通常存在多个信息系统，包括办公系统、业务系统、管理信息系统、决策支持系统等，这些系统中保存了多种信息，并不是所有的信息都是文件信息。识别工作就是确定哪些信息可以构成一份文件，因此识别工作需要判断信息的价值。识别是电子文件管理的新内容，也是鉴定工作顺利开展的基础和前提。

信息时代数据量与日俱增，但这并不意味着所有数据都需要保存。从档案学角度说，电子文件管理的对象是那些内容确定且固化，具有完整的内容、结构和背景信息的记录性数据（recorded data）。因此，文件、档案工作者需要从不同类型、不同来源、不同格式的混杂在一起的数据中挑选出可以称之为文件的数据。

---

① ANSI/ARMA 9 - 2004. Requirement for Managing Electronic Messages as Records. Lenexas：ARMA International，2004.

② IRMT. Glossary. Managing Public Sector Records：A Study Programme. UK：International Records Management Trust（IRMT），2009.

③ InterPARES 2 Terminology Database. ［2017 - 02 - 20］. http：//www. ciscra. org/mat/mat/term/47.

电子文件的识别，实质是明确机构形成电子文件的需求，即机构需要形成哪些电子文件。从这个意义上讲，识别也是电子文件管理系统设计的内容。识别的最佳时间是在系统设计阶段，也就是在电子文件形成之前。但是，由于文件、档案工作人员介入系统设计的情况尚不够普及，很多电子文件往往在生成之后才得以被识别。随着信息技术的发展，构成文件的信息处于不断更新的状态，或者出现新的来源和形式，或者与其他非正式、私人的信息混杂在一起，这些状况都给识别工作增加了一定的难度，要求识别工作随之进行调整和完善。这也是目前电子邮件、动态数据库、网站文件、社交媒体文件的识别工作不甚理想的原因所在。

2. 技术鉴定

1984 年法国档案学者哈罗尔德·瑙格勒首次明确提出机读文件（电子文件）双重价值鉴定的思想，他认为电子文件的鉴定包括对文件所含信息的鉴定（内容鉴定）和对文件技术状况的鉴定（技术鉴定）两个方面。[①] 也就是说，科学地判定电子文件的保存价值，除了像传统档案鉴定一样，需要判断电子文件信息的有用程度之外，还需要判断电子文件的有用程度是否具有实现的可能，即检查电子文件的品质，以明确电子文件的价值是否处于可利用的状态，这项技术鉴定工作也称“有用性鉴定”。“内容鉴定”和“技术鉴定”合称为电子文件的“双重鉴定”。

鉴定内容的上述扩展，赋予鉴定工作更为广泛的含义，扩展的内容与其他管理业务活动具有交叉、渗透和并行特征。由于识别工作的实质是明确机构形成电子文件的需求，技术鉴定从本质上讲是电子文件技术状况的检测工作，本教材将上述内容集中于形成（第三章）和保存（第七章）部分详述，这里不再展开。如果说包括了“识别”“价值鉴定”“技术鉴定”等内容的工作可以称为“广义的电子文件鉴定”的话，那么本教材使用的是“狭义的电子文件鉴定”的概念，仅指电子文件的价值鉴定，或称有用性鉴定。

（三）电子文件鉴定工作的内容

从概念来看，电子文件的鉴定主要包括两个方面的工作内容。

1. 判断文件是否属于归档范围

即从文件形成者与社会对电子文件的持续利用需要的角度，根据档案价值鉴定的若干标准判定电子文件是否具有保存价值，是否应被纳入档案管理的范畴。具体的鉴定标准由于受历史、文化、法律、社会、业务等多种因素的影响，在不同的国家、地区和机构可能有所不同。一般而言，基本的鉴定标准包括：内容标准、职能标准、形式标准、效益标准等。本教材第四章对归档范围有较为详细的阐述。

2. 划分电子文件的保管期限

应纳入档案管理范畴的电子文件，其价值大小有区别，表现在保管期限的长短上。不同国家划分保管期限的方式和档次有所区别，大体有精细型和粗略型两类。顾名思义，精细型保管期限的特点是档次多，区分细致，短至几个月、几

---

① 瑙格勒．机读文件的档案鉴定．联合国教科文组织“文件与档案管理规划”（RAMP），1984.

年，长至数十年乃至永久，比如美国国家档案与文件署颁布的《通用文件保管期限表》（GRS）标明的文件保管期限包括1个月、3个月、6个月、1年、2年、3年、4年、5年、6年、7年6个月、15年、20年6个月、56年等。粗略型保管期限的特点是档次少，比如我国国家档案局规定的机关文书档案、企业管理性档案、会计档案都采用10年、30年和永久三档保管期限。

二、电子文件处置的概念与内容

（一）电子文件处置的概念

处置（disposal或disposition）是国外文件、档案管理的常用术语之一。近些年来，我国电子文件管理领域也经常使用该术语。目前各国文献中对处置的理解不尽相同，比较有代表性的有：

（1）按照文件处置规范或其他规定，对文件实施保管、销毁或移交的一系列过程。①

（2）在文件和档案环境下，根据文件处置表对文件的鉴定和保管期满后的结果而实施的行为。②

（3）文件处置通常包括移交、销毁和续存等类型。③

（4）按照设定期限对文件执行的处置行为，决定文件或者销毁，或者进入文件生命周期的新阶段继续留存。处置必须按照文件保管期限与处置表的规定实施。④

参照上述概念，本教材认为电子文件的处置是指按照电子文件保管期限表（retention schedule）、处置表（disposal schedule）或其他规定，对在文件形成机构内保管到期的电子文件实施移交、销毁或续存的一系列过程。

需要注意的是，在我国，对于处置还有另外一种理解，即办毕公文的处置，也称归档处置，处置被认为是文书工作的最后一个环节，主要包括清退、销毁、暂存、立卷、归档等行为。上述理解主要限于文书工作的范畴，并不普及。本教材根据国际惯例，将处置理解为文件保管到期的处理。

（二）电子文件处置的内容

处置关系到鉴定的结果能否得到实施，具体的处置行为主要包括移交、销毁或续存。

---

① 中华人民共和国国家质量监督检验检疫总局，中国国家标准化管理委员会．信息与文献 文件管理 第1部分：通则：GB/T 26162.1－2001/ISO 15489－1：2001.

② IRMT. Glossary. Managing Public Sector Records：A Study Programme. UK：International Records Management Trust（IRMT），2009.

③ 中华人民共和国国家质量监督检验检疫总局，中国国家标准化管理委员会．电子文件管理系统通用功能要求：GB/T 29194－2012.

④ Modular Requirements for Records Systems（MoReq 2010）.

1. 移交

移交是指将电子文件从电子文件管理系统转移至电子文件长期保存系统或其他系统（包括第三方机构的电子文件管理系统）的过程。

2. 销毁

销毁是指消除或删除电子文件，使之无法恢复的过程。

3. 续存

续存是指将保管到期的电子文件继续保存。

此外，还可能存在一些特殊的电子文件处置行为，包括冻结、法律保留等。

三、电子文件鉴定与处置的关系

鉴定与处置的关系非常密切，鉴定决定哪些文件需要保存以及需要保存多久，处置则是对保存到期的文件予以移交、销毁或续存的处理。没有鉴定，处置无所依据；没有处置，鉴定有始无终。两者共同决定文件的最终归宿。因此，一些国家将处置看作鉴定工作中的一个环节，例如，美国将鉴定定义为“决定联邦文件价值及其最终处置行为（暂存或永久保存）的过程”。

从我国的档案实践来看，虽然传统档案鉴定工作中没有处置的概念，但实际上也包含了处置的工作内容。按照鉴定的目的和发生的时间顺序，文件鉴定工作通常包括归档鉴定、期满鉴定和进馆鉴定三种。归档鉴定是就文件是否归档（是否留存）而开展的鉴定，其任务是确定电子文件的保管期限，时间视各单位的具体情况而定，可以是在文件形成之前（系统设计阶段），也可以是在文件形成之后、归档之前。期满鉴定的任务是检查到期的文件是否有继续保存的价值，根据分析的结果执行相应的处理，如销毁或重新划分其保管期限。进馆鉴定就是对文件是否向档案馆（机构内部的档案馆除外）移交所做的鉴定，在电子环境中，移交包括从机构内的电子文件管理系统以离线或在线的方式转移到档案馆的电子文件长期保存系统中。在上述三种鉴定中，归档鉴定基本对应于本教材所界定的价值鉴定工作，期满鉴定、进馆鉴定即本教材所界定的处置工作。

但是，相比鉴定中的其他工作内容，处置又具备一定的独立性。因此，在本教材中，鉴定仅指对文件内容保存价值的判断，而处置则是对鉴定结果的执行活动。

四、电子文件鉴定与处置过程中需要开展的其他工作

为保证电子文件鉴定与处置的顺利进行，还需要开展制定保管期限与处置表、监控等工作。

（一）保管期限与处置表的制定

保管期限与处置表是开展电子文件鉴定与处置工作的依据，在电子文件管理系统设计阶段，需要同步制定保管期限与处置表。保管期限与处置表及其制定的

详细内容见本章第二节。

（二）对电子文件鉴定与处置的监控

鉴定是一项高智力水平的工作，也具有相当的风险，为了保证其合乎规范，遵守有关程序、政策和标准，并及时纠正某些不当行为，需要采取一定的监控（monitoring）措施。目前主要采取的监控措施就是对电子文件鉴定过程予以记录。传统鉴定工作中也有类似的内容，包含在后处理工作中。它要求鉴定者组织鉴定工作卷，即将鉴定卡片、鉴定计划、鉴定报告、保管期限表等组成案卷，妥善保存。记录电子文件鉴定工作的材料包括：文件系统中的跟踪记录（日志/著录）、鉴定报告、销毁记录、迁移记录、缩微记录等。这些文件是鉴定与处置工作的证据，应由机构统一保管。

除了记录，机构电子文件监控措施还包括对于记录材料的审查以及一些纠正或调整行为等。其中，审查的事项包括：检查鉴定报告，分析其是否现实、可行、符合效益要求；检查文件系统中的审计跟踪记录，确认有无误操作；检查在销毁、脱机、缩微等处置活动中形成的文件，确认操作是否规范等。纠正或调整行为包括：调整文件保管期限、删除漏删文件等。

电子文件鉴定、处置过程中各项工作的开展程序及其相互关系如图 6－1 所示。

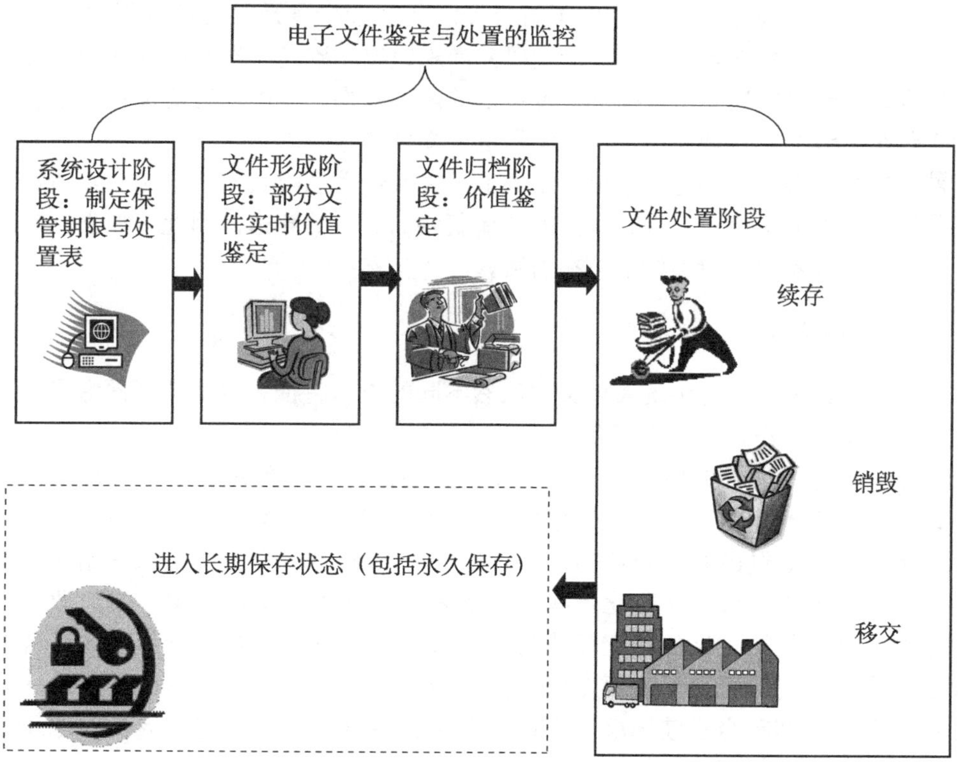

图 6－1　电子文件鉴定与处置流程

五、影响电子文件鉴定与处置的因素

影响电子文件鉴定与处置内容和方法的因素可分为三类。第一类来自环境因素，即电子环境下机构业务活动和管理需求的变化、法规标准与理论研究；第二类来自客体因素，即电子文件自身的技术特点；第三类来自主体因素，即鉴定人员。

（一）环境因素

第一，电子文件鉴定工作是反映机构业务需求、社会利用需求变化的一面镜子。伴随着电子政务、电子商务等业务信息化建设的大范围展开，机构的组织结构、业务活动及流程都出现很大的变化，开始向集成化、协作化和信息化的方向转变，机构与机构之间、机构与社会公众之间的交流增强，电子文件由此数量剧增，并在对机构的价值方面凸显其重要性。这些转变在一定程度上影响了文件价值观，继而影响对于文件保存价值的判断。总体上讲，机构在鉴定文件时，价值取向变得多元化，鉴定要求更加全面、细致、务实，即不仅要留存机构业务过程中的重要决策，同时还要重视保存与社会公众切身利益密切相关的文件，以备当事人查考和社会的监督，而这有助于使档案馆馆藏更加丰富和全面，也更有助于未来的人们了解当今时代社会事务及其处理过程的全貌。

第二，法规标准较为缺乏，理论研究尚未成熟，鉴定工作难以找到切实可行的依据。已颁布的档案法规标准涉及鉴定的内容较少，我国现行的保管期限表产生于传统实体档案管理环境，难以满足电子文件的特殊需求，不能全面指导电子文件鉴定的实践。一些基层单位制定的电子文件保管期限表实则是原有实体档案保管期限表的简单变身，带有很强的“新瓶装旧酒”的味道。因此，加强制定适用于电子文件鉴定的专项标准迫在眉睫。

（二）客体因素

电子文件呈现出与传统实体文件迥然不同的技术特征，这些特征深深影响着电子文件鉴定工作，具体表现在：

第一，电子文件的原始性、真实性难以确认，而这关系到电子文件是否具有证据价值以及如何认定这种证据价值。传统文件的原始性与真实性以一种直观的形式，即通过内容与载体的结合，以一种固定的结构表现与反映出来。而电子文件的形成不再以实物化形式固定下来，对于电子文件的增、删、改，可以不留痕迹；电子文件的特定载体与信息可以相对分离，在进行传递或迁移时存在着内容变化的风险，需要专门的技术措施确定同一内容新、旧文件的一致性；病毒、黑客等容易破坏电子文件与电子文件管理系统，造成人们对电子文件真实性的不信任等。

第二，电子文件的关联性与动态性导致电子文件的鉴定需要复杂的技术手段。数据库、电子邮件、网页文件、矢量图形等类型的电子文件都包含有需要特定技术支持的链接，具有一定的动态性，一旦文件的存储位置或技术环境发生变化，这些链接就有可能失效，造成文件之间的有机联系难以保证。因此，鉴定时要特别关注构成文件的各个要素以及它们之间的联系，保证文件的完整性。

第三，电子文件数量剧增，生产管理等领域自动化设备的应用加快了这种增长，这需要我们比以前任何一个时代都要更加重视鉴定工作的效率，鉴定的速度不能低于电子文件增长的速度。因此，实时鉴定、自动鉴定的需求不断增加。

第四，电子文件存储的高密度性，以及存储成本逐年下降的事实，也给保留更多电子文件提供了可能性。根据笔者的调研，不少机构都在考虑扩大归档范围，并将电子文件比同样内容的纸质文件保存更长时间。

（三）主体因素

电子文件鉴定的新特点向鉴定人员提出了更高的要求，除了要求鉴定人员具备对电子文件内容价值的准确理解和把握之外，还要求其知识结构跟随信息技术的发展不断地更新与完善，对于新型电子文件、电子文件管理系统中的鉴定与处置、电子文件鉴定与处置的成本与效益评估等方面所涉及的技术问题能有一定的了解和掌控。

第二节 电子文件的价值鉴定

一、电子文件价值鉴定方法的要素分析

文件鉴定有不同的理论和方法，“直接鉴定法”“行政官员鉴定论”“利用决定论”“职能鉴定法”“内容鉴定法”都是特定历史时期人们总结出来的文件鉴定方法。在电子文件出现之后，1996 年国际档案理事会发表的《电子文件管理：文献评论》对世界各国的电子文件管理政策和思想以及有关的文献进行了综述和评论。该报告的第 6 章专门对当时世界上电子文件管理工作开展较好的国家在电子文件鉴定问题上所采取的政策、反映出来的思想进行了综述。在这一章里，电子文件内容价值鉴定的方法被分成了两种主要类别，一种是美国所采取的传统方法——内容鉴定法，另一种是加拿大、德国、荷兰和澳大利亚等国所采取的职能鉴定法，这两种方法是电子文件价值鉴定较为常用的两种基本方法。二者的区分点是对文件进行鉴定应侧重于文件背后的职能还是文件内

容。美国的方法选择了后者，其理由是档案馆保管文件的主要目的是使之能够为研究者所用，在这种情况下，文件中的信息内容更为重要。美国的做法反映了美国档案界和史学界的历史联系，以及档案价值对于学者的潜在性。相反，以加拿大国家档案馆为代表的“职能鉴定学派”根据职能对档案进行鉴定，它采用从上到下的方法，先对政府重要职能进行鉴定，然后再对这些职能产生的文件的行政和文献联系进行分析，最后对最能满足证据要求的文件进行选择。

应该说，上述这些方法并不是互相对立的，而是从不同角度、不同侧面回答了“如何挑选最有价值的文件”的问题，其目标都是力求鉴定结果的客观、准确；同时，它们大多是围绕着“进馆鉴定”问题而得出的结论，对于机构内部的归档鉴定涉及不多。历史上出现的这些文件鉴定方法，都是从各国文件管理的实践中提炼出的、曾经在某种社会背景下实施的方法。鉴定电子文件的方法，并不是要重新构建一个新方法，而是要在全面剖析这些凝聚了历代文件、档案工作者智慧的鉴定方法的基础上，继承其中的合理思想，并结合电子文件的特性，选择并改进已有的文件鉴定方法。

为此，首先应该明确电子文件鉴定方法的影响要素。鉴定是主观见之于客观的一项活动，因此，影响电子文件鉴定方法的主要有两类要素：主观要素和客观要素。主观要素包括鉴定者与鉴定服务对象，客观要素包括文件价值和可操作性（见图 6－2）。

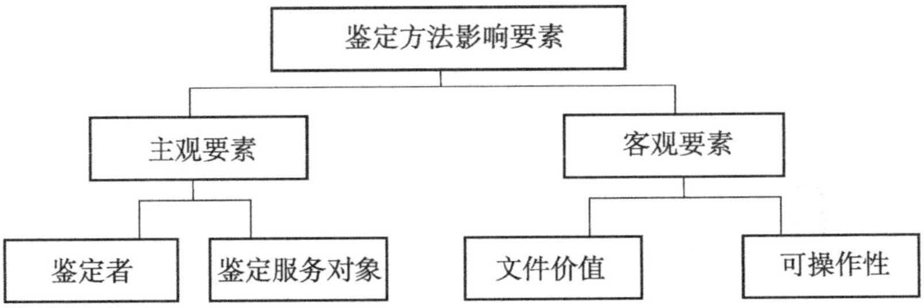

图 6－2 电子文件鉴定方法影响要素

（一）主观要素

即鉴定工作中涉及的人的要素，鉴定服务对象回答的是为谁鉴定的问题，鉴定者回答的是由谁鉴定的问题。

1. 鉴定服务对象

这个问题关系到电子文件价值主体的确立，并直接影响鉴定方法的选择。鉴定实质上就是为利用者所做的选择性工作。根据利用者范围的不同，可以分为内部用户和外部用户。内部用户指的是机构内部的工作人员，外部用户指的是来自机构外部的人员，包括社会公众。

机构在鉴定电子文件的时候，往往会以内部需要为考虑起点。著名的社会学家马克斯·韦伯早在 20 世纪初指出，为了正常而持续地履行机构的职责，书面文件的保存是必不可少的事情，当类似事情发生时，以前的案例则成为先例，只有保存档案，组织在运用各种档案时才能保持同类决策的一致。因此现代机关的管理工作是以书面文件（档案）为基础的。[①] 这说明对于以前文件的借鉴是维持管理连续性的根基，后续的管理活动总可以从先前的文件中找到参考和依据。在电子数据越来越多的大数据时代，电子文件更是机构生存和运转不可或缺的宝贵资产，大数据的价值很大程度上就是文件档案信息资源的价值，因此，机构对电子文件的依赖性和重视程度达到了空前的程度。

同时，机构是社会的重要组成部分，现代社会提倡建立透明政府、开放政府，这就决定了包括政府在内的各种机构担负着为社会保管文件、档案信息资源的责任。在机构与社会公众交流互动大幅增加的今天，社交媒体形成了大量的电子文件，这些文件对于机构和公众也具有重要价值，所以，在考虑本机构利用文件需要的同时，还需要考虑社会利用的需要。而后面这个问题除了包含档案界长期关注的文件进馆鉴定问题之外，还应包含机构长期和永久保存的文件鉴定问题。

关于鉴定服务对象的问题，历史上出现的诸多鉴定方法提供了若干种答案：统治者、文件形成者、学术研究人员（主要是历史研究人员）、社会全体公民。如今，利用档案是公民的一项权利已被很多国家写进相关法典中，文件档案是机构记忆、社会记忆的共同基础，为机构和为社会公众鉴定文件在本质上是一致的，二者共同构成鉴定目标。因此，在开展鉴定工作时，要将机构的内部需求与社会的外部需求统一起来，处理好外部用户和内部用户、全体公民和特定利用者之间的辩证统一关系。实际操作的时候，应通过对机构业务活动的分析来明晰本单位对于文件保存的需求，通过对有关规范的执行和遵守来体现对全社会利用需求的尊重，并将两者有机地结合起来。

资源链接 6-1

美国国家档案与文件署规定的需永久保存的文件类型

美国国家档案与文件署制定的鉴定政策规定了三类永久保存的文件类型：(1) 记录公民权利的文件（records documenting the rights of citizens）；(2) 记录联邦政府官员行为的文件（records documenting the actions of federal officials）；(3) 记录国家经历的文件（records documenting the national experience）。

资料来源：Strategic Directions：Appraisal Policy.（2007-09-20）[2017-02-20]. http://www.archives.gov/records-mgmt/initiatives/appraisal.html.

2. 鉴定者

谁能代表全体利用者的利益公正地挑选和评价电子文件？谁又具有判断文件内容价值的资格和能力？长期以来，人们对于文件应该由谁来鉴定这个问题争论不已，争论的焦点在于鉴定者应该由文件形成者还是档案工作者（主要指

---

① 休斯．公共管理导论．北京：中国人民大学出版社，2001：32-33.

档案馆的工作人员）来担任。主张应该由文件形成者鉴定文件的人士（如希拉里·詹金逊）认为，文件形成者熟悉业务，熟悉文件的内容，能够准确判断文件对于本机构的价值；相比而言，档案工作者不熟悉形成文件的业务，没有判断文件对于机构活动的证据价值的能力。而主张应该由档案工作者鉴定文件的人士（如 T. R. 谢伦伯格）则认为，文件形成者大多只代表本机构或本部门利益，容易忽视社会对文件的长远需要；只有档案工作者能够立足于全社会的需要，全面衡量文件的价值，对于文件价值的判断更为客观和全面。

实际上，世界上多数国家对于文件的鉴定都是由文件形成者与档案工作者、形成文件的机构与档案馆共同承担的。比如，在我国，档案行政管理部门组织有关档案馆、有关机构、科研部门的人员共同制定通用的文件保管期限表，要求机构执行。机构根据该表并结合本单位实践制定具体的保管期限表，而承担具体鉴定任务的则是机构内的档案管理人员、业务人员和有关领导三结合的鉴定小组，鉴定过程也分为“个人鉴定”和“集体审查”两个部分，发挥了文件形成者和档案工作者两个方面的作用。这种做法在电子文件鉴定中仍具有很强的现实意义。如美国国家档案与文件署制定了电子文件通用保管期限表（GRS 20）供联邦机构鉴定一般类型的电子文件，当机构有特殊的难以鉴定的电子文件的时候，可以填写 SF 115 表格（类似于我国的电子文件移交登记表，见图 6-3 和图 6-4），提交国家档案馆进行审核。在美国启用电子文件档案馆之后，该表格被电子文件档案馆中的电子表格取代。

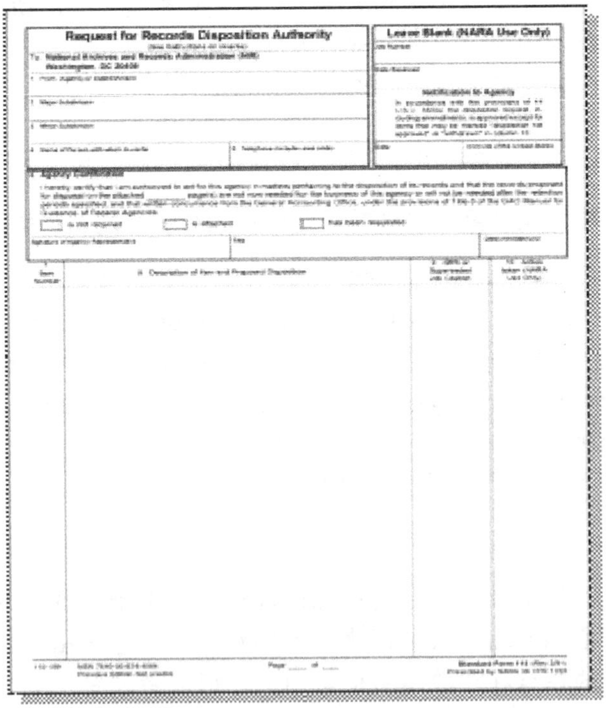
Request for Records Disposition Authority

Leave Blank (NARA Use Only)

图 6-3　标准的 SF 115 表格

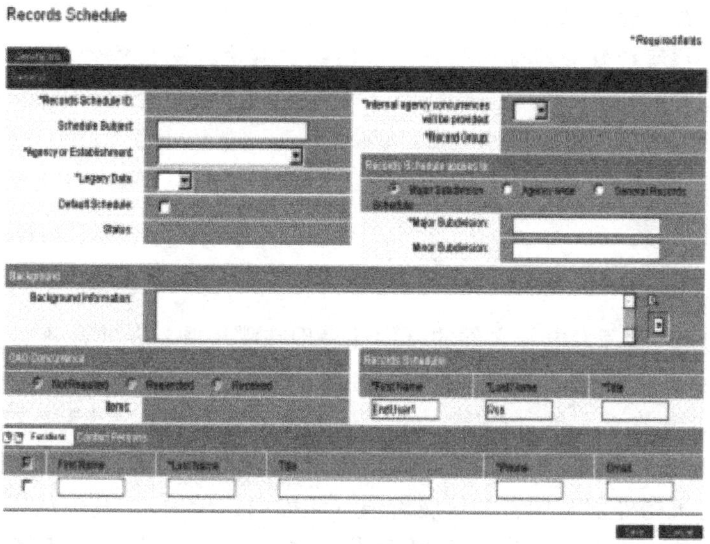

图 6－4　e-SF 115 表格

电子文件鉴定者的组成应视各单位的人员条件和技术条件而定，可能还需要加入计算机技术人员等新力量。随着电子文件管理系统自动鉴定功能的加强，鉴定小组合作的任务也由具体变得抽象，由台前转向幕后，即由具体鉴定每一份文件的价值转向制定完善的可自动执行的电子文件保管期限与处置表。

案例 6－1　关于鉴定主体

加拿大国家档案馆从 20 世纪 90 年代初开始采用宏观鉴定战略。宏观鉴定战略的理论依据是“以来源为基础的机构职能”鉴定法，即将鉴定的中心从文件转移到形成文件并赋予文件意义的社会、政府的广泛联系上，从而与“后保管模式”的要旨相一致。宏观鉴定战略的具体实施步骤是：按照加拿大联邦政府各机构地位与职能的重要程度，将 100 多个政府文件产生机构分类，国家档案馆依次与之签订协议，明确在相互合作的过程中各自承担的义务，由两者协商制定各立档单位的文件保管期限表以及工作计划，具体鉴定工作由政府机构进行，档案馆提供服务、指导，并依法进行管理。代表电子文件时代新理论应用典范的宏观鉴定战略在“由谁鉴定”这个问题上与我国长期以来采取的由档案管理人员、业务人员和有关领导三结合进行鉴定的做法出其不意地相吻合。不过，两者也存在不同之处，宏观鉴定战略中鉴定队伍成员来自国家档案馆的工作人员、政府机构的领导、业务人员以及文件、档案工作人员，是跨机构的合作，合作的中心是制定文件保管期限表，保管期限表完成之后，可由机构档案工作人员具体操作，国家档案馆对操作过程进行指导和管理。而我国的“三方面结合”的组织形式，一般是某现行机构内部跨部门的合作，合作的重点是判断具体档案的价值，即使鉴定小组需要制定机构内部保管期限表，一般情况下以通用档案保管期限表以及相关的专业档案保管期限表为依据即可，并不需要获得上级档案行政管理部门的批准，因此少有跨机构合作的现象。

资料来源：刘越男．关于档案价值鉴定的理论与实践（五）——对电子文件鉴定问题的思考．档案学通讯，2001（5）．

（二）客观要素

1. 文件价值

对于利用者而言，电子文件的有用性表现在哪里呢？从本质上说，电子文件的价值与传统载体文件的价值体现基本上是一致的。美国文件鉴定理论的奠基人T. R. 谢伦伯格关于文件（档案）的“双重价值”理论在全世界有较深远的影响。所谓双重价值，是指文件对形成机构内部利用者的原始价值（又称第一价值），以及对机构外部利用者的从属价值（又称第二价值）。其中从属价值又分为证据价值（evidential value）和情报价值（information value）。电子文件作为机构业务活动的记录，自然应该具备这些价值。但是，由于电子文件信息易更改、易流失、依赖于形成系统，电子文件的证据价值不像传统载体文件那么易于证明，因此，电子文件的证据价值问题受到空前的重视，“电子证据”也被称为电子文件的重要属性。随着电子文件管理理论和实践的逐渐成熟，以及技术的逐步发展与完善，“电子文件是机构业务活动的证据”这一认识已得到普遍认可，电子文件证据价值的大小源自形成文件的业务活动（职能）的重要性，因而，“职能鉴定法”得到众多国家档案界的积极回应，并被付诸实践。与此同时，电子文件的情报价值也不容忽视，电子文件直接形成于机构职能活动，与其他信息资源相比更为可靠。

电子文件的价值也有不同于传统载体文件的地方。一方面，电子信息存储具有高密度的特点，存储费用越来越低；另一方面，在数据日益膨胀的信息时代，“量变导致质变”的规律使得判定电子文件的价值要具有“全景观”，一些在传统载体条件下可能不归档的文件，或是一些资料或数据，极有可能因为记录了业务活动的大量细节信息，聚集在一起能够更好地反映业务活动的全貌，实现批量价值，而在信息时代被加以留存。例如，互联网档案馆（internet archives）定期捕获抓取动态网站的静态网页，这些网页累积在一起能够较为全面地反映该网站的发展历程。

2. 可操作性

电子文件的鉴定是理论付诸实践的一项活动，鉴定方法必须能够有效地指导并应用于实践，且满足一定的效率要求。在手工管理环境中，一些鉴定方法要求文件鉴定工作人员采用逐件阅读的方式，即阅读、分析每一份文件的内容，然后再对文件的价值做出判断。在文件数量急速增长的信息时代，这种方法难免导致文件的积压。因此，必须转换思路，借助计算机系统实施自动化鉴定。虽然计算机系统不可能像人一样自行理解和分析文件的内容，但是它可以对一类文件进行批量鉴定。其工作原理是设定每一类文件的保管期限，计算机通过对文件归类来确定该文件的保管期限。当然，根据目前的技术水平和管理需求，在设计电子文件管理系统时，应该设计为同时支持批处理和手工处理两种方式。

二、电子文件价值鉴定的方法

内容鉴定法和职能鉴定法是进行电子文件价值鉴定采用的两种基本方法，前者的关键是通过直接审阅电子文件的内容判断其价值，后者则通过研究分析形成电子文件的职能活动的重要性来判断其价值。内容鉴定法是针对文件内容的，因此被视为直接鉴定，鉴定对象可以是单份文件，亦可是类似内容的批量文件。而职能鉴定法是针对生成文件的职能的，因此属于间接鉴定，且多用于文件的批量鉴定。

但是，内容鉴定法和职能鉴定法并非彼此孤立的关系，审阅内容时也会考虑到其反映的职能因素，职能活动也会反映在文件的内容上。两者的主要区别在于前者的思路是微观的、自下而上的，对每一份文件都要展开分析，并从内容分析的实践中总结出一些判断的因素，如职能、人物、时间等。后者的思路则是宏观的、自上而下的，首先要对机构的全部职能进行研究，分析机构的哪些职能活动、哪些工作更重要，并把相关的文件保存下来。由于职能鉴定法反映了文件记录业务的本质，且比逐件阅读本身更有效率，因此无论从方法的科学性还是从对电子文件的适应性来看，职能鉴定法都是更有效的鉴定方法，在电子时代得到了更多的认同。

由于机构管理、业务活动及电子文件的复杂性，在实际工作中，电子文件的鉴定往往以职能鉴定法为主，并辅之以内容鉴定、风险分析等其他的鉴定方法。

三、电子文件保管期限与处置表的制定与实现

（一）电子文件保管期限与处置表

电子文件的价值鉴定，需要根据一定标准来确定电子文件是否需要保存以及保存时限，该标准的表现形式是电子文件保管期限表。从理论上来说，电子文件保管期限表就是根据档案价值对某类文件或文件组合进行的描述，用于说明文件保管时间的长度。而处置表则在保管期限表的基础上，主要规定文件保管期满之后，是销毁、续存还是移交。在实际操作中，由于两者高度相关，因此，在很多国家，无论其名称是保管期限表还是处置表，抑或是保管期限与处置表，其内容都同时涵盖保管期限和处置要求。MoReq 2010 中规定，处置表中应该详细标明每一份文件或文件组合适用下面哪种处置方式：

（1）永久保存；
（2）保管期满后进行再次鉴定；
（3）保管期满后进行移交；
（4）保管期满后进行销毁。

案例 6－2　美国电子文件档案馆（ERA）文件保管期限表条款示例

审计案卷（Audit Case Files）
0001 总部案例案卷
处置建议：暂存。案例结束后的年底封卷。封卷后 15 年期满销毁。
0002 现场情况案卷（Field Case Files）
处置建议：暂存。案例结束后的年底封卷。封卷后 10 年期满销毁。
资料来源：http：//www.archives.gov.

我国档案部门通常使用文件（档案）保管期限表来确定文件的留存期限，这样的保管期限表主要由文件的类别和其保管期限组成。与其他国家不一样的是，我国的档案保管期限表中只规定保管期限，并不规定保管期满之后的处置行为。在手工环境下，需要人工计算期限并开展处置。在电子环境下，这种内容缺失的弊端就会被放大。在电子文件管理系统中，如果仅确定每份（类）文件的保管期限，而不告诉系统文件保管期满后的处置行为，即销毁、续存还是移交给档案馆或第三方机构，系统就无法根据处置行为自动启动处置流程，只能等待人工操作，那么系统的优势无法得到发挥。鉴于保管期限和处置行为的衔接关系，需要将电子文件保管期限表扩展为保管期限与处置表，整合文件保管期限和文件保管期满后的处置行为，同时还需要标明文件在本单位内部的保存期限，以及触发处置行为的时间或事件。

电子文件保管期限与处置表是规定电子文件保管期限和处置行动的正式工具，通常表现为表册形式，是电子文件管理系统配置的依据。可参照国家和行业相关档案保管期限表来制定电子文件保管期限与处置表，宜保持该表的相对稳定，不宜频繁变动。

鉴于电子文件鉴定主要采用职能鉴定法。电子文件保管期限表类目的设置较多采用职能为主、内容为辅的方式。在电子环境中，国际文件管理领域的最佳实践经验是将保管期限与处置表和分类方案合并，或者建立明确的映射关系。即保管期限与处置表中的“文件类别”为分类方案中具体的类目，而不是简单、笼统的总结，或者对个别文件类型的罗列。这样做的好处是便于实现按类自动鉴定和处置，即在类目层次上设置保管期限和处置行为，类目下文件自动继承该类别的保管期限和处置行为，无须再经过人工逐份鉴定。

电子文件保管期限与处置表的范例如表 6－1 所示。

表 6-1　电子文件保管期限与处置表条款示例

文件类别	保管期限	内部保存期限	触发时间或事件	处置行为
合同——金额大于 100 万的合同	永久	10 年	合同生效之日	向综合档案馆移交

（二）电子文件保管期限与处置表的制定

在电子文件管理系统设计的调查阶段，便应着手保管期限与处置表的制定工作，在此过程中，应充分利用电子文件识别工作的成果。制定工作的具体内容包括：

（1）根据机构职能设置表中显示的职能、工作和环节，明确机构的主要职能活动、重要工作内容和关键的工作步骤。

（2）根据业务流程图中所展示的电子文件生成节点，明确电子文件的种类，结合机构的主要职能活动、重要工作内容和关键的工作步骤，将这些职能、活动、事务环节中生成的电子文件作为有价值的文件保存，其他文件酌情考虑。

（3）考虑特殊类型电子文件的保管期限，如数据库文件、程序文件、网页文件等。

电子文件保管期限与处置表是自动鉴定能否实现的重要因素，通过系统自动运用保管期限与处置表，鉴定时完全可以不必审阅全部文件，因而也就避免了部分学者指出的“为挑选不足 3%的文件长久保存而必须审阅 100%的文件，效率极为低下”① 的现象。为提高电子文件保管期限与处置表的实际效用，应从下面几个方面入手：

（1）将保管期限与处置表的设计工作纳入电子文件管理系统的设计工作，与后者同步进行；

（2）仔细研究国家统一规定的通用保管期限表和行业保管期限表，以及本单位以前针对纸质文件制定的保管期限表，着重考察纸质文件中无对应类型的电子文件的保存价值；

（3）由文件形成部门专人配合档案人员完成电子文件保管期限与处置表，如果需要的话，可以邀请或聘请档案行政管理部门或综合档案馆的工作人员对保管期限表的制定进行指导咨询；

（4）电子文件保管期限与处置表应该具体、可操作性强，文件保管期限的划分因为不必顾忌纸质文件立卷时关联文件相对集中的要求，档次区分的跨度可以小一些，保管期限表应具有可扩展性，以便及时更新与补充。

（三）电子文件保管期限与处置表的实现

将电子文件保管期限与处置表纳入管理系统，并不是指在系统中保存一份电

① 国际档案理事会．电子文件管理指南（1997）．[2017-02-20]．http：//www.ica.org.

子文件保管期限与处置表，而是指在系统设计时，同步制定该表，在系统配置阶段，按照保管期限与处置表中的规定设定规则，并与文件分类方案衔接，使系统具备区分这些不同种类（名称）文件的保管期限的能力。

在鉴定自动化的系统中，文件一旦生成或捕获，系统即将文件同保管期限与处置表的条款对照判断，划定其保管期限，然后文件才能进入正常的处理流程。许多学者在研究电子文件鉴定问题时提出，应在电子文件系统设计阶段就着手鉴定工作，对于电子文件的鉴定应在形成前即告完毕，这是指文件的价值是由生成文件的业务活动所决定的。而规定各类业务活动中形成的电子文件的保管期限表先于具体文件的生成而存在，意味着具体文件问世前，其存毁的命运已被决定，判定电子文件有用程度的实际时机仍是文件形成之后。当某些新文件未被纳入保管期限表，导致系统暂时无法判断其保管期限时，应及时提示用户判断。

尚未实现自动鉴定的机构，一般是在文件办理完毕之后由相关人员进行鉴定。目前，不同单位由于实际情况不同，鉴定工作的承担者也不尽相同。有些单位是由档案人员来做鉴定，比如，文件流转完毕后，管理权限转交至档案部门手中，档案部门着手鉴定其保存价值。也有些单位规定由文件承办部门确定保管期限，即在文件流转完毕后，文件形成者划定保管期限，在这之后管理权限才被移交到档案部门手中，在设计较为完善的系统中，文件系统会强制性要求文件形成者进行鉴定，若不执行，用户就无法进行下一步操作。

为了保证鉴定工作的及时开展，应以制度的方式明确相关责任和要求。

四、电子文件鉴定的特点

应该说，在鉴定工作的本质和基本原则上，电子文件与传统实体档案没有太大区别，但在鉴定方法的实施方面，二者具有明显的差别。主要表现在鉴定对象、鉴定时间和鉴定自动化程度等几个方面。

（一）鉴定对象

电子文件的鉴定对象更加多样化。其一，随着信息技术的发展，不断出现新的文件类型，只要这些文件是社会活动中直接形成的信息记录，就有成为文件被纳入鉴定范畴的可能，如微博、博客等社交媒体文件；其二，那些在纸质环境中因保管空间的限制不予留存的文件，在电子环境中也存在被保存的机会，如微观电子文件，这些文件也应被纳入鉴定对象的范畴；其三，那些对电子文件的真实、完整、可用和安全起到支持和保障作用的文件将被作为电子文件的必需品，同文件本身一起进入鉴定工作的视野，如程序文件、元数据文件等。

（二）鉴定时间

在时间方面，鉴定工作的变化主要体现在时间的提前方面，即实时鉴定。归档是鉴定结果的一项执行活动，归档的提前必然要求鉴定工作提前，实时归档伴随着实时鉴定。

（三）鉴定自动化程度

对于电子文件而言，最理想的状况是由计算机自动执行实时鉴定，具体有两种鉴定方式：第一，文件一旦生成，其形成系统便将文件同保管期限与处置表的条款对照判断，然后文件才能进入正常的处理流程，这种情况要求保管期限与处置表已经内嵌于形成系统。第二，文件捕获登记进电子文件管理系统，系统根据其类别自动判断该类别下文件的保管期限。如果系统不能自动判断文件的保存价值，就会及时提醒文件形成者或档案人员人工鉴定。对于保管期限已满的文件，系统自动提示用户以便下一步处置。实现计算机自动鉴定的前提是电子文件管理系统的设计和电子文件保管期限与处置表的制定，尤其是后者，必须具体、可操作且符合计算机自动识别的要求。目前，真正实施自动鉴定的案例还比较少。

电子文件鉴定的特点如表 6－2 所示。

表 6－2　　电子文件鉴定的特点

鉴定对象	类型、范围大幅扩展，且处于动态变化之中
鉴定时间	提前，实时鉴定
鉴定自动化程度	提高，文件形成系统和电子文件管理系统分担责任

第三节 电子文件的处置

处置是文件形成机构电子文件管理工作的重点。电子文件的处置工作必须有所依据，其依据主要包括两个方面：第一，电子文件保管期限与处置表。该表对电子文件是否保存、保存多久进行了详细的规定。美国、新加坡等国家已经颁布的电子文件通用保管期限表，除了规定各种电子文件类型的保管期限外，还明确了其处置方式。如新加坡国家档案馆制定的《通用电子文件保管期限表》中，“工资表文件”的保管期限是“7 年”，期满后的处置是“从系统中删除”。这种具体、可操作的规定方法值得我国借鉴。第二，经过有关部门或领导签字的鉴定报告。鉴定报告是关于文件价值鉴定的正式文件，包括产生文件的业务活动的具体内容、文件的类别以及对保管期限和处置行为的详细说明。鉴定报告应提交有关部门或领导批准，依据鉴定报告采取的处置，其权威性和合法性得到了一定程度的保障。

对于文件形成机构来说，电子文件处置工作可以分为三类：销毁、续存和移交。

一、销毁

电子文件销毁是指消除或删除文件，使之无法恢复的过程。电子文件的销毁应采用与文件密级相适应的方法。一般将电子文件的销毁分为信息（或数据）销毁和载体销毁。信息销毁（亦称数据销毁）是指，将失去利用和保存价值的电子文件载体（介质）记录的数据内容，通过某种科学方法擦除，使其无法复原，以避免信息的泄露。而载体销毁指的是将电子文件存储载体连同其上的记录数据通过某种方式灭失。

目前，对电子文件销毁技术方法的研究多集中于计算机领域。主要有以下几种分类方法：（1）按载体来分，可分为磁性销毁、电子半导体及其记录数据的销毁、光盘及其记录数据的销毁三类。（2）依据电子文件销毁对象的不同，可分为非涉密数据的清除和涉密数据的销毁两类。其中，涉密数据的销毁又分为绝密数据的销毁、机密数据的销毁、秘密数据的销毁和一般敏感数据的销毁等类别。（3）依据销毁方式的不同，可分为软销毁和硬销毁两种。数据软销毁又称逻辑销毁，即通过数据覆盖等软件方法销毁数据。数据覆盖后的存储载体通常仍可循环使用。数据硬销毁则是通过理化方法直接销毁存储介质及其中的数据，它又可以分为物理销毁和化学销毁两种方式。物理销毁方法又可分为消磁，用熔炉焚化、熔炼，借助外力将介质粉碎，研磨磁盘表面等方法；化学销毁是采用化学药品腐蚀、溶解、活化剥离磁盘等载体记录表面上的数据。软销毁适用于非密或密级要求不高的电子文件数据的清除或销毁，特别是当需要对某一具体文件进行销毁而其他文件不能破坏时。物理销毁一般只适用于保密要求较高的电子文件的销毁，而化学销毁方法只能由专业人员在通风良好的环境中进行。总之，针对不同的载体、对象和方式，数据销毁和载体销毁的要求及所采用的方法不同。

需要注意的是，为防止误操作，如果是信息销毁，可先建立备份，待审查确定销毁无误后，再将备份删除。Windows 操作系统提供了“回收站”，用来存储用户删除的文件，防止用户误删文件。对于确定删除的电子文件，应将存储于“回收站”中的文件清空。载体销毁时，如果要清除的文件信息存储在不可删除载体上，须连同载体一起销毁。应该注意，销毁载体时不能将载体当作垃圾扔掉，因为存在信息泄露的风险。此外，在双套制的情况下，电子文件与纸质文件的销毁应该保持一致。

电子文件的销毁必须经过授权，销毁过程必须有记录，事后还应检查；必须等到形成、利用文件的业务活动结束或保管期满才能进行销毁；销毁应采用与文件密级相适应的方法，也就是说属于保密范围的电子文件被销毁时，不能破坏其信息的秘密性；除非有特殊的规定（如出于安全方面的考虑），否则已经决定要销毁的电子文件，其所有备份（包括电子拷贝、纸质副本、缩微胶片等）都必须予以销毁。

二、续存

续存是指电子文件继续保存在形成文件的机构中，机构拥有文件实体的保管权和信息的管理权。具体的续存方式包括：

（1）保存在文件管理系统中。对于经期满鉴定后需要继续留存的文件，应根据调整后的保管期限将文件保存到相应的数据库中。

（2）脱机保存。需要脱机保存的电子文件包括暂存一段时间后销毁的电子文件、秘密文件、现行作用较小的永久性文件、需要建立备份的其他文件等。应选用质量优良、符合工业标准的载体作为脱机保存的介质，目前较为普遍的脱机介质有磁带和光盘。

（3）缩微。对于那些在现实条件下无法或难以保障其长期真实性的电子文件，以及其他一些重要文件，可采用缩微的方式予以处理。缩微胶片的规格和质量应符合国家有关标准的规定。

（4）转换成纸质文件。对于那些在现实条件下无法或难以保障其长期真实性的电子文件，以及其他一些重要文件，还可将其转换为纸质文件加以保存。

（5）迁移。当机构的系统环境发生变化时，需要将所有在线存储和脱机保存的电子文件迁移进新系统，以确保这些文件在保管期限内，在新一代软件中可以查找利用。

三、移交

移交是指机构将其电子文件转交给其他机构保存，根据情况的不同，机构可以单独将文件实体或文件信息的管理职责转交给其他机构，也可以将两者一起转交。具体方式包括：

（1）移交档案馆。属于档案馆收集范围的电子文件应按照相关规定及时移交给档案馆保存，这里的移交主要是指管理职责的移交。至于文件实体，既可转交给档案馆，也可仍由文件形成机构保存。

（2）随业务的移交而移交。当机构合并、拆分、改制时，有关电子文件需要随相关业务的移交而移交。

电子文件的处置方式多样，各机构可根据实际情况明确处置职责，档案部门一般应总体负责这项工作，某些具体处置行为则可由计算机技术部门或第三方执行，如计算机技术部门负责迁移工作，请专门的光盘销毁单位销毁过期文件，等等。

资源链接6-2

文件处置计划的实施

文件处置包括：

a）立即销毁实体，包括重新写入和删除；

b）在业务部门中继续保留一段时间；

c）在机构的控制下将文件移交到恰当的保管场所或存储载体上；

d）在机构重组、出售或私有化的过程中，将文件移交到该业务活动的另一个责任机构；

e）将文件移交给独立的服务机构提供的文件保管基地，并由该服务机构代表文件形成机构按合同方式管理文件；

f）将管理职责移交给恰当的权力机关，而实体仍由文件形成机构保存；

g）向机构内部的档案部门移交；

h）向机构外部的档案机构移交。

在销毁文件实体时，应遵循以下规则：

a）销毁工作应经过授权；

b）诉讼或调查悬而未决或正在进行的相关文件不应被销毁；

c）销毁文件时应保证文件所含信息的机密性；

d）批准销毁的所有文件副本都应销毁，包括安全副本、保管副本和备份副本。

资料来源：中华人民共和国国家质量监督检验检疫总局，中国国家标准化管理委员会．信息与文献　文件管理　第1部分：通则：GB/T 26162.1-2010/ISO 15489-1：2001.

【小结】

鉴定与处置是电子文件管理的重要环节之一，该项工作需要在传统档案管理方法的基础上，针对电子文件的独特性加以完善与创新。本章在界定电子文件鉴定概念的基础上，聚焦于电子文件的价值鉴定，阐明了电子文件价值鉴定与处置工作的基本内容和流程，从环境、客体、主体三个方面分析了影响电子文件鉴定与处置的因素。在价值鉴定方面，从主观和客观两个视角进行鉴定方法的要素分析，介绍了电子文件价值鉴定的方法以及保管期限与处置表的制定与实现，讨论了电子文件鉴定工作的主要特点，以及处置工作的基本内容。

【思考与练习】

1. 电子文件鉴定的概念和主要内容是什么？
2. 电子文件处置的概念和主要内容是什么？
3. 在电子文件鉴定和处置过程中需要开展哪些工作？
4. 影响电子文件鉴定与处置的主要因素有哪些？
5. 电子文件价值判断与传统载体文件有无不同之处？
6. 试比较电子文件保管期限与处置表同传统文件保管期限表在制定与实现

方面的异同。

7. 分析电子文件鉴定工作的主要特点及原因。

8. 如何进行电子文件的处置?

【参考文献】

1. 冯惠玲．电子文件管理 100 问．北京：中国人民大学出版社，2014.

2. InterPARES Project. Appraisal Task Force Report. [2017 - 02 - 20] . http://www. interpares. org/.

3. 国家档案局．电子档案移交与接收办法：国家档案局档发〔2012〕7 号.(2013 - 03 - 22) [2017 - 02 - 20] . http：//www. cngsda. net/art/2013/3/22/art _ 96 _ 24246. html.

4. 周文泓，加小双．数字时代的国外电子文件鉴定观及其对中国的启示．北京档案，2015 (12) .

5. 刘越男．关于档案价值鉴定的理论与实践（五）——对电子文件鉴定问题的思考．档案学通讯，2001 (5) .

6. 傅荣校．档案鉴定理论与实践透视——基于效益和效率思路的研究．北京：中国档案出版社，2007.

7. 谢丽．档案鉴定与鉴定档案：去留之间超越信息技术及政府投入的考量．档案学通讯，2015 (5) .

8. 库克．记录现代社会与档案鉴定．档案学研究，2012 (4) .

第七章

电子文件的保存

【本章要点】

1. 电子文件保存的基本要求
2. 电子文件保存的影响因素
3. OAIS参考模型的基本内容
4. 电子文件保存的常规方法
5. 电子文件保存的重点方法
6. 电子文件保存的管理策略
7. 电子文件保存的主要载体
8. 电子文件存储系统架构
9. 电子文件载体保管要点

电子文件保存是一系列对电子文件信息进行持续管理和维护的活动，目标是确保电子文件信息的长期有效性，保证电子文件信息真实可信，能够被未来的使用者理解和应用。电子文件的保存本质上是随着保存环境、软硬件、标准、载体等的变化进行相应管理的活动。根据现有技术的发展速度，电子文件生成系统一般5年后就趋于淘汰。[①] 因而，即使在传统档案管理中被设为“短期”保管的档案，对电子文件的保存而言也将面临“长期保存”的问题。

电子文件保存的核心任务在于确保文件的真实性、完整性、可用性和安全性。计算机科技出现之前的传统档案保管过程面临的主要问题是文件载体的物理损毁，主要防范物理、化学、生物环境的变化以及人工操作给传统载体带来的伤害。而在电子文件保存尤其是长期保存的过程中，我们将面临由电子文件各项特点衍生而来的复杂的保存问题，包括信息保存和载体保管问题。由于电子文件信息是以二进制字节形式存储的，这些字节本身并没有实际的意义，需要按照预先设定的信息编码，才能够表达为人类所可读的形式，信息保存将主要解决在这个转换过程中原始电子文件信息的可读性问题。与此同时，这些电子信息并不是真正“虚拟”的，它们总是依附特定载体形式存在，因而载体保管也是电子文件保

① ICA电子环境中现行文件委员会．电子文件档案工作者实用手册．北京：中国档案出版社，2008.

存的重要内容。

第一节 电子文件保存概述

一、电子文件保存面临的威胁分析

（一）内部挑战：电子文件自身的脆弱性

与传统文献信息相比，电子文件存活能力低下，这与电子文件本身的脆弱性有关。电子文件的下列特征是导致其较传统文献信息更为脆弱、不易存活的原因。

1. 易改性

由于存储数字内容的磁介质和光介质可以重复“擦写”、利用，电子文件容易被人为地操作和改变，面临着被盗取、篡改、伪造等威胁电子文件完整性与真实性的问题。

2. 多重依赖性

电子文件信息的存在依赖于相应的技术系统，依赖于拥有这一信息的个人和组织，依赖于这一电子文件的各个组成对象。技术环境的改变、组织机构的变化及经济问题、组成对象出现的问题，都会影响到电子文件的可读性。

3. 寿命短暂

高频率的技术变革是导致电子文件寿命短暂的原因。当今时代信息技术更迭迅速，若不及时对基于过时技术而存在的电子文件采取保护和保存措施，它们就会因技术过时而迅速消亡。

4. 比特腐化

由于电子文件存储媒体本身的不稳定性，在没有合适保存环境和妥善管理方法的情况下，存储媒体的比特会腐化，也即少量比特的电荷消失会导致所存储的数据和程序发生改变。

（二）外部挑战：电子文件面临的外部威胁

除上述电子文件本身的脆弱性之外，从信息资源存储安全角度看，电子文件资源还面临着灾害灾难、人为因素、组织和经济因素等外部威胁。

1. 灾害灾难威胁

灾害灾难威胁包括台风、飓风、水灾、火灾、地震、战争、恐怖袭击等大规模灾害灾难带来的威胁，种种大规模灾害灾难都会对脆弱的电子文件载体带来毁灭性打击。

2. 人为因素威胁

人为因素威胁包括被操纵，被人为破坏、盗窃或篡改等威胁。人为操作很容易让数字失真，威胁着电子文件的真实性、完整性和可信赖性。

3. 组织和经济因素的威胁

电子文件需要依附于软件系统、计算机系统、存储系统、网络系统等支撑系统，而这些支撑系统的存在，需要有相应的组织和经济因素支持。一个组织的倒闭、失败、失效，都可能会导致电子文件的保存得不到有效的组织和经济支持，从而威胁到电子文件的存活。

二、电子文件保存的基本要求

电子文件保存的基本要求要服从于电子文件管理的基本目标，即保证电子文件的真实、完整、可用、安全。具体而言，基本要求包括如下几项。

（一）维护载体有效性

载体有效性是电子文件保存的最基本要求，要求保证电子文件载体的足够安全，因此需要对载体的物理特性、技术规格、使用方法和保护措施等有详细的了解与掌握，以便于对其进行有效维护。然而由于电子文件载体的寿命有限，且升级换代频率加快，因此需要采用适当的技术方法保护文件载体的有效性，如必要的更新和迁移操作等。

（二）保障信息可用性

可用性是指电子文件能够通过现有的软硬件技术，以人可以接受的方式展示相关信息。可用性要求电子文件保存系统能够对所保存的二进制内容进行转换，并准确地恢复原貌，以人们能够直观理解与习惯阅读的格式进行还原显示，如显示在屏幕上的文本与图像，或通过计算机播放的声音或视频等。

电子文件可用性并不强求用其原始的生成环境来再现，事实上经过一定时期的保存的电子文件，其原始的软硬件环境大多已不存在。一般来说，能够通过第三方工具实现信息再现，即使其呈现形式与原始形式有所差异，只要该差异不影响对文件信息真实性的判断，就是可以接受的。

（三）保障信息可理解性

可理解性是指电子文件的信息能够按照其本身的意图被正确理解。它是信息可用性的深化要求，是语义层面上的要求。只有那些能被人理解并且表达正确的文件，才能够提供利用。在特定的用户群体环境和知识背景下，电子文件可用性基本等同于可理解性。然而对一份具体文件而言，其内容常有不被人理解的地方，这就需要其关联文件、元数据描述、背景注释等信息的辅助。其他典型的情况还包括带特殊编码机制或者带密码的电子文件。

（四）保障完整性的管理要求

与传统档案保存一样，电子文件保存不能仅“独善其身”，保证自身的可读有效，而且要满足一定的管理要求，尤其是保证电子文件的完整性。首先，电子文件保存应维护文件之间的有机关联，要求特定电子文件应与相关电子文件进行关联保存。如构成网页的多个文件、请示与批复文件就应当关联保存。其次，电子文件应保存相应的元数据。最后，对电子文件的保存过程本身也应进行适当记录。

（五）重视环境动态性

对于电子文件保存工作绝对不能采取“刻舟求剑”的态度，而应根据周边环境的变化进行相应管理，这是电子文件软硬件依赖性的客观要求。目前，技术变化导致的软硬件过时等是电子文件保存必须面对的问题，受用户需求、技术发展、市场力量等因素的影响，电子文件保存所依赖的计算机技术环境处于高度的变化之中，因而需要采取必要措施来应对，包括软硬件的更新和改变、文件格式的不断升级、管理成本的不断攀升、管理规范的不断调整等。

（六）强化风险管理

在电子文件保存过程尤其是长期保存过程中，电子文件将直接面对系统故障、人为损害甚至灾难事故等风险因素。因而需要对电子文件保存过程进行较为全面的风险管理，开展风险识别、风险评估、风险应对等管理活动，使得电子文件保存过程具备较强的风险防御能力。

具体的风险应对措施包括：

1. 备份

备份包括对电子文件对象及其元数据进行必要的多重备份，保证至少一份备份采取安全的离线存储方式；备份的频率应根据风险评估的结果进行调整，提倡按照固定周期的系统备份与平时的增量备份结合的方式进行；对备份数据应进行定期的检验与更新。

2. 全面监控

应根据风险因素识别的结果，对电子文件保存过程中存在的风险因素进行全面监控，力求保证文件的真实完整。保证对所存文件的重要操作应具备审计跟踪的能力；对系统的软硬件环境应进行必要监控；对于典型的错误和损坏情况，应具备提醒警告等功能。

三、电子文件保存的影响因素

（一）电子文件的非直读性导致数字信息无法独立存在

电子文件是以数字化信息形态存在的，它在物理介质上的存储形态完全不同于其逻辑显示，具体存储方法依存储介质的特性而定。如磁介质以一定的剩磁强度来表示信息，在部分光盘上可能是以微米大小的凹坑来标记信息。为保证这些以数字化形态存储的信息能够被读取、理解，必须依靠相应的读取、显示等软硬件设备，并保存相关参数，这就增加了文件保存的管理难度和技术难度。

电子文件的非直读性使得日常维护的难度加大。因为它不能被人直接阅读理解，需要保存并维护读取电子文件的必要的程序、接口以及相应硬件环境等。这一系列的软硬件描述和维护工作将导致长久保存电子文件的复杂性增加。

（二）软硬件更新过快导致电子文件可读性面临挑战

信息技术的发展速度很快，新的硬件设备和软件产品多以 2～5 年的周期更新换代[①]，如果管理不善，载体内的电子文件信息在其脆弱载体失效前就可能已经无法读出。目前数字存储载体的脆弱性主要表现在寿命较短，对环境的要求较高。传统的档案载体，从甲骨金石到简帛纸张，在保存环境适当的情况下都能做到长久保存，甚至纸质载体之一宣纸有“纸寿千年”之美誉。而自近现代以来出现的新型媒体，在设计和生产时其持久性并未获得充分考虑，其保存寿命远远短于纸张，由此出现了载体技术越先进，载体寿命越短暂的“悖论”，这是电子文件长期保存困难的主要原因之一。加之载体本身对其生产原材料、设备、软件、驱动程序的依赖，载体能够正常读取的条件比较复杂，导致电子文件保存的难度进一步加大。

如何在相关软硬件技术迅速过时的背景之下仍然保持电子文件的可读性是电子文件保存的一大挑战。这需要对技术变革可能产生的各种冲击进行评估预测，甚至在文件创建之前就考虑通过各种措施来缓解软硬件过时导致的不利影响。

（三）电子文件的特定类型和结构增加了保存的难度

同是电子文件，由于类型不同，保存的技术方法可能存在巨大差异，尤其涉及技术更新时更是如此。目前，字处理文件的保存已有较成熟的解决方案，网页、电子邮件等类型的文件保存也有一定的实践基础，而像数据库、GIS 信息、社交媒体信息等复杂类型的文件，其保存标准的出台尚需时日。

电子文件的内容、结构、表现的相互分离也是影响其保存的重要因素。内容是指电子文件实际要传达意图的信息。结构是指内容的格式化信息，包括文字排列、段落列表、章节结构、文章布局等。表现是指内容的展示形式，如页面大小、颜色、字体等。对于传统载体而言，三者是统一不可分割的；而对数字信息而言，三者是可以分离的。三者以二进制信号存储在相同或不同的文档中，只有在特定系统中运行时，三者才连接为一体，其中的内容信息才能以用户可识别理解的方式展示。电子文件内容、结构、表现的可分离性使得传统档案的“原件”概念受到挑战，对电子文件的保存不仅是对内容信息的保存，还包括对维护三者

---

① 刘家真．电子文件管理理论与实践．北京：科学出版社，2003.

有效关联的环境的保存。而硬件平台的更新、软件版本的升级都有可能导致表现的形式发生改变。

四、电子文件保存的基本内容

电子文件保存的内容主要包括逻辑信息的保存和与其对应的物理实体的保管。其中，逻辑信息保存的核心在于维护电子文件信息的真实、完整、可用、安全；物理实体保管的主要任务是对光盘、磁带等数字载体的管理与维护。具体而言，文件形成和档案保存机构在开展电子文件保存时通常需要进行如下工作。

（一）电子文件技术属性的识别

电子文件技术属性的识别是对计算机文件格式与数字对象版本的精确识别和记录的过程，是实施电子文件保存活动的前提条件。电子文件至少包含一个数字对象，这个（些）数字对象与其元数据紧密关联。如一个字处理文件可能仅由字节数据组成，而另外一些电子文件则可能由很多不同的对象构成，如照片、视频片段或网页。电子文件保存活动需要准确识别和理解各类数字对象的技术特征，否则在保管过程中文件的真实性与可用性很难得到保障。其中文件格式的理解和鉴别是文件识别过程中关键的一步，电子文件若使用不同的格式存储，则该文件将具有不同的特点。通过对文件数字对象技术属性的识别，有助于了解该数字对象是以怎样的格式被创建并保存的，如了解它是通过何种软件被创建的、版本如何等等。

（二）归档/移交技术检测

电子文件跨部门归档或移交保存时，都需要对其信息和载体开展技术检测（也称技术鉴定），技术检测是保证电子文件真实性、完整性、可用性和安全性必不可少的工作环节。综合《电子档案移交与接收办法》（2012）与《电子文件归档与电子档案管理规范》（GB/T 18894－2016）的要求，归档电子文件或移交的电子档案的技术检测合格率应达到100％，其中技术检测的内容包括但不限于：

- 元数据应当与电子文件一起提交，电子文件及其元数据的形成、收集和移交归档应符合制度与程序要求；
- 电子文件及其元数据应能一一对应、数量准确且齐全、完整；
- 电子文件与元数据格式应符合相关规范要求；
- 采用技术手段加密的电子档案应当解密后移交；
- 压缩的电子档案应当解压缩后移交；
- 特殊格式的电子档案应当与其读取平台一起移交，以专有格式归档的，其专用软件、技术资料等应齐全、完整；
- 电子文件应通过无病毒检测等；

- 在线移交电子文件的单位需要采用与管理要求相适应的安全网络传输；
- 电子文件离线介质应无病毒、无损伤、可正常使用；
- 离线移交的电子文件载体应符合有关标准的要求，如采用光盘归档移交，应符合《电子文件归档光盘技术要求和应用规范》（DA/T 38－2008）的要求，如采用磁介质归档移交，应符合《磁性载体档案管理与保护规范》（DA/T 15－1995）的载体要求；
- 存储电子文件的载体和载体盒上应当分别标注反映其内容的标签。

资源链接 7－1

元数据抽取工具

元数据抽取工具（metadata extraction tool，MET）是由新西兰国家图书馆2003年开发的元数据抽取软件。开发该工具的初衷是用它来自动地抽取各种格式文件（包括PDF文档、图片文件、音视频文件、微软Office文件等）的元数据，并用于数字长期保存活动，目前已经更新到V3.0版，可在SourceForge上免费下载。

MET的功能主要有两个：从数字化文件中自动抽取与数字保存相关的元数据；将抽取到的元数据以XML格式输出。目前MET可以对多种格式的文件进行元数据抽取，包括图片类［Bitmap、GIF、JPEG（JPG）、TIFF］、办公文档类（MS Word、Word Perfect、Open Office、MS Excel、MS PowerPoint、PDF）、音频视频类（WAV 、MP3、BWF、PLAC）、网站类（HTML、XML）等。

MET采取“Extract in Native form”和“MLNZ Data Dictionary”两种不同的抽取格式，产生不同的抽取结果。对于不支持的文件格式，MET仅抽取由底层系统提供的最基本的元数据信息，如文件大小、名称、创建日期等。为了不影响数字保存的质量，MET在抽取元数据时以只读方式打开，不改变被处理的文件，以确保文件的完整性和原始性。

元数据的抽取工作是基于各种配适器的，每种配适器可以识别某种特定文件格式，并能提取该类型文件的元数据。适配器能够处理各复杂类型程度的对象内部及对象之间的依赖关系，这些对象既包括单个简单对象如TIFF文件，也包括复杂的网站或数据库。

资料来源：新西兰国家图书馆．［2017－01－05］．http：//natlib. govt. nz/items? utf8＝%E2%9C%93&text＝Metadata＋Extraction＋Tool.

（三）保存管理

电子文件在长期保存中会面临大量的软硬件变化，需要采取综合性的长期保存管理措施，通常需要机构制定长远的保存规划进行应对，提供更新、迁移、仿真等多种手段解决格式过时、软硬件升级、平台跨越等导致的保存问题，在电子文件信息保存的技术层面提供相应的解决方案。此外，在电子文件保存的过程中，还需要开展日常性的技术维护和检测工作，如开展载体的定期检测和更新，开展电子文件完整性的抽样检测等。

如果说电子文件技术属性的识别、归档/移交技术检测的主要任务是把好电子文件保存入门关的话，保存管理则是在接收电子文件归档和移交之后持续的、长期的工作，既要考虑到规律性的软硬件更新换代的可能后果，又要应对突发性情况对电子文件保存造成的影响。

五、OAIS 参考模型的基本内容

OAIS 参考模型（ISO 14721：2003，Open archival information system—Reference model，开放档案信息系统参考模型）是一项基于信息长期保存与获取的国际标准，是事实上的长期保存技术体系的构建原型。OAIS 参考模型提供了一个参考框架，通过描述参考环境所需的基本功能和信息流动变化情况，来定义包括电子文件在内的数字保存仓储所需具备的功能组件、信息类型和相关关系。OAIS 参考模型确立了数字信息的生产者、消费者和管理者之间的责任关系，它通过存档信息和存档功能的详细模型，提供标准化的方法，来描述数字保存仓储库。该参考模型提供了较为完整的对数据对象（如电子文件）的理解，可被视为数字对象保存的逻辑起点。OAIS 涉及数字信息保存系统相关的环境、功能模块，任何致力于数字信息长期保存活动的系统和组织都可以在此基础上构建自己的长期保存系统框架。

（一）OAIS 功能模型

（1）接收（ingest）。该功能模块是与信息形成者联系的接口，负责接收信息，管理接收过程中的所有程序并进行归档存储。接收功能包括接收提交信息包、对提交信息包进行质量检测、生成符合存档数据格式和标准的档案信息包等。

（2）档案存储（archival storage）。该功能模块负责数字信息的长期存储与维护，保证归档的内容处于适当的存储状态，维护数字信息的长期完整性与可读性。该实体为档案信息包的存储、维护和检索提供服务。具体功能包括从接收模块中接收档案信息包、管理存储系统、更新存储媒体、灾难恢复等，并进行日常事务和专门的错误校验等。

（3）数据管理（data management）。数据管理功能包括管理归档数据库功能、执行数据库更新（装载新的描述信息或归档管理的数据）、执行数据查询、生成结果集、生成报告等。

（4）保存规划（preservation planning）。该实体提供监测 OAIS 环境的服务和功能，并提供建议来保证存储在 OAIS 系统中的信息经过长时间仍能被特定的用户组织访问，即使是原始的计算环境已经不存在。长期保存规划功能包括评估存档的内容、定期建议更新存档信息来迁移当前存档资产、开发存档标准和策略的推荐参考、监测技术环境和特定组织的服务需求及知识库的变化。

（5）访问（access）。该功能模块代表 OAIS 系统与用户进行直接交互，包括与客户进行交流以接收请求、应用访问控制以限制对特定保护信息的访问、协调请求的访问以完成成功的访问、产生响应（分发信息包、结果集和报告）等。

（6）系统管理（administration）。该功能为存档系统的全局运行提供服务和功能，主要负责 OAIS 系统的日常运作。作为 OAIS 内外部交互的中心，它既与其他五个模块进行合作，又与 OAIS 外部的信息形成者、用户和外部管理产生直接的交互（见图 7－1）。

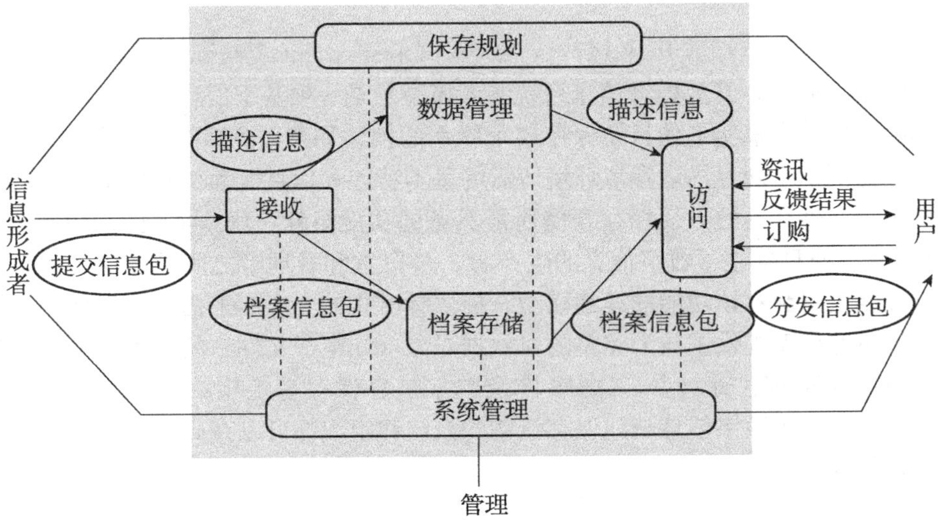

图 7－1　OAIS 功能模型

（二）OAIS 信息模型

信息模型是揭示数字保存仓储中信息对象及其信息结构的模型，它直接影响在数字保存系统中选择什么作为存储对象，以及怎么描述这些对象（见图 7－2）。

在信息模型中，内容信息是 OAIS 作为最初保存目标的信息，它由内容数据对象和表征信息组成。

内容数据对象包括物理对象和数字对象。物理对象是一种实实在在的可以看得见的物体，它传达了一种值得保存和分发的信息，且该信息能够被单独使用；数字对象是由一组比特序列组成的对象。

表征信息是使信息对象能够被特定用户理解所需要的信息，包括结构信息、语义信息和其他表征信息。结构信息用于解释数字信息，可能是数据结构、文件格式或者软硬件环境描述等；语义信息是对结构信息所识别的信息赋予一定的意义。同时，表征信息本身也是一个数据对象，其自身也包含解释它的表征信息，并由此形成一个表征信息对象的递归网络。表征信息及其网络的维护对电子文件的长期保存非常重要，如果电子文件保存没有注意维护相关的表征信息，则电子文件的可读性与可理解性无法得到保障。如果电子文件在保存过程中无法理解其

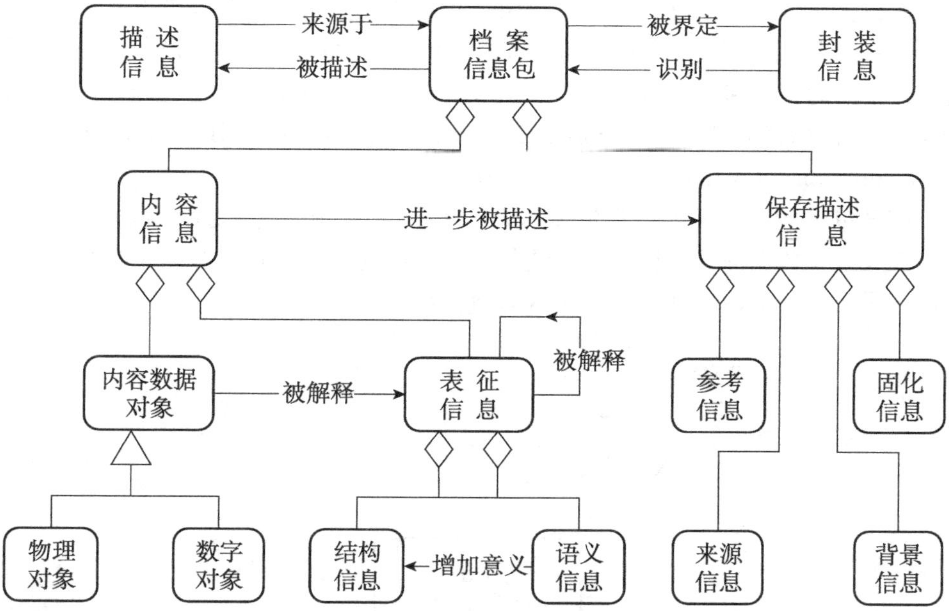

图 7-2 OAIS 信息模型

数据结构、排版、压缩算法、格式等，那么它将只是一些无意义的字节流。

除了内容信息外，档案信息必须包含能在不确定的时期内，随着时间推移而理解内容信息的信息。具有这种功能的特殊的信息对象，合起来就被称为“保存描述信息”。保存描述信息包括以下几类信息。

（1）参考信息：识别内容信息的信息。它确定一个或更多的机制，为内容信息提供指定的标识符。它还向外部系统（如分类系统、参考系统和注册登记系统）提供标识符，使它们能清楚地查阅特定的内容信息。

（2）背景信息：说明内容信息与它所处环境之间关系的信息。包括为什么要创建内容信息、它与现存于其他地方的内容信息对象有什么样的关系等。

（3）来源信息：说明内容信息历史的信息。包括内容信息的起源或来源、自内容信息产生以来所发生的任何变化、自内容信息产生以来有些什么样的人保管过它。

（4）固化信息：用于检测数据的完整性，或证实关键码，或检验关键码，以保证特殊的内容信息对象免于被不明不白地改动。针对具体的内容对象，固化信息为之提供特殊编码和错误侦察方案。

（三）OAIS 信息包模型

在 OAIS 中，数据对象被默认为以信息包的形式存在。信息包可被视为一个洋葱，最核心的是内容数据对象，外面包着对其进行解释和描述的表征信息，这两者构成了内容信息；而内容信息外面则是保存描述信息，包括参考信息、背景信息、来源信息和固化信息，这些元数据记录了内容信息在创建、流转过程中的变化、状态及联系。内容信息和保存描述信息构成了信息包，而信息包同样有自己的元数据——打包信息（又称封装信息）和描述信息对其进行描述和识别。

OAIS 以信息包的形式进行信息内容的传递、存储和利用，并在不同阶段形成三种不同的信息包（见图 7－3）：提交信息包（submission information package，SIP）、档案信息包（archival information package，AIP）和分发信息包（dissemination information package，DIP）。

信息包模型对电子文件长期保存具有重要作用。由于它采用了将电子文件对象与其大量元数据进行“捆绑”封装的方式，因此有效实现了自描述功能，可以维护电子文件的可理解性，从而实现有效保存。

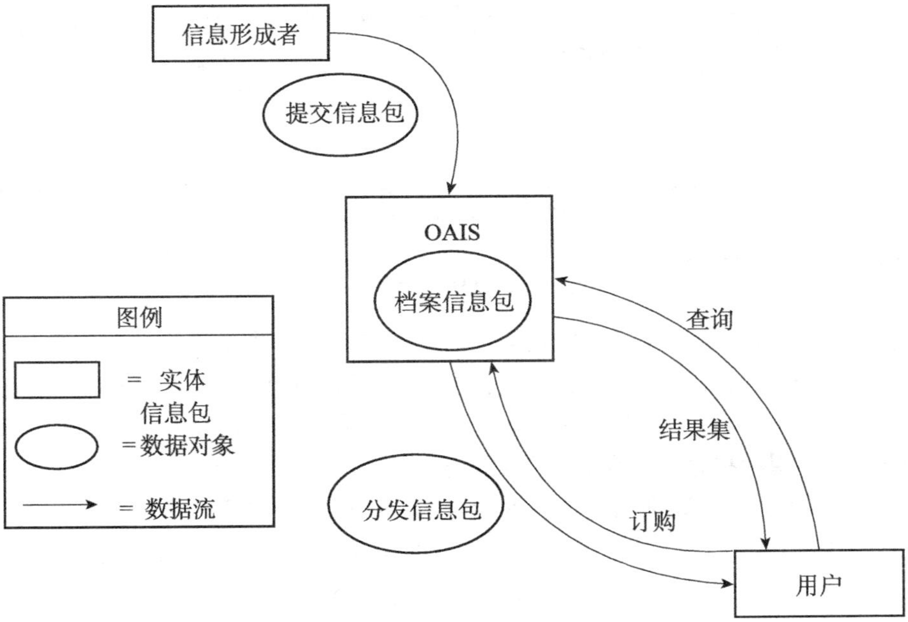

图 7－3　OAIS 信息包模型

第二节
电子文件的信息保存

一、电子文件保存的方法概述

电子文件保存是随软硬件技术变化而变化的管理活动，要解决由于格式过时、软硬件升级、平台跨越等导致的保存问题，需要在电子文件信息保存的技术层面提供相应的解决方案。对此，国内外提出了大量的解决方法，包括硬拷贝输出、迁移、元数据封装、仿真等。针对这些林林总总的保存方法，目前有两种基本的划分方式。

（一）积极保管与消极保管

基于电子文件长期保存的技术路线，可将保存方法划分为积极保管和消极保管两大类。积极保管是采用新的技术重建文件的方法，即将数字对象移入新的存储环境，寻找电子文件长期保管的可靠方案，使其可用性得到持续的保障。积极保管涉及的技术可能在文件创建或使用时还未出现，格式迁移是其代表性方法。消极保管主要依照数字对象产生时的特点和性质对其进行保管，重点在于保持原先用来存储或处理该对象的技术，从而确保数字对象与元数据长期的完整性以及存取的可控性，常见方法如更新、复制、仿真等。

事实上，在确定保存策略时通常需要将消极保管和积极保管的措施结合进行。同时，人们也应该意识到，对于机构的现行文件，数据的更新、复制和仿真方式通常只作为短期的保管方法，而迁移方式则是数字保管规划中通用的方法。因此，在对文件进行长期保管的过程中，应优先考虑开展积极的保管规划。

（二）常规方法、重点方法和辅助方法

根据电子文件长期保存技术复杂度的不同，可将保存方法划分为常规方法、重点方法和辅助方法等三类。

常规方法是保存过程中最基础的技术方法，是在保存过程中采取的经常性、周期性的措施，如更新（载体迁移）、复制等。重点方法是保存技术中的核心方法，是解决较长周期电子文件保存问题的关键技术，包括格式迁移、仿真与封装。辅助方法是在使用常规方法和重点方法保存电子文件存在一定困难时或在其他状况下需要使用的保护技术，包括技术保存、硬拷贝输出等。

二、电子文件保存的常规方法

（一）更新

更新是指将旧载体上的电子文件信息拷贝到新载体上的方法，其目标是将旧载体上的数据替换为与其极为相似的数据，并且可以继续保持其可用性。从广义上看，更新可以被理解为载体迁移方式，如将软盘上的电子文件资源拷贝至 CD 光盘，或者将 CD 光盘内容拷贝到磁带上。事实上在模拟环境中，人们也习惯用更新方式来维护信息的长期存取，如对 Beta 录像带、缩微胶片等进行的更新。

更新在电子文件保存过程中十分重要，由于载体更新速度快，存储载体很容易老化过时，读取设备也时常变化，这些都将直接导致电子文件信息无法读取。因而需要采用周期性的更新方法，将数字信息从旧载体上复制到新载体上。目前电子文件保存使用的主要载体类型包括磁盘、磁带和光盘，这些类型的载体都会随保存时间的持续造成性能衰减，需要定期检测和更新。一般情况下，选择质量

较高且性能稳定的存储载体可以降低数据更新的频率。

更新方法是使用新载体替换旧载体的方法，只是对数字信息进行介质的简单转换，不涉及数据读取软件的更换，是目前最普遍、最简单的方法之一。但我们也要充分认识到更新方法的局限性，虽然更新方法在表面上可以完整地将信息保存下来，但由于更新后的信息可读性还取决于特定的读取环境，因此单纯更换载体并不能完全保证信息的可读性。

（二）复制

复制是指将电子文件信息拷贝到其他存储位置的过程，它也可以被视为一种常规的保存方法。复制与更新方法相同的是，它们都保持电子文件在字节形式上的数据不变。更新是采用替换进行保存的方法，复制是采用冗余进行保存的方法，因而复制后的电子文件存在于多个存储位置，这样就能够有效规避单个存储易于损毁或遗失的风险，在有效地保证安全的同时实现保存的目的。例如，当相应的软件或硬件无法正常运行，或者人员对原始文件进行了删改，甚至发生自然灾害时，数据的复制都可以成为常规的应对措施。

目前，复制已经是绝大多数电子文件采取的常规保存方式，虽然在操作上非常简单，但复制形成的副本可能会引起其他的管理问题。例如，当多次复制导致形成副本过多时，相应的监控措施就会变得复杂，增加对电子文件的版本控制、数据迁移和使用控制的难度。因此在管理中需要对复制产生的副本进行有效的管理。通常，电子文件管理系统会对原本和复制后的每个副本进行单独管理，因为它们可能拥有相对独立的保存历史和相关元数据。

三、电子文件保存的重点方法

（一）迁移

1. 迁移的概念

迁移是随技术变化来定义转换数据的一种处理过程，可使数据从某一硬件或软件配置向目标硬件或软件配置转换。迁移不仅仅是内容信息的搬迁，而是包含内容、结构及其关联性的整体保留，以最大限度地维护电子文件的完整性，并在不断变迁的技术环境中确保其可存取性。迁移在很多时候还涉及整个系统配置的改变，其目的是跟随不断的技术进步，在新的环境中保护数字信息的完整性，保留用户对数字信息的检索能力、显示能力与使用能力。

1994 年，美国保护与存取委员会与美国研究图书馆小组组建的数字信息档案化特别工作组开展了“数字文件未来长期存取”的研究，认为迁移是应对技术过时的最佳策略，应是数字资源管理中定期开展的工作。[①] 因而可以预计，对于

① 刘家真．电子文件管理导论．湖北：武汉大学出版社，1999.

电子文件管理工作来说，电子文件迁移将是一项伴随电子文件的产生、归档、接收、保管、备份以及利用等全部环节的系统工程，是电子文件永久保存的必要途径之一。

迁移的优势在于可以通过迁移使用户能持续地获得保存的数字信息。其缺点在于迁移虽然能够保证主要的数据内容及其关系，但每一次迁移操作都可能丢失一定的结构信息（如版式、链接、交互关系等），比如使用新版本 Office 软件打开旧版文件时，系统会告知由于版本变化可能会有部分信息丢失。有研究声称，每迁移一次就会导致至少 5%的资料因不明原因流失[①]，频繁的迁移则会积累较大的信息损失，因此，在采用迁移技术时需要考虑这些潜在的风险。

2. 迁移的类型

可从多个角度来划分迁移的类型。

(1) 主动迁移与被动迁移。

主动迁移是指遵循一定的规律，在主观可控的基础上，按照既定的计划和安排有序进行的迁移。

被动迁移是当电子文件存储环境突发改变，出现不稳定情况，可能发生不可预测的结果时，被迫进行的迁移。被动迁移时，往往要求采用一次性迁移方式。

(2) 入库迁移、技术变革迁移与按需迁移。

从迁移时机看，迁移可以划分为入库迁移、技术变革迁移、按需迁移三种。

入库迁移又叫标准化迁移，指在从电子文件管理系统转移至长期保存系统时将目标格式迁移至标准格式。入库迁移通常将数字对象从原始的软件迁移至一个源码开放的软件中，并且使用标准化的格式。因而在长期保存期内访问文件时，可以不必通过创建文件所用的软件系统。

技术变革迁移是在相关技术遭到淘汰之前所进行的迁移，只有在技术即将遭到淘汰时才可以进行，即技术变革迁移是在文件无法正常存取时所进行的补救性措施。

按需迁移方式保持数字对象原有的格式，只有当出现了具体的要求后，才将文件迁移至现有的格式中。根据需求所产生的数字迁移是一种临时性方式，它不需要对迁移范围进行预先的计划。在数量庞大的文件中，单纯施行按需迁移会使用户当下需要的文件被优先迁移，而很多具有法律或行政意义的重要文件往往会被忽视，进而导致这些文件的丢失或损毁。

(3) 硬件迁移、操作系统迁移、应用系统迁移、文件格式迁移和载体迁移等。

从迁移对象上看，迁移可分为硬件迁移、操作系统迁移、应用系统迁移、文件格式迁移和载体迁移等。[②] 其中，硬件迁移是将数据在不同类型或不同代际的计算机硬件平台之间进行转换；操作系统迁移就是改换操作系统，如将 Windows

---

① 欧阳崇荣．数位资讯保存策略．台北：文华图书馆管理资讯股份有限公司，2007.

② 欧阳崇荣．数位资讯保存策略．台北：文华图书馆管理资讯股份有限公司，2007.

XP 转移到 UNIX 上；应用系统迁移是指当软件更新或版本升级时进行的改变，如将 SQL Server 2000 更换到 Sybase 平台上；文件格式迁移是将电子文件在不同格式或同一格式不同版本之间进行转换，如将 Word 2003 文档转换为 Word 2010 文档，或者转换为 PDF/A 格式；载体迁移则是将数据在不同介质间进行转换，如将软盘数据转移到光盘上。

3. 迁移管理

迁移作为未来档案馆的一项基础工作和系统工作，不仅是一项技术手段，也是一项管理活动，需要有完整科学的流程和方法的支持。

（1）确定迁移管理的流程。

迁移管理可分为迁移规划、迁移准备、迁移实施、迁移校验等步骤。迁移规划需要回答确定迁移的目标和条件，据此决定迁移的基本类型和程序，如是一次性迁移还是分次迁移，是数据迁移还是软件迁移等。迁移准备包括预测迁移过程中的风险，合理把握风险因素，及时制定管理预案；成立专门的迁移队伍，保证迁移工作组织得当，技术可靠；及时准备迁移可能用到的载体、工具等，并进行必要的迁移测试。迁移实施是指检查迁移工作中的各项流程、方案，部署配置电子文件迁移的存储环境、应用技术和格式等，完成迁移后的记录及备份等。迁移校验是对迁移前后电子文件的内容、元数据等的检查和对照，可采取人工校验和程序校验等方式。

（2）记录迁移路径。

迁移是通过一代一代的软硬件设备一直转移下去，因此每次迁移时所运用的软硬件以及相关的数据格式都应该记录下来，这种迁移的历程就是迁移路径。通过迁移路径，我们可以了解迁移的具体信息，为日后的迁移提供参考依据。

（3）设置迁移管理中心。

由于目前还有大量非标准格式的电子文件存在，数据格式尚处在自我发展阶段，缺乏必要的整合，软件系统也是类似情况，因而建立迁移管理中心，集中应对旧有信息的迁移工作，在成本控制、技术保障方面很有优势，便于为类似数据库系统、多媒体信息、地理信息系统等复杂文件的迁移提供服务。

（二）仿真

1. 仿真的概念

仿真就是在新的系统环境下重建一个兼容原始数据、设备及其管理系统的运行环境，使得原来的数据、设备和系统能在现行的软硬件系统上运行。仿真实际上是通过保护数字信息的利用环境来保障数字信息内容的可利用性。仿真技术一般包括仿真硬件平台、仿真操作系统、仿真应用程序三个级别。仿真并不直接对电子文件的数据进行转换，而是模拟电子文件原始生成的软硬件环境，使技术过时的数据可以在模拟的环境中顺利运行并得以正确解释，对电子文件的表现信息及其特定功能进行模拟保存，使数字信息处于其原始状态的方法。

有专家认为，由于当前数字信息的多元化，大量文件都具有动态性、互动性、可执行性以及反应性能，为使这些特性能够被有效保存下来，最好的方法就是在未来的系统中运行原始的软件环境，以保证这些文件的功能完整。所以，仿真实质上就是建立新旧电脑系统的中间程序层，让新系统虚拟与旧系统相仿的环境，以展现原始的功能、画面和形态。

由于仿真不仅能使电子文件以原始展现形式展示，包括原始布局、格式、版面等，还能维护其基本功能，因而对于软硬件依赖性较大的文件而言，仿真是其长期保存的有效方法。

2. 仿真形式与技术

仿真的形式可分为：硬件仿真，即模仿原硬件平台；软件仿真，即模仿应用软件；虚拟器中介仿真，即制作仿真用的中间件。

目前主要的仿真技术包括：(1) 建立一种普遍适用的技术，用于描述在将来未知平台上再现当前和未来电子文件所需的各种属性的仿真器。(2) 设计以人们可读的方式保存、查找、访问和重现电子文件所需的元数据，使仿真技术可以用于电子文件的存储与管理。(3) 将文档、元数据、软件和仿真说明进行封装，并维护其间的联系，防止丢失。

3. 仿真的应用

从本质上看，仿真是一种延迟技术淘汰的保存方法。当新的系统也面临淘汰时，仿真器也需要进行相应的升级调整，这是采取仿真方法必须注意的。如图 7－4 所示，当主机平台发展到第 2 代时，就需要对原先的仿真器进行升级，以维持数字信息的原始展现形式。

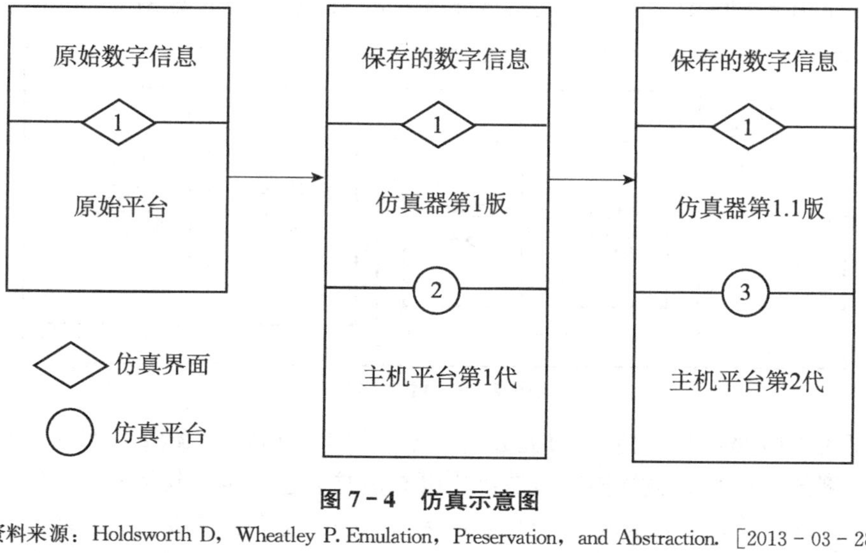

图 7－4　仿真示意图

资料来源：Holdsworth D，Wheatley P. Emulation，Preservation，and Abstraction. [2013－03－28]. http：//sw. ccs. bcs. org/CAMiLEON/dh/ep5. html.

仿真技术在理论上虽然比较先进，也有部分成功的案例，但其发展仍受到许多重要因素的约束，如技术、法律、成本、标准、知识产权等。因为需要仿真的硬件及其周边设备、操作系统、应用软件种类繁多，技术上的复杂度较高，所以仿真的效果依赖于对所仿真产品的透彻了解。而在操作系统、应用软件、硬件产品核心代码处于封闭的情况下，仿真器的开发需要解决知识产权方面的困扰，特别是考虑到仿真器本身也需要长期维护，就必须保证能够及时、合法地获得相关代码，而不是仅靠兼容功能实现仿真。

(三) 封装

1. 封装的概念

封装方法是在有关元数据规范的基础上进行的，其内容除了描述电子文件的基本资料外，还要描述电子文件原始软硬件环境参数、机构保存该文件的背景信息、使用目的等其他相关信息，有的还包括数字签名等信息，便于日后解读与验证。封装信息包含未来可被解读的信息，它既能描述电子文件的格式，以及封装本身使用的格式，也能描述电子文件保存历史及其与其他电子文件的关联，还可以通过比对元数据描述与电子文件是否相符来验证电子文件在封装时是否被修改。

2. 典型的封装结构

(1) VEO。

VEO 结构起源于澳大利亚维多利亚州电子文件策略（Victorian Electronic Records Strategy，VERS）[①] 项目，该项目旨在研究一个能长期保存电子文件的框架，不依赖于任何特定的软硬件，能真实、可靠地长期保存电子文件。VERS 主张采用面向数据的方式保存电子文件，认为采用这样的方式保存的电子文件比依赖系统管理的电子文件的寿命要长久。为此 VERS 采用封装对象包（VERS Encapsulation Object，VEO）的方式来保存电子文件，结构如图 7-5 所示。

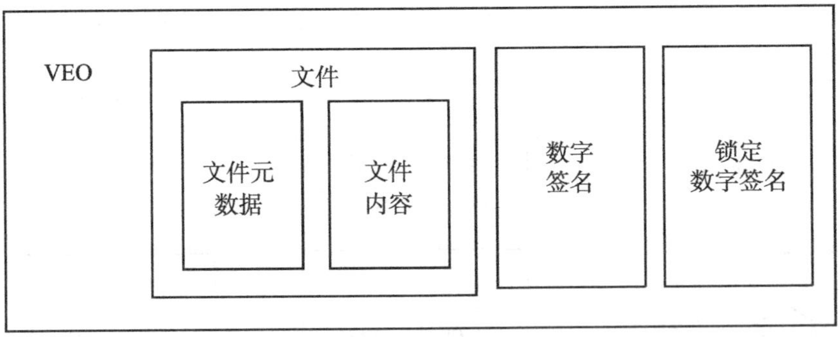

图 7-5　VEO 结构

VEO 的主要结构包括 VEO 元数据、文件内容与元数据、数字签名块、锁定签名块等部分。VEO 元数据描述的是封装包的格式信息，包括其格式、编码、版本等。文件内容及其元数据是 VEO 的核心内容。数字签名块主要是为了能够确保文件内容没有被篡改，包括数字签名及其算法等信息。锁定签名块则被用来防止伪造者清除修改的记录。因而我们看到，VEO 具有文档自构性、自描述性、系统无关

① Public Record Office Victoria：Victorian Electronic Records Strategy. ［2013-03-28］. http：//prov. vic. gov. au/government/vers.

性等特点。此外，VEO不但封装了内容信息和元数据信息，还封装了认证元数据及数字签名的信息与方法，从而实现了数字对象自我访问控制和安全管理。

(2) METS。

METS是元数据编码和传输格式（metadata encoding and transmission standard）的简称，是国际领域使用最为广泛的电子文件元数据封装方法。它将复杂的文件分解，再将这些分解后的要素打包，并且附上必要的XML元数据，以此来保证对象在重建后维持其原貌。

一份METS文件应包括以下几个组成部分：

- 文件头（metsHdr）。用来介绍METS文件本身的元数据信息，包括文档状态、创建和修改时间、标识信息以及责任者信息。
- 描述性元数据（dmdSec）。指记录METS所关联的数字对象的描述性元数据信息。一个METS文件中可以包含一个或多个<dmdSec>元素，既可以通过链接形式指向METS文档外部的描述性元数据，也可以将描述性元数据包装在METS文档内部。
- 管理性元数据（amSec）。包括文件的技术元数据、来源元数据、知识产权元数据，以及数字化过程中形成的元数据等。
- 文件组（fileSec）。指组成数字对象的所有文件的清单。
- 结构图（structMap）。指描绘出对象等级结构的轮廓图，结构中的组成部分与对应的文件内容及元数据相连接。
- 结构链接（structLink）。指结构图中不同要素之间的结构性链接。
- 行为机制（behaviorSec）。用于将数字对象的元素与其功能及操作相连，以在使用某种功能时可通过该区域查找到相关的指令。

METS规范在国际上得到了广泛的应用，拥有专门的维护机构、专业网站和系列支撑平台，基于该规范的封装方法能够在较大范围内取得一致，可以有效支撑电子文件信息资源的互操作。同时，METS能够封装多种电子文件类型，例如文本、音频、视频等，体现了封装方法的灵活性。此外，METS封装方法具有长远的应用前景，它采用XML作为封装包基本语法，可以使封装包独立于任何平台，并且长久保存下去。

3.《基于XML的电子文件封装规范》

我国档案行业标准《基于XML的电子文件封装规范》(DA/T 48－2009）规定了基于XML的电子文件封装格式和要求（见图7－6）。该标准适用于各级各类档案馆、机关、团体、企业事业单位和其他社会组织对文本文件和静态图像文件的文件级封装，将电子文件以“件”（可以是自然件，也可以是组合件）为单位“装订”在一起。具体而言，在一个电子文件封装包中可以封装有多个文档（如正文与附件），一个文档可以包含多个版本（如正文的正本、定稿、草稿），文档的同一版本还可以包含不同格式的计算机文件（如同一正本的PDF格式编码和TIFF格式编码）。通过格式规范的XML文件将有关电子文件封装在一起是电子文件长期保存的一个重要选择。

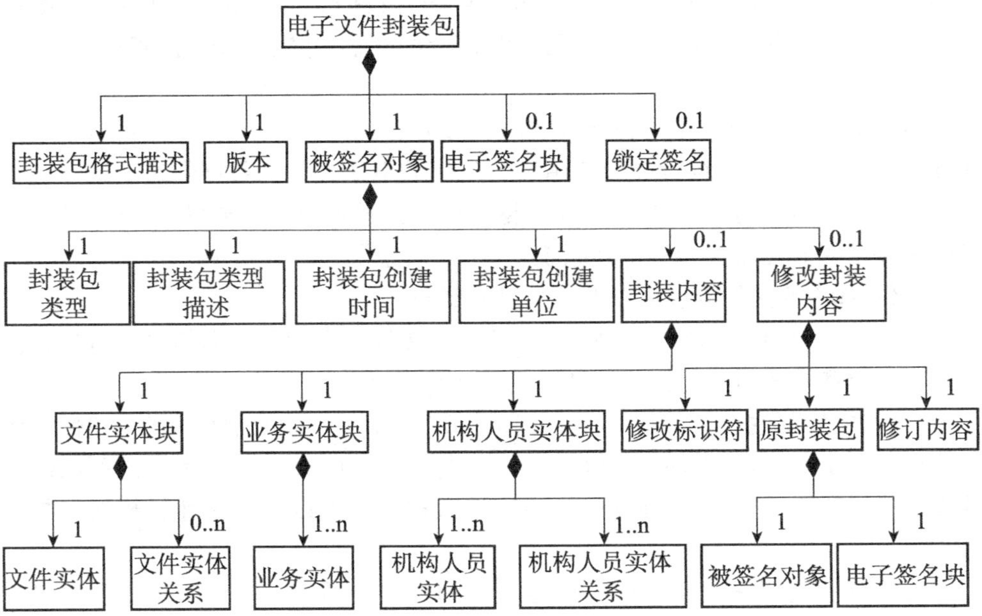

图 7-6　电子文件封装 UML 结构模型

资料来源：国家档案局．基于 XML 的电子文件封装规范：DA/T 48-2009.

四、电子文件保存的辅助方法

（一）技术保存

技术保存就是直接将形成电子文件的相关计算机系统按照最原始的状态保存起来的方法，也称为软硬件博物馆。它试图保留所有被淘汰的软硬件，以供技术过时的文件读取使用。在短期内使用技术保存措施或配合其他保存策略具有一定可行性，但就长期而言，技术保存的劣势非常明显，其主要问题在于过时的软硬件维护困难。过时软硬件不可能永远处于可用状态，设备的自然损耗、财务成本等问题都会加大维护难度。

（二）硬拷贝输出

硬拷贝输出就是将电子文件打印成纸张或制成缩微胶片的方法。国际上普遍认可，原件如果按照特定程序制作缩微胶片，则该缩微胶片可被视为原件。因而，对于重要的电子文件而言，采用硬拷贝输出的方法是各国档案机构普遍重视的保存方法之一。《中华人民共和国档案法实施办法》第二十一条规定："档案缩微品和其他复制形式的档案载有档案收藏单位法定代表人的签名或者印章标记的，具有与档案原件同等的效力。"

硬拷贝输出方法的主要问题在于输出纸张的数量可能非常庞大，会导致库房空间紧张，制成的缩微胶片存在利用不方便的困难。况且许多电子文件类型，如音频、视频、3D 动画等无法进行硬拷贝输出，因此其适用范围有一定的局限性。

五、电子文件保存的管理策略

电子文件长期保存绝不仅仅是技术方法的选择的问题，需要综合考虑载体稳定性、技术过时、灾难对策、真实性确认、成本控制等技术和管理问题，还需要结合管理政策、生命周期管理等进行全面的思考，制定符合本机构实际的电子文件保存管理策略。

（一）确定电子文件保存的技术方案

电子文件保存机构首先需要确立一个面向长期的综合性技术方案，该方案单纯依靠个别的技术方法是远远不够的，需要在良好的管理基础上，综合前述多种方法来共同实施。

首先，电子文件保存技术方案应符合有关的管理要求。电子文件保存方案应最大限度地满足电子文件的管理要求，如电子文件的真实性在保存过程中不受损害，在更新、迁移等活动中文件内部以及文件之间的完整性关联不被破坏，格式迁移带来的微小变化不影响用户对文件内容的判断，等等。

其次，方案应保证技术的可行性。技术方案的可行性是建立在大量技术试验的基础上的，电子文件保存机构应对拟采用的技术方案进行必要的测试和技术风险评估，或采用可信的第三方的测试和评估结果，以保证技术方案是可实现的、便于操作的。

最后，方案应做到成本可控。电子文件保存机构需要对方案进行必要的经济核算，并结合必要的风险评估对电子文件保存系统的总体成本进行核算，保障技术方案的经济可行性。

此外，在确定电子文件保存方案时还需要综合考虑易用性、灵活性、适用范围和类型等因素。

（二）加强基于文件生命周期的责任者管理

电子文件保存是涉及文件生命周期所有参与者的管理活动，在文件生命周期的每一个阶段都应考虑到保存问题，因而每个阶段的参与者都可被视为信息保存的责任者。在电子文件生成阶段，数字信息的形成者应选择适当的文件格式，以保证其长期存取性能；在电子文件流转、管理阶段，信息的管理者有可能采取加密、格式迁移、压缩、权限管理等措施，对于这些措施对日后该文件保存的影响应有相应评估与对策；在文件的归档保存阶段，文件保管者应综合采取各种长期存取的方法以确保信息在其保管期限内的可读性。因而，在文件生命周期的各个阶段，与其相关的各类责任者应有所协调，维护电子文件的长期保存。

（三）开展格式管理

电子文件在保存过程中必须保证具有适当的文件格式，以维护电子文件信息的可读性。文件格式（或文件类型）是指电脑为了识别内部储存的资料而使用的特殊编码方式。在传统实体文件信息呈现链条中，并没有文件格式这一概念，如图 7－7 所示。而对电子文件保存而言，系统必须设计有相应的方式进行信息和比特流之间的相互转换，否则数字对象仅仅是一串无意义的比特流而已。因而需要将电子文件以被认可的标准格式进行存储，这就需要定期审视文件格式标准，并进行必要的格式迁移。如在提交电子文件归档时，可将原始的 DOC 文档转换为 PDF/A 格式。

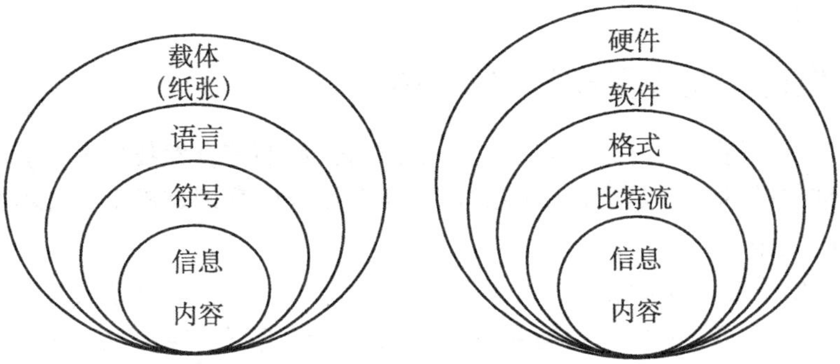

图 7－7　传统文件与电子文件信息内容呈现链条

由此可知，在数字信息的保存中，格式问题是最常见的管理问题，包括如何确定格式选择的标准，在具体管理活动中应确定文件的接收格式、归档格式、保存格式、迁移格式，对于级别较高、电子文件类型繁多的机构还应考虑对格式信息的注册管理和控制问题。

1. 确定长期保存格式选择标准

在确定长期保存格式时，应遵循普遍的原则，如通用性、可解析性、可理解性、低依赖性等。国际上有许多组织和项目都提出了相关的格式确定原则。根据我国档案行业标准《版式电子文件长期保存格式需求》（DA/T 49－2009），在选择长期保存格式时应考虑格式开放、不绑定软硬件、文件自包含、格式自描述、显示一致性、持续可解释、稳健、可转换、利于存储、支持技术认证机制、易于利用等要求。

2. 格式注册

格式注册又叫格式登记，是建立关于文件格式表征信息的知识库。在 OAIS 参考模型中，格式是电子文件的表征信息，为了解读电子文件的信息内容，我们必须掌握关于格式本身的所有表征信息。这些表征信息涵盖注册格式的语法和语义特征，包括注册格式的描述型元数据、管理型元数据和技术型元数据信息。这些元数据信息定义了电子文件长期保存过程中有关文件格式的关键属性，为电子文件的长期保存提供了文件格式方面的支撑信息。

格式注册是了解数字对象结构和内容的关键，也是信息迁移的依据，很大程度上决定了电子文件长期保存所要采取的方法。对数字资源长期保存系统而言，格式注册将有助于解决如下问题。

- 识别：识别文档，判断它是何种格式。
- 验证：检验某份文档是否是目标格式。
- 特征描述：提供关于注册格式的关键属性信息。
- 加工/迁移：提供关于注册格式编辑、压缩、渲染、迁移等方面的信息。
- 风险评估：评估注册格式的老化、过时风险。

资源链接 7-2

PRONOM 格式注册系统

PRONOM 格式注册系统由英国国家档案馆建立，其初衷是为了解决 MIME 类型注册的诸多问题。2002 年 3 月，英国国家档案馆发布了 PRONOM 注册方案 1.0 版，目前最新的版本是 PRONOM 6。PRONOM 项目建立了一个格式注册网站，提供了关于上千种文件格式的软硬件技术信息和格式迁移信息，用户可以通过网站提供的多种检索方式检索到目标格式的各种相关信息，这些相关信息包括摘要、相关技术文档、数字签名、压缩方式、字符编码方式、版权信息、迁移信息等。此外，该项目还开发了一个免费的文件格式识别工具 DROID，该工具支持电子文件格式的批量识别，识别结果以 XML、CVS 等方式导出。

资料来源：The Technical Registry PRONOM. ［2017-01-20］. http：//www.nationalarchives.gov.uk/PRONOM/Default.aspx.

3. 进行有效的格式迁移

格式迁移的前提在于选择一个合适的标准格式，使其能够支持原始文件的主要功能，符合未来业界标准发展趋势。国家档案局颁发的行业标准《版式电子文件长期保存格式需求》（DA/T 47-2009）就格式选择标准进行了规定。需要注意的是，由于格式标准本身也是随时间变化而发展的，我们只能将格式迁移作为一定时期内的解决办法，当标准发生变化时，还需要进行多次格式迁移。

案例 7-1　PREMIS

PREMIS 的全称是 PRE servation Metadata Implementation Strategies Working Group，即保存元数据实施策略小组。它在 2003 年于美国成立，旨在识别和定义那些支持电子文件与数字对象保存过程的元数据。该小组同时也肩负着另外一项任务，即识别和评估数字保存系统中保存性元数据的收集和存储策略。其成果被出版为 200 多页的《数据字典》。在电子文件及其他数字对象的保管过程中，那些应该被收集的各类元数据元素都在该字典中得到了详细的定义。《数据字典》为人们建立有效且可靠的电子文件保存策略提供了关键性的指导，它不仅描述了那些应该被收集的元数据，同时也提出了一些关于建立数字保存项目的深刻见解。

资料来源：PREMIS. ［2017-01-20］. https：//www.loc.gov/standards/premis/.

（四）加强元数据管理

在电子文件保存过程中应加强元数据管理，尤其是保存性元数据，如电子文件原始软硬件环境、表征信息、保存历史、使用权限、载体类型等。这些元数据都对数字资源的长期保存历史、政策、技术条件和措施等进行了描述。保存性元数据可以随时为用户提供文件保存活动的精确且全面的历史记录，可以描述数字对象的物理及逻辑变更，以及文件本身的性质或内容上的变化，因而在制定保管策略时应重点关注与保存相关的元数据，包括：

- 确定文件的起源（数字对象的所有权或保管权）的元数据；
- 确认对象的真实性的元数据；
- 描述数字对象创建时的技术环境的元数据；
- 跟踪各项保存措施的元数据；
- 确定数字对象的知识产权等其他相关的权利的元数据等。

保存性元数据必须与它们所描述的数字对象相链接，事实上，保存性元数据本身就是一种需要被妥善保存的信息。在 OAIS 提供的功能模型中，这些保存性元数据可以以信息包的形式与电子文件数字对象“打包”存储，也可以存储在管理数据库中。专业的数字档案管理系统应提供完整的元数据管理功能。

第三节 电子文件的载体保管

电子文件无论其信息类型如何，总是依附一定的载体形式存在的。虽然目前数字载体制造技术处于不断发展和更新之中，无论磁存储载体还是光存储载体都还不能作为电子文件长期保存的稳定载体，但是充分了解数字载体的有关知识，了解其基本特性，有效开展载体保管，仍然是电子文件保存的基础工作。

一、主要载体类型和特点介绍

随着电子计算机技术的发展，数字信息记录技术也在不断发展，目前，数字信息可以被记录在磁性、光学和电存储介质上，如图 7－8 所示。其中，磁性介质主要包括磁带、硬盘、磁盘阵列等，利用磁化电流在磁性介质上记录和读出信息。光学介质则是利用激光在非磁性介质上记录和读出信息，如 CD、DVD 等类型。电存储介质利用半导体材料而非磁性或光学技术，多数以闪存和 USB 等形式存在。

由于在实际工作中经常会碰到一些传统的介质类型，因而对电子文件载体保管工作者而言，不但要了解最新的载体知识，也不应忽视过去的存储技术。

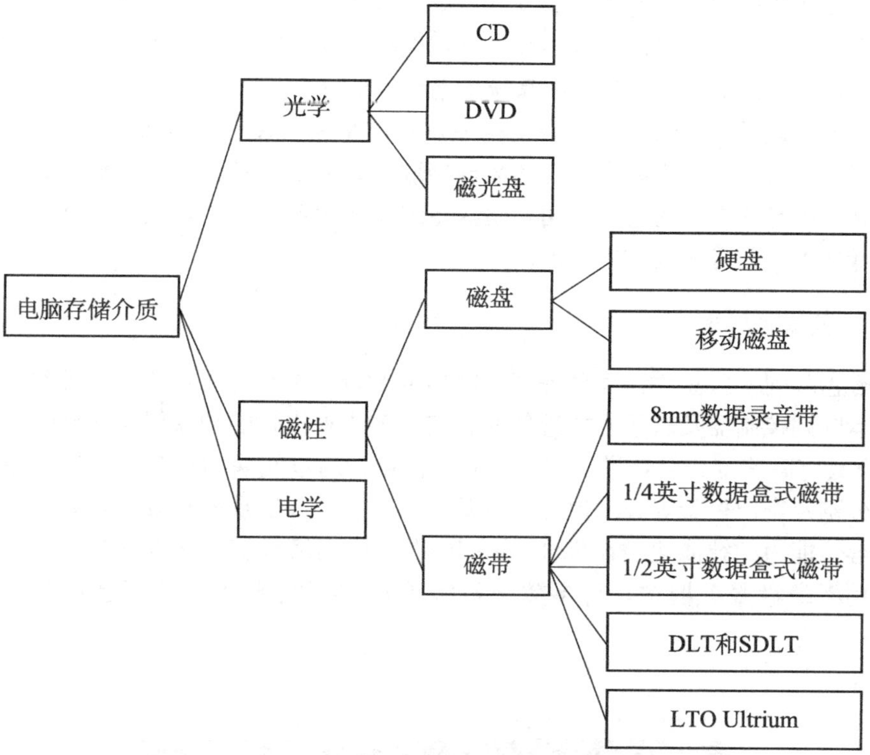

图 7－8　主要计算机存储介质

（一）硬盘

硬盘涂着一层可磁化记录材料的浅盘状的磁表面存储介质，是迄今为止计算机系统中最常用的在线存储设备搜索。在写入信号时，硬盘驱动器将信号序列通过写电路变成写电流，在流经写线圈时将磁头下磁层磁化，完成电磁转换过程；读出时，读电路将磁头切割表面磁力线产生的感应电动势转换为电流，该电流信号经放大、滤波、数字化处理，恢复成写入时的脉冲信息序列，再送入主机内存，完成磁电转换，实现读出。

硬盘盘片一般由底盘和记录层构成，盘片通常用铝镁合金制作，磁性记录层一般使用 γ-Fe_2O_3 磁粉、金属膜等。硬盘在其发展历史上曾经存在 IDE、EIDE、SATA、SCSI、USB 等多种接口类型，根据活动方式可分为固定硬盘和移动硬盘，按硬盘分区格式可分为 FAT16、FAT32、Ext2 和 NTFS 格式。

硬盘的工作原理是利用特定的磁粒子的极性来记录数据。磁头在读取数据时，将磁粒子的不同极性转换成不同的点脉冲信号，再利用数据转换器将这些原始信号变成电脑可用的数据，写的操作正好与此相反。另外，硬盘中还有一个存储缓冲区，这是为了协调硬盘与主机在数据处理速度上的差异而设的。由于硬盘的结构比软盘复杂得多，所以它的格式化工作也比软盘复杂。

硬盘的存储容量大，采用随机存储方式，存取速度快，数据传输率高。且硬盘具备较强的可靠性，通常硬盘盘片与驱动器装在一处，构成密闭系统，不易受周围环境影响，所以工作稳定性好、可靠性高。硬盘通常不能像磁带、软磁盘一样脱机保存，而适宜作为计算机系统的在线存储介质。

随着磁记录技术的迅速发展及相关技术的采用，硬盘在存储容量、位密度、道密度、面密度、平均寻道时间和数据传输率等主要性能上的指标都得到了大幅度提高，硬盘几十年的发展表明，硬盘将继续向大容量、高密度、小型化、高速度、低成本、高可靠性方向发展。

(二) 磁盘阵列

磁盘阵列（独立磁盘冗余阵列，简称 RAID）并不是独立的硬盘种类，而是由磁盘阵列控制器及若干性能近似的、按一定要求排列的硬盘组成（见图 7－9）。RAID 具有高速度、大容量、安全可靠等特点，通过冗余纠错技术、镜像数据或数据分割及奇偶校验等技术保证设备及数据可靠，并实现容错要求，是一种具有较高容错能力的智能化磁盘集合。RAID 在现代网络系统中作为海量存储器，被广泛用于磁盘服务器中，许多数字资源项目都用它来作为其信息资源的存储设备。

图 7－9　磁盘阵列设备

1. 磁盘阵列的类别

由于 RAID 技术是一种工业标准，各厂商对 RAID 级别的定义也不尽相同，目前对 RAID 级别的定义可以获得业界广泛认同的只有 4 种，即 RAID0、RAID1、RAID0＋1 和 RAID5。RAID5 是目前应用最广泛的 RAID 技术。

2. 磁盘阵列的原理

磁盘阵列作为独立系统在主机外直连或通过网络与主机相连，有多个端口可被不同主机或不同端口连接。简单地说，磁盘阵列的存储原理就是将多个磁盘通过 RAID 控制器（包括硬盘和软件）组合成虚拟单台大容量的磁盘使用，把多个读写请求分散到多个硬盘中来突破单个磁盘的极限，并使其协同工作。对主机而言，它见到的并不是一个个实际的物理盘，而是组合后的一个或多个逻辑硬盘，数据的存取分布在多个磁盘上，因此可以通过提高单盘容量和扩展阵列规模使存储容量不断增加，从而可以按照用户对于存储容量的需求来进行阵列配置，提高整个计算机系统的运行效率，达到海量存储的要求。

3. 磁盘阵列的特点

第一，数据的安全性更高。RAID 除了超大的存储容量外，还能够免除单块硬盘故障所带来的灾难性后果，从而为数据提供安全保障。在 RAID 系统中，数据存储在由多个磁盘组成的磁盘组上，通过数据的冗余存储，可保证当一个或多个磁盘损坏、失效时，能够有效地防止数据丢失。第二，数据的存取速度更快。RAID 通过在多个磁盘上同时存储和读取数据来大幅提高存储系统的数据吞吐量。

（三）磁带

磁带是以聚酯薄膜为带基，并在其上涂布磁性材料，经过磁性定向、烘干、压光和切割等工艺而制成的磁表面存储载体。聚酯薄膜具有机械强度高、受温湿度影响小、不易燃、柔软等特点。磁性材料主要由磁粉、黏合剂、助剂、溶剂等配制的磁浆制成。磁带的分类方法很多，按磁带宽度分有 1/2 英寸、1/4 英寸、8mm 磁带等，按带长分有 600 英寸、1 200 英寸、2 400 英寸磁带，按使用状态分有开盘式和盒式磁带。

1. 磁带的特点

● 高容量，低密度。磁带的记录面积较其他磁记录存储器大得多，因而可获得很高的单机容量，并能有效降低位存储成本。

● 良好的备份载体。首先，磁带存储容量较大，通常作为硬磁盘的可靠又经济的大容量备份。以目前的存储技术，一盘磁带压缩后存储容量可达 70GB，磁带库则可扩展到几十 TB 的水平。其次，磁带备份操作方便，由于磁带可以从驱动器上取出，因此可以实现以非现场方式保存数据，在智能磁带备份程序的配合下，甚至可以进行无人值守的数据备份和磁带管理。再次，磁带的使用成本不高，可以大量用于电子文件数据备份和恢复。

● 可靠性较高。磁带机采用写后读方式，写入后随即进行读出校验，以保证写入的高可靠性。多道并行工作的磁带机具有高纠错能力的检、纠错编码，具有很强的检、纠错能力，能对单道或多道的突发错误进行纠正。实践证明，一盘磁带上的数据可以保存 30 年以上。

● 兼容性较好。磁带的标准化程度较高，具有较好的向下兼容性。新型磁带机一般均可将旧型磁带机记录的信息读出，不同磁带机记录的磁带可以互换。

● 磁带以串行方式记录数据，存取速度较慢。需要指出的是，磁带的存取速度较慢是相对于硬盘和光盘而言的，在实际应用中，磁带也能在相对短的时间内（如一个晚上）备份需要的数据。

2. 典型磁带格式

常见的磁带格式有：DC6000、DLT、SDLT、LTO、DAT、8mm、AIT、VXA 等。

● DC6000（QIC）技术最早由 3M 公司开发，是 20 世纪 80 年代初的磁带技术。它采用线性记录技术，使用非常简单的驱动装置进行纵向记录，但介质却比较复杂，而且价格昂贵，所用磁带体积较大。

● DLT（digital linear tape，数字线型磁带）由 DEC 公司于 1985 年开发，应用于 DEC 公司的 VAX 小型机系。DLT 以纵向曲线型记录法在磁带上进行记录，具有大容量、高速度的特点，主要应用于中、高端数据库存储和磁带库中。目前 DLT 磁带机的容量从 10GB 至 80GB 不等，未来 DLT 存储容量会达到 160GB/320GB。

● SDLT（Super DLT）是 Quantum 公司 2001 年新推出的格式，它在 DLT 技术基础上使用激光引导磁记录（LGMR）技术，通过增加磁带表面的记录磁道数使记录容量增加。目前 SDLT 的容量为 160GB，未来 SDLT 存储容量会达到 320GB/640GB。

● LTO（liner tape open，线性开放磁带）标准有两种格式：Ultrium 和 Accelis。Ultrium 的特点是高容量，非压缩存储容量是 100GB，压缩后可达到 200GB，且具有增长的空间；Accelis 的特长在于存取速度快，被广泛运用于大型服务器、高端数据库等领域。

● 4mm DAT（digital audio tape）采用螺旋扫描技术，将数据转化为数字后存储，从 DDS-1、DDS-2 和 DDS-3 一直发展到 DDS-4，目前容量高达 40GB。

● 8mm 磁带机的发展经历了 8200、8500、8500C 和 8900（Mammoth）的数据格式，新一代的 Mammoth-2 存储容量达到 170GB，传输速度 30MB/s。

● AIT 智能型磁带技术以高可靠性、快速数据传输率、最长磁头和磁带寿命而领先。AIT 磁带中应用了大量尖端技术，如高级金属蒸镀带（AME）技术、螺旋扫描技术、磁带内存储器（MIC）技术。AME 技术使磁带记录密度比传统的 MP 磁带高 1 倍，且使 AIT 磁带机具有免维护的特性，不需要定期清洗磁头。AIT-6 的容量达到 800GB，传输速率为 96MB/s。

● VXA 格式不依赖于精确的磁头和磁道位置来保证读写的可靠性，VXA 以包格式读写数据，对磁带上的数据记录区进行无空隙扫描，目前已经从 VXA-1 发展到 VXA-2，单盒磁带容量为 160GB（非压缩 80GB），速度为 12MB/s（非压缩 6MB/s）。

3. 磁带库

磁带库是基于磁带的备份系统，它实际上是磁带和磁带机的有机结合。磁带库由多个驱动器、多个槽、机械手臂组成，并可由机械手臂自动实现磁带的拆卸和装填。自动加载磁带机是一个位于单机中的磁带驱动器和自动磁带更换装置。磁带库可以从装有多盘磁带的磁带匣中拾取磁带并放入驱动器中，或执行相反的过程。磁带库不是简单的盛放磁带的容器，它具有自动备份和恢复功能，其存储容量可达到数百 PB，备份能力达 100GB～200GB 或者更多的数据。它还可以自动搜索磁带，实现数据的连续备份，也可以在驱动管理软件的控制下实现智能恢复、实时监控和统计，整个数据存储备份过程完全摆脱了人工干涉，是集中式网络数据备份的主要设备。磁带库通过 SAN 系统可形成网络存储系统，实现数据的远程访问、存储和备份，或通过磁带镜像技术实现多磁带库备份。

磁带机和磁带库目前的主要应用是数据备份，而磁带库作为海量数据存储设备将会得到越来越广泛的应用。随着图形、图像、音视频等多媒体数据的大量涌现，具有 SAN 智能化设备和数据管理能力的大型磁带库相对于磁盘阵列和光盘库来讲，具有存储成本低、扩展能力强、保护投资等方面的优势。因此，智能化的大型磁带库在金融、电信、广播电视、石油勘探、新闻出版、航空航天等领域及政府、军队和大型科研单位的电子文件存储中都有着非常广阔的应用前景。

（四）光盘

光盘是采用激光进行记录和读出的盘状记录介质，可存放文字、影像、音乐、计算机程序和数据，采用数字信号记录并在计算机系统中读取。光盘具有记录密度高、容量大、随机存取、保存寿命长、稳定可靠和使用方便等一系列优点，适用于较大数据量信息的存储和交换。

1. 光盘数据标准

在光盘技术的发展过程中产生了不同的技术标准，各种光盘数据标准既有其自身的特点，相互之间又有一定的继承性。

（1）红皮书标准——数字音频光盘（CD-DA）。

数字音频光盘标准是由索尼和飞利浦公司于 1981 年制定的。它规定了音乐 CD 的格式，只要是依据这个标准所制作的 CD，就可以在 CD 播放器、CD 音响等设备上播放。

（2）黄皮书标准——只读数据光盘（CD-ROM）。

只读数据光盘标准主要是针对计算机数据格式而制定的。它规定了一个比 CD-DA 更严格的数据检错，有更强的纠错能力。它有两种格式，即 Mode1 和 Mode2，Mode1 又分为 ISO 9660 规格与非 ISO 9660 规格。Mode1 用于数据存储，Mode2 用于存储不需要十分精确的数据类型，如音乐文件。

（3）绿皮书标准——交互式小型光盘（CD-I）。

交互式小型光盘标准在 CD-ROM 的基础上增加了音频、视频、文字和数字等格式。它不能在 CD 唱机上播放，只能由一台连接到电视机上的 CD-I 播放机来播放。

（4）橙皮书标准——可录及可擦写光盘（CD-R、CD-RW 和 MO）。

可录及可擦写光盘标准由红皮书标准、黄皮书标准和绿皮书标准发展演变而来，因此兼有三者的特性。它分为三个部分：第一部分规定了磁光盘（MO）的基本格式；第二部分规定了 CD-R 光盘标准，在 2001 年发布的橙皮书 CD-R 1.1 版本中规定了 CD-R 光盘的各种参数值，如光盘规格、数据组织、纠错系统、音频规格和数据结构等，列出了对刻录机的要求和建议、最佳刻录功率、写入策略，规定了光盘的测试条件，如操作和存储条件、光盘的耐光性等；第三部分规定了 CD-RW 的基本格式。

（5）白皮书标准——视频光盘（VCD）。

视频光盘标准源于日本 JVC 公司设计的卡拉 OK CD。VCD 光盘由导入区、信息区和导出区三个部分组成，视频光盘标准规定了数据格式，允许数据和声音穿插存储，并能使它们同步播放。VCD采用MPEG数字压缩技术对视频和音频数据进行压缩，平均压缩比约为1/50，视频数据和音频数据经过压缩后，交错存放在信息轨道上。

（6）蓝皮书标准。

蓝皮书标准是在1995年为多媒体计算机制定的。它定义了两个Session，Session是光盘刻录的单位。第一个Session专门用于存放音乐，第二个Session则用于存放计算机数据。

（7）数字通用光盘（DVD）标准。

数字通用光盘标准是新一代数据存储标准。它比CD具有更大的存储容量，以直径120mm的光盘为例，其单面单层的存储量可达4.7GB。一般CD、VCD采用的是波长为780nm的红外激光，DVD采用的是波长为635nm～650nm的红色激光，蓝色激光DVD标准采用的是波长为405nm的蓝色激光，因其激光束聚焦的焦点直径可成比例缩小，因此可提高记录密度。采用蓝色激光DVD标准光盘的规格有单面单层记录容量为23.3GB、25GB、27GB三种可擦写光盘。

2. 光盘的主要特点

（1）记录密度高、存储容量较大。

激光具有很好的相干性，经聚光之后光束的横截面很小，采用激光写入的每位信息占据的面积很小，从而提高了记录密度。目前规模生产的光盘比特字长约为0.4μm（DVD光盘），蓝光光盘信息符的长度为0.2μm。光盘容量很大，现市场销售的直径120mm的DVD光盘，面容量已达到4.7GB，单盘容量为100GB的蓝光光盘技术也正在研究之中。

（2）存储寿命较长、功能多样化。

光记录是利用精细聚焦能量密集的激光束，通过厚度为0.6mm或1.2mm的盘基，与密封在保护层之间的记录介质的相互作用来实现数据写入、读取与擦除的；同时，光盘采用非接触式读写，在理想操作和保管环境中不易损坏介质，使介质使用寿命延长。另外，用户还可根据不同用途将光盘制成只读、一次写入、可擦写等不同功能的光盘类型。

（3）数据复制工艺简单，效率高，成本低廉。

目前光盘盘片和光盘机的生产技术都已成熟，盘基用有机高分子材料注塑而成。如只读盘上的信息是在注塑过程中模压在盘基上的，在复制过程中，光盘所需的加工周期仅2秒左右，按现有设备工艺材料水平计算是最廉价的信息记录载体。

由此可以看出，光盘适用于存储大容量文件，如CAD设计图纸文件；适用于存储利用率高的文件、档案；适合作为多媒体系统的记录介质。

3. 光盘塔、光盘库

光盘塔简单说就是把很多光驱连接在一起的一种设备，可以同时在多个光盘上读写数据，可由几台或十几台光驱并联构成，可以同时支持几十个到几百个用户访问信息。

光盘库实际上是一种可存放几十张或几百张光盘并带有机械臂和一个光盘驱动器的光盘柜。它利用机械手从机柜中选出一张光盘送到驱动器进行读写。光盘库容量很大，机柜中可放几十片甚至上百片光盘片，这种有巨大联机容量的设备可用于数字资源单位的多媒体信息检索系统。不过它只支持几张光盘同时在线访问，并且存在换盘延时的现象。

4. 档案级光盘

档案级光盘是可记录光盘中的优选品，其各项技术指标优于工业标准，保存寿命预期大于 20 年。根据《电子文件归档光盘技术要求和应用规范》（DA/T 38－2008）的规定，为保证档案级光盘的优级质量和批量产品的质量一致性，应对档案级光盘生产的原材料选择、加工工艺和出厂质量检测严格控制。

档案级光盘生产原材料是受到严格控制的。如生产盘基的聚碳酸酯塑料不得使用回用料；注塑用压模的沟槽设计必须与所使用的染料匹配，压模的导入区必须有刻录机能识别的最佳写入功率和写入策略；记录层染料可以选用酞菁和偶氮材料；反射层金属材料可以选择金或银合金；油墨、保护胶和黏合胶的使用必须通过光盘的耐候试验。

档案级光盘的生产工艺必须保证符合档案级光盘的质量技术指标和批量生产光盘的质量稳定性。如注塑机启动后或工艺参数调整后，前 50 片盘基不用于档案级光盘；记录层染料旋涂工艺应确保染料层厚度均匀度；金属溅镀工艺应确保金属反射层厚度均匀度和光盘反射率技术指标；保护层涂覆工艺应确保对染料层和金属反射层的有效覆盖，保护它们与空气完全隔绝。此外，档案级光盘上必须标明生产日期、批次等字符或条形码，便于对其进行质量监控与跟踪。

5. 蓝光光盘

蓝光光盘（Blu-ray Disc，BD）抛弃了 DVD 采用的波长为 635nm～650nm 的红色激光，改用波长为 405nm 的蓝色激光写入和读取数据。相比于普通 DVD，BD 具有更大的存储容量（目前已超过 100GB）、更稳定的数据记录层和更长的使用寿命。由于与 CD 及 DVD 具有相同的规格，BD 可实现向下兼容。

相比 CD 和 DVD，BD 记录符更小，一般最小长度仅为 150nm，记录轨道间距也仅为 320nm。另外，BD 在覆盖层上面增加了一层强化保护涂层，有效解决了盘面指纹积淀造成读写错误和盘面刮伤损坏光盘的问题。BD 记录层由具有抗光特性的无机材料制成，使光盘能够有效防止紫外线侵害，即使在多达万次的读写后，仍能保持稳定特性。

同 DVD 一样，BD 也有很多变型种类，其中常用的主要有三种：BD-ROM，只读（预写）格式；BD-R，可写格式，写入后无法编辑修改，可续写；BD-RE，可擦写格式。

资源链接 7－3

光盘发展大事记

光盘及事件	发生时间	历史
LD	1978 年	飞利浦公司于 1978 年推出 LD 激光视盘产品，揭开了光存储技术的序幕，LD 由于其过大的体积（直径 300mm）和高昂的价格没有得到普及，但其在光盘发展史上的价值却毋庸置疑。
CD-DA	1980 年	1980 年 6 月，飞利浦与索尼共同推出了音频光盘 CD-DA，从此光盘有了“直径 120mm”的标准规格。
CD	1982 年	1982 年 8 月 17 日，飞利浦在位于德国汉诺威附近的工厂里制造出世界首张音乐 CD。
CD-R	1990 年	飞利浦在 CD-ROM 的基础上制定了 CD-R 的标准，允许用户将数据自行写入到光盘中，真正实现了数据的存储功能，但 CD-R 只可进行一次刻录。
VCD	1993 年	1993 年，飞利浦公司和 JVC 公司制定了 VCD 的标准，VCD 是采用 MPEG-1 压缩编码的一种视频 CD 光盘，在中国获得了巨大成功。
DVD	1995 年	1995 年 9 月，8 家 SD 支持厂商和 2 家 MMCD 的推行厂商组成了 DVD Consortium（财团），达成了规格统一协定，并于 1995 年年底推出了 DVD-ROM 标准。
DVD-RAM	1997 年	1997 年 7 月，DVD 论坛正式发布了可擦写型 DVD 标准 DVD-RAM 1.0，该格式不兼容于普通 DVD-ROM 光驱和 DVD 播放机。
DVD+RW	1997 年	1997 年，索尼与飞利浦共同发表了 DVD+RW 标准，与 DVD 论坛的 DVD-RAM 相抗衡。它具有出色的兼容性，但在存储功能上稍逊于 DVD-RAM。
DVD-R	1997 年	先锋公司于 1997 年 11 月推出了第一代 DVD-R 驱动器。
DVD-RW	1999 年	先锋公司于 1999 年推出了 DVD-RW 驱动器，可直接兼容 DVD-RAM，得到了 DVD 论坛的广泛支持。
BD	2002 年	2002 年 2 月 19 日，索尼、飞利浦等 9 家企业共同发布了 0.9 版的“Blu-ray Disc”技术标准，同年 5 月成立了“蓝光光盘协会”。
HD DVD	2003 年	2003 年 11 月，以东芝为首的 DVD 论坛确认了 HD DVD 是 DVD 配合 HDTV 的下一代产品，并正式将盘片改名为“HD DVD”（High Definition DVD），与 BD 相抗衡。

资料来源：中国档案学会．数字档案的存储载体．北京：中国文史出版社，2016.

二、载体选择

计算机存储介质无论其物理寿命多长，其相关技术都会无可避免地过时，因而未来定期更新电子文件载体是必不可少的操作。保证用于存储尤其是长期保存的电子文件载体的性能，降低未来管理的难度和风险，对于最大限度延长更新周期的时间，简化更新过程，同时尽可能地确保数据安全来说意义重大。在选择载体时，应重点考虑如下标准。

（一）寿命

载体寿命是指对所保存数据的有效保存时间长度。在此期间，载体所存储的电子文件数据可以保证其完整准确。一般载体寿命是取其物理寿命与技术寿命中时间较短的数值。其中，技术寿命是该载体技术被淘汰的时间，物理寿命是通过人工老化试验估算的时间（见表7-1）。物理寿命长在长期保存领域不一定是优点，因为该载体的读取设备过时周期将是比载体本身衰退更重要的因素。

表7-1　　各类存储介质的物理寿命比较

存储介质	格式/技术	预计寿命（年，普通质量）	预计寿命（年，高质量）
磁带	3480/3490盒带	5	20
	数字线形磁带	5	20
	DD-2/DD-3	5	15
	QIC	2	10
	D8（8mm磁带）	2	10
光盘	CD-ROM	5	50
	WORM	5	100
	CD-R	2	30
	MO	2	30
纸张	低木素纸张	50	300
缩微胶片	中期型	10	20
	档案型	100	200

说明：环境条件：20℃；湿度比例：40%；比较时间：1996年。

资料来源：刘家真．拯救数字信息——数据安全存储与读取策略研究．北京：科学出版社，2004.

（二）性能与成本

载体性能应就存储密度、存储容量、存取速度等指标进行综合评价。一般而言，存储密度越高，信息容量就越大，越有利于降低存储空间和存储成本。各机构在选择载体时应结合自身实际，根据需要存储的数据容量选择，并使载体的实际数量可控。

（三）标准化程度

电子文件保存机构应尽量选择有明确标准的载体。载体的规格（包括载体的几何尺寸、存储密度、奇偶校验等）、信息记录在载体上的文档识别方式、记录方法等应遵从国际和国家标准，介质及其支持的硬件和软件最好基于成熟的但不一定是领先的技术。

（四）保护性能

用于保存电子文件的载体，其性能的稳定、耐久程度应得到公认。应能较方便地确定载体对各种因素影响的反应，如温湿度变化、污染物的影响等。载体的质变应能较容易地进行检测，便于发现载体存在的问题，并在变化之初将所存储的信息转移到新载体上。介质应该有物理损坏低敏感性和宽容的广泛的环境条件，从而保证不会丢失数据。磁介质应该有高矫顽力值，以尽量降低通过磁场接触的机会而意外删除数据的风险。

（五）载体检测技术

所选择的载体在读取和写入数据时应支持较为健壮的错误检测方法，如提供介质写后完整性的检测。当发生数据丢失时可使用有关的数据恢复技术。用于归档或长期保存的载体尽量一次性写入，或者用一种可靠的写入保护机制，以防止意外删除，充分维护数据的完整性。

三、存储系统架构

电子文件的载体保管不仅针对静态的脱机的载体保管，还需要关注大量的在线存储载体的管理方式。尤其是随着信息化的深入和应用的不断丰富，诸如网络会议、视频点播、大型数据库等在线存储载体比比皆是，必将使各类在线电子文件信息量呈现爆炸式的增长。

海量文件信息的存储不同于常规文件，它对存储管理提出了许多新的问题，诸如如何有效配置存储设备、如何保障数据的快速存取、如何进行有效备份等等。这些问题都需要从系统体系结构的高度来进行组织，存储系统架构就是研究存储设备的硬件连接和管理问题的。对此，存储管理领域提出了直接附加存储（direct attached storage，DAS）、网络附加存储（network attached storage，NAS）和存储区域网络（storage area network，SAN）三种解决方案。DAS是中小型单位数字档案的联机存储的选择；NAS适合直接提供网络文件服务场景，用户终端直接存取服务器，性能和安全管理尚存瓶颈；SAN则用于高速大规模块数据存储。此外，内容寻址存储（content addressed storage，CAS）作为适合固定内容的新型存储方式，数字指纹技术卓有特色，提供产品选择和行业应用范围有待拓展。

（一）DAS

DAS是直接将存储设备通过总线（SCSI、PCI、IDE等）接口连接在一台服务器或客户端扩展接口下的数据存取设备，是传统的存储架构。它完全以服务器为中心，寄生在相应服务器或客户端上，本身不带有任何存储操作系统。DAS购置成本低，配置简单，对于中小型数据库和文件系统管理需求很有吸引力。虽然也能达到可观的存储容量，但速度相对较低。因此，DAS在处理具有海量数据特征的信息系统时便有些力不从心了。

（二）NAS

NAS是指将集成的存储系统（如磁盘阵列和磁带设备），直接通过LAN接口连入信息通信网络的技术，它使用 TCP/IP 之类的信息通信协议。NAS 于 1996 年在美国硅谷被首先提出，它是一个有很大存储容量的设备，通过集线器或交换机把存储设备直接连在网络上，并直接通过网络存取数据。

存储系统在客户机/服务器结构中相当于一个服务器，它包括核心处理器和文件服务管理工具，可以根据服务器或者客户端计算机发出的指令完成对内在文件的管理，实现海量数据的网络共享，把应用程序服务器从繁重的 I/O 负载中解脱出来，从而把存储功能从通用文件服务器中分离出来，花费更低的存储成本获得更高的存取效率。

NAS 系统集成了信息存储器件（如硬盘驱动器阵列、CD 或 DVD 驱动器、磁带驱动器或可移动的信息存储介质）和简易服务器，具有 RAID 的高容量、高效能、保证数据完整性等功能和完全的文件服务器功能。NAS 是真正即插即用的产品，物理位置灵活，既可以被放置在数据中心的工作组内，也可以被放在其他地点，通过物理链路与网络连接起来。NAS 管理简单，基于 Web 的图形管理界面使 NAS 设备的管理一目了然，在线增加设备无须停顿网络，而且能够与已建立起的网络完全融合，充分保护用户原有投资。NAS 产品将所有的软件全部固化在自身的设备内，并且支持目前流行的各种协议，包括 TCP/IP、IPX/SPX 等。由于 NAS 具有协议公开、操作简单和适应范围广的特点，特别是在以文件处理为基础的多用户网络计算环境中，NAS 更以其良好的扩展能力成为重要的存储手段。

（三）SAN

SAN 以数据存储为中心，采用可伸缩的网络拓扑结构，是具有高传输速率的光通道的直接连接方式。它提供 SAN 内部任意节点之间的多路可选择的数据交换，并且将数据存储管理集中在相对独立的存储区域网内。SAN 允许在存储设备（如硬盘、磁盘阵列、磁带驱动器等）和服务器之间建立直接的高速网络连接，是一个在异构的服务器和存储资源之间移动数据的专有高性能子网，可避免传统信息网络中存在的客户机与服务器之间的流量冲突。

SAN 网络又被细分为 FC-SAN 网络和 IP-SAN 网络。FC-SAN 直接通过 FC 通道来连接磁盘阵列，数据通过发送 SCSI 命令来直接与硬件进行通信，从而提高了整体的速率；IP-SAN 的通信通道是使用 IP 通道而不是光纤通道，把服务器与存储设备连接起来的技术，除了标准已获通过的 iSCSI，还有 FCIP、iFCP 等在制定的标准。

SAN 能够将所有客户机、服务器与存储设备、交换机、网络与存储管理工具等多种软、硬件系统构成的共享存储池连接起来，这就提供了共享资源访问服务，提高了数据利用率及可靠性；同时，备份与恢复等基于存储的任务被交由 SAN 承担，使服务器从繁杂的数据存储处理中解放出来，也相应提高了服务器性能。SAN 采用了为大规模数据传输而专门设计的光纤通道技术，因为光纤能在更长的距离内以更高的速率来传输数据，可以实现物理上分离的存储。由于

SAN采用了网络结构，与传统服务器和磁盘阵列之间的主从关系不同，光纤通道SAN上的所有设备均处于平等的地位，其中任何一台服务器均可存取网络中的任何一个信息存储设备，因此用户可以自由增加磁盘阵列、磁带库和服务器等设备，使得整个系统的存储空间和处理能力得以按客户需求不断扩大（见表7-2）。

表7-2　　三种存储系统应用的定性比较

比较要点	DAS	NAS	FC-SAN	IP-SAN
成本	低	较低	高	较高
数据传输速度	快	慢	极快	较快
扩展性	无扩展性	较低	易于扩展	最易扩展
服务器访问存储方式	直接访问存储数据块	以文件方式访问	直接访问存储数据块	直接访问存储数据块
服务器系统性能开销	低	较低	低	较高
安全性	高	低	高	低
是否集中管理存储	否	是	是	是
备份效率	低	较低	高	较高
网络传输协议	无	TCP/IP	Fibre Channel	TCP/I

（四）CAS

CAS是由美国EMC公司于2002年提出的针对固定内容存储需求的先进的网络存储技术。CAS具有面向对象的存储特征，基于磁记录技术，按照所存储数据内容的数字指纹寻址，具有良好的可搜索性、安全性、可靠性和扩展性。

所谓固定内容，指具有长时间保存价值的不可更改的数据对象，一般可以分为三类：一是电子文档，包括数字档案、电子邮件、工程绘图的CAD/CAM等；二是数字记录，包括工程研制过程数据等；三是多媒体，包括各种音视频等。

面向固定内容的CAS网络存储技术促进了面向对象网络存储时代的到来。CAS服务器上每一个固定内容数据片断都代表一个数据对象，对其存储时系统自动为其赋予一个全局唯一的数字标识符。对于网络存储系统的客户端而言，只需使用这一数字标识符经由CAS网络存储系统的应用软件服务器来实现对固定内容的存取即可。

内容寻址技术可以有效隔离对存储数据的非法访问。所存储数据的内容地址并非对该数据的目录、文件名或数据类型的简单映像。客户端上的用户不具有CAS上的任何账号，更不可能对其进行浏览或管理。客户端用户存取数据的唯一途径是通过存储系统的应用软件来进行。

内容寻址技术的主要优点包括：第一，确保内容的可靠性，一个内容对象有且仅有一个内容地址，且对存储内容的任何修改都会被系统检测到；第二，提供了全局唯一、位置独立的标识符，通过内容地址对所存储的内容进行寻址就产生了一个与存储内容相独立的内容索引，并且这个内容地址也与操作系统、文件系统和应用软件相独立。

四、各类载体保管要点

（一）电子文件载体与纸质档案载体保管的比较

电子文件与传统档案载体形式存在很大差异，电子文件使用的是磁性、光学材料等精密型载体，传统档案载体的主体主要是纸张，二者对保存环境的要求差别也很大。

纸张的寿命主要取决于纤维素的性质，在保护的过程中，注意避免出现高温、高湿、酸、强光、氧化剂、有害气体、灰尘等环境因素，排除使纤维素性能变化的氧化和水解两大化学反应，防止有害生物的侵蚀，便能较有效地维护纸张的性能，有的手工纸甚至可保存上千年。

电子文件的载体多是磁性载体和光盘，影响其耐久性的物理化学因素更多、更复杂，载体寿命也远不如纸张。

对于磁带载体而言，底基材料主要有聚酯、醋酸纤维酯、聚氯乙烯、玻璃和铝合金等。底基材料容易在光、氧、臭氧、热、水、辐射、有害气体、腐蚀性液体和真菌等外界环境的影响之下，发生材料老化变质、表面污损、因过度使用造成的表面磨损等现象。磁性载体中的黏合剂起着连接底基与磁粉的作用，它具有易热胀冷缩、磨损、脱落、粘连、生霉等缺点，直接影响信息再现。此外，磁性载体磁粉中的磁性氧化物颗粒的剩磁感应强度是记录和再现信息的决定因素，它易受外磁场影响而导致退磁、消磁、信号漏失、复印效应等，威胁材料的耐久性。国家档案局颁布的行业标准《磁性载体档案管理与保护规范》（DA/T 15－1995）可用于指导对磁性载体的保管。

光盘是利用激光进行信息读写的，由盘基、记录介质和保护层等部分构成。目前常用的记录介质有碲、碲合金、硒、碳铝化合物以及一些在激光热效应作用下易产生物化性质变化的材料。使用激光烧蚀技术保存信息的光盘多以聚碳酸酯为盘基，这种材料容易发生外观、机械性能、电性能等方面的变化，导致透光率和耐磨强度减小等老化现象。《电子文件归档光盘技术要求和应用规范》（DA/T 38－2008）对用于长期保存的档案级光盘提出了比较详细的技术要求。

（二）磁性载体保护

1. 控制适宜的温湿度

温湿度是影响电子文件载体耐久性的重要因素，因此要保证库房温湿度的相对稳定。温湿度的变化导致的物理变化和水解反应，可能引起磁性载体黏合层的脱落。长期放置在高温下，会使磁性载体变形；相对湿度大，会造成磁性载体记录信息丢失甚至材料变质，永远失去使用价值。相对湿度过低，磁性载体容易因产生静电而吸附更多的灰尘，增加读出错误率；长期处于低温中，电子文件载体会变脆易裂。

《磁性载体档案管理与保护规范》（DA/T 15－1995）规定，应在温度15℃～27℃、相对湿度40%～60%的范围内选定一组值，推荐最佳保管温度为18℃，相对湿度为40%。一旦选定之后，在24小时内，磁性载体保管环境的温度变化不得超过3℃，相对湿度变化不得超过5%。另外要特别注意磁性载体文件使用场所的温度、湿度与库房温度、湿度的相差范围应分别为±3℃、±5%，否则应在使用前将磁性载体在使用环境中平衡3天以上。

2. 防止外来磁场

磁性载体是依靠剩磁强度来进行信息的记录和重放的，因此需要尽量杜绝外来磁场造成的影响。外来磁场作用于磁性载体上，能使磁性涂层的剩磁发生消磁或磁化，造成信号失落或信噪比降低，破坏记录信息，影响读出效果。因为磁记录就是通过磁头产生的磁场在磁性载体上使微小的磁粉与电信号波形相对应排列而形成的，当强磁场与磁记录距离很近时，就会改变其磁道的磁化方向，破坏磁粉信号的排列，改变原有磁记录的状态，从而导致信息丢失。经调查，30奥斯特的外磁场强度就会对磁性载体产生磁化效应；外磁场强度超过50奥斯特时会产生明显的退磁，这时就有可能将磁性载体上的信息抹掉。

在电子文件保存和使用过程中，一定要远离强磁场，确保不受磁场的破坏。磁性载体与磁场源（永久磁铁、马达、变压器等）之间的距离不得少于76mm；可使用软磁物质（软铁、铁淦氧、镍铁合金等）制成箱柜，对磁场进行屏蔽；磁性载体档案如被装入有磁屏蔽的容器中，应距容器内壁至少26mm；应在存有重要电子档案的库区设置测磁设备，以检测隐蔽的磁场。

3. 防止灰尘

灰尘的影响对电子文件载体危害极大，可以造成电子文件载体的物理损伤、化学损伤和生物损伤。灰尘污染会划伤磁盘、磁带表面，造成其物理损伤，引起记录信息的损失；灰尘中所含的化学成分，会不同程度地引起磁腐蚀、降解等化学作用而使电子文件载体发生毁坏；作为真菌孢子的传播者、培养基、繁殖地，灰尘落到载体上，在一定条件下真菌就会滋长，真菌分泌的有机酸和酶会损坏磁性载体和光盘，载体发霉后，不仅会使数据丢失，而且会污染驱动器读写磁头，甚至会不断地传染给其他载体。

因此要做好防尘工作，保持环境卫生。要创造减少空气中含灰尘量的条件，保证机器清洁；严禁触摸软盘读写窗口和索引孔处；不能用手直接接触光盘的信息部，使用后应将光盘放在盘盒中储存，不应随处存放。

4. 防止机械震动

机械磨损和强烈震动也能对电子文件产生破坏。磁盘、磁带在驱动器内高速运行，长期使用会使它们发生摩擦损伤，使记录信息丢失。在保存和传递过程中，摩擦、划伤、弯折等现象也可能引起磁记录和光盘记录的信息损坏；强烈的震动，也会造成剩磁衰减，破坏已记录信号。硬盘驱动器应平放固定，防止发生振动，硬盘驱动器执行读写操作时，不要移动或碰撞工作台，以免磁头划伤盘片，造成盘片上的读写错误。

5. 避免强光

强光尤其是紫外线对磁性载体有很大的破坏力。它能与电子文件制成材料发生氧化反应，使磁盘、磁带的盘基、带基老化，脆性增大，强度下降；同时，紫外线的能量足以破坏磁性载体的剩磁的稳定性，导致信号衰减，影响磁性记录信息的读写效果。因此需要做好防光工作，要严防强光的影响，不要让室外光线直接照射在磁带上。

6. 防止复印效应

复印效应是磁带记录的特有现象，是指当磁带缠绕在一起时，某层的信号场强感应到相邻层上，形成类似复印的效果。复印效应会导致磁带在回放过程中出现回声和杂波干扰，其强度与带基厚度、磁介质颗粒大小、卷绕松紧程度、存放时间等有关，特别是与记录强度和温度有关，温度越高，复印效应越大。因此，为减少复印效应，存放磁带的温度最好是低温状态，每半年或一年需重新倒带一次，不可快进或快退，以减轻磁带内部压力。

（三）光盘保护

光盘的保护要素有部分与磁性载体类似，如适宜的温湿度、防强光照射、防灰尘、防有害生物的损害，但也有一些保护要素与磁性载体不同或者有较明显的差异。

1. 控制温湿度

光盘应被保存在低温干燥、恒温恒湿的环境中。在适宜的温湿度条件下，光盘老化衰老比较缓慢，但在高温高湿环境下，光盘材料的化学反应速度会加快，造成记录层燃料褪色、反射层氧化、盘基变形等现象。如果长期处于高温高湿环境，记录层燃料的性能及各层之间的黏合度会大幅下降，严重威胁光盘寿命和数据安全。光盘适宜的保存、工作环境的温湿度参考值如表 7-3 所示。

表 7-3　保存、工作和检测的温湿度条件

	温度	温度梯度	相对湿度	湿度梯度
保存环境	4℃～20℃	15℃/h	20%～50%	10%/h
工作环境	15℃～35℃	10℃/h	45%～70%	10%/h

资料来源：国家档案局．电子文件归档光盘技术要求和应用规范：DA/T 38-2008.

保存光盘档案的环境最好设置自动恒温恒湿的空气调节装置，库房外围结构应采取必要的隔热防潮措施，受条件限制时可采用通风降湿、除湿机降湿、吸潮剂除湿等与密闭组合的方法，以调控库房的温湿度。

2. 防治空气污染

工业区的氟化氢、氯化氢、氨气等有害气体，靠近海洋地区空气中的海盐微粒等都会对光盘档案造成威胁，这些有害气体会造成光盘腐蚀、表面龟裂等问题。因此光盘档案保存地点应远离工业区、工厂和实验室等场所，或者必要时采取空气过滤等措施。

3. 避免盘面损伤

光盘盘面的平直度是影响光盘数据读出的重要因素，然而在实际环境中，盘面划痕是光盘最常见的机械损伤，特别是光盘信息读取面包括记录层和反射层，信息读取面的保护涂层非常薄。例如，信息记录的坑点只有约 30μm，任何轻微划伤都有可能大面积破坏信息记录的坑点。为避免盘面损伤，应注意使用习惯和环境卫生，因为光盘是介质和驱动器分离的存储设备，因而非常有必要采取措施，防止灰尘等异物对盘面的划伤，防止人为不当接触导致的机械损伤。

4. 保证光盘刻录质量

光盘的刻录质量也是光盘数据耐久性的重要保证。光盘刻录应选用经检测性能优良的光盘刻录机，对于 CD-R 光盘和 DVD±R 光盘的数据刻录应选用专用刻录机。数据刻录工作环境应符合温湿度的基本要求，刻录前光盘应在工作环境中放置 2 小时以上。归档数据刻录时应采用中速刻录，即 CD-R 光盘采用 24～40 倍速刻录速度，DVD±R 光盘采用 8～12 倍速刻录速度，并采用全盘一次刻完的方式。

5. 光盘标签管理

一般情况下，用于长期保存的光盘禁止使用粘贴标签，因为在光盘高速旋转时，标签会导致其重心偏移，导致信息读取出错。如果必须在标签面书写，应使用书写型油墨印刷，并采用通过耐候性试验的非溶剂基墨水及软性标签笔进行书写。禁止用硬笔在光盘标签面书写标签，禁止在光盘的激光读出面数据区书写标签。

6. 日常管理

在长期使用光盘的过程中必须注意日常管理活动中的细节。

首先是尽量减少光盘的使用。光盘使用高能量的激光进行读取，长时间使用会导致累积的破坏效果，对光盘材料的稳定性造成影响；同时，使用次数的增加也会导致光盘更易发生由气体、灰尘、不当操作等带来的损耗。

其次是及时检测，档案部门使用光盘作为电子文件归档载体时，必须建立定期检测制度，监控归档光盘关键技术指标，适时实施归档光盘的数据迁移。当 CD-R 的块错误率或 DVD±R 的奇偶校检内码错误率达到或超出规定警戒线时，就应将该批光盘上的数据迁移到新的光盘或其他归档载体上。

再次是养成正确的使用习惯。保存光盘时应垂直置放；不使用的光盘应被保存在串轴盒或光盘盒内；禁止在没有准备刻录光盘时打开光盘包装；禁止使用刻录机读取光盘；手拿光盘时用两根手指捏住光盘的中心孔和外缘，禁止用手弯曲光盘；使用后应立即把光盘放回光盘盒；清洁光盘时，应使用干净的棉布从光盘的中心沿半径方向朝光盘的外缘擦拭，禁止沿光盘的圆周方向擦拭光盘。

【小结】

本章从信息保存、载体保管两方面分析了电子文件保存的内容，并在此基础上梳理了电子文件保存面临的风险、基本要求和影响因素。本章根据电子文件信息保存自身所依赖的技术复杂程度，从常规、重点、辅助三个层面对电子文件信息保存方法进行了全面而有针对性的介绍，并重点介绍了如何借助有效的管理策略实现电子文件的长期保存。此外，本章亦就电子文件各种载体以及存储系统架构进行了介绍，在帮助读者了解各种载体基本参数的基础上，总结了电子文件存储载体的选择标准和保管要求。总之在电子文件保管过程中，要在信息保存和载体保管两方面双管齐下，综合考虑各种威胁安全的因素，保障电子文件的信息、载体安全。

【思考与练习】

1. 电子文件保存所面临的威胁有哪些？
2. 电子文件保存的基本要求是什么？
3. 如何理解 OAIS 参考模型中的信息包？
4. 如何以 OAIS 参考模型为基础，构建组织电子文件长期保存系统框架？
5. 电子文件都有哪些常规保存方法？
6. 电子文件的迁移可分为哪些类型？
7. 如何理解仿真的概念？
8. 电子文件的封装结构有哪些？
9. 如何进行电子文件的格式管理？
10. 电子文件的载体都包括哪些？其各自特点表现在哪些方面？
11. 电子文件存储系统架构有哪几种类型？
12. 电子文件载体保管应注意哪些问题？
13. 试比较电子文件的保存与传统纸质文件的保管。

【参考文献】

1. 张智雄，等．数字资源长期保存技术的研究与实践．北京：国家图书馆出版社，2015.

2. 冯惠玲，刘越男，等．电子文件管理国家战略．北京：中国人民大学出版社，2011.

3. 中国档案学会．数字档案的存储载体．北京：中国文史出版社，2016.

4. 冯惠玲，等．电子文件风险管理．北京：中国人民大学出版社，2007.

5. 欧阳崇荣．数位咨讯保存策略．台北：文华图书馆管理咨讯股份有限公司，2007.

6. 刘家真．拯救数字信息——数据安全存储与读取策略研究．北京：科学出版社，2004.

7. 钱毅．OAIS 对数字档案馆系统技术路线和管理策略的启示．档案学研究，2009（4）．

8. 张美芳．信息记录与存储技术．北京：中国人民大学出版社，2007.

9. PREMIS. Preservation Metadata Implementation Strategies. [2017 - 01 -

20］. http：//www. loc. gov/standards/premis/.

10. Preserving Electronic Records. ［2017 - 01 - 20］. http：//www. irmt. org/documents/educ _ training/term% 20modules/IRMT% 20TERM% 20Module% 204. pdf.

11. The Technical Registry PRONOM. ［2017 - 01 - 20］. http：//www. nationalarchives. gov. uk/PRONOM/Default. aspx.

12. 空间数据和信息传输系统　开放档案信息系统（OAIS）参考模型：ISO14721 - 2012.

13. 中华人民共和国国家档案局．磁性载体档案管理与保护规范：DA/T 15 - 1995.

14. 中华人民共和国国家档案局．电子文件归档光盘技术要求和应用规范：DA/T 38 - 2008.

15. 中华人民共和国国家档案局．版式电子文件长期保存格式需求：DA/T 47 - 2009.

16. 中华人民共和国国家档案局．基于 XML 的电子文件封装规范：DA/T 48 - 2009.

第八章

电子文件的检索与利用

【本章要点】

1. 电子文件检索的概念
2. 电子文件利用的概念
3. 电子文件检索与利用的特点
4. 电子文件检索与利用的基本原则
5. 电子文件检索的常用方法
6. 电子文件检索的系统功能
7. 电子文件检索标准化
8. 电子文件提供利用的内容
9. 电子文件提供利用的类型
10. 电子文件提供利用的方式

第一节 电子文件检索与利用概述

电子文件的有效利用是电子文件管理的最终目的，没有利用，电子文件管理也就失去了方向和意义。电子文件的主要管理活动，如分类、捕获与归档、鉴定与保存等，本质上都是为利用所做的准备工作。

一、电子文件检索的概念

（一）检索的定义

对于检索（retrieval），有广义和狭义两种解释。广义的检索包括存储和查找两个方向相反的过程，存储是指将信息资源中具有检索意义的特征标识出来，通过编制检索工具、建立数据库等方法，使之成为有序的信息集合的过程；查找则是指在信息集合中选择、获取特定信息的过程。这就意味着广义上的检索指著录、标引、编制检索工具等二次信息开发工作，而狭义的检索仅指信息查找的过程。行业标准《档案工作基本术语》（DA/T 1－2000）采用的是广义的检索概念："检索是存储和查找档案信息的过程。"而行业标准《电子档案管理基本术语》（DA/T 58－2014）则采用了狭义的检索概念："检索是从计算机信息系统中定位和获取电子档案信息的过程。"国家标准《电子文件管理系统通用功能要求》（GB/T 29194－2012）则从系统的角度对检索进行了解释："检索是按照用户指定参数定位、利用和查看系统资源（包括类目、文件等实体及其元数据）的过程。"

本教材采用的是狭义的检索概念，电子文件的检索是从电子文件相关系统中定位和获取电子文件信息的过程。

（二）检索的类型

1. 直接检索和间接检索

根据检索的主体，电子文件的检索可以分为直接检索和间接检索两类。

（1）直接检索。

直接检索是指由利用者（最终用户）直接在电子文件相关系统中查找和定位所需文件信息的过程。其特点是响应时间短，交互性强，用户可以根据需要直接修改检索要求，调整检索策略，直到检索结果令人满意为止。

（2）间接检索。

间接检索也称委托检索，是指利用者委托电子文件管理部门或机构代为查找和定位所需文件信息的过程，受托部门或机构统一整理检索结果，将其返还给委托用户。这种检索的优点在于由专门的人员帮助用户检索，可以根据系统特点转换查询条件，提高检索效率，最终用户无须了解检索系统的操作流程，这便于控制文件信息的安全。其缺点在于缺少实时性和交互性，用户提出查找要求，不能马上得到检索结果，如果提问出错，也无法得到及时反馈和交互。

在电子环境下，随着网络检索系统的普及和利用者检索技能的提高，直接检索的情况越来越普遍，成为电子文件检索的主要形式。当利用者在自身查找未得到满意结果的情况下，可以通过电话、电子邮件、传真、信函等方式向电子文件管理部门或机构提出检索申请，委托其代为查找。委托检索是直接检索的有益补充。

2. 基于数据库的检索和全文检索

按照检索系统实现技术的不同，电子文件检索可以划分为基于数据库的检索和全文检索两大类。

（1）基于数据库的检索。

这种类型的检索系统把电子文件的内容和元数据存储到数据库管理系统当中，并利用数据库本身所提供的查询接口，按照字段进行匹配查找。常用的数据库有 MySQL、Oracle、DB2、SQL Server、MongoDB 等。基于数据库实现的检索系统相对简单，维护方便，查准率相对较高。

(2) 全文检索。

这种类型的检索系统需要事先构建一个维持关键词和包含关键词的电子文件之间关系的索引，通过索引提高检索的速度。全文检索不仅可以实现数据库检索的常见功能，还能够更好地支持长文本内容的检索。全文检索方便利用者直接使用原文中的词语而非标引的关键词、主题词、分类号进行快速检索，查全率较高。

(三) 检索与相关概念的关系

1. 检索与元数据管理

在电子文件相关系统中，有检索意义的元数据为电子文件检索提供入口，比如主题（关键词、主题词、分类号等）、责任者、时间等。与此同时，元数据还对不同用户检索电子文件的范围、权限进行了限定。因此，规范、细致的元数据管理可以为电子文件检索提供坚实的基础。

2. 检索与标引

标引（indexing）是对电子文件或案卷的内容进行分析，提炼出最能反映文件或案卷主题的概念，并赋予检索标识（包括关键词、主题词、分类号等）的过程。标引可以被理解为与文件主题相关的元数据著录工作。从这个意义上来讲，标引可为检索提供主题检索入口。

按照使用的标引语言，标引可以分为自由标引和受控标引，自由标引是指直接使用未经规范的自然语言进行的标引，如关键词标引，关键词可能来自电子文件的题名和正文，可能由文件形成者、文件管理员著录而成，也可能由计算机系统自动标引而成。受控标引是指使用统一的规范化语言进行的标引，其中，根据分类方案用分类号进行标引的称为分类标引，根据主题词表用主题词进行标引的称为主题标引。受控标引规范性强、难度大，只有经过专门培训的工作人员才能胜任；但如果使用得当，则能有效地提高查准率。

在电子环境下，文件一经捕获，就应根据分类方案对其进行分类。因此对电子文件进行捕获的人员即分类标引人员，可能是专门的文件管理员，也可能是经过培训的文件形成者。主题标引则大多在电子文件捕获之后由专门的文件管理员来操作，也可能由计算机系统自动完成。

无论是自由标引还是受控标引，都可能实现标引的自动化，即利用计算机技术自动完成对文件题名、提要乃至全文的处理，抽取关键词，并在允许的情况下规范成主题词。从标引深度来分，有全文标引和题名标引两类。前者对全文中的词语进行统计、分析，得出标引词；后者对题名中的词语进行统计、分析，得出标引词。

3. 检索与利用

总体而言，检索是利用的一项工作，更确切地说，检索是一项基础性的利用工作，电子文件的展示、复制、下载、转发乃至通过各种方法对电子文件内容进行挖掘等其他很多利用工作都是以检索为基础的，只有先将需要的文件找出来，才能进一步利用。检索功能往往是衡量一个系统利用服务能力的关键指标。

严格说来，检索和利用的主体有不一致的地方。利用是利用者（也称最终用户）的行为，利用者是利用的唯一主体；而检索的主体则既可能是利用者，也可能是提供利用服务的管理者，在特定情况下，后者接受前者的委托代为检索相关信息。

二、电子文件利用的概念

（一）利用的定义

《信息与文献　文件管理　第1部分：通则》（GB/T 26162.1－2010）指出，利用（access）是指查找、使用或检索信息的权利、机会和方法。行业标准《电子档案管理基本术语》（DA/T 58－2014）在此基础上提出了电子档案利用的定义："利用是指查找、使用或检索电子档案的权利、机会和方法。"相比《档案工作基本术语》（DA/T 1－2000）中的利用定义——"利用者以阅览、复制、摘录等方式使用档案的活动"，GB/T 26162.1－2010和DA/T 58－2014中提出，利用除了是一项活动之外，还是一项权利、一个机会，这无疑赋予了利用更为丰富的内涵。

本教材所称的电子文件的利用，是指查找、使用或检索电子文件的权利、机会和方法。

（二）利用的类型

1. 原发性利用和增值性利用

按照利用是否服务于文件的形成目的，利用分为原发性利用和增值性利用。前者的利用目的和其形成目的一致，如中学某年级语文课期末考试时，将电子版试卷打印下发给学生；后者的利用则有超出其形成目的之外的目的，如下个学期再次命题时，调阅上个学期的期末试卷作为参考。电子文件管理，应同时支持电子文件的原发性利用和增值性利用。

需要说明的是，本教材所指的电子文件的利用，一般不包括服务于电子文件形成目的的利用，而特指文件形成之后服务于其他业务目的的利用，体现的是对电子文件原始价值的一种增值。

2. 业务支撑性利用和文化研究性利用

按照利用的具体目的，利用（增值性利用）可以分为业务支撑性利用和文化研究性利用。

业务支撑性利用是指利用者（包括机构或个人）在其日常生产、经营、管理等业务工作中利用电子文件，包括提供业务凭证，保护合法权益；提供信息参考，提高工作效率；支持决策依据，提高决策水平；开发信息产品，挖掘商业价值等。本教材第二章提到的国土资源部宗地统一代码电子文件的利用（案例

2-5)、上海民生档案“就地查询、跨馆出证、馆社联动、全市通办”（案例2-6)、南京电子病历文件管理系统实现病历共享（案例2-7)，均是业务支撑性利用的代表，电子文件的业务支撑性利用往往与利用者自身的利益有关。2009年之后在福建等地先后开展的电子证照应用服务，就是将纸质文件电子化之后转化为可信电子文件，在相关业务活动中利用，参见案例8-1。

文化研究性利用是指利用者在文化传播、了解历史、寻根问祖、学术研究等活动中利用电子文件，这类利用与人类社会的文化传承和记忆延续有关。与业务支撑性利用一样，其利用的对象既可能是原生性电子文件，也可能是实体档案的数字化成果。

案例8-1　福建省电子证照的建设、应用与管理

福建省自2009年开展电子证照建设。电子证照经纸质证照数字化加工而成，由证照内容信息、证照照面等构成，通过封装形成电子证照文件，从而解决了证照版式的展示和信息共享难题。应用电子签章对电子证照文件进行数字签名，可解决文件的防篡改、防伪、可验证、易验证等问题。电子证照建设的目的在于在不改变纸质证照现有工作机制的基础上，通过法定单位签发与纸质证照对应的电子证照，面向各级政府部门、企业和个人提供多等级、多模式的电子证照应用服务。

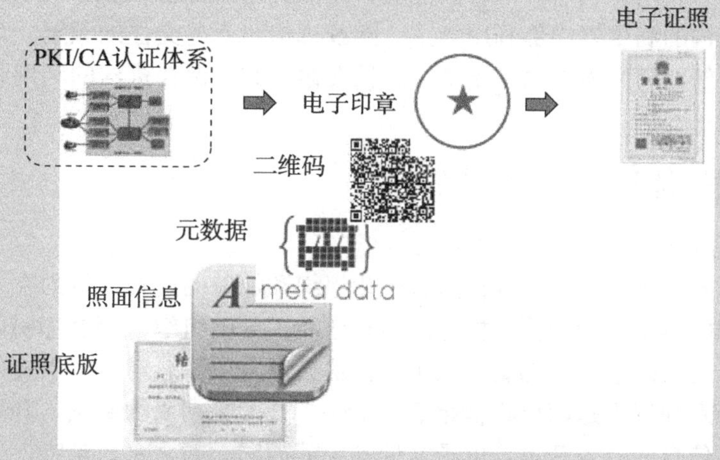

2015年福建以省政府令形式发布《电子政务建设和应用管理办法》，规定“符合有关法律、法规、规章规定，并且按照安全规范要求生成的电子文件（含证照)，与纸质的文件具有同等效力，可以作为法定办事依据和归档材料”，为实施电子证照推广应用扫除法律障碍，使电子证照推广应用工作有法可依。

截至2016年年底，福建在省和设区市两级部署电子证照共享服务平台，提供电子证照生成、查询、验证和管理功能，并依托政务信息共享平台，汇聚全省各政务部门产生的电子证照，形成全省电子证照库。在此平台的支持下，福建省主要开展了三方面的应用服务工作：

1. 开展企业电子证照网上推送服务，实现各级政府部门在业务办理过程中生成的电子证照以及门户网站公开的政务信息、政策文件等同步从政务通推送至企业。

2. 推动电子证照应用于行政审批过程，在福州、泉州和龙岩等地行政服务中心开展电子证照应用工作，业务人员在事项办理过程中输入企业组织机构代码或企业名称，实时获取企业基本信息以及证照信息进行信息查验比对，并在审批办结时调用证照库的电子证照进行打印发证，公众也可通过中心网站或政务通查看、打印、下载已生成的电子证照。

3. 人民银行福州中心支行在开展企业账户网上年检工作时应用电子证照，支持企业网上提交电子式的工商营业执照、税务登记证、组织机构代码证办理账户年检业务。

资料来源：福建省数字福建领导小组办公室．福建省电子证照建设与管理经验汇报．北京：第七届中国电子文件管理论坛，2016-11-19.

3. 内部利用和外部利用

按照利用的范围，利用可以分为内部利用和外部利用。前者是指发生在电子文件形成机构内部的利用，利用者为机构内部人员。后者是指发生在电子文件形成机构外部的利用，利用者来自其他业务往来机构或社会大众。一般而言，电子文件形成机构的利用以内部利用为主；随着机构间业务交往的频繁、审计监管业务的增加，外部利用需求也不断增加。档案馆等文件保存机构的利用则以外部利用为主。

（三）利用与相关概念的关系

1. 利用与开发

所谓开发，是对电子文件信息有序化组织和加工的过程，目的在于为利用者提供更合理的信息结构与更多样化的信息产品。分类组织、著录标引以及基于电子文件信息的编研加工，都属于电子文件信息开发工作。对于电子文件等信息资源而言，开发和利用是两个相辅相成的工序。开发是利用的基础，利用是开发的目的。没有信息的有效开发，电子文件利用就如同无源之水，难以为继。

2. 利用与提供利用

提供利用，也称利用服务，是指采用多种有效的方式、方法，直接提供电子文件及其信息加工材料（检索系统、编研成品等），及时、准确地满足用户的利用需求的工作。利用和提供利用是一项工作的两面，利用是利用者的权利、机会和活动，提供利用则是电子文件管理服务者的义务、责任和活动。本教材主要从提供利用的角度展开阐述。

三、电子文件检索与利用的特点

与纸质电子文件相比，电子文件以其“积极的”“动态的”特性改变着长久以来的信息利用方式，可以给利用者带来很多前所未有的轻松和方便。

（一）共享性

共享性也可称为“非独占性”。电子文件不再受“孤本”的限制，一份文件可以同时、多人、多地供所有需要它的人利用，突破了时间、空间、利用人数的限制。从利用者的角度来看，一份文件如同有了无数个“副本”，而这无数个“副本”实际上就是一份文件。电子文件检索利用的效率因而有了质的飞跃。

（二）复用性

在电子文件的利用过程中，利用者不会直接接触到其保存的主载体。一份电子文件无论多少次在计算机屏幕上被显示，或是无论多少次被打印在纸上，都不会使它的信息遭到任何损失和破坏。因此，重复的利用不会在它身上留下老化的痕迹。只要电子文件的信息和载体得到有效的保存和维护，利用者查找、利用到的文件会一直保持其真实、可信的内容和呈现方式，不会因为岁月的流逝而淡化、磨损。从这个角度来看，将实体文件、档案数字化不仅会提高其利用效率，而且有利于对原始载体的保护和信息寿命的延续。

（三）交互性

在在线检索利用过程中，利用者可以随着思维活动随时调整检索利用需求，比如在已有检索结果中进一步查检、更换检索入口等，相关系统会实时响应新的需求，直至其利用需求得到满足。用户友好性高的系统还允许用户保存检索表达式和检索结果，方便用户以后的检索利用，并根据用户的行为偏好，提供信息线索，推荐信息产品，激发用户的潜在利用需求。一些系统还鼓励利用者为电子文件（数字档案）添加标签（tag），从而使检索服务更贴近用户的视角。由此，电子文件检索利用系统和用户之间实现了良好的互动。

资源链接 8-1

美国国家档案与文件署的公民档案员项目

公民档案员（Citizen Archivist）项目是美国国家档案与文件署（NARA）为提高网络能力、促进在线利用的一个众包项目。该项目于 2011 年推出，通过 NARA 网站上的一些应用软件工具如公民档案员控制面板（Citizen Archivist Dashboard），鼓励公众接触档案文件，给档案做标签，制作手稿档案的打印抄本，加载和分享图像及其元数据，参与竞赛活动，等等。

这个项目已产生实质性效果，仅仅几个月就生成了数千页打印抄本、几万个标签和图像。此外它还帮助 NARA 与维基百科等在线社区建立了重要的关系，过去完全不关注国家档案馆的群体也被吸引而来，专业研究人员和用户向“国家档案目录”贡献了他们多年收集到的数万幅数字图像和元数据。今后两年，NARA 还将继续培育和发展公民档案员社区，探索更新的方式和工具让公民的参与既容易又有趣，兴致盎然地为 NARA 无偿打工。

资料来源：李音．透视美国国家档案与文件管理局的“开放政府计划”．中国档案，2012（11）：55－56.

（四）灵活性

电子文件的可操作性使利用者可以把获得的信息变活，让它们为自己的各种需要服务。利用者可以对文件中的信息进行分类、统计、汇总、打印、复制、上传、发布到社交媒体等操作，将这些信息转换成自己需要的形式。而提供利用的人员更能够以一定主题、专题对电子文件进行组织加工，形成特定内容的信息专辑，进一步满足利用者的深化利用需求。一份电子文件不仅是一个整体，同时也是一个信息集合，其中的每一个数据都可以被利用者灵活使用。因此，一份电子文件同与其内容相同的纸质文件相比，能够实现层次更为丰富、方式更为多样、颗粒度更为细致的检索和利用。

比如，工程项目的电子文件一般按照项目汇聚组合，设计人员很难直接从纵向或是横向的角度来综合利用多个项目、多个专业的设计文件。为此，可参考通用图的做法，针对设计图纸中具有技术代表性的构件、模块等进行整理和归类，建立、开发模块数据库，便于设计人员在其基础上直接使用，而不是重新绘制，从而提高设计绘图的效率。①

四、电子文件检索与利用的基本原则

（一）便利原则

情报界有一个著名的莫尔斯定律：“一个情报系统，如果对于用户来说，他取得情报比不取得情报更伤脑筋和麻烦的话，这个系统就不会得到利用。”这个规律同样适用于电子文件的检索与利用。文件是非公开出版信息，因而社会公众自觉利用文件的意识相对不高，在这种情况下，更应该注重信息利用的便利性，提升电子文件工作者的工作效率，并使最终用户能够获得良好的利用体验，从而激发用户的利用热情，避免因不能及时利用而导致文件价值不能有效发挥的情况。

---

① 高天昱．浅谈工程设计院工程档案电子文件收集、管理和开发利用．办公室业务，2014（11）：59－60.

（二）经济原则

电子文件的检索与利用应符合经济原则。经济原则是指，对于最终用户来说，能够以更低的经济代价获取所需要的电子文件；对于电子文件管理机构和部门来说，能够以更低的经济成本提供有保证的检索利用服务。

当然，对于服务方而言，除了服务场所之外，提供电子文件利用的成本比提供传统文件利用的成本更高，这主要是由电子文件的技术特性决定的。提供电子文件利用需要提供具备检索利用功能的电子文件系统，系统的开发、升级与维护、纸质文件/档案的电子化、管理人员的培训都需要不小的投入。文件和档案管理人员应树立成本效益观念，并不是所有的信息都必须实现网络检索，也不是所有的纸质文件都必须实现数字化，在特定阶段应以适当的代价达到检索利用的实用性目标，尽量减少不必要的资源消耗，获取最佳效益。

（三）广泛原则

广泛原则是指在遵守法律法规约束的前提下，将尽可能多的电子文件向尽可能多的用户群体提供利用。由于电子文件来源的复杂性、部分文件信息的机密性以及技术、社会、法规、标准等各种配套设施或条件的不健全，要实现其信息被全社会充分利用的目标，必将经历一个漫长的过程。在此过程中，应始终坚持“以用户为中心”的指导原则，尽可能满足各类用户（包括历史学家、行政人员、科技人员和普通公众）的利用需求；同时，还应保护国家、机构和个人的正当权益不受侵害。

资源链接 8－2

国际档案理事会通过《档案利用原则》

2012 年 8 月 24 日，在布里斯班第十七届国际档案大会上，由国际档案理事会最佳实践与标准委员会利用工作组起草的《档案利用原则》获得一致通过。该原则旨在为档案工作者提供一个衡量其现行利用政策与实践以及重新制定利用政策时的权威国际基准。文件指明了公众利用档案的权利，也明确了档案工作者提供档案及其信息利用的责任，既适用于政府档案，也适用于非政府档案。

《档案利用原则》共列出了如下十大原则：

1. 公众有权利利用公共机构的档案。公共和私人机构或组织都应该尽可能最大限度地开放档案。

2. 档案保管机构应向公众告知其档案馆藏信息，包括不开放馆藏的信息，指明影响档案利用的相关限制。

3. 档案保管机构应积极进行开放利用。

4. 档案保管机构要保证其利用限制有清晰的说明和具体的时限，在相关法律基础上，承认符合文化规范的隐私权，尊重私人资料所有者的权利。

5. 要公平公正地提供档案利用。

6. 有些档案能为维护人权和记载侵犯人权的行为提供证据，档案保管机构应确保这些档案的保管和利用，即使它们目前不向公众开放。

7. 利用申请遭到拒绝时，利用者有权申诉。

8. 档案保管机构要保证业务流程不会对档案利用造成阻碍。

9. 档案工作者可接触所有不开放档案并对其进行必要的业务操作。

10. 档案工作者应参与利用的决策过程。

资料来源：国际档案理事会．档案利用原则．李音，张轶哲，译．中国档案报，2012－10－19（3）．

广泛原则不仅适合内部利用的情况，还适合外部利用的情况，尤其适合具有社会服务功能的政府机构以及由政府设立的公共机构、政府间组织以及任何行使公共职能并使用公共基金的组织。大量的电子文件被保存在各类政府机构中，由政府机构在处理国家事务和社会事务中形成的第一手材料具有行政有效性和法律证据性，无论是对于机构业务活动的开展，还是对于社会团体、个人的学习与研究，都具有不可替代的价值。向社会公开政府信息是政府机关的一项义务，而利用公开的政府文件是公民一项重要的知情权，是保证公民按照法律规定参与国家事务和社会事务管理的前提和手段，是国家民主权利的体现。包括开放电子文件在内的信息开放对于民主、问责、善治以及公民参与都有深远的意义。依据国际通则，《中华人民共和国政务信息公开条例》（国务院令第 492 号）要求行政机关公开政府信息应当遵循“公正、公平、便民”的原则。国务院办公厅发布的《2015 年政府信息公开工作要点》要求坚持“以公开为常态、不公开为例外”的原则，规定了政府机关有义务向自然人、法人或者其他组织提供政府信息，条例明确规定不予公开的信息除外。这为政府电子文件信息的提供利用的广泛原则提供了法律保障。

（四）安全原则

安全原则是指综合采用各种有效的安全保护措施，确保检索和利用的安全，保护文件的完整性和真实性，保护机密电子文件信息不受侵害，保护相关利益主体的合法权益，包括知识产权、隐私权等。

资源链接 8－3

电子文件利用过程中涉及的权益问题

电子文件利用过程中会涉及一些权益方面的问题，如利用者的信息权、文件内容涉及的隐私权、档案文件的公布权等。对于诸如此类的问题，有些国家的档案法或其他法律中有针对纸质文件制定的相关条款，但不完全适用于电子文件。从国外的情况看，隐私权是电子文件利用中的突出问题，从 1970 年开始，先后有 20 多个国家做出了控制使用署名信息数据的规定，要求对于行政文件中的署名数据必须在文件的目的达到后将数据销毁或去掉姓名，但是这与保存社会记忆的要求背道而驰。于是，一些国家允许被移交给档案馆的电子文件免于销毁或隐去姓名，在档案法规定的年限中不向公民开放。保护个人隐私和保证电子文件的完整性成为电子文件管理、利用政策方面的新课题。网络技术的发展使电子文件的“超国界流通”成为可能，这不仅使各国必须重新确定本国档案所有权的范围和维护措施，而且还要考虑与其他国家在利用法规上的协调问题。

资料来源：冯惠玲．电子文件利用的障碍与对策——《拥有新记忆——电子文件管理研究》摘要之五．档案学通讯，1998（5）：44－47.

电子文件信息具有易流动性、易复制性、易更改性和对软硬件平台的依赖性等特点，有一部分文件信息属于机密信息或敏感信息，因此，在利用过程中应保护电子文件的安全可控，使其免受不正当的访问和使用。为此，需要对电子文件信息的使用范围和方式予以适当控制。文件形成机构和档案馆电子文件安全保护的具体内容、要求、措施有较大差别，比如，文件形成机构一般侧重于采取区别对待用户的措施来保护文件信息安全，而作为一个公共服务部门，档案馆原则上应对所有用户一视同仁，其安全保护侧重于控制文件内容。

另外，安全原则不应损害电子文件的可利用性，不宜借安全之名阻止用户对电子文件的合理使用。比如，政府机关产生的某些文件中并不是所有的信息都需要保密，凡是可以从保密文件中抽离出来的非保密信息，也应提供给查阅信息的普通公民。

以上原则互相联系，构成统一的整体，在电子文件检索利用过程中应予以全面贯彻，不可将之分割或独立开来。

第二节 电子文件的检索

一、电子文件检索的常用方法

（一）布尔逻辑检索

布尔逻辑检索是指用逻辑“或”（OR）、逻辑“与”（AND）、逻辑“非”（NOT）等布尔逻辑运算符对检索入口词或代码进行组配，表达各个检索词之间的逻辑关系，将逻辑运算公式作为检索表达式输入系统，查找所需信息的检索方法。布尔逻辑检索是使用面最广、使用频率最高的一种检索方法，也是电子文件相关系统应支持的基本检索方法。

例如，对于主题词 A 和 B 来说，以下布尔逻辑检索的含义示例如下。

（1）A AND B：检索出主题词中既包含 A 又包含 B 的所有文件；

（2）A OR B：检索出主题词中包含 A 或者包含 B 的所有文件；

（3）A AND NOT B：检索出主题词中包含 A 但不包含 B 的所有文件。

布尔逻辑运算结果可通过文氏图表达，上例的文氏图示例如图 8－1 所示，其中左边的圆代表包含主题词 A 的所有文件，右边的圆代表包含主题词 B 的所有文件。

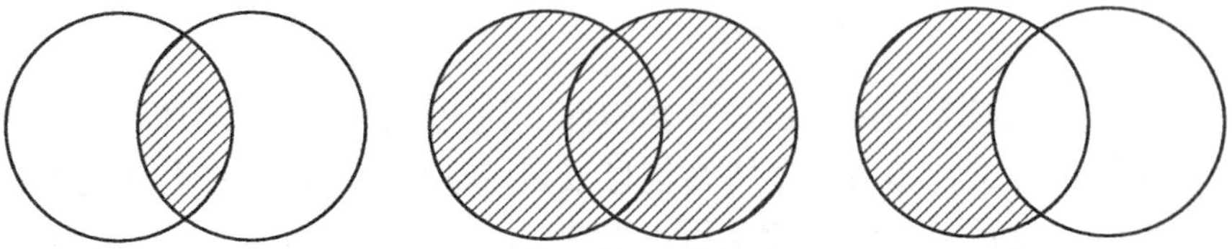

图 8－1　基本逻辑元素的文氏图

可见，逻辑"与"能缩小检索范围，有利于提高检准率；逻辑"或"能防止漏检，有利于提高检全率；逻辑"非"能排除不需要的和影响检索结果的概念，有利于提高检准率。

另外，在一个检索式中，还可以同时使用多个逻辑运算符，构成复合逻辑检索式，实现复杂检索要求。在复合逻辑检索式中，逻辑运算的优先级别从高到低依次是 NOT、AND、OR，也可以使用括号改变运算次序。例如，要检索包含检索词"本科"或"硕士"，同时必须有"学位论文"的电子文件，可通过如下逻辑表达式进行检索：（本科 OR 硕士）AND 学位论文。

（二）近邻检索

近邻检索又称位置算符检索，即用特定的位置算符表达检索词与检索词之间的位置关系，以表达更为确切的检索要求，提高查准率。

常用的位置运算符有 With 和 Near 两种。

With 用于表示有间断有序邻接，检索式为 A（nW）B，表示所关联的两个检索词 A、B 之间可以插入 0～n 个词汇，但两个检索词在文件中出现的前后顺序保持不变。当 n 为 0 时，也可以直接写作 A（W）B，此时，A 与 B 之间除了可以有空格或标点符号外，不能有其他检索词出现。

Near 用于表示有间断无序邻接，检索式为 A（nN）B，表示检索词 A 和 B 之间可以插入 0～n 个其他词汇，并且两个检索词的顺序可以颠倒。当 n 为 0 时，检索式可简写为 A（N）B。

例如，要检索包含"本科"和"学位论文"两个检索词的电子文件，中间至多包含 3 个其他词语，并且"学位论文"必须在"本科"之后出现，则可以采用如下检索式：本科（3W）学位论文。如果去掉顺序要求，则可以采用如下检索式：本科（3N）学位论文。

（三）字段限制检索与短语检索

在布尔逻辑检索的支持下，还可以进一步实现字段限制检索和短语检索。字段限制检索是把检索词限定在某一特定的字段范围内进行检索，比如，把检索词限定在“题名”内以提高准确率；短语检索，又称词组精确检索，能检索出与指定字符串短语完全匹配的结果，避免检索式将专指概念拆分导致无效检索结果过多。

字段一般有两种类型，一是基本字段，即用于反映文件内容特征的主要字段，二是辅助字段，即用于反映文件外部特征的次要字段。采用基本字段限定检索词的范围时，通常将字段代码放在检索词后面，中间用“/”分隔，这种方式被称为字段后缀检索。例如，“电子文件/TI”（TI代表题名字段代码），该表达式表示查找题名字段中包含“电子文件”的所有文件。使用辅助字段检索时，可使用字段前缀检索，即把字段代码放在检索词的前面，中间用“＝”隔开。例如，表达式“JN＝档案学通讯”，可用于检索发表在《档案学通讯》上的所有文章。

搜索引擎也支持字段限制检索和短语检索，其表达方法略有不同。例如，要检索搜狐网站下，包含“电子文件管理研究中心”的网页，可以通过如下检索条件进行检索：“电子文件管理研究中心” AND site：sohu. com。其中，双引号包含的内容代表短语检索，“site：sohu. com”表示在site站点字段中检索sohu. com，而AND则代表逻辑“与”关系。

（四）加权检索

加权检索即在检索时给每一检索词一个表示其重要程度的数值（即权值），然后对含有这些检索词的文件信息进行加权计算，其和在规定的临界值以上者可被作为检索结果输出，权值的大小可以作为对检出文件的排序依据。

例如，查找关于档案馆人事管理规定方面的文献，检索时可分别给3个概念赋予一定的权值，其中，“档案馆”为30，“人事管理”为30，“管理规定”为40，规定阈值为70，那么输出的文献可能反映以下三种主题：（1）档案馆人事管理规定，其权值和为100；（2）档案馆管理规定，其权值和为70；（3）人事管理规定，其权值和为70。采用加权检索，检索结果可以按权值大小排序输出，即按照检出文献对于检索提问的切题程度分等级输出，与布尔逻辑检索非此即彼的结果不同，因此加权检索也被称为定量检索方法。

（五）截词检索

截词检索是指检索者将检索词在其认为合适的地方截断，让计算机按照检索词的局部片段同索引词进行对比，将所有满足截词要求的文献作为答案输出。

截词检索能够提供族性检索的能力，按截断的位置来分，截词可分为前截断、后截断和前后截断三种。“前截断”也称“后方一致”，即当检索词与词表或信息库中存储词完全一致或后半段一致时均为命中。例如，假设用字符“＊”表示截词符，检索“信息”方面的文献，使用检索词“＊信息”，那么标引“图书信息”“档案信息”“文献信息”“文件信息”等词的文件均为命中文件。同理，

“后截断”也称“前方一致”，即当检索词与词表或信息库中存储词完全一致或前半段一致时均为命中。例如，检索词“民政＊”可以与索引词“民政部”“民政局”匹配成功。“前后截断”即当检索词与词表或信息库中存储词完全一致或中段一致时均为命中，这种方法多被应用于检索机构名称。在以上三种截词检索方式中，后截断是最为常用的一种。

二、电子文件检索的系统功能

在电子文件管理早期，因缺少专业的系统支持，检索方法相对简单直接。例如，针对以计算机文档形式存储在操作系统之中的文件，采用操作系统提供的文件查找功能，按照计算机文件名称进行检索，借助于桌面搜索工具对操作系统内的文件进行全文检索。小型关系数据库和档案辅助管理系统的使用又使基于数据库查询语言的检索方法得以出现，因当时软硬件能力的限制，检索通常被限定在单台计算机上进行。

随着数据库技术、网络技术和信息检索理论的快速发展，市场上出现了专业化的电子文件相关系统，如电子文件管理系统和数字档案馆系统，这些系统支持更为强大的多用户网络检索功能。与此同时，检索也是很多其他系统（如业务系统、知识管理系统等）的基础性功能。通常来讲，电子文件管理系统和数字档案馆系统的检索功能更加符合文件、档案的本质特征，专业性更强。

提供电子文件检索服务的专业化系统（下文简称检索系统）应提供如下功能。

（一）支持常见的检索方法

检索系统应支持布尔逻辑检索、近邻检索、字段限制检索、短语检索、加权检索、截词检索等上文所述常用的检索方法。其中，布尔逻辑检索是最基本的检索方法。近年来，搜索引擎对人们检索习惯的影响日甚，字段限制检索、短语检索的应用也越来越普及。

检索系统应支持以恰当的方式组合使用上述检索方法，主要包括：支持递进检索，即在检索范围内实施二次检索，支持只有一个检索入口（详见下文）的简单检索和多个检索入口组合的高级检索。

（二）提供多种检索入口

检索入口，又称检索途径。从理论上讲，电子文件存入检索系统后，该系统向用户提供的检索入口越多，它被查到的概率就越高。当然，检索入口越多，也意味着检索系统本身越复杂，而复杂检索系统的速度相对简单系统要慢，开发成本也较高。因此，在成本一定的前提下，检索入口越多，检索系统的功能就越强大。

按照用户的使用方式，检索入口可以分为两类：一是主动式，也就是说用户根据系统提供的检索入口主动输入要查询的文件元数据值，如关键词、主题、时间、责任者、文种等。目前，较为普遍的检索入口是关键词，关键词或者来自题名，或者来自全文。用户可以根据需要，对多个关键词进行逻辑运算，更精确地表达检索需求。二是被动式，即系统为用户提供分类体系，用户只需按照既定的目录结构层层搜索，直至发现所需的文件。这里的目录结构可以包括多个角度。主动式检索入口适用于强意向和弱意向用户，他们对所需文件中的关键信息有一定的了解；而被动式检索入口适用于那些弱意向用户、零意向用户，在完整的等级体系中浏览有助于他们逐渐明确检索需求。

此外，检索系统还应支持对全宗、类目、案卷、文件、组件、元数据、全文等层次的检索，为这些层次的检索都提供必要的检索入口。

（三）展现文件层次结构，并提供通畅的导航

电子文件检索与一般数字信息检索最大的区别在于检索对象的不同，即文件信息与一般信息之间的差异。而这种差异除了表现为文件信息具有真实记录业务活动、成果的特性外，还表现在文件与文件之间的联系上。文件的价值往往不单独体现在某一份具体的文件上，而是体现在一系列相关的文件整体上。为了反映这个特色，在著录时，要进行多级著录，即不仅对单份文件进行著录，而且对文件集合也要进行著录，而且文件集合的著录信息可以向下传递继承。一个优秀的电子文件检索系统，应能够展现从文件集合到单份文件的层次结构，并提供通畅的导航，以便让用户获得其所需文件的完整的背景信息。

展现文件的层次结构，也是在提供一种被动式检索入口，它体现了文件、档案管理者关于文件来源、文件形成背景、文件间内在联系等方面的专业知识。用户在利用检索系统的时候，不仅可以获得所需的文件、档案信息，而且在不知不觉中接受了文件、档案管理知识的熏陶。这实际上也是知识管理、知识服务的一种具体体现。借助于信息技术，文件、档案管理者将信息内容知识（文件、档案信息）和信息组织知识（文件档案分类、著录）与利用者共享。

文件形成机构的检索系统主要展示的是全宗内的文件层次结构，因管理范围的限制，有的系统仅能展示个别或部分类目下的文件层次结构，如合同管理系统展示不同项目合同拟定、签署、变更等活动中的文件信息，工程项目管理系统中可按项目展示规划、设计、施工、竣工等不同阶段的文件信息。而档案馆的检索系统则能够展示多个全宗的完整的文件层次结构。图 8－2 所示的是美国国家档案与文件署官网的一个检索结果。页面的左侧显示的是文件层次结构（record hierarchy），包括文件组合、系列、案卷三个层次，右侧则显示了案卷内的具体页面，用户可以在线浏览、阅读、下载每个页面。

（四）具有用户友好性

检索是直接面向利用者的系统功能，利用者不是专业的文件管理人员，对于文件、文件管理亦无太多了解，检索系统应充分考虑其特征和需求，使其用得舒心、轻松、方便。检索系统的用户友好性主要体现在如下几个方面。

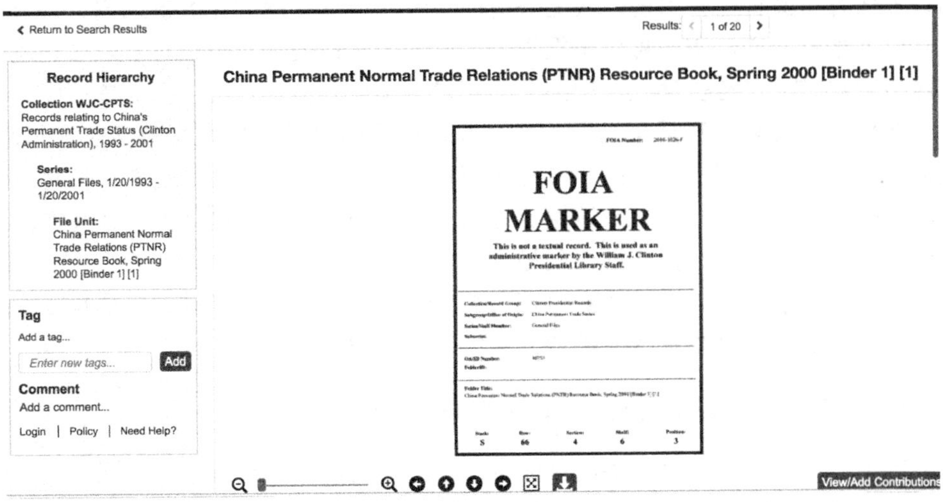

图 8-2　美国国家档案与文件署的检索结果

资料来源：https：//catalog. archives. gov/id/23898369.

1. 界面友好

检索界面应以简单易懂的方式组织信息，将重要的信息放在明显的位置，常用的功能应放到容易操作的位置上；应具备提示检索进度、显示用户完整提问、估计检索完成时间、保留用户最近使用的检索词等功能。在电子文件形成机构，检索系统还应支持与主要业务系统的界面集成，让用户能够从其日常使用的业务系统中发起检索操作。

2. 兼容多种浏览器

随着互联网技术的普及，提供给用户使用的检索系统最好采用标准的浏览器/服务器（B/S）结构，让用户通过浏览器这个大多数人都非常熟悉的图形界面就能访问检索系统，在基于浏览器提供检索界面时，要考虑浏览器的兼容性，所采用的技术应遵从基本的 Web 标准规范，兼容市场上主流的浏览器。

3. 输入输出友好

检索系统应支持某些元数据值的友好输入，如支持以日历方式输入日期，支持联想式词语输入等。系统还应支持用户对检索结果的显示格式进行设置，允许用户指定检索结果显示的顺序、每页显示的数目、每次检索返回结果的最大数量等，支持用户保存检索表达式、检索结果等。

4. 提供适当的帮助功能

用户在使用检索系统时可能会遇到一些困难，妨碍其利用，比如对检索系统内文件信息不太了解，对检索方法或技术不太熟练等，这时他们需要一些指导和帮助。检索系统应该提供适当的帮助功能，帮助用户克服检索困难。具体的帮助措施可以包括：借助“动画”效果帮助用户迅速了解系统的组成和特点；设立“系统指南”或“系统说明”栏目，对检索系统的信息、功能、使用方法进行简单介绍；对于结构比较复杂、层次较多的系统，应提醒用户当前位置；尽量不使用较为生僻的词语，如果确实必要，则应给出容易理解的解释；对于专业的术语、复杂的操作等提供直接的、容易理解的帮助；尽可能提示用户当前所在的位置、如何回到原来的位置，以及前后相关的超级链接等。

（五）提供安全保障功能

从系统管理的角度，电子文件检索系统还应规定不同用户的访问权限，规定不同文件的使用范围和利用方式，对用户检索过程进行记录，方便追踪和审计非法访问等。

从使用效果来看，检索系统应遵循访问控制要求，对没有权限的查询方式不予支持，但应显示提示信息；对于不在用户权限范围内的检索结果不予显示，但应显示提示信息；对于不可视的元数据项不予显示。

（六）提供用户检索行为的分析功能

一个良好的电子文件检索系统应能够记录用户的基本标识信息、检索条件、检索时间等，从而在用户检索过程中获得第一手的反馈信息而无须增加用户的时间成本。系统应能根据用户的检索日志挖掘分析出流行的用户检索需求，发现利用率较高的文件和用户关注度较高的主题，发现与主题关联的自由词语集合，从而支持利用服务人员有目的地对热点主题进行深度加工，为用户提供更为精准的信息服务。

三、电子文件检索的实现原理

从电子文件检索的系统实现层面上来讲，检索的主要问题就是如何建立有效的索引，以高性能处理用户的文件检索需求，并能够以科学方式对检索结果集进行排序。检索实现的具体手段虽然可以多种多样，但根据所依赖的相关技术，主要分为两大类：一是对存储电子文件相关信息的数据库进行封装，利用数据库本身的访问接口实现检索功能；二是采用以倒排索引为典型存储结构的现代信息检索技术，实现包括全文检索在内的更为强大的检索功能。

（一）基于数据库的电子文件检索

电子文件相关系统通常会借助于数据库实现电子文件元数据的存储，并实现与电子文件的有效关联。其中，关系数据库因其成熟的理论基础和完善的数据管理与查询功能，应用最为广泛。关系数据库提供了标准的结构化查询语言，可以实现对所存储数据的精确检索。

如图 8－3 所示，用户发出一个检索请求后，这一请求会被传递到用户接口程序，用户接口程序在后台根据检索请求构建 SQL 查询语句，提交给数据库管理系统，数据库管理系统执行查询，把匹配结果返回给接口程序，然后由接口程序根据界面设计输出最终格式的检索结果。

下面举例说明这一过程。

首先，假设数据库中存储电子文件元数据的表名称为 records，其格式如表 8－1所示。

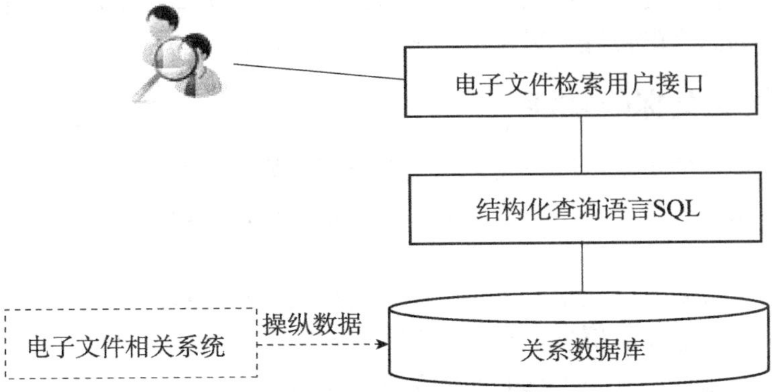

图 8-3　基于关系数据库实现的电子文件检索系统处理流程图

表 8-1　存放电子文件基本信息的数据库表示例

Id	Code	Title	Start _ Date	……
1	J001-001-00001	北平市政府关于改定天安门一带名称案的指令	1928-8-27	……
2	J001-001-00002	北平市政府关于举行市民反日大会、粘贴反日标语等与北平市公安局、北平市民反日大会筹备会的来往文书	1928-11-13	……
3	J001-001-00003	北平市公安局关于东三省留平学生路权保持后援会反抗日人建筑吉会铁路举行示威游行的呈及北平市政府的指令	1928-11-13	
……	……	……	……	……

其次，用户按关键词提出检索请求，假定输入的检索词语为“东三省”，该检索词将被提交给接口程序。

再次，接口程序根据收到的检索词语，构建如下 SQL 查询语句并提交给数据库管理系统：

SELECT * FROM records WHERE title LIKE“%东三省%”。

最后，数据库管理系统接收到该 SQL 语句后，执行查询，把符合条件的记录返回接口程序，再由接口程序呈现给最终用户。在该例中，即把 Id 为 3 的文件返回给用户。

由于数据库管理系统已经较为成熟，支持丰富的查询条件，支持按不同字段进行结果排序，因而被广泛应用于电子文件的检索实践之中。

（二）基于现代信息检索技术的电子文件检索

由于传统数据库擅长结构化数据的管理，其索引是关键字索引，而电子文件的内容多是非结构化文本数据，因此，一些新的电子文件系统采用现代信息检索技术，实现对电子文件的全文检索。

现代信息检索起源于对文本资料的情报检索，并在 20 世纪 90 年代后期伴随着搜索引擎的出现得到了快速发展和应用。因其最初的处理对象为非结构化自由文本，也有人把信息检索称为全文检索。全文检索以文本为主要检索对象，允许用户以自然语言根据文件内容而不仅仅是外在特征（如文件编号、题名、责任者等）实现全面、准确、快速的信息检索。

对于全文检索来说，需要考虑如下三个问题：

（1）如何表示文本和查询，使得计算机可以处理；

（2）如何判断查询和文本是否相关，即如何比较各文本与用户需求之间的匹配程度；

（3）如何计算查询与文档之间的相似度，以便根据相似度的大小对检索结果进行排序。

根据以上因素，现代信息检索的理论模型可以被划分为布尔模型、向量空间模型、概率模型以及基于知识的模型四类。特定的检索系统往往会支持其中的若干种模型，如既支持布尔模型检索，也支持向量空间模型检索。

全文检索会采用特殊的索引结构以提高检索速度，其中，倒排索引是最为常用的一种。倒排索引是受书目索引的启发而发展起来的一种索引方式，例如，有些图书在最后附上“单词-页码”索引，可以通过给定的单词，快速找到该单词所出现的页码位置，这就是一种典型的倒排索引。仍以表 8－1 中的电子文件为例，可以构建如图 8－4 所示的倒排索引。

词汇表	记录表
北平	1，2，3，…
市政府	1，2，3，…
天安门	1，…
指令	1，3，…
市民	2，…
……	……

图 8－4　基于表 8－1 所构建的倒排索引示意图

图 8－4 中，词汇表是文件集合中所包含的所有不同单词的集合；而词汇表中的每一个单词，其所出现的文件编号构成了一个列表，这些列表的集合被称为记录表。通过这一倒排索引，计算机就可以快速判断出“北平”这一词语在文件 1、2 和 3 中出现，而“天安门”则在文件 1 中出现，在文件 2、3 中没有出现。倒排索引解决了检索每个词语都需要扫描所有电子文件的问题。

在构建倒排索引的过程中，计算机需要自动识别出汉语句子中的每一个词语，并把可检索词语加入词汇表，维持对应的记录表，这就涉及中文分词、词性标注、词义消歧等中文信息处理领域的关键问题，伴随着这些关键技术的不断成熟，基于现代信息检索技术的电子文件检索系统也变得更为实用，其基本工作过程如图 8-5 所示。

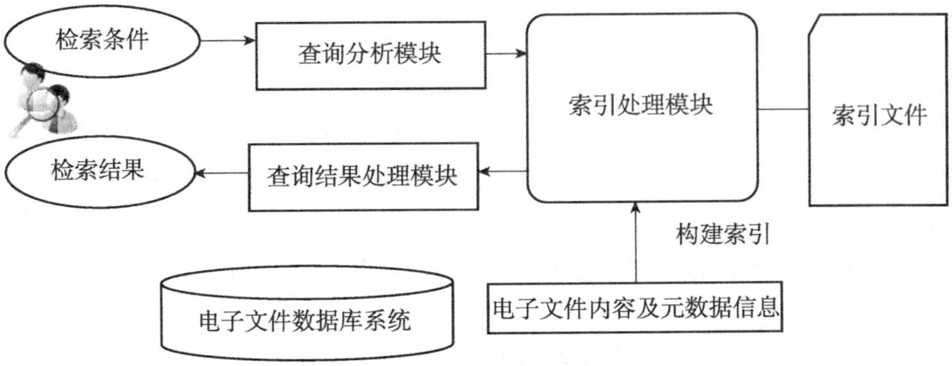

图 8-5　支持全文检索的电子文件检索系统处理流程

图中，电子文件的文本内容及其元数据信息被送入索引处理模块，构建索引文件；用户提出的检索条件通过查询分析模块，被转换为计算机可处理的查询表达式交给索引处理模块进行检索，检索结果在经过查询结果处理模块的排序、过滤等处理后，被返回给最终用户。全文检索通常支持的检索方法包括布尔逻辑检索、加权检索、截词检索、短语检索等。

全文检索的主要技术特点是可以对自由文本自动建立索引，实现快速检索，但这并非排斥了数据库所能提供的基本检索能力。当电子文件提供了更为详细的标引信息时，检索系统可以通过权重优化，进一步提高检索效果。

传统上，人们一直把对文本的检索称为信息检索，但随着多媒体技术的广泛应用，对于声音、图像、视频等媒体文件的检索需求也日益迫切，因此，把检索的范围从结构化文本、自由文本扩展到媒体文件，将是电子文件检索的发展方向之一。

四、电子文件检索系统的评价

我们可以从功能和性能两个方面对电子文件检索系统进行评价。功能评价可通过测试系统是否具备某项功能来进行，相对容易。性能评价的常用衡量尺度是时间和空间，时空占用越小，则系统越好。对于检索系统来说，评价的重点通常是检索结果的相关性，常用的评价指标有查准率和查全率。

给定一个文件集合 C，对于用户查询 q 来说，C 中和 q 相关的文件集合记为 R。对于某个电子文件检索系统，针对查询 q 进行检索，系统检出的文件集合为 A，A 与 R 的交集记为 R_a，如图 8-6 所示。

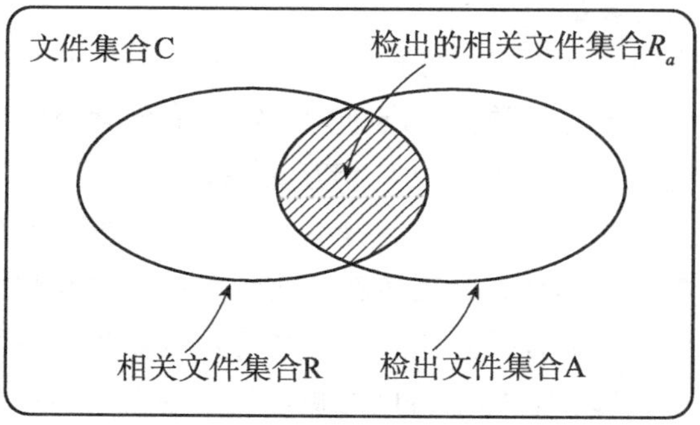

图 8-6　对给定文件集合 C 和查询 q 的集合描述

则查准率 P 的定义为检出的相关文档数与检出的所有文档数量的比值，也称准确率，即：

$$P=\frac{|R_a|}{|A|}$$

查全率 R 的定义为系统检出的相关文档数与实际相关文档数量的比值，也称召回率，即：

$$R=\frac{|R_a|}{|R|}$$

从定义中可看出，查准率和查全率是基于对检出文件集合 A 中的所有文件都进行检查得到的，它们反映了某一检索结果集合的不同方面的特性。随着电子文件数量的不断增加，检索系统对检索词返回的结果往往较多，此时，系统会先对 A 中文件根据相关度进行排序，然后由用户从第一份文件开始查看排序结果，在这种情况下，二者之间体现出密切的互逆关系。

通过查准率和查全率评价电子文件检索系统时，应和数据规模统一考虑。当数据规模较大时，提高查准率可以有效节省用户的查找时间；反之，当数据规模较小时，提高查全率以避免漏检就显得尤为重要。另外，检索用户一般比较强调一方面，而对另一方面要求较低，不同用户对查准率和查全率的要求不同，因此，良好的电子文件检索系统应支持扩大和缩小检索范围来调整二者的关系，以满足不同的用户需求。

五、电子文件检索数据的交换

如果用户最终能够通过一个检索系统查检到可能分布在不同地点的多个文件数据库（或文件系统）中的信息，即实现一站式检索，那么这些数据库或文件系统的建设本身要遵循一些共同的标准。这些数据库或文件系统若是为一个单位所拥有，则可以通过内部数据规范来达此目的；如果这些数据库或文件系统是由多个单位建设的，则标准化是必不可少的环节。跨单位、跨系统的数据共享和交换是推动制定检索标准建设的根本动力。

本教材第十一章中详细阐述了各种元数据标准，包括元数据元素集、结构标准、编码体系标准等，这些元数据标准分别规定了应该著录哪些元数据项目，在计算机中如何表达这些元数据项目及其相互关系，以及元数据项目应如何取值，为具有检索意义的元数据的共享、互换提供了基本的支撑。如果有关单位都能采取这些标准管理元数据，那么数据交换就会比较容易。尤其是结构标准，其制定的目的就是以计算机可读的方式表达元数据结构，从而实现跨系统的交换。比如美国的档案编码著录（EAD）标准就已经被广泛地应用在数字化档案的在线共享利用项目中，包括由美国加州大学数字图书馆牵头建设的，供加州 200 余所文化机构原始藏品著录信息的在线利用“加州在线档案馆”（Online Archive of California，OAC），集合了来自美国西部华盛顿州、俄勒冈州、爱达荷州、阿拉斯加州、蒙大拿州和犹他州等地的 40 多家拥有机构档案著录信息的资源共享网站，如“西部档案馆”（Archives West）等。

一般而言，电子文件、档案检索数据（元数据及原文）的交换方式有三种，下面对这三种交换方式进行具体说明。

（一）通过数据库格式直接交换

这类交换方式既面向传统档案目录，也适用于电子文件目录（部分元数据的集合）。我国不少地方档案主管部门出台了档案目录数据库结构与数据交换格式，表 8-2 和表 8-3 分别罗列了江苏省档案局颁布的《文书档案文件级目录数据库结构与数据交换格式》（DB 32/505-2002）[①] 和浙江省档案局颁布的《浙江省省直单位文书档案目录数据库结构与交换格式》（文件级）[②]。有些地方档案馆在此基础上面向文件形成单位派发了目录编辑工具，以实现目录信息的无缝导入。不过，仅从江苏、浙江这两份交换格式的规定来看，两者存在很多差异，比如前者规定“档号”的字段长度为“19”，后者规定“档号”的字段长度为“22”。跨省的数据交换需要另行规定交换格式。目前，在全国范围内尚无统一的档案目录交换格式的标准。

表 8-2　　文书档案文件级目录数据库结构与数据交换格式

顺序号	著录项目	著录项目在计算机中的表示				
		字段名	类型	字段长度（字节）	允许空（NULL）	说 明
1	分类号	FLH	Char	30	是	
2	档案馆代号	DAGDH	Char	6	是	
3	组织机构代码	ZZJGDM	Char	9	否	

① 江苏省档案局.《文书档案文件级目录数据库结构与数据交换格式》（DB 32/505—2002）的研制.（2011-11-11）[2016-12-24].http://www.dajs.gov.cn/art/2011/11/11/art_1635_33484.html.

② 浙江省档案局.浙江省省直单位文书档案目录数据库结构与交换格式.（2012-07）[2016-12-24].http://www.zjda.gov.cn/jgzw/ywzd/xxhjs/201207/t20120723_1582.html.

续前表

顺序号	著录项目	著录项目在计算机中的表示				
		字段名	类型	字段长度（字节）	允许空（NULL）	说 明
4	档号	DH	Char	19	否	
5	电子文档号	DZWDH	Char	12	是	
6	缩微号	SWH	Char	9	是	
7	题名	TM	Var Char	120	否	
8	文件编号或文号	WH	Char	30	是	
9	责任者	ZRZ	Var Char	60	否	
10	稿本	GB	Char	10	是	
11	文种	WZ	Char	8	是	
12	密级	MJ	Char	1	是	统一使用数字代码
13	保管期限	BGQX	Char	1	否	
14	时间或成文日期	CWRQ	Char	8	是	要求合法日期值
15	载体规格	ZTGG	Char	12	是	
16	载体类型	ZTLX	Char	12	是	
17	载体数量	ZTSL	Int	4	是	
18	载体单位	ZTDW	Char	2	是	
19	主题词或关键词	ZTC	Var Char	100	是	
20	全文标识	QWBS	Var Char	255	是	用于访问全文
21	主办部门	ZBBM	Var Char	60	是	多用户环境下用于控制数据访问权限
22	协办部门	XBBM	Var Char	255	是	
23	附注或备注	BZ	Var Char	120	是	

说明：（1）Char 为定长字符型，Var Char 为可变长字符型，Int 为整型；（2）绝不允许空值的著录项目，若确实无法确定输入何值时，可取“不详”等类似内容代之。

表 8-3　　浙江省省直单位文书档案目录数据库结构与交换格式

类型	字段名称	字段名	字段类型	字段长度	字段值
必须著录项目	档号	DH	C	22	
	全宗号	QZH	C	4	
	目录号	MLH	C	3	
	案卷号	AJH	C	6	
	页（张）号	ZYH	C	6	
	正题名	ZTM	C	254	
	责任者	ZRZ	C	100	
	文件编号	WJBH	C	50	
	文件形成时间	XCSJ	C	10	
	保管期限	BGQX	C	4	永久、长期、短期、30 年、10 年
	密级	MJ	C	4	公开、内部、秘密、机密、绝密
选择著录项目	附件	FJ	C	254	
	稿本	GB	C	8	
	文件页数	YS	N	4	
	馆编案卷号	GBAJH	C	6	

续前表

类型	字段名称	字段名	字段类型	字段长度	字段值
选择著录项目	盒号	HH	C	4	
	分类号	FLH	C	80	
	关键词	GJC	C	80	
	主题词	ZTC	C	80	
	载体数量	ZTSL	C	6	
	载体规格	ZTGG	C	15	
	附注	FZ	C	100	
	全文标识	QWBS	C	250	
	文件所涉人名	WJSSRM	C	250	

（二）通过独立于平台的交换格式交换

由于长期以来很多机构都是独立建设数据库的，数据库平台不一致，库结构的定义也不统一。即便在已经出台交换格式的地方，也很难做到完全按照标准规范的要求执行。直接通过数据库格式交换存在实际困难。对于异构电子文件、档案目录数据库而言，采用独立于数据库平台的方式进行交换，可以最大限度地降低数据库转换的次数，节约资源，提高效率。美国的档案编码著录，我国档案行业标准《基于 XML 的电子文件封装规范》（DA/T 48－2009）、元数据编码和传输格式都是独立于平台的交换格式，采用 XML 作为编码语言，也得到了一定范围的应用。

对于电子文件元数据及原文而言，通过独立于平台的交换格式进行数据交换的方式正在变得越来越普及。

（三）通过相互映射或与第三方标准进行映射

在交换双方的著录项目（元数据项目）不一致时，可以通过两者之间直接映射，或将其与统一的第三方著录标准（元数据格式）映射的方式进行数据交换。比如由“开放档案计划”组织（Open Archives Initiative，OAI）于 2001 年颁布的“开放档案计划元数据收割协议”（Open Archive Initiative Protocol for Metadata Harvesting，OAI-PMH），要求交换各方将其著录数据映射为遵守都柏林核心元数据集 DC 的元数据，用独立于平台的 XML 格式来表达，并通过超文本传输协议（HTTP）实现网络传输，由此实现跨平台的数据交换。

著录项目的映射，可以在元数据登记系统（metadata register，也称元数据注册系统）的支持下开展，后者是对元数据的定义信息及其编码、转换、应用等规范进行发布、登记和检索的系统①，提供对元数据标准（方案）及其元素的开放性登记，记录各元数据标准的内容和相关著录规范，从而为不同元数据标准之间的映射和转换提供信息基础。也有些登记系统能够提供不同元数据标准之间的映射或转化模板，为著录数据的交换提供更为直接的服务。

---

① 张晓林，梁娜．元数据登记系统：基本概念与基本结构．现代图书情报技术，2003（1）：1－4.

第三节
电子文件的提供利用

一、电子文件提供利用的内容

电子文件提供利用工作的主要内容包括三个方面：用户分析、用户服务和用户反馈。

（一）用户分析

要使提供利用有的放矢，确有成效，首先有必要分析用户的类型和需求，以使服务更具有针对性。

1. 用户的类型

根据用户与利用服务机构的关系，可以将用户分为内部用户和外部用户。所谓内部用户，就是机构内部的工作人员，所谓外部用户，就是机构外部的人员，包括个人用户、企业用户、政府机关用户等。文件形成机构的用户以内部用户为主，档案馆的用户以外部用户为主，服务对象的不同，决定了两者提供利用工作的差别。

根据用户是否利用文件的情况，可以将用户分为现有用户和潜在用户。现有用户就是那些已经、正在或有意识要利用电子文件信息的用户。潜在用户是存在利用的需要但是并没有意识到这一需要的用户。同时，根据利用需求表达的程度，可以将现有用户进一步细分为强意向用户、弱意向用户和零意向用户。所谓强意向用户，是指具有明确的利用目的、能够较准确表达利用需求的用户，这是电子文件提供利用工作较为稳定的用户群；弱意向用户是指利用目的较为模糊，不能完全准确表达利用需求的用户；零意向用户，是指没有明确具体利用目的的用户。在网络环境下，数量增加得最多的就是潜在用户、弱意向用户和零意向用户，很多原来没有利用过电子文件的用户，也可能通过网络搜索和浏览文件、档案信息。

2. 用户的需求

不同类型的用户具有不同的利用需求。

对于文件形成机构，其内部用户主要是为了完成本职工作而查考文件，利用需求较为明确、固定。不过，处于不同岗位的内部用户的具体利用需求也具有明显的差别。图 8－7 反映的是一个机构内高层、中层和基层管理人员不同的信息需求，从中我们可以发现，越是高层的管理者，越需要综合性强、加工程度高、密度大的信息，二次、三次文件信息以及与外部动态信息集成开发的文件信息更符合他们的要求；基层管理者多从事例常工作，一般需要借鉴已有的工作成果，保持连贯的工作标准和工作方法，其需求比较简单和稳定，有序的原始文件信息在基层管理者中较受欢迎；中层管理者的利用需求则在高层管理者和基层管理者之间。相比而言，其外部用户的利用需求较为多样化，可能是出于工作参考的需要，也可能来自闲暇兴趣。在很多情况下，外部用户的利用需求不太明确和固定，这既为文件信息提供带来了困难，也为之提供了具有很大拓展可能的空间。

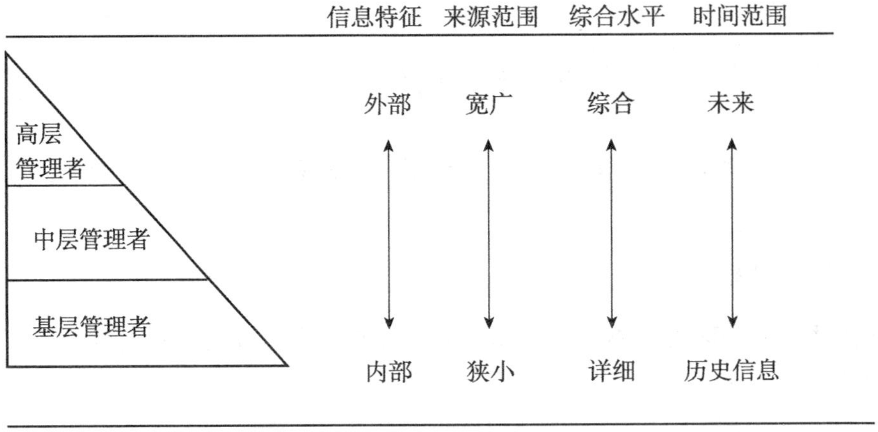

图 8－7　机构内管理者的信息需求

资料来源：罗宾斯，德森佐．罗宾斯 MBA 管理学．李自杰，等译．北京：中国人民大学出版社，2009.

对于档案馆，其用户分为两大群体：学术研究群体和非学术群体。学术研究群体是一个相对稳定的群体，其群体成员主要是历史研究人员，他们对信息的真实性、完整性要求比较高。非学术群体则是构成比较复杂的群体，其群体成员有新闻记者、在校学生、寻根问祖的普通民众等，这部分人员一般喜好多媒体形式的档案信息。

（二）用户服务

用户服务即服务者通过一定的渠道为利用者提供电子文件信息服务的工作，这是提供利用的主体内容，在很多场合下，这项工作几乎是提供利用的代名词。用户服务的内容和方式包括：通过互联网和内网主动发布、推动有关信息，根据用户需求制作、售卖光盘，接收委托开展检索服务，为用户提供咨询服务等。文件形成机构和档案馆用户服务的重点有所不同。在用户服务的过程中，需要加强访问控制，以保护正当利用，防控非法利用。详见下文。

（三）用户反馈

接受用户反馈是掌握用户需求、评价用户服务质量的有效方法，也是提供利用工作持续改进的重要支撑。除了传统的意见登记簿、利用效果反馈表、书面问卷调查、电话访谈、来信来函等方式外，服务者还可以通过网络收集用户反馈信息，如通过社交媒体进行互动、在网站上发布调查问题、公布电子邮箱、开设论坛等。

二、电子文件提供利用的类型

（一）文件形成机构提供利用和档案馆提供利用

按照提供利用机构的类型，目前存在两种类型的电子文件提供利用工作：文件形成机构提供利用与档案馆提供利用。

相比而言，文件形成机构的提供利用工作主要面向内部用户，内部的利用需求较为稳定，检索途径也相对简单，有时只需借助文件名便可查找到所需文件，这是由机构内文件利用者需求相对稳定的特点所决定的。随着信息公开、共享程度的提高和网络的普及，外部用户查检、利用文件信息的情况越来越多，有些数据甚至会为机构带来商业价值，提供利用工作将逐渐多元化、精细化。

提供利用是档案馆的核心职能之一，档案馆的绝大多数用户都来自社会，因此其提供利用的情况相对复杂：一方面，用户类型多元，利用需求多样化程度高；另一方面，文件信息来源广泛，导致文件的格式多样、联系复杂、对信息安全的要求不一。公众对档案信息开放抱有很高的期待。如何借助于现代信息技术和网络技术，提供更亲民、更符合大众利用习惯的信息服务，是摆在档案馆面前的时代性课题。

（二）独立式、集中式和合作式

根据提供利用服务的单位及其相互关系，提供利用工作包括独立式、集中式和合作式三种类型。

独立式是指各单位自行提供电子文件信息的服务工作，大多数单位的提供利用工作都属于这种类型。集中式是指将多家单位的电子文件（数字化档案）及其元数据集中到一家机构，由该机构统一面向用户提供利用服务，比如 21 世纪初我国地方政府开始建立的现行文件查询服务型电子文件中心（详见第二章第五节），其主要功能是实时接收所在区域电子政务内外网上处理完毕的电子公文，区分开放范围，实施权限管理，实行集中的提供利用。再如我国青岛市档案馆、福建省档案馆集中了其下级档案馆的数字档案信息，通过统一的站点为用户提供服务。合作式是指多家单位联合起来为用户提供文件信息服务，比如档案馆和搜索引擎合作，利用后者强大的搜索技术，使用户无须登录档案网站，仅通过搜索引擎就能查询到档案数据库中的信息。

相比而言，集中式、合作式的提供利用更能发挥多家机构的优势，更有利于整合多个来源的信息资源，从而取得更好的利用效果。

（三）营利性和非营利性

根据利用者是否付费，提供利用工作分为营利性和非营利性两种。

在信息时代，信息资源是一种资产的观念日益普及，信息交易的现象时有发生。全球第一家大数据交易机构贵阳市大数据交易所于2014年12月31日成立，2015年4月14日正式挂牌运营，开启了信息营利性利用中介服务的先河，截至2016年9月，该交易所已链接全国所有政府公开数据，接入211家数据源公司，可交易的数据总量超过60PB，交易额已达1亿元。[①] 当然，这些交易数据并非原始数据，而是经过清洗、加工的数据集，是原始数据的二次产品。

资源链接8-4

政府信息的收费模式

2008年，剑桥大学经济学家鲁弗斯·波洛克（Rufus Pollock）总结了政府发布信息的3种收费模式，分别是：

（1）利润最大化模式（profit-maximizing），指政府借助自己独家的信息垄断优势，向信息需求方按市场化价格收费；

（2）平均成本模式（average-cost or cost-recovery），指政府收取一定的费用，这部分费用直接用来支付政府从信息收集到信息发布的所有开支；

（3）边际成本或免费模式（marginal-cost or zero-cost），指政府只收取信息发布环节所产生的费用，也就是按信息发布的边际成本收取费用。

资料来源：涂子沛．大数据：正在到来的数据革命，以及它如何改变政府、商业与我们的生活．桂林：广西师范大学出版社，2012：129.

需要指出的是，包括政府机构在内的公共组织在履行法定职责的过程中产生的电子文件，其提供利用（无论是原机构还是长期保存的档案馆）从根本上来说是属于社会公众的，将其提供社会利用是政府机构、档案馆的分内职责，社会效益是开发利用工作的首要目标，对于服务是否收费、如何收费问题的处理要非常慎重。例如，美国联邦政府发布的《信息资源管理通报》（OMB A-130）明确指出："除非法律授权，任何政府机构不得收取超过其发布信息的成本的费用，不得限制公众对政府信息的利用、转售和传播。"[②]

不过，在国外也出现了档案馆提供馆藏，商业公司在将馆藏数字化并加以组织之后面向公众提供付费服务的模式，详见案例8-2。

案例8-2　Ancestry公司的家谱档案生意经

家谱档案是国外普通公众查阅频率最高的档案之一。但家谱档案在地域、机构上的分布很分散，数字化程度不高，用户利用多有不便。近年来很多西方

---

① 贵阳市大数据交易所．交易所介绍．[2016-12-24]．http：//www.gbdex.com/website/view/aboutGbdex.jsp.

② OMB. Managing Information as a Strategic Resource.（2016-07-27）[2016-12-25]．https：//www.whitehouse.gov/sites/default/files/omb/assets/OMB/circulars/a130/a130revised.pdf.

国家政府综合档案馆的经费遭到削减，数字化经费很难落实。在这种情况下，一些档案部门和商业机构合作，以馆藏资源的授权使用作为交换条件，得到商业机构在资金、技术、人才等方面的支持，实现双赢。Ancestry公司成功地抓住了家谱档案这个大众感兴趣的资源类型，在合作中脱颖而出。

Ancestry坚持“以技术和资金换数字资源利用权”的路线，与来自29个国家的档案馆、图书馆展开了合作，后者提供许可特定年限内的资源使用权，Ancestry公司则提供资金，开展数字化加工、信息挖掘以及有偿的数字资源在线服务。该公司成功建立了世界上最为庞大的家谱档案数据库。截至2016年，“Ancestry. com”网站拥有200多万付费的订阅用户，在线积累了总计160亿份历史文件，并且文件数量以每天200万份的速度在持续增加，这些历史文件涉及出生登记、婚姻登记、死亡记录、人口统计资料、选举档案、旅行记录、军队档案、税收凭证等，为用户寻根问祖提供了丰富的资料。

资料来源：刘越男．地方政府数字档案集中管理模式研究．北京：中国人民大学出版社，2017.

三、电子文件提供利用的方式

提供利用集中体现了电子文件管理工作的服务性，其工作成效在很大程度上影响文件、档案部门及其工作人员的形象。机构内部文件信息的提供利用要求档案工作人员熟悉本单位文件资源的内容成分，了解业务活动及业务流程，掌握用户需求，在恰当的时候将恰当的信息以恰当的方式提供给恰当的人。而档案馆的提供利用工作要求档案工作人员研究馆藏特点，分析、预测用户需求的类型和特点，丰富服务方式与方法，提高社会化服务的水平。

电子文件提供利用的主要方式有以下几种。

（一）互联网服务

互联网服务是指借助于互联网为用户提供服务，包括开设Web网站、社交媒体服务（如开发微信公众号、运营微博账号等）、专业APP应用、电子邮件服务等。文件形成机构和档案馆都可以通过互联网提供电子文件的信息服务。由于档案馆用户大多为社会公众，档案馆尤其适合采取这种服务形式。

最为常见的网络服务形式是Web网站，它通过超文本传输协议，以网页形式为全世界网民提供开放的不间断动态服务，因其交互性强，响应及时，加之整个软硬件基础设施也已经比较成熟，Web网站服务形式是目前提供电子文件在线利用的主要方式。这种服务需要注重采用标准规范的Web发布技术，加强与第三方的合作。虽然电子文件信息通常是由文件形成机构或档案馆的网站对外发布出去的，但是获知这些信息的入口却不止这些网站，还包括搜索引擎、门户网站等。甚至从某种程度上来讲，由于后者的搜索范围极广、知名度高、使用方式为大众所熟悉，它们已成为许多外部用户查询信息的首选。因此，文件形成机构、档案馆在建设网站时，要加强与搜索引擎、门户网站的合作关系，并采用标准规范的Web技术，以保证在搜索引擎中获得公正客观的入口位置，使得用户通过所熟悉的途径就能获得高质量的文件信息检索服务。

通过社交媒体开展文件、档案信息服务，是继网站服务之后的又一极富生命力的互联网服务形式。开设专业的微博账号、微信公众号以其传播的便利性成为公众喜闻乐见的信息服务方式。根据微信公众号“档案那些事儿”的统计，截至2016年11月底，全国档案微信公众号有365个，其中上海市档案馆的“档案春秋”、天津市档案馆的“天津市档案馆”、湖北省档案馆的“读档”等省级档案馆运营的微信公众号在微信服务方面非常活跃，其信息发布量和阅读量名列前茅。

随着iPhone、iPad等智能手持设备的普及，专业APP应用也可能成为一种新型文件、档案服务方式，可以带来更好的用户利用体验。国外已有较为成功的APP应用服务，详见案例8-3。笔者尚未看到我国档案界有此项服务。故宫博物院推出的“胤禛美人图”“每日故宫”等APP取得了广泛的社会影响，值得我们借鉴。

此外，电子邮件是另一种网络服务形式，一些个性化利用需求可通过电子邮件的方式得到满足。

互联网信息服务的具体内容和形式多样，包括文件发布、网络检索、网上展览、用户参与等。这种服务面向全世界网民，具有开放性、互动性和综合性的特征，可以实现跨部门、跨地区、跨系统的信息传递。

案例8-3　“隐秘的纽卡斯尔”——泰恩-威尔档案馆APP

走在英国纽卡斯尔市的街道上，你的手机可能会突然跳出这样一条信息：“曾经扰乱治安的酒徒和斗殴分子，会受到公开羞辱的惩戒。”短暂的茫然后，你会发现自己正站在曾经酒徒横行的酒吧街上。再往前走，你又会在手机上看到：“1733年，一个表演者在城堡前召集了一群看客……”你一转身，一座历史悠久的城堡就矗立在身后……

以上描述正是人们在使用一款当地档案馆开发的APP后，在途径纽卡斯尔城区时所发生的场景。泰恩-威尔档案博物馆联合纽卡斯尔图书馆、NE1公司，从纽卡斯尔800多年的历史中挖掘出城中最引人入胜的奇人异事，并结合当地档案馆、博物馆、图书馆所藏珍品和手机定位，设计了这款叫作“隐秘的纽卡斯尔”（Hidden Newcastle）的APP，让人们身临其境地体味历史，也在不知不觉中培养起对档案、藏品的兴趣。

人们只要下载该APP并开启自动推送功能，在游览城区时，只要途经由设计者事先标记好的标志性建筑、曾发生重大历史事件或奇闻逸事的区域，APP即会向人们推送在这个历史遗址上曾发生过的趣事。故事的呈现形式包括音频片段、历史图片、文字以及原始的报纸档案等。

“隐秘的纽卡斯尔”没有给出每个故事、每个时期的完整线条，从而避免了它的推送成为一味讲授历史知识的无趣课程，取而代之的是用户可以身临其境地参与其中，共同探讨这些历史人物是谁、他们又生活在什么时代、在这个场景中曾经发生了什么事情，从而激发了公众的想象力和好奇心。

资料来源：About Hidden Newcastle.［2016－12－26］. http：//www. hiddennewcastle. org. 沃森. 数字世界里的记忆探秘——英国泰恩-威尔郡档案馆和博物馆的数字化经验. 中国档案报，2015－12－21（3）. 黎梦竹，徐茜楠. 开 APP、出手游，故宫之外的老派博物馆都是如何玩转互联网的？.（2016－07－11）［2016－12－25］. http：//www. tmtpost. com/2410648. html.

（二）内网服务

内网服务是文件形成机构采取的主要的在线服务方式，机构内部人员通过与互联网相对隔离的内部网络，查检参考内部的电子文件、档案信息，支持业务工作的开展，提升业务能力，提高业务效率。电子文件可以通过机构的各类信息系统为各类用户所使用，包括形成文件的业务系统、专门管理文件的电子文件管理系统、决策支持系统、知识管理系统、内部门户等。电子文件既可以被相对独立地提供给用户，也可以和其他各类信息资源集成在一起被提供给利用者。

（三）集中阅览

集中阅览，是指服务机构开辟专门的阅览室，供利用者直接查阅利用电子文件。阅览是比较传统的一种提供利用方式，适用于文件和用户较多、用房条件较好、计算机设备较多的机构，如档案馆、大型机关企事业单位；适合于那些不便通过网络对外提供服务的文件，比如一些限制使用的机密性材料、敏感文件、某些 CD-ROM 等。采取集中阅览这种方式，能够方便用户全面了解各种可以利用的信息，包括在线文件和脱机文件、现行文件和历史档案、电子文件和实体文件等；用户可以随时咨询利用服务人员，便于提高利用的效率，便于控制信息的输出，有利于保护文件安全。与此同时，用户利用也受到时空的限制，有其局限性。

开办集中阅览服务，需要具备以下条件：第一，物质条件。服务机构须开辟专门的阅览室，配备一定数量的计算机，配备必要的检索工具、工具书等，若条件允许，可分设多个阅览室，如电子阅览室、缩微阅览室。第二，人员条件。在阅览室里应配有一定数量的工作人员，他们应熟悉文件资源情况，了解相关的专业知识，业务能力强，态度热情。第三，制度条件。应建立健全阅览制度，对接待对象、阅览范围、阅览要求、手续及其他相关事项做出明确的规定。

（四）复制供应

复制供应，是指以电子文件及其信息加工产品的各种载体形式的复制件，如加密电磁载体、静电复印材料、晒印蓝图、缩微胶卷/胶片、光盘等，向用户提供利用的一种方式。复制供应是一种脱机服务形式。服务者需要根据文件的性质和用户需求，选择合适的载体形式，采取一定的保障措施，提供区别化的服务。

在电子环境中，由于文件信息的复制极为方便，在线服务的电子文件通常很难限制其复制使用，因此此处所提的复制供应不包括在线利用中的下载服务。对于文件形成机构，需要以电磁载体提供复制件服务的一般仅限于某些软件、内部参考资料、机密性文件等，用户一般仅为机构内部人员，而且必须履行严格的载体出借和归还手续，有严格的利用场所、利用技术环境的限制，必要时还需要签署保密协议。服务者还可以通过加密、限制利用期限等手段加强利用监管。若有违反，应根据情节轻重，做出相应惩罚。对于档案馆，以电子方式提供的复制供应一般主要针对特色馆藏及其编研产品。比如，美国国家档案与文件署尼克松总统图书馆复制了有关水门事件的磁带并制作成光盘，于 2000 年 1 月 3 日向公众销售。

（五）咨询服务

咨询服务，是指文件、档案人员以电子文件信息为依据，以口头或书面形式为用户解答有关电子文件及其管理状况的相关问题的一种服务方式，是辅助性的提供利用工作。用户的问题可能包括文件组织与检索的常识，具体文件形成和利用的情况、文件的形成背景等多方面。按照用户的要求，咨询的结果既可以是定题书面报告的形式，也可以是口头解答的形式。其中书面形式的咨询答案也可以通过网络传递给用户。

用户提出的问题是多角度、多层次的，因此咨询服务对咨询人员的要求较高，除了应具备一定的文件、档案专业知识以及良好的表达、交流能力外，咨询人员还应熟悉文件形成背景知识，掌握有关电子文件利用的政策、法律、法规。咨询是用户和咨询人员直接交流，具有交互性，能调动双方的积极性。

四、电子文件利用的访问控制

访问控制就是在身份认证的基础上，根据事先定义好的授权对提出的资源访问请求加以控制。访问控制是保护电子文件网络安全的主要策略，它可以根据用户类型对资源访问进行限制，防止非法用户的侵入或合法用户的不慎操作对电子文件所造成的破坏。

在电子文件相关系统中，访问控制体系一般包括主体、客体和安全访问策略三部分。主体是发出存取访问请求的发起者，通常指用户或用户进程（用户正在运行的程序）；客体则指需要进行控制的资源或目标，如数据与信息、网络服务与功能、网络设备与设施；安全访问策略则是用以确定一个主体是否对客体拥有访问权限的一套规则。

在开展电子文件的访问权限控制时，应围绕安全访问策略的制定，理清权限控制的主体和客体资源的类型及其关系，设置不同类别的访问控制。

（一）确定角色、分组和用户

用户是否拥有某一权限是由其所扮演的角色决定的，因此，成熟的权限控制体系不会直接把权限赋予用户，而是通过把角色赋予用户实现人员与具体权限设置的分离。另外，为便于管理角色相同的用户，通常会引入分组概念，为分组赋予角色，把用户归入分组之中。

（二）明确权限控制的颗粒度

权限控制以资源为基本颗粒度，用户能够访问某个资源的前提是必须拥有该资源的访问权限。资源需要对应到具体的管理对象上，如果要实现对单份电子文件的访问控制，就需要把每一份电子文件作为独立的控制资源；而如果以类作为权限控制的基本颗粒度，则需要把类作为一个权限控制资源。对于电子文件管理来说，权限控制资源所对应的对象可以是文件、案卷、类，也可以是这些对象的组合体，常见的权限操作类型有增、删、改、查、浏览等。

（三）设置访问控制策略

访问控制策略包括系统访问控制策略和网络访问控制策略。其中，系统访问控制策略主要设置不同用户及分组对电子文件各级别实体资源的访问权限，是电子文件访问权限控制的核心，有关属性包括用户、组、资源、权限等。网络访问控制策略则是系统应该具备的通用要求，其属性有源 IP 地址、源端口、目的 IP 地址、目的端口等。

常见的访问控制策略有：通过安装软硬件防火墙，对访问网络资源的计算机进行合法性认证；通过用户名和口令等识别与验证方式，对访问者进行身份鉴别与授权；建立网络权限控制措施，授权用户和用户组可以访问的资源和执行的操作，防止用户越权操作；部署安全审计系统，用于用户访问的权限控制及操作情况的记录。

（四）验证权限访问控制是否有效

可以通过实际操作验证权限控制是否正确有效。以检索为例，用户在执行检索时，检索结果不能列出用户不具备访问权限的电子文件。当用户试图直接存取不具备权限的电子文件、分类或案卷时，系统应给出合适的反馈，常见的反馈方式有：（1）不输出有关对象的任何信息，用户无法确定所试图存取的对象是否存在；（2）提示对象是否存在，并给出其标识符，但不显示标题或其他元数据；（3）显示对象的标题和其他基本元数据。

具体给出何种反馈可根据机构本身的管理需要确定。

案例 8－4　工程设计电子档案的提供利用

电子文件归档以后就转化为电子档案，在提供利用时应注意对使用权限的审核。

1. 对内提供利用电子档案时应采取二级签字。

2. 当工程按合同需要给厂方提供利用电子档案时，应采取三级签字，即项目管理部、技术管理部、副总师审批后方可利用。

3. 借用绝密电子档案，需经项目管理部、技术管理部、总经理审批后方可利用。

4. 电子文档管理人员要做好电子档案利用前的数据准备工作，检查所要提供的数据是否齐全、完整，能够准确恢复并为利用者所识别。

5. 电子档案提供利用的具体方法有提供拷贝、通信传输、直接利用。

6. 电子档案在网络上共享时，应采取密码保护，以只读方式提供利用。

资料来源：朱燕平．关于电子文件收集和利用的实践与思考．陕西档案，2005（4）：19.

【小结】

电子文件的检索是从电子文件相关系统中定位和获取电子文件信息的过程。电子文件的利用，是指查找、使用或检索电子文件的权利、机会和方法。检索是利用的一项基础性工作。提供利用和利用是同一项工作的两个不同方面。电子文件检索的常见方法包括布尔逻辑检索、近邻检索、字段限制检索、短语检索、加权检索、截词检索等，具备检索功能的电子文件相关系统应支持上述检索方法，提供多种检索入口，展现文件的层次结构，具有用户友好性，提供安全保障，提供用户检索行为的分析功能。电子文件检索系统一般基于关系数据库的结构化查询语言实现，随着技术的发展，开始出现了全文检索技术。检索系统的优劣可通过查全率和查准率两个指标来衡量。为方便一站式检索，还应加强标准化工作。电子文件提供利用工作的主要内容包括用户分析、服务和反馈等，主要方式包括互联网服务、内网服务、集中阅览、复制供应、咨询服务等。为保证安全，应采用必要的访问权限控制。

【思考与练习】

1. 如何理解电子文件检索与利用的相互关系？
2. 结合实例谈谈你对电子文件检索与利用特点的理解。
3. 结合实例谈谈你对电子文件检索与利用原则的理解。
4. 电子文件检索有哪些常用方法？
5. 电子文件检索系统应具备哪些功能？
6. 结合实际分析基于数据库的检索和全文检索的利弊。
7. 如何评价一个检索系统的优劣？
8. 如何实现跨系统的电子文件目录信息的交换？

9. 结合实际，分析互联网服务方式的特点和要求。

10. 复制供应这种服务方式是否过时，为什么？

11. 如果由你来负责开发一个电子文件利用的 APP，你打算以什么为题？

12. 在技术环境下应如何加强电子文件利用的访问控制？

【参考文献】

1. 冯惠玲．档案文献检索．北京：高等教育出版社，1999.

2. 张正强．现代计算机档案著录标准精要．上海：上海科学技术出版社，2000.

3. 洪漪．档案信息组织与检索．武汉：武汉大学出版社，1998.

4. 周宁．信息组织．武汉：武汉大学出版社，2001.

5. 马新华．信息组织．北京：清华大学出版社，2001.

6. 李国辉，汤大权，武德峰，等．信息组织与检索．北京：科学出版社，2003.

7. 耶茨，等．现代信息检索．王知津，贾福新，郑红军，等译．北京：机械工业出版社，2005.

8. 夏立新，金燕，方志，等．信息检索原理与技术．北京：科学出版社，2009.

9. 陈丽．档案信息检索．成都：四川人民出版社，2010.

10. 肖秋会．档案信息检索．武汉：武汉大学出版社，2011.

11. 涂子沛．大数据：正在到来的数据革命，以及它如何改变政府、商业与我们的生活．桂林：广西师范大学出版社，2012.

12. 钱毅．档案数据库的规范和质量控制．北京：中国传媒大学出版社，2007.

13. 刘越男．地方政府数字档案集中管理模式研究．北京：中国人民大学出版社，2017.

14. 冯惠玲．电子文件利用的障碍与对策——《拥有新记忆——电子文件管理研究》摘要之五．档案学通讯，1998（5）：44－47.

第九章
专门电子文件管理

【本章要点】

1. 公务电子邮件的特点
2. 电子邮件文件管理关键环节
3. 数据库电子文件的概念
4. 数据库电子文件的管理策略
5. 网站文件管理的难点与要点
6. 网站文件的归档
7. 网站文件的保存
8. CAD 文件的整理、归档与保存

电子邮件、数据库电子文件、网站文件和 CAD 文件是特殊技术环境下生成的电子文件，与纸质环境中的文件相比，具有很多新的技术特点和应用特点，其管理策略、管理方法也体现出一定的特色。

第一节 电子邮件管理

电子邮件在当代社会交流中扮演着重要的角色，也成为很多组织机构业务工作的基本工具，因而很自然地成为电子文件的重要组成部分。

一、电子邮件概述

（一）概念

电子邮件是以计算机网络为基础的通信形式，通过电子通信系统对信件进行记录、发送和接收。由于电子邮件依托高新技术，具有方便、快捷、费用低廉等其他通信方式所不具备的优越性，许多国家早已将其作为传递公务信息（包括公务文件）的手段之一，并专门制定了电子邮件管理规则。

从通信的角度来看，电子邮件代表一种通过计算机网络与其他计算机用户进行联系的现代通信手段。从软件的角度来看，电子邮件可被视为一组功能软件的统称，该系统能够生成、传输、接收、存储和检索电子邮件。从信息的角度来看，电子邮件是所要传递的信息，包括邮件本身以及附件中的所有信息，又称电子邮件消息。从文件管理的角度看，电子邮件中具有查考价值而得以保存的部分叫作电子邮件文件，这部分电子邮件应当按照文件管理的要求和原则来进行管理，电子邮件文件的管理是本节的讨论重点。

（二）电子邮件信息结构

电子邮件的信息结构可以从两个角度来看，其一是技术视角，其二是文件管理视角。

1. 技术视角

从技术上看，电子邮件主要由邮件头（header）和邮件体（body）两部分构成。邮件头一般包含下列内容（具体成分可能随邮件程序的改变而有所不同）：收件人（To）和发件人（From）的地址、抄送地址（Cc：Carbon Copy）、邮件主题（Subject）、日期（Date）以及 MIME 类型等重要信息。电子邮件的邮件头包含了电子邮件的重要背景信息，它一方面便于用户理解所接收的电子邮件，另一方面也是保证电子邮件凭证效力的重要元素。邮件体包括邮件正文及其附件，邮件正文应尽量使用普遍的非装饰性字符，以保证无论收件人使用何种计算机和软件都可以正常地阅读电子邮件的内容。电子邮件附件则可以是多种格式的，如文本、程序、图形、音频、视频等。

2. 文件管理视角

从电子文件内容、结构、背景三要素的角度来看待电子邮件，对于电子邮件文件的管理很有帮助。

电子邮件的内容是邮件所要表达的意图，它不仅包括邮件正文的信息，若有附件也包括附件中的信息。电子邮件的结构指电子邮件各个部分的连接方式，如主题和正文之间、正文信息和附件信息之间，以及独立的邮件之间的连接方式（如邮件之间的回复、转发关系）等。完整的结构有助于维系同一业务活动中产生的邮件之间的原始的有机联系。电子邮件的背景信息主要指通信过程中形成的信息，不仅包括由发件者提供的发件日期等信息，也包括相应软、硬件环境信息以及字处理、字符集等数据，还有对原始作者的认证信息。这些背景信息是制作纸质拷贝时最易丢失的部分，捕获并保存这些信息是确保电子邮件真实性、凭证性、安全性的重要措施。背景信息大多不像内容信息那样集中、显性地展示在界面上，这也是它较容易被忽略或丢失的原因。

（三）电子邮件的分类

从文件管理的角度出发，电子邮件可简单分为公务邮件和私人邮件。

私人邮件指在私人活动中形成或收到的电子邮件，严格意义上的私人邮件不涉及公务事务，涉及公务但以个人名义收发的邮件应被视为公务邮件。公务邮件指在公务活动中制发或收到的电子邮件。通常按照公务活动的不同性质，又可进一步将公务邮件划分为政务邮件、商务邮件等。此处的公务是广义的说法，凡是为组织机构和社会的历史行为提供依据、保护组织机构和部门权益、保护社会的权利和权力的行为都是该机构的公务活动，并不特指政府机构的活动。

公务邮件与私人邮件的划分有时会比较困难，在没有明确邮件管理政策的机构，不少邮件属于“半公半私”性质，如在私人邮件中夹带公事；有些邮件“亦公亦私”，比如领导人就自身的工作日程安排等事宜发出的私人邮件。

（四）公务电子邮件的特点

公务电子邮件生成、使用于机构的各项公务活动之中，具有特定的形成者、形成目的、使用范畴和管理要求。与其他应用于非公务活动中的电子邮件、其他类型的电子文件相比，公务电子邮件具有下述特点。

1. 集工具性与证据性于一身

公务电子邮件具有独特的传递渠道和高效便捷的沟通优势，是机构活动中上传下达、左右沟通的重要手段。同时，公务电子邮件作为一种媒介，它所承载和传递的信息是机构活动中产生的记录，是机构活动真实可靠的证据，具有证据价值。一般的电子文件只是被传递的对象，而非传递工具；而在非公务活动之中生成的电子邮件多数不具备证据价值。公务电子邮件将两方面特征集合为一体，既是机构传递信息的工具和手段，又是机构活动的真实记录。

2. 公务文件与私人文件交织

电子邮件被广泛运用于人们的工作和生活，运用于公务活动和私人交往，这就使得公务电子邮件中也可能掺杂着一些私人信息，比如利用电子邮件传递公文时顺便以私人的名义相互致意、联络、叙事。某些私人邮件中包含着公务活动信息，比如领导人之间的私人邮件中涉及个人的行程安排、活动安排的信息，发送人或接收人特定的地位或职务身份，使得私人邮件具有了公务信息的性质，成为亦公亦私的邮件，从而被纳入公务文件的范畴。

公务电子邮件的上述特点一方面充分显示出其应用于公务活动的广泛性、灵活性、高效性，另一方面也带来了大量的管理难题。这就要求我们在深入把握公务电子邮件基本属性的基础上，制定科学、完整、切实可行的管理措施，加强全方位管理。

二、电子邮件文件管理关键环节

为保证作为证据的电子邮件的文件属性，即真实、完整、可用、安全，我们需要将作为文件的邮件单独存储和管理，将其捕获转移到可靠的文件管理系统中，以保证归档电子邮件的文件价值。

(一) 电子邮件的撰写与传递

电子邮件的撰写与传递是电子邮件生成阶段的主要活动。按照文件全程管理的基本原则，在公务活动中应将文件管理的要求应用于电子邮件的生成活动中，应明确适用电子邮件的场景和时机，避免随意撰写与滥发邮件。

1. 选择电子邮件应用环境

机构应尽量明确电子邮件的适用场景，仅在需要时创建和发送电子文件。虽然电子邮件在技术上拥有许多明显优点，但这并不能说明在所有情况下电子邮件都是最好的通信方式。一般情况下，建议从主题、交流速度和收件人三个方面来考虑电子邮件的必要性，当涉及敏感信息、事务较为紧急时应尽量不使用电子邮件，另外要慎重选择收件人，避免滥发。而在实际工作中，由于机构、组织文化、公务活动等也会影响电子邮件的适用性，因而需要出台相关规定以便判断是否需要发送电子邮件，使机构成员明白组织对使用电子邮件的具体要求，避免随意撰写邮件信息、滥发邮件等误用行为。

2. 正确撰写电子邮件

员工在用电子邮件处理公务活动时，应该认识到这些邮件可能成为公务决策的原始证据，所以撰写时应遵循一定的规则，这与在纸质环境下发送正式公务信函的规则要求类似。

首先，邮件标题的拟定，应符合邮件主题或者公务性质，宜给出简短而有意义的题名以便识别与理解，这不仅能保证接收者迅速了解邮件内容并做出相应处理，还能保证电子邮件归档和检索利用的质量。因为无论是利用电子文件管理系统，还是由人工捕获归档邮件，邮件标题都是非常重要的依据。

其次，坚持“一事一件”原则，尽可能在邮件正文中表述内容。邮件正文表述内容应尽量单一。联合国档案与文件管理部 2006 年颁布的《电子邮件管理指南》中还指出，为方便接收者快速查看邮件内容，并减轻日后维护工作量，应尽量将邮件信息包括在文本中而不是附件中。若邮件携带附件，则应在邮件正文中简单介绍附件内容。

最后，在发送公务电子邮件时应使用真实身份，并根据电子邮件的密级和发送范围，确定是否应进行加密和电子签名。不得在公务电子邮件及其附件中使用扫描签字等易被修改、伪造的签字方式。

3. 公务电子邮件处理要求

我国的《公务电子邮件归档与管理规则》(DA/T 32－2005) 要求在撰写和处理公务邮件时尽量使用公务电子邮件系统的公务信箱，不得使用私人邮箱，且邮件一经发出，必须原样保存。涉密公务电子邮件则应使用专网和专门的邮件服务系统，并对发送的邮件进行加密处理。同时，建立公务电子邮件收发日志，日志应备份并脱机保存，定期移交档案部门。

案例 9-1　PARBICA 电子邮件管理建议

国际档案理事会太平洋地区分会（the Pacific Regional Branch of the International Council on Archives，PARBICA）文件管理指南中规定电子邮件管理的提示包括：

● 为电子邮件拟定标题，并确保其能够说明邮件主题。

● 涵盖足够的细节和元数据来提供随着时间推移邮件的背景信息（如邮件发送者姓名、位置的签名块）。

● 邮件尽可能简短。

● 使用通俗易懂的语言书写邮件信息。

● 如果与接收者不认识，那么在第一次发信息时首先要自我介绍。

● 邮件发送对象仅局限于需要了解的接收者。

● 如果邮件主题在投递过程中发生变化，那么需要重新命名邮件主题字段。

● 为了避免遗忘附件，编写邮件内容信息时要首先添加附件。

● 创建公共邮箱管理规章制度，确保邮件捕获或者删除成为必要。

● 培训用户，使他们了解在管理和使用电子邮件时自身的角色和职责（包括使用合适的语气和语言）。

● 确保已保存邮件对需要利用邮件的人员的可用性。

● 确定合适的文件格式捕获附件，并让用户加以了解。

● 建立工作过程中电子邮件使用指南，包括私人使用的条件。

● 有疑问不能肯定时，将电子邮件捕获到文件管理系统中。

● 直至电子邮件已经捕获到正式的文件管理系统，才可将重要邮件从收件箱中删除。

资料来源：PARBICA. Recordkeeping for Good Governance Toolkit.［2017-01-17］. http://www.parbica.org/content/RGGT17_tcm50-74710.pdf.

（二）电子邮件的捕获

1. 确定捕获范围

电子邮件中具有文件价值的部分应作为电子邮件文件被捕获并予以管理。判定电子邮件具有文件价值，关键在于三大特征：有法定作者，具有特定效用，是机构活动的记录、依据和凭证。因此，应将具有法律凭证价值和档案保存价值的电子邮件作为捕获的重点，一般包括具有以下特点的电子邮件：

● 维持公务运作所必需的；

● 为业务处理提供文件及证据的；

● 保护机构权益的；

● 提供问责或其他业务需求的；

● 对机构长期具有管理、法律、研究价值或文化价值的。

不需要捕获的电子邮件包括重复的电子邮件、垃圾邮件、私人电子邮件等。

2. 确定捕获对象

由于电子邮件本身具有一定的逻辑结构，从文件管理的角度看，一封完整的电子邮件文件应具有完整的内容、背景和结构信息。因而，对电子邮件文件的捕获应同时捕获其相关元数据，包括发送者、接收者、抄送者、时间和日期、邮件主题、群发邮件名单等，如果接收者或发送者使用代码或假名，需注明其真实姓名。国家档案局颁布的《公务电子邮件归档与管理规则》（DA/T 32－2005）规定捕获的内容包括：

- 邮件发送人、接收人的具体情况（包括姓名、职务、所属部门和公务电子邮箱）；
- 发送、接收邮件的时间；
- 邮件密级；
- 邮件的题名；
- 邮件正文、附件；
- 邮件收发日志；
- 发送、接收邮件的软件名和版本号。

案例 9－2　史密森尼学会档案馆电子邮件归档判断条件列表

史密森尼学会档案馆以提问的方式解答了员工判断电子邮件能否作为文件保存的问题，其实这也是员工自我检验的一个过程，如：

- 员工是否生成或接收了电子邮件；
- 邮件的内容或附件是否与机构工作内容相关；
- 员工对机构宗旨有没有自己的建议或解释；
- 是否保存了各种载体的文件；
- 邮件中有没有关于自身职责的内容；
- 邮件主题是否与机构宗旨、职能或自身的职责相关；
- 邮件是否记录了机构的方法、程序、政策或决定；
- 是否具备移交电子邮件的正规手续。

资料来源：剧伟伟．美国史密森尼学会档案馆电子邮件管理实践的启示．浙江档案，2009（11）．

3. 捕获方式

电子邮件捕获有多种方式，包括打印捕获、邮件系统捕获、共享磁盘管理和电子文件管理系统捕获等。

（1）打印捕获。

打印捕获指将电子邮件打印出来，在纸质归档系统中进行管理的方式。在机构不具备系统管理的条件下，可以使用打印捕获这一方式。建议对于长期或永久保存的或具有重要价值的电子邮件可采取打印捕获的方式，与其电子版同时保存。实施打印捕获时应注意确保打印输出相关元数据，对于无法打印的内容（如视音频）则应保存到服务器中单独进行管理。

（2）邮件系统捕获。

将电子邮件直接保存在邮件系统（如 Outlook、Eudora、Foxmail 等）中是最简单的捕获方法。其优势在于所有相关的数据都可以被捕获和保存，且这些信息可以被保存在一个员工熟悉的环境中，使他们更容易遵从归档要求。其缺点在于邮件系统普遍缺乏专业的文件管理功能设置，如果邮件被置于个人文件夹中，机构是不能查看其内容的；如果放在公共文件夹中，则需要专门解决安全问题。不过需要注意，Outlook 等邮件系统不是专业的文件管理系统，使用邮件系统捕获管理电子邮件文件只是临时方案。

（3）共享磁盘管理。

将电子邮件文件保存在共享磁盘空间也是一种电子邮件的捕获方式，通常是将与一个主题或者活动相关的所有文件和信息都放在同一个文件夹里。这种方法会促进机构对组织自身文件的检索利用，但这种用手动方法来保存电子邮件的过程比较烦琐，也会面临电子邮件的安全管理责任问题。

（4）电子文件管理系统捕获。

利用电子文件管理系统捕获是将电子邮件的内容、附件以及相应元数据自动提取并建立索引的方式，这种方式可以确保归档数据的完整性和真实性。将电子邮件捕获到文件管理系统意味着文件的安全和可靠，并可通过该系统确定机构认可的处置办法和保留政策等。从长期来看，这种捕获方式是确保电子邮件安全和可利用的最佳方法。利用电子文件管理系统管理电子邮件，可以利用已有的文件管理功能快速访问，并能防止邮件的删除和改动。《公务电子邮件归档与管理规则》（DA/T 32-2005）规定办理完毕且具有保存价值的公务电子邮件应及时从原有邮箱中迁移出来，保存到专门的电子文件管理系统中，不可长期保存在公共邮箱内。

4. 附件的处理

电子邮件本身为附件提供了发送者、接收时间等方面的背景信息，对电子邮件本身和附件进行鉴定归档，应结合机构内电子邮件管理的具体环境和工作需要慎重考虑。一般情况下电子邮件和附件应作为整体进行归档，但如果后续工作中需要利用附件，那附件就有必要作为单独的文件进行归档，同时要注明附件读取环境，维护其长期可读性。

资源链接 9-1

澳大利亚政府电子邮件元数据标准简介

2005 年，澳大利亚首席信息官委员会（CIO）起草并发布了《澳大利亚政府电子邮件元数据标准》（Australian Government Email Metadata Standard，AGEMS）1.0 版本，该标准主要从技术角度规范了政府职员及政府部门之间利用电子邮件进行业务沟通时所采用的元数据标签。AGEMS 共包括四部分：（1）引言。介绍了标准制定的背景，说明了文档所涵盖的内容及使用范围。（2）介绍 AGEMS 同《澳大利亚联邦机构档案保存元数据标准》(RKMSCA)、RFC 2822 的关系，AGEMS 借鉴并遵循 RKMSCA、RFC 2822 的相关标准。(3) 详细介绍 AGEMS 标准规范的电子邮件元数据标签，共包括九大元数据，下分若干子要素具体说明。(4) 附件部分。以表格的形式列举了 AGEMS 第三部分所提到的电子邮件各项元数据。AGEMS 的优点在于其自身内容的可扩展性，可参照此标准开发电子邮件管理系统，便于对邮件的标准化、自动化管理。

资料来源：Australian Government Recordkeeping Metadata Standard. (2015-06) [2017-01-17]. http://www.naa.gov.au/Images/AGRkMS-Version-2.2-June-2015_tcm16-93990.pdf.

(三) 鉴定

机构的电子邮件系统往往会产生大量的电子邮件，其中相当一部分都是临时邮件，具备短期价值而无须特别保存。只有对机构职能活动具有证据价值、信息价值或历史价值的文件才需要保存。如果鉴定失当，就可能造成大量邮件充塞文件系统，也可能造成具有文件价值的文件流失。因而需要邮件收发者与机构文档部门合作处理。

1. 电子邮件鉴定的责任归属

机构应明确电子邮件鉴定的责任归属，保证责任明确。一般来说，对外发送的邮件由发送者进行鉴定归档，接收到的外部邮件由接收者进行鉴定归档。内部电子邮件应由邮件的发送者或邮件讨论的发起者进行鉴定归档。公共邮箱文件夹或共享邮箱的邮件由文件夹或邮箱的责任人进行鉴定归档。个人邮箱内邮件的鉴定由邮箱拥有者负责。如果有相当数量的人都收到了来自机构外的同一邮件，则由该邮件涉及的相关公务活动的负责人进行鉴定。

2. 电子邮件鉴定归档的内容

电子邮件文件的鉴定内容与普通电子文件类似。公务电子邮件鉴定根据电子邮件的内容来确定其是否具有保存价值，其中涉及公务但以个人名义收发的电子邮件应被视为公务电子邮件。具体的保管期限和密级的划分工作，参照国家有关纸质文件材料的保管期限和密级的有关规定执行。

同时，机构必须对需要归档的电子邮件进行真实性、完整性、有效性的检测。真实性检测是指认定邮件是否是当时当人收发的，检查电子邮件的内容、结构和背景信息经过传输、迁移等处理后是否与收发时的原始状况一致。完整性检测是指利用有效的技术手段检查电子邮件的内容信息、背景信息、结构信息等要素是否完备。有效性检测是指检测电子邮件是否具备可理解性和可用性等。

案例 9-3　美国国家档案与文件署电子文件管理方法 Capstone

2013 年 8 月，美国国家档案与文件署发布了新电子邮件管理方法：Capstone 管理。Capstone 管理打破了传统以件为单位、以内容为基准开展鉴定、捕获政府公务电子邮件文件工作的模式，打破了以邮件收发者作为电子邮件文件鉴别、内容鉴定的主体的方式，采用更加系统、宏观的理念，即以邮件账户为单位，以不同账户户主的工作职能或其负责业务流程的核心程度为基准鉴定、捕获政府公务电子邮件文件，减少甚至去除邮件收发者参与文件鉴别和内容鉴定的任务，由顶端系统直接按照事先确定的账户及其保管期限规定系统完成批量鉴别、内容鉴定及捕获归档。其基本实施步骤如下：

- 确定 Capstone 管理在机构内的适用性；
- 评估机构实施 Capstone 的已有基础；
- 确定机构实施 Capstone 管理的范围；
- 划分机构的核心与非核心电子邮件账户；
- 划分机构两种账户的保管期限；
- 建立实施 Capstone 管理所需的配套技术、制度、培训等。

资料来源：Capstone：A New Approach to Managing Email.（2013－09－12）［2017－01－17］. Recordshttp：//www. archives. gov/records-mgmt/email-management/capstone-workshop. pdf.

（四）保存

电子邮件的保存与其捕获方式具有密切联系。与捕获方式类似，电子邮件保存可以采取纸质保存方式和电子文件管理系统方式进行。

纸质保存方式是将电子邮件的内容、背景、结构信息等全部打印出来，并在纸质文件系统中进行管理，通常在机构缺乏技术和经费支持时采用此种方式。采取纸质保存方式要求改善打印设置，尽量完整打印电子邮件的相关元数据，包括地址信息、收发时间、抄送（或密送）人员列表。采用电子文件管理系统方式保存可以依托系统的专业文件管理功能，其中也包括部分电子文件长久保存功能，能够实现保存管理活动的自动化，保证文件的可靠安全。

目前，我国要求公务电子邮件的保存提供一式三套的备份，一套封存保管，一套提供利用，一套异地保存；同时要求档案部门定期检查，将公务电子邮件定期转移到适宜长期保存的介质上存储。

三、电子邮件管理难点及策略

（一）管理难点

1. 公务与私人电子邮件的识别问题

由于电子邮件中往往正式文件与非正式文件共存、公务文件与私人文件交织，加之电子邮件数量剧增，公务电子邮件及私人电子邮件的“身份”识别问题日益突出。目前，相应的法律法规、管理制度、管理流程等尚未建立或完善，更加大了在网络环境识别公务电子邮件的难度。

2. 邮件归档问题

无论采用电子邮件归档软件，还是直接采用人工方式捕获电子邮件文件，都需要对这些重要的电子邮件进行必要的控制与管理。但即使在发达国家，电子邮件归档管理制度要实现深入贯彻也有待管理政策的出台与对相关机构与人员的培训。

3. 电子邮件对话流的管理

电子邮件对话流，即两个以上的人通过多封电子邮件来开展完整的工作交流，大多数的邮件信息会形成一个电子邮件对话流的一部分。电子邮件对话流的管理难点主要表现在归档上，是将构成对话流的每一封邮件归档，还是从中挑选重要节点邮件归档，抑或是仅将结束的邮件归档？对于该问题，各国政策规定并不一致。在实践中，以世界银行为代表的大部分机构采纳了发件人归档对话流中所有邮件的方法。另外，当对话流的主题发生变化时，是否启用新的电子邮件及其主题，如何保证内容的完整性等，也是管理中的常见问题。

4. 附件管理

附件的内容能够反映业务活动信息，因此，在把电子邮件视为文件进行管理时，同样需要对附件采取一定的管理手段。但是，在实际工作中，附件数量庞大且类型多样，是将附件与邮件正文、元数据等一同集中保存在系统中进行管理，还是将附件独立出来进行管理，以及如何保证附件的长期可读性等，是附件管理中需要回答的问题。

5. 安全保密问题

电子邮件所载信息有些可能因涉及国家、单位的秘密或个人隐私而不宜公开。在公务文件与私人文件交织的情况下，如何保障混杂在公务文件中的个人隐私不被扩散、传播，如何在信息共享的网络平台上确保涉密文件的安全，如何维护个人的隐私权，这些都是在制定电子邮件的管理政策时必须解决的问题。

电子邮件与电子文件面临共同的安全隐患，由于电子邮件具有自我传递性，在安全问题上又多了一层困扰。一方面，安全问题可能源于恶意行为，比如，黑客有意通过电子邮件传播病毒、投放逻辑炸弹，许多病毒都是通过邮件系统扩散的，给邮件用户造成了巨大损失。另一方面，即便是按照工作规程在公务活动中正当使用电子邮件，也依然存在着影响安全性的因素。比如：误操作导致公务邮件的传递错误（正件或附件不完整、投送地址错误、错选主送与抄送对象等）；错发涉密信息，导致发生了本不该发生的泄密事件；在不知情的情况下，误收了带有病毒的邮件等。这些问题的应对既涉及机构电子邮件管理政策的制定与贯彻，同时也有赖于网络规范的建立和用户道德水准的提高。

上述问题随着电子邮件的日益普及而愈显突出，为此，文件档案管理部门应协同司法领域、计算机技术领域的专家一道攻关，在机构内、机构之间乃至全社会范围内建立共同遵循的法律法规、标准规范及相应的管理规程，提升电子邮件文件管理水平。

（二）管理策略

1. 法规遵从

法规遵从就是各类机构在业务运作中要遵守政府和行业制定的各项法律、法规及各种规章，并且对信息具备足够的可控性。目前，各国对于电子信息监管的法律法规逐渐增多并不断强化，是促使许多组织机构切实保存重要的电子邮件的直接动力。要满足法规遵从的要求，机构需要确保电子邮件信息的真实与完整，并确保其能在适当的时间以适当的方式被利用，而这些都是电子文件管理的基本要求。

比较典型的法规如2002年美国颁布的《萨班斯-奥克斯利法案》对文件的归档留存提出了严格的要求，包括采取严格的存取控制和保护手段维护业务记录和财务信息，要求企业能够提供与信息所有交互行动的审计跟踪记录，以及要求企业确保所需文件的存档和存储系统能够支持长期保存。2006年美国政府修订的美国联邦民事诉讼规则证据规则还要求企业律师不仅要在诉讼过程中提交电子文档，还要在预审阶段提供电子文档，否则法官可以判处该公司支付大笔罚款。[①]

在萨班斯法案的影响下，越来越多的政府和组织机构开始制定一些有关留存、审核和监督内外部电子邮件通信的法规，如美国的《健康保险流通与责任法案》(HIPAA)、欧盟的《数据保护指令》等。这些法规明确提出了机构内电子邮件法规遵从以及电子发现方面的规定，要求上市公司，以及提供医疗保健服务、金融服务、社会公共服务的机构必须将包括电子邮件在内的所有业务记录留存至少三年，否则将会予以重罚。

20世纪90年代以来，不少国家、地区纷纷颁布相关的标准、指南、导引等政策，帮助机构管理好自己形成的电子邮件。我国于2005年颁布了行业标准《公务电子邮件归档与管理规则》(DA/T 32－2005)，要求邮件系统必须确保邮件的真实性、完整性和有效性，并对邮件传输和归档的各个环节做出了具体规定。国际上比较典型的电子邮件管理规范包括：

- 澳大利亚新南威尔士州档案馆1998年颁布的《电子邮件文件管理政策》；
- 美国纽约州文件局、纽约州档案馆于2002年颁布的《有效管理电子邮件》；
- 马来西亚国家档案馆颁布的《非结构化环境下电子文件管理指南》；
- 英国国家档案馆2004年颁布的《电子邮件政策制定指南》；
- 联合国档案与文件管理部2006年颁布的《电子邮件管理指南》；
- 加拿大国家图书与档案馆2008年颁布的《电子邮件管理指南——路线图》；
- 美国行政管理与预算局、美国国家档案与文件署2014年颁布的《电子邮件管理指南》。

---

① “电子发现”词条．[2017－01－17]．http：//baike.baidu.com/view/2100502.html.

资源链接 9-2

美国《电子邮件管理指南》简介

2012年8月24日，美国行政管理与预算局、美国国家档案与文件署发布了给联邦机构（包括行政部、局、署及独立机构，以下统称“联邦机构”）负责人的备忘录——《管理政府文件指令》（Managing Government Records Directive）。该指令确定了21世纪美国政府文件管理的基本框架，并提出“到2016年年末，联邦机构要以可访问的电子形式管理永久和短期电子邮件公文”的目标。

为帮助联邦机构完成该目标，使联邦机构的电子邮件管理更好地实现法规遵从，2014年9月15日，美国行政管理与预算局和美国国家档案与文件署联合颁布《电子邮件管理指南》，重申联邦各机构和机构员工对于管理和保存电子邮件所担负的责任，同时指出美国国家档案与文件署将对联邦机构实现指令中要求的电子文件管理目标的完成情况进行追踪并定期向美国行政管理与预算局报告。另外，该指南对联邦机构经常提出的问题进行了问答，包括电子邮件是不是文件、电子邮件的保管期限、机构对于邮件丢失的处理和汇报等，为联邦机构的电子文件管理提供了良好的政策指导。

资料来源：Email Specific Guidance and Resources. ［2017-01-17］. https://www.archives.gov/records-mgmt/email-management/email-guidance-and-resources.html.

案例 9-4 **希拉里“邮件门”**

2015年3月3日，《纽约时报》刊发题为“希拉里在国务院任职期间使用私人邮箱可能违规”的报道，称希拉里在2009—2013年任职国务卿的4年间，一直使用@clintonemail.com个人电子邮箱而非政府指定的内部安全账号@state.gov处理政府事务，其助手也未及时归档邮件内容并将其保存到国务院的服务器上。联邦政府指定邮箱是美国国土安全部采用美国国家安全局的数据和脆弱性检测技术来保护的电子邮件服务器，与该邮箱相比，希拉里私人邮箱服务器的安全性大大降低，容易受到欺骗、拦截和垃圾等多种攻击。

希拉里此举违反了《联邦档案法》《联邦档案责任法》《信息自由法》等多项法律的规定。2014年通过的《联邦档案责任法》对公职人员电子邮件使用的具体规定是：禁止总统、副总统、办公厅工作人员及顾问，使用非公务电子信息系统邮箱账户，形成或发送总统或副总统的档案。希拉里采用个人电子邮箱发送公务信息的做法显然违法。另外，“邮件门”爆发后，希拉里私自删除大量电子邮件，违反了政府官员的通信应作为政府档案保存的联邦政府规定。

资料来源：黄霄羽，等．档案视角评析希拉里邮件门事件的警示．档案学研究，2016（1）．

2. 规范建设

必须对电子邮件进行规范化管理，除应遵循电子文件的相关标准之外，电子邮件更应服从于业务活动开展的需要以及长久保管电子证据的需要，遵从电子邮件的信封格式标准，遵守相关传输协议，使其在标准化的通途上安全、快速地传递。

由于电子邮件属于机构业务文件的范畴，因而机构应结合自身实际制定适当的管理规则，履行管理电子邮件的职责。包括自形成时就应有严格的管理制度和技术措施，确保其真实性、完整性和有效性；应对电子邮件的鉴定、归档、保存等实行全过程管理与监控，保证管理工作的连续性；应明确规定电子邮件归档的时间、范围、技术环境、相关软件、版本、数据类型、格式等要求，保证公务电子邮件的质量。

3. 职责管理

机构应明确电子邮件管理的职责划分。在电子邮件生成直至销毁或归档保存的过程中，机构必须明确相关部门或人员的职责：明确鉴定、销毁、保存电子邮件的部门及相应人员，明确规定将具有档案价值的电子邮件及时予以归档保管的职责，明确系统软件开发过程中文件、档案人员担负功能需求的职责以及技术人员付诸实施的职责。

机构必须承担培训工作人员的职责。机构应通过培训，使工作人员了解电子邮件的工作机理与使用方法，有意识地维护电子邮件的真实性与完整性，及时归档保存，掌握电子邮件安全管理的必要技能，熟悉电子邮件的管理方法。

4. 开发并实施电子邮件归档管理系统

电子邮件归档管理系统是以电子邮件为核心管理对象的文件管理系统，将文件管理功能与邮件系统进行有机结合，使系统能够提供电子邮件文件管理的功能，从而部分实现电子邮件管理的自动化。

(1) 系统主要功能。

电子邮件归档管理系统应具备基本的文件管理功能，包括：

- 识别。系统能够按指定规则识别电子邮件文件。
- 捕获。系统能够捕获电子邮件文件，自动获取留存电子邮件文件的相关元数据，以反映文件的背景和结构信息。
- 分类组织。可以根据机构文件管理政策，对获取的电子邮件文件进行必要的分类组织，建立文件之间的必要关联，维护文件完整性。
- 利用。保证电子邮件文件在权限范围内的可用性。
- 鉴定处置。根据文件管理的政策对电子邮件进行鉴定，赋予相应的保管期限，并给予适当的处置行为。
- 保存。在电子邮件生命周期内维护其可读性，具备基本的格式迁移等功能。

(2) 系统设计准则。

第一，确保完整性。电子邮件归档管理系统应确保邮件的完整性。完整的电子邮件应该由三部分组成：内容、结构和背景信息，三者的统一体才能使电子邮件具有凭证效用。为此，电子邮件应与围绕同一事由生成的其他相关文件一并登记、保存。电子邮件应归入针对某一事由建立的文件夹中进行标识、分类、归档，采用纸质保存方式的应在纸质文件登记系统中，电子邮件应打印后与同一事由的文件一并归档保存。

第二，确保准确性。即捕获电子邮件时应该准确地从众多邮件中剔除垃圾邮件和纯粹的私人邮件，正确采集电子邮件，准确判定价值，保证归档范围内的电子邮件的完整。

第三，确保安全性。在电子邮件的传递过程中，电子邮件的流动性使其安全、保密问题备受关注。一般密件传输可通过加密、数字签名等方式传递，绝密件不得通过电子邮件传输，正式邮件通常不采用匿名传输方式。在电子邮件的管理过程中，系统应提供必要的权限控制。为此，机构必须明确有权决定处置邮件的部门或人员。此外，还应授权相关人员定期检查和删除不必保存的邮件。

第二节 数据库电子文件管理

一、数据库电子文件概述

（一）数据库电子文件的概念

数据库系统是对数据进行存储、管理和维护的软件系统，机构的信息管理系统大多会使用数据库管理系统来管理和维护日益增长的数据。在这些系统中，有一些数据库数据对象会单独承担文件的职责，或者作为文件的重要组成部分出现。我们把在机构各个业务系统中承担文件功能的数据库数据对象，或者包括机构数据库数据的文件，称为数据库电子文件。

（二）数据库电子文件的管理思路

目前，关于数据库电子文件的研究有两种思路。其一是整体论，是将数据库看作独立的数据集合，从中挑选应该归档的数据，该思路是基于数据整体的后台管理方法。其二是分散论，是在业务环境中具体分析哪些数据需要作为文件保存和管理，再结合数据库技术特点确定具体的管理策略。与整体论不同，分散论的管理入口从数据库管理系统的后台转移到应用系统的前台，但二者并不是完全互斥的，它们都是对数据库中有归档价值的文件的选择性管理，只是管理时机和形式不尽相同。

（三）数据库技术的发展

数据库技术一直处于动态的发展之中，新的技术手段会对数据库电子文件管理造成一定的影响，因而需要了解并重视数据库技术的发展趋势。数据库技术从20世纪60年代末期产生至今已至少经历了三代，包括第一代的网状和层次数据库，第二代的关系数据库以及第三代面向对象的数据库。数据库技术的发展历程展示了强大的管理功能，这些功能包括：

- 支持多媒体数据管理能力。在数据库管理系统中，增加了对图形、图像、声音、超文本等多媒体数据的存储、管理、存取等功能。
- 从数据管理扩展到对象管理。在数据库管理系统中，增加了对象管理的能力，将数据类型、数据内容和数据操作定义在一起。
- 增加知识管理的能力。增强了数据库管理系统对数据中的信息以及信息之间联系的管理。
- 安全性级别更高。数据库的安全性是保证数据不被非法使用或破坏的必要手段，目前数据库产品通常都具有安全审计功能，以便跟踪用户操作，提高安全防范功能，提供数据与日志文件的磁盘镜像等。
- 网络互连和异构数据库互操作功能。提供不同操作系统平台上不同数据库管理系统之间数据的互访问和互操作功能等。
- 增加了数据的冗余。比如分布式数据库存在适当的冗余用来提高系统处理的效率和可靠性。
- 实现数据的物理分布性、逻辑整体性。比如在分布数据库中，数据库中的数据不是集中存储在一个地区的一台计算机上，而是分布在不同场地的不同计算机上。数据库中的数据虽然在物理上是分布的，但这些数据并不是互不相关的，它们在逻辑上是相互联系的整体。
- 支持设计过程中不同数据库版本的存储和管理。

虽然数据库技术的一些发展方向和文件、档案管理有不谋而合之处，但推动这些改进的动力不是文件、档案管理的需求，而是特定应用环境和应用领域在使用传统数据库时亟须解决的问题。从本质上说，数据库技术并不适于管理文件和档案这样的非结构化文献信息，由数据库系统本身提供的功能还不足以满足电子文件管理需要。因而在管理数据库电子文件时，还需要依靠电子文件管理系统的开发来辅助数据库文件的管理，不能完全依托数据库管理系统环境。

二、数据库中的数据对象

数据库电子文件是指在执行职能时单独承担文件职责，或者作为文件的重要组成部分出现的数据库对象，也就是具有文件属性的数据库数据对象。了解数据库管理系统中不同数据对象的形态、特点，对数据库文件管理至关重要。本章将以关系数据库为例来进行对数据库对象的说明。

（一）表

表是有组织的数据信息的基本存储结构。在数据库系统中，所有数据均可按行和列组成二维表，其中每列都定义有自己的数据类型和宽度，行通常被称为记录。从信息存储的角度，一个表就是由若干行数据组成的。

表是最基本的数据库对象，无论要保存什么数据库对象，都应该将其所依赖的表同时保存下来。如果预测到某些表可能因不再具有价值而被删除，而基于此表的其他数据库对象——视图或索引需要被作为文件保存下来，那么可以利用有关的技术方法，将这些数据库对象独立地、物理地保存起来，减少它们对原表定义和数据的依赖，使之成为真正意义上的文件。

（二）视图

视图是以一个表或多个表为基础，甚至是以其他的视图为基础，按照一定条件选取和组织，满足用户需求的若干个行和列。视图反映局部数据逻辑结构，是更易于用户操作和存储的查询。在多数情况下视图只是一个虚表，数据库只将视图的定义存储在数据字典中，实际数据并不依赖于视图而是依赖于表存放在数据库中。

视图为表中的数据提供了另一种表现方式，这种方式让用户可以针对不同的需求而灵活定义，因此，视图的表现能力很强，数据库应用设计者经常在下述情况下定义视图：

● 需要对表中的列或行进行裁减，隐蔽一部分数据，以保证数据安全。

● 将一些复杂而又经常使用的查询（如涉及多个表的查询）存储起来，以视图的形式交给用户使用，简化操作。

● 当用户只关心数据库中的某些数据的时候，可以通过定义适当的视图，使用户访问的数据结构简单明了，保证用户把注意力集中在他所关心的数据上。

由于数据库中存储的是视图定义，因此当定义视图的表发生变化的时候，视图也会自动随之更新。如果导出视图的表或视图被删除了，那么视图也会被自动删除。因此为了保存重要的视图，除了保存视图定义之外，还要将所涉及的数据单独保存下来。

（三）快照

所谓快照，是指数据库中的某一部分数据在某个特定时刻的复制本。快照一旦形成就不会发生变化，并被实际存放于数据库中。设置快照最突出的意义在于，对于某些仅对特定时刻和特定范围的数据感兴趣的用户来说，快照可缩小数据的范围而提高执行效率。快照本身就是独立存储的数据，不存在对其他对象的依赖，因此比其他数据库对象更能满足档案管理的要求。

数据库管理系统是一个十分复杂的系统，数据对象之间彼此定义、彼此约束的关系非常普遍，如果将各种数据库对象都独立存储，则势必造成较大的数据冗余。为了使对数据库电子文件的管理更加可行，可以实施自动鉴定，在每份应该保留的文件（可能是数据库中的任意对象）上加以标识，只当系统删除其所依赖的表或视图的时候，才实现该文件的独立存储。这样既可以减少不必要的冗余，又可以有效保存有价值的数据库文件。

三、数据库管理工具

电子文件的管理主要由电子文件管理系统承担，但文件生成、登记和归档等工作则通常在业务系统中完成，因此需要进一步了解数据库管理系统提供的管理工具，虽然这些工具的设计初衷不是为了满足电子文件管理的需求，但电子文件管理系统只有和这些工具协调合作才能发挥作用。除了本节所介绍的数据字典、日志管理、备份机制等之外，数据库还提供了审计、时间戳、用户管理等工具，这些工具在一定程度上也可以支持数据库电子文件的管理。

（一）数据字典

数据库是一个十分复杂的系统，其中涉及众多的对象，数据字典是存储数据库系统内各种对象的定义及其之间的联系的工具，记录了数据库对象的结构和背景信息，可用于维护数据库电子文件的完整性。不同数据库管理系统的数据字典内容不尽相同，大体包括以下几类对象的信息：模式、子模式、物理文件信息、用户信息、事务信息、程序信息等。其中，每种又可分为若干细化的信息，如模式、子模式信息中就可包括名字、记录类型的描述、数据项信息、有关的完整性约束、安全性约束等。

由于数据字典的内容是数据库文件的内部结构信息，因而有“数据库的数据库”之称。数据字典的主要设计功能有：

- 描述数据库系统的所有对象，如模式中包含的记录类型，记录类型包含的数据项，用户的标识符、口令，物理文件的名称，物理位置及其文件组织方式等；
- 供数据库管理系统快速地查找有关对象信息，包括表、视图、用户、约束等；
- 描述数据对象之间的各种交叉联系，如哪个用户使用哪个子模式，哪些模式或记录类型被分配在哪些区域及对应于哪些物理文件，存储在哪个设备上等；
- 登记所有对象的完整性与安全性限制；
- 对数据字典进行维护、保护、查询与输出；
- 供数据库管理员查询，以掌握整个系统的运行情况；
- 支持数据库设计与系统分析。

在对数据库文件的管理中，数据字典提供了许多组成文件必不可少的元数据，是一个非常重要的工具。

（二）日志管理

完整的数据库文件除了包括数据字典中的有关数据定义和结构的元数据之

外，还包括文件的操作信息，比如对每一次业务执行的记录，对文件的增、删、改操作的记录等。这种操作信息大多被保存在数据库系统的日志文件中，是数据库电子文件的重要成分。

多数数据库管理系统提供基于日志的恢复机制。由于日志文件记录数据库系统中的所有变化情况，在数据库发生故障时，基于日志的恢复机制能够帮助恢复被恶意修改或删除的数据内容，维护数据库的完整和安全等，同时也可以通过日志进行对数据库电子文件的审计跟踪。

在数据库电子文件的管理过程中，日志可以发挥如下作用：

- 提供电子文件的元数据，比如电子文件的修改和更新等背景信息；
- 提供对操作过程的监控线索；
- 提供对发生故障时数据恢复的支持。

（三）备份机制

数据库电子文件是机构重要的信息资产，机构业务对数据库的依赖性很强，因而数据库管理系统通常都会提供比较强大的备份机制，包括备份方法和工具。提供切实可行的备份和恢复方案，尽量缩短数据库的恢复时间，可以使由故障或失误造成的数据损失降低到最小。以 ORACLE 数据库为例，系统提供了三种基本的备份方式，即逻辑备份、冷备份、热备份。

逻辑备份提取数据库的数据内容，而不备份物理数据块。逻辑备份主要是通过导入导出功能实现的，就是利用导出命令可将数据从数据库中提取出来，利用导入命令则可将提取出来的数据送回到数据库中去。

冷备份又称脱机完全备份，是在数据库关闭的情况下进行的完整备份。其优点在于备份快速、安全、操作方法简便，选择恰当的时机进行数据库冷备份归档，能够做到对数据库最佳状态的恢复；同时，冷备份文件维护简单、安全。

热备份是在数据库运行的情况下，以表空间为单位，逐次备份每个空间包括的数据文件。热备份要求数据库记录操作日志，并且需要备份的表空间处于联机运行状态。

四、数据库电子文件的管理策略

从数据库技术特点和电子文件管理需求出发，可以总结出数据库环境中电子文件管理的一些策略，具体的管理方法则需要进一步的研究和实践。

（一）划分保管期限

划分数据库电子文件的保管期限就是从文件和档案管理的角度出发，在逻辑上识别数据库中可能形成的文件的种类和数量，并确定其保管期限。数据库文件的保管期限表应该在系统开始设计的时候就被制定下来，表中一般包括如下内容：会生成什么文件？哪些会被保存下来？文件现行期、半现行期、非现行期各需要保存多长时间？等等。

（二）实现自动鉴定

应该提供一种可自动执行的鉴定和处置机制，从而保证在执行查询、索引、生成视图这样的操作时，甚至是在操作执行之前，系统就能够根据已经确定的保管期限条款对数据对象进行鉴定、识别和保存。比如当定义视图的时候，应该可以根据已经制定的鉴定标准，决定是否将这一视图单独保存下来，否则一旦表发生变化或被删除，视图就很难被保存下来了。实现自动鉴定能够有效减少文件流失，并减少不必要的数据冗余，能否实现自动鉴定是电子文件管理系统运行成败的关键。

（三）确定数据库电子文件的元数据模板

应对所有可能产生的数据库电子文件进行分类，为具有相同技术、管理特点的电子文件确定元数据模板，同时明确元数据来源、元数据存储和管理等问题。关系型数据库的元数据可分为数据库层元数据、数据分区层元数据、数据表层元数据和列层元数据四个层次。数据库层元数据从运行平台、数据库软件、创建时间、权属、权限、用户、角色和数据分区等方面对数据库进行描述；数据分区层元数据进一步对组成数据库的逻辑结构进行解释，对数据表、数据表关系、视图、存储过程进行管理；数据表层元数据则包括约束、索引、触发器和数据列等；列层元数据则由长度、精度、是否主键、是否必填等内容组成。这四层元数据层层递进，对数据库进行了完整的元数据描述。

（四）基于 XML 对数据库电子文件进行长期保存

在数据库发展历史中出现了多种数据模型，其中层次模型、网状模型以及面向对象模型都存在较大程度的数据依赖和软件依赖，如果不熟悉软件编码，从数据库中进行数据提取就会很复杂，亦将很难对数据库进行归档。相对而言，关系数据模型由于采取了二维表作为数据基础结构，较好地解决了数据和软件依赖问题，并可通过主键和外键进行表间关联，因而在进行关系数据库保存时可以将结构化的二维表转换成半结构化的 XML 格式，从而适度降低软件依赖性。

将关系型数据库转换为一组 XML 文件以及 Schema 文件进行存储，可以确保档案信息的格式开放，不与软硬件相绑定。每个数据表分别存储在不同的 XML 文件中，并以对应的数据表名称进行命名。由于目前 90%以上的数据库都是关系型数据库，这种方式也得到了不少机构的关注。

瑞士联邦档案馆开发的 SIARD（Software Independent Archiving of Relational

Databases）是一套基于XML的长期保存关系型数据库的解决方案①，它将关系型数据库转换为SIARD格式文件，将关系型数据库的内容和元数据保存下来（见图9－1）。2010年，瑞士政府就将SIARD作为关系型数据库移交至瑞士联邦档案馆的官方格式，并在2013年成为瑞士电子政务的一项标准。② SIARD格式与其开发套件遵从SQL：1999、XML、UNICODE等开放标准，确保SIARD格式的开放与长期可用。2008年，欧洲PLANETS项目也将SIARD作为存档关系型数据库的推荐格式。我国发布的《档案关系型数据库转换为XML文件的技术规范》（DA/T 57－2014）也是在SIARD 1.0规范的基础上提出的。

2015年，为了进一步增强保存格式，且实现软件套件的开源，在已有格式的基础上，欧洲档案文件和知识保护项目（E－ARK）联合瑞士联邦档案馆提出了SIARD 2.0规范，各商业数据库可转换为SIARD文件进行保存，也可将SIARD文件转换成为商业数据库或通过数据库可视化工具包（database visualization toolkit）供用户查看。基于以上标准和工具，丹麦国家档案馆自1973年以来已经归档各类数据库4 400多个，2014—2016年间，平均每年归档数据库超过220个。

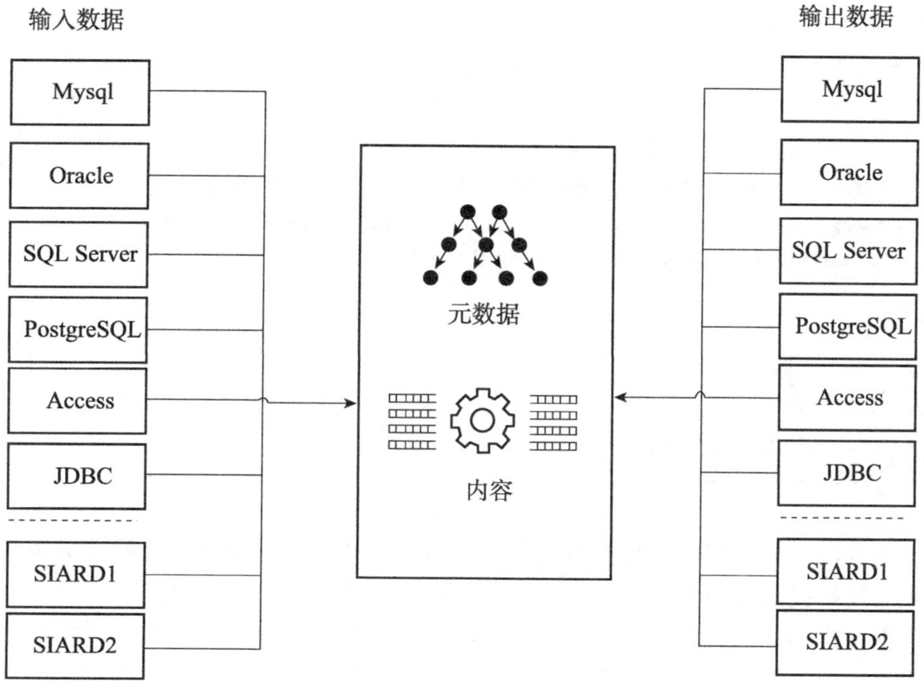

图9－1 利用SIARD进行数据库迁移保存

① Amir Bernstein. Database Preservation：The International Challenge and the Swiss Solution. [2017－07－30]. http：//citeseerx. ist. psu. edu/viewdoc/download? doi=10. 1. 1. 363. 7785&rep=rep1&type=pdf.

② SIARD（Software Independent Archiving of Relational Databases）Version 1. 0. [2017－01－17]. http：//www. digitalpreservation. gov/formats/fdd/fdd000426. shtml.

资源链接 9－3

数据库保存：世界的挑战，瑞士的解决方案

SIARD 将专有数据库（MS Access、MS SQL、Oracle 等）转换成一个以非专有的 SIARD 格式（文件扩展名为 .siard）归档的文件。SIARD 归档是一种结构化的非压缩的 ZIP 容器（ZIP-64 标准），允许几乎任何大小的文件。

SIARD 有两个文件夹："标头"（header）和"内容"（content）。标头文件夹存储着数据库背景元数据，是一个简单的 metadata. xml 文件，保证我们可以了解数据库的技术和背景信息。从技术层面看，SIARD 登记数据库的标识符、格式版本，个人计算机终端的报文摘要代码（用于验证原始数据的完整性）等；从架构层面看，SIARD 存储表格清单、视图和程序；在表层面上，SIARD 记录约束条件和触发器。如果我们深入到列级层面看，SIARD 同样说明了正在使用的 SQL 类型、大对象名以及各关键字。

内容文件夹存储着原始数据。这些数据根据数据库结构归档。SIARD 会针对每一个架构自动产生一个文件夹。这些文件夹包含对应的表系列作为子文件夹。数据本身存储在 XML 文件中（如 table1. xml）。这一架构定义反映了表的 SQL 架构元数据。

SIARD 是归档数据库的真实镜像。当采用 SIARD 时，我们以一种使数据库可理解、可存取的方式和形式，将原始信息和元数据都采集到。

SIARD 是一个开源的文件格式。它的描述信息可以在瑞士联邦档案馆的网站上获得。它是长期保存关系数据的一种可行的、实际的解决方案。

资料来源：Amir Bernstein. Database Preservation：The International Challenge and the Swiss Solution. [2017－07－30]. http：//citeseerx. ist. psu. edu/viewdoc/download? doi=10. 1. 1. 363. 7785&rep=rep1&type=pdf.

第三节 网站文件管理

随着电子商务和电子政务的兴起，包括政府部门和企业在内的各类机构都纷纷建立网站提供相关的信息和服务，这些网站可被视为所属政府部门、商业组织的"虚拟机构"，是其在网络空间开展业务活动的主要平台。在网站开展业务活动的过程中会形成许多具有原始记录性的电子文件，这些网站文件对于机构自身和社会而言都具有无可替代的作用，因而需要对网站及其文件实施必要的文件管理。

一、网站与网站文件

网站就是机构或个人在互联网上设立的站点，它一般通过网页的方式提供信息和服务。网站文件是指记录、反映网站内容的文件以及在网站设计、建设、维护过程中形成的其他文件。网页是一种可以在互联网上传输、被浏览器识别并翻译成页面显示出来的网站文件。除了呈现在用户面前的各种网页之外，网站文件还包括起支持作用的后台数据库文件和程序文件等。本节主要讨论构成网站主体的网页文件的管理问题。

案例 9-5 荷兰数字入口国家档案馆使用 SIARD 保存数据库

作为 PLANETS 的子项，荷兰国家档案馆 2010 年使用了 SIARD 保存其数字入口国家档案馆（Digitale Toegangen Nationaal Archief，DTNA）项目的数据库。该项目使用了微软 Access 数据库，利用 SIARD 转换为 SIARD 的标准化格式文档，数据库的表转换为 XML 文档，数据库结构则以 SQL3 格式呈现，而其他数据库内的大型对象（如文档）则单独保存。所有由 SIARD 创建的文档都被存放在 64 位 ZIP 压缩包中，最终输出为扩展名为“.siard”的独立文件。通过 SIARD 提供的工具包，项目组再次将这一文档转为 Access 数据库。通过比对前后两次的数据库差异，该项目组发现数据库内容的所有重要部分都被保存了下来。

案例表明，SIARD 对于大部分关系型数据库的保存都非常适用，但由于 SIARD 与数据库的运行副本相连，且通过 SQL 提取信息，因此不适用于原始数据库引擎已经被淘汰的老旧数据库。

资料来源：van Essen M，de Rooij M，Roberts B，van den Dobbelsteen M. Database Preservation Case Study：Review. National Archives of the Netherlands，2011.

（一）网页类型

1. 静态网页

静态网页也被称为静态 HTML 文件，可包含文本、图像和超级链接等内容。它通常是一次性写成的，内容相对稳定，不需经常修改，适合在网上传输。如网站介绍、机构信息、服务信息、联系信息、操作指南等一些相对固定的信息通常都被制成静态网页。机构起草的、经过审阅和签发的文件也通常以静态网页的形式被发布到网站上。如果需要改变静态网页的信息内容，就必须重新使用设计工具来更改，然后重新放置在 WWW 服务器上。HTML 文件从本质上来说是文本文件，由浏览器负责解释执行。

2. 动态网页

对于用户而言，仅仅使用静态网页并不能满足访问的所有需要。如果网站不能适时更新信息资源，不能与用户进行信息交流，用户不能根据自己的意愿有选择地查询信息，那么这个网站就会成为一张“过期的报纸”。静态网页的修改、更新要求专人编辑，如果信息量不断增大，则编辑网页的工作量会随之增加。特别是对于早就在信息动态检索方面具备极大优越性的数据库来说，将信息以人工输入的方式设计成 HTML 文件是非常困难的事。动态网页满足了这方面的要求，它能够随数据库内容的不断变化显示数据库中的信息。可通过 CGI、ASP、JSP、PHP 等技术按照网页模板的要求从数据库中抽取相应信息来生成动态网页。此外，像 Blog、Wiki、SNS 等网络应用形成的网页，由于其具有评论功能及动态更新的特点，我们一般也将其归为动态网页。动态网页并不会按照我们所看到的样式完整地存储在网站服务器中，而是由计算机实时生成，只有在接到用户的访问要求后才生成并传输到用户的浏览器中进行展现。

对于网站而言，往往需要综合运用动静两种网页设计方法。如政府网站中的省市概况、机构设置、自然地理等可选择静态网页的设计方法，而网上办公信息，如政策法规查询、动态新闻信息等可采用动态网页的设计方法。

（二）网站类型

1. 静态网站

静态网站是最基本的一种网站形式，它是保存在服务器中的一系列静态网页文件的集合体，并通过超级链接关联在一起。静态网站所需技术比较简单，多出现于网站建设的起步阶段，功能单一，交互性差，主要充当信息发布的平台。静态网站的文件管理比较简单，如制作并保存整个网站的副本或者快照（snapshot）。文件的更新、删除或转移应被写入相应的日志。

2. 动态网站

随着网站技术的发展，单纯的静态网站已经不能满足机构和用户之间的交流信息的需要，这时就出现了包含动态网页的动态网站。网站根据用户的要求，运行一定的程序从数据库中查找相关的信息，最终以 HTML 文件的形式将结果显示在用户的计算机屏幕上。由于动态网站的交互操作较多，可能产生大量的动态网页，因而管理的难度相对较大。

二、网站文件管理的难点与要点

（一）网站文件管理的难点

网站文件是随着网络信息化发展而出现的一种特殊的电子文件，管理较为复杂。研究表明，网络电子文件在呈指数增长的同时也在快速消失。布鲁斯特·卡尔（Brewster Kahle）在 1996 年对 5 000 万网页做出估计后得出“网页平均在线时间只有 75 天”的结论，美国数字信息基础架构和保存项目（NDIIPP）的报告指出，网络信息的平均寿命为 44 天。[①] 网站文件管理难点归纳起来有以下三个方面。

① 仇壮丽．网站归档研究．档案与建设，2006（1）：7－8.

1. 超级链接的维护

网页上设有为数众多的超级链接，通过超级链接可以连接到本机构网站之外的许多信息资源。那么，如何使这些信息资源得到有效的控制？如何维护其内容、结构和背景的完整性，并保证电子文件的真实性和可靠性？

2. 动态网页的保存

网站是快速传播信息的一种有效途径，机构经常会将一些与自身有关的重要信息上传到网上，由于这部分信息反映了本机构的一些重要职能活动，因此应将其视为正式文件加以保存。然而，从网站的角度而言，如何用网页的形式保存变化中的网站，实现“以静制动”，是动态网站管理的难点，包括如何确定保存对象、如何确定保存周期等。

3. 网络化业务文件的管理

当机构的业务职能开始通过网站实施的时候，这些在网络业务活动中形成的电子文件同样应当满足真实、完整、可用、安全的管理目标，因而如何控制和管理网络电子文件，维护其与同一业务活动中其他文件的关系，成为网站文件管理中的一个重要问题。

（二）网站文件管理的要点

基于上述难点问题，网站文件管理需要综合考虑网站的类型、功能、软硬件环境以及机构管理目的等诸多方面的因素，因此不可能存在一套适用于任何环境的管理方法。从总体上看，网站文件的管理应注意以下要点。

1. 确定网站文件管理需求

网站文件的管理同其他类型文件的管理一样，也需要以机构的现实需求为基础，在综合衡量机构承担的风险、本身的经济实力以及可能获得的利益的前提下，参照我国档案管理的相关标准执行。在机构开展网站文件管理时必须明确一些基本的管理需求，包括本机构网站的主要功能、相应功能生成何种文件、文件的鉴定标准、相应的保管期限等。

在确定是否需要保存网页文件时，应考虑如果网站上公布的电子文件具有唯一性，且不存在相应的纸质版本，那么这种电子文件一定要保存。如果网站上公布的内容仅仅是某一纸质文件（或出版物）的简单拷贝，那么这类电子文件则无须保存，但如果电子拷贝包含了纸质版本不具备的基于网络的一些功能，那么这类电子文件就必须及时被捕获到电子文件管理系统加以保存。

2. 确定网站在机构业务活动中的功能

机构对网站功能的定位是网站文件管理的核心要素。例如，有的机构网站以发布和共享信息、提供业务指南和建议、开展宣传活动为主，此类网站多是静态网站，用以展示机构既有的业务相关文件。有的机构网站则提供在线服务、在线业务交易、在线反馈信息等交互服务，将会产生大量动态信息。事实上，这类网站有许多本身就是机构业务系统采用B/S架构的客户端，是机构信息系统的有机组成部分，许多动态信息都会以各种形式“沉淀”在系统服务器上。由此可见，网站功能定位不同，其网站文件在技术形态上的表现亦会存在差异，因而对其进行管理的手段也会有所不同。

3. 确定网站管理的元数据

网站管理需要积极应用元数据来进行管理。由于网站文件具有零散、更新快、数量大等特点，采用元数据来维护和保持文件之间的联系至关重要。

如对于具有唯一性的网站文件而言，需要记录的元数据有：文件生成和进入电子文件管理系统的时间；生成的业务背景信息；原始数据格式，包括内容和数据结构；文件在网站上所处的位置及其与其他信息之间的链接关系（网站地图）；文件的利用史，包括利用文件的用户名、IP 地址、链接时间、浏览或下载次数等；文件更新状况；文件捕获、保存和处置规定；文件自生成之时起的管理史，包括鉴定、保管和处置等。

对于具有拷贝性质的网站文件和网站快照，需要记录的元数据有：捕获或拷贝的时间；源网站链接，包括版本信息和链接的时间；生成文件的软件信息；补充性的应用程序信息，如搜索引擎；浏览网站所需的客户软件信息等。

4. 确定网站文件综合管理方案

(1) 确定捕获和保存网站文件的方案。网站文件管理要求在充分调查研究的基础上制定一个完整、周密的实施方案，确保能够捕获并保存所有符合要求的真实、完整的电子文件。这方面可以参照电子文件管理的其他规定，确认网站文件的保管需求，评估现有系统是否能够满足需求，如果不能，则设计新系统弥补原有系统的不足。

(2) 确定网站文件长期保管方案。机构必须能够保证网站文件的存储载体和相关技术适宜长期保管电子文件，即保证电子文件的长期可读性和安全性，需要充分考虑安全控制、数据管理方法、过程监控、载体的选择和标准的开放性等问题。

(3) 实施具体的管理方案。机构必须采取必要的措施保证方案得到有效执行，并随时监督实施状况，避免偏离既定的路线和目标。

5. 明确网站文件管理相关人员的职责

网站文件的管理大体涉及四类人员，即信息内容形成者、网站内容维护人员、档案文件管理人员和信息技术人员。网站文件的管理职责应由这四类人员共同承担，各负其责。职责的具体划分根据机构业务活动性质和目的的不同而有所偏重，总体归纳起来有以下几项：

(1) 确认网络活动的文件保管需求；

(2) 判断现有系统是否能够满足文件保管需求，如不能，是以新的系统代替现有系统，还是仅对现有系统进行改造；

(3) 制定机构网站管理的政策和程序；

(4) 评估机构使用网站所承担的风险；

(5) 明确机构文件保管的职责所在，尤其针对网站文件的管理，对相关人员进行培训；

(6) 选择实施正确的管理策略，保证文件保管需求得到满足，如明晰文件产生的时间、保留的方法；

(7) 跟踪文件管理规定的实施情况；

(8) 挑选合适的存储载体，建立文件的长久保管程序；

(9) 建立数据管理程序，保证系统的完整性和文件的真实性。

三、网站文件的归档

与其他文件类型一样，网站文件管理是包含捕获归档、组织分类、检索利用、长期保存等在内的完整的活动链条。基于网站文件的具体管理实践，本教材重点关注网站文件管理流程中的归档和保存环节。

网站文件具有较强的离散性。从文档结构上看，往往一份网站文件存在多个甚至数十个文档组件，组件之间存在着复杂的链接关系。在电子文件管理中通常将网站文件当作组合文件进行处理，要真实完整地保存信息，就必须对这些离散的对象进行整体采集归档。具体来说，首先需要保证归档数据的内容完整，只有完整地保留住精确的比特序列，才可能正确地解读它们；其次需要保持网站文件的原始外观，如字体、段落、结构、页码、链接等；最后是归档对象的背景信息，对于永久保存的数字信息，必须归档详尽的背景资料，以便将来的用户理解文件内容。为实现上述质量要求，网站文件归档应明确相关原则、模式与方法，采用与机构网站文件特点相匹配的归档技术。网站文件归档具体包括以下内容。

(一) 明确网站文件归档原则

1. 时效性原则

由于网站文件具有动态性，其更新速度很快，因此要维护网站资源，应当坚持时效性原则，并随时跟踪相关网站，调整采集频率，避免重要信息的遗漏。

2. 针对性原则

网络资源浩繁无际，网站文件的归档范围应有一定的针对性，无论是从管理、技术角度，还是从成本分析的角度看，无目的采集网站电子文件都是不可取的。网站文件本身是机构电子文件资源的一部分，其归档重点应当是其他文件形式无法提供的信息，避免对馆藏内容的重复采集。机构进行网站文件归档应着重从保存机构自身历史的角度来进行，与情报等领域为开展信息服务而进行的大规模网络资源归档不同。因此应当事先制定网站文件归档范围，有针对性地采集网站文件。

3. 质量保证原则

即归档的网站文件应具备基本的可靠性、完整性和系统性。网站信息的采集应尽量选择权威性和可信度较高的网站，应屏蔽重复的和不可靠的信息，确保信息提供者的信誉。一般来说，政府机构（.gov）、教育机构（.edu）、非营利性组织（.org）网站可信度较高，新闻网站则要视其规模、社会信誉与影响力来进行判断。同时，网站文件还需要保证其内容的完整，包括该资源的元数据信息，在数字信息资源的长期保存中，没有正确的元数据是难以保证长期可读性的。

4. 动态原则

动态原则是指网站的归档时机要选择在网站发生变化时，例如，在内容、结构、时间、版式、风格、托管机构、存储地址发生变化时应及时归档。动态原则是应对动态网站的归档方法，一方面可以记住重要历史时刻网站的原貌；另一方面也可以保存一些有价值的隐性信息，因为变化本身就是一种信息，这种信息反映了网站的动态发展过程。

（二）明确网站文件归档模式

机构应根据网站功能特点，选择恰当的网站文件归档模式，具体包括：

1. 选择性归档和非选择性归档

选择性归档是指归档内容需要经过鉴定，只保存那些具有保存价值、能反映机构职能活动的网站电子文件。非选择性归档模式又称全采集模式，则指全盘采集、保存网站电子文件。从实践来看，档案界所研究的网络信息保存项目大多采用选择性归档模式，采集重点是那些维护组织发展历史面貌、能作为组织职能活动凭证的各种网站文件，并对电子邮件给予了充分的关注。而提供搜索引擎服务的商业公司和其他从事网站归档业务的非营利性机构不少都采用非选择性归档模式，多使用网络爬虫技术全面采集网站电子文件，如 Google 和百度，在用网络爬虫建立 Web 数据库时保存一个网页快照，以便在这些网站不可访问时能再现其内容。

2. 主动归档和被动归档

主动归档一般是由网站所有者作为归档实施机构进行归档的归档模式。由于网站所有者一般都是网站文件的生产者，了解网站更新周期、文件类型及文件价值，因此可以做到及时归档，便于制定归档策略以最大限度地维护网站历史。被动归档是由外部机构来实施归档的模式，可再细分为推式归档和拉式归档。推式归档由网站所有者在适当的归档时机将网站文件提交给归档机构（如档案馆、图书馆、博物馆等公共文化事业单位），该模式类似于电子文件的远程归档。拉式归档适用于私人机构或商业组织归档，归档机构需要定期采集网站信息。

（三）明确网站归档的范围

根据覆盖范围，归档分为全面归档、部分归档和专题归档等类型。

1. 全面归档

全面归档是指没有特定的范围，网站上的所有内容全部都需要保存。这种模式工作量大，不可能靠人工完成，一般是通过“爬虫”和“快照”等方式定期自动抓取。采用全面归档的典型项目包括加拿大国家图书与档案馆的加拿大政府网站档案馆（Government of Canada Web Archive，GCWA）项目和瑞典皇家图书馆的瑞典网站档案馆（Kulturarw3）项目等。

案例 9-6　全面保存：加拿大 GCWA 项目

GCWA 是加拿大的第一个网站档案馆项目。除了加拿大国家图书与档案馆，包括法国国家图书馆、美国国会图书馆和大英图书馆等在内的机构都是国际互联网保存联盟（International Internet Preservation Consortium，IIPC）的会员。这些图书馆都意识到了收集、归档和保存网络信息资源的重要性。

2005 年，作为 IIPC 的会员之一，加拿大国家图书与档案馆利用 Heritrix 网络爬虫工具、NutchWAX 数据库/存储软件、Wayback 脚本工具等由 IIPC 所开发的软件工具，采集加拿大联邦政府及其机构的网站信息资源，采集频率为半年一次，采集的信息存储于 GCWA。2007 年 11 月 20 日起，公众就可以通过互联网访问 GCWA，按照部门名称检索、网址检索和全文检索的方式获取相关信息。虽然 GCWA 原则上是全面保存，但仍有一些信息因为技术或者政策原因无法保存，比如交互式（需要密码）的网页链接或者政府的内网等。

资料来源：Government of Canada Web Archive.（2017-08-30）［2017-01-17］. http://www.collectionscanada.gc.ca/webarchives/faq/index-e.html.

2. 部分归档

部分归档是根据一定的标准对网站进行筛选、鉴定，选择有历史价值、文化价值、经济价值和研究意义的内容进行收集和保存。这种保存模式针对性强，工作量相对较小，可采取人工与自动抓取结合的方式进行。典型项目包括澳大利亚的 PANDORA 项目和美国的政府网站信息计划。

3. 专题归档

专题归档是基于某一特定的主题或者事件，将网站上所有与该主题或者事件相关的信息资源集中归档。严格来说，它是部分归档模式的一种方式，针对性更强，可以直观地反映事件的全貌。典型项目如美国国会图书馆的密涅瓦项目（Mapping the Internet Electronic Resources Virtual Archive，MINERVA）。

（四）明确网站文件归档方法

网站文件归档方法包括对象型方法与事件型方法，具体内容为：

1. 对象型方法

以组成网站的实体为对象，主要适用于由 HTML 文件组成、不依靠交互操作的网站的归档管理。归档对象可能是完整的 HTML 文件，也可能是一些类似于 HTML 文件的对象，如当用户执行查询操作时产生的标题、日志、影像或文本等。对象型方法需要定期地拍摄网站信息快照，跟踪网站更新轨迹，再附之以日志记录业务活动的细节。对象型方法要求对象与相应的元数据一并归档，以保证对象的版本与统一资源定位器（URL）之间的对应关系。使用对象型方法归档动态网站的电子文件需要同时记录更新轨迹，以便在任何时间都能再现文件最初的面貌。这就要求捕获和存储用户简表、样式表、搜索引擎、脚本和程序、定期的数据库快照、数据库交易日志等。

2. 事件型方法

归档某一"事件"或网站在与用户之间进行业务活动的过程中形成的文件，适用于数据库支持的动态网站。这类网站依靠用户简表、搜索引擎、SQL-HTML 翻译脚本和其他一些程序支撑运转。对待交互程度较高的部分可采用事件型方法，采集的数据包括事件发生的时间、用户的 IP 和域名、用户简表、查询或其他行为、携带的元数据等。

（五）划分归档级别

由于网站信息资源的多样性和复杂性等特点，机构应当根据不同信息资源的特点确定不同归档级别，具体可包括如下几类。①

1. 归档级（archived）

指将网站信息资源采集并存储在保存机构的馆藏中，由保存机构负责这些信息资源的长期存取并提供访问。

2. 链接级（linked）

指对存储于远程服务器上的网站信息资源进行链接，为其创建联网目录与检索工具供用户访问。

3. 镜像级（mirrored）

指以网站为信息单元进行采集。保存机构使用特定的软件工具，从网站首页开始，采集网站全部网页信息，并保持信息原有的目录结构。

4. 代理级（brokered）

指网站信息资源存储在第三方机构中，保存机构通过与存储网站信息的机构进行协商，获得访问资源及其元数据的权利。

5. 服务级（served）

指保存机构采集网站信息，并将其暂时存储在馆藏中，但不负责保证这些信息资源的长期存取，仅在短期内提供利用服务。

6. 检索工具级（finding aids）

指保存机构建立检索工具和元数据，帮助发现和检索网站信息资源。

（六）选用恰当的归档技术

1. 使用网络归档采集工具

使用网络爬虫等搜索技术对网站文件资源进行采集是进行网络归档采用的主要技术，由于使用目的不同，搜索引擎仅对采集到的最新数据进行索引而无须保存与管理，因而人们在基于搜索技术的基础上设计了一些专门用于网络存档的采

① 何欢欢．政府网站信息资源采集策略．档案管理，2011（4）：27－29.

集工具，并据此提供相应的网络存档系统和服务。如网络数据库是通过网络爬虫等技术遍历网页上的超链接，将采集到的网页数据传送到服务器进行排序索引后建立的全文数据库。①

搜索引擎技术进行采集的对象主要基于单个网页，侧重于再现单个页面的内容。因而归档数据一般仅保存最新的内容而不能保存历史数据，往往难以反映整个网站的历史原貌。为了克服这些缺点，一些网络归档机构往往会对采集工具进行升级改造，利用网络爬虫根据一定的频率进行信息采集，使其能保存同一网页在不同时刻的内容。如 Internet Archive 使用的开源网络爬虫采集工具 Heritrix 就提供了丰富的可配置功能，支持复杂的爬行定义和过滤，如抓取频率可设置为每天、每周、每月、每季度、每年等，并且支持完整的抓取内容，实现对站点内容完整精确的深度复制，在重新抓取相同的 URL 时不针对先前的进行替换。

同时需要认识到，由于网络资源的海量、复杂、动态更新、指数增长等特点，网站资源采集还是面临大量的技术难题，如增量采集、深层网采集、流媒体采集等，这些难题仍没有很好地得到解决。

案例 9-7　法国国家图书馆数据库迁移工具 DeepArc

DeepArc 是由法国国家图书馆使用 XQuark 开发的针对基于数据库驱动的深层网进行采集的迁移工具。深层网中有很大一部分是数据库资源，对数据库资源的存档。需要包含数据库内容、数据库管理系统和数据库应用所需要的系统环境等，为了对数据库实现网络存档，法国国家图书馆开发了 DeepArc 工具，它利用 XQuery 从关系数据库中抽取信息，按照目标要求重新结构化，把数据库内容转化成 XML 文件抽取出来以实施网络采集和存档。DeepArc 必须由网络出版商（web publisher）安装，且需要采集人员对数据库结构和要存档的数据模型有着深刻的理解，该工具成为 IIPC 的主要工具之一，于 2005 年 1 月发布了第一版。

资料来源：刘兰．网络信息资源保存开源软件综述．现代图书情报技术，2009（5）：11-17.

2. 脱机镜像

所谓脱机镜像是指将网站内容全盘拷贝到硬盘、光盘、磁带等本地存储器中脱机保存。这是一种维护网站历史原貌的最好方法，但它的成本也最高。因为根据时效性原则，网站的更新、改版都需要进行新的备份，这对网站归档者而言将是不小的财务负担。

3. 网站快照

快照可以记录某一特定时刻的网站的情况，生成当前网站文件的全面、准确的拷贝，可被比喻成该时刻网站的“照片”。使用快照技术时应尽可能地确保对

① 仇壮丽．网站归档研究．档案与建设，2006（1）：7-8.

网站及其构成网页进行不间断处理的能力，即通过技术平台复制网站内容、层次和功能，确保没有损害数据完整性。采用快照技术需要事先进行风险评估，以确定生成快照的频率。总体而言，快照对于复制静态网页非常有效，属于对象型方法的一种，它不适用于保存交互操作程度较高的动态网页，无法保留网页原有的操作功能，因此难以将其用于保管高度互动的动态性网站或资源（如数据库、事务处理服务等）。此外，机构需要补充日志管理以记录两次快照之间网站的变化情况，从而维系网站文件的完整性。

一个快照应该包括再现网站功能的所有方面，比如脚本、程序、插件、浏览器软件等。快照进入电子文件管理系统需携带充足的著录元数据。使用快照方法管理网站文件，主要任务包括：

- 确认这种方法是否是最佳方案，是否需要文件管理措施辅助；
- 确定网站文件的快照频率；
- 生成快照；
- 导入电子文件管理系统中加以保存，包括完整的元数据；
- 选择合适的存储载体，进行数据管理和质量监控；
- 鉴定文件的保存价值，保证文件的长期可读取性。

网站管理人员或者信息技术人员可能已将为网站文件制作拷贝作为日常数据管理活动的一部分。由于目的的不同，这些拷贝经常被最新版本信息覆盖，甚至被删除，但是这样不符合文件管理的要求。因此，必须对文件拷贝工作进行干预，制定程序和规则，保证快照正常生成，并被导入电子文件管理系统保存到规定的时间。

案例 9-8　英国政府网站档案馆

为保存英国中央政府网站中丰富的信息资源，英国国家档案馆于 2003 年 9 月建立了英国政府网站档案馆（UK Government Web Archives，UKGWA），通过将英国中央政府的网站归档保存，实现对其中丰富信息资源的保存。

UKGWA 只归档所有的英国中央政府网站，包括所有的中央政府部门网站、政府机构和非政府部门的公共机构网站、公共咨询和皇家委员会网站。大多数网站是每年拍取两到三次快照，如果有需要反映的重大事件，有时也会提高拍照频率。在需要归档的网站列表中，排名前十位的网站每个月进行一次网络爬虫。内阁部门和非内阁部门的网站每年进行三次网络爬虫。属于被审查网站范围的机关和公共机构的网站每年进行两次网络爬虫。不在审查范围内的网站每年进行两次网络爬虫或者因为归档原因只进行一次网络爬虫，进行网络爬虫的次数取决于国家档案馆的评估和选择。一些社交媒体网站每八个月进行一次网络爬虫。

早期，网站归档主要捕获网站中的一些基本功能、导航、外观等。且由于远程捕获网站技术的局限性，早期的归档软件往往只捕获网站的顶级网页，一般不包括图像等。随着网站归档工具的完善以及方法的重新评估，UKGWA已能够尽可能完整地对网站进行捕获。

资料来源：邓辉，等．英国政府网站档案馆对我国数字档案馆建设的启示．北京档案，2014（6）：36-39.

四、网站文件的保存

机构应确定网站文件的长期保存策略。总体来说，网站文件保存应选择技术比较成熟、通用性较好的标准格式，采取措施防范软硬件过时和载体失效。针对累积的大容量网站文件，需要维护网站文件之间的复杂关联，因而网站文件的保存绝非简单的存储备份。

（一）网站文件保存技术体系框架

由于网络信息资源保存活动的根本目的在于面向未来保存包括机构历史档案在内的人类文化遗产，其活动大多由基金或国家政府支持，具有较强的公益性和资源共享等特点，加之技术难度大，资金投入高，因而在该领域出现了大量的开源软件。例如，以推动全球网络资源保存活动为宗旨的国际互联网保存联盟每年投入大量资金进行开源软件的开发和完善，该组织提出了基于OAIS的Web Archive系统技术体系框架，如图9-2所示。该框架覆盖了Web Archive工作链中的所有过程，包括采集（ingest）、存储（storage）、访问（access）和索引与检索（index & search）等主要功能。目前该技术体系框架已为大多数Web Archive项目所遵循和采用。

（二）网站文件长期保存格式

对网站（网页）长期保存格式的选择，应充分考虑该格式的公开度、采用度、透明度、自记录能力、专利影响、外部依赖度和技术保护机制等。

1. ARC

ARC是互联网档案馆（Internet Archive，IA）制定的用以存档网络爬行器（web crawler）批量收割结果的格式标准。每一个收割结果记录前端都有一行头标数据对该资源的内容和长度进行简短的描述。

2. WARC

WARC是网络资源存档（Web Archiving，WA）中使用的文件格式。它是由网际互联网保存联盟的成员在ARC的基础上制定的一种管理和存储海量网络收割结果的存档格式，以资源记录为存储基本单元，每条记录包含文本式头标数据和数据块。2009年，在WARC被接受成为国际标准（ISO 28500：2009）后，绝大多数的工具软件都对其予以支持。

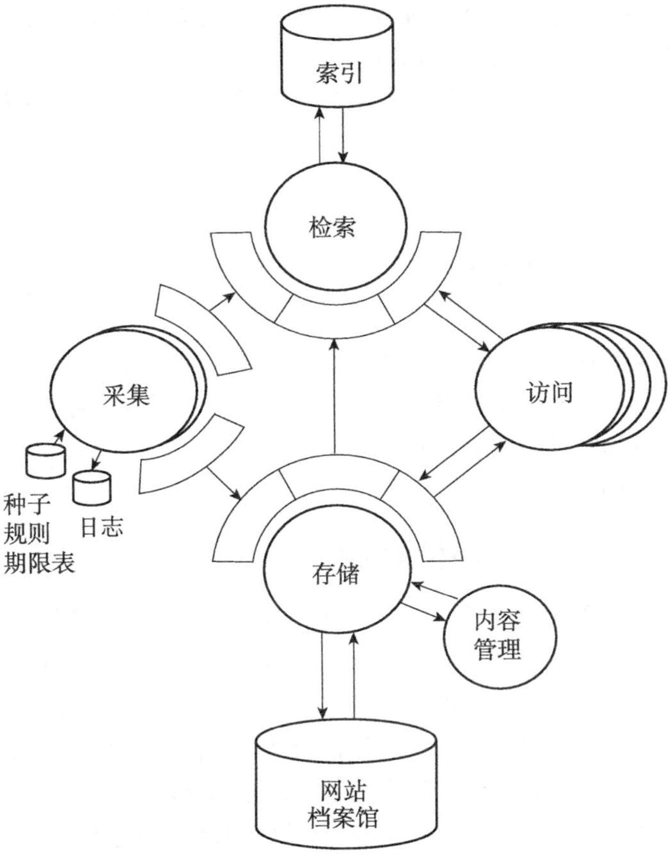

图 9-2　网络互联网保存联盟提出的网络资源保存的技术体系框架

资料来源：Web Archives Long Term Access and Interoperability：The International Internet Preservation Consortium Activity.（2005-09-28）［2017-01-17］. http：//archive. ifla. org/IV/ifla71/papers/194e-Lupovici. pdf.

WARC 可用来存储主流互联网应用层协议，如超文本传输协议（HTTP）、域名系统（DNS）和文件传输协议（FTP）等的控制信息和有效载荷的内容；存储与其他已存数据相关联的任意元数据（如主题分类、发现语言、编码）；存储所有来自采集协议（如请求头）的控制信息，而不仅仅是响应信息；存储与其他存储数据的数据转换的结果；存储与其他存储数据（以减少相同或实质上类似的资源存储）相关联的重复检测事件；支持数据压缩和维护数据记录的完整性；支持在中断现有功能前提下的扩展，以及在需要的位置通过截断或分割处理过长的记录。

一个 WARC 文档由若干个 WRAC 记录顺序构成。每个 WARC 记录由一个文本头和内容块构成（如图 9-3 所示）。文本头保存了本 WARC 记录的管理信息，内容块保存了本 WARC 记录的网络资源内容。WARC 记录的信息类型可以归类为 8 种，即 warcinfo、request、response、metadata、resource、continuation、revisit 和 conversion。

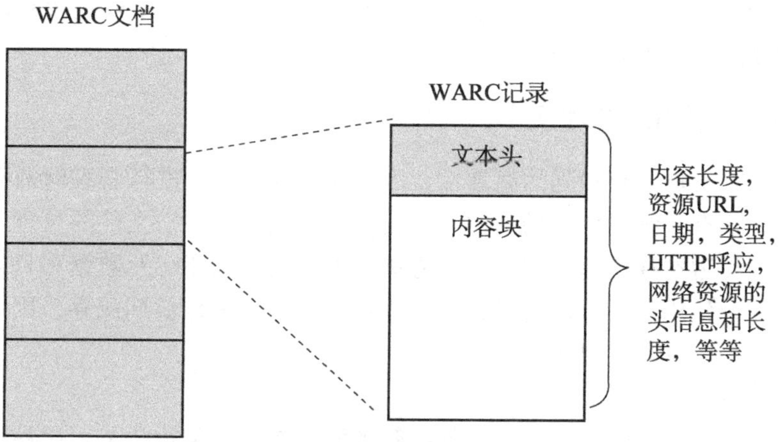

图 9-3　WARC 结构示意图

其中，“warcinfo”类型是 WARC 文档中必备的类型，WARC 文档中第一个 WARC 记录类型必须是“warcinfo”类型。该类型的 WARC 记录保存了该 WARC 文件的相关技术信息，所记录的信息包括生成时间、服务器 IP、软件信息、主机信息、WARC 格式、代理信息、操作者等。

“request”类型的记录包含一个完整的向对方服务器发出的请求信息，包括目标 URL、日期、长度、网络协议（如 HTTP、FTP 等）的完整内容等。

“response”类型的记录包含一个来自对方服务器的完整的响应，主要包括所请求的 URL、对方服务器的 IP 地址、内容摘要算法和摘要值、网络协议内容以及所返回的页面内容 HTML 代码等。

“metadata”类型记录了对于所保存网络资源的进一步描述和解释，即网络资源的元数据，包括所指向的资源 URN、内容摘要算法和摘要值、内容长度、采集时间、获取时长等信息。

“resource”类型的记录包括一个资源的技术信息和资源本身。技术信息包括 URL、采集时间、记录 ID 号、内容类型以及摘要算法和摘要值、内容长度。资源本身以二进制保存在文本信息中。

“continuation”类型，用于保存网络中通常存在的较大的文件，如音视频、高分辨率图像等。当这类资源被采集并保存时，有可能会超出网络爬虫所设置的 WARC 文件大小限制。这时，需要将较大的文件分段保存，每一段都会被保存为一个“continuation”类型的 WARC 记录。

“revisit”类型是为了减少资源冗余而设置的类型。当网络爬虫在进行网络采集的过程中发现某些类型的资源已经进行过存档时，会将当前所采集的资源类型设置为“revisit”类型，并在 WARC-Refers-To 字段中添加已经存档的资源的 WARC-Record-ID。

“conversion”类型的记录包含另一条作为存档过程结果而创建的记录内容的替换版本。在网络中，某些资源的原始内容可能已经被迁移或转换为一种格式，

“conversion”类型的 WARC 文档会利用 WARC-Refers-To 字段记录新的类型地址以及与原始类型的关联关系。

（三）网站文件的管理工具

由于网站文件具有较强的离散性，因而在对网站文件进行管理时需要采取特定的方法才能有效维护信息的真实与完整。具体说来，网站文件的管理需要根据业务活动的类型选择合适的文件归档方法，然后通过快照、元数据和日志等工具记录从形成、使用到归档前的过程，最终对网络文件进行长期保存。因此，在该流程中，常用的管理工具包括：

1. 元数据

元数据的使用对于所有电子文件的管理而言都是至关重要的，网站文件更是如此。网站文件具有零散、更新快、数量大等特点，这就决定了维护和保持文件之间的联系至关重要。而元数据正是实现这一目标的最有效的手段。对网站和网络服务的描述都离不开元数据，快照也需要依靠元数据加以证明。因此，需要根据元数据使用规则或要求，积极运用元数据手段来管理网站文件。

资源链接 9-4

《都柏林核心政府应用纲要》（DC-GOV）简介

1999 年，都柏林核心元数据倡议（Dublin Core Metadata Initiative，DCMI）成立了政府工作组，对政府机构应用都柏林核心的现状进行了调研，并提出增加都柏林核心元素和修饰词的建议，使其能够更加适用于政府信息资源的描述。

2001 年 9 月，政府工作组发布了专门针对政府信息资源管理的应用纲要，即 DC-Government Application Profile。该纲要直接将都柏林核心的 15 个元素及修饰词复用到 DC-GOV 的命名域中，同时在 DC-GOV 的命名域中补充一个新元素——受众（audience），并增加了 5 个都柏林核心元素的限制属性。DC-GOV 具备良好的政府信息资源发现机制，目前得到了广泛应用。

资料来源：Government Application Profile.（2001－09－17）［2017－01－17］. http：//dublincore. org/documents/gov-application-profile/.

2. 日志

利用日志可以跟踪一段时期内网站文件的变化轨迹，并将其记录下来。活动日志也需要转入电子文件管理系统加以管理，尽可能长时间地满足利用需求。日志与快照结合使用可以有效地管理静态网站。应注意的是必须同时捕获、保存详细的元数据，防止一段时间之后日志无法解读。活动日志应包含置入的日期和时间、版本号、内容的作者或责任者、日志最初的形成时间、修改的时间、替换或删除的时间、处置信息等。对于静态网站而言，日志可以跟踪记录网站上的网页、文件或其他对象。影响文件功能的脚本、插件、展示信息的图表也应一并加以捕获保存。

使用日志管理网站文件，主要任务包括：确定活动日志所应包含的数据内容；建立活动日志生成、更新和保存程序；捕获活动日志，转入电子文件管理系统加以保存，包括相应的元数据；选择适合的存储载体，承担数据管理任务；鉴定文件保存价值，保证文件的长期可用性。

第四节 CAD文件管理

所谓CAD（computer aided design，计算机辅助设计）是指利用计算机软硬件系统辅助人们对产品或工程进行设计、修改及显示输出的一种方法。CAD文件是指在设计与应用CAD技术过程中产生的一切文件，包括CAD软件和在该软件环境下形成的产品（工程）设计文件。在所有形成于科技、生产活动的电子文件中，CAD电子文件是目前应用最广泛、规范最明确的一种。

一、CAD概述

（一）CAD产生与发展的历史

CAD是计算机技术在工业领域中的一项重要应用，已被广泛应用于机械、航天、航空、建筑、电子、纺织等多个领域。在发达国家，集成电路、飞机和汽车制造等行业的大型企业CAD应用率已达100%。我国于1992年成立了全国CAD应用工程协调指导小组，在全国实施CAD应用工程，已经形成了推进CAD应用工程的人才、技术开发与推广的支持环境。1996年，国家科学技术委员会、机械工业部、建设部、国家技术监督局、国家档案局五部委开始研究国家标准体系和制定基础标准，其中涉及文件管理的标准包括《CAD文件管理》系列标准（GB/T 17825.1～10－1999）、《CAD电子文件光盘存储、归档与档案管理要求》系列标准（GB/T 17678.1～2－1999）及《CAD电子文件光盘存储系统的一致性测试》（GB/T 17679－1999）等。

随着科技的进步，CAD已不再局限于二维层面的设计，三维设计的出现与广泛应用给CAD的管理带来了新的挑战。自20世纪80年代开始，发达国家，如美国、德国、日本等，已经开始把三维设计技术应用于产品设计和生产中，应用领域从汽车制造业、工程机械、航空航天业、造船业、机械电子工业、国防工业、通用机械拓展到人机工程学、生物力学、医学以及工程咨询、影视制作等很多方面。波音公司在以波音777、787为代表的新型客机研制过程中，全面采用了MBD（model-based design）技术，将三维产品制造信息（product manufacturing information，PMI）与三维设计信息共同定义到产品的三维数字模型中，摒弃二维图样，直接使用三维标注模型作为制造依据，实现了产品设计、工艺（工装）设计、零件加工、部件装配和零部件检测检验的高度集成、协同和融合。

（二）CAD 文件的特点

1. 专业性

CAD 电子文件专业性的特点，主要表现在其形成领域和内容性质两个方面。CAD 的应用领域极广，包括航空、汽车制造、机械、化工、电子、交通等领域，不同专业活动中形成的 CAD 文件在内容性质、存储格式上具有明显的差别。即使同属于一个行业，不同性质、任务和规模的单位所形成的电子文件也存在一定的区别。CAD 电子文件专业性强的特点为其管理增加了难度。

2. 成套性

同纸质文件一样，CAD 电子文件的成套性特征是由设计活动的特性决定的。一个独立的设计项目形成的所有文件，既以不同的工作阶段相区别，又与总体的工作程序和设计内容紧密衔接，构成了一个反映该项设计活动的文件整体。成套性对于 CAD 文件的科学管理起着重要的规定和制约作用，CAD 文件的收集、保管、鉴定和利用都需要考虑成套性特点。

3. 多样性

CAD 形成领域广泛，导致了 CAD 文件在种类上的多元化。从文件形成方式和记录形成的角度，CAD 文件包括文本、图形、图像，甚至数据库文件等形式。CAD 文件中的数据类型也比较复杂，除了常规的数值型、字符型、日期型外，还包括工程设计中的复杂对象，如直线、圆、多边形、三维立体等，这些数据一般以矢量或点阵图的形式表示。其中，矢量数据是 CAD 中最重要的数据。

4. 技术含量高

CAD 电子文件中蕴涵着大量的科技数据，因此是国家重要的科学技术资源。根据这一特点，CAD 电子文件的管理方法不同于一般电子文件，比如在鉴定时，技术标准是判断 CAD 文件价值大小的最为主要的标准，而对其进行的安全保护更侧重于保护技术秘密，保护企业的知识产权。尤其是随着三维 CAD 技术日益普及，产品研制模式正在发生根本性变化，传统的以数字量为主、模拟量为辅的协调工作法开始被全数字量传递的协调工作法代替，基于 MBD 的三维数模将取代二维图纸，成为产品研制的唯一制造依据，数字化技术将贯穿产品的整个生命周期。

（三）主流的 CAD 平台介绍

目前市面上的主流 CAD 软件有 CATIA、UG、Pro/E、SolidWorks 和 AutoCAD，其中 CATIA、UG、Pro/E 主要面向高端市场。

CATIA 是法国达索公司（Dassault Aircraft Company）开发的跨平台三维 CAD 设计软件，支持从项目前阶段、具体的设计、分析、模拟、组装到维护在内的全部工业设计流程。达索公司开发的其他系列软件对 CATIA 提供了重要支持。CATIA 精度较高，在航空航天领域使用较多。

UG 是西门子工业软件（Siemens PLM Software）公司出品的三维 CAD 设计软件，主要用于设计、工程分析和制造业。UG 可在开放环境下实现同步设计，重视产品生命周期管理。UG 在曲面功能上的优势使其在汽车、造船领域获得广泛使用。

Pro/E 是美国参数技术公司（Parametric Technology Corporation）开发的三维 CAD 软件。Pro/E 首次提出了参数化设计的概念，并采用单一数据库来解决特征的相关性问题。它采用模块化方式，可以分别进行草图绘制、零件制作、装配设计、钣金设计、加工处理等。Pro/E 能够将从设计至生产的全过程集成到一起，实现并行工程设计，多用于机械电子玩具行业。

SolidWorks 是达索公司旗下 SolidWorks 公司开发的世界上第一个基于 Windows 的三维 CAD 系统，是达索中端主流市场的主打品牌。用户可在 3D Meeting 环境下通过互联网进行协同工作，通过 eDrawings 共享 CAD 文件，通过三维托管网站展示实体模型、查看产品结构。在文件格式方面，SolidWorks 提供当今市场上几乎所有 CAD 软件的输入/输出格式转换器，有些格式还提供不同版本的转换。

AutoCAD 是由美国欧特克公司（Autodesk）在 1982 年开发的用于二维绘图、详细绘制、设计文档和基本三维设计的 CAD 软件，现已成为国际上广为流行的绘图工具。该软件推广的 DWG 文件格式成为二维绘图的常用标准格式。

二、CAD 文件形成阶段的管理

形成阶段是 CAD 文件管理的起始阶段，如果在这个阶段中某些工作没有做好，会给日后的管理与利用带来诸多不便，可能要花更多的代价来补救。在文件形成的“前端”实施有效的控制和管理，会减轻文件的后期管理工作量，同时优化管理活动的流程，提高整个文件管理工作的效率。

（一）CAD 文件的编制规则

CAD 文件是现行生产活动的依据，是技术交流的手段，是未来设计、生产活动的参考，是重要的技术资料。在编制文件时，应充分考虑到 CAD 文件的这些作用，遵守以下规则：

（1）应根据产品或项目的复杂程度、继承性、生产批量以及生产组织方式等情况，在满足组织生产和使用产品要求的前提下编制 CAD 文件，力求少而精。

（2）CAD 文件的基本格式、编号、绘图方法、编制程序、更改、签署、标准化审查等各个环节，均应贯彻现行国家、行业标准与规定。

（3）允许采用 CAD 和常规设计联合编制成套文件。当采用 CAD 和常规设计联合编制同一套文件时，其编制方法和使用的符号、代号应当一致。

（4）文件档案管理人员应通过一定的途径介入文件形成阶段的管理，掌握文件编制的进程，了解编制过程，督促设计人员遵守编制 CAD 文件的规章与标准，并参与某些工作环节，如文件更改工作。

（二）CAD 文件的形成过程

应用 CAD 系统进行产品的开发或工程项目的设计，其工作阶段与手工设计类似，按可行性研究、总体设计、技术设计、工作图设计等阶段顺序形成。应用 CAD 系统生成的文件种类也与纸质环境下的产品（工程）设计文件类似。图 9－4以机械产品设计为例反映了这一流程。对于不同类型的产品，以及在不同的设计软件条件下，形成文件的顺序和种类应有差异。比如说，机械企业在工作图设计阶段之后，还需要进行产品试制工作，包括工艺和工装设计、生产准备、型式试验、试制鉴定等内容，并形成各种产品试制文件。

在 CAD 文件形成过程中，除了直接显示在计算机屏幕上的图和文字之外，系统还应对文件形成过程、形成背景进行记录，将这些数据与文件本身一起保存起来，并建立起两者之间的长期联系。编制检索工具的时候，可以调用这些数据。

总之，在 CAD 过程中，要求形成完整、准确的 CAD 文件，在设计以及试制鉴定和生产或施工的各阶段，都应生成符合相应要求的 CAD 文件。

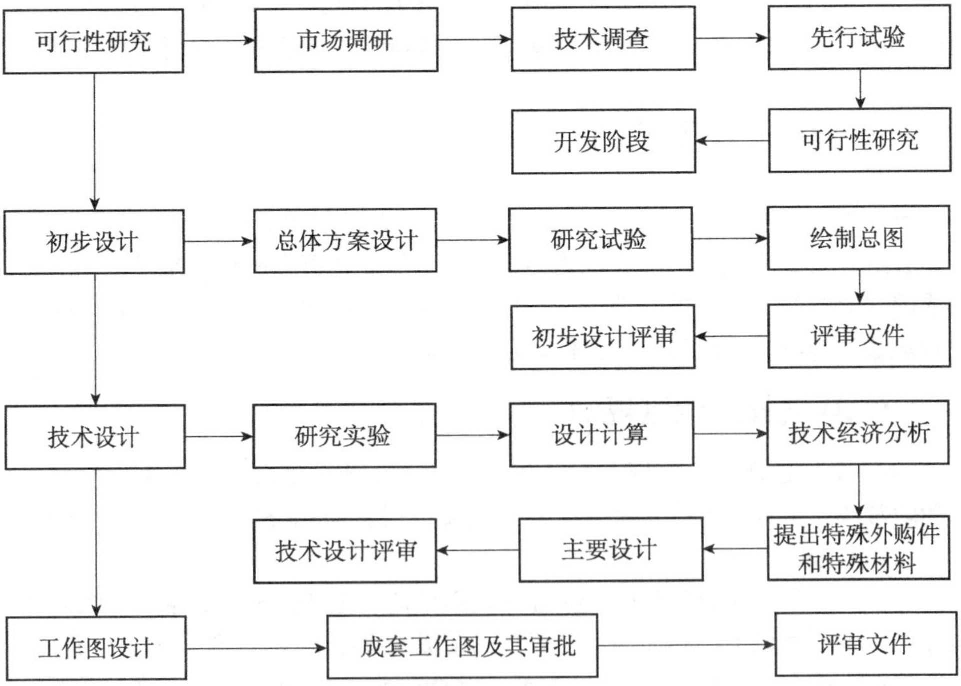

图 9－4　机械 CAD 产品开发文件形成过程

（三）CAD 文件的编号

为了更科学、有序地管理数量庞大的 CAD 文件，应对每一份文件进行编号，编号的方法包括分类编号法和隶属编号法。分类编号法是指按对象（产品、零部件、工程项目）、功能、形状等的相似性对 CAD 文件进行分类，如十进位分类法。隶属编号法是指按产品项目或工程项目的隶属关系编号。机械、电子、建筑等不同行业都有自己的分类法和有关标准。编号应保证每一份文件号码的唯一性，保证存储在不同介质上的同一文件编号相同。

（四）CAD 文件的更改

CAD 文件在审核批准生效之后仍会有修改和变更的情况发生，更改能够保持文件与实际的科技对象的一致性，从而保证文件的准确性。电子文件的更改比纸质文件的更改更为迅速和容易，只需在计算机中另辟新的绘图层，在该层上将需要更改的地方表示出来即可。一般情况下，CAD 文件需要更改时，应由项目负责人填写更改通知单，并经有关部门按技术责任制规定签署和有关领导审批后，才能对 CAD 文件进行更改。更改通知单的格式由各单位参照国家推荐标准自行规定，可以采用带更改标记、不带更改标记或文字说明的方法进行 CAD 文件的更改工作。

由于 CAD 电子文件的更改容易不留痕迹，因此需要借鉴纸质文件管理的经验，从本行业、本单位的实际情况出发规定更改的程序和办法，完整准确地记录 CAD 文件更改的过程及成果。

（五）CAD 文件的积累

积累工作贯穿于文件从形成到归档前的整个阶段，由文件形成部门指定专人负责，档案部门负责监督与指导。在积累存储 CAD 文件时，由于文件数据量大，有时需要采取压缩技术存储文件。在积累过程中，应对形成的文件及时登记。除了对不同版本的所有 CAD 文件进行登记外，也应对文件签署和更改情况进行记录。这些登记表是归档的参考与凭证，收集和管理这些登记表，旨在确认每一份在设计活动中形成并发挥作用的文件，以维护文件的凭证性。

三、CAD 文件的整理、归档与保存

（一）CAD 文件的整理

在进行 CAD 文件整理工作时，应注意以下基本要求。

1. 尊重成套性的特点

CAD 文件的信息整理应以套为单位。成套性是 CAD 文件的重要特点。各个专业内形成的 CAD 文件成套性的具体表现不一，如机械、电子 CAD 文件按产品

型号成套，科研院所承担的CAD项目文件按研究课题成套，建筑CAD文件按建设项目成套。各个单位视其业务活动的性质进行CAD文件的分类整理，同一套文件不应被分散在不同的一级类目下。此外，当CAD文件脱机保存时，同一套文件必须被集中存放在一个或多个磁带、光盘中，一个磁带、光盘中一般不允许同时存放两种以上产品研制或工程设计的CAD文件。

2. 以文件类型为整理工作的重要依据

文件类型反映了文件在软件平台、作用等方面的区别，是一个自然存在的CAD文件分类标准，因而是整理工作的重要依据。在每套CAD文件中，可按文件类型的不同设文书、数据、程序、图形、图像文件等类别。例如，文书文件按字处理文件、表格文件等顺序排列，数据文件按计算、试验、设计等类别进行整理，图形、图像文件按产品型号或分类编号进行排序等。

3. 符合产品生命周期特点

目前市场上主流的CAD软件多从产品生命周期特点出发，设计开发相关功能。整理CAD文件可从其产品生命周期特点出发，按照设计、分析、制造、测试、检验和产品支持的生命周期流程进行整理，便于对CAD文件的再次使用与查看。

4. 编写文件目录系统说明

不管具体采用何种方法整理CAD文件，都需要编写一份文件目录系统说明，介绍文件分类结构和类目名称，按目录结构层次将每一个目录在计算机中的名称与实际名称对应起来，使人一目了然，也便于与纸质档案分类方案相对照。

（二）CAD文件的归档

1. 确定归档范围

CAD文件归档范围的确定可参考纸质文件，将反映设计活动过程与成果、具有查考利用价值的文件列入归档范围。按照全面管理的原则，档案部门不仅要收集重要的电子文件，同时还要收集CAD软件、嵌于产品内部的程序文件、配套的纸质文件、文件管理过程中的登记表等。其中，配套纸质文件是指在CAD过程中形成的仅以纸质形式表达的文件，如软件开发任务书、需求分析说明、系统设计说明书、鉴定及验收报告、更改通知单、签署单等。随着CAD软件技术的发展，3D文件也需要被划入归档范围。但是目前大多数国家图书馆和国家档案馆未遇到数量巨大的3D电子文件，建立3D文档的保管机制不属于其职责范围，公司部门也缺乏管理自身3D资源的管理规定。随着CAD技术的不断发展，归档范围应紧跟技术发展步伐，满足CAD文件的归档需求。

2. 归档方式

CAD电子文件的归档方式一般有两种——物理归档和逻辑归档，可用作归档介质的载体主要有磁带和只读式光盘。针对CAD文件光盘归档工作，国家制定了《CAD电子文件光盘存储、归档与档案管理要求》(GB/T 17678－1999) 系列标准，详细规定了光盘的编号、标签、信息组织形式。归档文件至少一式两套，一套封存保管，一套供查阅使用，必要时还应复制第三套异地保存。在有条件进行网络归档的单位，应将文件直接传送到档案部门的服务器上，保存在经过整理建立起来的目录树下，同时该文件的有关属性数据应进入CAD文件数据库。为安全起见，档案部门仍需制作脱机保存在介质上的备份。

3. 归档时间

总体而言，应根据CAD文件按产品型号或工程项目成套形成的特点决定归档时间。但是由于各类设计活动的性质不同、周期长短不一，为了适时接收有价值的文件归档，还需要根据各类设计活动的不同情况规定CAD文件的具体归档时间。一般来说，对于形成周期不长的CAD文件，可在项目结束后归档；对于形成周期比较长的CAD文件，可在各个工作阶段结束后归档，或者按子项结束时间归档；对于外购设备的随机CAD文件，则应在开箱验收后立即归档。而在设计单位，则一般采用随设计随归档的方式。随着网络的普及以及知识管理观念的加强，CAD文件通过网络实时归档的情况将会越来越普遍。

(三) CAD文件的保存管理

CAD文件在归档之后，并不像其他归档文件一样基本上完成了现行功能，而是依然发挥着很活跃的现行效用，加之CAD文件格式复杂，对于生成系统存在很强的依赖性，这就决定了在CAD文件归档后的一段时间内还应对其采取在线存储的方式进行保存。

1. 确定适当的CAD文件交换标准

CAD文件管理国家标准中并未明确规定CAD电子文件存储格式，但为了便于在各种系统中交换图形图像信息，自20世纪80年代初，国际上已制定了一系列相关的图形和图像文件格式标准。同时，随着三维CAD软件的大量使用，也出现了更为复杂的种类众多的三维模型数据格式。这些格式普遍都非常复杂，需要解决各种不同类型三维模型数据之间的传递和转换问题，以达到在不同环境下三维模型数据的共享和长期保存的目的。典型的3D数据格式包括以下几种。

(1) 产品模型数据交换标准。

产品模型数据交换标准 (STandard for the Exchange of Product model data, STEP) 是国际标准化组织制定的国际统一CAD数据交换标准。所谓产品模型数据是指为了产品在整个生命周期中的应用而全面定义的产品所有数据元素，包括为进行设计、分析、制造、测试、检验和产品支持而全面定义的零部件或构件所需的几何、拓扑、公差、关系、属性和性能等数据。产品模型可以为下达生产任务、直接质量控制、测试以及进行产品支持功能提供全面的信息。在产品数据共享方面，STEP标准提供四个层次的实现方法，其核心部分是由描述产品数据的形式化建模语言 Express 语言规范、STEP 实现方法、集成资源和一致性测试标准四大部分构成的。

资源链接 9-5

STEP 标准

产品模型数据交换标准 STEP 是指国际标准化组织下属技术委员会 TC 184（工业自动化系统技术委员会）制定的《产品数据的表达与交换》（ISO 10303）系列标准。STEP 旨在解决制造业中计算机环境下的设计和制造的数据交换和企业数据共享的问题。STEP 为产品在它的生命周期内规定了唯一的描述和计算机可处理的信息表达形式。这种形式没有系统依赖性，能保证在多种应用和不同系统中的一致性。该标准还允许采用不同的实现技术，便于产品数据的存取、传输和归档。

STEP 标准分为基础设施和信息模型两大部分。基础设施对描述方法、实现方法和一致性测试进行了规定，信息模型则重在对应用协议、应用资源模型和常规资源进行规定。Express 语言是描述方法的核心，可对产品的几何、拓扑、材料、管理信息等进行描述，同时也可记录约束和信息结构。应用协议则是 STEP 产品数据交换的基础。

STEP 标准是可拓展的结果导向型国际标准，且已被证实适用于大规模的工程结构数据。STEP 标准基于 Express 语言，各产业均可拓展使用，这一特点使得 STEP 标准可不断发展。相关工具包可通过 STEP 提供的描述内容建立更为强健持续的系统。

资料来源：The STEP Standard—ISO 10303. [2017-01-17]. http://www.steptools.com/library/standard/.

目前，STEP 标准已经成为国际公认的 CAD 数据文件交换全球统一标准，许多国家都依据 STEP 标准制定了相应的国家标准，STEP 标准在我国的对应标准为《工业自动化系统与集成产品数据的表达与交换》（GB/T 16656）系列标准。

（2）基本图形交换标准。

基本图形交换标准（The Initial Graphics Exchange Specification，IGES）是一套美国国家标准，是产生最早、应用最广的数据标准。IGES 文件将产品的信息定义为实体集合，通过实体描述产品的形状、尺寸以及产品的特性。IGES 作为一种表达产品数据并将其转换成中性文件格式的行业标准，为国际上绝大多数商品化的三维模型软件所采用，与专用的转换软件相比，其在开发和维护方面的优势是明显的，但 IGES 也存在结构复杂、难于转换、文件冗长、数据传输效率较低等问题。

此外，还有 3D XML（eXtensible Markup Language）可扩展标记语言、JT（Jupiter Tessellation）、3D PDF（Portable Document Format）等重要的 3D 格式。

2. CAD 文件的长期保存

目前常用的 CAD 长期保存策略是仿真和迁移。

仿真策略即将软件保存下来，进而实现 CAD 文件的持续可用。仿真的优点为最大限度保存信息，更容易保证文件来源，但难点在于将整个系统保存下来需要得到软件许可，保持现行系统的完整性也非常困难。因此，使用仿真策略保存的 CAD 文件更适合被作为参考文件，难以实现再次使用。

迁移策略分为两种。第一种是将原有 CAD 文件格式转换为新版本，以适应新的 CAD 系统。这种策略实现了 CAD 模型的再次使用，但每一次迁移都需要进行检验，成本高昂，且会在迁移过程中造成数据遗失甚至导致文件改变。当 CAD 文件还处于活跃使用状态下时，可以采取这种迁移策略。第二种迁移策略是将 CAD 文件格式转换为 STEP 或其他标准格式。此种迁移策略只需要两次迁移，数据遗失量有限，但同样有高昂的检验成本。这种策略既实现了长期保存，同时也可以实现再次使用。

四、CAD 文件管理策略

（一）加强协同管理

CAD 电子文件管理工作至少需由四方人员参加，包括主管领导、计算机技术部门、科技部门以及档案部门，这是由 CAD 文件自身的技术特点、专业特点和档案属性所决定的。一般说来，业务管理部门负责整个 CAD 文件管理工作的规划、监督和指导；设计部门对文件形成、积累、整理、归档负直接的责任；系统管理员提供管理技术方面的支持，负责检查、维护文件的完整、系统和安全；而档案人员从文件长期保护的角度参与现行文件的管理，负责非现行 CAD 文件的管理工作，对业务管理部门的工作提出合理化建议，协助、检查设计部门的工作，为系统管理员提供文件管理方面的知识支持。

（二）全面管理

承担 CAD 电子文件及档案管理任务的工作人员，应将与设计过程有关的所有软件以及设计成果文件都纳入管理范围，实行全面管理战略。全面管理有三层含义：第一，CAD 文件不仅包括图形、图像文件，还包括数据、程序、文本文件等，管理工作应以成套 CAD 文件为对象进行整体管理；第二，应保存所有 CAD 文件自身数据及描述文件内容、结构和来源的元数据，反映设计和生产活动的全过程，维护文件的历史联系；第三，对文件自形成开始一直到归档保存、提供利用的全过程都应该施行管理措施。

（三）制定 CAD 文件管理制度

为了保障电子文件策略的实施，机构必须制定一整套关于 CAD 文件管理的制度。为了保证制度的合理、可行、全面，其制定工作应满足以下要求。

1. 以国家有关法律、法规、标准为基准

CAD 文件管理制度首先应符合国家的法律、法规、标准的要求，如《中华人民共和国档案法》《中华人民共和国公司法》《中华人民共和国知识产权法》等，将有关条文具体化，尤其应该以《CAD 文件管理》（GB/T 17825－1999）、《CAD 电子文件光盘存储、归档与档案管理要求》（GB/T 17678－1999）、《CAD 电子文件光盘存储系统的一致性测试》（GB/T 17679－1999）及《电子文件管理系统通用功能要求》（GB/T 29194－2012）等为直接的依据，结合本单位情况贯彻这些标准。此外，还应密切关注《工业自动化系统与集成产品数据的表达与交换》（GB/T 16656）系列标准等与 CAD 文件格式密切相关的标准。

2. 符合本单位生产经营活动及其文件管理的实际

CAD 文件管理制度要从本单位的实际出发，既要考虑生产、经营活动的性质、任务和特点，又要考虑 CAD 文件的种类、内容和形成规律。管理制度应针对形成与管理文件的所有部门，面向所有种类和类型的 CAD 文件。在允许的情况下，对国家或行业的有关规定进行适当的变通，使之更具适用性，而不能生搬硬套。

3. 与企业各项管理制度相衔接

由于 CAD 工作并不是一项完全独立的工作，因而 CAD 文件管理制度也应同有关的生产、科研、经营管理制度在内容上保持一致性和协调性。首先，CAD 文件管理制度应与单位内部机构设置制度相衔接，各单位设计、生产、管理、档案部门设置的模式不同，文件的流向也不尽相同。其次，应与标准化管理制度相衔接，把文件的形成与管理问题纳入标准化管理，使归档文件符合有关标准的要求。最后，CAD 文件管理制度要与计划管理、科技管理、生产管理等管理制度以及岗位责任制、奖惩制度相衔接，将文件管理纳入现行业务管理活动的范围内，借助行政、经济等手段，将 CAD 文件管理工作落到实处。

(四) 通过 CAD 文件管理系统进行管理

CAD 文件管理系统有两种存在形式：第一，CAD 文件管理系统包含在 CAD 设计软件中，是设计软件的一个组成部分，该软件体现文件管理的原则与方法，包含实现文件管理功能需求的模块。这是一种比较理想的模式。第二，CAD 文件管理系统是独立于设计软件而存在的专门管理系统。

无论是采用哪种形式的管理系统，CAD 文件管理系统的功能实际上是由以下几个部分共同承担的：第一，CAD 电子文件形成时所在的系统，一般是 CAD 设计软件；第二，CAD 电子文件处于现行使用期内所在的管理系统；第三，CAD 档案管理系统，即文件归档后所在的管理系统。最理想的做法是将这三个部分集成在同一系统中，既能加强三个工作环节的联系，互换文件数据，又能保持各个部分一定的相对独立性，便于实现 CAD 文件管理策略和管理制度。

基于《电子文件管理系统通用功能要求》（GB/T 29194－2012）的通用要求，无论实际工作单位采用的是何种形式的 CAD 文件管理系统，在文件管理业务方面，该系统都应具备以下功能。

1. 捕获登记：存储和采集信息

在不同的软件和环境中，存储和采集 CAD 文件的重点有所不同。为了使手工设计成果能够为CAD所用，需要将纸质图纸通过数字化手段扫描进CAD系统，扫描后最初得到的文件为二值图像文件，如果设计人员需要复用这些图纸，必须对之进行矢量化处理，使其格式与由CAD系统直接生成的图形文件一致。随着三维CAD软件的普及，CAD文件管理系统多包含在CAD设计软件中，文件的存储和采集在文件生成时依靠软件自动完成。但由于不同软件所使用的格式有所差异，若要实现设计交换，文件管理系统应提供相关格式转换功能，确保文件采集和存储功能的实现。

2. 存储保管：格式转换与版本控制

用不同图形、图像处理程序生成的图形、图像文件，由于格式不同，不能任意交换使用，须使用格式转换软件进行转换后才可以使用。为了便于CAD图样的对内对外交流，文件管理系统应采用质量较高的格式转换软件。对于归档的电子文件应提供光盘存储与检索，光盘的内容、格式应遵守《CAD电子文件光盘存储、归档与档案管理要求　第二部分：光盘信息组织结构》(GB/T 17678.2－1999）的要求。在转换时，文件系统应记录格式转换的相关数据信息，包括原始格式、新格式、转换时间等内容。

CAD是一项具有创造性的脑力劳动，在文件形成阶段，为了避免系统自动用最后一次形成的文件覆盖以前的版本，系统应提供版本管理功能，对于处于变更状态中的文件，根据设计人员的需要，将不同的设计方案存成不同的版本。在确立最终版本后，可以将无用的版本删除。为了真实地记录文件形成与更改的过程及成果，系统应留存更改后的最终版本以及历次更改信息。为此，可以根据需要，每一次更改都形成一个版本，或是采用将更改通知单与CAD文件中被更改处链接的手段。

3. 检索利用：提供快速、便捷的检索

为了便于检索，需要为CAD图形文件建立属性数据库，并与图形库建立链接，用户可从文件名、标题、作者、项目号、日期等角度查询所需信息，如果一份文件存在多种载体形态，应在各种载体文件之间建立起对应的查找手段。

案例 9－9　3D结构模型保管中心：PROBADO 3D

该项目成立于2006年2月，3D结构模型保管中心作为该项目机构德国数字图书馆的一个分支，设在德国国家科学技术图书馆（Germany National Library Of Science and Technology)。项目主要宗旨是将通用的各类文件与现有的数字图书馆工作流程集成。PROBADO保管中心建立了结构数据与非结构数据（3D结构）的检索途径。PROBADO应用系统包括三个层面，即存储层、核心层、展示层。PROBADO项目已经初步形成了针对3D结构数据的基于内容的自动化策略。

资料来源：PROBADO3D－Towards an Automatic Multimedia Indexing Workflow for Architectural 3D Models. [2017－01－17]. http://elpub.scix.net/data/works/att/107_elpub2010.content.pdf.

【小结】

本章从文件管理的角度，结合电子邮件、数据库、网站技术、CAD系统分别介绍了几类专门电子文件的管理问题。公务电子邮件是文件家族中的新成员，本章结合其自身特点和管理难点，阐明了其管理的关键环节和管理策略。数据库电子文件的管理需要在理解其概念的基础上，了解数据库中的关系模式、表、视图、索引、快照等数据对象，以及数据库管理系统提供的数据字典、日志管理等管理工具，提出数据库电子文件的管理策略。在网站文件管理方面，本章在梳理网站类型的基础上提出了网站文件管理的要点，并就网站文件的归档管理和保存方法进行了专门讲解。CAD文件已成为现代企业常见的专门电子文件，本章结合科技档案管理的基本思想讲解了CAD文件的形成、整理、归档与保存等核心环节。

【思考与练习】

1. 如何理解电子邮件的信息结构?

2. 公务电子邮件的管理特点有哪些?

3. 你认为公务电子邮件的管理难点是什么?

4. 如果你是一个行政机构的信息主管，你将如何制定本机构的邮件管理政策?

5. 数据库电子文件的管理思路是什么? 谈一谈你倾向于哪种思路并说明理由。

6. 数据库中的数据对象有哪些类别?

7. 如何利用数据库环境中已有的管理工具为数据库电子文件管理服务?

8. 如何从“动”“静”角度来分析一个具体网站的类型，如www.ruc.edu.cn?

9. 如果你是中国人民大学档案馆馆长，请问你将如何确定www.ruc.edu.cn归档要点?

10. 试述网站电子文件的归档模式。

11. 如何理解CAD文件的特点?

12. 为便于CAD文件的管理，在其形成阶段应注意哪些环节?

13. 如何进行CAD文件的保存工作?

【参考文献】

1. 刘越男，周杰，李竞谊，等．国外典型电子邮件管理政策比较研究．档案学研究，2013（2）：70－79.

2. 肖妍．议电子邮件管理政策的制定．山西档案，2005（1）：32－34.

3. 仇壮丽．网站归档研究．档案与建设，2006（1）：7－8.

4. 杨道玲．归档网络文献的选择策略．图书馆杂志，2006（3）：26－30.

5. 刘兰，吴振新，向菁，等．网络信息资源保存开源软件综述．现代图书情报技术，2009（5）：11－17.

6. 吴振新，曲云鹏，李成文，等．基于开源软件搭建网络信息资源采集与保存平台．现代图书情报技术，2009（7）：6－10.

7. Bernstein A. Database Preservation：The International Challenge and the Swiss Solution. [2017－07－30]. http：//citeseerx. ist. psu. edu/viewdoc/download?doi=10. 1. 1. 363. 7785&rep=rep1&type=pdf.

8. SIARD（Software Independent Archiving of Relational Databases）Version1. 0. [2017－01－17]. http：//www. digitalpreservation. gov/formats/fdd/fdd000426. shtml.

9. van Essen M，de Rooij M，Roberts B，van den Dobbelsteen M. Database Preservation Case Study：Review. National Archives of Netherlands，2011.

10. Leverandϕrmϕde. SIARD 2. 0—Database Preservation Toolkit－Database Visualization Toolkit. European Archival Records and Knowledge Preservation.（2016－11－10）[2017－01－17]. https：//www. sa. dk/wp－content/uploads/2016/11/2016. 11. 10-Leverand% C3% B8rm% C3% B8de-Status-for-arbejdet-i-E-ARK. pdf.

11. Lindley A. Database Preservation Evaluation Report－SIARD vs. CHRONOS//10th International Conference on Preservation of Digital Objects，2013：71－96.

12. eCH-0165 SIARD Format Specification 2. 0（Draft）.（2015－07－04）[2017－01－17]. http：//www. eark-project. com/resources/specificationdocs/32-specification-for-siard-format-v20/file.

13. A Policy for Keeping Records of Web-Based Activity in the Commonwealth Government and Guidelines for Keeping Records of Web-based Activity in the Commonwealth Government. [2017－01－17]. http：//www. . naa. gov. au/recordkeeping/er/web _ records/intro. html.

14. Fröhlich A. White Paper：3D Formats in the Field of Engineering-A Comparison.（2013）[2017－07－30]. https：//www. prostep. com/fileadmin/user _ upload/prostep/Dokumente/Whitepaper/Whitepaper _ EN/Summary _ Whitepaper _ 3D _ Formats. pdf.

15. Ball A. Preserving Computer-Aided Design（CAD）.（2016－07－26）[2017－01－17]. http：//opus. bath. ac. uk/36456/1/ball _ preserving _ cad _ slides. pdf.

16. State Records Authority of New South Wales. Policy on electronic messages as records.（1998－04）[2013－01－06]. http：//www. records. nsw. gov. au/record keeping/government-recordkeeping-manual/documents/recordkeeping-policies/Policy% 20on% 20Electronic%20Messages%20as%20Records. pdf.

17. Huth G. Managing E-Mail Effectively.（2002）[2013－01－06]. http：//www. archives. nysed. gov/a/records/mr _ pub62. pdf.

18. National Archive of Malaysia. Managing Electronic Records in the Unstructured Environment. [2013-01-06]. http://www.arkib.gov.my/borang/unstructured_eng.pdf.

19. The National Archives of U. K. Guidelines on Developing a Policy for Managing Email (2004) [2013-01-06]. http://www.nationalarchives.gov.uk/information-management/manage-information/policy-process/managing-email/.

20. United Nations Archives and Records Management Section. Managing emails as Records. (2006) [2017-07-30]. https://archives.un.org/content/managing-emails-records.

21. Library and Archives Canada. Email Management Guidelines - Roadmap. (2008-08-21) [2017-07-30]. http://www.collectionscanada.gc.ca/obj/007001/f2/007001-6306-e.pdf.

22. Svenskawebbsidor-Kulturarw3. [2016-02-28]. http://www.kb.se/om/projekt/ Svenska-webbsidor-Kulturarw3.

23. Government of Canada Web Archive: FAQ. (2007-08-30) [2016-02-28]. http://www.collectionscanada.gc.ca/webarchives/faq/index-e.html.

24. PANDORA Australia's Web Archive: About Pandora. (2013-05-28) [2016-02-28]. http://pandora.nla.gov.au/about.html.

25. Web-Based Government Information: Evaluating Solutions for Capture, Curation, and Preservation. (2003-09) [2016-02-28]. http://www.cdlib.org/services/uc3/docs/Web-based_archiving_mellon_Final.pdf.

26. Archived Web Sites. [2016-02-28]. https://www.loc.gov/websites/collections/.

第十章
电子文件管理系统

【本章要点】

1. 电子文件管理系统的概念与系统定位
2. ERMS 与档案辅助管理系统的区别
3. ERMS 的实现方式
4. ERMS 的主要功能
5. ERMS 开发原则
6. ERMS 建设过程

电子文件的管理是一项复杂而艰巨的任务，已有的研究和实践证明，对于电子文件的管理仅仅依靠传统管理的经验是远远不够的。由于电子文件本身的特性，需要在管理理念、管理模式、管理方法、管理程序等诸多方面进行创新；更由于电子文件的技术依赖性，需要将相关的技术要求融入电子文件的管理活动之中。为保证电子文件真实性、完整性、可用性和安全性管理目标的实现，需要对其进行复杂的管理活动。对电子文件管理的各项原则和具体要求最终将在计算机系统中实现，即电子文件管理系统。

第一节 电子文件管理系统概述

一、概念

电子文件管理系统（Electronic Records Management System，ERMS）是机关、团体、企事业单位和其他组织用来对电子文件的识别、捕获、存储、维护、利用和处置等进行管理和控制的信息系统。ERMS 主要应用于电子文件形成单位，是旨在捕获电子文件并实施维护、利用和处置的专业系统。澳大利亚国家档案馆认为ERMS是“管理电子文件的创建、利用、维护和处置，从而为业务活动提供证据的自动化系统。这个系统维护了适当的背景（元数据），以支持文件的证据价值”①。

ERMS在本质上是文件管理在系统层面的体现，它既可以是一个相对独立的系统，也可以是业务信息系统的子系统。从广义上讲，ERMS可以管理各种形式的文件，包括电子文件、纸质文件、缩微等多种形式。ERMS通常是在机构内部使用的，涵盖了与文件、档案管理相关的技术、管理、法律、标准、人员等因素，能保证电子文件的行政有效性和法律证据性。ERMS完整地提供了捕获、著录、鉴定、处置、检索、提供利用、审计等管理功能，是以实现文件、档案的科学管理和高效利用为目的的信息系统。

二、系统定位

在电子文件生命周期中涉及多类系统，综合管理阶段与管理要求的不同，一般可进行如下划分。

（一）业务系统

业务系统（business system，BS）是创建、保存、处理并为机构业务信息提供访问的自动化系统，包括办公自动化系统、电子商务系统、财务管理系统、地理空间数据系统、客户关系管理系统、人力资源管理系统等多种形式。BS中的文档管理模块也往往被称为电子文档管理系统（EDMS）。EDMS往往侧重于电子文件形成阶段的管理，关注文件生成、流通管理、版本控制、业务协同等功能。许多EDMS设计的目的仅仅是支持和满足当前业务活动对信息的需求，功能有限，主要用来保存与业务交流相关的当前文档，不具备有效的文件管理功能。因而，这些文件需要被捕获进专门的ERMS才能确保其文件价值。

（二）电子文件管理系统

ERMS负责管理为了维护文件的证据价值而进行的有效控制的过程。在生命周期的尺度上，可以认为ERMS主要关注电子文件现行阶段和半现行阶段的管理活动，包括电子文件的捕获登记、分类、统计、检索利用、存储、处置等环节。根据《信息与文献　文件管理　第1部分：通则》（GB/T 26162.1－2010），ERMS的作用主要包括：

- 集中可能分散在中央数据库、共享目录或者个人桌面的业务凭证信息，实

---

① National Archives of Australia. Functional Specifications for Electronic Records Management Systems Software.（2006－02）［2017－07－30］. http://moreq2.eu/attachments/article/207/ERMSspecifications_tcm2－1007.pdf.

现统一存储，消除信息不一致及不必要的重复保存；

- 以可审计的方式维护业务活动的真实凭证，通过对文件之间、文件及其元数据关联的维护确保业务凭证的可理解性，降低机构对纸质文件的依赖；
- 随时满足业务工作或者法律诉讼对业务凭证信息的利用需求；
- 禁止电子文件及其元数据获得未授权访问、改动和删除，实现业务信息的安全控制；
- 支持灾难恢复，保护机构的核心信息资产；
- 实现部分文件管理流程的自动化，提高文件管理效率；
- 通过与业务系统的有效集成，支持业务流程的规范化运作和对相关信息的及时利用，提升业务效率；
- 替换（升级）或集成现有档案管理系统，实现对机构电子和纸质形式的文件、档案的集中管理和统一利用；
- 按照规范要求输出可信数字档案，为电子文件的长期保存打下基础。

（三）电子文件长期保存系统

电子文件的长期保存系统属于可信数字仓储（trusted digital repository，TDR）的范畴，致力于解决电子文件信息以正确和可被独立理解的方式长期保存下来的问题，其核心功能是真实长久地保存馆藏数字档案资源，重点在于电子文件非现行期的长期保存和管理问题。

在实际环境和软件产品中，这三类系统并非完全独立存在，时常出现合并的情况。国际文档管理软件市场中就常有 EDMS/ERMS（或者叫 EDRMS）类的软件产品。国际文件管理者协会还专门发布了 EDMS 和 ERMS 的集成管理系统框架报告。① 目前在国际范围内，EDMS 与 ERMS 的技术、规范、标准相对比较成熟，也有许多成熟的软件产品可供选择。

三、电子文件管理系统与档案计算机辅助管理系统的区别

目前我国不少机构使用的系统是档案计算机辅助管理系统，这类系统和 ERMS 有非常明显的区别，并不具备核心的管理电子文件的能力。对两者加以比较，可以更清晰地认识 ERMS。

档案计算机辅助管理系统是利用计算机的数据处理能力，对档案编目、整理、检索、利用、编研和保管等工作进行辅助管理的工具。这类系统的管理模式建立在手工管理的基础上，管理环节仍然是收集、整理、鉴定、保管、统计、提供利用等。其主要功能包括：(1) 档案数据的录入，将著录得到的档案二次文献通过键盘输入到计算机内部，或利用扫描技术将档案全文数字化；(2) 档案数据

① A Framework for EDMS/ERMS Integration. [2017－01－20]. http://www.arma.org/bookstore/files/Sprehe.pdf.

的存储和管理；（3）档案数据的编目、立卷、统计；（4）档案目录或全文的检索；（5）档案信息的输出等。

档案计算机辅助管理系统和 ERMS 的区别主要表现在如下方面。

（一）管理对象不同

首先，管理对象的种类不同。档案计算机辅助管理系统的管理对象主要是档案目录信息以及纸质档案扫描后的数字版本。而 ERMS 则主要管理电子文件及其元数据，可以包括归档文件和那些不在归档范围内的文件。当然，ERMS 也可以用来管理纸质文件以及其他各种载体形态的文件。

其次，管理对象的性质不同。档案计算机辅助管理系统主要管理经过著录标引得到的二次文献和经过扫描得到的档案材料的数字文本。由于纸质原件的存在，档案计算机辅助管理系统中保存的信息一般不具有，也不需要具有法律凭证地位。而 ERMS 的管理对象则是从产生、流转到归档的全部过程都以数字代码形式存在的电子文件，作为机构职能活动的原始记录，电子文件具有行政有效性和法律凭证性。

最后，管理对象的构成不同。ERMS 中的管理对象由内容、结构和背景信息组成。结构和背景信息主要体现为元数据，这些元数据除了辅助检索，还能够说明文件所参与的业务活动、文件和文件之间的联系，证明文件的真实性和完整性等。档案计算机辅助管理系统的管理对象主要是档案的二次文献——目录，目录中的条目由传统档案著录项目组成。传统档案著录项目的构成和电子文件元数据项目的构成存在很大的区别，而且其基本作用是支持检索，缺乏对文件结构和背景信息的充分描述，无法满足电子文件元数据管理的范围和技术要求。

（二）管理阶段不同

档案计算机辅助管理系统关注文件的半现行期和非现行期，主要在机构档案部门或档案馆使用。而 ERMS 不仅支持文件归档之后的管理，而且支持文件的产生、捕获、归档等操作，主要使用者为文件形成机构。ERMS 可以同时在机构业务部门及档案部门中使用。

（三）主要功能不同

档案计算机辅助管理系统是手工管理的辅助系统，以数据库技术为基础，能实现档案数据的录入、存储、检索和利用等功能。ERMS 功能更加全面和深入，支持工作流的定义和监控，支持自动捕获电子文件及其相关元数据，自动或半自动地鉴定和处置文件，进行日志管理和审计追踪等。

（四）技术水平不同

档案计算机辅助管理系统功能主要集中于数据登录和报表打印，很难自动完成某项功能。ERMS 的技术水平则较高，往往能够自动或半自动地执行某些操作，不仅降低了人工操作的随意性和主观性，也减少了人机交互的延时和低效，最为重要的是完成了人工无法完成的某些工作，比如自动捕获文件及其元数据、自动鉴定等。ERMS 的技术先进性还表现在 ERMS 和机构业务信息系统的集成上，档案计算机辅助管理系统和各业务系统一般是彼此独立的，而 ERMS 则能够直接捕获管理产生于机构业务系统（包括不断实施的新的业务系统）中的电子文件。

四、电子文件管理系统的实现方式

从理论上讲，对电子文件的管理应当本着前端控制的原则，在电子文件形成时就实施捕获，并据此实施全生命周期的控制与管理，这需要 ERMS 与前端业务系统之间存在非常密切的整合与互动。事实上，由于受到信息化发展水平、业务类型、文档机构等因素的影响，ERMS 存在多种不同的实现方式。

（一）实现方式考虑要点

机构应首先确定 ERMS 的开发方式是自行开发、外包开发还是直接购买商业软件。在选择 ERMS 实现方式时，机构应该考虑以下因素：

- 成本投入。相比起来，自行开发、外包开发和直接购买商业软件的成本依次下降。
- 所需的技术团队及其水平。主要考察机构内部 IT 团队开发能力、开发经验。
- 现有系统类型。包括机构管理信息系统异构程度，在已有系统基础上更新或集成开发的难易程度、开发周期等。
- 特有功能需求。即机构所建 ERMS 的个性化/客户化水平。
- 安全保密等级。即机构所建 ERMS 及其保存的文件的涉密程度，包括国家秘密、机构秘密和敏感信息。
- ERMS 建设周期。

（二）具体实现方式

一般根据 ERMS 与前端业务系统的关系，包括接口、功能模块分布与耦合强弱、交换资源颗粒度（如文件与元数据）方面的不同表现，将 ERMS 的实现方式划分为独立式、嵌入式、整合式、邦联式等类型（见图 10－1）。

1. 独立式

独立式指 ERMS 相对独立于形成文件的各个业务系统，后者可通过应用程序接口（API）向 ERMS 输出文件及其元数据，文件及其元数据集中于 ERMS 保存管理。

独立式并不意味着电子文件在管理上各行其是，而是依据系统的现实情况所采取的实现方式。独立式同样需要遵循全程管理的原则，只是对于业务系统文件管理的要求采取“黑盒模式”。ERMS 在系统功能上与业务系统进行协调，主要表现为接口规范上的要求，而不直接影响业务系统内部的技术框架。如此，业务系统可以通过完善内部功能，尤其是对需归档的电子文件的格式选择和元数据方案进行调整来满足接口规范的要求。因而在独立式环境中，电子文件的真实性、完整性首先是由业务系统自身来负责的。

2. 嵌入式

所谓嵌入式，是以机构内部产生电子文件的业务系统为母体，ERMS 嵌入业务系统中成为其子模块，从而将电子文件管理的功能和技术措施嵌入其中，在业务系统内部实现电子文件及其元数据的捕获、维护和处置。比如财务管理系统、人事管理系统中自带的文件（档案）管理模块，嵌入到邮件系统中的电子邮件归档管理软件等。

3. 整合式

ERMS 分为两个部分，一部分嵌入到业务系统中，实时捕获文件及其元数据；另一部分则集中保管维护文件及其元数据。基于这种实现方式的 ERMS 包括两个部分，嵌入业务信息系统的电子文件管理功能称为 ERMS 业务员端，在机构档案部门运行的专业管理系统称为 ERMS 的文件管理员端。ERMS 的业务员端可以执行文档的生成、元数据的捕获、文档的登记、鉴定等功能，肩负着以恰当的格式，在恰当的时间，归档恰当的文件的任务；ERMS 的文件管理员端则执行登记、鉴定、归档的辅助功能，以及电子文件的整理、检索、处置、利用、统计、报表制作、迁移等功能，肩负着集中存储和管理电子文件的任务。

整合式 ERMS 的两个部分是紧耦合的关系，其间存在频繁的双向交互。ERMS 的业务员端将文件登记传输至文件管理员端，文件管理员端则为业务活动中的文件查询和利用提供支持。

整合式是针对机构原有信息系统难以满足电子文件管理需求，而又不适合长期集中保管电子文件的现状而提出的。其中，业务信息系统的电子文件管理功能的完善至关重要，它能保证业务信息系统生成合格的电子文件，及时捕获重要元数据，并及时归档电子文件。

4. 邦联式

在邦联式中，文件实体物理分散保存在各业务系统中，文件元数据则被集中存储于 ERMS。由 ERMS 负责维护元数据和文件之间的关联，实现对电子文件的逻辑集中管理。

5. 跨机构的 ERMS 实现方式

对于企业集团或者区域范围的党政机关，可能存在多机构部署同一套 ERMS 的情况，即一家单位统一指定或采购一套 ERMS，在多家单位统一应用实施。比如由集团公司、区域性档案部门统一指定、采购或建设 ERMS。ERMS 的统一指定方、统一采购方或统一建设方，要充分调研下属单位的需求，保证其个性化需求得到满足。作为 ERMS 的用户单位，机构应充分掌握特定部署模式下的优缺点，按照上级部门的总体规划，制订实施本单位的工作计划。跨机构 ERMS 的部署模式包括：

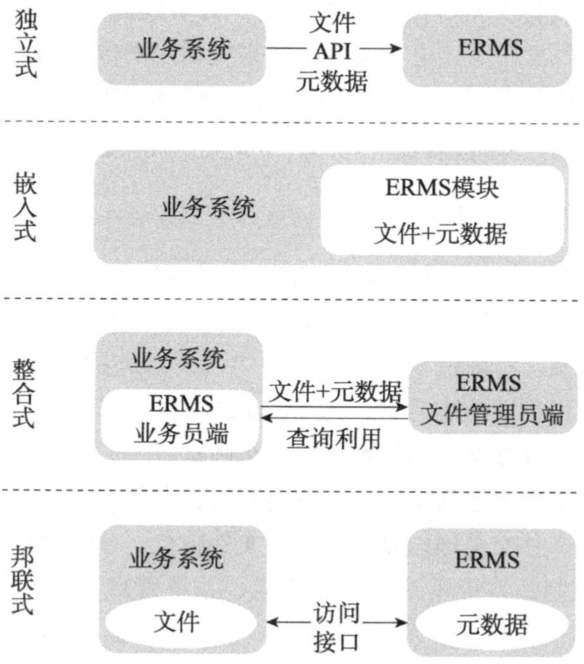

图 10-1　ERMS 实现方式

（1）分散式。

各机构自行部署 ERMS，包括自行二次开发、实施和维护系统。

（2）分布式。

在多个机构范围内统一建设 ERMS，但是由于地理、安全、利用等方面的考虑，数据分布存储于多地。如元数据集中存储于总部，二级单位保存本地及管辖范围内三级单位的文件及其元数据，三级分支单位一般不保存数据。

（3）集中式。

由一家机构统一规划、采购、安装、运行和维护一定范围内的多家机构的 ERMS，软硬件集中部署，数据集中存储。系统建设方可以借助云服务的方式向各个用户单位提供 ERMS 存储、平台和（或）应用服务。

第二节　电子文件管理系统的主要功能

一、典型 ERMS 功能需求标准

由于系统功能需求的重要性，世界上的主要国家和地区都已经或正在展开相关规范的研制工作，像美国、欧盟、澳大利亚等研发此类标准已有十余年的历史，目前我国也已经发布了《电子文件管理系统通用功能要求》（GB/T 29194－2012）用于指导机构的ERMS建设。下面对几项典型ERMS功能需求标准进行阐述。

（一）DoD 5015.2－STD

《电子文件管理软件应用系统设计标准》（DoD 5015.2－STD）是由美国国防部颁布的。该标准自1997年首次公布后，已经成为北美地区政府机构文档管理软件功能的事实标准。目前最新版本是2007年5月颁布的第三版。

标准正文包括强制性功能需求、选择性功能需求、密级文件管理需求，2007年版又增加了电子文件移交、遵从隐私权法案两章。

强制性功能需求主要包括实施文件分类方案、文件保管期限、文件声明与归档、电子邮件归档、移交美国国家档案馆的文件归档、存储文件、重要文件的保存和管理、存取控制、系统审计、产品集成、系统管理要求、其他基本要求等12个方面。

选择性功能需求包括电子文件的获取和利用活动所规定的功能需求、其他有效的功能需求、检索和发现、存取控制4个方面，可被粗略划分为技术环境、性能、辅助功能等。技术环境需求包括对硬件、操作系统、协议等问题的建议；性能需求包括大负荷处理能力、与其他通用办公软件的接口要求等；辅助功能需求包括图像处理、传真、条形码、在线帮助和多格式浏览等方面。

密级文件管理需求描述了密级文件管理的相关元数据管理要求，提供了密级的划分、升级、降级等功能。

（二）MoReq 系列

《电子文件管理通用需求》（MoReq）是欧盟地区的电子文件功能需求规范。MoReq需求报告在2001年正式发布，2007年发布MoReq 2，之后又发布了MoReq 2010，本教材主要介绍MoReq 2。由于MoReq 2是在欧盟这样一个由多个国家组成的联合体范围内施行的，涵盖不同文化和管理传统，因此，通用性是MoReq 2的主要特点之一。为照顾各地区在实施时进行个性化设置，MoReq 2在本地化时可设置“第0章”明确这些个性需求。

MoReq 2规范适用于希望引入ERMS或是希望评估现有系统性能的各类机构，它设想的ERMS用户不仅包括系统管理员、文件管理者、档案人员，还包括将产生、接收和检索文件作为日常工作一部分的业务人员。MoReq 2包括13章和9个附录，主体内容可划分为功能需求、其他功能需求、性能需求、元数据需求等（见表10－1）。

表 10-1　　**MoReq 2 需求报告结构简析**

一级	二级	需求数量
分类方案和案卷组织	配置分类方案	26
	类目和案卷	17
	子卷和册	19
	维护分类方案	29
控制与安全	利用	24
	审计追踪	16
	备份和恢复	5
	重要文件	5
保管和处置	保管和处置期限表	43
	处置复审	8
	移交、导出和销毁	24
文件捕获与登记	捕获	41
	批量输入	8
	电子邮件管理	18
	文件类型	5
	扫描与成像	23
参照	分类代码	10
	系统识别符	6
查询、检索和显示	查询和检索	33
	显示：显示文件	3
	显示：打印	19
	显示：其他	1
管理功能	总体管理	5
	报表	34
	文件修改、删除和编辑	20
可选模块	物理案卷的管理	24
	物理文件的处置	4
	文件管理和协同工作	33
	工作流	44
	案例活动	19
	与内容管理系统的集成	11
	电子签名	10
	加密	5
	数字版权管理	8
	分布式系统	17
	脱机和远程作业	12
	集成传真	10
	安全类型	29

续前表

一级	二级	需求数量
非功能性需求	易用性	34
	性能和可扩展性	9
	系统可用性	5
	技术标准	6
	法规要求	4
	外包和第三方数据管理	15
	长期保存和技术淘汰	17
	业务流程	11
元数据要求	原则	1
	一般元数据要求	24
总计		794

（三）ISO 16175

2006年，国际档案理事会（ICA）制定了《电子办公环境中的文件管理原则与功能需求规范》。该规范的主要目标是为电子办公环境中文件生成和管理软件制定全球统一的管理指南与功能需求。目前，该规范系列已被接纳为ISO 16175。规范共分为三部分。

第一部分：原则概述。包括背景信息、适用机构、基本原则和附录。本部分介绍规范的研究范围与研究目标、适用范围、结构，以及该规范的实施问题，如电子业务信息管理成功案例的构成要素、实施的风险问题、经济和组织保障等。

第二部分：ERMS管理指南与功能需求。本部分全面阐述了核心的、可选择的功能需求、应用指南和测评表。本部分主要从文件的生成、维护、提供利用和管理四个方面详细展开。主要的功能需求通过捕获、识别、分类、文件真实性和可靠性管理、混合文件管理、文件保存与处置、查找检索与利用、系统管理8个功能模块详细介绍。

第三部分：业务系统中文件管理指南与功能需求。本部分通过文件生成背景，管理和维护文件，支持系统输入、输出和互操作功能，根据需求保存和处置文件4个模块对业务系统中的电子文件管理功能需求进行介绍和描述。

（四）ISO 15489

《信息和文献　文件管理》（ISO 15489）是目前国际上公认的最佳规范和实践指南，目前已被我国采标，标准号是GB/T 26162.1－2010。ISO 15489代表着国际上文件管理理论与实践研究的最高水平，自2001年9月正式发布后，已经有澳大利亚、保加利亚、丹麦、法国、日本、马来西亚等二十多个国家先后予以采标，被翻译成十多种语言，在世界范围内呈现出普遍应用的趋势。

ISO 15489对于文件管理的政策制定、文件管理活动和文件管理的系统设计都具有直接的指导意义，在许多ERMS的标准项目中也发挥了基础标准的作用。

这些标准大多引用了 ISO 15489 关于文件属性和文件管理系统属性的定义，采用了 ISO 15489 推荐的文件管理系统设计与实施方法论作为文件管理功能要求分析的依据。

（五）《电子文件管理系统通用功能要求》

我国于 2012 年颁发了国家标准《电子文件管理系统通用功能要求》（GB/T 29194－2012），规定了 ERMS 的通用功能要求。标准按照文件配置管理功能、文件管理业务功能、安全管理功能、系统管理功能对 ERMS 的基本功能进行划分。其中，文件配置管理功能是建立和维护文件管理业务规范的功能，包括分类方案、保管期限与处置表、元数据方案、文件类型等内容；文件管理业务功能主要基于电子文件管理业务流程展开，包括捕获登记、分类组织、鉴定处置、统计管理、存储保管、检索利用等内容；安全管理功能是保护电子文件以及系统安全的功能；系统管理功能包括基本环境支撑、工具支撑等内容（见图 10－2）。本教材基本按照 GB/T 29194 提供的功能模块对 ERMS 的功能进行基本介绍。

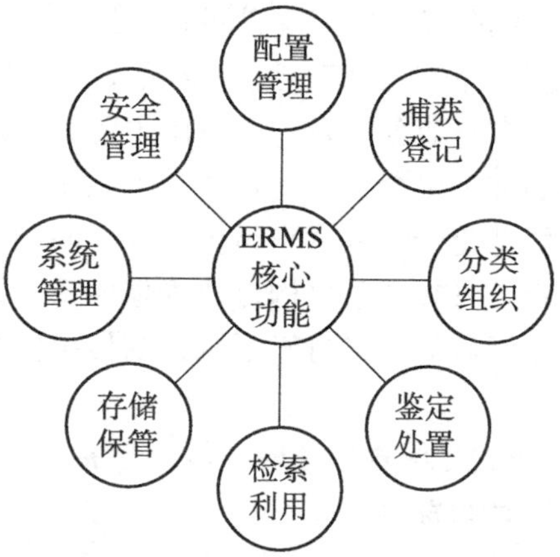

图 10－2　ERMS 系统功能结构参考示意图

资源链接 10－1

电子文件管理系统功能需求规范

1993—1996 年戴维·比尔曼在美国匹兹堡大学主持的“电子文件管理需求实现过程中的变量”研究项目，1994—1997 年露西安娜·杜兰蒂在加拿大不列颠哥伦比亚大学主持的“保护电子文件的完整性”研究项目（简称 UBC 项目），以及她在 UBC 项目成果基础上主持的电子系统中文件真实性永久保障国际合作项目，都以 ERMS 功能需求为重要研究对象，对于标准起到了重要的理论支撑作用。

全世界已有多个国家、地区指定了 ERMS 功能需求规范，比较有影响力的规范包括美国国防部的《电子文件管理软件应用系统设计标准》（DoD 5015.2-STD）、欧盟的《电子文件管理通用需求》（MoReq 1/2/2010）、英国的《电子文件管理系统功能需求规范》(TNA 2002) 等。此外，国际档案理事会、澳大拉西亚数字保管动议 (ADRI)、影像和信息管理协会 (AIIM)、国际文件管理者协会 (ARMA) 等国际组织也都制定了类似标准，如国际档案理事会的《电子办公环境中的文件管理原则与功能需求规范》等。

总体来看，制定 ERMS 功能需求规范最初只是个别国家的探索，21 世纪后成为众多国家、地区、组织的普遍行为，2008 年左右达到高潮阶段。

资料来源：刘越男．提升电子文件管理系统质量的路径分析．档案学研究，2010 (5)：82－86.

二、配置管理

（一）分类方案的配置与管理

文件分类方案是一个方便文件捕获、命名、检索、维护和处置的等级式分类工具。分类方案是电子文件管理业务的基础，ERMS 应支持机构建立和维护符合自身实际的分类方案，依据分类方案对文件进行系统的标识和整理。

在 ERMS 实施过程中，分类方案有助于保持文件之间的天然联系。机构在进行文件分类时应该考虑自身业务需要，可采用主题分类或职能分类方案。主题分类方案允许相关主题的文件组合在一起，即一个主题下的相关业务活动产生的文件组合在一起，如按照特定资产或客户组织文件。职能分类方案通过分析机构特定业务活动和职能制定，可独立于机构行政管理体系，因为机构部门和结构会随时间的变化而改变。职能分类方案打破了机构的传统信息模式，使文件的保存和销毁变得相对简单。

ERMS 应支持对机构分类方案的管理功能，包括创建、维护、修改、删除、自动编号、导入导出、审计跟踪等。

（二）保管期限表的配置与管理

保管期限表是以表册形式规定文件保管期限的正式工具。档案领域通常使用保管期限表确定档案的留存期限。保管期限表的制定应参照国家档案局颁布的《机关文件材料归档范围和文书档案保管期限规定》(国家档案局令第 8 号) 以及国家和行业的相关规范进行。保管期限表应保持相对稳定，不宜频繁变动。机构应根据自身管理实际选择特定的文件层次来设定保管期限，如类、案卷、文件类型、组合文件等。在实际应用中，有时还会将处置表与保管期限表进行有机合并，便于 ERMS 系统使用。

ERMS 应支持对电子文件管理中涉及的保管期限表及其相关的处置表的管理，提供包括创建、维护、修改、导入导出等在内的较为完整的管理功能。

（三）元数据方案的配置与管理

元数据是描述文件的背景、内容、结构及其整个管理过程的数据。它既是

ERMS重要的管理对象，又是ERMS管理文件的基本工具。元数据管理有助于保证电子文件的真实性、完整性、可靠性、可用性，保障电子文件的证据特性，便于对电子文件的理解、管理、交换和利用，是电子文件管理中必不可少的一部分。ERMS应支持使用元数据来描述文件，以支持自动管理程序，并维护电子文件的真实、完整、可用和安全。

元数据方案是元数据元素的集合，如档案行业标准《文书类电子文件元数据方案》（DA/T 46－2009）就是文书类电子文件管理相关的近百个元数据元素的集合。ERMS本身支持对各类元数据方案的创建和维护，包括元数据元素的定义和维护、元数据捕获、元数据的完整性和有效性检验等。元数据不是一次性捕获或填写完成的，而是ERMS随着文件生命周期的发展不断积累的。

三、捕获登记

（一）捕获登记的概念

捕获是将在业务活动过程中生成或接收到的文档作为文件与其元数据一起保存到ERMS中的过程。登记的主要目的是证明文件已经形成并进入到文件系统中，登记时会记录下简短的著录信息，并分配给文件一个系统唯一的标识符。登记标志着该文档正式进入到文件系统中，有利于文件的检索。往往捕获前的文档还可进行变更，但一旦完成捕获登记，则文档不可变更。

捕获常与登记、归档等词汇同时使用，但是这三个术语各有侧重。捕获强调系统后台的功能，强调特定文件及其元数据从系统环境中的自动获取；登记则是以用户可见的形式收集无法自动捕获的信息，往往在此环节赋予其唯一标识符；归档则和传统档案管理比较吻合，突出将归档范围内的文件送交至ERMS的含义。

（二）捕获的功能

将文件捕获到ERMS中有以下三重目的，即建立文件与文件形成者、文件形成业务背景之间的联系，确定文件在文件系统中的位置及其相互关系，建立文件与其他文件间的联系。

捕获登记一般可包括三个子功能：一是成功捕获电子文件及其元数据；二是按照标准格式对电子文件进行格式转换；三是为文件分配唯一的标识符，并将文件保存在合适的系统中和安全的载体上。合适的系统一般是指ERMS，而非文件生成系统。对电子文件管理来说，稳妥安全的物理存储是必需的，这是保证文件真实和可靠的基本前提。

（三）捕获的形式

ERMS捕获的文件多数来源于机构的其他业务系统，因而在实际中会因为系统之间的耦合程度、数量规模、文件来源等产生不同的捕获形式。根据捕获过程中人工参与的程度，捕获可分为自动捕获与人工捕获。自动捕获适用于 ERMS 与业务系统集成较好的机构，可通过预定义的捕获途径，自动识别文件类型、分类号、责任者等重要元数据。信息化程度较高的机构可采取自动捕获的方式从办公自动化系统、邮件系统等系统中捕获文件。根据捕获文件数量的规模，存在批量捕获的形式。ERMS 通常从兼容的业务系统、其他 ERMS 系统、兼容的数字化扫描系统或成像系统中批量导入捕获文件。

（四）捕获的要求

捕获不是简单的文件转移，为保证捕获文件的真实、完整，捕获过程应遵循如下基本要求。

1. 捕获过程具有控制功能

一般而言，捕获的电子文件都应是某事务办理完毕后的原始记录，在内容上应处于固化状态，不允许非法变更。个别重要文件需要捕获修改阶段的不同版本，但就特定版本的文件本身而言，在 ERMS 中同样不能进行变更。因而要求 ERMS 自文件捕获起就要对其实施较为严格的管理措施，综合应用权限控制、格式转换等措施来满足这一基本要求。

2. 保证捕获文件的元数据

在捕获文件时，应保证电子文件对应的元数据方案中的强制性元数据被捕获，不能遗漏。在捕获元数据时，应尽量使用自动捕获功能，减少人工捕获，既能提高捕获效率，也能规避人工操作风险。即使是人工捕获，系统也应尽量提供友好的交互功能，如采用下拉列表、默认值等方式。

3. 保证捕获文件的完整性

由于电子文件的复杂性，在档案管理视角中有意义的一份文件在计算机系统中可能有多种表达。例如，组合文件就是由具有管理意义上的紧密关联的多个文档组成的，如请示和批复是两个相对独立的文档，但二者需要组合在一起才能表示一个完整的管理活动。复合文件则是由技术上具有紧密关联的组件组成的，如网页文件中的 HTML、CSS、JPEG 图片都是组件，它们共同构成一份不可分割的复合文件。因而，机构应根据各自特点识别文件的各种组合情况，保障文件的完整性。ERMS 系统应提供识别和管理组合文件、复合文件的必要功能。

四、分类组织

分类组织的实质是对 ERMS 管理范围内的对象，包括全宗、类目、案卷、文件等层级的有序化管理。电子文件的组织以分类为基础和核心，除了设置一级类目之外，还可以根据需要设置若干子类，并可以在类目或子类下划分案卷。电子文件的分类非常重要，不仅能够使文件管理更加条理化，提高检索效率，而且也是实施其他电子文件管理功能必不可少的前提。比如，以类目或案卷为基础规定存取控制权限，以类目或案卷为基础执行鉴定处置等。ERMS 应具备定义、修改和维护分类方案，支持类目、案卷的划分、更改、移动等功能（见图 10－3）。

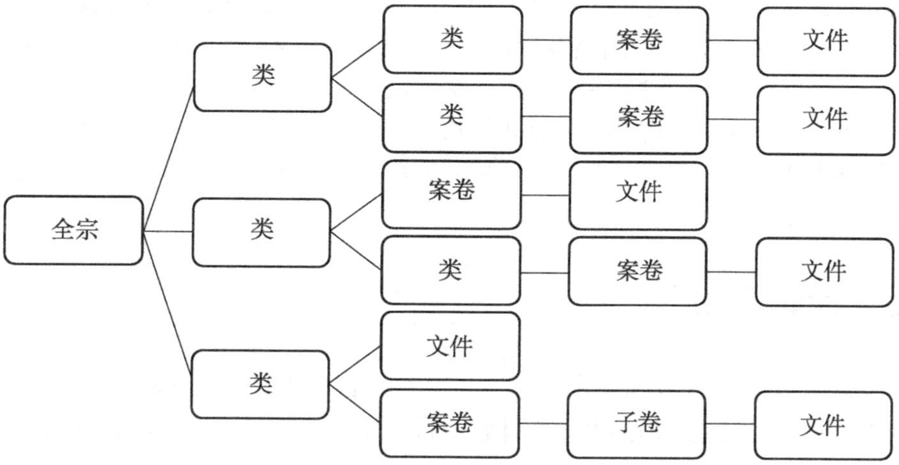

图 10－3　分类结构示意图

五、鉴定处置

鉴定处置的主要工具是保管期限表。ERMS 应该支持随时对文件的保管状态进行调整并及时做出处置决定，能够对处置决定进行自动或者手动实施，并可通过审计跟踪日志对处置活动进行记录。

鉴定决定了文件应该保存多长时间。尽管存储电子文件所需要的物理空间很小，但电子文件的存储和维护却要耗费大量的资金，因此仍然需要对电子文件进行鉴定。电子文件的鉴定大多和捕获、登记等环节同时发生，所以鉴定的时间较传统的鉴定提前。鉴定的依据是保管期限表，在 ERMS 中，保管期限表中的具体条款一般首先分配给类目或案卷，文件通常是在捕获、分类或划分案卷时继承了类目或案卷的保管期限。

处置是按照保管期限表的规定，当保管期限到期时对档案采取的处理行为，一般由授权用户执行，主要包括继续保存、载体转换、物理销毁、移交至上级档案馆等处置方法。

ERMS 应该支持电子文件保管期限表的定义、修改和维护，电子文件的自动鉴定、处置，记录鉴定和处置活动等功能。

六、存储保管

一旦电子文件被捕获，就面临对其进行存储保管的问题，具体的存储保管模式需要根据文件的内容特点、利用需求、安全特征等来决定，可以独立或综合采用集中和分散的存储管理方式。

机构应该能确保文件在保存期限内的真实性、完整性、可用性和安全性。要完整解决这个问题，需要在文件整个生命周期中考虑与保管和存储相关的问题，包括存储载体特定的物理特性和化学特性。对于高价值的文件，要为其提供较高的存储条件，使文件在整个价值存在期间都得到有效保管。同时，机构应该针对文件在不同文件系统中进行的转换或迁移制定方针和指南。

若电子文件在机构内的保存时间较长，ERMS 还应该支持文件的格式迁移等长期保存方法，采用此方法能够对迁移前后数据的准确程度进行比较，并对迁移过程进行记录。

七、检索利用

检索利用是 ERMS 的基本功能之一。ERMS 应提供有效的查询检索手段，帮助用户对其权限范围内的电子文件资源进行定位、阅览、获取，此处的电子文件资源包括文件内容、元数据等形式。

电子文件的检索利用需要依赖电子文件其他管理环节的工作成果。它的效率需要有及时的捕获、恰当的分类、充分的著录、有效的保存等工作的支持，同时也需要 ERMS 构建科学的检索体系和采用有效的利用策略。ERMS 应该提供多种检索功能，确保文件的安全和保密，并对利用过程进行记录。

在实际运行环境中，检索利用环节对用户及其权限具有较高的管理要求。机构管理规范中应该包括关于安全、文件利用权、利用条件或利用限制的规定。同时，电子文件中会含有个人、商业或业务方面的敏感信息，因此在某些情况下，文件的利用或有关信息的利用都应被加以限制。在 ERMS 中，应将这些要求有效地纳入到检索利用功能中，在保证电子文件合法、有效利用的同时，保证电子文件的安全保密。

八、系统管理

系统管理功能要求对重要的管理和系统行为进行监督和统计，包括系统用户和资源的管理、系统功能的配置、操作权限的分配等，同时对系统运行的各方面表现进行监控并做出报告。在实施系统管理功能时，往往要结合各行业和机构自身的专业要求一并执行。

ERMS 要求采用较为灵活的报告制度来对系统实施监控管理，包括采用标准报告、专题报告、统计报告、临时报告等形式来监控系统的活动和状态。几类典型的报告如下：

● 分类报告，用来记录整体或部分分类方案的调整内容，并说明条款之间的关系。

● 访问安全报告，用来记录所有非授权访问企图的报告。

● 用户行为报告，用来记录特定用户或用户组行为的具体报告，包括创建的文件数量统计、浏览的文件统计等。

● 处置行为报告，包括所有处置行为的清单，文件的鉴定决议、销毁清单等。

九、安全管理

电子文件安全管理的内容非常丰富，但具体到 ERMS 系统，典型的安全管理手段包括以下几种。

（一）身份认证

ERMS 应保护系统内的文件资源不被非法存取和破坏，保证授权用户能够在其权限范围内进行合法操作，对系统中的重要行为进行审计跟踪。ERMS 应支持多种用户身份认证机制，如采用用户名/密码、数字证书、指纹识别等方式来确认用户身份。

（二）权限管理

权限管理是 ERMS 必须提供的安全访问手段，需要在权限、用户、资源之间建立有效的访问控制列表，这需要机构整体安全策略的支持。从系统角度看，管理员角色只负责执行，安全策略应由机构管理者决定。ERMS 应明确规定工作人员能够以何种方式使用、处理、利用哪些文件，通过对文件密级、用户权限进行配置和管理，保证只有授权用户可以执行特定的访问或功能，所有非授权用户的越权操作都会被拒绝并被记录（见表 10－2）。

表 10－2　　ERMS 权限分配表（参考）

功能	用户		管理员	
	终端用户	审查员	本地	中央
增加新类别	否	否	是	是
创建新案卷	是	否	是	是
变更案卷元数据	否	是	是	是
维护分类方案和案卷	否	否	是	是
删除案卷	否	否	是	是
捕获文件	是	否	是	是
移动文件至不同案卷中	是	否	是	是
查阅文件	是	是	是	是
变更文件内容	否	否	否	否

续前表

功能	用户		管理员	
	终端用户	审查员	本地	中央
变更文件元数据	否	是	是	是
删除文件	否	否	是	是
安置和移除已处理的文件	否	是	是	是
保管处置期限表与处置事务	否	是	是	是
输入/输出案卷/文件	否	是	是	是
查看审计跟踪	否	是	是	是
配置和管理审计跟踪	否	否	否	是
变更审计跟踪数据	否	否	否	否
将审计跟踪数据传递到离线存储介质上	否	否	是	是
执行所有与用户及其存取特权有关的事务	否	否	是	是
分配存取许可给本地管理员	否	否	否	是
设置和管理其他管理角色	否	否	否	是
维护数据库和存储库	否	否	是	是
维护其他系统参数	否	否	否	是
定义和查看其他系统报告	否	是	是	是

资料来源：《电子文件管理通用需求》（MoReq 2）第 13 章第 4 节“访问控制模型”。

（三）审计跟踪

审计跟踪是利用日志等功能对 ERMS 重要行为加以记录，以显示 ERMS 的事务处理信息，确保识别和跟踪未授权的行为，是 ERMS 安全管理的重要内容。跟踪的对象包括管理员、用户以及 ERMS 自身的行为。ERMS 中的自动或人工实施的操作都可以被记入审计跟踪日志中，以证明这些行为是否遵循规定。由于审计跟踪会产生大量的信息，因而在具体实施中，管理员可以限定一些必须审计的行为。ERMS 应提供日志和审计功能，确保和证明电子文件的真实、完整和安全。日志包括对文件流转、利用、技术处理等各类活动的记录，审计则是利用日志检查文件状态的功能。

（四）电子签名

ERMS 可引入电子签名技术用于确认文件的完整性、验证发送者的身份和文件的来源。加密和电子签名对于确保传递过程中文件的真实性和完整性发挥着重要作用，但是也有可能给可用性带来风险，因为电子签名的密钥和公钥可能在文件仍可利用时失效。因此，不推荐使用加密方法保存文件。元数据可以记录加密和解密过程，并且证实文件被成功解密。如果使用电子签名来保护文件的真实性和完整性，电子签名及其确认信息应保存在元数据中。

第三节 电子文件管理系统开发原则

ERMS 是不同于档案计算机辅助管理系统的新型文件管理系统。在 ERMS 的开发建设过程中，需要将专业知识和软件开发知识结合起来，围绕电子文件管理的核心目的，总结出 ERMS 的开发原则。

一、全程性原则

与传统的档案管理系统在文件办理完毕一段时间后才开始接手文件管理不同，全程性原则首先要求 ERMS 介入文件生命周期的形成阶段，及时对电子文件进行登记、分类、鉴定、移交、保管和提供利用等操作。从发达国家 ERMS 的开发经验来看，这种全程管理的方法对于保证电子文件的行政有效性和法律凭证性有重要的作用。

全程性原则要求系统记录和保存文件在整个生命周期过程中形成的各项元数据，覆盖现行期的创建、登记、修改、审核、签署、分发等环节，以及文件在半现行期和非现行期的重要管理活动、技术处理和利用过程。

二、完整性原则

完整性原则要求 ERMS 保证电子文件的完整，这表现在三个方面的要求上。

第一，系统必须能够基于预先定义好的元数据模板，捕获和管理完整的文件及元数据，并保证授权用户可以查询文件及其元数据。

第二，系统必须管理和保护机构所有具有保存价值的电子文件。

第三，系统必须能够维护文件之间的有机联系。比如：

- 业务处理过程形成的文件之间的有机联系，如请示和批复、来往信函、课题内部各阶段文档之间的关系；
- 信息内容之间的逻辑联系，如机构内部的技术文档和有关技术资料之间的关系；
- 文件、数据之间的参考关系，如正文和附件、文件和引用文献的原文之间的关系；
- 文件或数据之间的替代关系，如文件各版本之间的关系等。

三、安全性原则

不存在绝对可靠的系统，只有相对安全的系统。结合电子文件管理的特点，ERMS 开发的安全性原则具体表现在以下几个方面。

（一）系统应兼容多种软件格式

为了防止无法有效读取某些文件，ERMS 应支持读取机构大多数应用软件的文件格式，并进行必要的处理。为了防止无法识读的情况出现，系统还可以在捕获文件进入 ERMS 时，将文件转存为标准格式，比如以 PDF/A 等格式保存文件内容，以 XML 格式保存元数据，并建立文件与元数据之间的紧密关联。

（二）系统应提供数据备份和灾难恢复功能

为保证文件不会遭受毁灭性的损失，电子文件必须制作脱机保存的备份，可采用光盘或磁带作为备份的存储载体，备份应定期进行。此外一旦数据受损，系统也应该提供数据恢复的功能。

（三）系统应提供严格的用户角色定义、权限分配和口令审查

不同的用户对 ERMS 中的文件和信息拥有不同的访问权限。有的能够阅读文件的某一部分，有的能够阅读文件全文，有的既能够在线阅读又能够复制，有的甚至可以修改某些元数据项目。ERMS 必须为用户管理提供详尽周全的解决方案，能够自动识别不同用户，控制其存取权限。

四、先进性原则

先进性是 ERMS 开发时的技术要求。

首先，要提高系统的自动化程度。电子文件管理的很多功能都需要系统自动执行，系统自动化程度的高低几乎成为系统能否有效地捕获、管理电子文件的关键所在。比如，在业务活动执行过程中会随时产生电子文件，如果未能及时捕获归档，业务活动完成之后，原始记录有可能无法恢复和再现，曾经在特定的业务活动中发挥了重要作用的电子文件就会流失。此外，电子文件的鉴定、整理、统计、迁移、检索、提供利用等工作都要求系统达到较高的自动化程度。

其次，尽可能采取集成的建设方法。以适当的技术手段完成 ERMS 与业务系统的集成，并保证尽量不增加各业务系统软件维护工作量，不增加机构各业务人员操作复杂程度。通过集成，在业务系统中实现电子文件管理的某些前端控制功能，比如电子文件及其元数据的生成、捕获、登记等，在网络上实现电子文件从业务系统向 ERMS 的归档，在 ERMS 实现电子文件的管理和提供利用。

最后，扩大 ERMS 管理范围，提升其管理能力。ERMS 不仅可以管理电子

文件，还可以管理纸质文件，以及其他各种载体类型的文件和档案；不仅可以管理文本、图表等媒体形式的电子文件，还可以管理电子邮件、数据库电子文件、音视频多媒体文件；不仅可以管理行政公文，还可以管理各类业务文件。如果条件成熟，ERMS 还可能实现不同类别信息的跨库检索，提供知识管理、知识挖掘等功能，使人们通过 ERMS 能够快速方便地查找机构的综合信息。

五、综合管理原则

ERMS 属于“创新型系统”，它不仅是一个软件系统，也是会对机构文件、档案管理岗位设置和相关组织结构产生重要影响的“变革型系统”。因此系统开发必须进行综合性的管理准备，包括详细调查、技术储备、标准制定、变化管理等，甚至要进行必要的机构调整。综合管理包含以下要求：明确电子文件管理的系统功能需求；确定职能鉴定的实施方法；了解各种文件的处理流程，明确电子文件生成和传送的节点，确定文件及其元数据的捕获、登记、归档的时间点；了解本机构和机构业务伙伴的常用软件种类，保证 ERMS 能够支持它们的格式；了解机构各种信息资源的种类和数量，为机构中可能产生和使用的知识绘制知识地图，以便建立有效链接，实现统一检索和综合利用；预测系统实施可能带来的冲击和变化，做好培训、变革管理等工作。

六、实用性原则

实用性原则要求根据机构自身组织、管理、资金、机构文化等要素，有序安排 ERMS 建设环节和步骤。一般来说，应先选择电子文件管理的关键环节开始 ERMS 建设，而不是对所有环节同时进行建设。ERMS 功能实现的先后顺序大致是：捕获、鉴定、检索、提供利用、统计等。在系统建设初期，可先实现自动捕获和在线归档功能，否则会造成文件流失，其他的管理更无从谈起。随着应用的深入，可进一步提高检索和提供利用的能力，这样会快速见效，其他功能则可以逐步实施。

第四节 电子文件管理系统建设过程

ERMS 的建设过程应是技术人员、档案人员和业务人员协同工作的过程。档案人员所执行的系统分析和设计工作，要和软件开发人员所进行的系统分析、设计相协调，为软件开发人员系统开发工作提供必要的支持和补充，同时也需要业务人员的大量支持。参考《电子文件管理系统建设指南》（GB/T 31914－2015）的要求，机构 ERMS 建设过程主要包括系统的规划、分析、设计、实施、维护等阶段（见图 10－4）。对整个项目建设过程都要开展包含变更管理、风险管理、文档管理在内的项目管理。

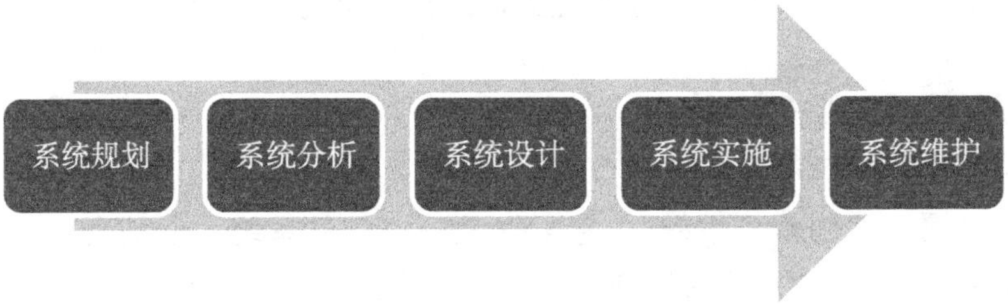

图 10－4　电子文件管理系统建设过程

一、系统规划

在 ERMS 系统建设初期要从机构全局对建设工作进行统一规划，为系统开发做好充分的准备。系统规划阶段的主要工作内容包括可行性研究、组织建设等环节。

（一）可行性研究

ERMS 的建设是一项涉及部门较多、耗时较长、投资较大的复杂工作，可行性研究的目的是在确定建设系统项目之前，从必要性、可能性、成本、收益、风险等几个方面研究系统建设的可行性，确定项目边界，避免盲目投资。

1. 总体调查

在可行性论证阶段，要针对机构的组织结构、主营业务、法规标准、社会期望、信息化建设情况展开初步调查，对自身的文件（档案）管理情况开展自我评估，以确定 ERMS 建设的必要性和可行性。总体调查主要包含如下内容：

● 业务系统及其应用情况调查。此类调查旨在确定本单位整体信息技术体系结构，了解 ERMS 建设的技术环境和发展方向，掌握日常工作中较为重要的业务系统及其文件管理功能。注意不应忽视桌面办公软件、电子邮件等应用软件，以及数码相机、数码摄像机等离线设备的应用情况。

● 电子文件种类及应用情况调查。可以从业务（如产品设计、生产、质量控制）和信息表现方式（如文字、图形、图像、音频、视频等）两个方面入手。除了原生性电子文件之外，还应调查传统实体文件的数字化情况。

● 组织结构调查。在综合机构整体组织结构的基础上，分析综合管理、办公文秘、信息技术、质量控制、法律事务等相关部门的职责分工，分析承担相关职责的人员情况。

● 内部规范制度调查。分析机构已经建立的文件（档案）管理、业务管理、信息化管理等方面的制度规范，明确需要建立或修订的电子文件管理规范，了解电子文件规范化管理的基础。

● 既有电子文件管理情况调查。了解既有电子文件以何种方式加以管理，现有管理的成效如何，存在哪些不足。如果机构已经采用了遗留系统，还应对其展开详细调研，以便处理好新旧系统的数据迁移。

● 法律诉讼需求调查。分析机构可能面临哪些诉讼风险，需要哪些类型的文件、档案支持，哪些以电子方式产生和保存。

● 业务需求调查。初步分析主要业务活动中需要利用到的文件，哪些以电子方式产生和保存。在系统分析阶段，还应进一步分析可以在系统中实现的业务需求。

● 社会期望调查。调查机构的利益相关方，包括政府主管部门、合作伙伴、客户、公众对本单位电子文件管理的期望值。

● 外部法规标准调查。除了通用性法规、标准之外，应格外关注与机构核心业务相关的法规标准。有海外业务的机构，还应研究相关国家的法规对电子文件管理的要求。

● 资金获取渠道调查。应研究机构内外部对 ERMS 建设项目给予资金资助的可能渠道。

● 组织机构文化调查。调查机构内部文件、档案管理、法律风险、信息安全以及信息查询、利用等方面的理念和意识。

● 最佳实践调查。条件允许的机构，还应走访、调查业务相近或相关的其他机构，学习研究其先进经验，进而分析借鉴的可能性。

● 系统性能调查。对 ERMS 可能涉及的并行用户数量、并行事务处理能力、检索响应时间、系统存储容量、可持续服务时间、系统兼容性能等进行调查。

2. 明确系统定位

本环节需要确定管理对象、实施范围和实现方式等。

（1）管理对象。

机构应在明确机构现有电子文件类型的基础上，综合法律诉讼需求、业务需求、社会期望以及内部电子文件管理的基础，确定 ERMS 管理的对象范围，包括但不限于如下类型：

● 个人桌面字处理软件形成的文档、图表、演示文稿等；
● 办公自动化系统产生的电子公文；
● 核心业务系统中的数据；
● 数码照片；
● 音频、视频文件；
● 扫描文件；
● 电子通信文件，如电子邮件、即时通信消息等；
● 其他业务系统形成的文件等。

建议根据由主及次、由易及难的原则循序渐进地明确不同建设阶段的管理对象。我国大多机构的 ERMS 从办公自动化系统产生的电子公文、桌面级的字处理文件、数码照片的集中管理起步，也有些机构将建设重点放在核心业务过程中产生的专业电子文件上，如计算机辅助设计（CAD）文件、电子订单等。

具有良好档案管理实践基础的机构，可从具有归档价值的电子文件入手开展 ERMS 建设，将 ERMS 作为档案辅助管理系统的升级版，也可基于现有档案辅助管理软件，完善其电子文件管理功能。

（2）实施范围。

机构应根据本单位组织人员情况、机构文化，确定 ERMS 的实施范围，了解应用系统的部门与人员。为了保证项目实施的成功，全局性 ERMS 的建设可以分阶段进行，首次实施 ERMS 的范围不宜过大，此后再逐步扩大 ERMS 所管理的电子文件的范围、应用 ERMS 的部门范围以及与 ERMS 集成的业务系统的范围。

（3）实现方式。

ERMS存在多种不同的实现方式，包括独立式、嵌入式、整合式、邦联式等。机构应结合自身信息化发展水平、业务类型等因素对不同的实现方式进行比较和选择。如上述几种开发方式各有适用场景，可参考以下比较信息（见表10－3）。

表 10－3　　ERMS 几种实现方式比较

	独立式	嵌入式	整合式	邦联式
ERMS 与业务系统的关系	独立于业务系统之外	完全嵌入业务系统中	部分嵌入业务系统中	独立或部分嵌入业务系统
文件存储场所	ERMS	业务系统（ERMS）	ERMS	业务系统
元数据存储场所	ERMS	业务系统（ERMS）	ERMS	ERMS
ERMS 对于文件掌控度	较高	高	高	较低
全局利用便利性	高	低	高	较高

（二）组织建设

机构应该建立起与 ERMS 建设规模、实现方式相匹配的组织队伍，形成跨专业、跨部门的项目团队，并有效开展组织保障。

1. 组织建设内容

组织建设的内容可包括：

- 合理设置组织架构和岗位；
- 明确各岗位的目标与职责；
- 建立信息沟通制度；
- 及时消除工作中的冲突或不协调现象。

2. 组织团队构成

ERMS 项目应由具有统筹协调能力的部门牵头负责，项目团队应包括但不限于如下方面的人选：

- 管理层人员，包括高层领导和相关职能部门领导，领导的参与度和支持度是决定项目成败的重要因素；
- 项目管理人员，总体负责整个项目的建设；
- 信息技术人员，包括 ERMS 系统管理人员、安全管理人员；
- 文件档案管理人员，即文件管理业务的专业人士、ERMS 文件管理员；
- 业务分析人员，可由业务部门、信息部门和（或）文件档案管理人员担任，负责业务分析和需求分析；
- 业务人员，负责形成和利用的人，即 ERMS 的用户；
- 法律人员，关注法律法规对本单位电子文件管理提出的要求；
- 外部咨询顾问，为 ERMS 可行性研究、系统规划、需求分析、商业现货软件的选择和人员培训等工作提供外部支持。

3. 组织保障

ERMS 的实施应获得管理层的协作和支持，因此在组织保障方面应确保管理层理解实施 ERMS 需要大量资源来支持，知晓 ERMS 成功实施对机构带来的贡献，以及知晓项目进展。

ERMS 实施需要提升相关人员对 ERMS 的认知程度。机构应通过培训、宣传等方式及时向有关用户解释 ERMS 实施范围以及实施之后将如何影响他们的工作；在项目开始时，应对项目团队所有成员强调 ERMS 的重要性；应向管理层和项目组内的负责人经常汇报项目进展，包括设计、研发和实施阶段。

4. 组织重组

在 ERMS 建设过程中需要建立跨部门合作的、临时性的项目团队，保证其运作良好。更重要的是，伴随着 ERMS 的建成应用，机构应建立与 ERMS 相适应的常设性的组织架构，其中最重要的是指派分管领导和责任部门。如由机构主管信息化和（或）档案工作的副总负责电子文件管理工作，责任部门可以由综合管理部门、文档部门、档案部门、信息化部门、质量监督部门等具有全局性管理职能的部门来担任。

二、系统分析

系统分析是系统建设的关键阶段，其主要任务是从业务、规范、功能等角度分析 ERMS 的需求，主要工作内容包括以下三项。

（一）业务分析

业务分析旨在描述和分析特定业务环境下的职能活动，确定电子文件形成、捕获与控制的管理要求。通过业务分析，能够针对所要管理的电子文件的业务领域，掌握业务产生、管理、利用文件的要求，为文件管理规范的制定和系统功能需求分析奠定基础。

基于文件管理的业务分析和一般的业务分析不同之处在于，在确定业务活动及其相互关系的基础上，需要确定每项业务活动（事务级）应该产生哪些电子文件，其管理要求如何。通过业务分析，可以明确机构产生的文件、文件构成要素以及文件之间的相互关系，建立文件分类方案、文件保管期限与处置表等管理工具，为后续分析有关文件的产生、捕获、控制、存储、处理和利用等功能需求提供支持。机构文件管理业务分析可从法规遵从、业务要求、社会要求等方面进行。

1. 法规遵从

法规、政策与相关标准是电子文件管理要求的重要来源，在需求分析中需要收集有关的规范文件。从法规中归纳文件管理的要求较为烦琐，因为有可能在某一规范中规定了文件的格式和内容，在另外的规范中规定了文件的保存期限，而在其他规范中则规定了文件利用方面的某些特殊要求。这要求机构在综合各方面法规标准的基础上，结合业务特点明确具体的电子文件管理需求。

2. 业务要求

业务要求通常存在于机构的职能说明文件中，如上级机关对机构授权的文献可能会涉及这些问题，机构的某些工作规范也说明了一些文件管理要求。如一个管理贷款的机构之所以要生成和保存发票以及相关单据，是因为财务规范的要求。

3. 社会要求

社会要求通常是指外部环境对机构文件的要求。获取社会对文件管理的要求是一件比较困难的事情，社会很少明确地向机构表达它希望保留哪些文件，以及保留多长时间，往往在公众需要使用这些文件而机构无法提供的时候才发现问题。

（二）规范制定

规范制定，即分析既有的制度规范，结合国家现有相关标准规范的要求，明确需要新建或修订的内容，着重准备文件分类方案、文件保管期限与处置表、元数据方案、文件利用规定（需要转化为访问控制规则）等系统实施时必备的管理规范，以及系统接口等技术规范。

1. 文件分类方案

文件分类方案能够揭示文件之间、文件与业务活动之间的关联，维护文件的可理解性，支持按照业务活动的信息检索，支持文件按类的自动化管理，因而是电子文件管理的基本工具，也是 ERMS 配置的关键内容。

文件分类方案一般根据机构的业务职能确定，按照树状结构组织类目。在传统意义上，案卷以上（不包括案卷）的层次构成文件分类方案。在分类方案的最底层类目下，可按照文件管理的需要设置案卷层次进行管理。案卷是同一主题、活动或者事务的相互关联的文件集合，如有需要，案卷可以被继续划分为子卷。无论全宗、类目还是案卷，都是逻辑意义上的文件集合。在 ERMS 系统中，文件管理员的核心工作之一就是创建和管理文件分类方案。

2. 文件保管期限与处置表

为满足 ERMS 实施文件处置的需要，档案部门通常使用文件保管期限表来确定文件在机构和档案馆的留存期限。文件保管期限与处置表是规定电子文件保管期限和处置行动的正式工具，是 ERMS 配置的依据，决定着文件的最终命运。

制定文件保管期限与处置表的方法基础是职能鉴定法和风险分析法。职能鉴定法是指根据形成文件的职能活动的重要性来决定文件保管期限的长短。风险分析法则是分析不保存或保存时间不当可能导致何种风险，尤其是法律风险，这要求机构综合各方面管理需求制定文件保管期限与处置表，应参考的规定包括《机关文件材料归档范围和文书档案保管期限规定》（国家档案局令第 8 号）、《企业文件材料归档范围和档案保管期限规定》（国家档案局令第 10 号）以及国家和行业的相关规定等。

3. 元数据方案

机构应以《信息与文献 文件管理过程 文件元数据 第 1 部分：原则》（GB/T 26163.1－2010）中的元数据模型为基础，按照多实体、多层级、多属性的结构展开元数据方案的设计。ERMS 中的文件元数据主要分为两部分：一是从业务系统中捕获的元数据，一般是通过应用程序接口或者特定的元数据抽取工具来捕获的；二是在 ERMS 中随着文件管理活动的开展产生的元数据。

4. 文件利用规定

电子文件利用规定应符合机构整体信息利用规定。文件利用规定是 ERMS 中用户利用权限控制规则的依据。制定文件利用规定，至少包括四个方面的内容：

- 按照信息敏感程度和密级给信息划分等级。除了秘密、机密、绝密等涉及国家秘密的信息等级之外，还应包括公开信息、内部信息、一般商业秘密、重大商业秘密等信息等级。其中公开信息是指可以对外公开的信息，内部信息是指可以为内部成员所利用但不能对外公开的信息，一般商业秘密是指因包含商业秘密而不适宜被广泛利用的信息，重大商业秘密是指因包含影响深远的商业秘密而仅能为极少数人所知晓的信息。
- 不同信息等级的利用限制。比如涉及私人财务数据的信息只限本人查阅。
- 信息利用等级的调整条件和流程。随着时间的推进，信息等级及其利用条件会发生变化，利用规定应对时间等条件和流程予以明确。
- 信息利用审批程序。当需要利用非本人形成的、非公开的、涉及国家秘密或商业秘密的信息时，需经有关主管人员审批。

文件利用规定应尽可能基于文件分类方案创建访问控制规则，以便于 ERMS 能够将访问控制/利用规则直接应用在类目层次上。事实上，在机构中，部分文件的利用规定可以按类设置，另外一些文件则需要逐件设置。

（三）功能需求分析

机构应根据文件管理现状调查的情况，结合功能需求规范，如参考《电子文件管理系统通用功能要求》（GB/T 29194－2012）定义符合机构业务和文件管理实际情况的系统功能需求，定义系统的物理结构和逻辑结构。

三、系统设计

系统设计是将电子文件管理战略和策略转化为具体的软件系统、方法或工具的过程。主要任务是根据一定的标准从市场上挑选商业现货产品并开展必要的定制，或自行开发软件。对于需要购买商业现货软件的机构，宜制定商业现货软件的评分指标和打分细则，组织用户、第三方人员对卖方产品进行试用和评估。

ERMS 的设计阶段是将上一个阶段确定的各项方法逐项具体化的过程，比如将上一阶段拟制定的政策、标准制定出来，设计新的工作流程，编写软件等。它是一个和业务工作人员、软件开发人员反复交换意见的互动过程，在整个设计过程中，需要不断地和这两个方面的工作人员交流，听取他们的意见，随时对需求或设计内容进行修改，直到电子文件管理的需求得到满足，有关各方都满意为止。这一阶段的主要工作内容包括辅助编程、划分权责、设计工作流程、拟订系统测试计划、编制系统使用指南等。

（一）辅助编程

编程工作主要由软件开发人员和相关的技术人员承担。在已提交的功能需求说明的基础上，软件开发人员可以进行一系列的开发设计工作，包括划分系统模块、生成程序流程图、确定算法、建设数据库和编写程序等。在这个过程中，档案工作者作为系统功能需求提出者，有责任和开发人员进行广泛的合作，承担其中的一些任务，如参与设计文件元数据模板、文件管理流程、用户界面等，解释开发人员不理解和质疑的问题，对照文件管理的需求测试已设计完成的部分，与业务工作人员以及技术人员一起参与评估，根据测试的结果重新设计或修正电子文件管理的某些要求，使它更切合实际或者更具有可行性。

（二）划分权责

ERMS 的很多功能都是交给计算机系统来自动实现的，但软件不可能完成所有的工作，工作人员必须承担相应的电子文件管理职责。应该将某些职责分配给特定的个人或部门。有时，电子文件管理工作甚至可能会要求机构所有工作人员都承担某项任务，在系统正式实施之前，必须明确地规定工作人员的职责。

（三）设计工作流程

与系统设计相配套，档案工作人员可能需要设计一些新的工作流程，比如重新设计电子文件管理流程或在业务流程中嵌入必要的电子文件管理步骤。工作流程的改变是一项敏感的事，它可能导致职位甚至机构的调整，而且会改变人们常年形成的工作惯例，所以这项工作需要得到机构管理层的支持和工作人员的理解。

（四）拟订系统测试计划

系统测试的目的是验证系统的某部分和系统整体在正常和反常的数据情况下是否均能按照预定的方式工作和运行。一般来说需要测试如下内容：系统功能、系统集成情况、用户界面、输入和输出的有效性、系统反应速度、系统恢复时间、系统操作过程，等等。

（五）编制系统使用指南

编制系统使用指南的难易程度取决于机构是否对电子文件管理工作进行了大规模的改动，对文件的管理是否彻底从纸质管理阶段过渡到了电子文件管理阶段。在指南中要说明软件系统有哪些功能，各项功能如何操作，应该遵循的政策、标准，具体的操作要求，等等。

四、系统实施

系统实施是将已经设计完成的各项工具、方法以及软件系统付诸应用的过程。

（一）实施内容

系统实施的主要任务是将开发完毕的系统交付使用，其主要工作内容包括：

- 系统配置。根据文件分类方案、文件保管期限与处置表、元数据方案、访问控制规则、系统角色定义等管理规范，对系统进行配置，以方便用户使用。
- 系统测试。系统应该通过厂商、用户和（或）第三方的各种功能、系统和安全测试。
- 系统验收。机构应组织内外部专家等对系统进行评审验收，系统通过验收后方能投入使用。
- 试点应用。为了保证实施效果，降低实施风险，宜在特定部门、用户范围内试点应用，取得满意的效果后再行推广。
- 系统迁移。将 ERMS 将要替换的系统（比如档案辅助管理系统）中的数据迁移进入 ERMS 中。
- 用户培训。为优化系统实施效果，系统的推广工作需要配合必要的用户培训工作逐步进行。

在系统实施阶段，还应处理好遗留系统的数据向新建 ERMS 的迁移工作。在系统推广的过程中，应继续完善相关的制度规范，做好相关人员的管理和系统的维护工作。

（二）实施要素

ERMS 实施环境要素包括但不限于：

● 制度规范。除了文件分类方案、文件保管期限与处置表、元数据方案、文件利用规定、文件标题拟制规范、文件编号规则等需要直接在系统中配置的规范外，还需要制定电子文件管理流程及职责分工、ERMS 运营维护等方面的制度，以保证系统实施有充分的制度保障。

● ERMS 文档。系统开发方应提供系统管理员、文件管理员、普通用户等不同角色的操作手册。

● 实施人员。应有足够的、经过训练的人员可以配置和管理 ERMS，制定和配发培训资料，制定制度，记录实施过程，确保系统的持续运行，这是系统准备中非常重要的内容，直接关系到系统实施工作的成败。

● 第三方软件。若 ERMS 软件功能需要第三方软件支持，就需要确保软件可以与 ERMS 软件一起安装和配置。

系统实施应明确系统实施的方法、软件和硬件实施的时间表、机构各部门实施 ERMS 的分工，以保证项目如期保质完成。实施计划应涵盖场地准备、培训、宣传和其他变更管理，软硬件安装和配置，遗留系统中电子文件及其元数据向 ERMS 迁移等多个工作阶段。

五、系统维护

系统维护是保证 ERMS 可持续运行的关键。为此，机构应选择合适的系统维护团队和人员，从管理、制度、技术等方面支持 ERMS 日常运行，及时制定、修订电子文件管理所需的制度规范，对相关人员开展持续的培训，做好系统的备份，制定应急方案等。典型的系统维护工作包括进行系统评估、制定应急预案、开展持续培训等工作。

（一）系统评估

评估是系统维护的前提和重要内容。在系统维护的过程中，需要随时进行评估和调整。评估工作会涉及系统的功能、性能、成本等，可以通过比较系统的输出和设计目标是否吻合来证明系统是否满足了电子文件管理的需求。

系统评估阶段首先应该确定评估的范围、系统评估指标、评估工作的日程安排和评估报告的内容。由于是档案工作者对 ERMS 进行评估，所以除了对软件系统的性能方面进行评估之外，还应该优先考虑和文件、档案管理相关的系统功能问题，比如说分类方案是否科学，鉴定策略、命名规则是否适用，职责划分是否明确，等等。

在评估系统功能的过程中，可以通过问答的方式收集数据，比如围绕电子文件的产生、检索、管理、处置和培训提出问题，如表 10－4 所示。

表 10－4　　评估文件检索、文件管理、文件处置、培训等简要问题

文件产生和文件检索	是否已经把和相关业务活动有关的文件都保存了下来？ 电子文件在 ERMS 中是否能够被及时、准确、完整地收集？ 电子文件是否被有效保存，并可供使用？ 用户是否可以通过检索得到其想利用的文件？ 分类方案和主题词表是否能够反映机构的职能活动和机构各项业务活动过程中产生的电子文件种类？
文件管理	系统著录的数据是否能够满足操作和维护文件的目的？ 工作人员是否仍然使用旧的系统？ 安全措施是否满足某些敏感文件的管理要求？ 电子文件的物理存储是否安全？ 实施新系统之后，有关文件的服务质量是否有所改变？ 维护工作多长时间进行一次？ 灾难防护和恢复计划是否被检验？
文件处置	机构的鉴定方案是否涉及机构产生的全部的电子文件？ 这个范围满足机构的要求吗？ 鉴定方案符合国家或行业的有关规定吗？ 文件保管期限的划分是否合适？能否满足机构业务活动、凭证和社会的需求，是否需要重新确定保管期限？ 鉴定和文件处置过程是否得到详细的记录？
员工培训	员工是否清楚自己对文件生成和管理所负有的责任？ 员工是否阅读过最新的文件管理规范和指南？ 员工在使用新系统的时候遇到过什么问题？ 员工能否全面掌握其应该掌握的系统操作方法？

（二）制定应急预案

ERMS 在运行过程中常常面临着大量电子文件失存、失真、失用、失效、失密等潜在风险问题，这些问题会对电子文件的安全性造成严重威胁，从而影响机构业务的正常开展。因此，应将风险管理意识纳入 ERMS 的维护工作之中，对系统运行过程中可能面临的风险进行识别、评估和分析，在此基础上制定应急预案，明确可能发生的风险类型，以及问题发生时可采取的应对方案等。当系统发生故障无法正常运转时，系统用户、开发人员等可依据应急预案采取相应措施，及时修复系统和保证数据的安全，从而尽可能减少机构损失。

（三）培训

事实上，在 ERMS 建设过程的多个环节中都需要开展各种形式的培训工作。比如，在系统规划阶段，应面向机构管理层开展高端培训，使其了解电子文件的作用和电子文件管理的价值，从而支持 ERMS 的工作；在系统分析和设计阶段，应面向系统开发人员和实施人员开展培训，使其了解机构、业务、文件的基本情

况，从而切实掌握电子文件管理的需求；在系统实施阶段，需要面向用户开展培训，使其了解 ERMS 的操作方法，从而保证系统的实施效果；在系统维护阶段，应面向机构内部的系统运营维护人员开展培训，从而保证在系统实施团队撤离之后系统能够正常运作。

【小结】

电子文件管理系统（ERMS）成为近年来研究的热点与重点。以电子环境下半现行文件为主要管理对象的 ERMS 与传统档案辅助管理系统存在根本区别。本章对 ERMS 与传统档案辅助管理系统进行了比较研究，明确了在不同的环境中文件管理系统的差别，说明了 ERMS 的实现方式。本章对典型 ERMS 功能需求标准、配置管理、捕获登记、分类组织、鉴定处置、存储保管、检索利用、系统管理、安全管理等方面的功能要求进行了概括性阐述。对于 ERMS 开发活动，本章重点说明了开发的六项原则，并就机构 ERMS 系统建设过程进行了分析阐述，包括系统规划、系统分析、系统设计、系统实施和系统维护五大环节。

【思考与练习】

1. 如何理解 ERMS 的概念？
2. 试述 ERMS 与档案辅助管理系统的区别和联系。
3. ERMS 的实现方式有哪些？
4. 结合实际，谈谈机构 ERMS 应具有哪些功能。
5. 如果你所在的机构在讨论是否开展 ERMS 的建设，请结合实际情况，就实施该项目的利弊进行分析，提交一份供决策者参考的报告。
6. 结合工作实践，谈谈如何理解 ERMS 开发原则？
7. 系统的建设过程大致包括系统规划、系统分析、系统设计、系统实施、系统维护等，试述这些阶段的主要内容和相互关系。
8. 在系统规划阶段，对机构进行总体调查的主要目的和内容是什么？
9. 机构准备以招标的形式开发 ERMS，请结合本机构业务及文档管理的实际情况，借鉴有关研究成果，起草 ERMS 需求报告。
10. 简述目前国际上典型的 ERMS 功能需求规范有哪些。
11. 机构实施 ERMS 之后，应如何维持系统的可持续运行？

【参考文献】

1. 中华人民共和国国家质量监督检验检疫总局，中国国家标准化管理委员会．电子文件管理系统通用功能要求：GB/T 29194－2012.

2. 中华人民共和国国家质量监督检验检疫总局，中国国家标准化管理委员会．电子文件管理系统建设指南：GB/T 31914－2015.

3. 钱毅．电子文件管理系统功能需求规范定位研究．北京档案，2011（4）：24－26.

4. 刘越男．试析电子文件管理系统的建设模式．中国档案，2011（7）：58－60.

5. A Framework for EDMS/ERMS Integration. [2017－01－20]. http：//www. arma. org/bookstore/files/Sprehe. pdf.

6. Design Criteria Standard for Electronic Records Management Software Applications. [2017－07－30]. https：//en. wikipedia. org/wiki/Design _ Criteria _ Standard _ for _ Electronic _ Records _ Management _ Software _ Applications.

7. Public Record Office：Functional Requirements for Electronic Records Management Systems.（1999－11）[2017－07－30]. https：//www. nationalarchives. gov. uk/documents/requirements. pdf.

8. Model Requirements for the Management of Electronic Records-MoReq 2 Specification.（2008） [2017－07－30]. http：//moreq2. eu/attachments/article/189/MoReq2 _ typeset _ version. pdf.

9. DIRKS. Design and Implement of Record-keeping System. [2017－07－30]. https：//www. records. nsw. gov. au/recordkeeping/advice/dirks-manual.

10. Victorian Electronic Records Strategy（VERS）. [2017－01－20]. http：//prov. vic. gov. au/government/vers.

第十一章

电子文件元数据

【本章要点】

1. 元数据、元数据元素、元数据语义和语法的基本概念
2. 电子文件元数据的特点
3. 电子文件元数据的作用
4. 电子文件与元数据的关系
5. 文件管理元数据和文件保存元数据的区别和联系
6. 电子文件元数据标准的类型
7. ISO 23081 提出的元数据概念模型
8. 文件形成机构元数据管理的内容
9. 文件管理元数据方案的设计
10. 文件形成机构的元数据管理流程
11. 文件保存元数据方案的制定
12. 文件保存机构的元数据管理流程

第一节 电子文件元数据简介

一、电子文件元数据的概念

(一) 元数据的一般理解

元数据（metadata），是信息技术应用后才出现的概念，其一般性解释为“关于数据的数据”（data about data），其基本功能为描述和定义数据。作为数据管理的工具，元数据被广泛地应用在数据库、图书馆、情报、文档管理、博物馆等各种信息管理领域，由于不同领域所管理的“数据”不同，元数据的具体含义

和应用也有所区别。比如在数据库管理中，元数据描述了数据表中各字段的名称、类型、长度和完整性约束，还包括数据库的用户视图，以及数据库和用户视图的使用权限等。数据库管理员借助由元数据构成的数据字典，可以实现数据的集中管理。再如在图书情报界，元数据一般是指描述网络信息资源的数据，其目的在于促进信息资源的一体化组织以及有效发现、查找和管理。

（二）电子文件元数据定义的发展

文件、档案管理领域对于元数据的认识是不断深化的。大致可以分为以下三个流派。

1. 技术流派

该种观点认为元数据描述的是电子文件的技术属性，在电子文件管理发展起步阶段，这种观点有不少支持者。国际档案理事会 1997 年颁布的《从档案的角度管理电子文件的指南》将文件的背景信息和技术元数据并立：前者描述文件的行政、职能背景，包括文件的形成目的、形成机构，以及产生、管理、利用文件的业务活动等；后者描述文件的记录方式，包括文件的组织、内部结构、增删改规则和内容显示方式。我国国家标准《电子文件归档与管理规范》（GB/T 18894-2002）中这样定义元数据："指描述电子文件数据属性的数据，包括文件的格式、编排结构、硬件和软件环境、文件处理软件、字处理和图形工具软件、字符集等数据。"

2. 背景流派

随着电子文件管理工作的深入，文件、档案领域逐渐认识到元数据的作用不仅限于技术范畴，其更大的作用在于支持电子文件管理。"背景流派"随之产生，其将电子文件元数据的关注点放在背景上。比如澳大利亚国家档案馆的《联邦机关电子文件管理元数据标准》（1.0 版，1999）指出："文件管理元数据（recordkeeping metadata）是关于电子文件背景的描述信息。"①

3. 全面描述流派

国际标准 ISO 15489－1：2001《信息与文献　文件管理　第一部分：通则》（已被我国采纳为国家标准，标准号为 GB/T 26162.1－2010）在广泛参考各国定义后，将元数据的范围进一步拓展："文件元数据是指描述文件的背景、内容、结构及其管理过程的数据。"该定义已经被全世界文件、档案管理同行广泛接受。我国行业标准《文书类电子文件元数据方案》（DA/T 46－2009）就直接采用了 ISO 15489－1 的元数据定义。

（三）对电子文件元数据概念的理解

本教材采用 ISO 15489－1：2001（GB/T 26162.1－2010）的元数据定义，

---

① National Archives of Australia. Recordkeeping Metadata Standard for Commonwealth Agencies (Version 1.0). [2016－07－08]. http://www.ibrarian.net/navon/paper/Recordkeeping_Metadata_Standard_for_Commonwealth_.pdf? paperid=2381898.

即元数据是指“描述文件的背景、内容、结构及其管理过程的数据”。该定义表明，文件元数据所描述的对象有两个：第一，文件本身，包括文件所有的构成要素，即背景、内容和结构；第二，文件的整个管理过程，这里的管理过程涵盖文件整个生命周期，包括文件从产生到永久保存或销毁的全过程。在文件生命周期的不同阶段，会产生具有不同特点和功能的元数据。

元数据虽然是信息技术应用之后才出现的新词，但是作为文件管理工具却是存在已久，在文件登记簿、案卷封皮、文件注脚、档案检索工具中，都包含着描述文件以及文件集合体的元数据。只是在传统的管理中，元数据大多分散，需要重复记录，结构化、标准化程度不高。而在信息系统中，需要通过结构化的、集中的、标准化的元数据实现对其所定义和描述对象的高效管理。

对于档案工作者而言，文件元数据可以被理解成传统著录信息在电子环境中的扩展。《档案著录规则》(DA/T 18－1999) 规定，著录是指“在编制档案目录时，对档案内容和形式特征进行分析、选择和记录的过程”。著录信息也就是描述档案内容和形式特征的信息。相比这样的面向检索的传统著录信息，电子文件元数据的范围有了较大的拓展，其描述的对象不仅限于文件的内容和形式特征，而是涵盖文件的所有构成要素——内容、结构和背景，以及文件在形成后所经历的整个管理过程。

随着对电子文件元数据应用和认识的深入，档案领域对于著录工作和著录信息的认识也逐渐拓展深化。国际档案理事会 1999 年颁布的《国际标准——档案著录规则（总则）》[ISAD (G)]（第 2 版）将档案著录（archival description）定义为“通过获取、分析、组织和记录用以识别、管理、检索和解释档案、档案形成背景以及文件系统的信息，以形成对所描述对象及其构成部分的准确表述的过程及成果”。与传统著录定义相比，该定义有了较大变化。首先，未设定著录的预定目的是编制档案目录，表示著录的作用不仅在于编制检索工具，还包括确认、管理和解释文件、文件背景以及文件形成系统；其次，它认为著录内容不仅包括文件本身的特征，而且还包括文件背景、文件形成系统等。此外，该标准还提出“著录的相关过程可以开始于文件形成之时，或文件形成之前，并贯穿于文件的整个生命周期”，因而著录不仅是一项在文件归档之后分析、选择和记录信息的工作，而且还是全生命周期主动获取著录信息的过程。这样的著录工作和元数据工作基本同义，由此产生的著录信息与元数据基本同义。如果说在手工管理环境中，文件元数据还有登记簿、检索目录、备考表等多种输出物和表现形式，称其与著录信息一致还容易引起争议，那么，在电子环境中，元数据统一存储在系统中，大多以结构化的方式存在，登记簿、检索目录、备考表不过是部分元数据的应用形式。因此，在电子文件管理中，完全可以将元数据理解成著录信息。

本教材所称的“电子文件著录”，是指通过获取、核对、分析、组织和记录关于文件内容、结构、背景和管理过程的信息，准确描述电子文件的过程及成果。该著录概念是对传统著录概念的拓展，传统著录工作是该著录工作的子集。而且，著录的检索功能并没有弱化，相反，由于著录范围的扩大，可供检索的入口也增多了。从联系而非截然对立的角度去看待著录和元数据的关系，有助于以传统档案著录为起点和中心，逐步扩展与完善，实现全面的电子文件元数据管理。

（四）元数据元素

一份电子文件往往由多个元数据共同描述。而每个元数据都是由元数据元素（metadata element）及其取值（value）构成的。所谓元数据元素，是指独立的元数据单元，用来描述电子文件及其管理过程某个特定的方面、特征、特性或者关系，在信息资源领域，元数据元素也被称为信息资源的"属性"（property）。元数据值，是某个元数据元素的具体赋值。以一份标题为"关于加强电子文件管理的决定"的电子公文为例，可以用"标题""拟稿人""签发人""签发时间"等多个元数据元素来描述它，其中"标题"这个元素的值是"关于加强电子文件管理的决定"。

对于档案工作者而言，将元数据理解成著录信息，就是将元数据元素理解成著录项目，将元数据值理解成著录项目的值/数据，将元数据格式（format）理解成著录条目的格式。

（五）元数据语义和语法

所谓语义，是指词语的含义；语法，则是词语之间的结构关系。元数据的语义和语法，包含元数据元素和元数据值的语义和语法。需要具体情况具体分析。

以元数据"时间"为例，首先要明确这个时间的确切所指，是"创建时间""审批时间"还是"发布时间"，这是由元数据元素的语义所决定的。"时间"的含义很广，具体包含"创建时间""审批时间""发布时间"等多个含义，那么可以设"时间"为母元素，设"创建时间""审批时间""发布时间"为"时间"的子元素，两者构成母子关系，这是由元数据元素的语法所定义的。

仍以"时间"元素为例，若取值"2000－02－03"，则需要确定其中每个数字的含义，其含义是"2000 年 2 月 3 日"，还是"2000 年 3 月 2 日"？这是由"时间"这个元素值的语法规则决定的，这个规则应该定义元数据值由哪几个部分组成，各部分的结构关系是什么。若取值"本世纪 80 年代"，则需要明确该值中所定义的"本世纪"是哪个世纪，这是由元素值的语义所定义的。

二、电子文件元数据的特点

（一）全面性

正如其定义所揭示的那样，电子文件元数据的内容非常全面，对于文件背景和管理过程的描述尤为详细和复杂。其中文件背景包括形成文件的职能活动、职能部门、工作人员、形成时间等行政背景，形成文件的法律依据等法律背景，文件的软硬件环境等技术背景，以及文件间的联系背景等；管理过程包括文件形成后从捕获到处置或销毁的全过程，如捕获、移交、迁移、销毁文件的行动、人员、时间等。

（二）全程性

全面描述电子文件内容、结构、背景和管理过程的元数据，其形成和管理必然与电子文件的形成和管理是同步的。也就是说，元数据的形成不是发生于文件生命周期的某一个时间点或是时间段，而是贯穿于电子文件的整个生命周期，包括文件编制、处理、归档、迁移、利用等全过程。其中相当多的内容在文件形成时就已完成，如文件的生成系统、形成者、编制目的等。

（三）实时性

电子文件元数据形成全程性的特点决定了元数据的形成同时也是实时的，也就是说，在正常情况下，元数据不应事后补录，而是由当下操作实时产生的。文件一经产生，其元数据便已产生，文件一旦变化，其变化情况也被实时记录在元数据中。

（四）动态性

动态性也是电子文件元数据形成全程性的必然结果。动态性有两个方面的表现：一方面，元数据动态地产生于电子文件各个生命阶段；另一方面，也可以根据管理和利用需要，从电子文件及其构成部分中动态地抽取出元数据。

不同生命阶段的电子文件依次在业务系统（BS）、电子文件管理系统（ERMS）、电子文件长期保存系统（也可称为数字档案馆系统，TDR）中被管理，而其元数据的产生、累积要依次通过这些系统来实现。前一阶段形成的关键元数据将随着文件一起进入下一个系统。但是，不同系统管理文件的目的不同，管理成本亦有限，不可能也不需要将所有的元数据都保留下来。也就是说，电子文件的元数据是动态增加的，但并非所有的元数据都会和文件同步积累、转移，某些元数据只存在于产生它的系统中，不会进入下一个系统。当一份文件从 BS 进入 ERMS，或者从 ERMS 进入 TDR 时，部分元数据会与之同行，部分则会与之分离，这样的过程如图 11-1 所示。

资源链接 11-1

电子文件管理过程中临时性增加元数据的需求

在电子文件管理过程中，可能会因为文件管理的某种需要临时性地增加元数据。这样的需要至少包含两种情况：第一，移交的需要，为便于长期保存文件，电子文件管理系统在向电子文件长期保存系统移交文件的时候可能需要临时增加元数据。比如全宗名、全宗号原本只是全宗级的元数据，文件级元数据可不包含此项，在移交时，为了让每份文件都具有自我说明的能力，需要给每份文件重复记录同样的全宗名、全宗号。再如为电子文件长期保存系统制定并实施合理的文件保存规划，可能需要大量补充电子文件的技术环境元数据，除了文件格式外，还需注明软件产品、版本号、压缩类型，字符编码方案、软件商信息等。第二，利用的需要，为更好地实现信息服务、知识挖掘等，可以通过元数据自动抽取工具临时挖掘文件的主题信息，并加以标注。应需临时增加的部分，通常借助特定的插件、工具完成。正如《信息与文献　管理文件元数据　第 2 部分：概念与实施》(ISO 23081－2：2009) 所言："优质的元数据体系是动态的，能够在必要时随时增加文件管理元数据。"

资料来源：刘越男，梁凯，顾伟．电子文件管理系统实施过程中元数据方案的设计．档案学研究，2012 (2)：56－64.

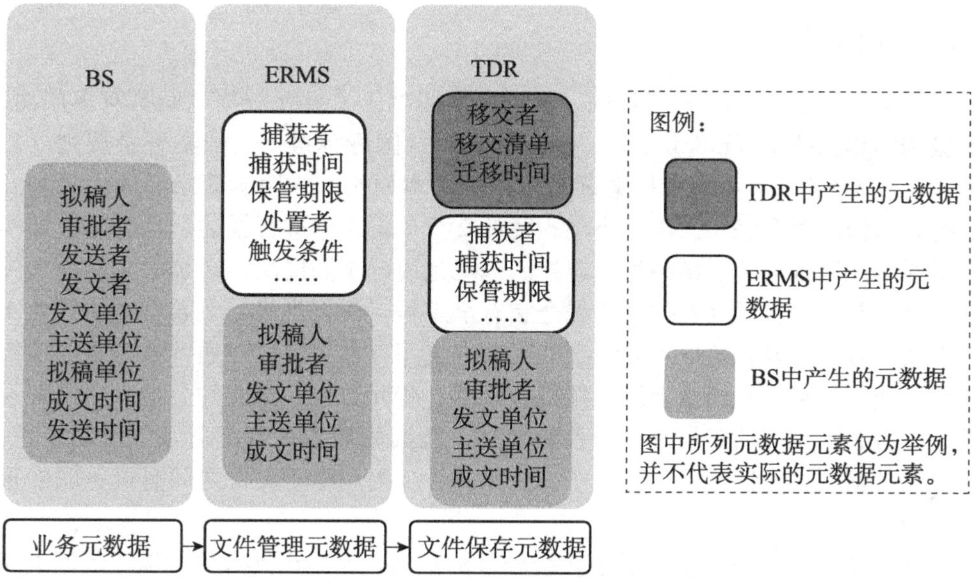

图 11－1　电子文件元数据形成和积累的过程

(五) 自动化

与实体档案元数据由人工编制不同，很多电子文件元数据可由系统自动创建。比如当人们创建文件时，系统会自动抽取其标题；当人们处理文件时，系统会自动记录对电子文件进行操作的人员及其部门，以及操作的日期、时间信息等。从用户的感受来看，只要不是为了编制元数据而展开专门的工作，而是在业务中同时完成元数据的创建，都可以被视作元数据的自动产生。比如，当专业负责人审核设计图纸时，会输入会签意见，而系统会自动将这些会签意见捕获为一项元数据。从这个意义上来看，在管理较为完善的情况下，极少需要人工专门创建元数据。元数据自动化程度越高，元数据管理越为用户所接受。

(六) 结构化

虽然文件元数据的概念并没有规定元数据的记录方式是结构化、半结构化还是非结构化的。但是，相比非结构化的实体档案元数据而言，大多数电子文件元数据都是结构化的或半结构化的，常见的存在形式有结构化的关系型数据库或者半结构化的 XML 文档。事实上，只有元数据是结构化的或半结构化的，系统才具备对单个元数据而非整条元数据记录（整条目录）加以管理和利用的能力。因此，国际标准 ISO 23081－1：2006《信息与文献　文件管理流程　文件元数据　第 1 部分：原则》（已被我国采纳为国家标准，标准号为 GB/T 26163.1－2010）和 ISO 23081－2：2009《信息与文献　管理文件元数据　第 2 部分：概念与实施》在 ISO 15489－1 的基础上，进一步将文件管理元数据（metadata for managing records）定义为支持文件形成、管理和跨时空利用的结构化、半结构化的信息。

（七）多级性

多级性（multilevel）是指同一机构内不同电子文件元数据之间具有多层次、多级别的相互关系（hierarchy）。多级著录是《国际标准——档案著录规则（总则）》[ISAD（G）] 确立的档案著录工作的基本原则，它明确著录必须由总到分进行，即依次对全宗、大类、小类、案卷直至单份文件进行描述，且以等级结构形式对不同级别的著录结果加以连接。也就是说，不同层次、级别的文件和文件集合都有与之对应的元数据，比如全宗有全宗号，类有类号，案卷有案卷号，文件有文件号。而且，这些不同级别的元数据之间存在关联。在通常情况下，下级文件（或文件集合）会从上级文件集合继承一些元数据，如文件会继承上位案卷的案卷号、上位类的类号。多级性是文件、档案领域内元数据著录的鲜明特色，保持元数据的多级性，是保证电子文件完整性、揭示电子文件之间有机关联的重要手段。

ISO 23081－2 进一步扩展了多级著录的范畴，它指出元数据所描述的四类实体——文件、人员、业务、规范都具有多个层次。借助于这样广泛的、多维的多级元数据，不仅能展现文件之间的内在联系，还可以全面描绘出文件得以产生、管理和利用的机构背景、业务背景和制度背景。

三、电子文件元数据的作用

元数据提供了对电子文件的全面描述。这是元数据最基本的作用，是其他作用得以发挥的基础。全面描述电子文件内容、结构和背景的元数据，对电子文件管理起到全面的支撑作用。具体包括如下几点。

（一）保障电子文件的真实性

元数据完整地记录了电子文件的形成过程、技术措施（如数字签名、密钥、密码）和管理过程，根据这些记录可以确认其真实性。第一个将“元数据”概念引入电子文件管理领域的戴维·比尔曼用信和信封来比喻文件和元数据的关系，即只有经过元数据完整“封装”的文件才具有证据作用。加拿大不列颠哥伦比亚大学的露西安娜·杜兰蒂指出：“当利用者查考的电子文件经历了若干次复制和迁移，其物理格式较原始文件基本上面目全非，而负责复制和迁移的工作人员已经故去，无法出面担保文件的可靠性时，最终要依靠档案目录来评定该信息源是否可信。通过对档案全宗的信息整理和描述，文件编制和管理过程中的各种联系得以永久保存，因此著录是保证文件真实性的一种可靠手段。”同时她还强调：“只有档案著录工作才能证明电子文件的长期真实性。”①

（二）保护电子文件的完整性

元数据能够在两个层次上保护电子文件的完整性：在单份文件的层次上，某些结构、背景方面的元数据与电子文件内容相对分散，保存这些元数据，并在元数据与文件之间建立有效的联系，是维护电子文件完整性的必备手段；在文件集合的层次上，元数据记录了文件之间的有机联系，从而保证了机构业务活动记录的完整性。

（三）保证电子文件的可读性

元数据本身并不能直接解决可读性问题。元数据对解决电子文件可读性问题的贡献在于其记录了电子文件形成、捕获、移交、迁移后的技术环境，为保证其长期可读提供了必要的信息。

（四）维护电子文件的可理解性

元数据忠实地记录了电子文件从产生到销毁或永久保存的全过程，记录了电子文件和有关业务活动、管理部门以及其他文件之间的关联，记录了电子文件中有关代码、符号背后的语义。通过元数据，人们不仅可以了解到文件的主题信息，还可以掌握文件的来龙去脉，有助于用户跨时空去理解电子文件。

（五）支持电子文件信息的组织和查询

数字信息具有“一次输入、多次输出”的特点，根据用户需求，对元数据加以有效的组织，可以为利用者提供全方位、多角度的检索入口。如果文件形成机构、档案馆在记录元数据的时候采用通用的元数据集，遵循标准格式和统一的编码体系（encoding scheme），就可以实现跨机构、跨馆的文件信息检索。如果电子文件管理元数据标准与其他信息资源的元数据标准兼容，则有助于实现异种信息的无缝查找。

（六）支持电子文件的安全管理

利用元数据，可以实现对电子文件生命周期全过程的有效控制，包括通过文

---

① Duranti L，MacNeil H. The Preservation of the Integrity of Electronic Records：An Overview of the UBC-MAS Research Project. Archivaria，1997（42）：46－67.

件登记时捕获的元数据来控制电子文件的归档，通过访问权限元数据来控制电子文件的存取，通过追踪电子文件形成、管理和利用过程中形成的元数据进行安全审计等，从而有效防范和降低电子文件管理的风险。

（七）支持电子文件管理流程的集成与优化

在纸质环境中，许多在文件流转过程中形成的元数据难以直接为文件管理活动所用，各项文件管理活动所产生的元数据一般也以单向顺序传递，有时还需要重复记录，在这种情况下，文件管理流程与文件处理流程相对疏离，各项文件管理活动之间也基本呈线性关系。而在网络系统，利用信息共享的特性，在一次性捕获元数据之后，便可以在多项文件处理、管理活动之间共享被捕获的元数据，而无须逐个传递、反复输入，从而为电子环境下文件管理流程、文件管理和业务流程的集成和优化提供了基础和保障。比如，在文件流转过程中判断文件的类别，可以基于文件分类展开特定的业务流程，实现文件管理和业务活动的集成。再如，鉴定文件时需要根据权限控制方面的元数据判断鉴定工作的承担者，同时系统将鉴定结果作为元数据保存起来，并据此判断文件是否归档、保存在哪里，实现鉴定、权限控制、归档等文件管理活动的集成。

因为元数据具有上述广泛的重要作用，所以元数据管理是电子文件管理的基础和关键。元数据管理也是业务系统、电子文件管理系统和电子文件长期保存系统的基本功能。

资源链接 11-2

国家标准中关于元数据作用的规定

国家标准《信息与文献　文件管理过程　文件元数据　第 1 部分：原则》(GB/T 26163.1-2010) 5.1 款规定，元数据以如下方式为业务和文件管理提供支持：

- 保护文件的证据特性并确保文件的长期可获取性和可用性；
- 便于对文件的理解；
- 支持并保证文件的证据价值；
- 便于确保文件的真实性、可靠性和完整性；
- 对访问管理、隐私管理和权限管理提供支持和管理；
- 支持高效率的检索；
- 通过确保在各种技术环境和业务环境下可靠地捕获文件从而支持互操作策略，并使文件持续性地得到长久保存；
- 在文件与其形成的背景信息之间进行逻辑链接，并以一种结构化的、可靠的和有效的方式维护这种链接；
- 为识别形成和捕获数字文件的技术环境提供支持，同时对维护文件的技术环境的管理提供支持，以便在需要真实性文件时可以随时复制文件；
- 为实现文件在不同环境、计算机平台或保管策略之间的有效迁移提供支持。

四、电子文件与元数据的关系

明确电子文件和元数据的关系，既是深化元数据认识的需要，也是开展元数据管埋的前提。电子文件和元数据的关系主要包括如下几种。

（一）包含

即文件当中包含元数据，元数据是文件内容的组成部分。比如一份公文的成文时间、一份设计图纸的作者等。包含于电子文件之中，是元数据比较原始的一种存在状态。如果要实现科学管理，就应该使元数据具备相对独立于电子文件内容的特性。如果电子文件是非结构化文件，则最好将元数据单独提取出来。

（二）伴随

部分元数据是文件本身携带的属性信息，由操作系统或者应用软件自动记录，也可通过人工方式记录。通过点击鼠标右键，选择文件属性，可以查看文件的一些元数据，比如对于一张数码照片，可以查看其宽度、高度、分辨率、设备制造商、快门速度等属性信息。如图 11－2 所示。

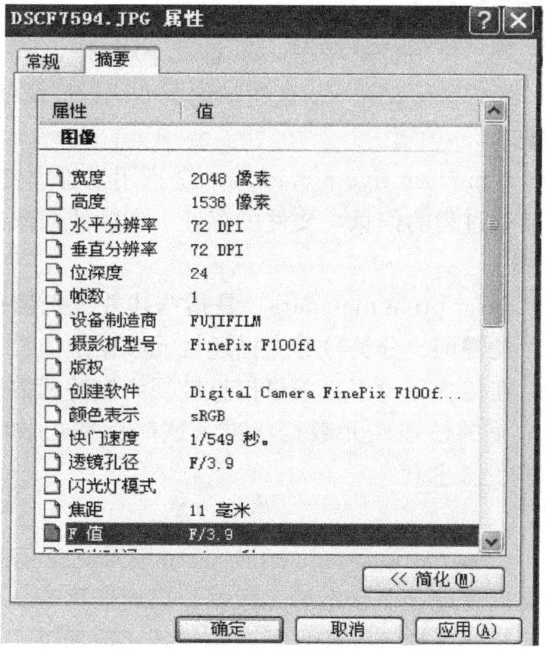

图 11－2　数码照片携带的元数据

（三）链接

在有专门系统管理电子文件及其元数据的情况下，链接是两者之间常见的一种关系，具体表现为：文件及其元数据相对独立保存，在通常情况下，文件保存在文件系统中，元数据保存在数据库中，除非有意识同步传递，否则这些元数据不会随着文件的运动而运动，可以通过指针、链接的方式来维护二者之间的关联。

（四）打包

打包是指采用一定的技术工具将文件和元数据物理地存放在一起，成为一个整体。这种方式有助于维护文件和元数据关联的稳定性。比如通过专门封装工具，将电子文件和元数据封装成一个计算机文件。我国 2009 年出台的行业标准《基于 XML 的电子文件封装规范》（DA/T 48－2009）就规定了电子文件封装的格式和要求。

如果说包含、伴随是电子文件和元数据之间自发的、自然的关系，那么链接、打包则是两者之间自觉的、经过设计的关系，需要通过特定的、专门的管理系统和软件工具来实现、维护电子文件和元数据之间的关系。

五、电子文件元数据的类型

按照不同的角度，可以划分出不同的电子文件元数据类型。

（一）按照元数据的功能

元数据在信息管理工作中普遍存在，20 世纪 90 年代，图书情报界就对元数据的类型加以研究，形成如下结论①，这些结论至今仍被广泛使用。

1. 管理性元数据

管理性元数据（administrative metadata）是指用来管理信息资源的元数据，比如文件的捕获、移交过程的信息，文件的存址，文件的存取权限等。

2. 描述性元数据

描述性元数据（descriptive metadata）是指描述并识别信息资源主题内容的元数据，比如题名、关键词、分类号等。描述性元数据是信息管理领域最为源远流长的一类元数据，在传统环境下，著录信息被视为描述元数据的代表，早期的著录标准也被视为最早的描述性元数据标准。这些标准在数字环境中也不断拓展，其功能不仅局限在描述上。

3. 保存性元数据

保存性元数据（preservation metadata）是指用来支持信息资源长期保存的元数据，比如描述文件物理存在状态的元数据，描述迁移等文件长期保存策略所需要的元数据，以及描述迁移等操作过程和结果的元数据等。

4. 技术性元数据

技术性元数据（technical metadata）是指描述信息资源技术属性的元数据，

---

① Gilliland A J. Setting the Stage.（2000－07－05）［2016－07－08］. http：//www. getty. edu/research/publications/electronic _ publications/intrometadata/setting. pdf.

比如文件的存储格式、生成软件名称、硬件名称、版本号、加密算法、压缩算法等。

5. 利用性元数据

利用性元数据（use metadata）是指用来描述信息资源利用层次和方式的元数据。比如记录用户、访问时间、访问对象、停留时间等信息的用户行为数据等。

当然，以上类型元数据并非截然分开，而是存在相互交叉的关系，比如技术性元数据对于数字长期保存至关重要，与保存性元数据有很大重合。

（二）按照元数据的形成阶段和形成目的

按照元数据的形成阶段和形成目的，电子文件元数据一般可以分为三类：支持文件形成业务的电子文件形成元数据（也称业务元数据），支持电子文件管理活动的文件管理元数据（recordkeeping metadata），以及支持电子文件长期保存的文件保存元数据（records preservation metadata）。这是国际文件管理领域对于元数据的特有分类，也是本教材侧重强调的电子文件元数据分类。

（三）按照元数据的适用范围

按照元数据的适用范围，电子文件元数据一般可以分为通用元数据和专门元数据两类。通用元数据是指各种电子文件都普遍使用的元数据，如作者、主题等；专门元数据则是指专门针对某种电子文件的元数据，如电子邮件的发件人、电子合同的签约人等。

第二节　电子文件元数据标准

一、电子文件元数据标准的作用

元数据是电子文件管理的重要工具，标准化是提高电子文件管理质量的重要策略。电子文件元数据标准的主要作用有如下几个方面。

（一）提供实践指导

尽管在文件管理历史中，组织机构和管理人员已经在有意或无意地使用元数据，但在实践结果未经检验之前，元数据使用的效果如何尚不得而知。根据国家标准《标准化工作指南　第 1 部分：标准化和相关活动的通用词汇》（GB/T 20000.1-2002）的定义，标准是“为了在一定的范围内获得最佳秩序，经协商一致制定并由公认机构批准，共同使用的和重复使用的一种规范性文件”。因此，元数据标准是关于元数据管理的、可以重复使用的最佳实践，有了标准的指导，可以节约各机构分头探索元数据管理经验的时间，加强对电子文件元数据管理的科学指导。

（二）提高系统的互操作性

根据国际标准《信息技术词表　基础术语》（ISO/IEC 2382－01）的定义，互操作性是指“在几乎无须用户了解各种功能单元的独特特性的情况下，这些功能单元之间进行通信、执行程序或者传输数据的能力”。而系统互操作性就是指不同系统之间无歧义传输数据的能力，需要在数据、应用软件、操作系统、硬件等多个层次协作。遵循共同的标准是实现系统互操作性的有效措施。而元数据标准可以定义系统之间交互数据的内容、结构，从而有助于系统互操作性的提高。电子文件不仅需要在同一个机构的不同系统之间交互（比如从 BS 输出到 ERMS），也需要在不同机构的不同系统之间交互（比如从文件形成机构的 ERMS 输出到文件保存单位的 TDR），各机构遵循共同的元数据标准，或者在两个不同的元数据方案之间建立映射，相比系统接口等其他方式而言，是实现系统互操作的经济有效的方式。

（三）有助于追踪管理过程

随着环境的变化和管理的发展，元数据标准也需要不断更新。作为电子文件管理的核心标准之一，元数据标准的发展过程反映了一个国家、地区、行业范围内电子文件管理发展思路的变化。而且，元数据标准一般都有专门的标准化机构加以维护，当元数据标准发生变化的时候，应用原标准的机构也可以在标准维护机构的支持下，方便地实现向新标准的转变，并通过元数据来记录这个过程。

二、电子文件元数据标准的类型

世界上很多国家、地区、组织已经陆续出台了与电子文件管理相关的若干元数据标准，构成了纷繁复杂的元数据标准图谱。认识这些标准，明确其主要功效，是科学应用元数据标准的前提。

（一）按照标准的层级划分

按照标准的层级划分，元数据标准包括国际标准、国家标准、行业标准、地方标准、企业标准等多种类型。国际标准如《信息与文献　管理文件元数据》（ISO 23081）系列标准，国家标准如《政务信息资源目录体系　第 3 部分：核心元数据》（GB/T 21063.3－2007），行业标准如档案行业标准《文书类电子文件元数据方案》（DA/T 46－2009）、核行业标准《核电电子文件元数据》（EJ/T 1224－2008），地方标准如广州市地方技术规范《电子文件档案资源管理规范　第 4 部分：元数据》（DBJ 440100/T 10.4－2008）等。

（二）按照标准的适用范围划分

按照标准的适用范围划分，元数据标准可以分为两类：一类是直接针对文件或电子文件的，如上文提到的 ISO 23081、DA/T 46－2009、EJ/T 1224－2008、DBJ 440100/T 10.4－2008 都是专门针对电子文件制定的元数据标准；另一类则面向包括电子文件在内的所有政府信息资源，比如上文提到的 GB/T 21063.3－2007。

有些国家专门针对电子文件制定了元数据标准，比如澳大利亚国家档案馆 1999 年制定的《联邦机关电子文件管理元数据标准》，这是世界范围内最早的电子文件元数据标准，此后该标准得到持续更新，2015 年 6 月的最新版本是 2.2，标准名称也变更为《联邦政府机关文件管理元数据标准》。① 也有一些国家采用了包容性更强的信息资源元数据标准，如美国国家档案与文件署（NARA）2015 年 9 月发布《永久电子文件移交的元数据指南》，将都柏林核心（DC）元数据 1.1 版本的子集作为移交电子文件的最小元数据集。②

案例 11－1　美国联邦政府机关移交给 NARA 的电子文件元数据

NARA 于 2015 年发布的《永久电子文件移交的元数据指南》选取了 DC 元数据集 15 个元素中的 7 个元素，并根据美国联邦政府机关电子文件管理的实际情况，加以一定的改造，规定了美国联邦政府机关移交给 NARA 的电子文件需要同时提供的文件级元数据，共 15 个元素，如下表所示。

序号	DC 元数据	NARA 元数据	含义
1	Identifier	Identifier [FileName]	完整的计算机文件的名称，包括扩展名
2		Identifier [RecordID]	机构或文件管理系统赋予文件的唯一标识符
3	Title	Title	文件的标题
4	Description	Description	文件内容的叙述性概要，包括文本性文件的摘要和音视频文件的内容描述
5	Creator	Creator	为文件形成负首要责任的主体（人或机构）
6	Date	Date [CreationDate]	计算机文件符合联邦文件定义的日期
7	Rights	Rights [SecurityClassification]	揭示文件官方安全状态的秘密等级
8		Rights [PreviousSecurityClassification]	文件现有密级之前的秘密等级

---

① National Archives of Australia. Australian Government Recordkeeping Metadata Standard (AGRkMS, Version 2.2). (2015－06) [2016－07－08]. http://www.naa.gov.au/Images/AGRkMS-Version-2.2-June-2015_tcm1647131.pdf.

② National Archives and Records Administration. NARA Bulletin 2015－04: Metadata Guidance for the Transfer of Permanent Electronic Records. (2015－04－15) [2016－07－08]. http://www.archives.gov/records-mgmt/bulletins/2015/2015－04.html.

续前表

序号	DC元数据	NARA元数据	含义
9	Rights	Rights [AccessRights]	个人利用文件的法定权限或者机构公布和提供文件利用的权限
10		Rights [UsageRights]	产权（如知识产权）保护信息
11		Rights [RightsHolder]	拥有文件知识产权的个人或机构
12	Coverage	Coverage [SpatialCoverage]	文件内容覆盖的地理范围
13		Coverage [TemporalCoverage]	文件内容覆盖的时间范围
14	Relation	Relation [HasPart]	文件在物理上或逻辑上拥有的其他关联文件
15		Relation [IsPartOf]	文件在物理上或逻辑上作为其一部分的其他关联文件

（三）按照标准所规范的内容划分

按照标准所规范的内容来划分，元数据标准包括元数据元素集（metadata element set）、结构标准、编码体系标准、实施指南等类型。

其中，元数据元素集是指电子文件元数据元素的集合，建成元数据集，需要对各元数据元素的名称、作用、使用条件、相互关系、编码体系等做出较为详尽的规定。元数据元素集是最基本的元数据标准，上文中提到的DA/T 46－2009、EJ/T 1224－2008、《联邦机关电子文件管理元数据标准》等都属于元数据元素集。

资源链接 11－3

标准元数据元素集的特点

标准元数据元素集一般具有以下几个特点：

1. 纳入系统

已经出台的元数据标准都鼓励、要求或强调机构要将元数据元素集纳入管理和保存电子文件的系统中。比如澳大利亚国家档案馆要求为联邦机关开发文件管理软件的提供商必须阅读、遵守元数据标准。

2. 可选择性

不同政府机构的实际情况差别较大，不可能要求所有机构必须采用一模一样的元数据元素。为了解决通用性和个性化的矛盾，标准制定者一般会设计两类元数据元素，一类是必要（mandatory）元素，所有机构都必须采用；另一类是可选（optional）元素，履行不同职能的机构可以灵活选用。

3. 可扩展性

尽管元数据标准对主要的元素进行了规定，但对于某些特殊文件来说，仍然有可能会有一些元数据元素未被纳入元数据集中，这些元素可能对特定文件的管理具有较为重要的作用。元数据标准允许各机构自定义元素，也就是说在现有元数据集的基础上增加新的元素。

4. 兼容性

标准元数据元素集应与其他元数据标准兼容。澳大利亚国家档案馆《联邦政府机关文件管理元数据标准》(2.2) 中规定了该标准与该标准 1.0 版本、PREMIS 2.0、该国政府信息资源元数据标准《澳大利亚政府信息定位服务》(AGLS)(AS 5044 - 2010) 等其他元数据标准的映射方案。

资料来源：冯惠玲．政府电子文件管理．北京：中国人民大学出版社，2004. 根据最新发展予以简单改写。

结构标准建立在元数据元素集的基础上，以计算机可以识读、适用的方式规定元数据元素之间的关系，以达到在不同系统之间交换元数据的目的。目前描述元数据元素之间关系的常见机器语言是可扩展性置标语言 XML。部分结构标准除了规定元数据元素之间的关系外，还规定了元数据和电子文件之间的结构关系，这类元数据结构标准也被称为元数据封装标准。美国的档案编码著录(EAD)、我国档案行业标准《基于 XML 的电子文件封装规范》(DA/T 48 - 2009)、元数据编码和传输格式 (METS) 都是元数据结构标准，其中后面两个标准也属于封装标准。

编码体系标准是衍生性元数据标准。“元数据元素——元数据值”是元数据描述电子文件的基本方式。编码体系规定了元数据元素取值的范围、规则。比如对于元素“形成时间”，其编码体系为《数据元素和交换格式　信息交换　日期和时间显示》(ISO 8601)，采用“YYYY-MM-DD”的格式，如果“形成时间”的值为“2004 年 1 月 1 日”，则应被表示为“2004 - 01 - 01”。编码体系可以是国际标准、国家标准、行业标准，也可以是机构自行编制的词表、代码表等。

实施指南则对各单位应用元数据元素集、结构标准的过程、方法、注意事项予以指导，方便各单位更好地贯彻实施有关标准。澳大利亚国家档案馆制定了与《联邦机关电子文件管理元数据标准》配套的《联邦机关文件管理元数据标准实施指南》；加拿大国家图书与档案馆在颁布《加拿大政府文件元数据标准》的同时，颁布了《加拿大政府文件元数据应用方案》，阐明了元数据元素的应用规则和方法。

(四) 按照标准的独立程度划分

按照标准的独立程度划分，元数据标准可被分为独立式标准和嵌入式标准两种。独立式标准是指独立成篇的标准，上文提到的所有标准都是独立式标准。嵌入式标准是指为其他标准所包含的元数据标准，后者通常为前者的一个组成部分，如附录。目前常见的嵌入方式是将元数据要求嵌入到电子文件管理系统功能要求标准中。如 1997 年开始颁布，并且每隔 5 年更新一次美国国防部标准《电子文件管理软件应用系统设计标准》（DoD 5015.2 - STD），其中具体规定了文件、文件夹的元数据；2002 年英国公共文件局（2004 年与其他机构合并为英国国家档案馆）推出的《电子文件管理系统功能要求》系列标准，元数据标准是其中第 2 部分；欧盟《电子文件管理通用需求》（MoReq）的 2008 年版本 MoReq 2，元数据方案是其重要的一个附录，在 MoReq2 基础上推出的改进版本 MoReq 2010，则将元数据方案和功能要求条款密切融合，即在功能要求条款中明确具体的元数据要求。由于 ERMS 市场通用软件可以采取系统测试的方式来强化其合规性，嵌入的元数据标准也借此可由书面的规定变成市场通用软件内嵌的事实标准。

（五）其他分类角度

元数据标准还可以采用与本章第一节第五部分中阐述电子文件元数据分类相同的分类角度。包括：按照元数据的功能，元数据标准可以分为管理性元数据标准、描述性元数据标准、技术性元数据标准、利用性元数据标准、保存性元数据标准，其中描述性元数据标准和保存性元数据标准最为常见；按照元数据的形成阶段和形成目的，元数据标准一般可以分为业务元数据标准、文件管理元数据标准以及文件保存元数据标准，文件管理元数据标准和文件保存元数据标准是本教材最为重视的两类元数据标准，前者如 ISO 23081，后者如《保存元数据：实施战略》（Preservation Metadata：Implementation Strategies，PREMIS）；按照元数据的适用范围，元数据标准一般可以分为通用元数据标准和专门元数据标准，我国专门针对电子文件的通用元数据标准正在制定过程中，DA/T 46 - 2009 是针对文书类电子文件的专门元数据标准。

三、典型电子文件元数据标准

本教材主要介绍在国内外电子文件管理领域中应用比较广泛的一些元数据标准。

（一）《信息与文献　管理文件元数据》（ISO 23081）系列标准

《信息与文献　管理文件元数据》（ISO 23081）是文件管理国际标准家族中的一员，它置身于相互配套的一系列文件管理国际标准中。该标准族由国际标准化组织信息与文献技术委员会下的档案/文件管理分技术委员会（ISO/TC 46/SC 11）负责起草，以《信息与文献　文件管理》（ISO 15489）为核心。作为整个标准体系的核心，ISO 15489 详细规定了文件形成机构内文件管理的职责、目标、流程和方法。ISO 23081 旨在引导机构以合适的元数据管理支撑 ISO 15489 的文件管理框架。ISO 23081 本身也是配套标准，共包括三个部分。

《信息与文献　文件管理流程　文件元数据　第 1 部分：原则》（GB/T 26163.1 - 2010/ISO 23081 - 1：2006）阐明了文件管理中元数据管理的原则性、

一般性问题，包括文件管理元数据的意义和作用、元数据管理的角色和职责、文件管理元数据与其他领域中元数据之间的关系、元数据管理流程和要求、支持 ISO 15489 的元数据类型等。可以说，这是国际范围内文件管理元数据标准的元标准。

《信息与文献　管理文件元数据　第 2 部分：概念与实施》（ISO 23081－2：2009）重申了文件管理元数据的功能与作用、元数据管理的政策与职责，着重阐述了元数据概念模型，以及元数据方案的制定与实施。其提出的元数据概念模型为很多国家、地区制定文件管理元数据标准提供了参考，这是一个多实体、多层级的模型。该模型由五大实体组成，所谓实体，是指任何现在、过去或是未来可能存在的具体或抽象事物，包括这些事物间的相互关系。我们可以将实体理解为元数据描述的业务环境的对象。文件管理元数据概念模型中的主要实体包括：（1）文件（records），可以是单份文件或是文件集合；（2）责任者（agent），即业务环境中的人员或者组织机构；（3）业务（business），包括形成文件的业务和文件管理业务，两者是相互集成的；（4）法规标准（mandate），即约束业务执行和记录方式的规则；（5）关系（relation），即上述各实体之间的关系，这是一类特殊的实体。概念模型中各实体及其相互关系如图 11－3 所示。在该模型中，文件、责任者、业务、法规标准等四个实体都具有多个层次，其中文件实体涉及档案集合、全宗、系列、案卷、业务流、单份文件等层级，责任者实体包括机构、部门、工作组、个人等层级，业务实体包括联合职能、职能、活动、事务等层级，法规标准实体包括法律法规、政策、业务规则等层级。多层级的实体模型如图 11－4 所示。

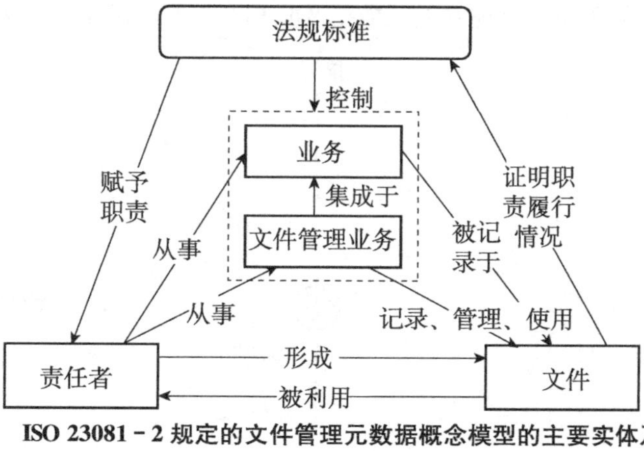

图 11－3　ISO 23081－2 规定的文件管理元数据概念模型的主要实体及其关系

为方便文件形成机构根据以上元数据模型定义元数据元素，ISO 23081－2 提出了模块化的设计思路，即每个实体的元数据被分为六大类，可被视为实体的六大类属性，每一类元数据又被划分为若干元数据元素。这六大类属性元数据分别是：（1）标识类元数据，用于标识实体，如实体类型、实体层级和标识符等。（2）描述类元数据，用于确认所需实体，如题名、摘要和外部标识符等。（3）利用类元数据，用于确保实体的长久利用，如技术环境、权限和语言等。（4）事件计划类元数

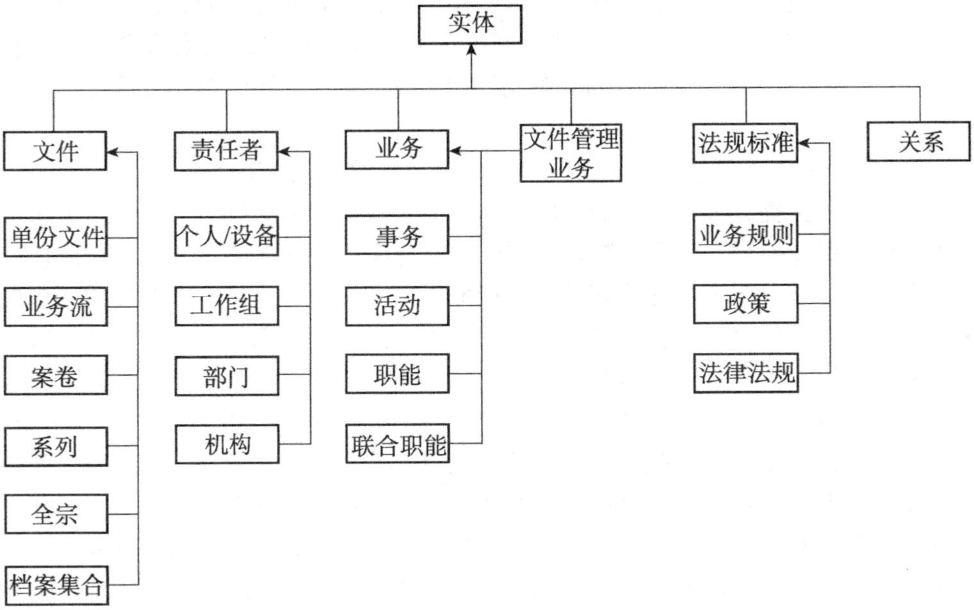

图 11-4　ISO 23081-2 规定的多层级实体模型

据，用于实体管理，由相互链接的多个顺序衔接的元数据元素和若干独立元数据元素组成。本类和文件实体相关的元数据如类型、说明、日期/时间、事件触发和关系等。(5) 事件历史类元数据，用于记录实体及其元数据的过往文件业务事件或其他管理事件。本类元数据采用顺序衔接的元数据记录某次事件，如事件日期/时间、事件类型、说明和关系（链接）等。(6) 关系类元数据，用于指向关系实体或是直接描述实体之间的关系。上述六类元数据及其相互关系如图 11-5 所示。

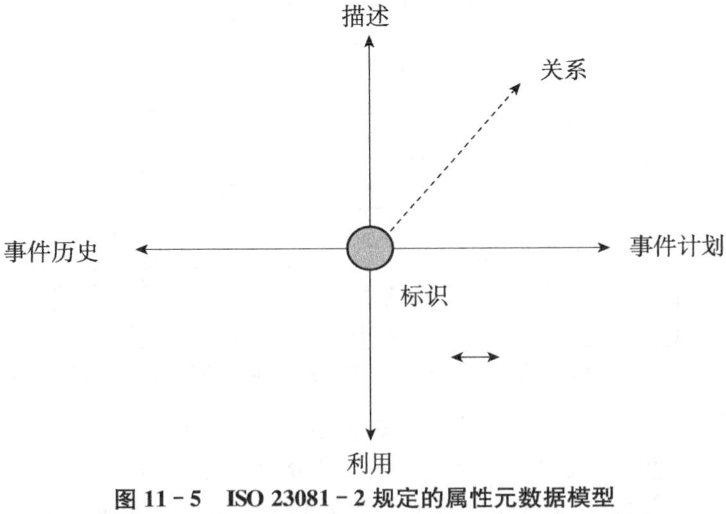

图 11-5　ISO 23081-2 规定的属性元数据模型

《信息与文献　管理文件元数据　第 3 部分：自我评估方法》（ISO 23081-3：2011）是一个实施指南性质的标准，它以 Excel 表格的方式提供了一个检查清单，供文件形成机构评估其元数据方案符合文件管理需求的程度。

（二）《国际标准——档案著录规则（总则）》[ISAD（G）]

《国际标准——档案著录规则（总则）》是由国际档案理事会制定的、面向档案保存机构馆藏的描述性元数据元素集。其并非直接面向电子文件，而是涵盖所有载体形式的档案。该标准规定了七类元数据元素，分别是特征说明项、背景信息项、内容和结构项、检索和利用条件项、相关档案材料项、附注项、著录控制项，如表11－1所示。其中，特征说明项的目的在于确认元数据所描述的对象；背景信息项描述的是文件（或文件集合）的来源和保管情况，包括形成背景和管理过程；内容和结构项描述的是文件（或文件集合）的主题内容和组织；检索和利用条件项描述的是文件（或文件集合）的可利用情况，用来控制文件的利用；相关档案材料项描述的是文件（或文件集合）与其他文件（或文件集合）之间的关系，其实是一类特殊的背景信息；附注项是其他元数据元素；著录控制项是对元数据本身的描述信息。

表11－1　《国际标准——档案著录规则（总则）》元数据元素的类型

类型	元数据元素
特征说明项	档号、题名、时间、著录级别、著录对象的载体及形态（数量、尺寸及规格）
背景信息项	形成者名称、行政管理沿革/生平传记、档案历史沿革、直接收集来源或移交情况
内容和结构项	范围与内容，鉴定、销毁及保管期限的划分，新增接收文件、整理体系
检索和利用条件项	检索管理条件、复制管理条件、语种、物理特征与技术要求、检索工具
相关档案材料项	原件的留存及收藏地、复制件的留存及收藏地、相关档案、出版附注
附注项	附注
著录控制项	档案工作人员附注、著录条例或规则、著录时间

（三）PREMIS

PREMIS是由联机计算机图书馆中心（OCLC）和美国研究图书馆小组（RLG）联合制定的保存性元数据标准。该标准并非专门针对电子文件，而是面向各类数字信息资源的。标准开发者基于国际标准《空间数据与信息移交系统——开放档案信息系统（OAIS）参考模型》（ISO 14721：2003）中的信息模型（参见第七章），将抽象的信息模型具体化为可实施的元数据方案，自2003年后陆续发布多个版本的数据字典和基于XML的元数据Schema，截至2016年7月的最新版本是3.0版，颁布于2015年。[①] PREMIS为世界上多个数字图书馆和

---

① PREMIS的官方网站是http：//www.loc.gov/standards/premis/，下文中的数据字典介绍可参见如下文献：PREMIS Editorial Committee. PREMIS Data Dictionary for Preservation Metadata version 3.0.（2015－06）[2016－02－04]．http：//www.loc.gov/standards/premis/v3/premis-3-0-final.pdf.

部分数字档案馆系统所使用，如美国国家档案与文件署的电子文件档案馆系统采用了部分 PREMIS 元数据。

PREMIS 数据字典建立了保存元数据的模型，模型中揭示了元数据实体，并据此定义了数字保存所需的一整套核心语义单元。PREMIS 3.0 版数据字典所建立的数据模型，明确了四类实体：对象（object）、事件（event）、责任主体（agent）和权利声明（rights statement）。对象是指被保存的数字信息的离散单元，包括智能实体、表征、文件和比特流等，智能实体、表征、文件和比特流是 PREMIS 由总到分地界定数字对象的四个层级。其中的环境（environment）是指在某种程度上支持数字对象的软硬件技术，在数字保存系统中，环境被作为智能实体加以描述，并作为表征、文件或比特流被捕获并保存。事件是指至少涉及或影响数字保存系统中一个对象或一个责任主体的行动，如将 PDF 文件接收入库。责任主体是指在对象生命周期中与事件或权利相关的个人、组织或软件程序。权利声明是指对对象、责任主体的一项或多项权限的声明。实体之间的关系如图 11－6 所示。数据字典提供了详细的与对象、事件、责任主体、权利声明实体相关的元数据说明。从该数据模型可以发现，PREMIS 集合了管理、技术、保存等多种类型的元数据，以方便保存机构使用。

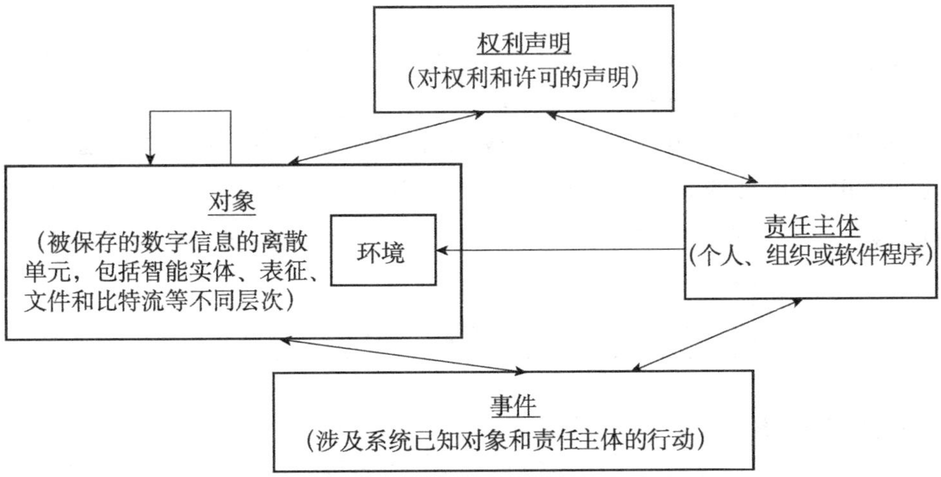

图 11－6　PREMIS 3.0 版本数据字典中的数据模型

(四)《档案著录规则》(DA/T 18－1999)

我国档案行业标准《档案著录规则》（DA/T 18－1999）是一个既面向文件形成单位也面向档案保存单位的元数据元素集。它规定了七类元数据元素，分别是题名与责任说明项、稿本与文种项、密级与保管期限项、时间项、载体形态项、附注与提要项、排检与编号项，如表 11－2 所示。该标准主要面向传统档案，其中富有电子文件特色的元数据项目只有电子文档号这一项。在电子文件元数据管理方面，目前国内更多应用的是建立在 DA/T 18－1999 基础上的《文书类电子文件元数据方案》(DA/T 46－2009)。

表 11－2　《档案著录规则》(DA/T 18－1999) 元数据元素的类型

类型	元数据元素
题名与责任说明项	正题名、并列题名、副题名及说明题名文字、文件编号、责任者、附件
稿本与文种项	稿本、文种
密级与保管期限项	密级、保管期限
时间项	时间
载体形态项	载体类型、数量及单位、规格
附注与提要项	附注、提要
排检与编号项	分类号、档案馆代号、档号、电子文档号、缩微号、主题词或关键词

(五)《文书类电子文件元数据方案》(DA/T 46－2009)

DA/T 46－2009 参照 ISO 15489、ISO 23081、DA/T 18－1999、ISAD(G)，并结合我国电子文件管理实际，规定了文书类电子文件元数据集以及元数据元素关系间的逻辑架构。所谓文书类电子文件，是指反映党务、政务、生产经营管理等各项管理活动的电子文件。在概念模型上，该标准采用了 ISO 23081 元数据概念模型中的四类实体：文件实体、机构人员（即责任者）实体、业务实体和关系实体。在实体层级上，该标准主要规定了案卷、文件两个级别的文件聚合层次，以及单位、内设机构、个人三个责任主体层次。

整个元数据集包括 88 个元数据元素，其中文件实体元数据元素 75 个，机构人员实体元数据元素 4 个，业务实体元数据元素 5 个，关系实体元数据元素 4 个。该标准将元数据元素分为简单型、容器型和复合型。简单型是指不具有子元素的元素所对应的元素类型。容器型是指具有子元素且本身不能被赋值的元素所对应的元素类型。复合型是指本身可以被赋值且在一定条件下可以具有子元素的元素所对应的元素类型。88 个元数据元素中，20 个元素为必选，25 个元素为条件选，其余 43 个元素为可选。必选元数据元素及其部分属性如表 11－3 所示。

表 11－3　《文书类电子文件元数据方案》(DA/T 46－2009) 必选元数据元素

序号	编号	元数据中文名称	所属实体	可重复性	元素类型	数据类型
1	M1	聚合层次	文件	不可重复	简单型	字符型
2	M2	来源	文件	不可重复	容器型	——
3	M6	立档单位名称	文件	不可重复	简单型	字符型
4	M7	电子文件号	文件	不可重复	简单型	字符型
5	M8	档号	文件	不可重复	复合型	字符型
6	M11	年度	文件	不可重复	简单型	数值型
7	M12	保管期限	文件	不可重复	简单型	字符型
8	M21	内容描述	文件	不可重复	容器型	——
9	M22	题名	文件	不可重复	简单型	字符型
10	M33	日期	文件	不可重复	简单型	字符型
11	M38	密级	文件	不可重复	简单型	字符型
12	M40	形式特征	文件	不可重复	容器型	——
13	M65	存储位置	文件	不可重复	容器型	——

续前表

序号	编号	元数据中文名称	所属实体	可重复性	元素类型	数据类型
14	M67	脱机载体编号	文件	可重复	简单型	字符型
15	M70	权限管理	文件	不可重复	容器型	——
16	M77	机构人员名称	机构人员	不可重复	简单型	字符型
17	M80	业务状态	业务	不可重复	简单型	字符型
18	M81	业务行为	业务	不可重复	简单型	字符型
19	M82	行为时间	业务	不可重复	简单型	字符型
20	M85	实体标识符	关系	不可重复	简单型	字符型

江西、长春、杭州等地在 DA/T 46－2009 的基础上，出台了本地文书类电子文件元数据标准。DA/T 46－2009 内容较全面，同时包含文件管理元数据和文件保存元数据；适用范围较广，同时面向文件形成单位和文件保存单位。因此，具有不同文件管理职责的单位，在实施此标准时，需要根据其自身职能从中选择、调整元数据元素。

（六）其他典型电子文件元数据标准

我国档案行业标准《基于 XML 的电子文件封装规范》（DA/T 48－2009），美国伯克利大学制定的、现由美国国会图书馆负责维护的元数据编码和传输格式（METS）都是常见的元数据结构标准、元数据封装标准。本教材在第七章第二节中介绍了这两个标准，本章不再赘述。

第三节 文件形成机构的元数据管理

一、文件形成机构元数据管理的内容

ISO 23081.1－2006 指出，文件形成机构开展的元数据管理包括两个层次的内容：形成、捕获和管理元数据，以及制定、实施、维护和管理元数据规则及元数据结构，其关系如图 11－7 所示。我们不妨将前者称为元数据管理的业务层，将后者称为元数据管理的支撑层。业务层是元数据管理的主体部分，支撑层则是其基础部分。没有详尽合理的规则设计和结构设计，元数据的形成、捕获、利用、维护和监控就没有科学统一的依据，元数据管理的成效也就无法得到保障。

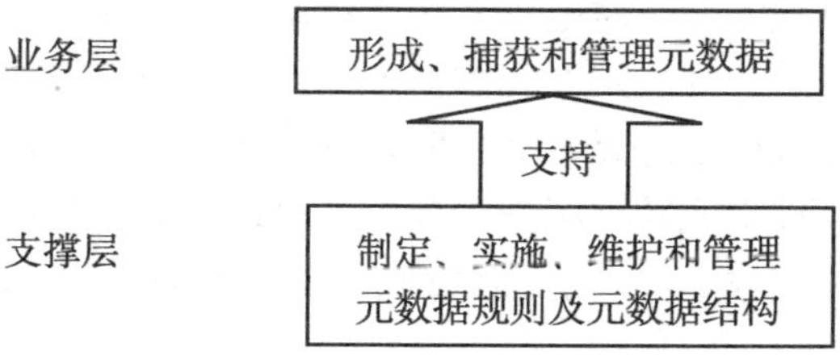

图 11－7　元数据管理的两个层次

二、文件形成机构元数据管理的职责分工

电子文件元数据管理的范围比较广，涉及电子文件的内容、结构、背景以及整个管理过程的描述信息。在文件生命周期中接触电子文件及其元数据的人员比较多，因此，承担元数据管理工作职责的人员也很多，从来源来看，包括机构内部人员和外部人员，其中内部人员包括文件形成者，文件、档案管理人员，信息技术人员，主管领导等，外部人员可能来自提供系统服务的第三方、接收文件移交的档案馆等。合理的分工是顺利实现元数据管理的组织保障。在分配元数据管理职责时，应尽量利用这些人员的专业背景，让其承担与其本职工作相关的元数据管理工作，并加强其沟通和协作，尽可能满足专业化和协作化相结合的要求。

（一）内部人员的元数据管理职责

就内部人员而言，文件形成者应承担文件形成阶段的元数据著录活动，如关键词、责任者、文件编号等的著录，确保业务元数据的准确、真实和完整。文件、档案管理人员是元数据管理的神经中枢，负责监督元数据的形成，承担文件管理元数据捕获和管理的业务工作，承担元数据管理支撑层的全部工作，包括：分析元数据管理的需求；制定元数据方案，确保元数据方案与相关标准保持一致；与业务人员、信息技术人员、档案馆工作人员进行协调，保证元数据顺利捕获、维护和移交；就元数据管理开展适当的培训等。信息技术人员负责元数据方案的系统配置、维护以及元数据在系统中的存储、维护等工作。主管领导为包括元数据管理在内的整个电子文件管理提供行政支持。

（二）外部人员的元数据管理职责

就外部人员而言，系统服务商应和机构文件、档案管理人员以及信息技术人员保持沟通，确保为元数据管理提供充分的系统支撑；档案馆工作人员应就元数据方案的制定、元数据管理过程和方法提供指导，并提出移交电子文件的元数据要求。

三、文件管理元数据方案的制定

元数据方案（metadata schema）是指文件形成机构或保存机构根据相关元

数据标准，结合本单位实际，对电子文件元数据元素语义、语法、赋值规则及其相互关系（结构）的系统性规定。元数据方案是一个单位开展元数据管理工作的基本依据。为方便各机构制定元数据方案，增强元数据的标准化，提升系统的互操作性，有关部门会推出元数据标准。我们可以认为元数据标准是经过标准化组织认可的元数据方案（或其一个方面的内容），元数据方案是指对于元数据标准的具体应用。

整个元数据方案的制定工作分为准备、设计、实施、评估、更新等阶段。

（一）文件管理元数据方案的准备

在准备阶段，元数据方案的制定者主要应做好如下几件事情：

（1）熟悉相关元数据标准。文件形成机构在制定元数据方案的时候，应遵照执行国家标准、行业标准，并与国际标准接轨，吸纳先进科研成果和别国经验；同时，也应充分考虑元数据方案在系统中的可实施性。我国文件形成机构应重点掌握 ISO 23081、DA/T 18－1999、DA/T 46－2009、DA/T 48－2009 等国内外元数据标准。

（2）明确元数据方案所服务的系统类型及其功能定位。不同类型及功能定位的系统，元数据的作用是不同的，具体元素也会有所区别。文件形成机构制定的电子文件元数据方案主要是文件管理元数据方案，其最终目的是能够在电子文件管理系统中实施，支撑整个电子文件管理的正常运行。

（3）明确需要确定元数据方案的电子文件类型。不同的文件类型在文件层次上往往具备一些不同的元数据，如电子图纸的比例尺、数码照片的分辨率等。文件形成机构可以设置一个通用的元数据方案，在此基础上再逐一明确各文件类型个性化的元数据。

（二）文件管理元数据方案的设计

设计文件管理元数据方案，最核心的任务就是选择元数据元素并建立其相互关系。ISO 23081－2：2009 为文件管理元数据方案的设计提供了基本路径：首先基于文件、责任者、业务、法规标准、关系等五类实体的元数据模型，依次定义和标识实体及其级次；按照标识、描述、利用、事件计划、事件历史、关系等六类实体属性的模块化设计思路，描述实体及其级次所必需的元数据，建立相关实体/级次元数据之间的关系；明确元数据元素的编码体系；明确元数据的语法规则和语义规则；根据 ERMS 需要管理的文件的特点，以及系统实施单位业务和文件管理的情况，建立元数据管理规则；明确元数据方案的机器表达方式等。

1. 元数据实体的确定

区分实体的意义在于准确定位元数据描述的对象，理解构成文件管理整体环境的各要素及其相互关系。通过分实体的元数据描述，有助于实现系统功能的模块化设计以及跨系统的互操作。

ISO 23081－2：2009 并不要求文件形成机构直接实施五大实体，而是可以采取非常灵活的策略，既可以选取其中的一种或多种实体，也可以在文件、责任者、业务、法规标准、关系五大实体之外，扩展新的实体。实体的实施方式取决于不同实体描述保持持续链接的能力，也和系统功能的实现方式有关。具体说来，主要包括以下几种实施方式：

（1）单实体实施。采用以“文件为中心”的实施方式“简化”实体模型，即在文件实体中包含了其他实体的信息。早期出台的元数据标准多采用这种模式，如 1999 年 1.0 版的澳大利亚《联邦机关电子文件管理元数据标准》。

（2）多实体直接实施。在文件、责任者、业务、法规标准、关系实体中选择二至五种实体实施。比如我国《文书类电子文件元数据方案》（DA/T 46－2009）采用了文件、机构人员（责任者）、业务和关系四类实体；MoReq 2 将文件保管期限与处置表理解为特定的法规标准，采用了文件、文件保管期限与处置表（法规标准）、责任者三类实体，而业务、关系实体则被作为其他实体的属性。

（3）多实体扩展实施。即除了文件、责任者、业务、法规标准、关系这五大实体之外，还拓展应用其他实体类型。文件、责任者、业务、法规标准这四个实体都是多层级的，每个层级都可能包括标识、描述、利用、事件计划、事件历史、关系等六个方面的属性元数据，而且实体的元数据本身还要靠元数据来描述，如此形成多实体、多层次、多属性的循环、关联，由此可以将实体层级、属性、元数据定义等也作为实体来实施。比如，MoReq 2010 定义了文件聚合（aggregation）、类（class）、组件（component）、背景元数据元素定义（contextual metadata element definition）、处置保留（disposal hold）、保管期限与处置表（disposal schedule）、实体类型（entity type）、事件（event）、功能定义（function definition）、组（group）、元数据元素定义（metadata element definition）、文件（record）、角色（role）、服务（service）、模板（template）、用户（user）共十六个实体类型。

2. 元数据实体层次的确定

区分层次的意义在于精确地定义各层次的元数据，同一实体不同层次的元数据，既有相同的部分，也有不同的部分。而对于每个层次都有的元数据，下位层次则可以通过链接继承上位层次实体的元数据，而不一定要全部重复描述，这可以在一定程度上精简元数据方案及其实施成本。

文件实体是各种实体实施方式中必备的实体类型，因此在各种层次体系中，文件实体的层次最为关键。本教材综合考察了多个标准规范所规定的文件信息模型，构建了如图 11－8 所示的文件实体层次模型，该模型包括聚合（aggregation）、文件（record）、组件（component）三个层次。聚合是由文件组成的，具体又可细分为全宗、类目、案卷等层次；文件由组件构成，按照组件的数量和相互关系，文件又可分为单文件、组合文件、复合文件等形式（参见第十章）；组件本身也包括复合组件和单组件两种形式。以非结构化形式存在的组件，IT 领域也称之为文档（document）。这三个层次是任何一个 ERMS 元数据方案都要描述的对象。

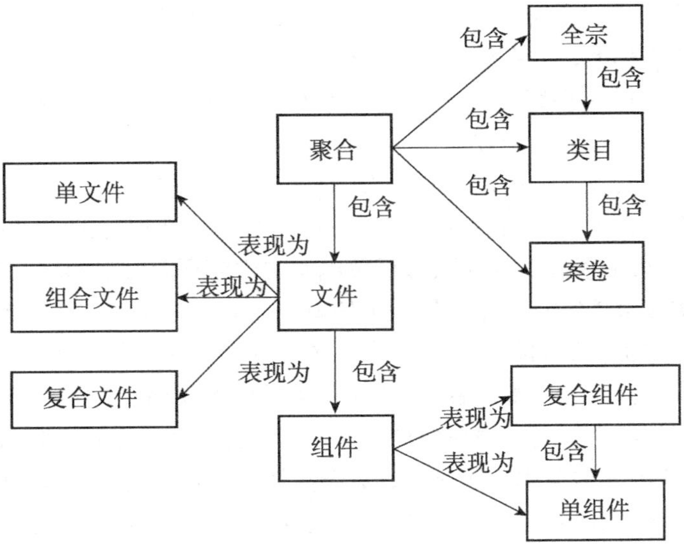

图 11－8　文件实体的层次

3. 元数据元素的确定

按照图 11－5 所示的属性元数据模型，可以依次定义各个实体及层次下的具体的元数据元素，包括：

（1）标识类元数据。此类元数据用于标识文件实体，是每个文件实体层次都必备的属性元数据，如全宗号、类号、案卷号、文件号、组件号等。

（2）描述类元数据。此类元数据用于描述文件的内容，以方便检索，是每个文件实体层次都必备的属性元数据，如全宗名、类名、案卷标题、文件题名、摘要、主题词等。

（3）利用类元数据。此类元数据用于描述与文件利用、权限有关的信息，可细分为三类：技术环境、秘密程度、访问权限。技术环境元数据用于描述文件的软件、硬件、格式等方面的信息，如存储格式信息、计算机文件名、计算机文件大小、完整性等。秘密程度元数据用于标识文件实体内容的保密要求，如密级、开放等级等。访问权限元数据用于记录文件利用的详细信息，一般要定义何文件能够由谁执行什么操作，访问权限元数据通常由一组相互关联的元数据组成。

（4）事件计划类元数据。此类元数据用于描述文件进入 ERMS 后将要发生的管理行为，体现了对于电子文件管理过程的事前计划和控制，比较典型的事件包括创建、捕获、处置、调整开放程度、调整密级等。这类元数据通常包括事件时间、类型、描述等一组相互关联的元数据，可能由 ERMS 根据其他元数据自动产生，比如某类文件的处置计划元数据可以根据其应用的"保管期限与处置"规则自动产生。事件计划类元数据是传统档案辅助管理软件相对缺失的部分。

（5）事件历史类元数据。此类元数据用于描述 ERMS 已经发生了的管理行为，通常即执行了的事件计划。通过对电子文件管理过程的同步记录，可以支持对于 ERMS 管理过程的事后监督和审计。事件历史类元数据也由 ERMS 自动记录。

（6）关系类元数据。虽然关系也可以作为单独的实体来实施，不过目前大部分的 ERMS 规范和项目都将关系作为文件实体的属性。

确定元数据元素，需要明确各个元数据元素的名称、标识、定义。每个元素都应有唯一的名称和标识。名称是管理人员和用户识别元数据元素的依据，标识是机器识别元素的符号。名称和标识可能相同，也可能不同。定义是对元素外延和内涵的揭示和说明。

4. 编码体系的确定

编码体系是元数据元素值的权威来源，包括可选值列表、分类表、控制词表或分类法。使用正规的编码体系，能够保证元数据值的质量和一致性。编码体系通常包括词汇编码体系和语法编码体系，前者定义元数据值，以便推动元素值广泛适用；后者定义元数据值的结构或语法表达，如 ISO 8601。

5. 元数据语法规则和语义规则的确定

元数据语法规则包括元数据的数据类型、约束性、可重复性、相互关系等。其中，数据类型是指为表达元数据值而规定的具有相同数学特性和相同操作集的数据类别，元数据值的数据类型主要包括字符型、数值型、日期型等。约束性是指元数据的必备程度，即元数据是必选项还是可选项。可重复性是指元数据是否可以重复出现。相互关系描述同一对象的不同元数据之间可能存在的母子关系、继承关系、时序关系、依赖关系，应准确描述元数据之间的关系，以便最终在系统中建立结构化的元数据方案。

元数据语义规则包括值域、缺省值等。值域是指元数据允许值的集合，值域可以通过枚举、明确规则等方式来规定。缺省值是指系统指派给元数据的默认值，如“形成者”元数据的缺省值可设为组织机构的名称。

从严格意义上说，编码体系也属于元数据语法规则和语义规则的范畴，只不过其对于元数据的交换、复用有重要的意义，故而将其单独提出。

6. 元数据管理规则的确定

元数据方案的制定者还需要明确生成、捕获元数据的时间、方式和责任主体，明确元数据的存取权限。一个元数据方案，只有具体定义到每个元数据何时由谁如何产生、修改、利用、删除的程度，方可实施。

7. 元数据方案的机读表达

文件形成机构应同时建立便于人工阅读的元数据方案，以及便于计算机系统阅读的元数据方案。前者的目的在于方便管理人员理解、使用、维护元数据方案，后者的目的在于便于在不同系统间自动提取和交换元数据记录。专用数据库、XML、JavaScript 对象表示法（JavaScript Object Notation，JSON）是目前普遍使用的元数据机读格式。很多元数据元素集都有配套的 XML schema。

（三）文件管理元数据方案的实施

1. 在 ERMS 中配置元数据方案

文件、档案管理员应在 ERMS 为全宗、类目、案卷、文件、组件等多层次的文件实体配置元数据，确定手动捕获元素的范围，确定系统自动生成确定元数据的阈值，配置元数据取值的编码体系、下拉菜单，确定元数据之间的关系（如元数据值的继承关系）。根据不同类型电子文件的特点，可在系统中建立不同的元数据方案，如图像、视频、音频电子文件等。在特定应用系统中配置应用的元数据方案也被称为元数据应用纲要（metadata application profile）。

2. 明确元数据与文件之间的关联方式

元数据可以作为其描述的文件的一个组成部分，如网页文件的部分元数据就是用标签表示并嵌入在文件之中的；也可以独立于该文件存在，如数据库文件的许多元数据被保存在数据字典中。如果我们要通过计算机系统对元数据加以多种应用，那么最好以结构化的方式对元数据加以管理。而目前大多电子文件的结构化程度不高，难以将结构化的元数据嵌入其中；有些结构化程度高的电子文件，如数据库，鉴于集中管理元数据的要求，也难以将全部元数据包含在文件中。所以，在 ERMS 中，应将电子文件的元数据独立于文件来保存、维护，这就需要通过指针、链接等方式在两者之间建立联系，并始终维护其关联。

3. 确定元数据记录的格式

描述同一对象的元数据集合被称为元数据记录（metadata record），其格式是元数据记录在系统中的表达方式。元数据记录可以和元数据方案采取相同或不同的格式。国内外常见的元数据格式包括：

（1）关系型数据库专用格式。

这是目前应用较为普遍的一种元数据格式，容易理解、掌握，结构化程度高（见表 11－4）。采用了此格式，就可以通过在技术上较为成熟的关系型数据库方式对元数据进行存储、查询、维护。不过，关系型数据库专用格式由于每个字段（元素）、记录的长度固定，不同系统的定义如果不同，交换时就需要进行数据转换，可能引发数据误差。

表 11－4　　关系型数据库专用格式示例

元数据元素	元数据值
唯一标识符	20040010
文件题名	关于召开“三农”问题工作会议的通知
收文日期	20040104
责任者	秘书处
媒体类型	文字
数据格式	. txt
关键词	“三农”问题；会议通知
……	……

（2）XML 格式。

XML 是业界数据交换的工业标准语言（见图 11－9）。XML 格式的优点包括：不限定元数据元素和元数据记录的长度；具有平台独立性，不同系统之间的元数据具有可交换性；可扩展，用户可以根据自己的需要增加元数据元素；XML 文档具有树型结构，有利于表现文件集合和文件之间的层次关系；与其他基于 XML 的信息资源元数据格式具有良好的互操作性等。

选用 XML 格式还有一个优势，那就是它为元数据和电子文件的紧密结合提供了可能，利用 XML 可以将元数据嵌入电子文件，实现电子文件的自描述。

```
<唯一标识符>20040010</唯 标识符>
<文件题名>关于召开“三农”问题工作会议的通知</文件题名>
<收文日期>20040104</收文日期>
<责任者>秘书处</责任者>
<媒体类型>文字</媒体类型>
<数据格式>.txt</数据格式>
<关键词>“三农”问题</关键词>
<关键词>会议通知</关键词>
…………
```

图 11－9　XML 格式示例

（3）JSON 格式。

2000 年，JSON 是作为一种轻量级的替换 XML 方案被提出的，用于 Web 的数据交换，克服了 XML 的数据冗余大、传输效率不高、解析慢等问题。近年来随着非关系型数据库 MongoDB 的普及，JSON 格式得到了很大的推广（见图11－10）。

```
{
    ...
    "唯一标识符":"20040010",
    "文件题名":"关于召开“三农”问题工作会议的通知",
    "收文日期":"20040104",
    "责任者":"秘书处",
    "媒体类型":"文字",
    "数据格式":".txt",
    "关键词":["“三农”问题","会议通知"],
    ...
}
```

图 11－10　JSON 格式示例

以上各种元数据格式可以互相转化。一份元数据记录，可以根据实际应用的需要，生成多种元数据格式，结合使用。

案例 11－2　杭州市电子文件中心 ERMS 的元数据方案

杭州市电子文件中心为全市党政机关提供统一的 ERMS 服务，其 ERMS 的元数据方案采用多实体实施模式，包含文件、责任主体、文件形成业务、保管与处置、权限管理五大实体。其中保管与处置、权限管理属于法规标准类的实体。文件实体处于核心地位，与其他实体相互链接。关系、文件管理业务都被作为文件实体的属性加以实施。描述文件形成业务的元数据，在 OA 中被固化为一个 XML 文档，作为文件的有机组成部分（可以视为文件的一个特殊的组件）随同文件内容一起进入 ERMS。其文本型文件的文件实体元数据如下图所示。

资料来源：梁凯．杭州市电子文件中心的设计与技术实现//刘越男，马林青．2010—2015 电子文件管理发展与前沿报告．北京：电子工业出版社，2016.

（四）文件管理元数据方案的评估与更新

文件形成机构应在 ERMS 运行一段时间后，组织内部用户和外部专家，对元数据方案进行评估，衡量其满足文件管理需求的情况。根据评估结果和客观条件，对元数据方案进行优化更新。更新前后的元数据方案应建立映射关系，以便于电子文件的统一管理。

四、文件形成机构的元数据管理流程

元数据的管理和电子文件的管理一样，也要经历形成、捕获、存储与维护、利用、处置等过程。

（一）元数据的形成

在电子文件的形成系统和管理系统中，有三种生成元数据值的方式：第一，系统自动生成；第二，人工编制，由形成、管理文件的人员填制而成；第三，人工选择，即系统以下拉菜单等形式提供几个备选值，由相关人员根据具体情况决定取哪一个。可以综合应用这三种方式。

元数据的形成贯穿于电子文件的整个生命周期，与形成文件的业务活动、文件管理活动、文件保存活动具有广泛的集成关系。在文件形成机构中，形成文件的业务流程和文件管理流程都是元数据的来源。

（二）元数据的捕获

文件管理元数据的捕获和其形成同步，有三类时间节点：第一，在文件形成过程中，由业务系统实时捕获描述文件内容、结构和背景的元数据；第二，ERMS在捕获电子文件的同时，捕获由业务系统产生的元数据，以及描述捕获行为的元数据；第三，在ERMS管理电子文件的过程中，持续捕获描述文件管理过程的元数据。

最佳实践表明，大部分电子文件元数据都能够通过自动化的方式捕获。自动化程度越高，由于获取元数据而造成的对正常业务工作的干扰就越少。

（三）元数据的存储与维护

根据捕获之后电子文件的物理存储方式，ERMS可分为集中式和分布式两种。在集中式系统中，电子文件从业务系统中物理移交给ERMS，元数据被同时拷贝并随同文件一起存储至ERMS中，后者负责文件管理业务。而形成文件的业务系统则保留文件元数据的副本，以便执行后续业务流程。在分布式系统中，业务系统中捕获的文件被明确标识为文件之后，仍然存储在业务系统中，并不会被移交到ERMS中，但文件管理的功能则主要由ERMS来完成，元数据应当复制到ERMS中，ERMS需要与业务系统保持元数据的同步更新。

无论采取何种存储方式，都要采取恰当的措施，包括权限控制、防篡改、备份等措施，维护元数据的真实、完整、可用和安全，并始终维护元数据和电子文件之间的有效关联。

（四）元数据的利用

元数据的利用和电子文件的利用一样，也要建立严格的授权机制。有权进行元数据的利用的人员应仅限于被授权人员，同时应按照有关利用制度来对元数据利用进行管理。文件形成机构还应该制定文件管理元数据互操作的制度，以促进文件跨信息系统、跨组织机构或跨管理权限的交换与检索。

（五）元数据的处置

当处置电子文件时，应对其元数据也开展恰当的处置。当电子文件被销毁后，描述电子文件基本信息以及销毁过程的元数据应当被保存下来；当电子文件被移交时，应按照文件保存机构的要求将元数据与电子文件一起移交，描述电子文件基本信息以及移交过程的元数据则应当被保存下来；当电子文件被续存时，系统应在保留其原有元数据的同时增加描述续存过程的元数据。

（六）元数据管理过程的监控

文件、档案管理人员应借助一定的工具，对元数据的形成、捕获、存储、利用、处置工作进行监督、控制，包括核查元数据值，检查元数据和文件、元数据之间的联系方式是否有效，审计元数据的不当利用行为等。

第四节 文件保存机构的元数据管理

一、文件保存机构元数据管理的内容与职责分工

（一）元数据管理的内容

与文件形成机构类似，文件保存机构开展的元数据管理也包括业务层和支撑层两个层次的内容：形成、捕获和管理元数据，以及制定、实施、维护和管理元数据规则及元数据结构。不过，就像图 11－1 所揭示的那样，文件保存机构所接收的电子文件及其元数据来自文件形成机构，因此，无论是业务层，还是支撑层，都有和文件形成机构元数据管理工作交接的部分，且该部分是文件保存元数据工作的起点。

（二）元数据管理的职责

文件保存机构内部承担元数据管理职责的人员主要包括：电子文件（此时可称之为电子档案）日常管理人员、元数据工作负责人、信息技术人员和主管领导。电子文件日常管理人员承担元数据管理业务工作，包括元数据的接收与验证、文件保存元数据的补充著录、元数据的提供利用等，确保元数据的准确、真实和完整。元数据工作负责人监督元数据管理业务工作；制定文件保存元数据方案，确保元数据方案与相关标准保持一致；明确元数据移交要求，与文件形成机构、电子文件日常管理人员、信息技术人员进行协调，保证元数据顺利移交接收；就元数据管理开展适当的培训等。信息技术人员负责元数据方案的系统配置、维护以及元数据在系统中的存储、维护等工作。主管领导为包括元数据管理在内的整个电子文件长期保存工作提供行政支持。

为电子文件长期保存系统提供技术支持的服务商应和元数据工作负责人、电子文件日常管理人员以及信息技术人员保持沟通，确保元数据管理的系统支撑。

二、文件保存元数据方案的制定

文件保存机构制定的电子文件元数据方案主要是文件保存元数据方案，其最终目的是能够在电子文件长期保存系统中实施，支撑整个电子文件管理的长期保存和利用服务。与文件形成机构元数据方案制定工作类似，文件保存元数据方案

的制定工作也分为准备、设计、实施、评估、更新等阶段。

（一）文件保存元数据方案制定的要求

我国文件保存机构应重点掌握 PREMIS、DA/T 18－1999、DA/T 46－2009、METS、DA/T 48－2009、ISAD（G）等国内外元数据标准，同时也要了解 ISO 23081 等文件管理元数据标准，更要熟悉本地电子文件元数据标准规范，以保证文件保存元数据方案和地方电子文件元数据标准规范的衔接。

文件保存机构应至少制定一份通用的元数据方案，在此基础上可制定针对特定文件类型的专用元数据方案，为能够提供统一检索，应建立专用元数据方案和通用元数据方案的映射路径。

元数据封装是文件保存机构采取的重点保存方法之一（参见第七章第二节第二部分），在制定文件保存元数据方案的时候，需要同步考虑是否采取元数据封装策略，若采用，则要明确电子文件封装方案。

（二）文件保存元数据方案的设计

文件保存元数据方案的设计思路和步骤与文件管理元数据方案设计基本一致。文件保存元数据方案设计需要依次定义和标识元数据实体及其层次；按照属性元数据的模块化设计思路，描述实体及其层次所必需的元数据，建立相关实体/层次元数据之间的关系；明确元数据元素的编码体系；明确元数据的语法规则；建立元数据管理规则；明确元数据方案的机器表达方式等。

PREMIS 为文件保存机构设计元数据方案的顶层框架。但是，由于 PREMIS 并非专门针对电子文件，所以其文件保存的特色还有所不足。文件保存机构在设计元数据方案的时候，一方面需要从加强文件保存特色的角度在 PREMIS 的基础上加以调整、拓展，另一方面也要注重文件保存元数据方案和文件管理元数据标准规范的衔接。

对于文件保存机构而言，元数据方案所描述的文件层次至少应包含全宗、案卷、文件这三个层次，最好增加组件的层次。鉴于我国档案著录实践中长期以案卷、文件两级为主，需要格外重视全宗级别的整体描述，建立自上而下的电子文件描述结构，展示组织机构及其业务活动的全貌。

三、文件保存元数据封装方案

自从 20 世纪 90 年代澳大利亚维多利亚州公共文件局提出用数据（即电子文件和元数据的封装包）的方式来实现电子文件的长期保存以来，封装在文件、档案管理领域备受关注。自从行业标准《基于 XML 的电子文件封装规范》（DA/T 48－2009）颁布以来，安徽、江西、吉林长春等多个地方的档案馆已采用封装方案实施电子档案的保存；2012—2014 年国家档案局承担的国家电子文件管理试点项目——“电子档案接收和长期保存系统试点项目”也采用了封装方案。

从其作用来讲，封装不仅可以作为电子文件长期保存的一种办法，也是一种有效的跨系统数据交换手段。将系统交换的数据用双方认可的规范格式加以封装，到了目的系统后则可依照规范进行解封装，可实现无缝交换。这也是很多地方档案局（馆）要求文件形成机构以封装包移交电子文件的原因。本教材在此主要从保存的角度来讨论封装。用 OAIS 的术语来说，移交的电子文件封装包是提交信息包，保存的封装包则是档案信息包。

电子文件保存元数据封装方案是用机器语言对元数据之间关系、元数据和电子文件之间关系的结构化表达。该方案中的元数据以文件保存元数据方案中的元数据为基础，增加了一些对封装包的描述信息。也有档案馆，如澳大利亚国家档案馆，为了简化封装包的结构，只取文件保存元数据方案中少量的元数据和电子文件一起封装。目前国内外文件、档案管理领域采用的主要的机器表达语言是 XML。封装标准 VERS、DA/T 49 - 2009、METS 都采用了基于 XML 的封装结构。文件保存机构可以根据系统建设的情况选择元数据、参考的标准和机器语言。

按照电子文件和元数据的关系，封装分为内包式和外包式两种，也称为一体式和分体式。所谓内包式或一体式，是指电子文件的二进制内容及其元数据全部封装在封装包内部；所谓外包式或分体式，是指电子文件以外部文件的形式存在，封装包中只封装元数据及指向电子文件的链接，封装包和电子文件也可以以 ZIP 压缩包的方式打包在一起。① VERS、DA/T 49 - 2009 只支持一体式封装，METS 可以同时支持一体式封装和分体式封装。文件保存机构可以根据文件类型，灵活地选择封装方式。

案例 11 - 3　江西省档案馆电子档案元数据方案

考虑到电子档案大小、数字签名效率及纸质档案数字化图像文件集成管理等因素，江西省档案馆电子档案接收管理系统设计了两种电子档案内容信息的封装方法，如下图所示。其一，文书类、照片类电子档案内容信息相对较小，故而使用了档案内容信息与元数据共同封装的方式，内容编码数据置于文档编码数据标签中；一份纸质文书档案的多个数字化图像文件，经转换为一个归档版式文件后再编码并封入包内。其二，由于录音类、录像类电子档案内容信息太大，若采用文书电子档案的封装方式，不仅会增加封装包容量，而且数字签名容易出错中断，因此，档案馆参考 METS 与 OAIS 等标准，对这两类电子档案采用了消息摘要保真法，即用数字证书对存储于包外的电子档案内容信息做非对称加密计算形成消息摘要，将消息摘要放入签名对象的固化信息元数据，再对签名对象做封装。固化信息包括消息摘要算法、消息摘要、消息摘要责任人等三个元数据。

① 程妍妍．国际电子文件元数据封装方法 VEO 和 METS 的比较研究．现代图书情报技术，2011 (10)：7 - 11.

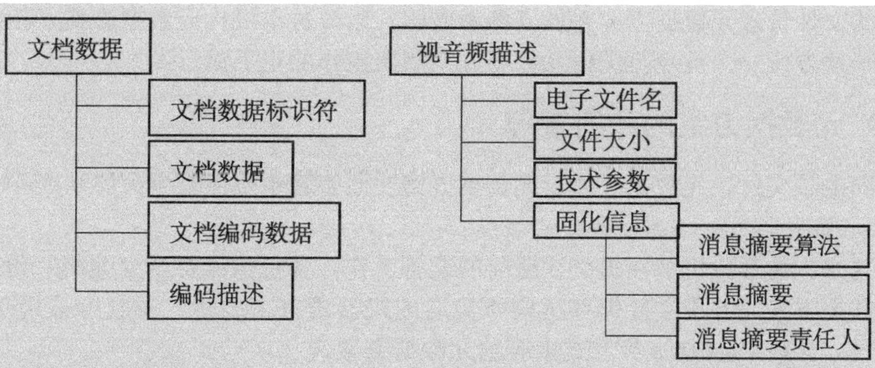

资料来源：毛海帆．电子档案元数据方案设计与应用初探．档案学研究，2010（1）：74-78.

四、文件管理元数据方案的注册

文件保存机构保存的电子文件和元数据来自某个地方或行业范围内的多家文件形成机构，这些机构的文件管理元数据方案很难做到完全一致，一个文件形成机构内部的元数据方案也会根据管理的需要不断更新。为了更方便地接收文件形成机构的异构元数据，文件保存机构需要对文件形成机构的元数据方案采取统一的注册机制，也称登记机制，即建立元数据方案注册系统（该系统也可以是电子文件长期保存系统的一个模块），为需要向文件保存机构移交电子文件及其元数据的机构登记其使用的文件管理元数据方案。

当然，如果移交电子文件的文件形成机构都能够按照统一的元数据方案的要求提交数据，那么文件保存机构就不需要开展文件管理元数据方案的注册工作。这取决于文件保存机构对文件形成单位的移交要求及其执行情况。

（一）元数据方案注册的作用

1. 有助于实现元数据方案的映射

虽然文件保存机构的元数据方案可能多种多样，但是，一旦进入文件保存机构的电子文件长期保存系统，就必须按照文件保存元数据方案进行统一的元数据管理。对文件形成机构的文件管理元数据方案进行注册，可以掌握其元数据元素的语义，并建立其与文件保存元数据方案的映射关系。移交接收双方可以在移交协议的约束下，根据映射方案，对提交的元数据进行转换，以符合接收要求。

2. 有助于解析文件形成机构的提交信息包

文件管理元数据方案不仅定义了元数据元素的语义，也定义了元数据元素之间的关系。文件保存机构可以按照注册系统中元数据方案的定义，正确地解析各文件形成机构提交的信息包，分别获取电子文件及其元数据。

3. 有助于各文件形成机构互相借鉴学习

文件形成机构可以按照电子文件的类型，在元数据方案注册系统中查找其他单位的文件管理元数据方案并加以参考借鉴，以改进本机构元数据方案，由此形成一个地方或一个行业范围内元数据方案制定工作的正反馈。

（二）元数据方案的注册管理

同电子文件、元数据一样，元数据方案注册管理也按照其生命周期展开。

1. 编制

这是文件形成机构在提交注册前的准备工作，各机构需要至少编制一份通用的元数据方案，并用文件保存机构所规定的机器语言来表达。一般可采用 XML schema、JSON schema 等方式来表达元数据方案。

2. 注册

文件形成机构将各类型的元数据方案提交到文件保存机构的元数据方案注册系统，文件保存机构对方案进行审核验证之后在系统中加以登记，赋予每一个元数据方案唯一标识符，并注明其提交机构、版本、有效时间范围等信息。

3. 发布和利用

文件保存机构将登记的元数据方案在系统中发布。发布后的授权机构可以查询有关的元数据方案，系统应以恰当的方式展示元数据方案的 schema，并支持合法用户的下载。

4. 维护和处置

文件保存机构应通过权限管理、备份管理等手段维护元数据方案的真实、完整、可读，对声明失效的元数据方案进行注销。

案例 11－4　澳大利亚新南威尔士州数字档案馆元数据登记系统

2014 年，澳大利亚新南威尔士州文件局启用数字档案馆系统。在电子文件移交接收方面，该州文件局秉承“最小化工作量”的原则，并不要求政府提交特定的元数据到数字档案馆，而是在政府机关文件管理系统中的源元数据与数字档案馆元数据登记系统中的通用元数据（以 JSON schema 表示）之间建立映射，以此在最大限度上减少政府部门在移交时整理电子文件的压力。

资料来源：Digital Archives Migration Methodology：A Structured Approach to the Migration of Digital Records.（2014－07）[2017－07－30]．https：//www.records.nsw.gov.au/sites/default/files/Digital%20Archives/Digital%20Archives%20Migration%20Methodology%20PDF%20version%20June%202014.pdf.

五、文件保存机构的元数据管理流程

（一）元数据的接收

电子文件形成机构按照移交规范的要求，将电子文件及其元数据以提交信息包的形式移交给保存机构。

文件保存机构应当对提交信息包的真实性、完整性、可用性和安全性进行质量检验，其中包括对元数据的完整性、元数据数据类型的准确性、元数据格式（或元数据封装包的格式）的规范性、电子文件与元数据关联的有效性等项目的检验。检验合格后方可接收信息包。

（二）元数据的追加

通过检验的电子文件及其元数据会被正式登记到电子文件长期保存系统中。为了便于长期保存电子文件和提供利用服务，文件保存机构往往需要通过人工补充著录的方式以及一些自动化的工具，对电子文件的部分元数据进行补录、自动获取，并追加到电子文件元数据库中。比如，电子文件长期保存系统将自动捕获描述电子档案接收过程的元数据，包括接收时间、接收人员等；再如，可以利用开源工具 JHOVE、Droid 等，自动、批量识别电子文件的格式信息，提取电子文件的技术元数据。

在电子文件长期保存过程中，还会持续性地形成新的元数据，如描述电子文件迁移行为的元数据等，这些元数据也应被及时追加到数据库中。

（三）元数据的存储与维护

TDR 将电子文件形成机构提交的元数据，以及文件保存机构通过人工和自动化方式补充著录的元数据，一起保存到数据库中。与此同时，电子文件长期保存系统应按照预设的格式，采用封装或非封装的方式将电子文件和相关元数据（如封装方案要求的元数据）转换成档案信息包予以保存。

在存储管理的过程中，元数据不仅有追加生成的情况，也有因业务变化而变更的情况，比如存储位置的改变、密级的变化等，电子文件长期保存系统要对这些追加的、更新的元数据进行同步更新。在必要情况下，需要重新生成档案信息包，并通过元数据记录下重新生成的过程和原因。

文件保存机构应采用权限控制、防篡改、备份等措施，维护元数据的真实、完整、可用和安全，并始终维护档案信息包、数据库中的元数据记录以及电子文件之间的有效关联。

（四）元数据的利用

以综合档案馆为典型代表的文件保存机构，通常肩负为社会公众提供利用服务的职责。电子文件长期保存系统能够提供常见元数据的多类型检索服务，如简单检索、高级检索等，并能够通过多级元数据的导航，展示电子文件的多级联系。

（五）元数据的处置

一般的文件保存机构并不需要开展元数据处置工作。我国省级以下的档案馆除了永久文件外，还接收长期文件。当长期文件保管到期时，在处置电子文件的同时，需要对其元数据也开展恰当的处置。当电子文件被销毁后，描述电子文件基本信息以及销毁过程的元数据应当被保存下来；当电子文件被续存时，系统应在保留其原有元数据的同时增加描述续存过程的元数据。

（六）元数据管理过程的监控

文件保存机构的管理人员，对元数据的接收、追加、存储、利用、处置工作进行监督、控制，并开展日常性的审计工作，确保元数据管理工作的正常开展。元数据监控是整个电子文件长期保存监控的重要组成部分。

【小结】

元数据是描述文件的背景、内容、结构及其整个管理过程的数据，可以将元数据理解成电子文件的著录信息。电子文件元数据具有全面性、全程性、实时性、动态性、自动化、结构化和多级性的特点，能够支持文件真实性、完整性、可读性、可理解性，是电子文件管理的重要工具。文件形成机构和保存机构需要参照元数据标准开展元数据管理工作，以此提高实践水平，提高系统的互操作性。《信息与文献　管理文件元数据》（ISO 23081）系列标准是重要的文件管理元数据标准，PREMIS 是国际数字保存领域的保存性元数据标准；此外，我国各机构还应参照《文书类电子文件元数据方案》（DA/T 46－2009）、《基于 XML 的电子文件封装规范》（DA/T 48－2009）等行业标准。文件形成机构应基于 ISO 23081 文件、责任者、业务、法规标准、关系等五类实体的元数据模型以及模块化思路来设计文件管理元数据方案，对元数据的形成、捕获、存储、维护、利用、处置等开展管理，并对管理过程予以监控。文件保存机构则需要综合 PREMIS 和 ISO 23081 的顶层框架开展文件保存元数据方案的设计，若采用封装作为长期保存方式之一，还需要明确元数据封装方案，其元数据管理包括元数据的接收、追加、存储、维护、利用、处置及监控等环节。

【思考与练习】

1. 什么是电子文件元数据？它有何特点？
2. 如何认识元数据和著录的关系？
3. 结合实际，谈谈电子文件元数据的作用。
4. 电子文件和元数据之间的关系有哪些类型？你倾向于采用何种类型？
5. 电子文件管理元数据标准有哪些作用？
6. 结合本教材对电子文件元数据标准类型的划分，谈谈你对典型元数据标准的认识。
7. 如果你是某政府机关文件管理元数据方案的设计者，你主要会参考哪些元数据标准？
8. 如果你是某省级综合档案馆文件保存元数据方案的设计者，你主要会参考哪些元数据标准？

9. 如何理解 ISO 23081 的元数据模型？

10. 如何理解 PREMIS 的元数据模型？

11. 如何制定文件管理元数据方案？

12. 如何制定文件保存元数据方案？

13. 文件形成机构需要开展哪些元数据管理工作？

14. 文件保存机构需要开展哪些元数据管理工作？

15. 查找有关资料，对比分析 VERS、DA/T 49－2009、METS 等国内外元数据封装方案的特点。

【参考文献】

1. 刘嘉．元数据导论．北京：华艺出版社，2002.

2. 张晓林．元数据研究与应用．北京：北京图书馆出版社，2002.

3. 吴建中，等．DC 元数据．上海：上海科学技术文献出版社，2000.

4. 中华人民共和国国家质量监督检验检疫总局，中国国家标准化管理委员会．信息与文献文件管理流程　文件元数据　第 1 部分：原则：GB/T 26163.1－2010/ISO 23081－1：2006.

5. Information and Documentation—Managing Metadata for Records—Part 2：Conceptual and Implementation Issues：ISO 23081－2：2009.

6. 信息与文献　文件管理流程　文件元数据　第 2 部分：概念与实施（草案）．程妍妍，译．外国档案动态，2010（2）：1－40.

7. PREMIS Editorial Committee. PREMIS Data Dictionary for Preservation Metadata version 3.0. ［2017－01－15］. http：//www.loc.gov/standards/premis/v3/premis-3-0-final.pdf.

8. National Archives of Australia. Australian Government Recordkeeping Metadata Standard（AGRkMS，Version 2.2）．（2015－06）［2017－01－15］. http：//www.naa.gov.au/Images/AGRkMS-Version-2.2-June-2015_tcm16-47131.pdf.

9. 刘越男，梁凯，顾伟．电子文件管理系统实施过程中元数据方案的设计．档案学研究，2012（2）：56－64.

10. 张正强．论电子文件管理元数据顶层框架设计的标准化．中国图书馆学报，2009（2）：80－88.

11. 黄玉明．文件/档案及相关资源元数据再研究——国际源流与中国体系构建．档案学研究，2010（6）：59－65.

12. 钱毅．论电子文件中心元数据方案的管理策略．档案学通讯，2012（6）：76－79.

第十二章 电子文件安全管理

【本章要点】

1. 电子文件安全管理的目标
2. 电子文件安全风险识别与评估
3. 电子文件安全管理措施
4. 加密技术
5. 信息认证技术
6. 系统安全技术
7. 备份

安全保密是电子文件管理工作的基本原则之一。由于电子文件赖以生存的电脑和网络空间充满了各种各样的安全风险，如何识别安全风险并采取措施防范，保证电子文件信息的真实与完整，是电子文件安全管理的中心内容。对于传统档案管理而言，保障载体安全即在相当高的程度上保障了档案信息安全。而对于电子文件而言则不尽然，载体安全只是基础，还要采取多种技术和管理手段对文件实施信息安全保护。

第一节 电子文件安全管理概述

电子文件是机构重要的信息资源，其中，在业务活动中产生的原始记录不乏大量敏感或需要保密的信息。电子文件应得到与其安全管理需求相当的可靠性保障，否则敏感信息的泄露、黑客的侵扰、计算机病毒等都会对机构的正常运行构成威胁，造成政治、经济等各方面的损失。

一、理解信息安全

按照一般理解，信息安全是指计算机信息系统的硬件、软件和系统中的数据受到保护，不因偶然的或者恶意的原因而遭到破坏、更改、泄露。1994 年颁布的《中华人民共和国计算机信息系统安全保护条例》中特别指出，计算机信息系统是指由计算机及其相关的和配套的设备、设施构成的，按照一定应用目标和规则对信息进行采集、加工、存储、传输、检索等处理的人机系统。电子文件安全管理，从狭义上理解只是针对电子文件信息本身的安全管理，从广义上理解则是对包括文件信息在内的相关人员、设备、技术、环境的安全管理，本材料采用广义的电子文件安全管理概念。

在信息安全层次中，信息处于保护的核心（见图 12 - 1）。信息安全是由安全的软硬件技术和完善的管理规范、安全法律提供保障的，它包括技术行为的安全规范和人员行为的安全规范。

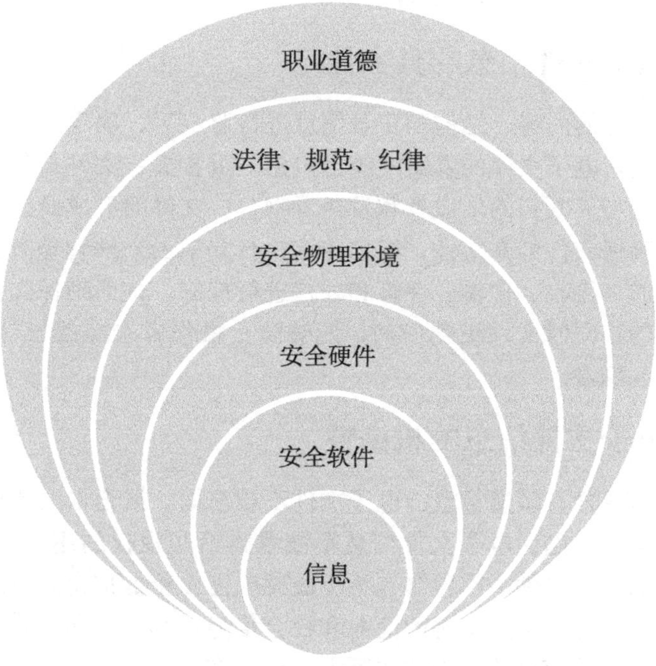

图 12 - 1　信息安全层次

在安全管理思想及体系的发展上，人们的认识也经历了四个典型阶段，包括：(1) 以数据加密手段防止窃听与密码分析的通信保密阶段；(2) 以可信计算机系统安全评估标准（Trusted Computer System Evaluation Criteria，TCSEC）为依据保障信息机密性、完整性、真实性与可用性的计算机安全防护阶段；(3) 以数字签名、公钥体系等保护信息不可否认性的信息系统安全阶段；(4) 以强调保护（protect）、检测（detect）、响应（react）、恢复（restore）的 PDRR 安全模型为代表的信息安全保障阶段。

二、电子文件安全管理的目标

信息安全的目标描述有很多版本，基于普遍的认识，我们认为电子文件安全管理的目标主要是维护电子文件的完整性、真实性、机密性、可用性。

（一）维护电子文件的完整性

即保证电子文件的内容、结构、背景信息和元数据等无缺损。《信息与文献　文件管理　第 1 部分：通则》（GB/T 26162.1－2010）将电子文件的完整性表述为“文件是齐全的，并且未加改动”，同时指出在文件管理方针和程序中应当明确文件形成后可以进行哪些添加和注释，在何种条件下可以进行添加和注释，由谁来负责进行添加和注释，任何对文件的授权添加、注释或删除都应该有明文规定并可追踪。电子文件的完整性是保证信息真实性的基础，也是保证电子文件行政有效性和法律证据性的基础。

（二）确保电子文件信息的真实性

即对电子文件的内容、结构和背景信息进行鉴定后，确定其与形成时的原始状况一致。因此，电子文件的真实性应当包括三重含义：文件与其用意相符；文件的形成和发送与其既定的形成者和发送者吻合；文件的形成或发送与其既定时间一致。为了确保文件的真实性，机构应该执行并记录文件管理方针和程序，以便对文件的形成、接收、传输、保管和处置进行控制，从而确保文件形成者是经过授权和鉴定的，同时文件受到保护，能够防止操作者未经授权就对其进行增、删、改、利用和隐藏。

（三）确保电子文件信息的机密性

即保证机密或含有敏感信息的电子文件不被窃取，或窃取者不能了解电子文件信息的真实含义，确保电子文件信息不被泄露给非授权的用户、实体或过程。当前不少机构的电子文件中都包含有不少敏感或需保密的信息，这些信息中既有机构内部的信息，也有不少敏感的商业和社会信息，其中也包括带有不同密级的信息。确保电子文件信息的机密性实际上是确保在信息生成、存储、传输、处理过程中，信息被访问的时间、地点、人员、方式四个要素满足信息机密性的规定。

（四）保障电子文件的可用性

即确保档案信息可被授权实体访问并按需使用的特性，是确保业务连续性的基本条件。可用性是面向用户的安全性能，电子文件管理系统的基本功能是向用户提供必要的服务，系统需要满足用户各种各样的利用需求。然而，电子文件管理系统像所有的复杂系统一样，难免发生故障，其后果可能是影响机构的正常连续运行。如何保证其系统安全与恢复，保障机构电子文件管理业务的正常连续运行，是一个极为重要的问题。

三、电子文件安全管理原则

电子文件安全管理需要结合安全管理本身的规律与电子文件管理活动的特性来考虑。包括以下基本原则。

（一）全程原则

根据电子文件全程管理的原则要求，应建立一个完整的安全管理体系，对电子文件的安全进行全程管理，以确保电子文件的完整性、真实性、机密性和可用性。电子文件全程管理原则具体体现在电子文件管理体制与模式的确定、管理系统的设计与运行、管理制度的建立和执行等方面。

（二）动态原则

由于电子文件的产生、保管和利用是一个动态的过程，对于安全管理的措施和方法应用发展的眼光来看待，应根据技术的变化对安全防范体系进行相应的改变，动态地、实时地对电子文件进行保护。

（三）平衡原则

电子文件的机密性和可用性这两个目标在安全管理上是存在矛盾的，平衡原则就是在两者之间寻找一个平衡点，即在保证电子文件机密安全的情况下能够使合法用户方便快捷地使用电子文件。

（四）风险管理原则

风险管理作为一种科学的管理理论和管理方法，旨在预防、降低损失。在电子文件安全管理中应采用成熟的风险管理模型和方法来应对电子文件日益增多的各类安全风险。

四、电子文件安全管理的主要规范

目前，尚未出台专门针对电子文件安全的法律和技术标准，电子文件安全管理主要遵从信息安全领域已有的有关法律法规和标准规范。

（一）信息安全主要的国际标准

信息安全的重要性一直是国内外信息领域关注的重点内容，国际上诸多标准机构都发布了大量的安全标准，这些标准都从不同的角度为如何加强组织的安全保障提供了指导。

1. ISO 17799

《信息技术　安全技术　信息安全管理实施指南》（ISO 17799）是由国际标

准化组织与国际电工委员会（IEC）共同成立的联合技术委员会（ISO/IEC JTC 1），以英国标准 BS 7799 为蓝本于 2000 年正式颁布的一套全面和复杂的信息安全管理标准。标准为在组织内引进、实施、维护和改进信息安全管理提供指导和通用准则。ISO 17799 的内容涉及 10 个领域、36 个管理目标和 127 个控制措施，其中列举的控制目标为信息安全管理通用目标提供通用指南。ISO 17799 的控制措施是为了满足风险评估的需要，同时这些国际标准将作为实践指导服务于组织安全标准的建立，作用于安全的实践管理。

2. ISO 15408

《信息技术　安全技术　信息技术安全性评估准则》（ISO/IEC 15408－1999）是国际标准化组织在美国和欧洲各自推出的实践测评准则和标准的基础上，通过相互间的总结和互补发展起来的。该标准分为三个部分：第一部分“简介和一般模型”介绍了有关术语、基本概念和一般模型以及与评估有关的一些框架，附录部分介绍了“保护轮廓”和“安全目标”的基本内容；第二部分“安全功能要求”，按“类-子类-组件”的方式提出了安全功能要求；第三部分“安全保证要求”，定义了评估保证级别，介绍了“保护轮廓”和“安全目标”的评估，并按“类-子类-组件”的方式提出了安全保证要求。标准的核心思想有两点：一是信息安全技术提供的安全功能本身独立于对信息安全技术的保证承诺；二是安全工程的思想，即通过对信息安全产品的开发、评价、使用全过程的各个环节实施安全工程来确保产品的安全性。该标准是第一个信息技术安全评价国际标准，它的发布对信息安全具有重要意义，是信息技术安全评价标准以及信息安全技术发展的一个重要里程碑。

3. ISO 13335

《IT 安全管理方针》（ISO 13335）的主要目的是给出有效实施 IT 安全管理的建议和指南，该标准目前分为五个部分。第一部分“IT 安全的概念和模型”发布于 1996 年，主要包括 IT 安全和安全管理的基本概念和模型介绍。第二部分“IT 安全的管理和计划”发布于 1997 年，此部分建议性地描述了 IT 安全管理和计划的方式和要点。第三部分“IT 安全的技术管理”发布于 1998 年，这一部分覆盖了风险管理技术，IT 安全计划的开发、实施和测试，后续的制度审查、事件分析、IT 安全教育程序等。第四部分“防护的选择”发布于 2000 年，探讨了如何针对一个组织的特定环境和安全需求选择防护措施（不仅仅包括技术措施）。第五部分“外部连接的防护”发布于 2001 年，这部分主要描述了网络安全的管理原则，及各组织如何通过建立框架来管理信息技术体系并保证其安全性，这一部分有助于防止网络攻击，把使用 IT 系统和网络的危险性降到最低。ISO 13335 给出了 IT 安全更全面的含义，并提出了以风险为核心的安全模型。

（二）信息安全主要的国内规范

1. 法律法规

1994 年我国颁布了第一部有关信息安全的行政法规——《中华人民共和国计算机信息系统安全保护条例》，随着信息技术特别是互联网技术的飞速发展，我国在信息安全领域的法律与法规数量有了大幅增长，具体包括：

- 《中华人民共和国计算机信息系统安全保护条例》；
- 《中华人民共和国计算机信息网络国际联网管理暂行规定》；
- 《国家商用密码管理条例》；
- 《中华人民共和国电信条例》；
- 《互联网信息服务管理办法》；
- 《计算机病毒防治管理办法》；
- 《计算机信息系统国际联网保密管理规定》等。

资源链接 12－1

信息安全国家标准目录

信息安全国家标准目录是由全国信息安全标准化技术委员会秘书处发布的，2014 年的 V2.0 版主要包括基础类、技术与机制类、信息安全管理类、信息安全测评类、通信安全类、密码技术类、保密技术类共七大类的 214 项安全标准。目录主要对这数百项信息安全国家标准的编号、名称、对应的国际标准编号、发布日期、实施日期以及标准范围进行汇总，便于用户对其进行查找和利用。

资料来源：全国信息安全标准化技术委员会秘书处. 信息安全国家标准目录（V2.0 版）.（2014－02）［2017－01－01］. http：//www.doc88.com/p-2062461250562.html.

2. 主要的信息安全标准规范

我国在 2002 年正式成立全国信息安全标准化技术委员会。该委员会是在信息安全技术专业领域内从事信息安全标准化工作的技术工作组织，其主要工作范围包括安全技术、安全机制、安全服务、安全管理、安全评估等领域的标准化技术工作。信息安全标准化技术委员会包括信息安全标准体系与协调工作组、涉密信息系统安全保密标准工作组、密码技术工作组、鉴别技术标准工作组、鉴别与授权工作组、信息安全评估工作组、通信安全标准工作组、信息安全管理标准工作组以及大数据安全特别工作组等。2014 年，信息安全标准化技术委员会发布了信息安全国家标准目录，包含了基础类、技术与机制类、信息安全管理类等数百项安全标准。

第二节 电子文件安全风险识别与评估

风险是指损害的不确定性，电子文件安全风险即可能导致电子文件丢失或损害的薄弱点。从某种意义上说，电子文件安全管理就是综合运用安全技术与管理手段，实现与电子文件安全风险有关的管理和控制的活动。信息安全领域已经普遍采用风险管理来进行安全因素的识别、监控和应对。实施电子文件安全风险管理，将为电子文件安全管理提供基本的管理框架、管理对象、应对方案等。

一、电子文件安全风险因素识别

安全风险因素识别是电子文件安全管理的基础和前提。开展电子文件信息安全风险评估不仅能对安全风险进行有效的识别，明确各种威胁与自身的脆弱点，同时也是电子文件管理的安全方针、保护策略制定的依据。

（一）自然与社会环境因素

电子信息虽然具有“虚拟”的性质，但它一定是依附于载体及其保管环境而存在的，因而在电子文件安全管理中应充分考虑到自然界与社会的各种不安全因素，甚至某些不可抗力对信息安全的威胁。

1. 保管场所因素

保管场所因素主要包括库房环境因素和基础设施因素，包括库房、温湿度、电磁环境、机房、电源等。不适宜的保管场所条件可能导致电子文件质量缺损。如计算机硬件作为一种高精密电子仪器设备，性质不稳定，对外部自然环境要求较高。当电场强度过高时，弱信号电路就不易正常工作；当磁感应强度过大时，磁记录设备中的数据就易遭到破坏等。同时不少元器件要求电源的电压、频率保持稳定，否则就会受损。因此，保管场所的条件一旦恶化，生成和管理文件的信息系统就容易出现硬件故障。

2. 天灾人祸因素

天灾包括水灾、火灾、地震等不可抗自然灾害，自然灾害对防范不足的电子文件资源带来的损害是毁灭性的。人祸包括人类社会的暴力、战争、盗窃、故意破坏、交通事故等人为带来的破坏，同时有相当比例的火灾也属于人祸因素。天灾和人祸是造成数字信息丢失的重要原因，美国 ABC 公司的调查表明，在造成数据丢失的原因中，暴风雨占 9.4%，火灾或爆炸占 8.2%，水灾占 6.7%，地震占 5.5%。①

尽管天灾、人祸不可被完全预测，但对于人为灾难可以采取一定的措施进行预防，同时在灾难发生之后，可以进行适当的补救，比如异地备份就是一个防范和补救天灾人祸造成的信息丢失的典型措施。

（二）技术因素

技术的进步一方面为信息化的普及和应用的深入提供了良好的条件，但同时也为安全管理带来了诸多隐患。攻击者可通过各种各样的技术手段来破坏电子文件信息安全，目前电子文件面临的主要技术威胁来自以下几个方面。

---

① 冯惠玲，等．电子文件风险管理．北京：中国人民大学出版社，2008.

1. 软硬件漏洞

电子文件是在信息系统中产生的，信息系统本身的固有特点有可能就是电子文件安全管理的风险隐患之一，如硬件物理特性、软件漏洞等。物理设备在为电子文件信息提供了存储介质、传播通道以及处理元器件的同时，也可能发生物理连接错误、物理连接中断、信号辐射、信息载体老化等问题。软件漏洞的存在则给蠕虫病毒、木马病毒、黑客工具等恶意程序的传播和攻击提供了机会，对电子文件质量构成直接威胁。

2. 黑客攻击

黑客是指利用不正当手段窃取计算机网络系统的口令和密码，从而非法进入系统的人。黑客攻击的主要手段包括：窃取口令、强行闯入、窃取额外特权、植入“特洛伊木马”、植入非法命令过程或者蠕虫程序、清理磁盘等。随着互联网的发展，黑客技术主要表现为网络攻击，包括：通过网络监听获取用户账号和密码；监听密钥分配过程，得到密钥或认证码，从而盗取合法资格；利用文件传输协议，采用匿名用户访问进行攻击等。

黑客行为普遍带有攻击性，其对于网络信息系统的危害是不言而喻的，它将会导致诸如信息泄露、拒绝服务甚至系统崩溃的严重后果。如在 2015 年，美国五角大楼的非保密邮件系统遭到黑客入侵，大量资料泄露，约有 4 000 名军人和文职人员受到影响。黑客通过发送大量电子邮件，在员工点开其中可感染计算机的恶意文件时入侵整个系统，获取访问网络的密码和电子签名，五角大楼不得不在遭受攻击后更换软硬件。因此，黑客攻击可以对对方机器的功能和服务进行远程摧毁或中断。它通过对网络服务系统进行干扰，改变机构正常的作业流程，执行无关程序使系统响应减慢甚至瘫痪，从而影响用户的正常使用，甚至排斥合法用户进入系统。

3. 病毒风险

计算机病毒实际上是指隐藏在合法程序中的一种程序段，它具有自我繁殖扩散的能力，能够将自身复制到其他合法程序或数据文件中。它具有破坏性、传播性、潜伏性和扩散性等特点。一旦宿主程序被激活，病毒程序便开始运行，并伺机进行传播。随着互联网的发展，计算机病毒的种类大量增加，传播范围也急剧扩大，而且扩散速度大大加快，破坏性也越来越大。

4. 系统设计风险

随着电子文件应用系统的不断深化，系统功能越来越多样，结构越来越庞杂，系统的严密性也就越来越难以保证，可能会存在不少设计漏洞。如有不少电子文件生成系统就无法完整捕获电子文件的元数据，从而影响电子文件证明业务活动全貌的能力。电子文件管理系统还可能无法及时归档保存重要的电子文件，造成电子文件不完整等问题。

（三）管理因素

1. 规范缺失

电子文件安全管理相关规范缺失主要表现在法律法规不完善、文件制度不完善等方面。目前，电子文件管理的相关法律尚未制定，导致电子文件的凭证价值缺乏足够的保障手段和措施，约束信息操作行为的法律法规也大量缺失，这就给信息窃取者、信息破坏者以可乘之机。文件管理制度作为机构成员共同遵守的规章或准则，包括业务管理制度之中的文件管理条款和独立的文件管理制度两个方面，这两个方面中任何一方面不完善，都可能造成文件管理的风险。

2. 权限管理不当

权限管理是安全管理的重要组成部分，它规定了用户与管理对象之间的授权关系，首先需要在管理上对权限做出规定。大量实践表明，权限管理不当会引发电子文件管理的混乱，包括安全事故的发生。如信息泄露、非法使用、窃听、假冒等安全事件有不少是由权限管理不当直接引起的。

3. 人员管理

电子文件管理涉及的人员主要包括主管领导、信息技术人员、文件管理人员和内部用户等。可能威胁到文件管理质量的人员因素包括观念问题、技能缺乏、人才不足等。观念问题是指管理人员对电子文件及其管理缺乏明确或正确的认识，安全意识淡薄，从而在实际工作中采取不作为态度，采用片面甚至是错误的工作方法，如认为电子文件不需要长期保存，认为电子文件管理只是信息技术人员的职责，认为电子文件信息安全威胁全都来自技术因素和外部非法用户等。技能缺乏主要表现为管理人员在知识、素质、能力上的不足，如不执行有关制度规定、采用不规范的文件管理方法、操作失误（误删除、误发送）等。

影响信息安全的因素还包括资金因素、组织因素等，不能将电子文件的信息安全问题简单归结于防治计算机病毒和防范黑客上。信息系统安全管理的经验和教训也表明，单纯考虑技术因素来实现信息安全是不可靠的，有许多攻击方式并不是单纯的技术因素在起作用，很多情况下，正是由于安全管理不到位，很多攻击技术得以实现。只有综合考虑影响安全问题的各种因素，多管齐下，齐抓共管，才能提供一个比较完善的安全管理策略。

（四）电子文件安全风险的特点

1. 客观性

电子文件安全风险作为“损失的不确定性”是客观存在的，它不以人的意志为转移。在特定条件下，当风险因素发生作用时就会产生风险事故。因此，我们无法完全避免风险，只能通过风险管理使之处于可控状态以减少损失。

2. 广泛性

电子文件管理范围既包括维护文件信息的真实、准确、完整、可读、可用等相对具体的质量目标，也包括支持政府科学决策、支持业务的连续性、维护社会记忆、保护社会合法权益等相对宏观的业务目标，因而任何与预期目标的偏差都可能导致电子文件风险。电子文件管理目标的广泛性导致电子文件风险存在的广泛性。

3. 连带性

电子文件是各类业务活动的原始记录，一般情况下风险事故的发生不仅会造成电子文件资源本身的缺损，更有可能引发风险联动效应，从而引发其他损失，如业务延误、决策错误、服务满意度下降，甚至导致国家安全受损、机构记忆缺失等严重后果。

二、电子文件安全风险评估

（一）风险评估的必要性

电子文件安全风险评估是在信息安全领域保证电子文件质量及其安全性的普遍方法。任何信息系统都存在安全风险，管理电子文件的信息系统亦不例外。随着对电子文件安全管理认识的不断加深，对电子文件安全风险评估的要求也越来越高。国家信息化领导小组在《国家信息化领导小组关于加强信息安全保障工作的意见》（中办发〔2003〕27号）中明确提出："重视信息安全风险评估工作，对网络与信息系统安全的潜在威胁、薄弱环节、防护措施等进行分析评估，综合考虑网络与信息系统的重要性、涉密程度和面临的信息安全风险等因素，进行相应等级的安全建设和管理。"

（二）风险模型

进行风险评估时需要依据一定的风险管理模型来进行，可采用基于 ISO 13335 提供的风险模型来评估和衡量机构或系统面临的安全风险，如图 12-2 所示。

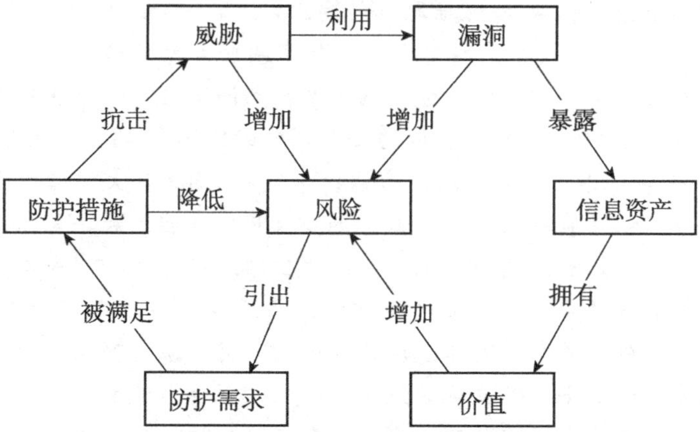

图 12-2　安全风险评估要素关系

该模型中涉及的重要概念包括：

风险（risk）：威胁主体利用资产的漏洞对其造成损失或破坏的可能性。

威胁（threat）：导致对系统或组织有害的、未预料的事件发生的可能性。

漏洞（vulnerability）：可以被威胁利用的系统缺陷，能够增加系统被攻击的可能性。

资产（asset）：属于某个组织的有价值的信息或者资源，这里指的是与评估对象信息处理有关的信息和信息载体。

安全风险评估的结果是信息安全采用何种防护措施的主要依据，信息安全风险评估涉及资产、威胁、脆弱性、安全防护措施等方面。安全风险评估通过系统地分析网络和信息系统等资产所面临的人为或自然的威胁引发信息安全事件的可能性，评估安全事件发生可能造成破坏的危害程度，有针对性地采用防护对策或改进措施来抵御威胁，将风险控制在可接受的范围之内，从而在资源有限的条件下保障电子文件信息的安全。

（三）组织机构与职责

电子文件管理机构应分析电子文件安全管理过程中可能遇到的各种风险，采用科学的安全风险模型进行风险评估，评估标准应客观充分，方法应全面细致，以便对各种可能发生的情况做好充分的防范。

电子文件管理机构应建立规范的风险评估机构或小组，明确管理人员的责任义务，必要时还可以聘请外部机构专业人员介入或指导工作。风险评估小组的职责包括做好各项前期工作，以预防为主；制定合理策略和预案，对每项风险有充分的认识；对未知风险做好预测；采取适当措施，消除可预见风险等。

案例 12-1　政府网站面临风险威胁

2009 年 7 月中旬，公安机关对全国政府网站进行了为期一个月的网站安全漏洞和被攻击情况抽样检测，检测对象从全国 32 个省区市以及所属地市、县级政府网站中分地区按比例抽取。经对 23 000 多家政府网站的检测发现，154 家政府网站遭网络攻击；经对 6 000 余家政府网站的检测显示，37%的政府网站存在网页安全漏洞，极易遭到网页篡改和网页挂马等攻击破坏。调查结果显示，2009 年被调查对象发生网络安全事件的比例为 43%，比 2008 年大幅下降 20%；感染计算机病毒的比例为 70.5%，比 2008 年大幅降低 15%。两项比例均为调查活动开展以来历年最低。调查表明，我国广大联网单位和计算机用户的网络安全防范意识明显增强，联网单位网络安全管理水平有所提高，通过网络安全监测技术主动发现安全事件的能力逐步增强，内部管理更加规范。调查发现，计算机病毒木马对信息网络安全的威胁越来越突出。未修补系统安全漏洞仍然是导致安全事件发生的最主要原因。跟踪监测和研究分析表明，当前，计算机病毒木马本土化趋势加剧，变种速度更快、变化更多，潜伏性和隐蔽性增强、识别更难，与防病毒软件的对抗能力更强，攻击目标明确，趋利目的明显。因此，计算机用户账号密码被盗现象日益增多。病毒木马传播的主要渠道是网页挂马和移动存储介质，其中网页挂马出现复合化趋势。

资料来源：第九次全国信息网络安全状况与计算机病毒疫情调查报告发布．信息网络安全，2010（3）：74.

第三节
电子文件安全管理措施

从广义上讲，电子文件的安全保护工作是一项系统工程，包括技术、管理、法律、社会道德等层面的控制，根据电子文件面临的主要威胁及其解决方案，本节重点介绍与电子文件安全有关的主要管理措施，包括规范制定、等级保护、人员管理等内容。

一、安全管理规范制定

电子文件信息的安全风险因素涉及的范围很广，因此要保证电子文件在保管和使用时具有良好的安全环境，必须从系统的角度出发，综合考虑各种影响安全问题的因素。不但需要通信协议、操作系统、应用软件、用户的共同参与，还需要通过法律规范和规章制度来提供保障，是一项涉及多方面的系统工程，任何孤立的、片面的保护措施都不能从根本上解决安全问题。从大量的安全管理实践来看，“三分技术，七分管理”非常形象地归纳了在安全管理活动中应重视大量的非技术因素，因而采取综合的管理防范措施是非常必要的。

大量危害事件表明，通过严格管理，制定有效的管理规范能将各种危害降低到最低限度，事实上这也是信息安全体系中最常用、最大量、最有效的部分。《中华人民共和国计算机信息系统安全保护条例》第十三条明确规定：“计算机信息系统的使用单位应当建立安全管理制度，负责本单位计算机信息系统的安全保护工作。”这从法律上肯定了管理制度的重要性。

具体来说，在制定安全规范时应当考虑以下主要方面：

- 制订应急计划，进行安全检查和审计，撰写安全情况报告；
- 对重要程序和数据进行备份，指定专门人员完成备份工作；
- 检测与清除病毒；
- 制定系统运行安全管理、数据及文件管理制度；
- 规范机房出入、维护、监视等规定；
- 提供管理政策和保护方案、安全培训、教育、宣传；
- 明确负责人职责、管理员职责、录用人员审查条件；
- 严格进行权限管理，包括授予完成工作所需的最小特权、回收特权等；
- 定期进行安全评估，以求改进。

良好的信息安全规范是维护计算机信息系统日常安全最有力的保障之一，在整个安全维护体制中，它直接作用于人员管理，规范人员行为，从而间接控制由人员导致的技术行为，是安全管理的重要内容。

（一）常规管理制度

需要在电子文件的主要管理环节建立常规管理制度。在电子文件生成阶段，需要明确各环节参与人员的责任；在归档环节，应对电子文件进行全面认真的检查，以防在交换环节发生信息丢失和篡改；在保管环节，应建立严格的保管制度，明确电子文件的存储介质、保管场地、环境要求以及介质检查、修复、销毁或迁移措施；在利用环节，应加强对利用活动的管理，实行权限控制，防止越权访问对电子文件造成危害；对涉密电子文件，应按保密领域的标准和要求贯穿其生命周期全程，确保安全；建立管理记录，记载文件的形成、管理和使用情况。

（二）备份恢复制度

需要制订备份计划、策略，定期检查备份任务的执行情况以及备份恢复的可用情况。一旦发生事故，导致系统故障、运行中断或信息被篡改，可以遵循备份恢复制度，将系统和数据恢复到正常状态。

（三）应急预案制度

电子文件安全管理应急预案是针对可能发生的突发事件，为迅速、有效、有序地开展应急行动而预先制定的方案。预案用以明确事前、事中、事后各个进程中相应的职责分配和资源策略，采用技术和管理手段控制危险、降低事故发生的可能性。一旦发生事故，能快速处理故障或将事故清除在萌芽状态的初期阶段，防止事故扩大和蔓延。电子文件管理机构应根据实际的安全需求，对信息系统存在的潜在威胁和风险进行科学评估，有针对性地制定应急预案，增强抵御突发事件的能力。应急预案的制定、落实和管理可由单位独立完成，也可以与外部机构合作完成。

二、实施等级保护

电子文件被保护的安全程度应与其综合价值保持一致，对不同价值的电子文件采取不同强度的保护措施。等级保护就是对信息安全实行等级化保护和等级化管理。等级保护的核心是根据信息系统应用业务重要程度及其实际安全需求，实行分级、分类、分阶段保护。根据《电子文件管理暂行办法》（中办国办厅字〔2009〕39 号），电子文件应按照国家信息安全等级保护标准和涉密信息系统分级保护管理规定，建立电子文件管理系统和信息内容安全保密防护体系，执行严格的安全保密管理制度。

（一）等级划分依据的标准

机构应结合自身安全需求和有关规定，确定适当的安全保护等级。按照

2001 年实施的强制性国家标准《计算机信息系统安全保护等级划分准则》（GB 17859－1999），我国将计算机信息系统安全保护等级划分为五个级别，从低到高依次是：用户自主保护级、系统审计保护级、安全标记保护级、结构化保护级、安全域级保护级。

国家公安部 2007 年颁发的《信息安全等级保护管理办法》（公通字〔2007〕43 号）就信息系统和涉密信息管理应遵循的规范做出了规定："第十二条　在信息系统建设过程中，运营、使用单位应当按照《计算机信息系统安全保护等级划分准则》（GB 17859－1999）、《信息系统安全等级保护基本要求》等技术标准，参照《信息安全技术　信息系统通用安全技术要求》（GB/T 20271－2006）、《信息安全技术　网络基础安全技术要求》（GB/T 20270－2006）、《信息安全技术　操作系统安全技术要求》（GB/T 20272－2006）、《信息安全技术　数据库管理系统安全技术要求》（GB/T 20273－2006）、《信息安全技术　服务器技术要求》、《信息安全技术　终端计算机系统安全等级技术要求》（GA/T 671－2006）等技术标准同步建设符合该等级要求的信息安全设施。""第二十五条　涉密信息系统建设使用单位应当在信息规范定密的基础上，依据涉密信息系统分级保护管理办法和国家保密标准 BMB 17－2006《涉及国家秘密的计算机信息系统分级保护技术要求》确定系统等级。对于包含多个安全域的涉密信息系统，各安全域可以分别确定保护等级。"

（二）档案信息系统安全保护等级

因我国尚未对电子文件管理系统及信息内容的安全保护等级进行明确划分与说明，且档案信息系统与电子文件管理系统在安全保护方面具有一定程度的共通性，因此可以参考《档案信息系统安全等级保护定级工作指南》中的相关内容，指导电子文件的安全保护定级工作。

根据国家有关信息系统安全保护等级的相关规定和标准，档案信息系统从低到高依次划分为自主保护级、指导保护级、监督保护级、强制保护级、专控保护级五个安全等级：

第一级，自主保护级。档案信息系统受到破坏后，会对公民、法人和其他组织的合法权益造成损害，但不损害国家安全、社会秩序和公共利益。

第二级，指导保护级。档案信息系统受到破坏后，会对公民、法人和其他组织的合法权益产生严重损害，或者对社会秩序和公共利益造成损害，但不损害国家安全。

第三级，监督保护级。档案信息系统受到破坏后，会对社会秩序和公共利益造成严重损害，或者对国家安全造成损害。

第四级，强制保护级。档案信息系统受到破坏后，会对社会秩序和公共利益造成特别严重损害，或者对国家安全造成严重损害。

第五级，专控保护级。档案信息系统受到破坏后，会对国家安全造成特别严重损害。

三、人员管理

健全的人员管理是安全管理的基础，包括系统各类人员应具备合理的知识结构，合理分配和有效监督各类人员的管理权限，培训和考核人员等。首先，在人员素质方面，应要求电子文件管理人员具备合理的知识结构，包括基本的计算机操作技能与信息安全相关知识，熟悉电子文件的相关理论、基本政策法规和标准。其次，关于管理权限问题，应明确技术人员的管理权限，通过设置操作日志、工作记录，详细地记录实施操作的人员、时间、工作内容等，加强人员管理，确保电子文件在内部管理中的真实可靠。再次，在安全教育与培训方面，应针对组织的不同层次，对全体人员包括各级管理层的具体负责人定期进行安全教育；针对不同角色和责任的人员编制教育培训材料，就电子文件安全目标、安全策略、安全角色的职责，以及相关安全知识和技能进行全面教育。在技术培训方面，应定期开展对相关人员的技术培训工作，就电子文件安全相关的计算机知识、数字化技能、网络技术、保密知识等进行培训。对于涉密部门或敏感机构，还应提高相关人员的信息安全保密意识，加强对有关规章制度、法律法规的学习教育，防止电子文件泄密事件发生。

第四节 电子文件安全技术措施

本节主要介绍与电子文件安全管理有关的技术措施，包括物理防范、加密技术、信息认证技术、系统安全技术、备份等核心措施和技术，以及在文件管理中不可或缺的备份技术。

一、物理防范

物理防范主要包括系统所在的物理环境、机房、计算机设备、数据介质等的存放安全保密措施等内容。

（一）物理安全

对物理环境安全管理，可按照《信息系统安全等级保护基本要求》（GB/T 22239－2008）中不同等级的要求进行。一般来说，应包括以下几项工作：配置物理环境安全的责任部门和管理人员；建立有关物理环境安全方面的规章制度；制定对物理安全设施进行检验、配置、安装、运行的有关制度和保障措施；对物理环境中所有安全区域进行标记管理，包括不同安全保护等级的办公区域、机房、介质库房等；实施不同保护等级安全区域的隔离管理；出入人员应经过相应级别的授权并有监控措施；对重要安全区域的活动应实时监视和记录。

（二）机房安全

对机房安全管理也应根据不同的安全等级要求进行，主要包括出入管理、防盗、防静电等基本安全防护。在机房出入管理方面，应明确机房安全管理的责任人，未经允许任何记录介质、文件材料及各种被保护品均不准带出机房。来访人员应经批准后方可进入机房，一般应禁止携带个人计算机等电子设备进入机房，其活动范围和操作行为应受到限制。重要的电子文件管理机构还应对机房划分区域进行管理，在区域和区域之间设置物理隔离装置等。

基本防护管理包括防盗窃、防破坏、防水、防火、防潮、防静电等活动。一方面，应配备监控报警系统，机房应设置火灾自动消防系统，能够自动检测火情、自动报警，并自动灭火。另一方面，机房的建筑材料应达到基本的要求，具体包括：机房及相关的工作房间和辅助房应采用耐火等级高的建筑材料；机房应采取区域隔离防火措施，将重要设备与其他设备隔离开；水管的安装不得穿过机房屋顶和活动地板下；应采取措施防止机房内水蒸气结露和地下积水的转移与渗透；主要设备应采用必要的接地防静电措施；机房应采用防静电地板等。

（三）设备安全

设备安全包括设备配备、设备安置、设备维护等方面的安全内容。电子文件管理机构应对支持关键业务操作的设备，推荐使用不间断电源（UPS）；在设备房间应急出口处应设置应急灯，在主电源出现故障时，提供应急照明。设备要进行适当安置，保护存储设施，以防止未授权访问；要求专门保护的部位要予以隔离。设备维护需要按照供应商推荐的服务时间间隔和规范对设备进行维护，并保存所有故障及其维护记录。

二、加密技术

在信息安全领域，加密技术不仅是将明文变成密文的技术，而且还是身份认证、签署技术等其他安全技术的核心。简单地说，加密技术就是利用各种技术手段把数据变成乱码传送，到达目的地后使用对应技术对数据进行还原。事实上，在电子文件管理的绝大多数流程中并不需要对文件进行加密，加密一般在处于不安全的通信环境中才使用。对于电子文件中有相当一部分不宜公开的涉密信息或敏感信息，比如有关国家安全、机关内部事务的信息，下属单位财务报表、纳税记录等，在传输或者存储过程中应当应用加密技术保证其数据安全。

（一）加密技术概述

加密是实现信息保密的重要手段。早在几千年前，人们就有了通信保密的意识，并先后发明了易位法和置换法等传统加密方法。从原理上讲，加密技术就是把有关的原始数据作为明文，经加密算法的变换后变为无关人员无法读懂的密文，解密则是其逆过程。一个加密体制由明文空间、密文空间、密钥空间、加密算法、解密算法五部分构成。其中，密钥是用以控制算法实现的关键信息，加密算法和解密算法都是在一组密钥的控制下进行的，分别称为加密密钥和解密密钥。

（二）对称加密技术和非对称加密技术

如果加密密钥与解密密钥相同，则为对称（私钥）加密体制；如果不同，则为非对称（公钥）加密体制。

1. 对称加密技术

对称加密技术也称私钥技术，它使用单个密钥对数据进行加密或解密，计算量小、加密效率高。但是此类算法在分布式系统上使用较为困难，主要是密钥管理困难，使用成本较高，安全性能也不易保证。这类算法的代表是在计算机专网系统中被广泛使用的 DES（Digital Encryption Standard）算法及其各种变形，如 Triple DES、GDES，欧洲的 IDEA 等。

使用对称加密技术对文件进行加密传输的实际过程分为三步。首先要求通信双方利用绝对安全的渠道协商共有密钥，并妥善保管；然后，发送方对传输文件进行加密，通过网络将加密后的文件传送给接收方；最后，接收方利用共有密钥进行解密，得到发送方的明文。

对称加密技术的特点在于使用简单快捷，密钥较短但破译困难，它要求通信双方必须共同保守秘密，同时设定防止密钥丢失和更改密钥的程序，才能保证通信安全。

2. 非对称加密技术

非对称加密技术也叫公钥技术。1976 年，美国学者代姆（Dime）和亨曼（Henman）为解决信息公开传送和密钥管理问题，提出了这种新的密钥交换协议，允许通信双方在不安全的媒体上交换信息。这种技术的特点是有两个密钥（即公开密钥和私有密钥），只有二者搭配使用才能完成加密和解密的全过程。比较著名的公钥算法有 RSA、Diffie-Hellman、EIGamal 等。

由于非对称算法拥有两个密钥，它特别适用于分布式系统中的数据加密，在互联网中得到了广泛应用。在实际通信中也通常采用公钥加密体制，发送者使用公开的加密密钥对文件加密，收方使用严格保密的解密密钥对收文解密。这样，任何人都可以利用公开的密钥发文，而只有收方才能识别这些加密的文件。由于加密和解密使用的是不同的密钥，第三者很难解密，从而保护了文件内容。公钥体制密钥管理和传递简单，适用于开放系统，可以方便、安全地应用于数字签名和身份认证。

三、信息认证技术

在电子文件的保管和利用中，需要用到大量的信息认证技术。对于电子文件的利用者，我们需要对其进行身份验证；对接收保管的电子文件，需要验证有关的数字签名，以确定其文件制作者和法律价值；同时还要验证接收文件内容的完整性、真实性等。

信息的可认证性是信息安全的重要方面，认证的目的有两个：一是验证信息的发送者是真实的，而不是冒充的；二是验证信息的完整性，即验证信息在传送或存储过程中未被篡改、重放或延迟等。认证是防止他人对系统进行主动攻击（如伪造、篡改信息等）的一种重要技术。一个安全的认证体制应该至少满足以下要求：

（1）预定的接收者能够检验和证实消息的真实性、完整性。

（2）消息的发送者对所发的消息不能抵赖，有时也要求消息的接收者不能否认所收到的消息。

（3）除了合法的消息发送者之外，其他人不能伪造合法的消息。

认证体系中通常存在一个可信中心或可信第三方，用于仲裁、颁发证书或管理某些机密信息。认证的实用技术主要有数字签名技术、可信时间戳技术、PKI 技术、口令技术和生物识别等。

（一）数字签名技术

在纸质环境中，人们通过手写签名或印鉴来起到认证、核准和生效的作用。在电子文件的保管和利用中，我们需要采取新的手段对文件的发送者、接收者、利用者进行身份验证，对于接收的电子文件，也需要验证其信息的真实性、完整性。电子签名是保障这一安全目的得以实现的重要手段，其中数字签名是得到广泛应用的电子签名形式。数字签名能较好地保证公开网络上信息的安全性和机密性，保障数据的完整性并避免数据被非法篡改。2005 年《中华人民共和国电子签名法》正式颁布，对电子文件的安全管理也起到了积极的作用。

数字签名是建立在公共密钥体制基础上的。首先报文的发送方依据散列函数（Hash）从报文文本中生成一个 128 位的散列值，然后发送方用己方的私钥对这个散列值进行加密形成数字签名，该数字签名将作为报文的附件和报文一起发送给报文的接收方。接收方收到后，从接收的原始报文中计算出 128 位的散列值，然后再用发送方的公钥来对报文附加的数字签名进行解密，最后对两个散列值进行比较，如果两个散列值相同，则确认该报文的发送者身份以及报文内容的可靠性。这样，通过数字签名就实现了对原始报文的鉴别和不可抵赖，可以保障作者对文件的权利与责任，也能确认文件的原始性。

（二）可信时间戳技术

可信时间戳是由权威可信的时间戳服务中心签发的一个能证明电子文件在一

个时间点是已经存在的、完整的、可验证的，具备法律效力的电子凭证。可信时间戳主要用于电子文件防篡改和事后抵赖，确定电子文件产生的准确时间。可信时间戳服务的本质是将用户的电子数据的 Hash 值和权威时间源绑定，在此基础上通过时间戳服务中心数字签名，产生不可伪造的时间戳文件。

可信时间戳与普通的时间戳不同，可信时间戳服务中心必须按照有关标准和规定运营并由国家法定授时机构负责标准时间的授时及守时，保障并保持时间源的绝对可靠性，并进行实时监测。普通时间戳因本地计算机时间可以随意更改，存在着变更本地计算机时间的风险，可能重新签署后形成“新原件”。采用了可信时间戳后，时间、签名和被签署电子文件的关系以及相互作用就得到了相应的固化，具备更高的可信性。

根据《电子签名格式规范》（GB/T 25064－2010），国家确定了时间戳机构作为可信服务提供者之一，可为签名者和验证者提供建立信任关系的可信服务。在该标准中，还规定了一类带归档时间戳的电子签名（ES-A）形式，该签名对整个电子签名添加时间戳，可以保证归档电子文件的长期安全性。

（三）PKI 技术

公钥基础设施（public key infrastructure，PKI）技术是采用证书管理公钥，通过第三方的可信任机构即认证中心（Certificate Authority，CA），把用户的公钥和用户的其他标识信息（如名称、E-mail、身份证号等）捆绑在一起，在互联网上验证用户的身份的技术。

1. PKI 技术的目的

PKI 技术的主要目的是通过自动管理密钥和证书，为用户建立起一个安全的网络运行环境，使用户可以在多种应用环境下方便地使用加密和数字签名技术，从而保证网上数据的机密性、完整性、有效性。数据的机密性是指数据在传输过程中，不能被非授权者偷看；数据的完整性是指数据在传输过程中不能被非法篡改；数据的有效性是指数据不能被否认。PKI 技术在应用时应当是安全的和透明的，用户在获得加密和数字签名服务时，不需要详细地了解 PKI 是怎样管理证书和密钥的。一个典型、完整、有效的 PKI 应用系统应能管理公钥密码证书、发布和管理黑名单、备份和恢复密钥、自动更新密钥、支持交叉认证等。

2. PKI 技术的组成

PKI 由公钥密码技术、数字证书、证书发放机构和公钥安全策略等基本成分共同组成。采用 PKI 技术可以搭建信息系统的安全平台，进而保证网络通信、文件流转、文件信息利用的安全。具体来说，PKI 包含四个部分：

（1）X. 509 格式的数字证书和证书废止列表。

由认证中心负责管理 PKI 结构下的所有用户的证书，将用户公钥与用户的其他信息捆绑在一起，在网上验证用户的身份，并负责用户证书的黑名单登记和黑名单发布，从而实现对数字证书的颁发和管理工作。

（2）X. 500 目录服务器。

X. 500 目录服务器用于发布用户的证书和黑名单信息，用户可通过标准的 LDAP 协议查询自己或其他人的证书和下载黑名单信息。

（3）Web 安全通信平台。

安全的网络平台包括客户端和服务器两部分，可通过具有高强度密码算法的 SSL 协议保证客户端和服务器端数据的机密性、完整性、身份验证。

（4）认证政策。

安全技术的实现过程中包括完整有效的认证政策的制定，包括需要遵循的技术标准、各认证中心之间的上下级或同级关系、安全策略、服务对象、管理原则和框架等。

3. PKI 技术的核心——认证中心

为保证网上信息的传输安全，除了在通信传输中采用更强的加密算法等措施之外，必须建立一种信任及信任验证机制，通过数字签名能够获得一个可以被验证的标识，这就是数字证书。数字证书具有唯一性，它将实体的公开密钥同实体本身联系在一起。为实现这一目的，必须保证数字证书的来源是可靠的。这就意味着应有一个网上各方都信任的机构，专门负责数字证书的发放和管理，确保网上信息的安全，这个机构就是认证中心。

认证中心负责产生、分配并管理所有网络实体所需的身份认证数字证书，每一份数字证书都与上一级的数字签名证书相关联，最终通过安全链追溯到一个已知的并被广泛认为是安全、权威的根认证中心。简要地说，认证中心的功能包括证书发放、证书更新、证书撤销和证书验证。

（四）口令技术

通信系统的安全性常常取决于能否正确识别通信用户或终端的个人身份。最常采用的是通行字口令方式，它一般是由数字、字母、特殊字符、控制字符等组成的长为 5～8 的字符串。用户登录进入系统时会被要求输入通行字，系统通过比较用户的输入与存储在机器中的资料对用户的合法性进行判别。

一般为了安全起见，系统并不记录通行字本身，以防止通行字文件被窃取，而是记录通行字的单向函数值。所谓单向函数，实质上是一种不可逆的加密算法。其特征是加密过程不需要密钥，并且经过加密的数据无法被解密，只有同样的输入数据经过同样的不可逆加密算法才能得到相同的加密数据。不可逆加密算法不存在密钥保管和分发问题，适合在分布式网络系统上使用。但是其加密计算工作量很大，适用于少量数据的加密，如用于身份识别的口令就是利用不可逆算法加密的。在计算机网络中应用较多的有 RSA 公司发明的 MD5 算法和美国国家标准局建议的 SHS（Secure Hash Standard）。

（五）生物识别

生物识别技术是指通过人类生物特征进行身份认证的一种技术，由于人体特征具有不可复制的特性，这一技术的安全系统较传统意义上的身份验证机制有很大的提高。这里的生物特征通常具有唯一性、可测量或可自动识别和验证、遗传性或终身不变等特点。所谓生物识别的核心在于如何获取这些生物特征，并将之转换为数字信息，存储于计算机中，利用可靠的匹配算法来完成验证与识别个人身份的过程。

生物识别的含义很广，大致上可分为身体特征和行为特征两类。身体特征包括指纹、面部、掌型、视网膜、虹膜、人体气味，甚至静脉、DNA、骨骼等；行为特征则包括签名、语音、行走步态等。生物识别系统则对生物特征进行取样，提取其唯一的特征转化成数字代码，并进一步将这些代码组成特征模板，当人们同识别系统交互进行身份认证时，识别系统通过获取其特征与数据库中的特征模板进行比对，以确定二者是否匹配，从而决定接受或拒绝该人。

1. 指纹识别

指纹识别是指利用人的手指末端正面皮肤上凸凹不平产生的纹线进行识别的技术。纹线有规律的排列形成不同的纹型，指纹识别通过比较不同指纹的细节特征点来进行鉴别。由于每个人的指纹不同，就是同一人的十指之间，指纹也有明显区别，因此指纹可用于身份鉴定。指纹识别技术是目前最成熟且价格便宜的生物特征识别技术，已经被应用于笔记本电脑、手机、汽车、银行支付等领域。

2. 虹膜识别

虹膜是位于人眼表面黑色瞳孔和白色巩膜之间的圆环状区域，在红外光下，虹膜特征图呈现出丰富的纹理信息，人体自第 8 个月起，虹膜的主要纹理结构就已经成形，除非经历触及眼睛的外科手术，虹膜纹理结构几乎终生不变。虹膜识别通过对比虹膜图像特征之间的相似性来确定人们的身份，其核心是使用模式识别、图像处理等方法对人眼睛的虹膜特征进行描述和匹配，从而实现自动的个人身份认证。我国国家标准《信息安全技术　虹膜识别系统技术要求》（GB/T 20979－2007）已经于 2007 年 11 月 1 日正式实施。

3. 面部识别

面部识别是根据人的面部特征来进行身份识别的技术，包括标准视频识别和热成像技术两种。标准视频识别是透过普通摄像头记录下被拍摄者眼睛、鼻子、嘴的形状及相对位置等面部特征，然后将其转换成数字信号，再利用计算机进行身份识别。视频面部识别是一种常见的身份识别方式，现已被广泛应用于公共安全领域。热成像技术主要通过分析面部血液产生的热辐射来产生面部图像。

四、系统安全技术

（一）操作系统安全

电子文件信息的安全管理首先需要建立在安全的操作系统平台上。操作系统负责对计算机系统各种资源、操作、运算和用户进行管理和控制，是计算机系统安全功能的执行者和管理者，各类应用系统必须建立在操作系统提供的软件平台上，电子文件管理系统要实现高可靠性和保障信息的完整性、机密性，必须依赖操作系统提供的系统软件基础。

计算机系统的脆弱性主要来自操作系统的不安全性，在网络环境下还来源于通信协议的不安全性。在操作系统安全等级划分中，最著名的是美国发布的可信计算机系统评价标准（trusted computer system evaluation criteria，TCSEC），该标准将计算机系统安全性分为ABCD四类7个级别，由低到高分为D级、C1级、C2级、B1级、B2级、B3级、A级，每级包括它下级的所有特性。其中，D级是安全级别最低的级别；C类为自主保护级别；B类为强制保护级别；A级为验证保护级别，包含一个严格的设计、控制和验证过程。按照这个标准，DOS、Windows 3. x及Windows 95属于D级的计算机操作系统；某些UNIX、Novell 3. x、Windows NT属于C1级的计算机操作系统，部分达到C2级；一些UNIX、Windows 2000、Windows XP属于C2级的计算机操作系统。

TCSEC在其应用过程中也在进行不断修正，美国联合英国、法国、德国、荷兰和加拿大等国共同提出信息技术安全评价的通用准则（CC for ITSEC），目前CC已经被采纳为ISO 15408，被公认为代替TCSEC的评价安全信息系统的标准。

（二）防火墙技术

防火墙从某种意义上讲是一种访问控制产品。它在内部网络与不安全的外部网络之间设置障碍，阻止外界对内部资源的非法访问，防止内部对外部的不安全访问。防火墙的特征是通过在网络边界上建立相应的网络通信监控系统，达到保障网络安全的目的。防火墙型安全保障技术假设被保护网络具有定义明确的边界和服务，进而通过监测、限制、更改跨越“火墙”的数据流，尽可能地对外部网络屏蔽有关被保护网络的信息、结构，实现对网络的安全保护。防火墙能够较为有效地防止黑客利用不安全的服务对内部网络开展攻击，并且能够实现对数据流的监控、过滤、记录和报告功能，较好地隔断内部网络与外部网络的连接。实现防火墙所用的主要技术包括数据包过滤型防火墙、代理型防火墙、监测型防火墙等。

1. 数据包过滤型防火墙

数据包过滤型防火墙是依据系统内设置的访问控制表在网络层对数据包进行选择的一种防火墙。数据包过滤型是防火墙的初级产品，其技术依据是网络中的分包传输技术。防火墙通过读取数据包中的地址信息来判断这些“包”是否来自可信任的安全站点，一旦发现来自危险站点的数据包，防火墙便会将这些数据拒之门外。系统管理员也可以根据实际情况灵活制定判断规则。数据包过滤技术简单实用，实现成本较低，能够以较小的代价在一定程度上保证系统的安全。但这种类型的防火墙并不能有效防范非法攻击，入侵者可以使用伪装等蒙骗手段过关，致使这种防火墙的作用大打折扣。

2. 代理型防火墙

针对数据包过滤的缺点，代理型防火墙将所有跨越防火墙的网络通信链路分为两段。代理服务器位于客户机与服务器之间，完全阻挡了二者间的数据交流。当客户机需要使用服务器上的数据时，首先将数据请求发给代理服务器，代理服务器再根据这一请求向服务器索取数据，然后再由代理服务器将数据传输给客户机。由于外部系统与内部服务器之间没有直接的数据通道，外部的恶意侵害也就很难伤害到企业内部网络系统。代理型防火墙安全性较高，可以针对应用层进行侦测和扫描，对付基于应用层的侵入和病毒都十分有效。其缺点是对系统的整体性能有较大的影响，而且代理服务器必须针对客户机可能产生的所有应用类型逐一进行设置，大大增加了系统管理的复杂性。

3. 监测型防火墙

监测型防火墙能够对网络各层的数据进行主动的、实时的监测，在对这些数据加以分析的基础上，监测型防火墙能够有效地判断出各层中的非法侵入。同时，这种检测型防火墙产品一般还带有分布式探测器，这些探测器被安置在各种应用服务器和其他网络的节点之中，不仅能够检测来自网络外部的攻击，同时对来自内部的恶意破坏也有极强的防范作用。据权威机构统计，在针对网络系统的攻击中，有相当比例的攻击来自网络内部。因此，监测型防火墙不仅超越了传统防火墙的定义，而且在安全性上也超越了前两代产品。

（三）入侵检测技术

入侵检测是对计算机和网络资源的恶意使用行为进行识别和响应的处理过程。它可以帮助系统对付网络攻击，扩展系统管理员的安全管理能力（包括安全审计、监视、进攻识别和响应），提高信息安全基础结构的完整性。入侵检测被认为是防火墙之后的第二道安全闸门，它在不影响网络性能的情况下能对网络进行监测，从而提供对内部攻击、外部攻击和误操作的实时保护。

入侵检测技术可从计算机网络系统中的若干关键点收集信息，并分析这些信息，查看网络中是否有违反安全策略的行为和遭到袭击的迹象。该技术具有监视分析用户和系统的行为、审计系统配置和漏洞、评估敏感系统和数据的完整性、识别攻击行为、对异常行为进行统计、自动收集与系统相关的补丁、识别审计跟踪违反安全法规的行为、使用诱骗服务器记录黑客行为等功能，使系统管理员可以较为有效地监视、审计、评估自己的系统。

（四）病毒防治

计算机病毒是一种特殊的具有破坏性的计算机程序，它具有自我复制能力，可通过非授权入侵可执行程序或数据文件。这里形象地借用了生物病毒的概念，计算机染上的病毒，就如同生物体携带的病毒一样，具有传染性，而且它也不是独立存在的，而是寄生在计算机的可执行程序中的。

计算机信息系统应采取以下病毒防治措施：

1. 制定防治策略

用户要树立“预防为主，防治结合”的观念，不要心存侥幸，寄希望于病毒发作后的恢复手段。应对杀毒软件及相关病毒防治设备进行定期升级，对各服务器、客户端的系统及数据定时进行全面扫描检查。

2. 加强存储介质管理

严格控制各种存储介质的使用，必须确认介质安全后方可使用。

3. 做好整体防御

建立网络病毒管理中心，对系统中的服务器、客户端进行病毒的统一防治管理，实时监测网络及各客户端的工作状态，发现异常及时进行相应处理。

（五）物理隔离

所谓物理隔离，是指内部网不直接或间接地连接公共网。物理隔离是网络安全措施的一种选择，它为机构内部网划定了明确的安全边界，增强了网络的可控性，便于内部管理。但在某些具有特定要求的系统中，仅采用防火墙、防病毒系统对网络进行入侵检测、漏洞扫描的方法尚不足以满足某些机构（如军事、政府、金融机构等）提出的高度数据安全要求，因而需要一道绝对安全的大门，以保证涉密或敏感电子文件信息不被泄露和破坏，这就是物理隔离所起的作用。

国家保密局2000年1月1日颁布实施的《计算机信息系统国际联网保密管理规定》第二章保密制度第六条规定：“涉及国家秘密的计算机信息系统，不得直接或间接地与国际互联网或其它公共信息网络相连接，必须实行物理隔离。”许多机构要求有效地保障机密数据，防止通过内部环境与外界敌对环境之间的物理联系而遭受网络侵袭，有时还需要使用低辐射设备、屏蔽、干扰等措施保护秘密信息。物理隔离有两种方式，一种是采用隔离卡，另一种是采用网络安全隔离网闸。隔离卡主要用于对单台机器的隔离，网闸主要用于对整个网络的隔离。

五、备份

信息备份是信息安全保障最重要的辅助措施，它可以为受损或崩溃的信息系统提供良好的、有效的恢复手段。随着电子文件的应用日益普遍，面对网络环境的安全威胁和文件容量的急剧增长，对信息备份的要求也越来越高。

备份不是数据的冗余，其最终目的是在系统因为各种原因不能提供服务时，能对系统进行有效的恢复，所以备份不是简单的拷贝。拷贝仅仅是将源文件转移到其他媒体的过程，而备份还包括一系列管理工作。同时，备份也不仅是数据文件的备份，在复杂系统中，还需要对数据文件所依赖的系统环境和应用程序进行备份操作。总之，备份在电子文件安全管理中是一项专门的管理活动，需要综合考虑备份设备、备份技术的发展，制定科学可行的备份制度。

（一）数据备份的原则

对数据进行备份是为了保证数据的安全性，消除系统使用者和操作者的后顾之忧。不同的应用环境要求不同的解决方案，一般来说，要满足以下原则：

- 稳定性。备份产品的主要作用是为系统提供一个数据保护的方法，必须保证该产品本身的稳定性，一定要与操作系统百分之百兼容。
- 全面性。在复杂的计算机网络环境中，可能包括了各种操作平台，并安装了各种应用系统，如数据库、群件系统等。选用的备份软件要支持各种操作系统、数据库和典型应用。
- 支持自动化。很多单位由于工作性质，对何时备份、用多长时间备份都有一定的限制。在下班时间，系统负荷轻，适于备份，可是这会增加系统管理员的负担，也可能会给备份安全带来潜在的隐患。因此，备份方案应能提供定时的自动备份，并利用磁带库等技术进行自动换带。在自动备份过程中，还要有日志记录功能，并在出现异常情况时自动报警。
- 安全性。计算机网络是计算机病毒传播的高速通道，给数据安全带来极大威胁。如果在备份的时候，把计算机病毒也完整地备份下来，将会是一种恶性循环。因此，要求备份的过程有查毒、防毒、杀毒的功能，确保无毒备份。

（二）备份方式

备份有多种分类方式，按照对象可分为系统备份与数据备份：

- 系统备份。系统备份指的是用户操作系统因磁盘损伤或损坏、计算机病毒或人为误删除等造成系统文件丢失，从而造成计算机操作系统不能正常引导，因此使用系统备份，将操作系统事先储存起来，用于故障后的后备支援。
- 数据备份。数据备份指的是用户将数据包括文件、数据库、应用程序等储存起来，用于数据恢复时使用。

按照环境，可分为本地备份与网络备份：

- 本地备份。本地备份是指将本地服务器硬盘上的数据直接备份到与服务器直接相连的磁带库（磁带机）或其他存储设备上，而不经过网络。并且本地备份只能备份本机硬盘上的数据，而无法备份网络上其他主机上的数据。
- 网络备份。网络备份是在网络上选择一台服务器作为网络数据存储管理服务器，安装网络数据存储管理服务器端软件，在网络中其他需要进行数据备份管理的服务器上安装备份客户端软件，通过网络将各种数据（包括操作系统、文件系统、在线数据库数据）集中备份到与备份服务器连接的存储设备上。

按照备份的操作方式，可分为全备份、增量备份、差分备份与按需备份：

- 全备份。全备份通常是指用磁带对整个系统进行包括系统和数据在内的完全备份。全备份包含了系统的所有内容，易于理解。但全备份操作耗时较长，成本较高，频繁全备份会导致大量的数据冗余，因而需要机构确定适当的全备份周期。
- 增量备份。增量备份是指每次备份的数据是在上一次备份之后的增改数据。

增量备份的优点在于有效避免重复，成本可控。但其缺点在于需要依赖上一次的备份来共同完成恢复，不能形成断档，对机构备份的管理提出了较高的要求。

- 差分备份。差分备份是对上一次全备份之后进行的增改数据的备份，因而与增量备份有所区别。差分备份只需要与上一次全备份配合就可以实现数据的基本恢复，从而避免了与多份增量备份形成备份链条，备份管理的要求较为简单。
- 按需备份。即根据安全管理或数据管理的需要随时进行的临时备份。

（三）备份管理策略

备份管理涉及的因素非常多，需要进行统筹管理。包括：

1. 备份设备选择

在进行备份设备的选择时，应结合机构的实际情况，有机组合磁带机、磁盘阵列、光盘、硬盘等存储设备，合理设置在线、近线、离线存储备份系统。由于每种存储介质的成本以及存取数据速度都不一样，因而可考虑将一个长期不访问的文件放到廉价慢速的备份介质中。目前分级存储管理是一个合适的备份解决方案，利用分级存储系统产品，管理员仅仅需要描述应该何时备份文件以及放到何种介质中。一般是将不常用的文件转移到光盘系统，将罕用的文件放到磁带中，这些也都可以通过管理员自行设定调整，以期实现最佳的存储性价比。

2. 异地、异质备份

在电子文件备份管理中，需要有选择性地对长期保存的电子文件进行异质、异地备份。对档案机构这类保存大量电子文件及其备份的机构而言，为防止不可抗拒的自然灾害给存储介质造成毁灭性的破坏，应采取异地备份的方法。根据现有的研究，异地备份场所应选择与原保存场所相距 300 公里以上的地区，最好不属同一江河流域、同一电网、同一地震带。同时，备份场地对面积、防火、电力和工作时间等都有一定的要求，备份地点的保管环境应符合存储介质的长期保管要求。因而合理确定异地备份的场地需要开展科学调研，做好相关规划和沟通，同时建立异地存储介质保管制度，包括人员岗位责任、监督制度，以保证存储介质及其内容的安全。

3. 其他备份策略

在备份管理中还需要考虑其他因素。首先，需要根据电子文件的价值和风险评估的结果确定备份套数。按照《电子文件归档与管理规范》（GB/T 18894 - 2002）的要求，“一式 3 套，一套封存保管，一套供查阅使用，一套异地保存”。《电子文件归档光盘技术要求和应用规范》（DA/T 38 - 2008）规定，归档光盘的备份要求是“普通级归档光盘一式 3 份，一份供查阅使用，一份封存保管，一份异地保存。频繁（重要）级归档光盘一式 4 份（或更多份），两份供查阅使用，一份封存保管，一份异地保存”。其次，需要将电子文件相关的元数据和背景信息及操作需要的相应软件一起备份保存，以维持基本的完整性和可读性。最后，加强对备份介质的管理。需要定期对备份介质进行抽样检测，对存在问题的存储介质要及时进行迁移，对达到使用时间的存储介质要进行统一更换，被替换的存储介质在继续保存一定时间后要履行相关手续，在专门人员的监督下进行物理销毁。

【小结】

电子文件的安全管理是电子文件管理的重要内容，应以维护电子文件的完整性、真实性、机密性、可用性为目的，制定安全管理规范，遵从安全管理原则。在开展电子文件安全管理工作时，应遵循风险模型梳理电子文件管理的各类安全风险因素（自然社会因素、技术因素、管理因素等），同时，应采取包括等级保护、安全制度、人员管理在内的综合管理防范措施，加强物理防范，合理运用加密技术、认证技术，完善系统安全技术，并实施有效的备份管理，以确保对电子文件管理过程的安全有效控制，实现电子文件的长期有效利用。

【思考与练习】

1. 如何理解电子文件安全管理的目标？
2. 简述电子文件安全管理的原则。
3. 如何理解安全风险模型？
4. 电子文件管理过程中所面临的安全风险都有哪些主要类型？简要罗列说明。
5. 在电子文件安全管理中如何进行综合管理防范？
6. 电子文件安全管理的物理防范要点是什么？
7. 你是如何认识加密技术在电子文件安全管理中的作用的？
8. 论述信息认证技术在电子文件真实性保障工作中的用途。
9. 结合自身所处网络环境，简述如何运用系统安全技术进行安全防护。
10. 如果你是某机构文档主管，如何确定本单位的电子文件备份方案？

【参考文献】

1. 冯惠玲，等．电子文件风险管理．北京：中国人民大学出版社，2008.

2. 全国信息安全标准化技术委员会．信息安全技术　信息系统安全等级保护基本要求：GB/T 22239－2008.

3. 中华人民共和国国家质量监督检验检疫总局，中国国家标准化管理委员会．信息安全技术　公钥基础设施　电子签名格式规范：GB/T 25064－2010.

4. 公安部，国家保密局，国家密码管理局，国务院信息化工作办公室．信息安全等级保护管理办法：公通字〔2007〕43 号．(2006－10－12)［2017－01－20］．http：// www.itsec.gov.cn/export/sites/itsec/standard/relation/79f49762－9e5b－11e0－82c2－755a45196291/.

5. 国际标准化组织，国际电工委员会．信息技术安全管理指南：ISO/IEC TR 13335.

6. 国家档案局．档案信息系统安全等级保护定级工作指南：档办发〔2013〕5 号．(2014－08－27)［2017－01－20］．http://daj.changsha.gov.cn/zwgk/flfg/

gfxwj/201408/t20140827 _ 628335. html.

7. 中华人民共和国国务院令．中华人民共和国计算机信息系统安全保护条例：国务院令第 147 号．（2005－08－06）［2017－01－20］．http：//www. gov. cn/flfg/2005－08/06/content _ 20928. htm.

图书在版编目（CIP）数据

电子文件管理教程/冯惠玲等著．—2版．—北京：中国人民大学出版社，2017.6
新编21世纪档案学系列教材
ISBN 978-7-300-24599-7

Ⅰ.①电…　Ⅱ.①冯…　Ⅲ.①电子档案-档案管理-教材　Ⅳ.①G275.7

中国版本图书馆CIP数据核字（2017）第144684号

普通高等教育“十一五”国家级规划教材
新编21世纪档案学系列教材
电子文件管理教程（第二版）
冯惠玲　刘越男　等　著
Dianzi Wenjian Guanli Jiaocheng

出版发行	中国人民大学出版社		
社　　址	北京中关村大街31号	**邮政编码**	100080
电　　话	010－62511242（总编室）		010－62511770（质管部）
	010－82501766（邮购部）		010－62514148（门市部）
	010－62515195（发行公司）		010－62515275（盗版举报）
网　　址	http://www.crup.com.cn		
经　　销	新华书店		
印　　刷	天津鑫丰华印务有限公司	**版　　次**	2001年8月第1版
开　　本	787 mm×1092 mm　1/16		2017年8月第2版
印　　张	28	**印　　次**	2025年5月第6次印刷
字　　数	576 000	**定　　价**	69.00元

中国人民大学出版社　管理分社

教师教学服务说明

中国人民大学出版社管理分社以出版工商管理和公共管理类精品图书为宗旨。为更好地服务一线教师，我们着力建设了一批数字化、立体化的网络教学资源。教师可以通过以下方式获得免费下载教学资源的权限：

- 在中国人民大学出版社网站 www.crup.com.cn 进行注册，注册后进入“会员中心”，在左侧点击“我的教师认证”，填写相关信息，提交后等待审核。我们将在一个工作日内为您开通相关资源的下载权限。

- 如您急需教学资源或需要其他帮助，请加入教师 QQ 群或在工作时间与我们联络。

中国人民大学出版社　管理分社

教师 QQ 群： 648333426(工商管理)　114970332(财会)　648117133(公共管理)
教师群仅限教师加入，入群请备注(学校+姓名)

联系电话： 010-62515735，62515987，62515782，82501048，62514760

电子邮箱： glcbfs@crup.com.cn

通讯地址： 北京市海淀区中关村大街甲 59 号文化大厦 1501 室（100872）

管理书社　　人大社财会　　公共管理与政治学悦读坊